人力资源管理：
技术与方法

HUMAN RESOURCE MANAGEMENT:
TECHNIQUES AND METHODS

周文成　编著

北京大学出版社
PEKING UNIVERSITY PRESS

图书在版编目(CIP)数据

人力资源管理:技术与方法/周文成编著. —北京:北京大学出版社,2010.11
(21世纪经济与管理规划教材·人力资源管理系列)
ISBN 978 - 7 - 301 - 10655 - 6

Ⅰ.人… Ⅱ.周… Ⅲ.劳动力资源-资源管理-高等学校-教材 Ⅳ.F241

中国版本图书馆 CIP 数据核字(2010)第 052450 号

书　　　名:	人力资源管理:技术与方法
著作责任者:	周文成　编著
责 任 编 辑:	叶　楠
标 准 书 号:	ISBN 978 - 7 - 301 - 10655 - 6/F·1383
出 版 发 行:	北京大学出版社
地　　　址:	北京市海淀区成府路205号　100871
网　　　址:	http://www.pup.cn
电　　　话:	邮购部 62752015　发行部 62750672　编辑部 62752926
	出版部 62754962
电 子 邮 箱:	em@pup.cn
印　刷　者:	北京虎彩文化传播有限公司
经　销　者:	新华书店
	730毫米×980毫米　16开本　30.25印张　580千字
	2010年11月第1版　2022年8月第5次印刷
印　　　数:	8501—9500册
定　　　价:	52.00元

未经许可,不得以任何方式复制或抄袭本书部分或全部内容。
版权所有,侵权必究
举报电话:010 - 62752024　电子邮箱:fd@pup.pku.edu.cn

前　言

当前人力资源管理类教材品种非常多，总体上大致可分为六大类：第一类，引进的外版经典教材，它又分为两种，一种是翻译成中文版的，一种是外文原版的；第二类，本土学者编著的、内容上具有人力资源管理概论特征的教材，这一类教材品种、数量最多；第三类，本土知名学者改写、与外版经典教材原著者联合署名的教材；第四类，主要以人力资源专业学生为使用对象、以人力资源管理的某一专业职能，比如工作分析、人力资源规划、绩效管理、薪酬管理、职业管理等为内容的专业教材，这一类教材过去主要是引进的国外经典教材，但近年来随着人力资源专业专业课细分的需要，本土学者在相关出版社的组织下，快速且成系列地编写出版，目前品种已为数不少；第五类，各种人力资源管理实务书籍，这一类实务书籍有时被人力资源管理专业教师定位为参考教材，因为它一般较为通俗，出版的商业目的相对较强；第六类，各种人力资源管理案例类配套教材。

纵观当前这六类人力资源管理类教材，前四类教材总体上对人力资源管理相关概念、理论阐述较多，"文科性质"浓郁，对人力资源管理各种技术、方法的阐述较为不足；实务书籍类教材虽对人力资源管理主要技术、方法的基本应用作了普及性阐述，但对原理的阐述较为欠缺；案例类教材则属于辅助配套教材。

从工商管理学科的人力资源管理课程本身来讲，其实践性非常强。所谓人力资源管理，就是企业中对人的管理活动的专业化，而这种专业化的起因之一就是对人的管理活动常常需要专门的知识与技能。近年来用人单位也非常强调人力资源管理类岗位人员必须具备相关专业技能。这要求我们必须加强人力资源管理各种技术、方法的教学深度和广度。以人力资源预测为例，目前的人力资源管理类教材，绝大部分会提到回归分析，但对回归分析的基本原理、SPSS等工具的运用，却几乎没有述及，导致学生在实践运用、操作中仍不能熟练运用这种方法。

事实上，推动西方人力资源管理发展的，正是运用各学科理论而形成的管理技术与方法的创新。因此，以深入阐述人力资源管理各种技术、方法的原理及应用为主要教学内容，且能汇集学习和研究人力资源管理技术、方法的相关工具及资料等信息的专门教材，不仅对高等院校的课程教学，而且对人力资源管理实际工作者来说，都是迫切需要的。本书则努力在这一领域作些尝试。

本书从战略性人力资源管理视角出发，着力阐述较为前沿、较为重要的人力资源管理理论，重点介绍人力资源管理各职能领域内的实用技术与方法，包括组织分析、工作分析、人力资源规划、招募、测试与甄选、培训、职业生涯管理、绩效考核、薪酬管理、人力资源管理系统（HRMS）等，并通过对微软、思科、AT&T、IBM、联想、华为等著名企业的案例的分析，展示所述人力资源管理技术与方法在管理实践中的应用心得，以利于读者深入理解与掌握当代人力资源管理理论、技术和方法。

  本书定位于人力资源管理技术与方法的研究和推介，因此，本书的特点是力求理论价值与应用价值并具。本书主要作为高等院校相关专业的本科生、研究生教材，并可供企事业单位的人力资源管理者，以及想获取和更新人力资源管理理论知识、技术、方法的学习者使用。

  知识经济时代背景下，人力资源管理学科的发展更为迅速，新理论、新技术、新方法不断涌现，加之作者的水平有限，本书的疏漏及谬误之处在所难免，敬请广大读者批评指正。

周文成
2010 年春于南京

目　　录

第一章　人力资源管理概述 …………………………………………… (1)
　　本章学习目标 …………………………………………………… (1)
　　引导案例　戴尔公司的人才策略 …………………………… (1)
　　第一节　人力资源管理基本概念 …………………………… (4)
　　第二节　人力资源管理的发展和演变 ……………………… (8)
　　第三节　人力资源部门责任及人力资源管理专业人员胜任素质 …… (11)
　　第四节　现代人力资源管理的发展路径 …………………… (13)
　　本章小结 ………………………………………………………… (19)
　　关键概念 ………………………………………………………… (20)
　　课堂练习 ………………………………………………………… (20)
　　讨论案例 ………………………………………………………… (21)
　　复习思考题 ……………………………………………………… (23)
　　推荐阅读 ………………………………………………………… (23)

第二章　组织设计 ………………………………………………………… (24)
　　本章学习目标 …………………………………………………… (24)
　　引导案例　IBM 的组织变革 ………………………………… (24)
　　第一节　组织设计概述 ………………………………………… (25)
　　第二节　组织设计的方法 ……………………………………… (38)
　　本章小结 ………………………………………………………… (53)
　　课堂练习 ………………………………………………………… (54)
　　讨论案例 ………………………………………………………… (55)
　　复习思考题 ……………………………………………………… (57)
　　推荐阅读 ………………………………………………………… (57)

第三章　职位分析与工作设计 ………………………………………… (58)
　　本章学习目标 …………………………………………………… (58)

引导案例　清扫工作该由谁做 …………………………………… (58)
　　第一节　职位分析概述 ………………………………………………… (60)
　　第二节　职位分析的方法 ……………………………………………… (67)
　　第三节　工作设计的方法 ……………………………………………… (98)
　　本章小结 ……………………………………………………………… (106)
　　课堂练习 ……………………………………………………………… (107)
　　讨论案例 ……………………………………………………………… (108)
　　复习思考题 …………………………………………………………… (110)
　　推荐阅读 ……………………………………………………………… (110)

第四章　人力资源规划 ………………………………………………… (111)
　　本章学习目标 ………………………………………………………… (111)
　　引导案例　电信制品公司的人力资源规划 ………………………… (111)
　　第一节　人力资源规划概述 ………………………………………… (112)
　　第二节　人力资源需求预测 ………………………………………… (117)
　　第三节　人力资源供给预测 ………………………………………… (130)
　　本章小结 ……………………………………………………………… (138)
　　课堂练习 ……………………………………………………………… (138)
　　讨论案例 ……………………………………………………………… (139)
　　复习思考题 …………………………………………………………… (140)
　　推荐阅读 ……………………………………………………………… (140)

第五章　人力资源招募 ………………………………………………… (141)
　　本章学习目标 ………………………………………………………… (141)
　　引导案例　中兴通讯：选聘一流人才 ……………………………… (141)
　　第一节　人力资源招募概述 ………………………………………… (142)
　　第二节　招聘理念 …………………………………………………… (143)
　　第三节　内部招募的方法 …………………………………………… (146)
　　第四节　外部招募的方法 …………………………………………… (149)
　　第五节　内部招募与外部招募方式的比较 ………………………… (158)
　　第六节　招聘方法评估 ……………………………………………… (159)
　　本章小结 ……………………………………………………………… (162)
　　课堂练习 ……………………………………………………………… (163)
　　讨论案例 ……………………………………………………………… (164)
　　复习思考题 …………………………………………………………… (166)

推荐阅读 …………………………………………………………… (166)

第六章 甄选
本章学习目标 ………………………………………………………… (167)
引导案例 华为选拔管理者的六大原则 …………………………… (167)
第一节 甄选概述 …………………………………………………… (169)
第二节 甄选的技术与方法 ………………………………………… (173)
本章小结 …………………………………………………………… (211)
课堂练习 …………………………………………………………… (212)
讨论案例 …………………………………………………………… (213)
复习思考题 ………………………………………………………… (214)
推荐阅读 …………………………………………………………… (214)

第七章 绩效管理
本章学习目标 ………………………………………………………… (215)
引导案例 索尼公司如何进行绩效管理 …………………………… (215)
第一节 绩效管理概述 ……………………………………………… (216)
第二节 绩效考评的主要工具与技术 ……………………………… (223)
第三节 实施绩效管理的常见问题及实施关键 …………………… (246)
本章小结 …………………………………………………………… (251)
课堂练习 …………………………………………………………… (252)
讨论案例 …………………………………………………………… (253)
复习思考题 ………………………………………………………… (255)
推荐阅读 …………………………………………………………… (255)

第八章 薪酬管理
本章学习目标 ………………………………………………………… (256)
引导案例 爱克公司与爱立信公司的薪酬管理 …………………… (256)
第一节 薪酬管理概论 ……………………………………………… (258)
第二节 薪酬结构的设计方法 ……………………………………… (263)
第三节 职位薪酬体系的设计方法 ………………………………… (273)
第四节 以任职者为基础的薪酬体系设计 ………………………… (291)
第五节 绩效奖励设计方法 ………………………………………… (299)
第六节 特殊(典型)员工群体的薪酬设计 ………………………… (305)
本章小结 …………………………………………………………… (311)
课堂练习 …………………………………………………………… (312)

讨论案例 ……………………………………………………… (314)
　　复习思考题 …………………………………………………… (316)
　　推荐阅读 ……………………………………………………… (316)

第九章　福利管理 ………………………………………………… (317)
　　本章学习目标 ………………………………………………… (317)
　　引导案例　广西移动为员工提供的"精神福利" …………… (317)
　　第一节　福利概述 …………………………………………… (318)
　　第二节　法定福利 …………………………………………… (322)
　　第三节　补充及其他福利 …………………………………… (326)
　　第四节　弹性福利计划 ……………………………………… (329)
　　第五节　福利管理 …………………………………………… (333)
　　本章小结 ……………………………………………………… (336)
　　课堂练习 ……………………………………………………… (337)
　　讨论案例 ……………………………………………………… (338)
　　复习思考题 …………………………………………………… (340)
　　推荐阅读 ……………………………………………………… (341)

第十章　员工培训 ………………………………………………… (342)
　　本章学习目标 ………………………………………………… (342)
　　引导案例　沃尔玛超市的员工培训 ………………………… (342)
　　第一节　培训概述 …………………………………………… (344)
　　第二节　培训项目设计 ……………………………………… (346)
　　第三节　培训的方法与技术 ………………………………… (356)
　　本章小结 ……………………………………………………… (368)
　　课堂练习 ……………………………………………………… (368)
　　讨论案例 ……………………………………………………… (370)
　　复习思考题 …………………………………………………… (373)
　　推荐阅读 ……………………………………………………… (373)

第十一章　职业生涯管理 ………………………………………… (374)
　　本章学习目标 ………………………………………………… (374)
　　引导案例　美国惠普公司员工职业发展的自我管理 ……… (374)
　　第一节　职业生涯管理概述 ………………………………… (376)
　　第二节　职业生涯管理过程 ………………………………… (381)
　　第三节　组织职业生涯管理 ………………………………… (396)

第四节　职业生涯管理面临的挑战及其应对策略 …………（407）
　　本章小结 ……………………………………………………（412）
　　课堂练习 ……………………………………………………（413）
　　讨论案例 ……………………………………………………（414）
　　复习思考题 …………………………………………………（417）
　　推荐阅读 ……………………………………………………（417）

第十二章　劳动关系管理 ………………………………………（418）
　　本章学习目标 ………………………………………………（418）
　　引导案例　劳动合同能否变更? …………………………（418）
　　第一节　劳动关系概述 ……………………………………（419）
　　第二节　劳动合同和集体合同 ……………………………（425）
　　第三节　劳动关系矛盾处理 ………………………………（432）
　　本章小结 ……………………………………………………（438）
　　课堂练习 ……………………………………………………（438）
　　讨论案例 ……………………………………………………（440）
　　复习思考题 …………………………………………………（440）
　　推荐阅读 ……………………………………………………（441）

第十三章　人力资源管理信息化 ………………………………（442）
　　本章学习目标 ………………………………………………（442）
　　引导案例　微软的 E 化人力资源管理 ……………………（442）
　　第一节　人力资源管理信息化概述 ………………………（443）
　　第二节　e-HR 系统的功能模块 …………………………（449）
　　第三节　人力资源管理信息化的规划与实施 ……………（453）
　　本章小结 ……………………………………………………（457）
　　课堂练习 ……………………………………………………（458）
　　讨论案例 ……………………………………………………（459）
　　复习思考题 …………………………………………………（465）
　　推荐阅读 ……………………………………………………（465）

参考文献 …………………………………………………………（466）

后记 ………………………………………………………………（473）

第一章 人力资源管理概述

> 用人不在于如何减少人的短处,而在于如何发挥人的长处。
> ——彼得·德鲁克
>
> 天下无现成之人才,亦无生知之卓识,大抵皆由勉强磨炼而出耳。
> ——曾国藩

本章学习目标

1. 掌握人力资源、人力资本、战略性人力资源管理的概念。
2. 了解人力资源管理的发展与演变历程。
3. 掌握人力资源管理者的角色及任职资格。
4. 掌握现代人力资源管理部门的职责。
5. 了解向战略性人力资源管理转化的路径。

引导案例

戴尔公司的人才策略

戴尔(Dell)公司,其成功的模式成为业界的美谈。从1983年的1 000美元的注册资金,到1993年年销售额达20亿美元,其已成为电脑界的"黑马"。2009年,其年营业额超过900亿美元,每天通过网络售出价值逾1 200万美元的电脑系统。

迈克尔·戴尔也成为《财富》500强企业总裁中最年轻的一员。其公司成功除了低成本之外,更要归功于员工的努力,以及公司领导层的知人善任,在所有员工身上创造出一种投资感,这种投资感包含责任、荣誉和有福同享三种要素。

作为经理人都知道,所谓个人的"投资",不大可能来自外在的启发;有些人具备这种特质,有些人则不具备,除非是"个个员工皆老板"的公司,而戴尔就是这样的公司。

求知若渴

公司把目标和员工的补助与奖金结合,这样做对员工有很大的鼓舞效果。更重要的是,戴尔运用各种方法,把"所有权"的观念灌输给员工,并且进一步提升他们的才能,使他们发挥全部潜力。

其中一种方法就是不断学习的意愿和能力。从问题的立足点开始学习,包括:怎样可以让你在戴尔公司的工作更轻松、更成功、更具意义?顾客的喜好是什么?他们需要什么?他们希望看到我们有什么样的进步?要如何改进?从提出很多问题的方式着手,并且充分聆听意见,因为人在自说自话的时候是不可能学到任何东西的。不管在营运情况汇报、业务现状报告或小组讨论等会议上,都花许多时间提问题。讨论为什么要做这件事?为什么不采取另一个方案?鼓励大家发挥好奇心,因为没有任何一本操作手册可以提供所有的答案(即便其中有答案,也不希望大家依赖手册)。戴尔公司的学习方法,还包括在全公司各部门询问同样的问题,比较其结果的异同。如果其中一个小组在中型企业市场出奇制胜,创下佳绩,其想法会传给全世界的分公司;而另一个小组可能想出了针对大型律师事务所进行销售的方法,也会把他们所学到的经验与整个组织分享。这些创意,让戴尔发展成一个全球性的公司,并且确立了其大格局思维方式。公司通过电子邮件和互联网交换概念,也通过各种把全球各地不同团队聚在一堂的顾问会议来交换信息。

寻求突破性的新观念便会有极大的提高,这是真正得到创新

当一家公司的所有人员都以同样的方式思考问题时,是非常危险的现象,但由于大家都把焦点锁定在同一个目标上,这种情况很容易发生。

你可以鼓励公司员工,以创新的方式来思考公司的业务、所处的产业、顾客等课题。以不同的观点来处理问题、反映问题或对待机会,便可以创造出许多新的机会,得到新的理解或见解。而经过对公司营运的所有状况提出疑问,可以不断把改革与创新注入公司文化中。

公司在20世纪90年代中期推出"管理的个人计算机"(Managed PC)时曾采用这个方法,而当时,整个IT产业和媒体正着迷于全新推出的产品"网络计算机"(Network Computer,NC)。这个具有革命性的创意,其实只不过是拿掉硬盘和软盘驱动器,所有的应用程序都放置在大型的服务器中,NC只让使用者执行应用程序,以及存取服务器里的资料,许多人预测,它将宣告PC时代的结束。而事实上,这根本不是一项新的概念,而是重新包装源于20世纪80年代、在所有运算仪器的种类中扮演非常渺小的角色的"笨哑终端机"(Dumb Terminal)。但是,由于大部分的使用者都太过于依赖PC,把电脑视为极具生产力的工具,如果把他们在安装软件方面的弹性和控制力拿掉,无异于拿走个人的计算机,因此，NC的未来，未必会很快得到广大消费者的认可和接受，而且现在无线的、移动运算日益重要。

但是，顾客对NC的需求是渐渐增加的。于是，对戴尔的产品提出挑战，原因在哪里？NC想要解决的基本议题是什么？有没有更好的解决方式？

结果发现，NC满足了许多企业的一项重要需求：它们要知道，如何维持对网络标准的控制力；再者，当使用者的系统死机时，NC可以降低所产生的相关时间和费用，换句话说，PC变得过于有弹性了。

为了适应消费者的这种需求，戴尔推出"管理的个人计算机"，除了具备使用者所重视的功能、弹性及性能之外，还有远端管理的功能，可以让网络管理人员从中央控制地点，进行配置、管理及维护硬件和软件等动作。

当然，戴尔公司的企业文化不屑于只满足现状而总是试着训练员工，去寻找突破性的新观念，让他们在公司面对大型的策略挑战时，可以根据实际状况迅速提出最佳解决方案。戴尔还经常训练员工提问的能力，要他们思考：我们可以用什么方式改变游戏的规则？哪些做法可以让我们达到这个目标，而其他人从未想到过？

如果你拿下遮蔽视野的传统眼罩，就会对自己可做到的成就深感惊讶；如果公司的发展史就是以非传统智慧为基础的成功历程，更能营造出激励员工以老板的角度来思考的环境，使其不断产生新的另类创意，获得更大的自由，全力以赴地工作。

不要粉饰太平

1993—1994年，戴尔公司开始正面迎接问题，而不是否认问题的存在。

"不要粉饰太平"是说问题迟早会出现，所以，最好的方法就是直接面对、立即处理它。

公司员工也很清楚，他们自己既是问题的一部分，也是提供解决办法的一分子。鼓励经理人员站起来向大家说："我们发现一个问题，但还不确定到底是怎么回事。"大家必须知道他们可以要求协助，在处理大型、牵涉层面众多的问题时更是如此。

对等级制度过敏

在戴尔公司的企业文化中，员工们都采取直接的渠道沟通，得到所需的信息。过度僵化的等级制度会限制信息的流通，同样，僵化的商业运作也会影响企业的发展。公司的员工只要想到改进营运的更好程序或解决办法，而且所有相关单位都同意的话，便可以进行修改。

在戴尔公司内部，相当排斥等级制度。因为对公司来说，等级制度不仅代表速度慢，而且沟通相当困难和复杂，造成信息的流通阻塞；它还代表着一层又一层的许可、命令及控制，也就是一次又一次的"不可以"和"不行"。在今天瞬息万变的市场中,不管是对领导者或是公司,这与作出决策所需的速度背道而驰。

当然,重要的不是在于规避管理的责任,相反,直接的连接与沟通有助于提供更多的知识,以便以更快的速度,进一步了解在营运中实际发生的状况。从公司内外的源头所得到的片断信息,也许无法每次都有助于找到答案,但至少有助于把重心摆在紧急问题、机会或新的创意上。

资料来源:贾晓辉.人力资源管理理论与实务[M].北京:中国广播电视出版社,2005。

问题:
1. 戴尔公司在哪些方面体现了其对人力资本的重视?
2. 戴尔公司人力资源管理的先进性体现在哪些方面?

第一节 人力资源管理基本概念

一、人力资源

彼得·德鲁克(Peter Drucker)1954年在其《管理的实践》一书中引入了"人力资源"这一概念。他指出,人力资源和其他所有资源相比较而言,唯一的区别就是它是人。他认为人力资源有一种其他资源所没有的特性:具有协调、整合、判断和想象的能力。事实上,这是人力资源唯一的特殊优越性。在其他方面,无论是体力、手艺或感知能力,机器都胜过人力。

伊万·伯格(Lvan Berg)认为,人力资源是人类可用于生产产品或提供各种服务的活力、技能和知识。

内贝尔·埃利斯(Nabil Elias)提出,人力资源是企业内部成员及外部与企业相关的人,即总经理、雇员、合作伙伴和顾客等可提供潜在合作与服务及有利于企业预期经营活动的人力的总和。

西斯·列科(Rensis Lakere)提出,人力资源是企业人力结构的生产和顾客商誉的价值。

余凯成认为,人力资源是指能够推动国民经济和社会发展的、具有智力劳动和体力劳动能力的人们的总和,它包括数量和质量两个方面。

廖泉文提出,人力资源是指能够推动社会和经济发展的、能为社会创造物质财富和精神财富的体力劳动者和脑力劳动者的总称。

赵曙明认为,人力资源是指一定范围内的人口中具有劳动力的人的总和,是能够推动社会和经济发展的具有智力和体力劳动能力的人的总称。它包括在人体内的一种生产能力,是表现在劳动者身上并以劳动者的数量和质量来表示的资源。

综合而言,可把人力资源划分为广义上的人力资源和狭义上的人力资源。广义上的人力资源认为,智力正常的人都可以称为人力资源。狭义上的人力资源,简而言之,是指一个国家或地区具有劳动能力人口的总和;或指能推动整个经济和社会发展的劳动者的能力,即处在劳动年龄的已直接投入建设和尚未投入建设的人口的能力。

二、人力资本

(一) 人力资本理论历史起源

人力资本是为提高人的能力而投入的一种资本,是西方教育经济学中的一个基本概念。早在1644年,古典经济学代表人物之一威廉·配第就提出,可以从劳动所得推算作为财富价值及其相对应关系的"居民价值",这是试图对教育经济价值作出某种估量的最早尝试。威廉·配第关于"土地是财富之母"、"劳动是财富之父"的著名论断实际上已包含着人力资本理论的思想萌芽。

在此之后,古典哲学家、经济学家亚当·斯密在其1776年出版的著作《国民财富性质和原因的研究》中指出:"学习一种才能,须受教育,须进学校,须做学徒,所费不少。这样费去的资本,好像已经实现并且固定在学习者的身上。"他认为,花费精力和时间所学会的劳动技能,就如同购置新机器或其他物质成本一样,是可以收回投入并获得利润的。显然,斯密所提出的这种投入学费和时间并期望从中获得利润的思想几乎已经接近现代人力资本理论的核心,他还第一次论证了人力资本投资和劳动者技能如何影响个人收入和工资结构的问题。

继亚当·斯密之后,英国古典经济学家约翰·穆勒在其《政治经济学原理》中指出:"技能与知识都是对劳动生产率产生重要影响的因素。"他强调,取得的能力应当同工具、机器一样被视为国民财富的一部分。同时他指出,由于教育支出将会带来未来更大的国民财富,对教育的支出是与其他公共事务支出完全兼容的。

法国古典政治经济学家让·萨伊在其代表作《政治经济学概论》中进一步指出:"人不是一生下来就有足够的身长和足够的力气来从事甚至是最简单的劳动,他要到大约15岁或20岁才具有这种能力,因此可把它看做一项资本,这项资本由每年用以教养他的款项累积而成。"萨伊将人力资本投资的概念扩大到了所有行业,尤其强调特殊才能的企业家在生产过程中发挥的作用,他将人力资本划分为普通劳工的一般性人力资本、专业性人力资本和经营管理的创新性人力资本三种类型,探索了它们各自不同的报酬规划。

19世纪末20世纪初英国剑桥学派创始人阿尔弗雷德·马歇尔是新古典经济学派的杰出代表,他提出了"所有资本中最有价值的是对人本身的投资"的经典论断,认为教育投资所带来的结果将远远大于教育投资本身,主张把教育作为国家投资。

(二) 人力资本的近现代研究

1960年舒尔茨当选美国经济学会会长,在其发表的就职演说《人力资本投资》中首次明确提出了"人力资本"的概念。舒尔茨被西方学术界誉为"人力资本之父"。他将人力资本定义为凝结在劳动者身上的经验、知识、能力和健康,是人们通过有目的的投资(如接受教育或培训等)获得的,是资本的一种形式。

人力资本理论的另一个创始人,美国经济学家加里·S.贝克尔认为,人力资本不仅意味着才干、知识和技术,而且意味着时间、健康和寿命。

综合而言,可将人力资本划分为广义的人力资本和狭义的人力资本。广义的人力资本,是指人力资源的全部价值。狭义的人力资本,是指具有经济价值的知识、技能以及经验的总和。

三、知识资本

"知识资本"一词由Intellectual Capital翻译而来,又称为Knowledge Capital。它萌生于工业经济时代后期,兴盛于知识经济时代,是知识在企业组织发展中的重要性不断增强的结果。

西尼尔于1836年提出,知识资本是指个人所拥有的知识和技能。

1969年,加尔布雷思正式提出知识资本概念,认为知识资本是一种知识性的活动,是一种动态的资本,而非固定的资本形式。

斯维比认为,知识资本是企业的一种以相对无限的知识为基础的无形资产,是企业的核心竞争能力。

布鲁金指出,知识资本是使公司得以运行的所有无形资产的总称,包括市场资产、人才资产、知识产权资产、基础结构资产四大类。

埃德文森认为,知识资本是知识企业物质资本和非物质资本的合成,知识资本=市场价值-账面价值。

国际经合组织(OECD)认为,知识资本是人力资本、组织资本与顾客资本的总和。

……

综合上述定义,其中的共性是:知识资本具有一般资本的特征,是一组以员工和组织的技能及知识为基础的资产,可以长期使用,在生产过程中可以增值;同时它又具有特殊的性质,主要表现在它不像有形资本那样可以进行直观的数量化,但它对生产效率提高的作用比传统的物质资本要大得多。

四、人力资源管理

美国学者雷蒙德·A.诺伊(Raymond A. Noe)认为,人力资源管理是指影响雇员的行为、态度以及绩效的各种政策、管理实践以及制度。

美国的舒勒等人在《管理人力资源》一书中提出,人力资源管理是采用一系列管理活动来保证对人力资源进行有效的管理,其目的是实现个人、社会和企业的利益。

加里·德斯勒(Gary Dessler)认为,人力资源管理是为了完成管理工作中涉及人或人事方面的任务所需要掌握的各种概念和技术。

迈克尔·比尔(Michael Bill)认为,人力资源管理包括影响公司和雇员之间关系的(人力资源)性质的所有管理决策和行为。

我国台湾地区人力资源管理专家黄英忠提出,人力资源管理是将组织所有人力资源作最适当的确保(Acquisition)、开发(Development)、维持(Maintenance)和使用(Utilization),为此所规划、执行和统治的过程。

彭剑锋认为,人力资源管理是依据组织和个人发展需要,对组织中的人力这一特殊资源进行有效开发、合理利用与科学管理的机制、制度、流程、技术方法的总和。

赵曙明提出,人力资源管理包括人力资源经济运动的总过程,人力资源管理主要反映对全社会或一个企业的各层次、各类型的从业人员从招工、录取、培训、使用、升迁到调动的全过程的管理。

综合而言,人力资源管理就是对人力这一特殊的资源进行有效开发、合理利用和科学管理的过程。

五、战略性人力资源管理

赖特和卡普利(1992)认为,战略人力资源是"为使企业达成目标所进行的一系列有计划的人力资源部署和管理行为"。

雷蒙德·A.诺伊认为,战略性人力资源管理可以看成是"为了使组织能够实现其目标而制定的有计划的人力资源使用模式以及各种人力资源管理活动"。

加里·德斯勒提出,战略人力资源管理是指为了提高企业绩效水平,培育富有创新性和灵活性的组织文化,而将企业的人力资源管理活动同战略目标和目的联系在一起的做法。

查德威克和卡普利(1999)把战略人力资源管理中的战略定义为人力资源管理实践和政策与组织输出之间的关系。

J.E.德利瑞(J.E. Delery)和D.H.多蒂(D.H. Doty)(1996)认为,战略人力

资源管理实践包括七方面的内容:内部职业机会、正规培训体系、业绩测评、利润分享、就业安全、员工意见投诉机制和工作设计。

赵曙明(2000)提出,战略人力资源管理在基本理念上是一致的,那就是战略人力资源管理把人力资源管理视为一项战略职能,以"整合"与"适应"为特征,探索人力资源管理与企业组织层次行为结果的关系。战略人力资源管理强调:(1)人力资源管理应完全整合企业的战略;(2)人力资源管理政策在不同的政策领域与管理层次间应具有一致性;(3)人力资源管理实践应作为日常工作的一部分被直线经理与员工所接受、调整和运用。

综合以上学者对战略人力资源管理的定义,我们认为战略性人力资源管理指从战略高度构建人力资源管理模式,以使组织能够实现其战略目标的各种人力资源管理活动。

第二节 人力资源管理的发展和演变

关于人力资源管理的发展阶段,国内外学者具有代表性的观点主要有四类:六阶段论、五阶段论、四阶段论和三阶段论。综合国内外学者的研究成果,我们将人力资源管理的发展分为以下五个阶段:

一、人事管理初始和科学管理阶段

早期的人力资源管理被称为人事管理。人事管理的发展与18世纪后半叶工业革命的到来是相伴随的。18世纪末,蒸汽机的发明与推广引发了工业革命,改变了以前家族制和手工行会制的生产方式,产生了大量实行新工厂制度的企业。当时的所有问题都归结为:吸引农业劳动力放弃原有的生产和生活方式到工厂来,然后将工业生产所需要的基本技能传授给他们,并且使他们适应工业文明的行为规则,以最大限度地发挥劳动分工和生产协作所带来的巨大生产率潜力。人事管理初期把人视为物质人、经济人,以金钱为一切衡量标准,每个工人都在一定的岗位上进行简单的、重复的机械劳动。人事管理在这一时期表现为雇佣管理,主要功能用于招录和雇佣工人,其管理以"事"为中心、以"目的"为指导,忽视人在金钱和物质之外的其他需求。人事管理初期已初步有了管理者与生产者的区分。因为雇佣劳动,出现了一些不做工的"监工",他们的主要任务是指派、强迫和监督工人劳动。随着资本主义从自由竞争发展到垄断阶段,科学管理之父弗雷德里克·W.泰罗(Frederick W. Taylor)和德国社会学家马克斯·韦伯(Max Weber)都提出了一系列比较科学与合理的管理方法和管理手段。科学管理首次科学而合理地对劳动效果进行计算,还根据标准方法对工人实行了在职培训,并根据工人的特点分配工作。科学管理时期出现了劳动人事管理部门,它除负责招工外,还负责协调人力和调配人力。科学管理已经全面注意处理劳动的低效率问题,并开始了对工时、动作规范、专业化分工的管理。泰罗提出了对管理有重大贡献的三个原则:科学而非经验;合作而非个人主义;最大化产出而非限制性产出。

二、工业心理学阶段

与科学管理所倡导的管理思路不同,工业心理学所倡导的管理思路是:通过心理学基本原则的运用来提高工人有效完成工作的能力。科学管理主要集中在对工作和效率的研究上;工业心理学所关注的则是工人以及个体之间的差异,实现工人福利的最大化是其所关心的主题。

工业心理学阶段的人事管理承认了人是社会人,人除了物质、金钱的需要外,还有社会、心理、精神等各方面的需要。在这一时期,已开始萌发对人性的尊重、对人的心理需求的尊重。在管理形式上,承认非正式组织的存在,承认在官方或法定的组织之外,另有权威人物的存在。这种非正式组织的权威,同样能影响和左右人们的行为和意愿。在管理方法上,承认领导是一门艺术,有方法的区别,重视工会和民间团体的利益,提倡以人为核心改善管理方法。这是人事管理思想最活跃且有质的飞跃的时期。

三、人际关系管理阶段

人际关系运动起源于1924—1933年在位于芝加哥郊外的西方电气公司的霍桑工厂中所进行的一系列研究。埃尔顿·梅奥的霍桑试验证明了工业组织越是庞大,就越是不仅要依赖技术上的先进,而且要依赖这个团体每一个最小的成员自发地在人和人的关系上进行合作。梅奥赞扬了人的自主性,认为物质条件的改善并不一定导致生产率的提高,工人的满意程度才是提高生产率的关键。彼得·德鲁克曾认为,人事工作部分是文员工作,部分是操作性的工作,部分是起着"灭火器"作用的工作。这一时期的人事管理进入比较严格、规范、系统的时代,反对四大歧视,即性别歧视、年龄歧视、种族歧视、信仰歧视。由于就业机会均等,大量的人才获得了就业的机会。伴随着美国《民权法案》第七章的诞生,许多相关的政令、法律、规定逐步出台,美国的人力资源法律渐趋完善,同时也影响了欧洲和其他国家,妇女人力资源和少数民族人力资源得到较大程度的开发,劳动力的结构发生了很大变化。许多企业不仅设立专职的人事部门,而且人事部门下设若干个分支部门,分别管理薪酬、考核、劳资矛盾、福利、培训等。

四、人力资源管理阶段

哈佛商学院教授迈克尔·比尔(Michael Bill)指出,传统的人事管理定义狭窄，人事管理活动是针对各种特定问题和需要，而非针对一个统一、明确的目标作出的反应，造成了人事管理职能之间以及人事管理职能与其他管理职能之间相互割裂、互不相关的局面。1992年J.斯托瑞（J. Storey）通过对人力资源管理内在特征的分析，找出了人力资源管理与人事管理的不同点，并将这些不同点分为四大类：信念与假设、战略方面、直线管理和关键手段。

现代人力资源管理基本上涉及企业员工关系管理最为重要的几个方面，即人力资源战略与规划、工作分析、雇员的招募与甄选录用、工作绩效评价、培训与人力资源开发、薪资福利与激励计划、劳资关系与雇员安全、健康计划等。然而，人力资源管理取代人事管理，并不仅仅是名称上的改变和内容的进一步丰富，它更是一种管理观念上的根本性变革。现代人力资源管理与传统人事管理的最大区别就在于：过去的人事管理是以工作为中心的，即让人去适应工作；而现代人力资源管理则是以人为中心的，它力图根据人的特点和特长来组织工作，从而使人力资源的能量得到最大限度发挥。

五、战略性人力资源管理阶段

进入20世纪90年代以后，企业经营环境变化日益频繁。从外部环境来看，技术创新加剧，国际竞争白热化，顾客需求多样化；从内部环境来看，员工素质日益提高，自我发展意识逐渐增强。企业开始从关注企业绩效的环境决定因素转为强调企业的内部资源、战略与企业绩效的关系。

在战略人力资源管理的研究中，学者们对"战略"有着不同的认识。例如，R. S. 舒勒（R. S. Schuler）和S. E. 杰克逊（S. E. Jackson）针对M. E. 波特（M. E. Porter）的三种一般竞争战略，提出了与之相联系的人力资源管理战略，强调每一种不同的竞争战略需要不同的人力资源管理政策组合。德利瑞和多蒂认为企业战略人力资源管理可以分为内部型、外部型和混合型，企业应该根据不同的战略选择不同的人力资源管理类型。

战略性人力资源管理的基本理念是把人力资源管理视为一项战略职能，以"整合"与"适应"为特征，探索人力资源管理与企业组织层次行为结果的关系。战略性人力资源管理强调：首先，人力资源管理应被完全整合进企业的战略中；其次，人力资源管理政策在不同的政策领域与管理层次间应具有一致性；最后，人力资源管理实践应作为企业日常工作的一部分被直线经理与员工所接受、调整和运用。战略性人力资源管理正成为人力资源管理发展的一个新的阶段。

第三节 人力资源部门责任及人力资源管理专业人员胜任素质

一、人力资源部门承担的责任

人力资源管理要支撑企业的竞争优势，帮助企业获得可持续成长与发展，除了要建立以核心能力为导向的人力资源管理体系之外，还必须对人力资源管理在企业中扮演的角色重新进行界定，并在此基础上，进一步明确人力资源管理不仅是人力资源部门的职责，更是企业的高层管理者与直线管理者所必须履行的职责，是他们的管理工作的关键组成部分。直到20世纪末，许多企业才把人力资源管理当成是一种能够通过强化和支持企业运营，来对企业的盈利性、质量改善以及其他经营目标作出贡献的一种有效手段。表1-1显示了人力资源管理部门所承担的主要职责。

表1-1 人力资源部门承担的主要职责

雇佣与招聘	面试、招募、测试、临时劳动力协调
培训与开发	新员工上岗培训、绩效管理技能培训、生产率强化
薪酬	工资与薪金管理、职位描述、高层管理人员薪酬、奖励工资、职位评价
福利	保险、带薪休假管理、退休计划、利润分享、股票计划
员工服务	员工援助计划、员工的重新安置、被解雇员工的再就业服务
员工关系与社区关系	员工态度调查、劳资关系、公司出版物、劳工法律的遵守、员工纪律
人事记录	人力资源信息系统、各种人事记录
健康与安全	安全检查、毒品测试、健康、健身
战略规划	国际化人力资源、人力资源预测、人力资源规划、兼并与收购

没有任何两家企业的人力资源部门会承担相同的职责或扮演相同的角色。根据公司规模、员工队伍特征、行业特点以及公司管理的价值体系的不同，人力资源部门可以承担多种职责、扮演不同角色。在有些公司，人力资源部门可能会承担起全部的人力资源管理职责；而在另外一些公司，人力资源部门则需要与其他部门——财务部门、运营部门或者信息技术部门——的管理者共同承担人力资源管理的职责。在有些公司，人力资源部门可以向企业高层管理人员提出建议；而在另外一些公司，人力资源部门则只能在高层管理人员作出相关经营决策之后，才能作出人员配置、培训、薪酬等方面的决策。

人力资源部门所扮演的角色及其所承担的职责如图1-1所示。图1-1中的纵向维度表明，人力资源管理职能的重点是集中在未来或战略上，还是集中在日常运营上；横向维度则指明了人力资源管理活动是关注人还是关注过程。这张图告诉我们,人力资源管理职能所扮演的角色主要可以概括为以下四个方面:战略性人力资源管理(战略伙伴)、企业基础设施管理(行政专家)、转型与变革管理(变革推动者)以及员工贡献管理(员工激励者)。

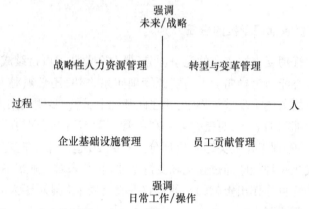

图1-1　人力资源管理在塑造有竞争力的企业方面所扮演的角色

(1) 战略伙伴。负责参与企业战略的决策,提供基于战略的人力资源规划及系统解决方案,将人力资源纳入企业的战略与经营中。

(2) 行政专家。负责运用专业知识和技能研究开发企业人力资源产品与服务,为企业人力资源问题的解决提供咨询,提高组织人力资源开发与管理的有效性。

(3) 变革推动者。负责参与变革与创新,组织变革(并购与重组、组织裁员、业务流程再造等)过程中的人力管理实践,提高员工对组织变革的适应能力,妥善处理组织变革过程中的各种人力资源问题,推动组织变革进程。

(4) 员工激励者。负责与员工沟通,及时了解员工的需求,为员工及时提供支持,提高员工满意度,增强员工忠诚度。

二、人力资源管理专业人员胜任素质

20世纪70年代初期,哈佛大学心理学家麦克利兰(McClelland)在其文章 Testing Competence rather than Intelligence 中正式提出了胜任素质的概念。他认为,决定一个人在工作上能否取得好的成就,除了拥有工作所必需的知识、技能外,更重要的取决于其深藏在大脑中的人格特质、动机及价值观等,这些潜在的因素能较好地预测个人在特定岗位上的工作绩效。麦克利兰把这些能区分组织环境中特定工作岗位绩效水平的个人特征定义为胜任素质,也叫胜任力。

表1-2显示了成功的人力资源管理专业人员所需要具备的能力。这些能力是根据前面我们所提到的人力资源管理职能所需要扮演的四种角色(战略伙伴、行政专家、变革推动者、员工激励者)来加以组织的。这些能力包括思考企

业当前和未来的经营目标以及人力资源管理如何为企业目标的实现作出贡献的能力，分析员工的流动率、保留率、生产率以及客户服务问题，并向企业提出解决这些人力资源管理问题的建议能力（战略伙伴）；克服对新的人力资源管理政策、程序、技术以及职位设计方式所产生的抵制行为的能力（变革推动者）；对员工提供指导和咨询，同时把他们的想法传达给管理层的能力（员工激励者）；设计和运作有效的人力资源管理系统，理解技术如何能够使人力资源管理系统变得更加富有效率，同时成本更低的能力（行政专家）。

表 1-2 人力资源管理专业人员所扮演的角色及其能力

战略伙伴	以数据为基础的决策能力
变革推动者	谈判、沟通、克服变革阻力的能力
员工激励者	咨询、团队建设能力
行政专家	合同管理、电子化人力资源管理和人力资源信息系统开发能力

第四节 现代人力资源管理的发展路径

一、当前人力资源管理面临的新环境

（一）全球化

全球化（Globalization）是指企业将它们的销售、所有权以及（或者）制造活动向海外新市场扩张的趋势。

市场的全球化可能是最明显的：联想公司、华为公司、索尼公司（Sony）、盖普公司（Gap）、耐克公司（Nike）以及梅赛德斯-奔驰公司（Mercedes Benz）等许多公司都把自己的产品销售到世界各地。不仅如此，许多公司还将自己的生产实现了全球化，将其先进的生产设施建立在世界各地。比如，丰田汽车公司（Toyota）就在美国肯塔基州的乔治镇生产其丰田佳美汽车（Camry），该公司所使用的汽车零部件有将近80%是由美国生产的。随着市场和生产的全球化，所有权的全球化趋势也逐渐显现出来。仍然以美国为例，五分之四的美国教科书出版商（如Prentice Hall、Harcourt、Mifflin、Wiley等）被位于美国之外的其他公司所拥有（如英国的Pearson公司就拥有Prentice Hall出版社的所有权）。

经济全球化也是影响人力资源管理变化的一个主要因素。经济全球化已经彻底改变了市场竞争的边界，使企业面临来自全球的、前所未有的挑战。经济全球化蕴涵着对新市场、新产品、新观念、企业竞争力和经营方式的新思考。

全球化的趋势必然要求人力资源管理的全球化：

1. 员工与经理人才的全球观念的系统整合与管理

首先，人力资源的开发与培训使得我们的经理人才和员工具有全球的概念。

其次,人才流动国际化、无国界。也就是说,我们要以全球化的视野来选拔人才,来看待人才的流动。

2. 人才市场竞争的国际化

国际化的人才交流市场与人才交流将出现,并成为一种主要形式。人才的价值(价格)就不仅仅是在一个区域市场内体现,而更多的是要按照国际市场的要求来看待人才价值。跨文化的人力资源管理成为重要内容。人才网成为重要的人才市场形式。

(二) 技术进步

与全球化趋势相似,互联网和信息技术也一直在迫使企业变得更加富有竞争力。例如,Carrier 公司(一家拥有 4 万名雇员、年销售额达到 100 亿美元的全球头号空调制造商)由于利用互联网,估计每年能够节省 1 亿美元的成本。从全球来看,Carrier 公司的收益就是某个竞争对手的损失;那些不能满足网络技术要求的企业将不能参加竞争。

(三) 工作性质的改变

技术并不只是降低了成本和开辟新的竞争途径,它同时也正在改变着工作的性质。这种说法并不仅仅适用于像亚马逊(Amazon)这样的公司,同样适用于工厂中的那些更为技术性的工作。首先,"在航空、计算机、通信、家用电器、制药和医疗器械等行业中的知识密集型的高科技生产工作"正在替代钢铁、汽车、橡胶和纺织行业中的那些工厂工作。即使是重型制造工作也变得越来越技术化。就像《财富》杂志所说的那样:"今天,几乎所有的邮递员、银行柜员、零售职员、话务员以及账单整理员都在与计算机一起工作。"

工作性质是影响组织人力资源管理的重要因素之一,工作对员工行为的影响很大,概括来说,当前的、未来的工作会显现出以下一些特征:

1. 知识掌握的程度和运用信息技术的能力

"知识技能"在当今社会的重要性已经超过了体力。"知识型"工人能够通过运用数据库、计算机程序和其他信息技术资源(如互联网和局域网)来计划、决策和解决问题。

2. 授权的程度

授权意味着把作出相关且有意义的决策的权力委托给员工。由于享有信息、知识和权力,被授权的员工一般可以顺利地完成他们的工作任务。

3. 对体力的要求程度

比较挖掘工的工作与电脑程序员的工作,总的来说,大多数人更喜欢在工作中运用较少的体力。如 IBM 等一些公司认为,靠智慧工作比靠体力工作更能解决生产率问题。

4. 工作环境

比较炼钢工人的工作环境与银行出纳的工作环境,人们一般喜爱愉快的工作环境和安全的工作条件。一些工作要求在室外进行,而另外一些工作要求在室内进行。一些工作要求雇员待在某个地方,而另外一些工作要求雇员到处转移,比如流水线工人的工作与旅游销售代表的工作,每个人对工作的自然位置有不同的偏好。

5. 工作的时间长度

有些工作要求短期的高强度的努力,有些工作要求长期的压力较小的努力。比如自动流水线上的某些工作是连续的,而经营收费电话亭的工作则是间断的。

6. 工作中的人际互动

比较处在隔离位置、很少见到其他人的雷达操作员的工作与忙碌的宾馆大厅中的接待员的工作,可见一些工作不需要与其他人相互作用,而一些工作则需要与其他人相互作用。

7. 工作的多样性

比较大学教授的自主性与流水线工作者的自主性。一个人所拥有的关于工作的自由和责任的大小标志着某项工作的自主性程度。

8. 工作的整体性

比较自动装配者的工作与税收计算员的工作。工作的完整性程度——完成一整项工作与只对工作的某一部分作出贡献相比的满足感,即工作的整体性。

(四) 知识员工的短缺

任何企业都需要招聘和留住技术熟练的工人,尤其是高新技术产业里的知识工人。以美国为例,根据美国信息技术协会的数据,美国目前有 19 万高科技工作岗位空缺。未来的十年中,这样的工作岗位预计还将增加 100 万个以上。在我国,结构性失业问题尤为严重,知识工人短缺与普通工人过剩并存的矛盾将会长期存在。

(五) 劳动力队伍的变化

劳动力队伍的人口结构本身也在发生着变化。多元化的概念已经被定义为:"任何可以被人们用来表明'那个人跟我不一样'的特质,其中通常包括种族、性别、年龄、价值观以及文化规范等因素。"

过去,临时工常被用于顶替假期、孕产假或者生产高峰人手不够时的岗位空缺。如今,"临时性工作人员"(临时工、独立合作人、被租借的雇员和非全日制工)已占劳动力总数的 20% 以上。许多雇主都是依靠一支掌握关键技能的固定的核心队伍,然后通过雇用临时性工作人员扩充自己的劳动队伍的。

对于人力资源管理者来说,要想在一个多元化的劳动力队伍中创造出某种一致性来,确实是件不容易的事。企业在传统上所雇用、评价以及晋升的雇员实际上都是符合它们头脑中的某种理想形象的人,这些人的思想和行动都符合它们的雇用条件,而那些"不符合要求"的人则会被筛选掉。因此,制定并实施并非仅仅停留在口头上的多元化人力资源管理计划,对于许多企业来说,都是一个挑战。

二、传统人事管理与现代人力资源管理的区别

现代人力资源管理由传统人事管理演变而来。20世纪70年代后,人力资源在组织中所起的作用越来越大,传统的人事管理已明显不能适应环境的变化,它从管理的观念、模式、内容、方法等方面全方位地向人力资源管理转变,变革的目标是为了确保人才和机制维持在最佳状态。现代人力资源管理与传统人事管理之间的区别,已不再仅仅是名词的转变,而是理念上的本质差异。

(一) 传统人事管理

1. 传统人事管理工作的内容

早期的人事管理工作只限于人员招聘、选拔、分派、工资发放、档案保管之类较琐碎的具体工作,后来渐次涉及职务分析、绩效评估、奖酬制度的设计与管理、其他人事制度的制定、员工培训活动的规划与组织等。

2. 传统人事管理工作的性质

传统人事管理基本上属于行政事务性工作,活动范围有限,以短期导向为主,主要由人事部门职员执行,很少涉及组织高层战略决策。

3. 传统人事管理在组织中的地位

由于人事活动被视为低档的、技术含量低的、无需特殊专长的工作,因而人事管理工作并不被人们所重视,人事管理只属于执行层次的工作,无决策权力可言。

(二) 现代人力资源管理

现代人力资源管理是对传统人事管理的超越,具体体现在以下四个方面:

1. 战略性、整体性和未来性

现代人力资源管理是将传统的人事管理的职能予以提高扩大,使它在直线功能上得到加强,在参谋和咨询功能上不断扩展,在参与制定和执行企业战略方面的作用越来越大。现代人力资源管理在内容上不仅包括传统人事管理的行政管理和事务管理内容,而且包括着眼于长期效应、整体范围的战略管理内容,并把原有的工作进行战略性整合和提高,所以它与传统人事管理的最根本的区别是更加具有战略性、整体性和未来性。它从被看做一种单纯的业务管理、技术性管理活动的框架中脱离出来,更多地从事战略性人力资源管理工作,成为企业经营业务部门的战略伙伴。

2. 员工是组织的第一资源

把人力作为资本是受人本主义和人力资本理论的影响。现代人力资源管理视人为最核心的资本,认为人力资本的投资收益率高于其他形态资本的投资收益率;人是第一资源,是支配和利用其他资源的资源,是唯一可以连续投资、反复开发利用的关键性资源。

早期的人力资源管理往往只强调对人力资源的管理,而忽略了人力作为一种资源的可开发性特征,忽略了人力资源具有能动性的特征,忽略了对能动性的开发。现在组织对人力资源培训与继续教育越来越重视,对其投资不断增大,许多世界著名企业均投资成立了自己的培训教育学院。

3. 人力资源管理部门成为组织的生产效益部门

现代人力资源管理与传统人事管理的重要区别是:人力资源管理部门成为组织的生产效益部门。人力资源管理的获取功能的根本任务就是用最少的人力投入来实现组织的目标,即通过职务分析和人力资源规划,确定组织所需最少的人力数量和最低的人员标准;通过招聘与录用规划,控制招募成本,为组织创造效益。

人力资源管理的整合、调控以及维护功能的目的在于增加员工的满意度,提高工作积极性,发挥人力资源的整体优势,为组织创造效益。

人力资源管理的奖酬功能同样可以为组织带来利益。一方面,合理的奖酬与福利作为激励最直接的手段,可以调动员工的工作积极性,充分发挥员工的作用,为组织效力;另一方面,合理的报酬与福利也可以为组织节约成本,因为,合理的报酬与福利由两个因素决定:一是报酬与福利应起到奖勤罚懒的作用,二是能反映本地区同行业相应的报酬与福利水平。

人力资源管理的开发功能更能为组织创造效益。一方面,人力资源开发的最终结果就是能为组织带来远大于投入的产出;另一方面,通过制订切实可行的人力资源开发计划,可在成本上为组织节约更多的投入。

4. 人本化管理

不同于传统人事管理视员工为"经济人",现代人力资源管理视员工为"社会人",认为组织的首要目标是满足员工自我发展的需要。在当今人本管理模式下,现代人力资源管理更多地体现"人格化",注重员工的工作满意度与工作生活质量的提高,尽可能减少对员工的控制和约束,更多地为员工提供帮助与咨询,帮助员工在组织中成长与发展,如为员工提供培训机会,为员工提供发展机会,帮助员工进行职业生涯设计,为员工提供工作与生活咨询,等等。

总之,现代人力资源管理较传统人事管理更具有战略性和主动性,更适合当今组织的管理模式与发展趋势。两者的详细区别见表1-3。

表 1-3 现代人力资源管理与传统人事管理的区别

项目	现代人力资源管理	传统人事管理
观念	视员工为有价值的重要资源	视员工为成本负担
目的	满足员工自我发展的需要、保障组织的长远利益实现	保障组织短期目标的实现
模式	以人为中心	以事为中心
视野	广阔、远程性	狭窄、短期性
性质	战略、策略性	战术、业务性
深度	主动、注重开发	被动、注重管好
功能	系统、整合	单一、分散
内容	丰富	简单
地位	决策层	执行层
工作方式	参与、透明	控制
与其他部门的关系	和谐、合作	对立、抵触
本部门与员工的关系	帮助、服务	管理、控制
对待员工的态度	尊重、民主	命令式的、独裁式的
角色	挑战、变化	例行、记载
部门属性	生产与效益部门	非生产、非效益部门

三、向战略性人力资源管理转化的路径

通过对企业人力资源管理组织结构的调整、业务流程的再造、企业文化的重塑、部分业务的外包、信息技术的合理运用等路径有利于企业向战略性人力资源管理转化。

（一）组织结构调整

传统的人力资源管理组织结构是以招募、培训、薪酬等职能为基础构建的，这种结构不利于人力资源管理变革性活动从事务性等活动中分离与提升，战略人力资源管理组织结构需代之以专家中心、现场工作者、服务中心等专业化组织为基础的组织结构。这样，在人力资源管理部门中，专家中心的人员可以不受事务性工作的打扰而专门开发自己的职能性技能，现场人力资源管理工作者则可集中精力来了解本业务部门的工作环境，而不需要竭力维护自己作为一个专门化职能领域中的专家地位，服务中心的人员可以把主要精力放在为各个业务部门提供基本的人力资源管理服务上，使得人力资源管理的整体效能得以提高。

（二）业务流程改造

企业人力资源管理业务流程改造对人力资源管理人员以及各种技术的运用相当重要，无论多么优秀的人才与高新的技术，若用于一个无效、不合理的流程，则很难改进这一流程的效能，只会导致人力资源管理成本的上升。而对人力资

源管理各项工作流程按战略人力资源管理理念进行全方位的审查、梳理，然后再对其进行重新设计，一定能使这些工作流程不仅能有更高的效率，而且能有高质量的效果。

（三）企业文化重塑

人力资源不同于物质资源，它本身具有主观能动作用。良好的企业文化可以更深程度地激发人力资源的主观能动性，释放企业人力资源的潜能，改进企业人力资源管理效能。重塑企业的优良文化是新经济时代条件下改进企业人力资源管理效能的一条必不可少的路径。

（四）部分业务外包

将日常的一些人力资源管理工作交给企业外部专业化程度更高的公司或者机构去管理亦是改进企业人力资源管理效能的一条路径。这些外部伙伴往往不仅能够以更低的成本提供更为有效的人力资源管理产品与服务，而且往往使得企业内部的人力资源管理者得以将更多的精力集中在对企业价值更大的人力资源管理开发和战略规划等事项上。

（五）信息技术应用

约瑟夫·熊彼特（Joseph Schumpeter）在20世纪初就发现技术是推进社会经济发展最基本的创新动力因素。当今新经济时代一个最显著的特征就是信息技术的广泛运用。早在20世纪60年代末，计算机还是中小规模集成电路时期，人们就尝试使用计算机来替代手工处理大型企业薪资工作，并试图用计算机的高准确性来避免手工操作的错误和误差。到了20世纪90年代末，由于信息技术的一系列突破，数据库技术、客户/服务器技术，特别是Internet/Intranet技术的发展，人们通过集成系统将几乎所有与人力资源相关的事项统一管理起来。集成的信息源、友好的用户界面、强大的报表生成分析工具及信息的交互共享等强大功能的应用使得人力资源管理者的工作效率有了突破性提高。

本章小结

本章对人力资源管理领域的几个关键概念作了界定，重点要掌握人力资源部门承担的责任、人力资源专业人员的胜任素质、向战略性人力资源管理转化的路径。人力资源部门承担的责任分为四种：战略性人力资源管理、转型与变革管理、企业基础设施管理、员工贡献管理。人力资源管理专业人员所需要具备的能力：以数据为基础的决策能力；谈判、沟通、克服变革阻力的能力；咨询、团队建设能力；合同管理、电子化人力资源管理和人力资源信息系统开发能力。向战略性人力资源管理转化的途径为：组织结构调整、业务流程改造、企业文化重塑、部分业务外包、信息技术应用。

> **关键概念**

人力资源　人力资本　知识资本　人力资源管理　战略性人力资源管理
胜任素质

> **课堂练习**

选择题

1. 人力资源管理所有活动的基础和起点是（　　）。
   A. 招聘、甄选和录用　　　　　　B. 人力资源规划
   C. 人员测评　　　　　　　　　　D. 培训
2. 人力资本理论的先驱，被称为"人力资本之父"的人是（　　）。
   A. 柏拉图　　B. 亚当·斯密　　C. 舒尔茨　　D. 马克思
3. 人本管理的核心是（　　）。
   A. 以人为本　　B. 效率第一　　C. 用户至上　　D. 质量第一
4. 由于人力资源管理正在向着战略性的方向发展，在人力资源管理领域中发展最为迅速的是（　　）。
   A. 人力资源规划　　　　　　　　B. 人力资源成本管理
   C. 人力资源开发　　　　　　　　D. 人力资源绩效管理
5. 现代人力资源管理中，"以人为本"的理念是指（　　）。
   A. 把人当成"上帝"，一切都服从、服务于"上帝"
   B. 把人当成组织中最具活力、能动性和创造性的要素
   C. 坚持群众路线，尊重群众意见
   D. 关心员工生活，提高员工物质文化生活水平
6. 现代人力资源管理以（　　）为中心。
   A. 信息　　B. 资本　　C. 知识　　D. 人
7. 人力资源的（　　），是指一定的人力资源必然表现为一定的人口数量。
   A. 有限性　　B. 可用性　　C. 物质性　　D. 能动性
8. 从（　　）看，传统的人事管理采取制度控制和物质刺激的手段，而现代人力资源管理则更多地强调人性化管理。
   A. 管理手段上　　B. 管理方式上　　C. 管理内容上　　D. 管理体制上
9. 人力资源是指一定时间、地点范围内人口总体所具有的（　　）的总和。
   A. 智力能力　　B. 劳动能力　　C. 心理能力　　D. 就业能力

判断题

1. 企业人力资源在数量上是随时间动态变化的，而一个国家或地区的人力资源在一定时间内是相对稳定的。（　　）
2. 现代人力资源管理是人力资源获取、整合、保持激励、控制调整及开发的过程。（　　）

3. 导致组织内部人浮于事、内耗严重的人力资源供求情况一定是人力资源供大于求。（   ）
4. 以人性为核心的人本管理包括企业人、环境、文化、价值观四个方面。（   ）
5. 在企业经营活动中，人是管理活动的主体，又是管理活动的客体。（   ）

讨论题

1. 你认为中国企业的人力资源管理处于人力资源管理发展的哪个阶段？如何实现人力资源管理角色的转变？
2. 你认为一个合格的人力资源管理专业人员应具备哪些素质？
3. 如果你是一个人力资源管理者，你如何证明人力资源管理能够为企业增加价值？

讨论案例

联想集团的人力资源管理

联想集团从 1984 年创业时的 11 个人、20 万元资金发展到 2008 年已拥有近 3 万名员工、644 亿元资产、累计上缴利税 126 亿元，成为具有一定规模的贸、工、技一体化的中国民营高科技企业。当外界纷纷探索联想成功的奥秘的时候，当一大批优秀的年轻人被联想的外部光环吸引而云集联想的时候，我们不妨走入联想内部，去看看联想的人力资源管理。

观念的转变：从"蜡烛"到"蓄电池"

联想和每一个企业的成长历史相类似，也经历了初创、成长到成熟几个阶段。在企业成长过程中，随着企业规模的扩大，企业领导层越来越认识到人的作用。1995 年，集团"人事部"改名为"人力资源部"，这种改变不仅是名称上的变化，更是一种观念的更新。

蒋北麒先生说："过去的人才管理把人视作蜡烛，不停地燃烧直至告别社会舞台。而现在，把人才看做资源，人好比蓄电池，可以不断地充电、放电。现在的管理强调人和岗位适配，强调人才的二次开发。对人才的管理不仅是让他为企业创造财富，同时也要让他找到最适合的岗位，最大限度地发挥自身潜能，体现个人价值，有利于自我成长。"

中关村是人才争夺"重地"，贝尔实验室、微软研究院、IBM 研究中心等外资研发机构纷纷在此安营扎寨。在这场人才抢夺战中，联想并不是被动挨打，而是主动出击。它们认为这些跨国公司的进入，大大刺激了中国的人才市场，同时也给国内企业提供了一个更新人才观念、改变管理机制的学习机会。为此，联想提出了自己的崭新理论：项链理论。也就是说，人才竞争不在于把最大最好的珠子买到，而是要先理好自己的一条线，形成完善的管理机制，把一颗颗珠子串起来，串成一条精美的项链。而没有这条线，珠子再大再多还是一盘散珠子。没有好的管理形成强有力的企业凝聚力,仅仅依赖高薪也难留住人才。

在赛马中识别好马

联想为那些肯努力、肯上进并肯为之奋斗的年轻人提供了很多机会。联想电脑公司的总经理杨元庆、联想科技发展公司的总经理郭为、联想科技园区的总经理陈国栋……当时都是没有超过35岁的年轻人,他们各自掌握着几个亿甚至几十亿营业额的决策权。从1990年起,联想就开始大量提拔和使用年轻人,几乎每年都有数十名年轻人受到提拔和重用。联想对管理者提出的口号是:"你不会授权,你将不会被授权;你不会提拔人,你将不会被提拔",从制度上保证年轻人的脱颖而出。

联想启用年轻人采取的策略是"在赛马中识别好马"。这包括三个方面的含义:(1)要有"赛场",即为人才提供合适的岗位。(2)要有"跑道"划分,不能乱哄哄挤作一团,必须引导他们有秩序地竞争。(3)要制定比赛规则,即建立一套较为科学的绩效考核和奖励评估系统。

媒体评论说联想"爱折腾"。从1994年开始,每到新年度的3—4月间都会进行组织机构、业务结构的调整。在这些调整中,管理模式、人员变动都很大。通过"折腾",联想给员工提供尽可能多的竞争机会,使在工作中崭露头角的年轻人脱颖而出,而那些固步自封、跟不上时代变化的人就会被淘汰。这就是"在赛马中识别好马"。

善于学习者善于进步

联想创始人之一、公司副总裁李勤总结自己时说过一句话:办公司是小学毕业教中学。其含义是:办企业对他是一项全新的挑战,需要学习的知识太多。不仅是李勤一个人,不仅仅是联想一家企业,可以说中国整个企业界尚处于少年期,需要学习的地方很多,善于学习者善于进步。

联想注重向世界知名的大公司请教。在人力资源管理上,IBM、HP等都是它的老师,联想和这些公司的人力资源部保持着亲密的关系。同时,它与国际上一些知名的顾问咨询公司合作,引入先进的管理方法与观念。比如它和CRG咨询公司合作,参照该公司的"国际职位评估体系"在集团内开展岗位评估,统一工薪项目,推行"适才适岗、适岗适酬"的管理方针。

适才适岗,要求首先对岗位进行分析评估,岗位职责明确并有量化考核指标;其次对员工的技能素质、心理素质和体质等进行分析。同时,还必须有一套机制来保证适才适岗。通过建立企业内部劳动力市场,通过轮岗制度,来实现人和岗位的最佳配置。

小公司需要关羽、张飞、赵云,大公司需要刘备

联想决策层一直关注领军人物的培养,柳传志总裁曾说过:"领军人物好比是1,后面跟一个0是10,跟两个0是100……"

用一个不太确切的比喻:一个刚兴起的小公司需要关羽、张飞的勇猛格斗,而一个已具规模的企业更需要刘备的知人善用。好的领袖人物需要有识人的眼光和培养人的胆略。

那么,什么人更能获得成功?

第一,他要具有极强的上进心。联想要培养的是更在乎舞台和自我表现机会的年轻人,为国家、为民族富强把职业变成事业的人,纯粹求职的人在联想没有大的发展。

第二,他要乐于接受新知识并勤于学习。科技飞速发展的今天,知识更新越来越快,不会学习者就是文盲。

第三,他要有对事物的敏感性,能预见结果,具备一眼看到底的透彻力(此种能力更是智慧加经验)。

第四,也是最重要的,他要有自知之明,不要自视过高,会时时清醒意识到公司及个人所处的位置,知不足而后改之。年轻人总有点自视过高,不能清醒评价自己,也不能充分领略别人的精彩之处,这种人往往不易进步。

第五,他悟性要强,要善于总结。犯错误并不可怕,可怕的是在同一个地方因同一原因摔第二次。

资料来源:廖泉文.人力资源管理经典案例[M].北京:高等教育出版社,2005。

问题:
1. 联想集团的人力资源管理的哪些方面对我国企业有借鉴作用?
2. 联想集团在向战略性人力资源管理转化的过程中经历了哪些路径?

复习思考题

1. 人力资源管理的发展和演变经历了哪几个阶段?
2. 简述人力资源部门的责任及人力资源专业人员的胜任素质。
3. 向战略性人力资源管理转化的路径是怎样的?

推荐阅读

1. 赵曙明.人力资源管理与开发[M].北京:高等教育出版社,2009.
2. 高桂平,王勇.人力资源管理概论[M].武汉:武汉理工大学出版社,2008.
3. 李广义.人力资源管理理论与方法研究[M].天津:天津大学出版社,2007.
4. 鲍立刚.基于企业运作的人力资源管理[M].成都:电子科技大学出版社,2008.
5. 加里·德斯勒.人力资源管理[M].北京:中国人民大学出版社,2005.
6. 雷蒙德·诺伊.人力资源管理:赢得竞争优势[M].北京:中国人民大学出版社,2006.
7. 丹尼尔·雷恩.管理思想的演变[M].北京:中国社会科学出版社,2000.
8. 张涛,张若雪.人力资本与技术采用:对珠三角技术缓慢的一个解释[J].管理世界,2009(2).
9. 罗新华.企业家人力资本价值计量模型的设计[J].管理世界,2008(7).
10. 勾晓瑞.打造全员参与创新的人力资源管理体系[J].中国人力资源开发,2009(7).
11. 夏光.人力资源、人力资本与人力资产的比较研究[J].中国人力资源开发,2008(1).

第二章 组织设计

> 高度结构的、正式的、非人格化的理想行政组织体系是人们进行强制控制的合理手段,是达到目标、提高效率的最有效形式。
>
> ——马克斯·韦伯
>
> 好的组织结构应具备六种共同的特点:(1) 明确;(2) 具有经济性;(3) 引导方向和有利于相互了解;(4) 有利于决策;(5) 具有稳定性和适应性;(6) 具有永存性和自我更新。
>
> ——彼得·德鲁克

本章学习目标

1. 掌握组织的内部特征和组织设计的影响因素。
2. 理解组织设计的基本方法。
3. 掌握典型的组织设计方法。
4. 了解全球经营的组织设计方法。

引导案例

IBM 的组织变革

不久前,一直在矩阵管理上扮演榜样角色的 IBM 悄悄开始了变革,尽管其矩阵结构在总体上没有变化,但是它在区域子公司和全球总部的分工上却重新开始了调配。在区域子公司层面,IBM 削弱了管理的职能,在西欧一些地区甚至解除了部分区域管理人员的职位;与之相反的是,公司加大了当地市场销售团队充分自由作决策与行动的权力。而在总部职能上,核心功能则更加集中,例如马来西亚、斯洛伐克、西班牙和巴西这四个共享服务中心也开始承担客户支持业务。另外,为了在激烈竞争的市场上取得优势,它们的研究机构也扩展到了中国与印度。

正如"黑色正装、白色衬衫"曾是IBM的企业符号一样,矩阵式组织结构在过去数十年也一直是IBM在管理上最显著的特征。由于这种组织结构能够弥补对企业进行单一划分带来的不足,把各种企业划分的好处充分发挥出来,应对多元化竞争,因此在20世纪90年代末至今年年初,IBM一直将之作为全球化管理的最佳选择,很多跨国公司也随之效仿——在横向结构上,将全球的地域市场进行分类,如亚太区、北美区、欧洲区等;在纵向结构上,既有按产品体系划分的事业部,也有按行业划分的部门,还有以销售、渠道、支持等不同的职能划分的部门。

但时至今日,最初的矩阵管理结构已经暴露出一些弱点,如成本加大、内耗过多等,因此IBM先对区域子公司和全球总部的职能进行重新分工,前者更集中在市场应对、产品本土化方面,而后者的工作是寻找最合适的外包渠道,集中财力研发,对呼叫中心这种可以统一处理的事业进行整合。这意味着随着全球化的深入,应该适时考虑将矩阵中的横、竖结构更加细化和提升,以适应全球和本地市场的变化。

资料来源:http://www.8899y.com/34/content-109289-1.html。

问题:
IBM的组织结构有什么特征?为什么需要变革?

第一节 组织设计概述

一、什么是组织设计

组织设计就是诊断和选择为达到组织目标所必需的结构,以及诊断和选择正式的沟通、分工、协调、控制、权威与责任体系的过程。组织设计通常涉及诊断多种因素,包括组织文化、权力、政治行为和工作设计等。设计什么样的组织取决于环境、技术、组织的战略、规模等多种因素。

二、组织的内部特征

组织的内部特征为衡量和比较组织提供了基础。组织设计是通过改变组织的内部特征来完成的,其结果必然导致这些特征中的一个或多个发生变化。组织的内部特征主要有以下八个:

(一)规范化

规范化是指组织中书面文件的数量。这些书面文件包括工作程序、工作描述、规章和政策手册等,它们描述组织的行为和活动。规范化通常是通过对组织内的文档数目的简单清点来衡量的。例如一所综合性大学就需要较高的规范性,因为它有许多成卷的有关学生注册、课程增减、学生会管理及财务管理等方面的书面规章;而一个较小的家族企业,相比之下几乎就没有书面规章,因而也就被认为是非规范化的。

（二）专门化

专门化是指将组织的任务分解成为单个工作的程度。如果专门化的范围广,那么每个员工只需从事组织工作的很小一部分。如果专门化程度低,员工从事工作的范围也就较广。专门化有时也被称为劳动分工。

（三）标准化

标准化是指相类似的工作活动以统一的方式来执行的程度。在像麦当劳这样高标准化的组织中,工作内容被详细地描述,并且相似的工作在所有的地方都以同样的方式来完成。

（四）权力层级

权力层级被用来描述谁向谁报告以及每个管理者管理的跨度。这种层级通过组织结构图中的竖线来描述,如图2-1所示。层级与管理的跨度相联系(向监督者报告员工的数量),管理的跨度狭窄,其层级就多;管理的跨度宽广,其层级就少。

（五）复杂性

复杂性是指组织活动或子系统的数量。复杂性可以从三个方面衡量:横向、纵向和空间。纵向的复杂性是指层级的数量;横向的复杂性是指横向跨越组织的部门和工作的数量;空间的复杂性是指地理位置等方面的数量。图2-1所示的是一个社区工作培训项目的组织结构和层级的示意图,其具有5个纵向层级的复杂性组织;其横向复杂性可以视为34个工种或7个主要部门;其空间复杂性较低,因为该组织位于一个地点。

（六）集权化

集权化是指有权作出决策的层级。当决策权处于高层级时,组织就被集权化;当决策权处于较低的组织层级时,就是分权化。组织可能集权化的决策包括:购买设备、确定目标、选择供应商、制定价格、雇用员工和决定市场范围等。

（七）职业化

职业化是指员工的培训和受正规教育的程度。当员工需要经过较长时间的训练才能胜任工作时,该组织被认为具有较高的职业化特性。职业特性一般通过员工的平均受教育年限来衡量,如医药行业可能高达20年,而建筑业则不足10年。

（八）人员比率

人员比率是指组织人员在不同部门及功能间的配置。人员比率包括管理人员、文秘、专业人员和从事间接和直接劳动的员工等的比率。它通过各类人员除以组织人员的总数来衡量。

第二章 组织设计

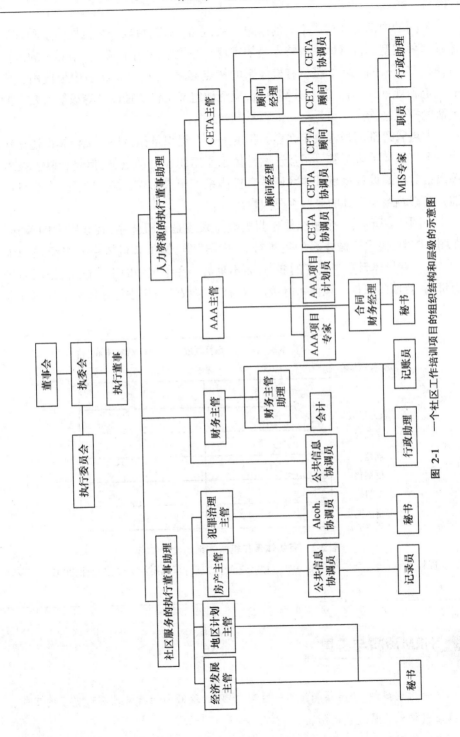

图 2-1 一个社区工作培训项目的组织结构和层级的示意图

不同的内部特征组成不同的组织体系,总的来讲,可以分为机械体系和有机体系两种类型。机械体系的特点是依靠规定和规章,集中决策、严格界定的工作责任以及严格的权威等级。有机体系的特点与之相反,是少或适中地使用正式的规定和规章,权力分散和共同决策,宽泛地定义工作责任以及等级层次较少的灵活的权威结构。

上层管理部门通常决定在多大程度上一个组织是作为一个机械体系还是作为一个有机体系来运转。虽然这两种体系是组织设计的选择,但是,环境、技术等因素对组织设计是机械体系还是有机体系有很大影响,本书在下一小节将详细介绍影响组织设计的一些主要因素。

如图2-2所示,一个组织是强调机械体系还是有机体系,存在巨大的差异。在图2-2中,偏重机械体系的组织被归于"B"类,偏重有机体系的组织被归于"A"类。有机体系重视员工的能力,而不是员工在组织中的正式职位,把能力作为付酬、晋职的依据。该体系等级层次灵活,授权让员工去处理环境中的不确定因素。

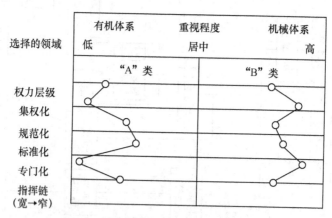

图2-2 有机体系和机械体系的设计特点

资料来源:唐·荷尔瑞格等.组织行为学[M].大连:东北财经大学出版社,2005。

HRM资料与工具

帕金森定律:一个科层制组织一旦建立起来,就倾向于给自己制造更多的工作,并推动机构和人员规模的膨胀。

帕金森定律告诉我们:首先,一个不称职的领导一旦占据领导岗位,庞杂的机构和过多的冗员便不可避免,整个管理系统就会形成恶性膨胀,陷入难以自拔的泥潭。其次,人浮于事的管理体系必然造成决策失误。

资料来源:http://baike.baidu.com/view/40865.htm? fr = ala0_1。

三、组织设计的影响因素

（一）环境

环境包括对组织的存亡有直接影响的外部利益关系人和因素,主要有产业、政府、顾客、供应商、金融机构等。其中,顾客、供应商、管理部门、股东以及债权人等是主要的利益关系人。对组织影响最大的环境因素通常是其他组织。

环境对组织的影响有两种基本方式:(1) 对有关环境的信息需求;(2) 对从环境中获取资源的需求。复杂和变化的环境条件要求收集信息并在此基础上作出对策。组织也受到稀缺的原材料和财物资源的影响,它必须保证资源的可获得性。不同的环境具有不同的不确定性。不确定性是指决策者没有关于环境因素的足够的信息,并且他们难以预测外部的变化。组织必须应付环境的不确定性。因为,不确定性增加了组织对环境反应的风险,并且使可选择决策的成本与概率的计算非常困难。

环境不确定性的大小是由外部环境的简单与复杂程度以及因素的稳定与不稳定程度所决定的。其中,简单—复杂方面是指环境的复杂程度,即与组织经营有关的外部因素的不同组成,或者这些因素的数量与不同之处。在一个复杂的环境中,许多不同的外部因素相互作用并影响组织,比如电信企业就处于一个复杂的环境中。在一个简单的环境中,只有少数几个相似的因素影响组织。稳定—非稳定方面是指环境因素是否是动态的。稳定的环境通常经过一年或几个月仍然保持不变,而在不稳定的条件下,环境会突然变化。对于今天的大多数组织而言,环境正变得更加不稳定。简单—复杂和稳定—非稳定两方面相结合形成一个评价环境不确定性的框架,如图 2-3 所示。

在确定性环境中的组织,其控制与管理不同于在不确定性的环境中的组织。这表现在职位和部门、组织的差别和一体化、控制过程、机构模仿以及未来的计划与预测等方面。组织需要在内部结构和外部环境之间寻求平衡。环境不确定性对组织特征产生影响的方式见图 2-4,在该图中变化与复杂性方面相结合并反映不确定性的四个层次。低度不确定性环境中的组织,具有较少的部门和机械性的结构;中低度不确定性环境中的组织,需要更多的部门与较多的整合作用一起去协调各部门,可能会进行某些计划和模仿的工作;中高度不确定性环境中的组织,组织结构是有机和分散的,计划受到重视并且管理者能很快模仿成功的

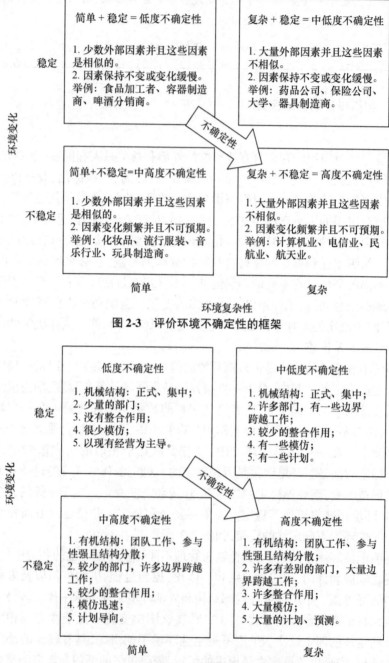

图 2-3　评价环境不确定性的框架

图 2-4　环境不确定性和组织反应的框架

资料来源：理查德·L.达夫特.组织理论与设计[M].大连：东北财经大学出版社,1999。

竞争对手的特点;高度不确定性环境中的组织,规模很大并且有很多的部门,但它们都是有机的,有大量的管理人员被分派从事协作与整合,并且组织运用边界跨越、模拟、计划和预测等方法来应对环境的不确定性。

(二)组织的目标和战略

组织的目标和战略决定了它的目的和竞争性技巧,从而区别于其他组织。目标常常作为公司长远计划的说明被记载下来。战略是为应付环境和达到组织目标而描述资源分配和活动的行动计划。目标和战略决定组织的经营范围以及员工、客户和竞争者之间的关系。组织的结构应当服从战略,组织战略的变化先行于组织结构的变化。

迈克尔·波特的竞争性战略模型为竞争行动提供了一个包括三个竞争性战略的框架,这些战略及与之相关的组织特征见表2-1。

表2-1 波特的竞争性战略中的组织特征

战略	波特的竞争性战略组织特征
低成本领先	高度的中央集权、严格的成本控制 标准操作程序 容易掌握的制造技术 高效的获取和分销系统 密切监督,有限的员工授权 经常的和详细的控制报告
差别化	有机的、宽松方式的行动、部门间较强的协调性 创造性强、思维开阔 加强基础研究能力 加强市场能力 奖励员工的创新 公司名誉依靠质量和技术领先
集中化	高层指导性政策在特定战略目标上结合 奖励和报酬制度灵活,与客户关系亲密 衡量提供服务和维护的成本 客户忠诚 加强员工与客户接触的授权

1. 低成本领先战略

低成本领先战略试图通过强调比竞争对手更低的成本来增加市场份额。选择该战略的组织将极力寻求有效的方法去降低成本,并运用严密的控制来达到比竞争对手更有效的生产,使公司能够以低于对手的价格提供与之质量相当的产品,从而获得可观的利润。

2. 差别化战略

采用差别化战略的组织,将努力把自己的产品或服务与行业中其他组织的产品或服务相区别。组织可能利用广告、产品特色、附加服务或新技术等使其产品具有独特性。这种战略一般是面向那些不十分关心价格的顾客,而且能够减少对手的竞争并可以消除替代品的威胁,因此采用这种战略是相当有利可图的。然而,成功的差别化战略需要花费较大的代价,如产品研发、设计和大范围的广告。公司追求差别化战略需要较强的市场能力,并且需要有创造性的员工花费时间与资源去寻求创新。

3. 集中化战略

集中化战略是指组织集中于一个特定的地区性市场或购买者集团,在特定的较窄的市场区域内努力地实现低成本的优势或差别化的优势。运用集中化战略的企业能够得到迅速的成长。

组织的管理者应该根据集中化战略,形成有助于组织优秀的大量的内部特征。其中,与组织设计相关的特征是:简化的形式和精简的人员、分权化、在业绩衡量的财务与非财务方法之间的平衡。

简化的形式和精简的人员意味着组织的基本形式以及整个系统相当简化,并且没有冗员,不存在官僚制。大公司为简化可以分成若干个小型的事业部,以增强适应性。

分权可以鼓励各层级员工的创新和变革,使技术人员与市场人员更容易相互配合。保持较小的单位可以形成员工的归属意识,以解决共同面临的问题。

衡量员工的业绩时,财务与非财务方法相结合的综合评估方法,有助于管理者和所有员工在关键的战略目标上密切合作,为公司业绩提供一个较好的前景,使公司长期更为成功。

(三) 组织的规模

规模是以组织中的人数来反映的组织的大小。它可以根据整个组织或具体构成(如工厂或事业部)来衡量。由于组织是一个社会系统,规模一般用人数来衡量。

组织的规模对其结构具有显著的影响。大型组织具有许多与小型组织相区别的特点:具有较多的规章制度;文字工作、书面沟通和文件较多;更高的专业化程度;更强的分权化;高层管理人员的人数较少,办事人员、维修人员和专业人员比重较高。

(四) 技术

组织技术是生产子系统的属性,它包括用以改变组织从投入到产出的行动和技术。如一条装配线、一间教室和一个炼油厂等都是组织技术,尽管它们之间彼此各不相同。技术对组织的影响是多层次、多方面的:有来自组织层次的技术的影响,也有来自部门层次的技术的影响;部门间工作流程的依赖性不同,组织结构也不同;以计算机为基础的信息技术的应用同样对组织结构产生了影响。

1. 组织层技术

组织层技术有制造性企业和服务性企业两种类型。

(1) 制造性企业

制造技术包括传统的制造过程及新的以计算机为基础的制造系统。

制造过程技术的复杂性反映了制造过程的机械化程度。较高的技术复杂性意味着绝大多数工作由机器来完成,而较低的技术复杂性意味着在生产过程中工人起主要作用。根据技术复杂性可以将制造技术分为四类,由低到高依次是:小批和单件生产(手工操作为主)、大量大批生产(具有标准化部件生产线)、连续加工生产(无间断的机械化生产过程)和计算机一体化制造(CIM)。

不同的技术复杂性,其组织结构所呈现的特征也不同。在单件生产和连续加工技术方面的管理系统都具有有机的特点,它们具有较高的自由流动性和适应性、相对较少的程序且非标准化。大量大批生产则是机械性的,具有标准化的工作和正式的程序。

CIM 是最先进的技术的统称,包括机器人、数控机床工具以及产品设计、工程分析和远程控制等计算机软件,也叫敏捷制造、未来工厂、智能工厂或适应性制造系统。CIM 的应用使工厂体制发生了彻底的改变,大型工厂也能以较低的成本大量生产各种定制的产品。它还使原来的组织结构发生了巨大的变化。与传统的大量生产技术相比,CIM 的管理跨度窄、层级少、任务具有适应性、专业化程度低、分权化,全部环境以有机和自我规制为特点,员工参加团队需要一定的技能,并且经常进行广泛的训练,不会过分地专业化,知识可以得到及时的更新。

(2) 服务性企业

服务性企业的特征是:同时进行生产和销售,产出是无形的。无形的产出意味着服务业通常是劳动密集型的。服务技术的特点对提供服务的企业的组织结构和控制系统产生了明显的影响。这些影响表现在处于技术核心的员工与顾客的关系非常紧密。

服务性企业和制造性企业的构成与结构特点如表 2-2 所示。

表 2-2　服务性企业与制造性企业的构成与结构特点

结构	服务性企业	制造性企业
1. 独立的边界作用	少	多
2. 地域性分布	多	少
3. 决策制定	分权化	集中
4. 正式化程度	低	高
人力资源		
1. 员工技术水平	高	低
2. 技术特点	人与人相互合作	技术性

2. 部门层技术

部门层技术对组织设计的影响可以从两个方面进行分析：工作流程的不确定性、任务的不确定性。

（1）工作流程的不确定性

工作流程的不确定性指的是经理或员工对什么时候可以收到信息进行处理的了解程度。当工作流程的不确定性低的时候，一个部门有很少的决定权来决定什么任务、在什么时候或在哪儿来完成，工作就变得容易多了。参与者在解决问题时，可以运用客观的、计算性的程序，也可以运用标准程序。例如，教程和手册中的指令、指南或技术知识。

（2）任务的不确定性

任务的不确定性指的是经理和员工对制造的产品的了解程度。当任务的不确定性高的时候，员工对如何完成手头的任务知之甚少。例如，实验室里正在努力寻找癌症和艾滋病疗法的工作人员，他们面对的任务不确定性就很高。在任务不确定性高的情况下，部门的主要成员通常必须应用经验、判断力和直觉共同对问题进行界定和提出解决办法，以获得理想的结果。

图 2-5 表示的是部门技术的两个方面——工作流程不确定性和任务不确定性。一旦部门技术的性质被认定，那么就可以确定适当的结构。部门技术与一系列的部门特点相联系，如员工的熟练水平、规范化和沟通方式等。

图 2-6 对分别与四种部门技术相对应的管理特征、结构特点进行了总结。

3. 部门间工作流程的依赖性

工作流程的依赖性，就是任务的相互依赖性，是指为获得资源和材料以完成工作的部门之间彼此相互依赖的程度。低的依赖性是指部门能够独立地完成其工作而彼此无需相互作用、协商或交换资源。高的依赖性则意味着部门必须不

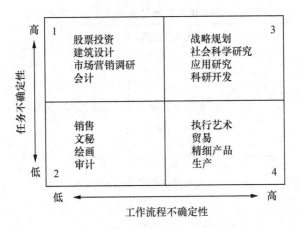

图 2-5　部门技术框架

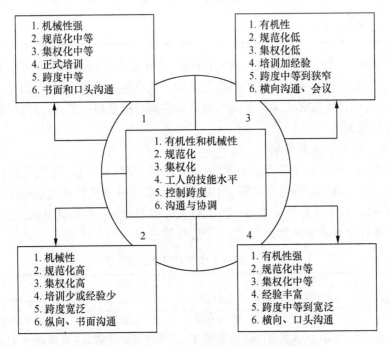

图 2-6　部门技术与结构和管理特征之间的关系

断地交换资源。詹姆斯·汤普森(James Thompson)根据依赖程度的高低定义了依赖性的三种类型：集合性依赖、序列性依赖和互惠性依赖，如表 2-3 所示。

表 2-3　汤普森关于依赖性的分类及其管理的含义

种类	单位位置接近的程度	横向沟通的需要	需要协调的类型	举例
集合性依赖	低	沟通程度低	标准化、规章、程序	银行
序列性依赖	中	沟通程度中等	计划、安排、反馈	生产线
互惠性依赖	高	沟通程度高	彼此调整、跨部门会议、团队	医院

由此可见，部门之间在原材料、信息或其他资源等方面彼此的相互依赖程度不同，它们之间需要相互协调的程度也不同。依赖性越高的组织，对协调性的要求越高，组织设计就必须与其正确的沟通和协调的程度相适应，以便应付部门之间的相互依赖性。

（五）组织的生命周期

组织的发展要经历四个主要阶段：创业阶段、集体化阶段、规范化阶段和精细阶段。在生命周期的各个阶段，组织的结构、领导体制及管理制度都具有相当的可预测性，表2-4总结了与每一阶段相关的组织特点。需要注意的是，组织的四个发展阶段并不是离散的，而是一个连续的过程。

表 2-4　组织生命周期四阶段的特征

特征	1 创业 无官僚制	2 集体化 前官僚制	3 规范化 官僚制	4 精细 官僚制强
结构	不规范、个人表现	基本上不规范	程序规范、劳动分工和专业化增强	官僚制中的阶层、小公司思路
产品或服务	产品或服务单一	主要产品或服务有差异	产品线或服务线	多重产品或服务
奖励与控制系统	个人、家长制	个人、服务于成功	非个人、规范化系统	延伸性、产品或部门转换
革新	由业主——管理者提出	由员工及管理者提出	由独立的革新团队提出	研发部门机构化

(续表)

特征	1 创业	2 集体化	3 规范化	4 精细
	无官僚制	前官僚制	官僚制	官僚制强
目标	生存	成长	内部稳定、市场扩张	声誉、组织完善
高层管理方式	个人制、企业主制	激励忠诚、指明方向	控制性委派	团队方法、批评官僚制

资料来源: Adapted from Larry E. Greiner, "Evolution and Devolution as Organizations Grow", *Harvard Business Review* 50 (July-August 1972): 37-46; G. L. Lippitt and W. H. Schmidt, "Crises in a Developing Organization", *Harvard Business Review* 45 (November-December 1967): 102-112。

1. 创业阶段

组织产生之初,重点是生产产品和在市场中求得生存。生产技术活动和营销是组织创立者即业主的工作重心。创业阶段组织的特点是:组织规模小;非规范化、非官僚制;工作时间较长;高层管理者建立组织结构和控制系统,控制也是由企业主个人进行监督。组织的主要目的是生存和提供单一产品的生产或服务。

2. 集体化阶段

在集体化阶段,组织开始提出明确的目标和方向,部门也随着权力层级、工作分派及劳动分工而建立,员工与组织的使命一致并花费很长的时间去协助组织成功。每个成员都感到自己是集体的一部分,尽管规范的制度已开始出现,但沟通与控制基本上是非规范的。这个阶段组织处于青年期,继续成长是组织的目标。

3. 规范化阶段

规范化阶段包括规章、程序及控制系统的建立与运用。在此阶段,沟通虽不频繁但更为规范,可能需要增加工程师、人力资源专家或其他人员。高层管理通常只关心诸如战略和计划等问题,而将企业的经营权授予中层管理者。产品群体或其他分权化单位的形成可能会提高企业的协调性。以利润为基础的激励制度的实施可能会保证管理者向着对全公司而言最好的方向去努力。其效果是新的协调和控制系统能够通过建立高层管理者与经营单位之间的关系来使组织继续成长。此时组织开始进入中年期并出现官僚制的特征,增加了集团人员、规范化程序,建立了清晰的层级制和劳动分工。其主要目标是内部稳定和扩大市场。

4. 精细阶段

成熟的组织规模巨大,并且是官僚化的,拥有广泛的控制系统、规章和程序。贯穿组织的是管理者提高了面对问题和共同工作的技能,官僚制可能达到了组织的极限。此时,组织的管理者试图在官僚制中发展团队导向,以防止组织进一步官僚化;组织的形象和名誉变得非常重要。社会控制和自我约束降低了增加规范控制的必要性,管理者也学会在官僚制中工作而不助长它。规范制度可以被管理者团队和工作人员简化和替代。为实现合作,通常需要公司跨部门形成团队。

组织的成长要经过生命周期的各个阶段。生命周期现象是非常有用的现象,它有助于理解组织所面临的问题,为管理者如何以积极的方式对包括组织结构在内的各方面因素进行调整提供理论支持,从而有利于组织更好地向下一阶段过渡。

第二节 组织设计的方法

为了直观起见,组织结构通常用组织图来反映。组织图是对一个组织的一整套基本活动和过程的生动描述。从组织图中,我们能清楚地看到一个组织基本的结构特征,如正式的报告关系(命令链)、层级数量、管理跨度、部门组合方式、横向协调方式等。在上一节提到的众多因素的综合影响下,不同的组织在不同的时期所选择的组织设计方法是不同的。根据组织设计的依据不同,最基本的设计方法有七种:根据职能设计、根据产品设计、根据区域设计、混合式设计、矩阵式设计、根据工作流程设计和网络式设计。随着全球竞争的加剧,以这七种基本设计方法为基础,国际化进程中的公司创造了新的更加适应国际化运作的组织设计方法。

一、组织设计的基本方法

从影响组织设计的两个关键因素——环境和技术出发,图 2-7 对比了七种基本的组织设计方法最可能有效的条件。

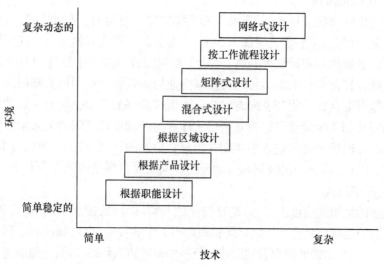

图 2-7 组织设计的基本方法

(一) 根据职能设计

根据职能进行设计的组织,从上至下是按照相同的职能来组合各种活动的,其组织结构是职能式组织结构。所有的工程师被安排在工程部,主管工程的副总裁负责所有的工程活动。市场、研究开发和生产等方面也是一样的。对员工按职能分组既高效又节约,是划分部门时被最广泛采用和接受的组织划分形式。

当一个组织具有的产品生产范围很窄、外界环境稳定、遵循的是低成本或集中型的战略、组织技术相对简单、不必对服务于不同种类的顾客作出反应的情况下,职能式结构是有效的。组织目标在于内部效率和技术专门化,规模从小型到中型不等,需要很少的横向协调。稳定的环境、例行的技术、内部的效率和较小的规模意味着组织可以主要通过纵向层级来实现控制和协调。在组织中,员工致力于完成各自职能部门的工作目标。计划和预算这两种职能反映了各个部门的资源耗用成本。职能部门的高层管理者具有正式的权利和影响。

职能式结构既有优势又有劣势。其优势表现在它能明确地界定和分配任务,因而员工很容易理解它。承担同样任务和面临同样问题的人在一起工作,增加了交互反映和相互支持的机会,员工可以共享资源,从而提高了职能部门中的规模经济效应。同时,职能式结构也有助于员工技能的进一步开发。其劣势是对外界环境变化反应缓慢,因为这需要部门间进行协调。员工可能看不到组织的全局,对组织的整体目标认识有限,因为这种结构培养了由于集中于狭窄的工作任务范围而形成的带有局限性的观点。同时,由于缺少协调,员工很少创新。

只有一种产品领域的典型的制造公司一般按职能——工程、人力、制造、运输、采购、销售和财务——来划分部门。其任务通常也是按过程中运用的职能——接收、打印、用金属固定、安装、上漆以及检查(序列性依赖)——来划分的。盖勒威-高尔夫公司是美国最大的高尔夫俱乐部制造商。图2-8是该公司的职能式组织结构图,其既按管理职能又按管理程序来划分部门。

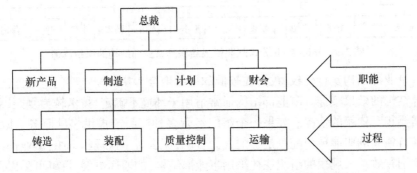

图2-8 盖勒威-高尔夫公司根据职能和过程的组织设计

资料来源:Callway Golf 1996 Annual Report. Carlsbad, Calif, 1997。

按职能设计是最基本的组织设计方法,是其他设计类型演变发展的基础。由于环境趋向于不确定,组织结构逐渐向扁平化、横向结构的方向发展,几乎没有哪个成功的公司能够保持那种严格意义上的职能式结构。在职能式结构中增加横向联系,如专业化的参谋部门,可以使组织有效应对一定程度的环境复杂性和动态变化性。

(二) 根据产品设计

根据产品设计指的是建立独立自主的单位,每个单位都能开发、生产和营销自己的产品和服务。按产品设计的组织结构也被称为"事业部结构",那些独立的单位就是事业部,其最显著的特点是:事业部的组合建立在组织产出的基础之上。事业部结构和职能式结构的不同之处如图2-9所示。职能式结构可以重新设计成独立的产品组,每个产品组都包括研发、生产、会计和市场等部门,各个产品组内职能部门之间的协调最大化。

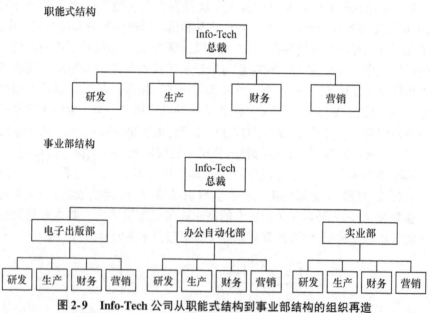

图 2-9　Info-Tech 公司从职能式结构到事业部结构的组织再造

事业部结构实行分权,权力在较低的层级聚合。在跨职能部门协调方面,事业部结构的效果极佳。事业部结构通常适用于环境不确定、技术较为复杂、部门间需要相互依赖的情况。如果一个组织经营多种产品或提供多种服务,并可以给各自独立的职能单位配置足够的人力资源,那么对于这样的组织,事业部结构将特别有效。大规模的组织往往采用事业部结构,如通用电气、百事可乐以及强生等。它们有着规模巨大、结构复杂的组织,为了实现更佳的控制与协调,各自都划分为一些较小的、自主经营的组织单元,即事业部。这种单元有时也被称为分部或战略经营单位。

事业部结构主要有以下优势：(1) 它能适应不稳定环境中的快速变化，并具有高度的产品前瞻性；(2) 因为每种产品是一个独立的事业部，顾客能够与确切的事业部联系并获得满意的服务；(3) 部门之间可以进行很好的协调，每种产品均能满足不同的消费者或地区的需求。

事业部结构的不足之处有：(1) 组织失去了规模经济效应。在职能式结构中，50名研究工程师可以共同工作，而在事业部结构中10名工程师可能被分派到5个事业部去。对深入研究而言，非常重要的规模效应不存在了；并且为了装备每一条生产线，不得不成倍地增加需要的设备。(2) 产品线各自独立，相互之间的协调可能会很困难。正如中兴通讯公司的一位经理所说："我们必须不断提醒自己，我们在为同一个公司工作。"为了实现跨事业部的协调，有时不得不采取任务组或别的联系方式。(3) 缺乏技术专门化，员工的分配以产品而非专业为标准。例如，研发人员倾向于进行应用研究从而使该产品获益，而非进行基础研究从而使整个组织受益。

（三）根据区域设计

进行结构分组的另一个基础是组织的用户和顾客，这要求组织设计常常要根据区域进行，其形成的组织结构是区域式结构。根据区域进行设计，是指在保留职能设计的重要方面的同时，按地域建立组织的基本单位，即一个地理区域的所有职能部门都在一个地方。这种设计方法的最大特点就是组织把服务于一个地理区域所要求的许多任务交给一个经理负责，或把所有任务集中于一个中心办事处，而不是按职能分置于不同的经理领导之下。一些大公司如美洲航空公司、联邦快递公司以及许多政府机构如美国税收总署、联邦储备委员会、联邦法院等都是按区域进行组织设计的。

区域式结构最常出现在跨国公司中，因为一个国家的不同地区可能会有不同的品位和需求。大多数跨国公司在世界不同的国家或地区都会设立分公司，每个分公司都有齐全的职能部门。例如，20世纪80年代晚期，为便于向全世界的用户生产和配送电脑，苹果电脑公司按区域进行了重组，从职能式结构转变为区域式结构，如图2-10所示。区域式结构使苹果电脑公司的管理者和员工集中注意力于特定的区域性消费者和销售目标。又如在加拿大，百货公司经常采用这种结构，其中往往有一个针对魁北克省的独立实体，因为那里的顾客身材矮小，品位完全不同于安大略省或大西洋滨海诸省。

区域式结构的优劣势与事业部结构的优劣势相似。根据区域设计组织，使得每个部门或分支机构能直接接触它们所服务的当地顾客，因此可以及时进行调整，以适应顾客的需求。Hoechst Celanese化学公司根据区域设计组织使得工厂建在离原材料或供应商近的地点，从而降低了原材料和劳动力的成本并缩减

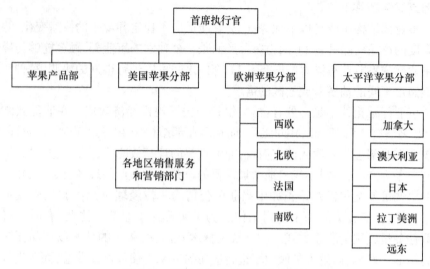

图 2-10　苹果电脑公司的区域式结构

资料来源：Based on John Markoff, "John Sculley's Biggest Test", *New York Times*, 26 February 1989, Sec. 3, pp.1,26。

了运费。对市场营销部门而言，设在顾客附近可能意味着降低成本或改善服务，销售人员可以用较多的时间销售、较少的时间旅行。离顾客近一些有助于它们具体确定在这一地区最有可能成功的营销策略。

但是，按区域设计增加了控制和协调问题。如果地区单位的人事、采购和分销程序各有不同的话，管理部门就很难取得统一。而且，地区和区域经理可能想控制他们的内部活动以满足当地顾客的需求。员工可能开始更重视以他们地区为基础的单位目标，而忽视组织整体目标。

（四）混合式设计

混合式设计是以前面三种结构为基础的，其设计出的结构可能会同时强调产品和职能或者产品和区域。将两种特征结合在一起的结构称作混合式结构，它能兼具两种特征的优点，避免两种特征的缺陷。

当一家公司成长为大公司，拥有多个产品或市场时，通常将会成为某种类型的自主经营单位，对每种产品和市场都重要的职能也会成为独立的自主经营单位。相对稳定的职能则集中于总部，它们需要规模经济和高度的专业化。例如，太阳石油产品公司（SPPC）过去是一个传统的职能式组织，每个职能部门的经理直接向经营总裁或副总裁报告。为了能对变化的市场进行快速的反应，该公司进行了重组，将组织分为三个产品部与几个职能部门，由职能式结构转变为混合式结构，如图 2-11 所示。重组后，每个产品线的副总裁既管理该产品的销售又管理其生产，便于协调；所有的精炼设备在一起工作，能够取得规模经济效益;同时,人力资源部、技术部、财务部和资源与战略部被集中为整个公司的职能部门,向整个公司提供服务,也获得了规模经济效应。

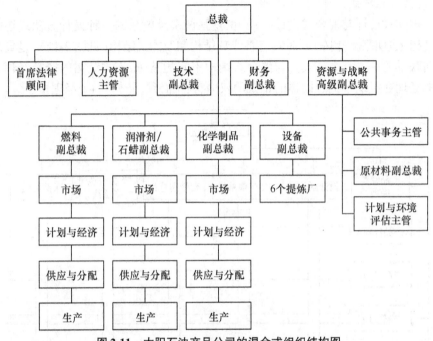

图 2-11　太阳石油产品公司的混合式组织结构图

混合式结构与事业部结构的环境背景类似,都是在不确定的环境中应用。公司的技术水平可以是简单的,也可以是复杂的,但在产品组内部的各部门之间存在依赖性。公司的规模一般较大,从而能为各个产品组的重复需求提供足够的资源。公司的目标是使顾客满意并取得创新,同时提高职能部门的效率。

混合式结构的优势有:(1) 使组织在追求产品事业部的适应性和有效性的同时,实现了职能部门内部的效率;(2) 促使产品事业部与公司的目标保持一致;(3) 增进了协调——产品组合实现了事业部内部的有效协调,集中的职能部门实现了跨事业部的协调。

混合式结构的劣势有:(1) 存在发生过多管理费用的可能性。为了监控事业部,有些公司不得不增加管理人员。公司的职能部门不得不在各个产品事业部重复地进行某些活动。(2) 公司和事业部人员之间可能会产生冲突。因为一般情况下,总部的职能部门对事业部的活动没有直接管理的权力,事业部经理可能会抱怨总部的干预,而总部的管理者可能会抱怨事业部各行其是的要求,他们难以理解各个事业部尽力满足不同市场的一些特殊需求。

与单纯的职能式结构或单纯的事业部结构相比,组织更喜欢混合式结构,因为这种结构克服了二者的一些劣势,却同时具有它们的一些优势。

(五) 矩阵式设计

矩阵式设计与混合式设计一样,也是强调多重效果的一种设计方法。矩阵式结构(也叫平衡矩阵)同时具有事业部结构和职能式结构(见图2-12),是实现横向联系的一种有力模式。与混合式结构不同的是,矩阵式结构的产品经理和职能经理在组织中拥有同样的正式的权力,员工必须同时向两个经理报告。

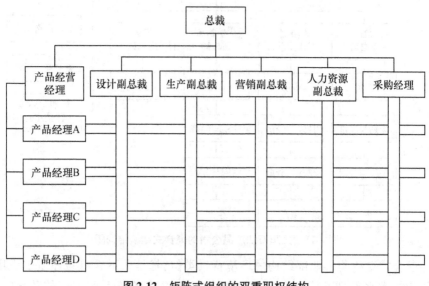

图2-12 矩阵式组织的双重职权结构

现实生活中,很少有组织采用像矩阵式这样的双重层级结构,因为这种结构的适用范围比较窄。通常,矩阵式结构最适合下面描述的条件:(1) 组织规模中等,产品线的数量相对而言也是中等。因此,组织必须在各产品线之间灵活地分配人员和设备。(2) 组织面临的环境很复杂,常常存在对组织结构两种或两种以上的要求。例如,对技术质量(职能式结构)和经常性产品更新(事业部结构)的要求。这种双重的要求使组织必须在组织的职能与产品之间维持一种平衡,这就要求组织建立一种双重职权的结构——矩阵式结构。(3) 组织面对的环境有很高的不确定性。频繁的外部变化和部门之间的高度依赖性,要求组织在纵向与横向两方面都要进行大量的信息处理,并进行大量的协调。

值得关注的是,矩阵式结构对组织信息与权利共享的要求非常高,这一点甚至决定了组织系统的成败。管理者们如果无法实现这一点,那么这种结构的实施必然是无效的。因此,在进行决策时,管理者必须相互协调合作,而不能依靠纵向的权力来进行。经常采用的协调方式是召开连续性的协调性会议。

与前面几种结构相比,矩阵式结构具有明显的优势:(1) 通过满足环境的二元需要来实现协调;(2) 组织的人力资源能够跨产品部门实现共享,提高了人力资源利用率;(3) 能够适应不稳定环境下的复杂决策和频繁变化;(4) 提供职能和产品技能双重发展的机会,有利于实现人力资源多途径的发展。

由于矩阵式结构双重的管理体制,其劣势也非常明显:(1) 一些接受双重领导的员工,往往会感到沮丧或迷惑;(2) 由于参与者经常要解决冲突,所以他们需要良好的人际交往能力,并需要受到专门的培训;(3) 迫使管理者将大量时间用于各种会议。

随着全球竞争的加剧,环境对组织的灵活性与适应性的要求越来越高,此时,矩阵式结构变得十分有效。然而,在现实的实施过程中,许多公司都发现:书里提到的矩阵式结构,建立和维持都非常困难,原因在于权力结构的一方常常占据支配地位。由此,有人提出了矩阵式结构的两种演化形势——职能式矩阵和项目式矩阵。在职能式矩阵结构中,职能经理拥有主要权力,项目或产品经理起辅助协调作用。相反,在项目式矩阵结构中,项目或产品经理负主要责任,而职能经理仅仅为项目安排技术人员并在需要时提供专业技术咨询。对于很多组织而言,这两种演化的矩阵式结构的任意一种都要比平衡矩阵或双重职权更为有效。

(六) 根据工作流程设计

前面介绍的五种组织结构设计方法都是建立在按职能设计基础上的,这样的设计模式有一个明显的缺点是层级负担过重。按工作流程设计的方法彻底摆脱了层级的束缚,转向另一种模式,其基本的结构特点是:取消纵向层级和旧的部门界限,将纵向层级扁平化,组织的基本组成单位是自我管理团队。这种结构下的管理是横向管理,管理任务被委托到最低层。多数员工在包括多个职能的自我管理团队中工作。例如,柯达公司撤销了诸如负责行政管理、生产和研发的副总裁,用自我管理团队取而代之。该公司有一千多个这样的团队,为各种流程或项目工作。图 2-13 就是一个按工作流程设计的横向型公司的组织结构图。

按工作流程设计的组织是横向型组织,其基本构成是自我管理团队。自我管理团队,也称自我指导团队,是早期团队方法的发展。这种团队一般由 5—30 名员工组成,这些员工拥有不同的技能,轮换工作,生产整个产品或提供整个服务,并进行自我管理,如工作和假期安排、订购原材料、雇用新成员等。

具有自我管理团队的横向型结构的优势有:(1) 能迅速有效地改善业绩,短暂的反应时间和快速的决策提高了顾客满意度;(2) 部门间的障碍减少或消失,

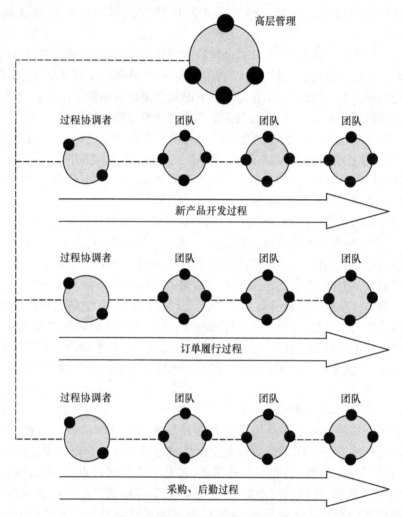

图 2-13 横向型公司的组织结构图

资料来源：Based on John A. Byrne, "The Horizontal Corporation", *Business Week*, 20 December 1993, 76—81; Thomas A. Stewart, "The Search for the Organization of Tomorrow", *Fortune*, 18 May 1992, 92—98。

增强了员工的合作意识,提高了士气;(3)节省管理费用,因为管理工作由团队进行。

横向型结构的劣势有:(1)向横向型结构转变要花费很长的时间,而且需要在工作设计、管理哲学以及信息和报酬体系方面进行重大调整;(2)对管理者和员工的要求较高。管理者需要懂得参与式管理的思想,学习新的技能,转变角色——由"监工"转变为教练和指导者;员工需要培训,以便能在团队环境中高效地工作。

根据流程设计组织时需要注意一点,即必须将流程与组织的关键目标相联系,否则会导致设计的失败或带来很多负面效果。

(七) 网络式设计

进行网络式设计的组织以一种自由市场模式组合替代了传统的纵向层级组织,它只保留了本组织的关键活动,对于其他职能,如销售、会计、生产等,进行资源外包——交给独立的公司或个人进行,本组织内则成立一个小的总部来协调或代理这些职能。大多数情况下,这些独立的组织通过电子手段与总部联系在一起。图 2-14 是这种结构的示意图。

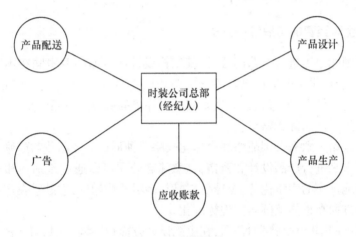

图 2-14 网络结构

网络结构是 20 世纪 90 年代组织设计的发展趋势之一。在一些快速发展的行业,如服装业或电子业,这种结构尤为兴盛。计算机公司如戴尔、Gateway 以及 CompuADD 要么购买产品要么购买所有的配件,它们仅在装配线上进行最后的装配。Lewis Galoob 玩具公司将制造和包装承包给中国香港的承包商,将玩具设计承包给独立的开发者,将销售委托给独立的分销商,自己从不接触产品,甚至不回收资金,但其玩具销售总值却达到了 5 800 万美元,而员工总共只有 115 名。

动态的网络结构有很多的优势:(1) 这种结构非常简单,几乎没有管理费用,因为工作活动被抽象化了,而且彼此的合作是通过电子方式来实现的。(2) 这种设计方法可以帮助新的企业家迅速将产品投放市场,而无需大量的开办成本。在一些不景气的成熟行业,它可以使公司无需巨额投资而开发新产品,这能够重新激发企业的活力。(3) 网络结构非常灵活、反应迅速,其安排和再安排资源的能力,可以满足顾客不断变化的需求,从而为顾客提供最佳的服务。

网络式设计也带来了一些与其特征相联系的劣势:(1)缺乏可控性。经营运作相分离使管理者必须适应对独立承包商的依赖。当涉及多个不同的分包商时,组织可能会遇到质量控制方面的问题。(2)分包商一旦与组织的产品或服务建立起密切联系,就有大幅提价的趋势,导致组织成本的上涨。(3)组织识别变得很困难,因为组织经常随着分包商组合的变化而变化。(4)组织的经营风险与分包商密切相关,如果某个分包商脱离组织和业务并且无法代替,那么该组织就会失去一部分业务。(5)网络结构使建立大组织中的有凝聚力的组织文化变得很困难,员工的忠诚度非常有限,组织的人员流动率很高。这是因为员工仅仅被委托负责他们自己的工作,他们可能会由于某个新的承包商而随时被解雇。

二、全球经营的组织设计方法

进入国际范围进行经营的公司,其结构设计所遵循的逻辑同在本国经营一样,都应该能提供足够的信息以便于协调和控制,并将员工分配于特定的职能、产品和地理区域上,通过这种方法来实现对环境的适应。不同的是,国际化经营的公司更加关注国际战略机会。

国际战略大致有多国战略和全球化战略两种形式。多国战略鼓励针对各国的特殊需求来进行产品设计和营销,这意味着公司可以通过差别化和用户化来赢得在当地国家的竞争优势;全球化战略与多国战略相反,它鼓励在产品设计和广告战略方面在世界范围内实现标准化。

采用不同国际化战略的公司,在组织设计方面也不同。图2-15表明了组织设计与国际战略如何相匹配。当一家公司在开发全球化和多国战略都不太成熟时,只要在原有的结构中增加国际事业部就足以应付国际业务;当公司的根本优势来源于全球化战略,即在世界范围内销售相同的产品时,最适合该公司的结构为全球产品事业部结构;当公司是通过区域基础上的用户化而实现多国战略时,世界范围的区域式结构更加适合它;当公司同时拥有全球和当地机会时,可以使用矩阵结构或跨国模式。在国际市场上,国际厂商使用的最典型的结构是全球产品结构或全球区域结构。

(一)国际事业部

当公司开始国际化进程时,通常由一个出口部门开始。该部门将会逐渐成长为国际事业部。国际事业部有自己的层级组织,在公司内与其他主要部门或事业部地位相同,如图2-16所示。国际事业部主要负责下列事务:管理位于不同国家的企业(特许经营、合资企业),销售由国内事业部提供的产品或服务,开设分厂以及推动组织走向更成熟的国际化运作。

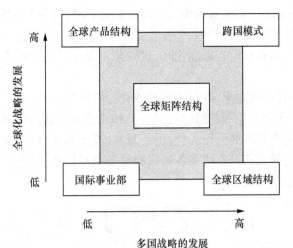

图 2-15 获取国际优势组织结构的模式

资料来源：Roderick E. White and Thomas A. Poynter, "Organizing for Worldwide Advantage", *Business Quarterly* (Summer 1989): 84—89. Adapted by Permission of *Business Quarterly*, Published by the Western Business School, the University of Western Ontario, London, Ontario, Canada。

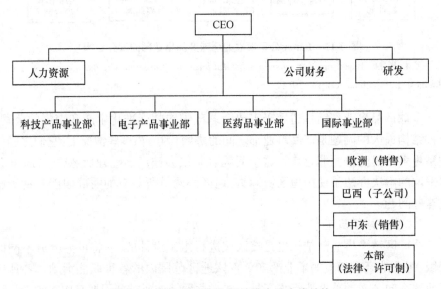

图 2-16 配备国际事业部的国内混合式结构

（二）全球产品事业部结构

全球产品事业部结构也是按产品设计组织的一种方式，与前面讲过的事业部结构不同的是，全球产品事业部结构中的产品事业部负责的是其具体产品范围内的全球业务,每个事业部经理负责计划、组织和控制在全世界范围内该产品的所有生产和分销职能。当事业部分管的产品在技术上相近,并能够实现规模经济,达到生产、销售和广告标准化时,这种按产品设计的全球产品事业部结构效果最好。

Eaton 公司曾经设立全球产品事业部结构,如图 2-17 所示。在此结构中,汽车配件部、工业部和其他一些部门负责生产和在全球范围内销售产品。国际业务副总裁负责每个地区的协调人员,包括日本、澳大利亚,以及南美和北欧地区的协调人员。协调人员负责协调各地区的设备共享问题,尽力改善所有在本地销售的产品的生产和配送。

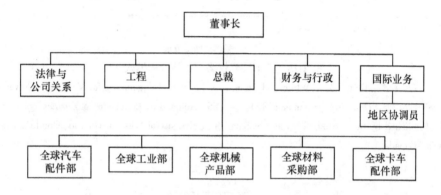

图 2-17　Eaton 公司设立的全球产品事业部的部分结构

资料来源：Based on *New Directions in Multinational Corporate Organization*, New York: Business International Corp., 1981。

全球产品事业部结构适用于需要全球范围内的标准化生产和销售的公司。这种结构最大的问题是产品事业部之间的协调,因为在一些情况下,它们之间的关系更多的是竞争而非合作。这个问题有时候会被产品经理所忽略。Eaton 公司采取的解决办法是使用地区协调员,地区协调员所具有的明确职能有助于解决这些问题。

(三) 全球区域型事业部结构

全球区域型事业部结构也是按区域进行组织设计的,它将世界分成不同的区域,每个地区有相应的事业部来负责该地区范围内的各种职能活动。各地区事业部都向公司的首席执行官汇报工作。这种结构要求公司拥有成熟的产品线和稳定的技术,既能在各地区的制造业中保持低成本,又能满足各地区对市场和销售的不同需求。从战略上讲,这种结构有利于公司抓住许多机会来获得当地的竞争优势。

全球区域型事业部结构的主要问题是各区域事业部的自主权问题。因为每个事业部的行为都以满足该区域的需求为目的,公司的高层管理者很难从全球的角度来制订计划,比如新产品研发。每个事业部都认为自己可以开发其所需的产品和技术,所以新的国内技术和产品很难转移到国际市场。同样,将国外先进产品迅速引入国内市场也是件困难的事,而且在地区之间经常存在产品线或职能经理的重复。道氏化学公司等采用这种结构的公司在利用区域型结构的同时,也在努力克服上述缺点,如图 2-18 所示。

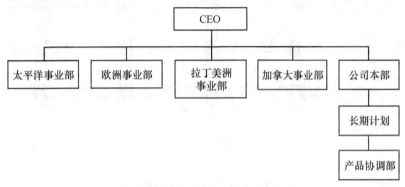

图 2-18　道氏化学公司的全球区域型事业部模式

（四）全球矩阵式结构

与前面提到的矩阵式结构相似,全球矩阵式结构同样实现了纵横两个方面的协调,只不过跨国公司采用的矩阵式结构在地理上的距离更远、协调更为复杂。如前面所述,当存在决策压力以平衡产品标准化和地理区域化之间的利益关系,并且进行协调合作以实现资源共享非常重要时,矩阵式结构最有效,跨国公司也不例外。美国的电子设备公司 ABB 是使用全球矩阵式结构的一个典型的成功案例,其组织结构图如图 2-19 所示。

（五）跨国模式

全球矩阵式结构能够很好地协调产品和区域的问题,但是如果需要解决的问题超过两个,就需要有更加复杂的结构形式,跨国模式就满足了这种需求。当全球性公司必须在多个方面同时竞争时,公司可能会向跨国模式演进。跨国模式是一种横向型组织形式,细分为多个中心,其下属分支机构管理者将公司视为整体来进行战略安排。跨国模式代表了复杂的全球组织需要的最先进的组织结构观念——它绝不仅仅是一个组织图,而是一种思想、一些价值观、一个使全球系统运转的愿望,以及一种有效管理这样一个系统的理想化组织结构。很难给跨国模式进行精确的定义,但是它有下面一些独有的特征,这些特征使它与矩阵式结构区分开来。

第一,跨国模式可以划分为多种类型。与全球矩阵式结构只有一个总部、对

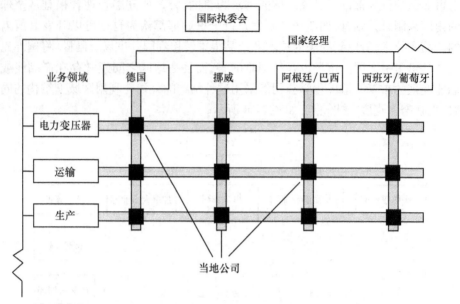

图 2-19 ABB 公司的全球矩阵式结构

每个国家只有一个控制中心不同,跨国模式的经营原则是"灵活地集中"。采用这种模式的跨国公司可能将一些职能集中于这个国家,而将另外一些职能集中于另一个国家,剩余的职能则在各个国家进行分权。飞利浦公司的跨国模式结构如图 2-20 所示。飞利浦公司的研究与开发中心可能集中在荷兰,采购中心位于瑞士,财务与会计职能则被分散在许多国家。

第二,在跨国模式中因为没有单一的总部概念,任何一个国家的任何一个级别的经理都可以对变化的地方市场进行反应,并提出计划,然后将他们的创新向世界各地传播。因此,子公司经理提出的战略和革新成为整个公司的战略。跨国模式认为组织的不同部分拥有不同的能力,并且不同国家的环境与机会各不相同,将整个组织展现在这种广阔的环境中,可以取得更多的进步和创新。

第三,跨国模式下的协调与合作是通过公司文化、共同的看法与价值观,以及管理风格来实现的,而非通过纵向的层级制来实现。

第四,跨国模式通过与公司的其他部门或其他公司建立联盟来建立强有力的相互依存,从而实现整合。例如,新加坡的一家世界规模的生产厂家依赖于澳大利亚、墨西哥和德国的世界规模的配件厂商,而主要销售分公司则要依靠新加坡提供的产成品。

跨国模式是一种复杂的、包括组织设计的各种基本方法的一种设计方法,它越来越适合超大规模的全球公司。这些公司将整个世界作为经营领域,不以任何一个国家为基础。目前,许多国家的拥有子公司的大型跨国公司都采用了跨国模式。

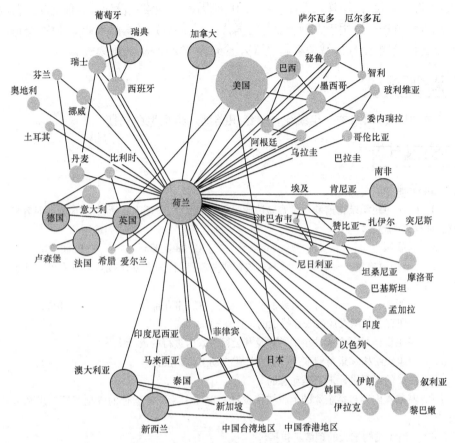

图 2-20　飞利浦公司的国际组织机构及其联系

资料来源：Sumantra Ghoshal and Christopher A. Bartlett, "The Multinational Corporation as an Interorganization Network", *Academy of Management Review* 15 (1990): 605. Used by Permission。

本章小结

人力资源的管理是在组织中进行的，组织设计与组织结构是否符合企业的发展是企业核心能力的重要考察指标。本章主要内容是组织的原理与组织设计方法。组织的基本概念包括组织设计、组织的八个内部特征、五种影响组织设计的因素。组织的八个内部特征是规范化、专门化、标准化、权利层级、复杂性、集权性、职业化与人员比率。五种影响组织设计的因素有环境、组织的目标和战略、组织的规模、技术和组织生命周期。在当今全球化趋势下，组织变革是适应现代企业发展的方法，组织设计的基本方法有七种，分别是根据职能设计、根据产品设计、根据区域设计、混合式设计、矩阵式设计、根据工作流程设计、网络式设计。五种全球经营的组织设计方法更适用于大型企业与跨国公司,它们分别是国际事业部结构、全球产品事业部结构、全球区域型事业部结构、全球矩阵式结构、跨国模式。

关键概念

组织　组织结构　组织设计　组织类型　组织生命周期

课堂练习

选择题

1. (　　)组织结构的缺点是容易造成组织机构重叠,管理人员膨胀,考虑问题时容易忽视企业整体利益。
   A. 直线制　　　　B. 直线职能制　　　C. 事业部制　　　D. 矩阵制

2. "结构简单,统一;权责关系明确;内部协调容易;管理效率比较高。"具有以上特点的组织结构类型是(　　)。
   A. 直线型　　　　B. 直线职能制　　　C. 事业部制　　　D. 矩阵制

3. 下列有关组织设计的表述错误的是(　　)。
   A. 组织设计是对企业的组织结构及其运行方式所进行的设计
   B. 对组织结构和运行制度进行的设计称为动态组织设计
   C. 古典的组织设计理论是动态的
   D. 其基本内容包括企业的组织结构设计和保证企业正常运行的各项管理制度和方法设计

4. 对组织结构定义的理解不包括(　　)。
   A. 设计组织结构的目的是实现组织的目标
   B. 组织结构的三要素是复杂性、规范性和集权度
   C. 组织结构的内涵是企业员工在责、权、利三方面的结构体系
   D. 组织结构的本质是企业员工的分工协作关系

5. 组织结构的(　　)是进行组织结构设计、对企业的组织结构进行比较和评价的基础。
   A. 特征因素　　　B. 权变因素　　　　C. 集权程度　　　D. 人员结构

6. 管理层次与管理幅度两者存在(　　)的数量关系。
   A. 正比　　　　　　　　　　　　　　B. 反比
   C. 无比例　　　　　　　　　　　　　D. 既可以正比,也可以反比

7. 矩阵组织形式的主要特点不包括(　　)。
   A. 组织的稳定性强
   B. 组织内部有两个层次的协调
   C. 一名员工有两位领导
   D. 产品部门(或项目小组)所形成的横向联系灵活多样

8. 下面关于其他组织形式的说法,错误的是(　　)。

A. 大型组织中可以完全采用团队结构形式
B. 戴尔计算机公司没有生产工厂,采用的是虚拟组织形式
C. 事业部制实行相对的独立经营,独立核算,自负盈亏,并设有相应的职能部门
D. 无边界组织会取消各种职能部门,代之以授权的团队
9. (　　)已成为目前组织工作活动的最流行的方式。
A. 团队　　　　　B. 虚拟组织　　　　C. 无边界组织　　　　D. 事业部制

判断题
1. 组织结构是组织内部权力与责任的分配形式。(　　)
2. 组织由无形要素与有形要素构成。(　　)
3. 在非正式组织中,有明确条文规定了成员的行为方式。(　　)
4. 组织生命周期与组织结构没有直接联系。(　　)
5. 组织中的技术与组织结构没有直接联系。(　　)
6. 网络公司的最大特点就是立足于本公司的最强项,而将其他业务分包出去,通过联盟和协约的方式建立联合关系。(　　)

讨论题
1. 组织结构的类型有哪些?怎样看待组织结构与其他因素的匹配性?
2. 组织设计的过程中必须要考虑哪些因素?为什么?

讨论案例

英国电信的组织架构

在英国电信的转型战略中,明确了这样一个方向:企业在未来将不再是以技术和产品为中心的网络提供商,而应该成为一个"以用户为中心"的商业伙伴。围绕这个新的中心,英国电信对企业架构进行了大刀阔斧的改革,将原来按业务划分的组织架构重组成按客户群划分的结构。

英国电信在战略转型的过程中,企业组织架构逐渐由以产品为中心演进为以客户为中心,形成了按客户需求而变的端到端组织结构。

以业务为中心的组织结构

2002年以前,英国电信的市场运作是以业务为基础的,主要有五大块:BT Wholesale,负责批发业务;BT Retail,负责发展固定电话客户;BT Openworld,提供互联网接入和内容服务;BT Ignite,运营 IP 网络;Concert(与 AT&T 的合资公司),提供全球化服务。

以用户为中心的组织结构

从2002年开始,英国电信按照客户群对原有的业务构架进行了调整:BT Wholesale作为电话网络运营者的身份仍然保持不变;与 AT&T 终止合作后,原来全球业务和 IP 网络业务合并成新的 BT Global Services,为跨国公司提供综合信息通信服务及

全套解决方案;互联网业务并入 BT Retail 业务,并将零售业务按普通住宅客户、中小商业客户、公司客户和公共部门客户进行细分,针对不同的客户提供打包的解决方案。2004 年年底,英国电信又设立了一个宽带娱乐和教育部门,成为公司零售消费业务的一个组成部分。

2005 年 10 月,英国电信迫于管制机构的压力成立了新的接入网络部门 Openreach,旨在把网络业务从零售业务中独立出来,对所有的竞争性服务提供商提供本地接入服务。Openreach 部门拥有 1.2 亿公里的本地铜线接入网络,有 25 000 名地区工程师,资产价值高达 80 亿英镑,将拥有超过 40 亿英镑的年销售收入,是英国电信集团的第二大业务部门。该部门负责销售以下接入产品:被 Ofcom 称为"瓶颈"的本地非绑定环路(LLU)、以太骨干网以及包括模拟、ISDN2 和 ISDN30 在内的批发线路出租服务。

Openreach 成立后,英国电信集团的事业部由以下四个部分构成:

● BT Retail(英国电信零售部),负责为企业和住宅用户提供服务;

● BT Wholesale(英国电信批发部),负责运营英国电信的网络,为其他通信公司提供网络服务,负责开发新服务和实施 21CN 网络建设;

● BT Global Services(英国电信全球服务部),负责提供全球性的可管理的服务及解决方案,为跨国公司和组织提供服务;

● Openreach,负责维护并开发接入网络。可以看出,虽然英国电信各事业部的名称并没有太多变化,但是各部门负责的业务种类却发生了融合。以 BT Retail 为例,以前它只负责固定电话业务,现在却可针对不同客户提供固话、宽带、娱乐、商务等多种服务及打包方案。因此,英国电信切实做到了从以业务为主导向以客户为主导的转变,为转型奠定了基础。

以进军网络 IT 为目标的运营重组

2007 年 4 月,英国电信再次宣布重组其运营及管理团队,以加快公司进军网络 IT 业务市场的步伐。该公司计划将大约 2 万名员工从现有岗位转移到两个新成立的业务部门——BT Design 和 BT Operate。

此举是为了帮助英国电信完成从基于硬件设备的运营商到面向个人和企业用户的软件服务提供商的转型。英国电信表示,BT Design 和 BT Operate 成立后将分别负责开发新业务和对新业务进行部署及运营。这两个部门的工作会帮助英国电信现有业务部门以更快的速度推出新业务。两个新部门的大多数员工将来自英国电信内部的 IT、批发和全球服务部门。

资料来源:http://comm.ccidnet.com/art/1570/20070604/1099855_1.html。

问题:

1. 请画出重组后英国电信的组织结构图。

2. 结合案例分析英国电信组织架构改革对我国电信组织结构发展有什么借鉴意义。

复习思考题

1. 一个有能力的管理者如何将组织塑造成更富有创造性的团队？
2. 如何理解"在组织中管理者不要去做别人能做的事,而只做那些必须由自己来做的事"？

推荐阅读

1. 达夫特.组织理论与设计(第七版)[M].北京:清华大学出版社,2003.
2. 赫尔雷格尔.组织行为学(第九版)[M].上海:华东师范大学出版社,2001.
3. 雷蒙德·诺伊.组织行为学[M].北京:机械工业出版社,2004.
4. 切斯特·巴纳德.组织与管理[M].北京:中国人民大学出版社,2009.
5. 许玉林.组织设计与管理[M].上海:复旦大学出版社,2005.
6. 柯健,裴亮亮.组织变革中的人力资源管理对策[J].中国人力资源开发,2008(6).
7. 陈雪峰,时勘.参与式领导行为的作用机制:来自不同组织的实证分析[J].管理世界,2008(3).
8. 胡宇辰,曹鑫林.论企业非正式组织的管理协调[J].管理世界,2007(7).

第三章 职位分析与工作设计

> 管理者应当学会分析和识别工作环境,然后就可以将下面的管理人员安排到适合他的风格的环境中去工作。每个环境到底需要什么样的管理风格,取决于环境对管理者的有利程度,而这种程度是由若干因素决定的。
>
> ——弗雷德·费德勒
>
> 角色这一概念是行为科学从舞台术语中借用过来的,角色就是属于一定职责或者地位的一套有条理的行为。
>
> ——亨利·明茨伯格

本章学习目标

1. 理解职位分析的流程。
2. 掌握职位分析的结果。
3. 掌握常用的职位分析的方法。
4. 了解工作设计的总体要求和内容。
5. 理解工作设计方法与技术。

引导案例

清扫工作该由谁做

某公司于2008年10月正式成立,开发与生产电子产品。该公司原来是一家国有研究机构,公司现任总经理刘家祥是原机构的高级工程师,他在技术领域和学术造诣上堪称泰斗,而对于现代企业管理却不甚精通。为了配合刘家祥的工作,公司为他配备了两名总裁助理,他们都是近年从高校招聘的本科毕业生,了解企业管理的知识。公司设立财务、人力资源、营销和生产四个职能部门,部门经理分别为杨斌、张杰、王阳和李静。杨斌、张洁和王阳都是原来研究机构的技术骨干,李静是总经理的一个朋友,以前从事私营企业经营。在四个职能部门当中,李静主管的生产部实际上处于核心部门。在生产部门之下,依次设有各车间、班组。

公司满怀信心地投入运营,各路人马按部就班,各司其职。然而,开业尚不足两个月,公司在内部员工职责权限划分上接连出现了问题。

先是组装车间的一个包装工不小心将大量液体洒在操作台周围的地板上。正在一旁的包装组长见状立即走上前要求这名工人打扫干净。不料,这名工人一口回绝道:"我的职责是包装产品,你应该让勤杂工处理这样的工作。况且,我的工作职责中没有要求打扫卫生。"组长无奈,只好去找勤杂工,而勤杂工不在。而且勤杂工要在正班工人下班后才开始清理车间。于是,包装组长只好自己动手,将地板打扫干净。

第二天,包装组长向车间主任请求处理包装工,得到了同意。谁料人力资源部门却不予支持,反而警告车间越权。车间主任感到不解,并向李静反映了这一情况,请求得到支持。包装组长更是满腹委屈,他反问道:"难道我就该什么都负责?我的职责中也没要求我做清扫工作呀。"

李静觉得自己的车间主任受了委屈,就向总经理反映了这一问题,要求警告人力资源部不要过多地干涉车间内部事务,否则,生产运作会受到不利的影响。但刘总却说:"我只管战略性的重大事务,内部的分工与沟通,你们自己去协商。"

李静尽管感到吃惊,但还是表示理解总经理的指示,并且与人力资源部经理张杰进行协商。张杰的态度也很积极,马上让秘书拿来工作说明书一起分析。包装工的工作说明书规定:包装工以产品包装工作为中心职责,负责保持工作平台以及周围设备处于可操作状态。勤杂工的工作说明书规定:勤杂工负责打扫车间,整理物品,保持车间内外的整洁有序。为了保证不影响生产,工作时间为生产休息时刻。包装组长的工作说明书规定:包装组长负责使班组的生产有序、高效,并协调内部工作关系。车间主任的工作说明书规定:车间主任负责本车间生产任务的完成,并且可以采取相应的措施对员工进行激励。人力资源部门的职责主要包括员工的招聘、选拔、培训、考评、辞退、奖惩、工资福利等。

资料来源: http://www.cdsjjy.com/article.asp? id = 213&typenumbers = 17&flag = 2&specialty = 001007。

问题:
1. 公司在人力资源管理上目前面临的主要问题是什么?
2. 怎样才能妥善解决该公司的人力资源的问题,提出你的建议。

第一节 职位分析概述

一、职位分析内涵

职位分析(Job Analysis)是人力资源管理的一项核心基础职能,它是一种应用系统方法,是收集、分析、确定组织中职位的定位、目标、工作内容、职责权限、工作关系、业绩标准、人员要求等基本因素的过程。

职位分析,一般来说,可划分为工作导向性的职位分析系统和人员导向性的职位分析系统。工作导向性的职位分析系统侧重于强调完成工作任务和服务所需要的任务和行为,而人员导向性的职位分析系统则强调成功完成工作任务和行为所需的个体工作者的知识、经验、技能、能力、天赋和性格特征等。在职位分析的文献资料中,工作导向性的职位分析系统比较常见,而人员导向性的职位分析系统则作为一个分支在不断的发展。

职位分析的主要成果是形成职位说明书及职位分析报告。前者既是一般员工工作的指南,也是企业确定企业人力资源规划、员工能力模型、考核薪酬、培训开发等人力资源职能管理的参考依据。后者则是通过职位分析发现企业经营管理过程中存在的问题,为对组织有效性的诊断提供依据。

(一)职位分析中常用的术语

1. 工作的输出

指一项工作的最终结果表现形式,在职位分析中,输出通常定义为产品、劳务等。

2. 工作的输入

指为了获得上述结果,应当输入的所有影响工作完成的内容要素,包括物质、信息、规范和条件等。

3. 工作的转换特征

指一项工作的输入是如何转化为输出的,其转化的程序、技术和方法是怎样的,在转化的过程中,人的活动、行为和联系又有哪些。转换特征是界定工作方式的基础。研究转化特征对提高组织运行效率具有非常重要的意义。

4. 工作的关联特征

指该工作在组织中的位置如何、工作的责任和权利是什么、对人的体力和智力有什么要求,是界定工作关系和任职资格的基础。

5. 工作要素

指工作中不能再继续分解的最小工作单位。工作要素是形成职责的信息来源和分析基础,并不直接体现于职位说明书中,例如接听电话。

6. 任务

指为达到某种目的所从事的一系列活动。它可由一至多个工作要素组成，是职位分析的基本单位，并且它常常是对工作职责的进一步分解，例如回答客户的电话咨询。

7. 责任

指个体在工作岗位上需完成的大部分任务。它可由一至多个任务组成。

8. 职位

指承担一系列工作职责的某一任职者所对应的组织位置，它是组织的基本构成单位。职位与任职者一一对应，例如市场部经理。

9. 职务

指一组重要责任相似的职位。

10. 职系

指一些工作性质相同，而责任轻重和困难程度不同的职位系列。例如，各种职称的教师系列。

11. 职组

也称职群，指工作性质相近的若干职系的总和。

12. 职级

指将工作内容、难易程度、责任大小、所需资格皆很相似的职位划为同一职级，实行基本相同的薪酬体系。

13. 职等

指对工作性质不同或主要职务不同，但其困难程度、职责大小、工作所需资格等条件基本相同的职级的归纳。

14. 职业

指在不同组织、不同时间从事相似活动的一系列工作的总称。

我们可以通过我国部分技术人员专业技术职务的一张表格来说明职组、职系、职级、职等之间的关系与区别，见表3-1。

（二）职位分析的内容

职位分析主要包括以下几点内容：

1. 该职位的基本资料

包括职位名称、职等、职级、直接上级职位、直接下级职位。

2. 该职位的本职工作

即用一句话说明该职位工作的最终目的，一般在20字以内。

3. 该职位的直接工作责任

直接工作责任是指不管级别多高，都要自己亲自完成的工作。应按照主次列出该职位各项直接责任、频率、重要程度、所占总业务量的比率。最基层的工作人员也应该列出10条左右的直接工作责任。

表 3-1　职组、职系、职级、职等之间的关系与区别

职组	职系	职等 V 职级 员级	IV 助级	III 中级	II 副高职	I 正高职
高等教育	教师		助教	讲师	副教授	教授
	科研人员		助理工程师	工程师	高级工程师	
	实验人员	实验员	助理实验师	实验师	高级实验师	
	图书、资料、档案	管理员	助理馆员	馆员	副研究馆员	研究馆员
科学研究	研究人员		研究实习员	助理研究员	副研究员	研究员
医疗卫生	医疗、保健、预防	医士	医师	主治医师	副主任医师	主任医师
	护理	护士	护师	主管护师	副主任护师	主任护师
	药剂	药士	药师	主管药师	副主任药师	主任药师
	其他	技士	技师	主管技师	副主任技师	主任技师
企业	工程技术	技术员	助理工程师	工程师	高级工程师	正高工
	会计	会计员	助理会计师	会计师	高级会计师	
	统计	统计员	助理统计师	统计师	高级统计师	
	管理	经济员	助理经济师	经济师	高级经济师	
农业	农业技术人员	农业技术员	助理农艺师	农艺师	高级农艺师	
新闻	记者	助理记者	记者	主任记者	高级记者	
	广播电视播音	三级播音员	二级播音员	一级播音员	主任播音指导	播音指导
出版	编辑		助理编辑	编辑	副编审	编审
	技术编辑	技术设计员	助理技术编辑	技术编辑		
	校对	三级校对	二级校对	一级校对		

4. 该职位的任职资格

说明该职位需要作哪些决定及决定将产生的影响。

5. 该职位的工作环境

包括工作地点、光线、卫生、危险性,等等。

6. 其他内容

指和工作分析相关的其他内容,可根据实际情况填写。

(三) 职位分析的结果

一个职位分析项目可以有多个目的,每个分析项目的目的也不一定相同;可根据目的的不同选择不同的分析方法,不同的方法产生的结果也不同。概括起来,有两种区别明显的结果——工作描述与工作规范。一般而言,以任务为基础的分析方法得到的结果是工作描述,以人为基础的分析方法得到的结果是工作规范。通常一个分析项目要同时得到这两个结果,综合起来形成职务说明书。

1. 工作描述

工作描述,是指对职位本身的内涵和外延加以规范的描述性文件。其主要内容包括工作的目的、职责、任务、权限、业绩标准、职位关系,以及工作的环境条件、工作的负荷等,详见表3-2。

表 3-2　工作描述的内容

分类	内容项目	项目内涵	应用目标
核心内容	工作标识	工作名称、所在部门、直接上级职位、薪点范围等	
	工作概要	关于该职位的主要目标与工作内容的概要性陈述	
	工作职责	该职位必须获得的工作成果和必须承担的责任	
	工作联系	该职位在组织中的位置	
选择性内容	工作权限	该职位在人事、财务和业务上作出决策的范围和层级	组织优化,职位评价
	履行程序	对各项工作职责的完成方式的详细分解与描述	绩效考核,上岗引导
	工作范围	该职位能够直接控制的资源的数量和质量	管理人员的职位评价,上岗引导
	职责量化信息	职责的评价性和描述性量化信息	职位评价,绩效考核
	工作条件	职位存在的物理环境	职位评价
	工作负荷	职位对任职者造成的工作压力	职位评价
	工作领域特点		上岗引导/职位评价

工作描述包括核心内容和选择性内容,前者是任何一份工作描述都必须包含的部分,这些内容的缺失,会导致我们无法对本职位与其他职位加以区分;后者并非是任何一份工作描述所必需的,可由工作分析专家根据预先确定的工作分析的具体目标或者职位类别,有选择性地进行安排。

2. 工作规范

工作规范又叫任职资格,是指与工作规范高度相关的一系列人员特征,包括:为了完成工作并取得良好绩效,任职者所需具备的知识、技能、能力以及个性特征要求等。这些任职资格可以被分为显性资格与隐性资格两类。显性资格包括受正式教育程度、工作经验或职业培训、工作技能;隐性资格包括承担工作所需的内在能力和素质要求。

工作规范有计分图示式、表格式等不同的表现形式,下面举例说明:

(1) 计分图示式工作规范

这种方法一般将操作活动所涉及的心理能力归纳为25—30种,然后通过谈话和问卷手段,对所分析职务的每种能力用利克特5点计分法计分(也可用7点或11点)。5点计分标准为:① 不需要这种能力;② 不大需要这种能力;③ 可以考虑这种能力;④ 比较需要这种能力;⑤ 非常需要这种能力。

(2) 表格式工作规范

用表格的形式来描述任职资格,既能突出重点,又能用定量的方法来分析问题,但进行比较时,不如计分法直观,如表3-3所示。

表3-3　某公司秘书任职资格说明书

编码:140020	岗位名称:中级文书
一、职责总述: 在一般监督之下,完成文书工作。包括:准备各类数据资料,并编辑、汇总、分类;草拟各种报告、请示、文件、通知、公告、工作总结;速记会议发言等。	
二、工作时间: 一般在正常工作时间内完成,无须加班加点。	
三、资格条件: 1. 学历。至少应该大专毕业,本科毕业更为理想。 2. 经历。至少担任低一级岗位工作三年以上。 3. 熟练。具有较好的工作熟练程度,如每分钟至少打字45字,55—80字最为理想。	
四、考核项目: 1. 校对稿件。每分钟至少40字,超过60字最为理想。 2. 打字。每分钟至少45字,超过55字最为理想。 3. 速记。每分钟至少100字,超过120字最为理想。 4. 专业知识。《秘书学》、《速记方法》、《公文写作》等。 5. 写作能力。行文格式规范,语言通顺简洁,内容充实,结构严谨。 6. 心理测验。考察情绪稳定性、接受外界讯号灵敏性。	
五、本岗位后备来源: 1. 初级文书(企业现任)。 2. 担任过此类工作且正在自学深造的人员。 3. 从专业学校招收。 4. 从社会招聘符合条件的人员。	
六、健康状况:良好,身高1.60米以上,身体健康,五官端正。	
七、性别和年龄要求:男女均可,一般应在30岁以下。	
八、工作条件:办公室内完成工作任务。	
九、其他补充事项:符合上述条件的残疾人,如有跛足也可聘用。	

(三) 职务说明书

职务说明书是最完整、最常见的职位分析结果,它包括工作描述、工作规范所有甚至更多的内容。一般来说,职务说明书包括以下项目:工作状况、工作概要、工作关系、工作任务、工作权限、考评标准、工作过程与方法、工作环境(包括工作工具)、任职资格、福利待遇及其他说明等。根据具体需要,职务说明书实际上可能会有所变化。

二、职位分析的流程

职位分析是一项系统化的活动,需要专门的技术作支持。一套科学实用的职位分析程序能有效地指导企业的职位分析活动,使企业少走弯路,节省管理成本。因此,企业职位分析必须统筹规划,有序进行。

不同背景的组织,其职位分析程序不完全相同,即使是同一家企业在不同发展时期所使用的职位分析程序也未必完全相同。但是,一般情况下,职位分析流程由计划阶段、设计阶段、分析阶段、描述阶段、使用阶段和运行控制阶段等环节构成,如图3-1所示。

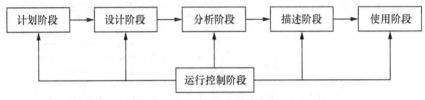

图 3-1 职位分析的一般流程

计划阶段也就是职位分析的准备阶段,它是开展职位分析活动的第一个环节。在职位分析之前,需要进行一系列的计划、准备工作,主要包括:建立职位分析小组、明确职位分析目的、明确分析对象、建立良好的工作氛围。

设计阶段是为了职位分析迅速有效地进行,职位分析小组在要求管理部门提供有关信息的基础上,对职位分析的具体安排进行设定的过程。设计内容主要包括信息来源的选择、信息收集方法的设计两个方面。

分析阶段是整个职位分析流程的核心阶段,包括信息的收集、分析和审核等相关活动。

描述阶段是分析人员将所获得的信息诉诸文字,形成书面资料的过程。这个阶段的工作主要包括:形成职位说明书、工作列表及问卷描述、活动分析描述、总结职位分析活动。

使用阶段是对职位分析的验证,只有通过实践检验,职位分析才具有可行性和有效性,才能不断适应外部环境的变化,从而不断完善职位分析的运行程序。此阶段的工作主要包括三个部分:培训职位分析的使用人员、制定各种具体的应用文件、职位说明书及相关应用文件的应用。

职位分析作为一项系统性活动,运行控制活动贯穿职位分析流程的始终。另外,职位说明书不是一成不变的。随着时间的推移,组织的生产经营活动会发生变化,这些变化会直接或间接地引起组织分工协作体制进行相应的调整,从而引起职位的变化。因此,一个职位要有成效,就必须因时、因人地加以修改。

三、职位分析的作用

职位分析在企业中起着非常重要的作用。一方面,通过职位分析,可以明确企业中各职位设置的目的,可以分析出目前的职位是怎样为企业创造价值的,这些价值是否符合企业的战略和企业文化。因此,职位分析是检验企业战略是否正确向下传递的重要手段。另一方面,职位分析的结果是人力资源管理其他各职能得以实现的基础,其具体作用如图3-2所示。因此,职位分析是现代企业人力资源管理体系的基础。

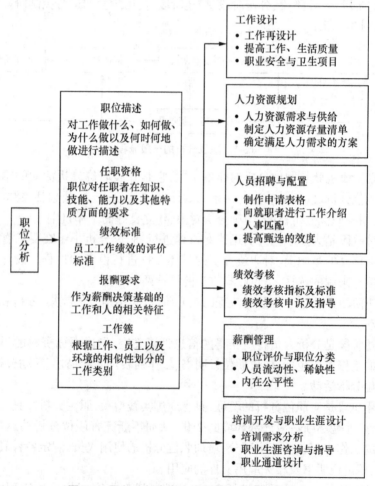

图3-2 职位分析在人力资源管理中的主要用途

第二节 职位分析的方法

职位分析的方法种类繁多，每种方法对职位进行分析时的角度各有侧重，实施过程的难易程度各不相同，因此适用范围也不一样。在一个工作分析项目中，为获得有关工作的全面信息，通常要用到多种方法。根据职位分析方法的目标导向、适用对象以及操作要点等的差异，将其归为三类：通用方法、以人为基础的职位分析方法、以工作为基础的职位分析方法。

一、通用方法

通用方法主要指这些方法不仅为职位分析活动提供收集和分析信息的方法，也可为其他管理领域，如评价、决策等方面提供收集和分析信息的方法。在职位分析活动中，通用方法主要包括访谈法、观察法、工作日志法、主管人员分析法、文献分析法、主题专家会议法、问卷法等。通用方法的一般特征是：灵活性强、操作简便、适用范围广泛，几乎所有的职位都能用这些方法进行分析；由于这种方法本身的结构化程度低，搜集的职位分析信息以定性信息为主，叙述较多，因而难免带有主观判断的色彩；另外，在语言文字上的"语义"问题，也使此类信息的使用存在某些缺陷。因此，在实际职位分析中，通用方法一般都结合其他方法应用。

（一）访谈法

1. 访谈法简介

访谈法（Interview），又称面谈法，是一种工作分析者就某个职务或职位面对面地询问任职者、主管、专家等人对工作的看法和意见的方法，既适用于短时间可以把握的生理特征的分析，又适用于长时间才能把握的心理特征的分析，是对中高层管理职位进行深度职位分析效果最好的方法。访谈程序可以标准化，也可以非标准化。

在职位分析中，访谈法的应用形式是：职位分析专家分别访问职位承担者和他们的主管人员，通过面谈，了解职位的有关信息，或确认以前填写的工作任务和内容的正确性，或对已了解的信息作进一步澄清和补充。

由于对一些要分析的职位，不可能通过观察直接了解，需要通过与职位承担者或他们的直接主管进行面对面的交谈，详细和比较深刻地了解职位承担者的工作内容、工作目的和要求、工作态度及具体做法等内容。访谈法通常适用于脑力工作者的职位分析，如研发、设计、管理等。访谈法对职位分析专家的语言表达能力和逻辑思维能力有较高的要求。

2. 访谈法的运用与实施

有效的职位分析需要从访谈中得到尽可能全面和清晰的职务信息。因此，访谈法要想达到预期目标,需要设立一定的工作流程,按照一定的访谈准则进行。一般来说,工作流程由访谈前准备、确定访谈法和访谈提纲、培训访谈者、实施访谈并做好访谈记录以及访谈信息整理和确认等环节构成。

(1) 访谈前准备

在进行正式访谈之前,准备工作主要包括以下几点:

① 明确访谈目的,收集所需的信息。通常情况下,根据访谈目的,收集、了解与访谈职务相关的信息,如之前相关的访谈记录、有关该职务的文件记录等。

② 了解访谈对象。包括访谈对象所在岗位名称、主管部门、所属部门、工作地点等,并了解访谈对象之间的差异性。

③ 时间与地点的安排。尽可能安排在无人打扰的场所进行面谈,以及对双方来说都比较方便的访谈时间。

(2) 确定访谈方法和提纲

一般而言,需要确定工作任务和责任时运用访谈法比较恰当。访谈者必须明确访谈的目的,访谈的目的主要是得到任职者四个方面的信息:

① 工作目标,即组织为什么设置这个工作岗位,并根据什么给予报酬。

② 工作的范围与性质(面谈的内容),即工作在组织中的关系,所需的一般技术知识、管理知识、人际关系知识,需要解决问题的性质及自主权,工作在多大范围内进行,员工行为最终结果如何度量。

③ 工作内容,即任职者在组织中有多大作用,其行为对组织的影响有多大。

④ 工作责任,它涉及组织战略决策、执行等方面的情况。

由于访谈法在很大程度上依赖于现有职位承担者和他们的上级主管向职位分析专家提供有关某一职位的相关行为或个人特征信息,因此,为确保访谈对象收集的职务信息客观、准确,通常需要拟定一份比较详细的访谈提纲。相对于问题形式的访谈提纲,列表形式的访谈提纲更便于记录、归纳和比较,并能更好地将访谈内容限制在与工作有关的范围内。

问题形式的访谈提纲如表3-4所示。

(3) 培训访谈者

在实际工作中,并不是每个访谈者都可以主持好访谈。访谈需要一系列技巧,例如,积极地倾听与沟通技巧、在引导谈话内容的同时使访谈对象处于放松状态的能力、引导访谈对象提供真实信息的能力、对访谈内容随时进行准确记录的能力等。这些技能或经验对于专业的职位分析专家而言可能不是问题,但是,大多数访谈者可能还需要进一步提高。

(4) 实施访谈并做好访谈记录

在实施访谈阶段,通常分为三个步骤:开始、提问与交流、结束。

表 3-4　职位分析访谈提纲示例

> 1. 请您用一句话概括您的职位在本公司中存在的价值,它要完成的主要的工作内容和要达成的目标。
> 2. 请问与您进行工作联系的主要人员有哪些?联系的主要方式是什么?
> 3. 您认为您的主要工作职能是什么?请至少列出八项职责。
> 4. 对于这些职责您是怎样完成的,在执行过程中遇到的主要困难和问题是什么?
> 5. 请您指出以上各项职责在工作总时间中所占的百分比(请指出其中耗时最多的三项)。
> 6. 请您指出您的以上工作职责中最为重要、对公司最有价值的工作是什么。
> 7. 组织所赋予您的主要的权限有哪些?您认为这些权限有哪些是合适的,哪些需要重新界定?
> 8. 请您就以上工作职责,谈谈评价这些职责是否出色地完成的标准是什么。
> 9. 您认为在工作中您需要其他部门、其他职位为您提供哪些方面的配合、支持与服务?在这些方面,目前做得好的是什么,尚待改进的是什么?
> 10. 您认为要出色地完成以上各项职责需要什么样的学历和专业背景?需要什么样的工作经验(类型和时间)?在外语和计算机方面有何要求?您认为要出色地完成以上各项职责需要具备哪些能力?
> 11. 您认为要出色地完成以上各项职责需要具备哪些专业知识和技能?您认为要出色地完成以上各项职责需要什么样的个性品质?
> 12. 请问您工作中自主决策的机会有多大?工作中是否经常加班?工作繁忙是否具有很大的不均衡性?工作中是否要求精力高度集中?工作负荷有多大?

由于访谈的问题一般较多,为保证质量,便于归纳、比较,访谈记录最好采用标准形式,这也有助于将访谈内容限制在与工作有关的范围内。

(5) 访谈信息整理和确认

在面谈结束后,职位分析专家需要对访谈资料进行归纳和整理,并作必要的检查和核对。通常,应该与访谈对象或其上级主管一起对记录及搜集的工作信息进行最后的检查和确认。

(二) 观察法

1. 观察法简介

观察法是指研究者根据一定的研究目的、研究提纲或观察表,用自己的感官和辅助工具去观察研究对象,从而获得第一手原始信息和感性材料的一种方法。

在职位分析中,观察法一般都是直接观察法,也称自然观察法或现场观察法。根据观察法的特点,职位分析人员可以较全面地观察到所分析工作的整体情况,包括员工的工作过程、行为、内容、特点、性质、工具、工作环境等,并用文字或图表的形式记录这些信息;同时,还可以利用有关仪器测量噪音、光线、湿度、温度等工作条件。应用观察法,其实质是观察、记录、分析要分析职务的整体情况,如工作流程和工作方法等,发现不合理之处,以便寻找改进方法,提高工作效率。

观察法一般不适用于隐蔽的、复杂的、不确定性高、脑力活动较多，或工作周期太长、工作时间和空间没有规律（如突发性、应急性的工作）的职位分析。例如，对设计师、律师、管理者等需用较多脑力的脑力工作者，观察法不适用。又如，对为紧急任务待命或在急救病房待命的护士也不宜用观察法。

因此，观察法一般会与访谈法结合使用，比较适用于大量标准化的、周期较短的、以体力活动为主的外显行为特征的职位分析，常用于相对简单、重复性高且容易观察的职位分析。

2. 观察法的运用

运用观察法时，要求观察者有足够的实际操作经验，而且被观察的工作应该相对稳定，即在一定时间内，工作的内容、程序、对工作人员的要求不会发生明显的变化。

运用观察法有几种方式，第一种方式是分析人员可以在员工的工作期间观察并记录员工的工作活动，然后和员工进行面谈，请员工进行补充；工作人员也可以一边观察员工的工作，一边和员工交谈。这种方式比较好，因为工作人员可以专心观察和记录而且不会干扰员工的工作。第二种方式是通过问卷获得基本信息，再通过访谈和直接观察来确认和补充已了解的情况。这也是一种较好的方式，因为它把观察法和问卷法、访谈法结合在一起。究竟选择何种方式，既要考虑到企业的特色和实际情况，又要兼顾调查时间和经费。

（三）工作日志法

工作日志法（Diaries or Logs），也称现场日志法或工作日记法，它实际上也是一种观察分析法，只不过观察者与观察对象合二为一，是任职者自己观察自己的方法，即任职者每天按时间顺序详细记录自己的工作任务、工作程序、工作方法、工作职责、工作权限以及各项工作所花费的时间等，形成工作日志，然后经过归纳、分析，达到职位分析的目的，一般要连续记录10天以上。工作日志通常由员工以日志的形式自己填写，但有时为节省填写者的时间或保持同一水准，也会提供统一格式。例如，航海日志、维修记录、持续活动的记录、保安人员的值班记录等，都属于这一方法的应用范畴。

工作日志法应用的前提是职位承担者对自己所从事的工作情况与要求最为了解，因此，这种方法能提供较具体、详细的工作情况，适用于对内容复杂的或技能要求高的职位进行分析。例如，一家上海的公共关系公司有几十名业务员，他们每天负责某一方面的客户工作，职位分析面谈及其他调查经常高估了他们的主要工作，因此，人力资源管理部就建议业务员记工作日志。一开始，大部分员工都拒绝执行，后经反复说明，同意试行一个月。结果，人力资源管理部获得了所需要的工作信息，同时业务员也了解了他们各自工作的重点和时间安排等事宜，从而对改进其工作非常有帮助。

工作日志法的关键在于工作日志的写法。在采用工作日志法来收集职位信息时,必须做好充分的准备工作,并设定信息记录的一定规范和要求,包括必要的表格和填写说明等,以确保整个日志填写及随后信息整理分析过程的顺利进行。

一般来说,在职位分析中应用工作日志法,需要事先根据职位分析的目的和要求,设计相应的工具表格。工作日志的内容包括做什么、如何做和为什么做三个方面。其中,在描述任职者做什么时,应以职位的脑力和体力活动描述为特征。

在设计工作日志记录表格的同时,还需要设计填写表格的指导说明语。指导说明语可以简洁,也可以较具体。说明语的繁简取决于职位信息收集范围、填写工作日志人员的多少、时间的长短及组织管理程序等因素。但需要指出的是:工作日志说明应尽可能简洁明了,便于填写者理解和领会。

针对工作日志法的特点,在职位分析中,它常与其他方法相结合,很少作为唯一的信息搜集方法使用。在实际工作中,许多职位分析专家以组织既有的日志作为拟定问卷、计划访谈的参考资料来源。

(四) 主管人员分析法

这种方法是由主管人员通过日常的管理权来记录与分析所管辖人员的工作任务、责任与要求等因素。主管人员对这些工作非常了解,以前也曾从事过这些工作,因此他们对被分析的工作有双重的理解,对职位所要求的工作技能的鉴别与确定非常在行。

主管人员分析法最大的优点是记录方便,他们与所分析的工作天天打交道,非常了解,尤其是以前从事过这些工作,目的比较明确,分析得很深入。但主管人员的分析中也许有一些偏见,尤其是那些只干过其中一部分工作而对全部工作不是很了解的人,他们往往偏重于自己所从事过的那部分工作。可以通过将主管人员分析法与工作日志法相结合的方法来消除这种偏差。

(五) 文献分析法

为降低职位分析的成本,应尽量利用原有的资料,例如责任制文本等人事文件,以大致了解每项工作的任务、责任、权利、工作负荷、任职资格等,为进一步调查、分析奠定基础,这就是文献分析法。这种方法一般用于收集工作的原始信息、编制任务清单初稿等。使用时要注意:对现有文献分析时,一定要坚持所搜集信息的"参考"地位,切忌先入为主,而影响职位分析乃至其他管理活动的最终结果。

(六) 主题专家会议法

主题专家会议法(Subject Matter Experts,简称 SMEs)通常指与熟悉被分析职位的组织内部人和外部人集思广益的过程,这些人包括任职者、直接上司、曾经的任职者、内部客户、其他熟悉该职位的人以及咨询专家、外部客户、其他组织中对应职位的任职者。这个过程在组织行为学中被称为群体决策,其实现方法有多种。传统方法就是互动群体法,即所有与会者自由发言,随意提出自己的观点。但是这种方法潜藏着较高的人际冲突,在很多情况下,一些与会者因为级别、身份的差异而承受较大的从众压力,因此,得到的观点与意见数量有限。

除互动群体法外,还有以下三种方法:

1. 脑力激荡法

脑力激荡法的实质是让参加会议的成员畅所欲言,不许任何人对这些观点加以评论,以克服讨论过程中的从众压力。在典型的脑力激荡法讨论中,6—12人围坐在一张桌子旁,会议组织者先用清楚明了的方式把问题说明白,让每个人都了解。然后,在给定的时间内,大家可以自由发言,尽可能地提出自己的观点与意见。在这段时间,任何人都不得对发言者加以评价。所有的观点与意见都记录在案,直到最后允许与会者来分析这些观点与意见。

2. 名义群体法

名义群体法是指在决策过程中对与会者的讨论或人际沟通加以限制,这就是"名义"一词的含义。开会时,与会者首先进行个体决策。具体方法是,在问题提出后,采取以下几个步骤:

(1) 参加会议的人聚在一起,在进行讨论前,每个与会者写下自己对解决该问题的看法与观点。

(2) 在这个安静阶段之后,每个与会者都要向其他与会者说明自己的观点,一个挨一个地进行,并将每种观点记录下来,通常使用记录纸或记录板。所有观点都记录下来后再进行讨论。

(3) 与会者对观点进行讨论,并进一步澄清和评价这些观点。

(4) 每个与会者独自对这些观点进行排序。最终决策结果是排序最靠前、选择最集中的那个观点。

名义群体法的主要优点是:允许出主意的人正式聚在一起,但是又不像互动群体那样限制个体的思维。

3. 电子会议法

电子会议法是名义群体法与复杂的计算机技术的混合,前提是具备相应的技术条件。典型的电子会议的场景是:50人左右围坐在马蹄形的桌子旁,面前只有一台计算机终端。问题通过会议室中的大屏幕传给与会者,并要求他们把自己的观点与意见输入计算机终端。个人的观点、意见或投票都显示在投影屏幕上。

这种方法的优点是匿名、可靠、迅速。与会者一旦把自己的想法输入键盘,所有的人都可以在屏幕上看到,与会者可以真实地表明自己的态度。会议过程中由于没有闲聊，讨论不会偏离主题，大家可以在同一时间互不妨碍地相互"交谈"，不会打断别人。

主题专家会议法在整个组织管理过程中有着极其广泛的用途，在具体的职位分析中，常常被用来搜集基础信息。此外，它还担负着最终确认职位分析成果，并且加以推广运用的重要职能。

（七）问卷法

1. 问卷法简介

问卷法是工作分析中最常用的一种方法，具体来说，是指采用调查问卷来获取工作分析的信息、实现工作分析的目的的一种方法。首先，由有关人员事先设计出一套职务分析的问卷；其次，由承担工作的员工填写问卷，也可以由工作分析人员填写；最后，将问卷加以归纳分析，做好详细记录，并据此写出工作职务描述。这里需要注意，形成的工作描述要再征求任职者的意见，并进行补充和修改。

职位分析中使用的调查问卷有很多种，既有适合各种职位调查的通用问卷，又有针对某一专业岗位的问卷；既有信度、效度都很高的标准化问卷，又有非标准化问卷；既有针对脑力劳动者的问卷，又有针对体力劳动者的问卷。问卷的问题一般分为开放式问题和封闭式问题两类。开放式问题，指不给被调查者提供具体答案，而由被调查者自由填答的问题。开放式问题的优点是被调查者自由地按自己的方式表达意见，不受限制；缺点是要求回答者具有较高的知识水平和文字表达能力，所花的时间和精力比较多，只能进行定性分析，难于进行定量统计的处理和分析。封闭式问题，指在提出问题的同时，也给出若干个答案，要求被调查者进行选择回答。封闭式问题的优点是填写方便，对被调查者的文字表达能力没有过高的要求，易于进行定量统计分析；缺点是失去了开放式问题的丰富多样的回答。因此，一般问卷都是将这两种方法结合，以封闭式问题为主、开放式问题为辅。

这里我们主要讨论职位分析中问卷法的一般应用。事实上，国外理论专家应用问卷法的基本原理，研究设计出应用于职位分析的专业性问卷法，如职位分析问卷法、管理职务描述问卷法等。这些专业性问卷法将在以人为基础的职位分析方法中作具体讨论。

2. 问卷法的基本流程

在职位分析中，问卷法通过预先设计的调查问卷来获取职位分析的相关信息，从而实现职位分析的目的。问卷法的基本流程是：首先设计出问卷，然后将问卷发给选定的员工，要求员工在一定期间内（有时是当场）填写，以获取有关信息。通常这种方法比较节约分析者的时间与经费，也可从较多工作人员处获得资料。但是它的成败至少取决于问卷本身设计的质量，同时还受到被调查者文化素质的高低及其在填写时的态度等因素的影响。

二、以人为基础的职位分析方法

通用性的、传统的职位分析方法往往费时耗资,所得的信息以叙述性的信息居多,容易产生主观性偏差。因此,相比于更专业的、后来开发的职位分析方法,通用性职位分析方法的不足更为明显。

以人为基础的职位分析方法在一些教材里又被称为人员分析,主要是针对不同等级、类型的工作与个人特征之间的关系进行分析,即从任职者角度出发,侧重于分析任职者在履行工作职责时所需要的知识、技术、能力以及其他行为特征等。因此,人员分析的成果是工作规范。这些方法大多通过量化的方式刻画职位特征,体现出较高的结构化特征。下面是几种常用的以人为基础的职位分析方法:

（一） DOL 系统

1. DOL 系统简介

DOL 是美国劳工部的简称,DOL 系统是美国劳工部开发和使用的一个职位定向分析系统,其结果用工作描述的形式表现出来。标准的工作描述包括工作概况、工作任务和工作的量化。工作描述要对各相关因素进行叙述性说明,其中个人特征包括教育与培训、才能、气质、兴趣、身体要求和环境条件六大类,以达到人员分析的目的。

2. 个人特征

表 3-5 是对揉面师的工作的描述,我们根据这个例子来简单介绍一下每个个人特征的含义。

表 3-5 对揉面师的工作的描述

```
工作名称:揉面师
产业类别:面包制作
SIC 码及名称:2051 面包业及其他面包产品
DOT 码:520-782
工作概要:
根据设定程序操纵机器搅拌纯面粉和酵母粉,指导其他工人进行面粉发酵和手工切块。
任职条件量化描述:
GED: 1  ②  3  4  5  6
SVP: 1  2  3  ④  5  6  7  8  9
才能: G3  V3  N3  S3  P3  Q5  K3  F3  M3  E4  C4
气质: D  F  I  J  (M)  P  R  S  (T)  V
兴趣: (1a)  1b  2a  3a  3b  4a  (4b)  5a  (5b)
身体要求: S  L  M  H  V  2  ③  ④  5  ⑥
```

(1) 教育与培训

指某一特定职位对任职者应具备的一般学历教育与特殊职业培训的平均要求量。

① 学历教育指没有特定职业定向的一般教育(GED)。这种教育开发了任职者的推理水平和继续学习的能力,使其掌握基础性的知识,如语言、数学等。GED 量表包含推理、数学、语言等三个变量,每个变量分为六个水平。GED 的得分由这三个变量合成。表 3-5 中揉面师工作的 GED 得分为 2。

② 职业培训指特定工作情境下作业的资格(SVP)的平均数。SVP 包含以下几个方面:职业教育、学徒训练、厂内培训、在职培训和从事其他相关工作的经验(其中不包括环境适应的学习)。SVP 将测量结果分为九个水平。水平 1 代表的时间最短(1—30 小时),水平 9 代表的时间最长(超过 10 年)。表 3-5 中揉面师工作的 SVP 值为 4,代表 3—6 个月的培训时间。

(2) 才能

指工作者具有一定的从事或学习从事某项任务的能力。DOL 系统共列出 11 种才能,每个才能分 5 个水平。水平 1 指全部员工中前 10% 所具备的水平,水平 5 是后 10% 所具备的水平。字母是各才能的代号,例如 C 表示辨别颜色的能力,数字表示才能的水平。从表 3-5 中可以看出揉面师工作的才能量化要求,一般来讲,揉面师的工作所需才能水平为 3,属中等水平。

(3) 气质

指与不同的工作环境和要求相适应的个体特征,气质的描述是工作场所对行为要求的体现。DOL 系统给出十种气质描述。就揉面师而言,有两种相关的气质类别:一个是 M,指与概括、评价和数量决策相适应的个性特征;另一个是 T,指与限制、容忍和标准等严格要求相适应的个性特征。

(4) 兴趣

指个体对某种类型活动的工作活动或经验选择的内在倾向,它同时具有排斥与之相反的活动或经验的倾向性。DOL 系统列出了五对兴趣因素。在每对因素中,选择某一方面的同时也就意味着对另一方面的排斥。表 3-5 中显示出与揉面师的工作相关的兴趣因素:1a 是倾向于与事物打交道的活动;4b 是倾向于与过程、机械、技术有关的活动;5b 是倾向于能预测结果和成效的工作。

(5) 身体要求

指工作对工作者的身体要求及工作者必备的身体能力要求。DOL 系统包含六种身体要求,它们都以量化的形式表现出来,对揉面师工作的体力要求在表的最后一行,如表 3-5 所示。

第一个因素(强度)是指工作对身体的要求的繁重程度,分为轻(S)、较轻

(L)、中等(M)、重(H)、很重(V)五个等级,表示揉面师的工作处于"重"这一类别。H 是最多能举起 100 磅的东西,并且经常举起或携带 50 磅的东西。

其他五个身体要素相对于其他体力和感官功能,是依据频数量表来量化的。对揉面工作来说,第三、第四和第六个因素具有具体的实际意义(在表中被圈起)。

此外还有环境条件,在 DOL 系统中,环境条件是与身体要求联系在一起的。

3. DOL 系统的优缺点

在实际运用过程中,我们看到 DOL 系统对人员分析的作用。首先,从很大程度上说,它是工作分析的基础系统,美国劳工部应用它指导美国地方各级政府的工作实践,产生了很大的影响。其次,它又是易于理解和使用的可扩展系统。它的研制者率先提出了与绝大多数的工作相关的信息结构要求,并证实了这些内容的有效性。据我们目前所知,没有任何其他系统可在观念上、工作清洁的描述上和技术手段上完全取代它。最后,DOL 系统所提供的方法与细节,对其他分析系统的理解有很大的帮助。

然而,DOL 系统的量表粗糙,甚至有些量表存在着严重的术语混淆,使用时由于理解的不同会造成较大的误差。另外,该系统在量化工作方面做得不够到位。DOL 系统要求工作分析者参与分析,但未制定出规则来决定什么样的人有资格做量化工作、理想的职位分析者的数目是多少、评定者达成共同决议的方法是什么、采纳评定结果的标准是什么等。因此,DOL 系统还不是一个严格、完善的系统。

(二) 医疗人员分析系统(HSMS)

1. HSMS 简介

HSMS 包含 18 个量表,其中一个用来测查任务出现的频率,还有一个用来测查知识水平,其他 16 个都用来测查人的一般技能。因此,我们仍把它归为以人为基础的职位分析方法。

HSMS 在描述技能与知识的区别时,提出了一种有趣的观点,这种观点在 HSMS 的量表编制中占据了主导地位。HSMS 认为:技能是一种可传授的行为特征,个体为完成某项任务而进行智力或体力活动时会显露出这种特征,并假定完成任务所需的技能的等级和数量是可以被评估的,还假定技能是可以随着学习而提高的;而知识是指细节信息、事实、概念和理论,这种理论是特定学科或领域信息的一部分,它阐述事物的功能及如何运用这些功能。如果说技能和知识都是可传授的,那么技能的学习必须通过实践,而知识却基本上是通过讲解式的传授方法与个体的了解与理解获得的。然而在工作中运用和使用知识时需要技能。这些定义强调了技能是那些需在从事某项任务时才表现出来的特征,而知识却是在完成某项任务时用到的信息。HSMS 决策量表还认为:作出决策并不是基于人的能力,而是基于所要满足的需要;依据是任务,而非人的特质或能力。

2. HSMS 的方法要点

HSMS 是指通过一系列精心制定的规则、准则和确定任务所需技能水平的步骤,并采用现成的量表来认定各项任务所需的技能。其要点如下:

（1）任务中的所有要素,包括任务中各个阶段和其中的事务,都应作为量化工作的一部分。

（2）在量化每一个项目前,分析者要充分地考虑可能出现的最小量化值,使每个项目在零以上都能得到相应的量化。每个项目的量化方法应分别考虑,量化等级是从左至右递增的。

（3）对一定技能而言,任务等量化要确定任务实例和要素所要达到的最高量值。这个量值的确定,要根据完成该任务可以达到的水平以及可接受的标准来确定,而不是根据一般的、通用的或高水平的作业结果来确定。

3. 对 HSMS 的评价

HSMS 所需的技能一般是直接从其他任务描述中提炼出来的,所以,此系统的贡献是界定了特定任务所要求的品质。HSMS 在技能的定义中关注工作者应具备的行为的类型和水准,而不是寻求抽象的人的特质。这种方法使该系统作出的工作者描述能更好地经受实际工作的考验,也在平等就业机会方面获得好评。

但是,该系统在人力资源管理的应用中有以下两个局限:

（1）在这一系统下,技能需求的阶段完全依赖于对人物的描述过程。对那些机械的 HSMS 分析员来说,必须首先按系统的要求来定义任务。

（2）该系统中一般的技能在很大程度上是与医疗保健相关的,所以对其他产业或领域的分析缺乏推广性。

（三）职位分析问卷法(PAQ)

1. PAQ 概述

职位分析问卷法(Position Analysis Questionnaire,简称 PAQ)是美国普渡大学(Purdue University)的研究员 E. J. 麦考米克(E. J. McCormick)等人在 1972 年研究开发的,是一项基于计算机的、以人为基础的、高度结构化的系统性职位分析方法。它采用清单的方式来收集、分析和确定职位信息,涉及工作行为、工作条件和职位特征等。其研究设计者最初的设计理念有以下两点:(1) 开发一种一般性的、可量化的方法,用以准确确定工作的任职资格(代替传统的测试程序);(2) 开发一种量化的方法,用来估计每项工作的价值,进而为制定薪酬提供依据(以补充传统的、以主观判断为主的工作评价方法)。因此,PAQ 在研发之初即试图分析所有的工作,而在纷繁复杂的工作中,只有人的行为是"共通"的,所以 PAQ 的定位是人员倾向性的,即从普遍的工人行为角度来描述工作是如何被完成的,可用于多种职位类型。而且由于其问题措词的一般性,PAQ 适用于公共和私营部门的许多职位。

PAQ 问卷主要包括 194 个项目,其中 187 项被用来分析完成工作过程中员工活动的特征(工作元素),另外 7 项涉及薪酬问题。这些项目所描述的是包含在工作活动中的"人的行为",比如工作中人的感觉、知觉、智力发挥、体力消耗和人际活动等,表现了一般的工作行为、工作条件或职位特征。所有项目被划分为六大类别,其结构维度如表 3-6 所示。

表 3-6 PAQ 问卷维度示例

1. 信息输入:从何处以及如何获得工作所需的信息?		2. 体力活动:工作中包含哪些体力活动,需要使用什么工具设备?	
知觉解释	解释感觉到的事物	使用工具	使用各种机器、工具
信息使用	使用各种已有的信息资源	身体活动	工作过程中的身体活动
视觉信息获取	通过对设备、材料的观察获取信息	控制身体协调	操作控制机械、流程
知觉判断	对感觉到的事物作出判断	技术性活动	从事技术性或技巧性活动
环境感知	了解各种环境条件	使用设备	使用大量的各种各样的装备、设备
知觉运用	适用各种感知	手工活动	从事与手工操作性相关的活动
		身体协调性	身体一般性协调
3. 脑力处理:工作中有哪些推理、决策、计划、信息处理等脑力加工活动?		4. 工作情境:工作发生的自然环境和社会环境如何?	
决策	作出决策	潜在压力环境	环境中是否存在压力和消极因素
信息处理	加工处理信息	自我要求环境	对自我严格要求的环境
		工作潜在危险	工作中的危险因素
5. 人际关系:工作中需要与哪些人发生何种内容的工作关系?		6. 其他活动、条件和特征	
信息互换	相互交流相关信息	典型性	典型和非典型性工作实践的比较
一般私人接触	从事一般性私人联络和接触	事务性工作	从事事务性工作
监督/协调	从事监督/协调等相关活动	着装要求	自我选择与特定着装要求的比较
工作交流	与工作相关的信息交流	薪资浮动比率	浮动薪酬与固定薪酬的比较
公共接触	公共场合的相关接触	规律性	有无规律工作实践的比较
		强制性	在强制的环境下工作
		结构性	从事结构性和非结构性工作活动
		灵活性	敏锐地适应工作活动、环境的变化

每一个项目既要评定其是否是一个职务的要素，还要在一个评定量表上评定其重要程度、花费时间及困难程度。PAQ 给出了六个计分标准，即信息使用程度(U)、工作耗费时间(T)、对各个部门以及各部门内各单元的适用性(A)、对工作的重要程度(I)、发生的可能性(P)、特殊计分(S)，每个计分标准又被划分为六个等级。在使用职位分析问卷时，用这六个评价因素对所需分析的职务一一分析核查，按照 PAQ 给出的计分标准，确定职务在职务要素上的得分。表 3-7 列出了对工作资料来源这一系列项目的信息使用程度的评分标准。

表 3-7　对工作资料来源这一系列项目的信息使用程度的评分标准

```
使用程度：NA. 不曾使用   1. 极少   2. 少   3. 中等   4. 重要   5. 不重要
资料投入
工作资料来源(请根据任职者使用的程度，审核下列项目中各种资料的来源)
工作资料的可见来源
1. _____ 书面资料(书籍、报告、文章、说明书等)
2. _____ 计量性资料(与数量有关的资料，如图标、报表、清单等)
3. _____ 图画性资料(图形、设计图、X 光片、地图、描图等)
4. _____ 模型及相关器具(模板、钢板、模型等)
5. _____ 可见陈列物(计量表、速度计、钟表、画线工具等)
6. _____ 测量器具(尺、天平、温度计、量杯等)
7. _____ 机械器具(工具、机械、设备等)
8. _____ 使用中的物料(工作中、修理中和使用中的零件、材料和物体等)
9. _____ 尚未使用的物料(未经过处理的文件、材料和物体等)
10. _____ 大自然特色(风景、田野、地质样品、植物等)
11. _____ 人为环境特色(建筑物、水库、公路等，经过观察或检查已成为工作资料的来源)
```

资料来源：http://www.jobeasy.cn。

从表 3-7 中可以看到，书面资料被评定为第一等级，这说明书面材料(如书籍、报告、文章、说明书等)在工作中扮演了重要角色。

2. PAQ 的操作

PAQ 的操作过程可具体划分为七个步骤，如图 3-3 所示。虽然具体的步骤可能在不同的组织、不同的管理部门中发生变化，但是这里所描述的操作过程涉及大多数 PAQ 的应用活动。

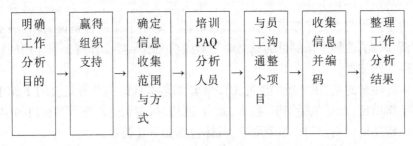

图 3-3　PAQ 操作的七个步骤

PAQ 问卷非常复杂，因此一般由专业的职位分析者填写，但是为获得工作的基本信息，首先要通过访谈法、主题专家会议法等通用方法来收集这些信息。PAQ 问卷也可以由任职者或主管人员填写，但是需要提供专人指导，导致实施的成本较高，而且理解程度的差异也会使分析结果的准确度下降。

3. PAQ 的优缺点

（1）PAQ 的优点

① 同时考虑了员工与工作两个变量因素，并将各种工作所需要的基础技能与基础行为以标准化的方式罗列出来，从而为人事调查、薪酬标准制定等提供了依据。

② 大多数工作皆可由五个基本尺度加以描绘，因此 PAQ 可将工作分为不同的等级。

③ 由于 PAQ 可得出每一项（或每一类）工作的技能数值与等级，因此它还可以用来进行工作评估及人员甄选。

④ PAQ 法不需要修改就可用于不同的组织、不同的工作，使得比较各组织间的工作更加容易，也使得工作分析更加准确与合理。

（2）PAQ 的缺点

① 需要时间成本很高，也非常烦琐。

② 问卷的填写人要求是受过专业训练的工作分析人员，而不是任职者或其上级。

③ 它的通用化或标准化的格式导致了工作特征的抽象化，所以不能描述死记工作中特定的、具体的任务活动。

④ 可读性差，具备大学阅读水平以上者才能够理解其各个项目，任职者和主管人员如果没有受过 10—12 年以上的教育就难以使用这种方法。

综上所述，对于工作描述与工作再设计，PAQ 不是理想的工具。

（四）工作要素法（JEM）

1. 工作要素法概述

工作要素法（Job Element Method，简称 JEM）是一种典型的、开放式的、以人为基础的职位分析方法。它是由美国人事管理事务处的 E. S. Primoff 研究开发的。由于工作要素或任职者所具备的人员特征对于工作而言是最简单、最基本的方面，因此，这种方法的目的就是确定对成功完成某项工作有显著作用的行为及该行为的依据。

需要注意的是，JEM 所关注的工作要素不是本章第一节所定义的工作中的最小动作单位，而是包括知识、技术、能力、愿望、兴趣和个性特征等在内的、与任职者的特征密切相关的一系列要素，具体包括如下几类：

（1）知识。例如，专业知识的掌握程度、外语水平、知识面的宽窄等。

（2）技能。例如，计算机运用、驾驶技术、叉车操作技能等。

（3）能力。例如，口头表达能力、判断能力、管理能力等。

（4）工作习惯。例如，对工作的热爱程度、承担超负荷工作的意愿、工作时间不规律等。

（5）个性特点。例如，自信、主动性、独立性、外向、内向等。

这里需要特别说明的是，只有那些对完成所研究的工作有重要影响作用的要素才能被列入考虑范围，而不是所有与工作相关的要素都要予以考虑，这也是JEM 与 PAQ 的区别所在。

运用工作要素法时，首先要收集被分析工作的相关要素，并进行整理归类，划分为一系列分析维度（即待分析的工作要素）和子维度（即子要素）；然后利用工作要素表对每一要素进行分析，从而达到职位分析的目的。对于要素与子要素，我们举例说明。比如，准确性是收银员工作的工作要素之一，它的子要素可能包括：找零的准确性、收款机按键的准确性和价格演算的准确性等。

2. 工作要素法的操作

使用工作要素法时，一般要按以下步骤进行：

（1）收集工作要素

这一过程通常要通过主题专家会议法来实现。工作要素的提出应该以完成目标工作所需的知识、技能、能力和个人特征为根据，并和该工作相联系。与会者应从工作的各方面反复考虑每个被提出的要素，确保这些要素可以完全覆盖目标工作的要求。在实际应用中，可以借鉴职位分析问卷法（PAQ）中的维度对工作要素进行思考，以收集全面、准确的工作要素。最后将所有被提出的要素罗列在工作要素清单上。表3-8 是关于专业技术人员这类工作的工作要素清单。

表3-8 工作要素清单

专业知识、专业技术、应对困难和挫折的能力、记忆能力、变化适应能力、孤独排遣能力、平抑不满能力、主动性、勇气、激励、组织能力、理论转化能力、协调能力、抽象能力、判断能力、逻辑思维能力、成就动机高、信息接受能力、快速思维能力、想象力、决策能力、亲和力、创造力、敏感性、手工操作能力、体力、健康的体魄、独立性、团队合作性、毅力、自信、责任感、预先计划、内向、外向、果断、理解能力、职业道德、创新精神、好奇、承担超负荷的工作、学习能力、多方面考虑问题的能力、区分主要与次要、自律、自尊、工作时间不规律、心理控制能力、口头表达能力、书面表达能力、时间管理能力、外语运用、计算机运用、调查研究能力、沟通能力、高学历、应付高压力工作的能力、谦虚、同时处理多个问题的能力、冒险意识强、社交能力、推理能力、忍耐力、注重工作细节

（2）整理工作要素

收集好工作要素，主题专家组的成员们要将工作要素资料进行归类和筛选，把相同或相近含义的工作要素整合在一起。可以采用类属分析法将相同或相近含义的工作要素归入同一类别,为每一类别赋予相应的名称,并根据该类别所包含的工作要素的内容和特点对其进行明确的界定及解释。还要筛选出各大类的下属类别,以初步确定工作分析的维度及子维度。整理结束后要形成一份工作分析要素类属清单。对表 3-8 中关于专业技术人员的工作要素进行整理后得到的工作要素类属清单如表 3-9 所示。

表 3-9　工作要素类属清单

维度	心理调节能力	突出的智力能力	鲜明的个性特征	特定的工作习惯	熟练的知识和技能	身体素质
界定	有效完成工作所需的心理素质和能力	有效完成工作所需的智力方面的能力和天赋	有效完成工作所需的性格特点	有效完成工作所需的行为习惯或意愿	有效完成工作所需的更多依赖后天习得的知识和技能	有效完成工作所需的身体方面的特征
子维度	• 应付高压力工作的能力 • 应对困难和挫折能力 • 心理控制力 • 变化适应力 • 孤独排遣能力 • 平抑不满能力 • 忍耐力 • 勇气	• 判断能力 • 抽象能力 • 记忆能力 • 逻辑思维能力 • 推理能力 • 信息接受能力 • 快速思维能力 • 理解能力 • 想象力 • 创造力 • 敏感性	• 创新精神 • 独立性 • 团队合作性 • 自尊 • 毅力 • 成就动机高 • 自信 • 主动性 • 责任感 • 好奇 • 冒险意识强 • 社交能力 • 亲和力 • 内向 • 外向 • 果断 • 谦虚	• 工作时间不规律 • 承担超负荷的工作 • 职业道德 • 学习愿望 • 同时处理多个问题的能力 • 注重工作细节 • 预先计划 • 多方面考虑问题 • 区分主要与次要 • 自律	• 口头表达能力 • 书面表达能力 • 高学历(本科以上) • 专业知识 • 专业技术 • 时间管理能力 • 外语运用 • 计算机运用 • 调查研究能力 • 沟通能力 • 理论转化能力 • 决策能力 • 协调能力 • 组织能力 • 激励能力	• 手工操作能力 • 健康的体魄

(3) 评估工作要素

在对工作要素资料进行初步的归类和筛选后,可以采用焦点小组的方法对工作分析的维度与子维度进行最终的划分。在本阶段,工作分析人员——可以是主题专家小组的成员,也可以是对所分析工作熟悉和有所了解的其他非主题专家小组成员——组成焦点小组。小组的每个成员分别根据自己的标准,运用工作要素表对上一步骤所得出的工作分析要素类属清单中的工作要素进行独立评估,并确定维度和子维度。在这个过程中,焦点小组成员要评估的工作分析要素类属清单中的要素是已经被打乱的,且不区分维度和子维度的一个个独立的工作要素。小组成员独立地对这些要素进行评估之后,成员们集合在一起,运用焦点小组讨论的方法,将各个子维度分别归类到不同的工作分析维度下,从而最终得到目标工作的分析维度及其子维度。

这一过程的具体操作步骤如下:第一步,组成焦点小组。焦点小组成员一般为六人。第二步,培训小组成员。培训内容为:明确任务与相关要求、发放相关材料和工具(主要是工作要素表)、介绍要素表的结构及各指标的含义。培训结束后，每个焦点小组就成为一个主题专家组。第三步，各小组成员对工作要素进行独立评估。第四步，汇总评估结果，对评估结果进行数据处理。对专业技术人员的工作分析要素评估结果如表 3-10 所示。

表 3-10 工作分析要素评估结果

要素	B	S	T	P	IT	TV
应付高压力工作的能力(S)	50	92	58	67	61	98
应对困难和挫折的能力(S)	50	92	58	67	58	93
心理控制能力(S)	67	83	58	58	53	72
变化适应能力(S)	58	83	75	50	53	83
孤独排遣能力	83	83	33	50	23	−21
忍耐力(SC)	78	83	58	82	42	67
勇气	83	50	33	50	28	0
激励能力	92	50	17	75	31	−16
平抑不满能力(RS)	75	58	50	78	53	41
心理调节能力(E)	8	100	92	68	59	150
判断能力(S)	62	100	67	52	53	93
抽象能力(S)	43	92	67	75	56	94
记忆能力(RS)	75	58	67	75	53	47
逻辑思维能力(S)	53	92	92	50	58	84
推理能力(S)	42	83	67	50	50	83
快速思维能力	33	58	92	83	83	119
信息接受能力(S)	50	83	42	42	38	16
理解能力(E)	67	92	58	50	59	89
想象力	50	50	33	33	22	10
决策能力	42	42	92	58	67	150
创造力(S)	37	92	45	65	35	65
敏感性	58	42	54	34	67	86
突出的智力能力(E)	8	100	43	67	89	53
创新精神(S)	25	92	23	64	32	−10
独立性	42	67	34	52	36	75
团队合作性(S)	42	67	36	74	34	63
自尊(SC)	92	50	25	63	63	42
毅力(SC)	83	67	46	62	32	75
成就动机高(S)	25	100	34	54	78	66
自信(S)	42	67	23	46	37	5

（续表）

要素	B	S	T	P	IT	TV
主动性(S)	42	83	38	58	45	-5
责任感	42	67	27	96	54	-36
好奇	42	33	47	86	53	-26
冒险意识强	50	33	53	21	36	-57
社交能力	67	17	26	64	46	75
亲和力	58	25	54	48	83	-26
内向	50	8	32	47	53	21
外向	50	25	27	89	64	134
谦虚	60	22	46	32	68	64
果断(SC)	77	50	66	85	47	35
鲜明的个性特征(E)	25	100	37	86	54	52
工作时间不规律(S)	50	67	77	54	47	119
承担超负荷的工作(S)	50	67	23	58	41	14
职业道德(E)	42	100	31	46	63	83
学习愿望(S)	25	100	32	74	49	77
同时处理多个问题的能力	33	92	78	42	48	85
注重工作细节(S)	50	75	37	64	63	70
预先计划(S)	58	58	23	67	85	25
多方面考虑问题(S)	25	92	62	36	76	46
区分主要与次要(S)	58	75	84	56	87	32
自律	67	25	57	24	64	63
特定的工作习惯(E)	8	100	36	85	23	65
熟练的知识和技能(E)	33	100	84	25	75	64
口头表达能力(RS)	75	58	36	76	34	75
书面表达能力(RS)	82	50	46	78	64	43
高学历(本科及以上)(S)	25	58	57	57	78	53
专业知识(E)	33	92	47	97	46	64
专业技术(E)	33	92	46	55	43	34
时间管理能力(S)	44	83	45	78	53	37
外语运用(S)	25	83	94	47	85	48
计算机运用	8	67	28	75	57	94
调查研究能力(S)	17	83	32	93	27	42

(续表)

要素	B	S	T	P	IT	TV
沟通能力(SC)	75	33	25	75	53	64
理论转化能力(S)	33	67	43	46	46	86
协调能力	75	17	43	67	97	54
组织能力	58	25	35	78	64	56
手工操作能力	75	33	53	46	54	43
强健的体魄	67	17	47	64	35	33
身体素质	92	17	47	55	75	45

（4）确定各类要求的工作要素

这一过程仍需召开主题专家会议，讨论评估结果。首先，要检查工作要素清单，修改不恰当的维度与子维度的名称，删除或修改不科学的维度。其次，将标有 S 或 RS 的子维度划归到相应维度内。如果某些子维度无法划归到任何一个维度中，可以适当放宽 TV 值的限制标准，选择一个 TY 值低于 100 的要素作为维度来对这些子维度进行划分。最后，确定各工作要素。

对专业技术人员的工作分析要素评估结果整理如下：

① 专业技术人员工作分析维度。根据评估结果将标有 E 的工作要素确定为该类工作的工作分析维度，结果见表 3-11。

表 3-11　工作分析维度

维度	心理调节能力、理解能力、突出的智力能力、鲜明的个性特征、特定的工作习惯、熟练的知识和技能、职业道德、专业知识、专业技术

② 专业技术人员工作分析子维度。根据评估结果，将标有 S 或 RS 的要素确定为该类工作的工作分析子维度，结果见表 3-12。

表 3-12　工作分析子维度

子维度	应付高压力工作的能力、应对困难和挫折的能力、心理控制能力、变化适应能力、平抑不满能力、判断能力、抽象能力、记忆能力、逻辑思维能力、推理能力、信息接受能力、创造力、创新精神、团队合作性、成就动机高、自信、主动性、工作时间不规律、承担超负荷的工作、学习愿望、注重工作细节、预先计划、多方面考虑问题、区分主要与次要、口头表达能力、书面表达能力、高学历（本科及以上）、时间管理能力、外语运用、调查研究能力、理论转化能力

③ 专业技术人员最低要求要素。根据评估结果，将标有 SC 或 RS 的要素确定为该类工作人员的最低要求要素，见表 3-13。

表 3-13　专业技术人员最低要求要素

最低要求要素	忍耐力、自尊、毅力、果断、平抑不满能力、记忆能力、口头表达能力、书面表达能力、沟通能力

④ 专业技术人员选拔性最低要求要素。根据评估结果,将标有 RS 的要素确定为该类人员的选拔性最低要求要素,结果见表 3-14。

表 3-14　专业技术人员选拔性最低要求要素

选拔性最低要求要素	平抑不满能力、记忆能力、口头表达能力、书面表达能力

⑤ 专业技术人员剔除要素。根据评估结果,将不能够被划分到上述四种情况的要素确定为剔除要素,将其剔除掉,结果见表 3-15。

表 3-15　专业技术人员剔除要素

剔除要素	排遣孤独能力、勇气、激励能力、快速思维能力、想象力、决策能力、敏感性、独立性、好奇、冒险意识强、社交能力、亲和力、内向、外向、谦虚、同时处理多个问题的能力、自律、计算机运用、协调能力、组织能力、手工操作能力、强健的体魄、身体素质

将评估结果与原来类属清单中的要素进行比较,可以得出以下结论:第一,一些对于专业技术人员选拔效果不显著的要素将被剔除,如勇气、激励能力、协调能力、组织能力等;第二,一些原来界定比较困难而实际涵盖范围比较广,或者是与清单中的其他子维度相关性很强的子维度 TV 得分超过 100,从而被提取出来作为单独的维度,如理解能力、专业知识、专业技术、职业道德等;第三,涉及身体素质方面的维度和子维度全部被剔除,这说明身体素质在此类人员的选拔方面不是重点要素;第四,原来类属清单中的一些子维度不再适合作为人员选拔的子维度,而是作为最低要求要素存在,如平抑不满的能力、自尊等。

将上述评估结果所得到的维度,即心理调节能力、理解能力、突出的智力能力、鲜明的个性特征、特定的工作习惯、熟练的知识和技能、职业道德、专业知识、专业技术,交由焦点小组进行讨论,在小组成员一致同意的基础之上,将每个维度划分出主要的结构,并将每一个子维度划归到相应的维度中,详见表 3-16。

通过讨论和投票得出以下结论:第一,由于将专业知识和专业技术独立作为一个维度,因此熟练的知识和技能将特指那些非专业的通用知识和技能。第二,将理解能力独立作为一个维度存在是合理的,因为一个人的理解能力与他的智力能力、心理能力和受教育程度甚至个性都有直接的正相关关系,因此它所涵盖的范围很广,从而其子维度也应该与其他维度下的某些子维度相同。但是由于理解能力还与经验、背景等特点有关,而其他维度并未涵盖这些要素,所以理解能力作为一个单独的维度可以存在,其下属的子维度暂时不列出。第三,对于专

表 3-16 工作分析子维度划分

维度	子维度
心理调节能力	应付高压力工作的能力、应对困难和挫折的能力、心理控制能力、变化适应能力、平抑不满能力
突出的智力能力	判断能力、抽象能力、记忆能力、逻辑思维能力、推理能力、信息接受能力、创造力
鲜明的个性特征	创新精神、团队合作性、成就动机高、自信、主动性
熟练的知识和技能（通用）	口头表达能力、书面表达能力、高学历(本科及以上)、时间管理能力、外语运用、调查研究能力、理论转化能力
特定的工作习惯	工作时间不规律、承担超负荷的工作、学习愿望、注重工作细节、预先计划、多方面考虑问题、区分主要与次要
理解能力	未列出
专业知识	未列出
专业技能	未列出
职业道德	未列出

业技术性工作来说，专业知识、专业技术和职业道德的范围非常广，可以将其作为一个维度，其子维度就应该是各类工作所需的专业知识、专业技术和职业道德，这里暂不列出。

（五）管理人员职务描述问卷（MPDQ）

1. MPDQ 问卷

管理人员职务描述问卷（Management Position Description Questionnaire，简称 MPDQ 问卷）是专门针对管理人员而设计的工作分析系统，其针对性在整个工作分析系统中是最强的。最早的 MPDQ 问卷产生于 1974 年，当时是用来对 Control Data 公司的管理职位进行描述、比较和评价的。后来经过多次测试与修改（其间诞生了多个版本），MPDQ 问卷日趋成熟，最终形成了今天的版本，能用来分析各种企业的管理人员和管理职位。

MPDQ 问卷是一种结构化的、工作导向的问卷，分析对象是管理职位和督导职位，由任职人员自己完成。MPDQ 问卷具有数量形式，能够通过电脑对问卷收集到的信息进行分析。这些信息包括：工作行为、工作联系、工作范围、决策过程、素质要求及上下级之间的汇报关系等，为达到某些人力资源管理的目标服务。这些信息经过分析，形成供管理者和人力资源管理人员使用的、以应用为导向的决策支持性分析报告。报告有多种形式，从而应用到工作描述、工作比较、工作评价、管理人员开发、绩效评价、甄选、晋升以及工作设计等人力资源管理职能中去。

2. MPDQ 问卷的结构与分析报告

（1）MPDQ 问卷的内容

MPDQ 问卷通过因素分析将所包含的题目分为 15 个部分，每个部分包含一定量的相关题目，其结构见表 3-17。

表 3-17　MPDQ 问卷

MPDQ 问卷	题目数量	
	描述工作行为的题目数	其他内容的题目数
1. 一般信息（General Information）	0	16
2. 决策（Decision Making）	22	5
3. 计划与组织（Planning and Organizing）	27	0
4. 行政（Administering）	21	0
5. 控制（Controling）	17	0
6. 督导（Supervising）	24	0
7. 咨询与创新（Consulting and Innovating）	20	0
8. 联系（Contacting）	16	0
9. 协作（Coordinating）	18	0
10. 表现力（Representing）	21	0
11. 监控商业指标（Monitoring Business Indicators）	19	0
12. 综合评定（Overall Ratings）	10	0
13. 知识技能与能力（Knowledge Skills and Abilities）	0	31
14. 组织层级结构图（Organization Chart）	0	0
15. 评论（Comments and Reactions）	0	7
总计	215	59

（2）MPDQ 问卷的评价尺度

MPDQ 问卷的第二部分至第十一部分所用的评价尺度是五级评定。针对每个题目所描述的活动，问卷填写者需要评定该活动相对于该活动所包含的所有其他项目的重要程度以及发生频率。

对于 MPDQ 问卷的某些部分而言，还会用到其他一些评价尺度，例如"计划与组织"部分，不仅用到了"重要性"的评价尺度，还用到了关于"决策权限"的评价尺度。

"综合评定"部分将管理工作分为 10 个职能范围，并要求问卷填写者明确每种职能所占用的时间比重，并评定每种职能的重要程度。在确定时间比例时，要提醒填写者注意时间比例的总和是 100%。

(3) MPDQ 问卷的管理工作维度

MPDQ 问卷收集的工作描述性信息经转化能满足多种不同的人力资源管理需求。人们往往从不同角度看待、分析、研究和描述工作以实现不同的人力资源管理职能，比如：薪酬管理人员往往从"报酬因子"（Compensable Factors）的角度分析和描述工作；培训与开发专家往往从"素质"（Competencies）的角度来研究工作和工作任职者；绩效评价主管往往从"绩效维度"（Performance Dimensions）的角度来分析工作；定岗定编人员和工作设计人员则往往从"工作因子"（Work Factors）的角度来描述工作。MPDQ 问卷从三种有关管理职位的因子出发对工作进行分析，即管理工作因子、管理绩效因子和工作评价因子。

(4) MPDQ 问卷的分析报告

MPDQ 问卷作为一种比较成熟的管理人员的工作分析工具，能够为人力资源管理决策提供信息和理由。利用 MPDQ 问卷对工作进行分析，最终可以形成八份工作报告，这八份报告都有着规定的格式，可以用来支持人力资源决策的制定，这些决策可能包括：人员招聘、工作评价、工作分类、培训、职业生涯设计以及工作设计等。

这八份报告包括：

① 管理职位描述。对管理职位进行详细的描述，包括对某个管理职位财务职能、人力资源管理职能、重要活动、人际关系以及职位所要求的知识水平、技能和能力水平的描述。

② 管理工作描述。与管理职位描述类似，但是它是对一组人的工作内容进行复合性或一般性的描述。

③ 个体职位价值描述。该报告将通过与参照性职位的比较对被分析的管理职位的管理工作因子进行说明，然后从工作评价因子出发评价该职位的相对价值。

④ 团体工作价值报告。与个体职位价值报告类似，但是它是对团体的工作进行价值评价。

⑤ 个体职位任职资格报告。该报告反映了被分析职位的每个管理绩效因子的重要程度，以及对于 MPDQ 问卷所包含的 31 项 KSAs（知识、技术、能力）的要求。

⑥ 团体职位任职资格报告。与个体职位任职资格报告类似，但是它反映的是团体工作的每个管理绩效因子的重要程度以及对于 MPDQ 问卷所包含的 31 项 KSAs（知识、技术、能力）的要求。

⑦ 团体比较报告。是一个以表格形式制作的分析报告，该报告可以区分六个或六个以上的团体的工作内容的相同点和不同点。

⑧ 与职位相对应的绩效评价表。是为评价员工绩效、制定员工发展规划而

产生的表格形式的报告,该报告根据工作任职者对其所承担的工作任务的认知对九个管理绩效因子的意义作了进一步的界定。

(六)弗莱希曼工作分析系统

弗莱希曼工作分析系统是另一种能够获得某工作对任职者的特点要求的职位分析方法,它把能力定义为引起个体绩效差异的持久性个人特征。该系统建立在一种能力分类法的基础上,这种能力分类法能够充分代表与工作有关的所有维度。这种分类法包括如表3-18所示的52种认知能力、精神运动能力、身体能力以及感觉能力。

表3-18　52种认知能力、精神运动能力、身体能力以及感觉能力

1.	口头理解能力	10.	数字熟练性	19.	知觉速度	28.	手工技巧	37.	动态灵活性	46.	景深视觉
2.	书面理解能力	11.	演绎推理能力	20.	选择性注意力	29.	手指灵活性	38.	总体身体协调性	47.	闪光敏感性
3.	口头表达能力	12.	归纳推理能力	21.	分时能力	30.	手腕—手指速度	39.	总体身体均衡性	48.	听觉敏感性
4.	书面表达能力	13.	信息处理能力	22.	控制精度	31.	四肢运动速度	40.	耐力	49.	听觉注意力
5.	思维敏捷性	14.	范畴灵活性	23.	多方面协调能力	32.	静态力量	41.	近距视觉	50.	声音定位能力
6.	创新性	15.	终止速度	24.	反应调整能力	33.	爆发力	42.	远距视觉	51.	语音识别能力
7.	记忆力	16.	终止灵活性	25.	速率控制	34.	动态力量	43.	视觉色彩区分力	52.	语音清晰性
8.	问题敏感度	17.	空间定位能力	26.	反应时间	35.	躯干力量	44.	夜间视觉		
9.	数学推理能力	18.	目测能力	27.	手—臂稳定性	36.	伸展灵活性	45.	外围视觉		

实际的弗莱希曼工作分析系统首先对能力进行描述,然后再沿一个7分尺度图来分别对顺序排列的每一种能力水平都列举出一个行为基准的例子。例如,对于书面理解能力的评价,弗莱希曼工作分析系统使用的尺度如图3-4所示。

使用弗莱希曼工作分析系统时,一般要配合采用主题专家会议法。召开会议时,需要把这52个维度都展示给主题专家们,专家们要指出每一尺度图中的哪一点数能最恰当地代表某一特定工作所要求的能力水平。这些等级评价能精确反映某种工作的能力要求。这种方法适用范围较广,能够应用于职业生涯设计、甄选和培训等多种人力资源管理活动。

书面理解能力		
书面理解能力是指理解书面文句和段落的能力。		
书面理解能力与其他能力之间的区别是什么:		
书面理解能力		其他能力
理解书面英语单词和句子的能力。	相对于	口头理解能力(1):听以及理解口头英语单词和段落的能力。
	相对于	口头表达能力(3)或书面表达能力(4):说或写英语单词和句子,从而让他人理解的能力。

要求理解包括不常用单词和短语的复杂的或详细的书面信息,并且能够很好地区分不同单词的含义

要求理解包括常用单词和短语的较短的、比较简单的书面信息

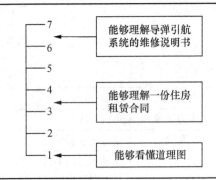

图 3-4　弗莱希曼工作分析系统中的一种能力

三、以工作为基础的职位分析方法

除了以人为基础进行工作分析外,还可以以工作为基础展开工作分析,这种方法就是以工作为基础的职位分析方法。以工作为基础的职位分析方法,其主要分析方向集中于工作本身。这类方法主要包括以下几种:

（一）职能工作分析方法(FJA)

1. 职能工作分析方法概述

职能工作分析方法(Functional Job Analysis,简称 FJA),最早起源于美国培训与职业服务中心的职业分类系统,以工作者应发挥的职能为核心,对工作的每项任务要求进行详细分析。FJA 对工作的描述非常全面具体,一般能覆盖工作所能包括的全部内容的 95% 以上。

FJA 主要是针对工作的每项任务要求来分析完整意义上的工作者在完成这一任务的过程中应当承担的职能,即工作者实际所做的工作。所谓完整意义上的工作者,是指同时具备了通用技能、特定工作技能和适应其工作环境的能力这三种技能的工作者。因为只有这三种技能达到某种程度的统一,工作者才能以满意的标准完成工作任务。在 FJA 中,最基本的分析单元是任务,而不是工作本身。相同的任务可以在多种工作中反复出现,因此,任务是我们进行工作分析的最基本的分析单元,也是培训和绩效评估等人力资源管理活动关注的重点之一。

运用 FJA 的目标是填写如表 3-19 所示格式的任务陈述,工作分析者的职责就是获取足够的信息来完成这张表,从而有可能得到:绩效标准和培训时间的信息;与任职资格有关的知识、技能和能力。

表 3-19　FJA 任务陈述(例:打印任务)

行为(动作)
↓
工具设备
工作帮助
指导
信息来源
↓
结果

行为/动作	打印/誊写
动作的目的	形成信件
信息来源	通过记录提供
指导的性质	标准的信件形式 特定的信息 按照现有的操作规范操作,但为了文字的清楚和通顺可以调整标准格式
机器设备	打字机和相关的桌面设备
工作结果	待寄的信件

2. FJA 的框架

(1) 工作行为与工作结果

在 FJA 中,每项任务的描述必须以能描述工作者行为的特定动词开始,例如打印、誊写、阅读等,而以"目的是"或"为了"等对工作结果描述的词作为任务描述的结尾。只有同时具备工作行为和工作结果,任务描述才算完整。

(2) 工作者的职能——数据、人和事

FJA 认为所有工作者都涉及与数据、人和事三者的关系。工作者与数据、人和事发生关系时所表现的工作行为,可以反映工作的特征、工作目的和人员的职能。实际上,每一项任务描述都必须反映出工作者同事、数据和人的最重要的联系。只有当工作者同事、数据和人的联系并不显著时,才可以在任务描述中加以忽略。描述工作者同事、数据和人的关系所使用的动词应从实际的工作过程中选取,并要进行精确的描述和定义。表 3-20 显示了工作者职能的水平等级和取向。

表 3-20　工作者职能的水平等级和取向

数据——3B 编辑——大约 75% 的工作用于编辑
人——1A 给予指导/提供帮助——大约 5% 的工作涉及人
事——2B 操作/控制——大约 25% 的工作用于操作/控制
理解能力——3——一般情形中工作涉及一些具体的变量时,具备一般的理解能力去执行指令
数据处理能力——1——简单的加减;阅读、抄写或记录数字
运用语言能力——4——起草日常的商务信函;同申请工作者面谈,确定最适合他们能力和经验的工作;在服务机构的帮助下与雇主联系;能阅读和领会技术手册、书面指导或图示

（3）完整意义上的工作者

前面我们已经提过,工作者完成工作职能时必须具备的三种技能:通用技能、特定工作技能、适应性技能。这三种技能定义如下:

通用技能是使人能够将事、人和信息有机联系在一起的能力,虽然受个人偏好和个人能力(例如理解、算术、语言和人际交往能力)的影响,联系的程度存在差异。在任务分析中通用技能表现在培训时间单元中的通用部分。

特定技能是使工作者能够根据工作标准进行特定的工作的能力。在任务分析中特定技能表现在培训单元中的特定部分,可以依照绩效标准将其分为不同的等级。

适应性技能是使工作者在工作所处的环境的影响下趋同或求变的能力,如在物理条件、人际环境和组织结构等方面。从工作指导书或绩效标准中并不能直接得到适应性技能的要求。一般来说,分析以下这样的问题往往能够得到工作对适应性技能的要求:"为完成工作必须具备哪些条件"、"为达到某种绩效标准必须获得哪些指导"等。

一个工作系统包括工作者、工作组织和工作本身。在任务描述的结尾我们能找到工作的目标,多项任务的结果累积形成了工作的目标,而多项工作的目标又累积形成了组织的目标。因此,从这个意义来说,不仅是职能工作分析方法强调和阐明工作者的行为,而且工作行为直接关系到如何实现组织的目标。详细的绩效目标来自于组织的目标,以及组织提供给工作者完成工作的技术。显然,FJA 任务描述的只是一个子单元或者子系统,任务库(组织中所有的工作者需要完成的所有任务的集合)才能描述整个工作系统。

3. FJA 的职能等级

FJA 的核心是通过分析工作者在执行工作任务时与数据、人和事的关系来分析工作者的职能。工作行为的难度越大,所需的能力越高,工作者职能等级就越高。表 3-21 是 FJA 的职能等级表,每项职能描述了广泛的行为,概括了与数据(信息)、人和事发生关系时工作者的工作行为。

表 3-21 FJA 职能等级表

数据(信息)		人		事	
号码	描述	号码	描述	号码	描述
高					
6	综合	7	顾问	4A	精确操作
5A	创新	6	谈判	4B	装配
5B	协调	5	管理	4C	操作控制 2
中等					
4	分析	4A	咨询	3A	熟练操作
3A	计划	4B	指导	3B	操作控制 1
3B	编辑	4C	处理	3C	开动—控制
		3A	教导	3D	发动
		3B	劝导		
低					
2	抄写	2	信息转换	2A	机械维护 2
1	比较	1A	指令协助	2B	机械维护 1
		1B	服务	1A	处理
				1B	移走

这些职能从复杂到简单进行排列,如最简单的数据职能是比较数据,而最复杂的数据职能是综合数据。如何有效地将实际工作信息同 FJA 职能等级表联系起来,是 FJA 方法中的关键一环。

4. FJA 的操作过程

为了建立职能工作分析的任务库,需要按照一些基本的步骤才能覆盖任职者必须完成的 75% 以上的工作内容。

这些步骤如下:

(1) 回顾现有的工作信息

每一份工作都有其独特的语言,因此,工作分析者必须先熟悉 SMEs(Subject Matter Experts,主题专家)的语言(行话)。现有的工作信息包括工作描述、培训材料、组织目标陈述等,能使工作分析者深入了解工作语言、工作层次、固定的操作程序以及组织的产出。工作分析者应该尽可能准备一些在 FJA 格式下可得的信息,如果不能准备所有信息的话,也可以达到两个目的:一是说明在哪些方面需要补充信息;二是可以以得到的部分信息向 SMEs 演示。这个步骤通常会花费 1—3 天的时间,这主要取决于可得信息量以及时间的压力。在此花费的精力会减少小组的时间和精力。

(2) 安排同 SMEs 的小组会谈

该过程通常要持续 1—2 天的时间,选择的 SMEs 从范围上要尽可能广泛地代表工作任职者。会议室要配备必要的设备，如投影仪、活动挂图、涂改带等，会议室的选址要远离工作地点，把对工作的影响减到最小。

(3) 分发欢迎信

自我介绍后，工作分析者应当向与会者分发一封欢迎信，来解释小组会谈的目的，尤其要点明参与者是会议的主体，要完成大部分工作，而工作分析者只是扮演获取信息的向导或是促进者的角色。

(4) 确定 FJA 任务描述的方向

工作分析者事先应该至少准备好三张演示图。第一张图是类似于 FJA 职能等级表的图，显示了任务的结构。第二张图是个打印任务的例子。如果可能的话，第三张图最好准备一个难度、复杂程度中等的任务的例子，实际上在回顾现有的工作信息时我们就可以作相应的准备。准备这三张演示图的目的是给 SMEs 提供任务陈述的格式和标准。这个过程大概会花费 20—30 分钟。

(5) 列出工作结果

通常工作分析者会问专家们这样一些问题："你认为被雇用的工作任职者应该要提供什么产品或服务？""工作的主要结果是什么？"一般来说，大概需要 15 分钟，小组就能以他们自己的语言将工作结果列出来。工作结果可能是物（各种类型的实物）、数据（报告、建议书、信件、统计报表、决议等）、服务（对人或者动物）。通常工作结果很少超过 10 条，多数的情况是 5—6 条。分析人员将这些工作结果整理好列在活动挂图上，然后挂在墙上。

(6) 列出任务

让 SMEs 从任何一个工作结果着手，请他们开始描述通过完成哪些任务才能得到这个工作结果。通常开始时由于大家对技能掌握得不太熟练，会存在一个逐渐适应的过程。工作分析者应该不断进行鼓励，给大家创造一个好的开始。工作分析者可以以这样的问题来激发大家的思维："工作是以工作说明或是指示开始吗？""工作是日常例行的不需要特殊的指导吗？""工作者个人需要主动干些什么？首先干什么？""你是怎么知道该这样干？"在完成了几个任务之后，大家会很快掌握工作的精髓和诀窍，接下来工作进程会大大加快。

这项工作一直要持续到小组达成一致意见，其所列出的任务应能覆盖工作所包括的 95% 以上的工作任务，并要确信没有遗漏重要的任务项。当然中间可以灵活安排几次休息的时间，保持良好的工作节奏。

每项任务列出后工作分析者将其写在活动挂图上。因为这个过程有多人参与，很可能还要进行字句上的斟酌和替换。在开始时大家常常有一个趋势，就是直接给出工作最终的结果，而不说明导致这种结果的工作行为，这就需要工作分析者进行指导，帮助小组将过程行为从最终结果中挑选出来。举例说明：SMEs 通常会以"决定"或是"推荐"这样的词汇来开始描述任务。实际上，

"决定"一般是分析和协调行为的最终结果,同样"推荐"也是数据处理和咨询这类行为的结果。工作分析者应该强调"目的",应该询问:什么导致"决定"和"推荐"行为?

(7) 推敲修改任务库

一些任务会在几个工作结果中反复出现,比如说"沟通"。在某些情形下,同样的任务会在信息来源或是最终结果上有细微的差别。另外,SMEs应该说明有多少任务会以相同的行为开始。这些工作使小组对他们的工作有一个全面深刻的认识,不仅让他们认识到不同工作之间的相似之处,而且使他们看到哪些任务是琐碎的,应该作为其他的一部分而存在,而哪些却是可以拆散为多个部分的。

(8) 产生绩效标准

完成任务库之后,SMEs 要让小组列出满意地完成任务任职者需要具备的素质,工作分析者一般使用下面的问题来引导小组进行分析:"大家可能注意到我们只是整理和分析了工作行为、最终结果、信息来源、指导以及工作设备,而没有涉及需要具备什么素质才能做好工作。我们可以设想我们是某个工作的管理者,我们需要为这个工作找一个合适的雇员,你将以什么标准来进行甄选?请大家考虑素质和特点的时候,尽量同任务尤其是任务对应的行为联系起来考虑。"

这些素质中可能会包含很多一般性的东西,有必要进一步进行分析,最好能让大家举出例子,如这些素质特征以什么方式在何处体现出来?由于很多任务需要相同的素质,因此应该请 SMEs 进一步说明其中哪些素质特征是比较重要的,而哪些素质特征是最为关键的,同样在分析这些素质特征赖以成长的经验时也是如此。完成这些工作后,小组会议就可以结束了。

(9) 编辑任务库

工作分析者将活动挂图上的信息收集起来,在此基础上用前文所述的格式进行任务库的编辑,即整理信息、疏通语句、斟酌用词等。数据库即将完成时,应该抄录一份给 SMEs 小组作最后的修改纠正。

5. FJA 的评价

FJA 的分析结果也可以应用到其他人力资源管理职能中去,例如培训和绩效评估等。FJA 非常清楚地阐述了组织内部关于工作与人的一些理论,但操作比较复杂,而且也难以把握,运用起来比较困难。

(二) 任务清单分析系统(TIA)

任务清单分析系统(Task Inventory Analysis,简称 TIA)是一种典型的工作倾向型职位分析系统。TIA 是由美国空军(USAF)人力资源研究室的 Raymond E. Christal 及其助手开发成功的,对它的研究始于 20 世纪 50 年代,通过从 10 万名以上雇员那里收集试验数据进行验证,前后经历了 20 年时间才趋于成熟完善。

任务清单分析系统用一种高度结构化的调查问卷来收集工作信息,然后运用一定的计算机应用程序软件对收集来的信息进行处理、分析、综合,并向管理者提供工作分析报告。问卷的内容包括"背景信息"和"任务清单"两部分。

背景信息包括传记性问题和清单性问题。传记性问题主要包括调查对象的姓名、性别、职位序列号、职位名称、任职部门、服务期限、教育水平、工作轮换愿望、职业生涯意向等,这些信息可以帮助分析者对调查对象进行分类。清单性问题是为了更加广泛深入地了解有关工作方面的背景信息而设计的问题,为调查对象提供了一套包含问题与答案选项的清单。清单的内容可能包括:所用的工具、设备,所要培训的课程,对工作各方面的态度等。

在 TIA 中,"任务"被定义为"工作任职者能够清晰辨别的一项有意义的工作单元"。任务清单部分其实就是把工作任务按照职责或其他标准以一定顺序排列起来,然后由任职者根据自己工作的实际情况对这些工作任务进行选择、评价等,最终理顺并形成该工作的工作内容。如果任务清单构建得成功,那么在该职业范围内每个调查对象都可以选择清单中的某些任务项目,将它们按一定标准组合在一起从而准确地描绘他的工作。

工作任务清单的调查对象一般是某一职业领域的任职者及其直接管理者。任职者填写背景信息部分,并在任务清单中选择符合他所做工作的任务项目并给予评价(如相对时间花费、重要程度等)。任职者的管理者通常提供有关工作任务特征的信息,如任务的难度、对工作绩效的影响等,然后运用一定的计算机应用软件处理信息,并提供报告。

TIA 的一个主要优点在于它向管理的许多应用领域都提供了有用的信息。通过对任务清单获得的数据进行分析,其分析结果可以应用于人力资源预测、人员招募甄选、绩效考核、薪资管理、培训开发、工作分类以及工作设计等许多方面,可以满足组织多方面的目标。

TIA 是一种较为常用的工作分析系统,具有较高的标准化程度、信度和较广泛的职业适应性,分析结果质量较高。同时,TIA 所需费用较少,难度较小,容易为任职者接受。

TIA 的缺点在于它的使用范围小,只适用于工作循环周期较短、工作内容比较稳定、变化较小的工作;另外,其整理信息的工作量大,归纳工作比较烦琐。

(三) 关键事件法(CIT)

关键事件法(Critical Incidents Technique,简称 CIT)是 J. C. 弗拉纳根(J. C. Flanngan)于 1954 年研究开发的,它的主要原则是认定员工与职位有关的行为,并选择其中最重要、最关键的部分来评定其结果。事件是以描述成功或失败的工作行为的故事形式加以收集的;关键事件则指有可能决定执行一项所分配任务的成败的具体工作行为。

关键事件法是一种由工作分析专家、管理者或工作人员在大量收集与工作相关信息的基础上详细记录其中关键事件以及具体分析其岗位特征、要求的职位分析方法。其特殊之处在于基于特定的关键行为与任务信息来描述具体工作活动。这种方法最初用于培训需求评估与绩效考核，虽然使用范围有限，但也是一种重要的工作分析方法。

与工作描述、任职资格分析等活动相比，由于关键事件法能有效提供任务行为的范例，因而被更频繁地应用于培训需求评估与绩效评估中。在最初应用关键事件法进行工作分析的时候，需要工作人员回忆并记录下那些能反映出特别好或特别差（即关键的）工作绩效的特定行为或事件。随着关键事件法的不断发展，要求更有代表性地描述绩效行为以及更加精确刻画完成工作的各种方法。

关键事件法主要用于工作周期较长、员工工作行为对组织任务的完成具有重要影响的工作。与其他方法相比，关键事件法的特殊性表现在它是基于特定的关键行为与任务信息来描述具体工作活动的一种方法，并不对工作构成一种完整的描述，无法描述工作职责、工作任务、工作背景和最低要求的工作资格等情况。因此，在职位分析中，关键事件法通常结合其他方法，如问卷法、访谈法等使用。

第三节 工作设计的方法

一、工作设计概述

（一）工作设计简介

工作设计（Job Design）与职位分析就像一对孪生姐妹，二者几乎同时产生。我们可以从职位分析的结果中分析出目前的工作内容设置是否合理、当前的工作安排能否让员工有效地工作，如果不能，就应该对此作出一些调整，或是对工作进行重新设置，即工作设计。由此可见，工作设计是在职位分析的基础上实现的。

工作设计是指根据组织需要，并兼顾个人需要对工作完成的方式以及某种特定工作所要求完成的任务、承担的责任、享有的权利和在组织中与其他职位的关系进行界定的过程。而工作再设计则是指改变某种已有工作中的任务或者改变工作完成的方式这样一个过程。

工作设计理论的发展迄今为止经历了四个时期：由工作专业化到工作轮换和工作扩大化，再到当代的工作丰富化和工作特征再设计，进而到现代的在系统理论指导下进行的社会技术系统方法。具体如下：

1. 工作专业化时期(从 19 世纪初到 20 世纪 40 年代)

这一时期的重点是提高工作的专业化程度。工作专业化的特点是：
- 机械的节拍决定工人的工作速度；
- 工作的简单重复性；
- 每个工人所要求掌握的技术低；
- 每个工人只完成每件工作任务中的某一项；
- 工人被固定在流水线上的某一岗位，限制了工人之间的交往；
- 管理部门决定工作中采取什么设备和工作方法，工人处于被动服从地位。

2. 工作轮换和工作扩大化时期(从 20 世纪 40 年代到 60 年代)

这是一个为解决工人对工作的不满而采取的一些临时性措施的时期。由于科学管理运动带来过分专业化，工人的工作越来越简单重复和单调乏味，导致大量的消极怠工对抗现象产生，缺勤率和离职率居高不下。面对这种情况，管理当局采用了工作轮换和将个人的工作范围扩大的方法，对安抚工人的对抗情绪起到了暂时的缓解作用。

3. 工作丰富化及其特征再设计时期(从 20 世纪 60 年代到 80 年代)

这一时期的工作设计主要采取了降低工作专业化程度和改变工作内容、职能和反馈方式等措施来提高工人的工作满意度、工作效率和工作结果。这个时期采用的主要方法是工作丰富化和工作特征再设计。

4. 社会技术系统方法时期(从 20 世纪 80 年代至今)

它主要是在系统理论指导下，运用工作特征模型，借助信息技术对工作进行再设计。社会技术系统方法，通过全面完善工作特征和营造良好的组织氛围来激发员工的工作积极性，它是对工作丰富化及其特征再设计时期所采用的方法的进一步扩展。

(二) 工作设计的总体要求

1. 全部工作的总和应该能够覆盖组织的总任务

即组织运行所需要的每一项任务都应该落实到职务要求细则中去。比如，为了完成临时性任务，往往要在职务要求细则中加上"完成领导交办的其他事宜"这一条。

2. 全部工作构成的责任体系应该能够保证组织总目标的实现

即组织运行所要达到的每一个结果、组织内每一项资产的安全和有效运行都要落实到某一岗位上，不能出现没有人负责的情况。

3. 工作设计应该能够发挥员工的个人能力、提高组织效率

这就要求工作设计全面权衡经济效率原则和员工的生理和心理上的需求，找到最佳的平衡点，保证每个人满负荷地工作。如果工作负荷过低，会导致人、

财、物的浪费；但如果超负荷工作，又会影响员工的身心健康，并给机器设备带来不必要的伤害。

4. 工作设计应该考虑到现实的可能性

例如，一个企业需要一名高级财务主管，要求他既能处理国际财务问题，又能作出风险小的投资决策。这就要求既要考虑企业内有无适合人选，又要考虑在社会上公开招聘需要花费的代价，在二者中权衡利弊。如果因为资源约束，一时找不到合适的人员，则应当考虑修改职务要求细则。

(三) 工作设计的内容

工作设计主要是针对哪些内容进行设计呢？主要有以下六个方面的内容：

1. 工作内容

这主要是关于工作范畴的问题，包括工作种类、工作自主性、工作复杂性、工作难度和工作完整性。

2. 工作职责

这主要是关于工作本身的描述，包括工作责任、工作权限、工作方法、协作和信息沟通。

3. 工作关系

主要是指工作中人与人之间的关系，包括上下级之间的关系、同事之间的关系、个体与群体之间的关系等。

4. 工作结果

主要是指工作所提供的产出情况，包括工作产出数量、质量和效率，以及组织根据工作结果对任职者所作出的奖惩。

5. 工作结果的反馈

主要是指任职者从工作本身所获得的直接反馈以及从上、下级或同事那里获得的对工作结果的间接反馈。

6. 任职者的反映

主要是指任职者对工作本身以及组织对工作结果奖惩的态度，包括工作满意度、出勤率和离职率等。

二、工作设计的方法与技术

工作设计的方法有很多，按各自的学科理论依据的不同可以归纳为四种类型：激励型、机械型、生物型和知觉运动型。这四种类型中的任意一种都可以确定所有的工作特征，因此，进行工作设计时需要根据工作特征的不同在这些方法中进行权衡。

这四种类型的设计方法代表了四种不同的设计理念，根据其中任何一个理念都可以提出很多种工作设计方案。因此，这四种类型的方法并不是具体详细的操作步骤,而是四种不同的工作设计原理,每种原理各有其学科理论依据,设计目的也各不相同。设计工作时要根据原理,结合企业的实际情况,灵活运用各种方法。

(一) 机械型工作设计法

如果工作人员能够尽最大可能地高效工作,不仅组织将受益于每个员工的更低成本和更大产出,而且员工也将较少感到疲劳。经过几年时间,这个观点成为经典的工业工程学的基础。工业工程学(Industrial Engineering)寻找构造工作的最简单方式以使效率最大化。通常,把工业工程学应用到一项工作中可以减少工作的复杂程度,使其变得简单到几乎任何人经过培训就能很快、很轻松地从事这项工作。这些工作往往高度专业化并具有重复性。这种设计工作的方法就是机械型工作设计方法。

在实践中,这种科学方法传统上是通过开展"时间—动作"研究来识别出工人所做的最有效的动作,从而找到"最佳"的工作方式的。一旦工程师找到对他们最有效的动作顺序,组织应该根据员工做此项工作的能力来进行甄选,然后对他们进行培训,让他们详细学习做该工作的"最佳"方式。公司还应当制定合理的薪资结构以激励员工尽力做好。

尽管工业工程学能够带来一些必然的好处,但是单单关注效率所造成的结果是:设计出的工作过于简单和重复以致工人感到厌烦。做这些工作的工人会感到他们的工作没有意义。所以许多组织在工作设计中把工业工程学和其他方法结合起来使用。

(二) 激励型工作设计法

单纯以效率为中心难以实现人力资源目标,尤其当组织必须为人才展开竞争、必须依靠熟练的知识型员工,或者需要一支关心顾客满意度的员工队伍的时候。这些组织需要令员工感兴趣和感到满意的工作,因此工作设计应该考虑的因素是如何使工作对员工具有激励作用。

激励型工作设计法以组织心理学和管理学为基础,设计工作时强调可能会对任职者的心理价值和激励潜力产生影响的那些工作特征,并且把态度变量(如满意度、内在激励、工作参与以及像出勤、绩效这样的行为变量)看成是工作设计的最主要结果。激励型工作设计法所提出的设计方案往往强调通过工作扩大化、工作丰富化、工作轮换等方式来提高工作的复杂性,同时它还强调要围绕社会技术系统来进行工作的构建。

理查德·哈克曼(Richard Hackman)和格雷格·奥德海姆(Greg Oldham)设计的工作特征模型(Job Characteristics Model)显示了如何可以使工作变得更有激励作用。

该模型从以下五个方面的特征来描述工作:(1) 技能多样性。是指工作要求任职者运用多种技能来完成任务的程度。(2)任务完整性。是指工作要求任职者从头到尾完成某件"完整"工作的程度。(3)任务重要性。是指工作对他人生活所产生影响的重要程度。(4)自主性。是指工作允许个人在工作完成方式方面进行自我决策的程度。(5)反馈。是指一个人能够从工作本身所获得的工作有效性程度的相关明确性信息。

具体模型如图3-5所示。

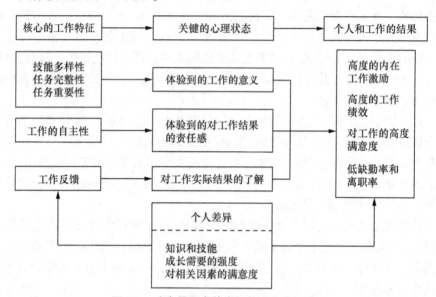

图3-5 哈克曼和奥德海姆的工作特征模型

根据工作特征模型,一个工作越是具备上述特征,这个工作越是能够激励员工。该模型预期,拥有这样一个工作的人将感到更满意,事情会做得更多、更好。这类设计工作的方法包括工作扩大化、工作丰富化、建立自我管理的工作小组、弹性工作制和远程工作等。

1. 工作扩大化

在工作分析中,工作扩大化(Job Enlargement)是指增加所执行任务的类型。其目的是使工作减少重复性,增加趣味。工作扩大化的方法包括工作延伸和工作轮换。

工作延伸(Job Extension)是一种工作扩大化的方式,它把几种相对简单的工作结合起来,形成一个具有更宽职责范围的工作。比如,把接待员、打字员和档案管理员的工作结合起来形成包含三种任务的工作。这种工作扩大化的方式相对简单,但是如果所有任务都很简单,新设计的工作不一定对工作人员有更大的激励。

工作轮换(Job Rotation)实际上并不重新设计工作本身,而是让雇员在几项不同工作之间轮换。这种方法在生产小组中是比较常见的。在一周的时间里，一个小组成员可以轮流从事这个小组所承担的每项工作。小组成员可以一天组装元件，另一天把产品包装到箱子里。与工作延伸相比，这种范围更广的工作仍然包含重复性的活动，但是这些活动之间存在更多的变化。

2．工作丰富化

工作丰富化（Job Enrichment）是指在员工的工作中加入更多的决策权来授权给员工，这个概念来自弗雷德里克·赫茨伯格（Frederick Herzberg）的双因素理论。根据他的双因素理论，人们受工作的内在因素（如工作的意义）的激励要大于受外在因素（如收入）的激励；有五个有关的工作激励因素：成就感、认同感、发展、责任感和完成整个工作。所以为了丰富一个生产工作，可以赋予员工在达不到质量标准的时候停止生产的职权；也可以让每个员工执行几个任务以完成生产过程的一个特定阶段，而不是把这些任务分配给几个员工。对于一个商店的销售人员来说，工作丰富化可能涉及解决顾客问题的权利，包括决定是否退换商品。

3．建立自我管理的工作小组

除了丰富每个人的工作外，一些组织还通过把工作交给自我管理的工作小组的方式来对员工授权。这些小组负责整个工作过程或者部分工作过程。一般来讲，小组成员拥有的权利包括安排工作日程、聘用小组成员、解决与小组绩效有关的问题，以及履行其他一些传统上由管理层承担的责任。团队工作能够赋予一项工作自主性、技能的多样性和任务的完整性等激励因素。

因为小组成员的责任较大，他们的工作也常常定义得很宽泛，其中包括对工作任务的分担，小组成员可能在某些时候要求承担该小组的每项职责。对于组织来说，其面对的挑战是提供足够的培训，使小组成员都掌握必要的技能。当小组负责特定的工作过程或者特定顾客的时候，一个办法是把该过程或顾客的责任交给这个小组，然后让小组自己决定哪些成员执行哪些任务。

团队工作肯定会使工作更加有趣，但是团队工作的效率并没有保障。当小组由6—18名员工组成，他们分享同样的技术（工具或创意）、地点和工作时间的时候，自我管理的小组最有可能取得成功。当小组的技能相对简单易学（这样员工很容易学做别人的工作），而且要求每天倒班（要求灵活性）的时候，这样的小组尤其具有优越性。另外，工作规范应该帮助组织找到那些以团队成功为目标、愿意且能够与人合作的员工。这样的员工可能具备较好的解决问题的技巧，也能够较好地与人沟通。

4．弹性工作制

通过弹性工作制，组织可以给员工一些发言权，让他们自己安排自己的工作。根据组织与各项工作的要求，组织可以在雇员的工作时间方面具有一定的灵活性。灵活的做法包括弹性工作时间和工作分担。弹性工作时间(Flextime)是一种安排工作日程的政策,其中全日制的员工可以根据组织规定的指导方针自己选择开始和结束工作的时间。弹性工作时间政策只是要求员工在某个必须时段(比如上午 10 点到下午 3 点)上班。而为了完成一整天的工时,员工还要在这个时段前后的其余时间里工作。比如,一个员工可以很早来上班,以便在下午 3 点离开去接放学的孩子。另一个员工可能是一只"夜猫子",习惯在上午 10 点到而工作到下午 6 点或 7 点,甚至更晚。弹性工作时间政策可以使员工调整某一天的日程,从而抽出时间来看医生、参加孩子的活动、满足业余爱好,或者参加志愿者活动。能抽出时间来满足社区和家庭需要的工作日程对一些员工来说极具吸引力。

工作分担(Job Sharing)是指两个希望用工作日部分时间工作的员工执行与同一件工作有关任务的安排。当员工需要更多时间上学或者照顾家庭成员的时候,这种工作安排使组织能够吸引或保留有价值的员工。在这种安排中,要求员工能够与他人合作,并且能够协调自己和另一个人的工作细节。

另外一种可供选择的工作日程安排方式是压缩工作周(Compressed Work-Week),尽管从严格意义上来讲它对每个员工并没有提供多大程度的灵活性。压缩工作周是这样一种工作日程,全日制职工在少于 5 天内完成每周工作时间。例如,员工可以每天工作 10 小时、每周工作 4 天来完成每周工作时间,而不是每天工作 8 小时、每周工作 5 天。这种方法最常见,但是一些公司选择其他一些方法,比如 9 天内工作 80 小时(每隔一周可以有一个三休日),或者把每周工作时间压缩到 38 小时或 36 小时。员工可以利用空闲出来的时间进行休闲、满足家庭需要或参加志愿者活动。但是这种类型的安排也有一些缺陷,比如一个员工可能在延长的工作日里感到疲劳。

5. 远程工作

除了工作日程之外,灵活性还可以延伸到工作地点的选择上。在工业革命之前,大多数人要么在家工作,要么在离家很近的地方工作。大规模生产技术改变了这一切,把家庭生活和工作生活分离开来,人们开始离家到集中在一起的工厂或办公室工作。但是今天写字楼价格飞涨,而便携式通信设备和计算机价格却大幅下跌,看起来具备了改变上述趋势的条件。一个人离开集中办公地点工作的主要方式是远程工作或电子通勤。一项研究揭示,远程工作计划节约的费用最高可达到每个员工每年 8 000 美元。

受益于远程办公的一个公司是 IBM。该公司启动了一项计划,给每个远程工作人员配备一台 IBM Thinkpad 笔记本电脑、一台打印机,并加装一条家庭电话线。此外,给市场营销人员还配备了手机、寻呼机、传真机和个人复印机。这些工作人员可以利用他们的设备在家或者在顾客所在地工作。IBM 发现远程工作者的效率比传统工作人员高,主要是由于节约了通勤时间,避免了同事的干扰。另外,远程工作者可以选择他们最有效的时间进行工作(有时在凌晨,有时在深夜),而且能够更好地围绕个人的家庭义务(比如照看生病的孩子)来安排工作。但是,一些远程工作者报告他们难以保持原有的团队合作水平,还有一些人难以区分家庭和工作角色。

(三) 生物型工作设计法

生物型工作设计法以人类工程学(Ergonomics)为基础,它所关注的主要问题是个体心理特征与物理工作环境之间的相互作用。它的目的在于以个体工作的方式为中心来对工作环境进行结构性安排,从而将工人的心理紧张程度降到最低水平。生物型工作设计法已经被应用到对体力要求较高的工作领域。很多生物型工作设计法还强调对机器和技术也要进行再设计,例如调整计算机键盘高度,以减少微机操作人员腕部血管综合征的发生。这种重新设计常常以降低某些工作的身体要求为目的,以便所有人都能从事这些工作。

通常,重新设计工作在使工作者更加轻松的同时,也会带来效率的提升。例如,在国际卡车和发动机公司(International Truck and Engine Corporation),卡车生产中最困难的一个工序是把车轴固定到卡车车身上。传统的做法是,把车身降低放到车轴上面,有一班6个人手拿特大的锤子和撬棍,把车身固定到车轴上。工人们要拧紧螺钉,但是螺钉在车身下面,工人们看不到,所以这些螺钉常常拧得不合适,而且许多工人在这道工序中弄伤了自己。通过集思广益,工人和工程师们得出结论,如果把车身底朝上翻过来,然后从上面固定车轴,情况就会好得多。结果是,由原来一半数量的人做这个工作,速度却加快了一倍,而且工人们也较少犯错误或受伤。

同样,在纽约的3M工厂里,该公司花了6万美元专门设计了新的坡道和叉车,目的是帮助年长的工人搬运装满公司产品的板条箱。板条箱的重量超过125磅,无数员工曾经对此有所抱怨。而工作过程中的这个新变化带来的结果是,该工厂的生产效率提高了(从装车时间来看),第二年工人工伤赔偿要求降到零(过去五年里平均每年有20起)。这些积极结果大大超过了变化所投入的成本,再次说明了从人类工程学的角度进行改变,在提高工作质量的同时也带来了成本的节约。

(四) 知觉运动型工作设计法

知觉运动型工作设计法扎根于对人性因素进行阐述的文献之中。与生物型工作设计法主要关注人类的身体能力和身体局限不同,知觉运动型工作设计法侧重于人类的心理能力和心理局限。这种方法通过降低工作对信息加工的要求来改善工作的可靠性、安全性以及使用者的反应程度,以确保工作要求不会超出人的心理能力和心理界限。使用这种方法时,设计者往往以能力最差者所能够达到的能力水平为标准来进行工作设计。这种方法和机械型工作设计法一样,能起到降低工作认知度的效果。

(五) 四种工作设计方法之比较

这四种工作设计方法各自的侧重点不同,在设计工作的应用中各有利弊,具体分析见表3-22。

表3-22 四种工作设计方法的比较

设计方法	积极结果	消极结果
激励型	更高的工作满意度、激励性、工作参与度和工作绩效;更低的缺勤率	更多的培训时间;更低的利用率;更高的差错率;更大的压力
机械型	更少的培训时间;更高的利用率;更低的差错率;更少的压力	更低的工作满意度、激励性;更高的缺勤率
生物型	更少的体力付出、健康抱怨、医疗事故;更低的疲劳、缺勤率;更高的满意度	更高的财务成本
知觉型	出现差错、事故和压力的可能性降低;更少的培训时间;更高的利用率	较低的满意度和激励性

本章小结

职位分析与工作设计是人力资源管理中的一项基础工作。本章在职位分析概述中介绍了职位分析的基本内涵、职位分析中的常用术语、职位分析的内容以及职位分析的最终结果。职位分析内容一般包括基本资料、本职工作、任职资格等方面;职位分析的结果最终要产生职务说明书。职位分析的流程涉及计划、设计、分析、描述与使用五个步骤。职位分析一方面明确了各职位设置的目的,另一方面是人力资源其他职能得以实现的基础。

职位分析的方法有通用方法、以人为基础的职位分析方法、以工作为基础的职位分析方法等三种。通用方法有访谈法、观察法、工作日志法、主管人员分析法、文献分析法、主题专家会议法、问卷调查法等七种。以人为基础的职位分析方法有 DOL 系统、医疗人员分析系统(HSMS)、职位分析问卷法(PAQ)、工作要素法(JEM)、管理人员职务描述问卷(MPDQ)、临界特质分析系统(TTAS)、能力需求量表法、弗莱希曼工作分析系统等八种。以工作为基础的职位分析方法有职能工作分析方法(FJA)、任务清单分析系统(TIA)、关键事件法(CIT)等三种。

工作设计是在职位分析的基础上实现的,工作设计的总要求不仅要考虑现实的可行性,还要使全部工作的总和能够覆盖组织的总任务,保证总目标的完全实现以及员工积极性的发挥。工作设计的方法主要有激励型、机械型、生物型和知觉运动型四种。

关键概念

工作描述　工作规范　职务说明书　职务设计　职务规范　职务分析方法　职务分析流程　工作日志法　关键事件法　工作要素法　任务清单分析系统　工作抽样法

课堂练习

选择题

1. 以下关于工作与职位正确的说法是(　　)。
   A. 工作和职位的内涵其实是相同的
   B. 工作是若干任务的组合,职位是一个人完成的任务和职责的集合
   C. 工作是一个人完成任务和职责的集合,职位是若干任务的组合
   D. 工作和职位是为了达到特定的组织目标而必须完成的若干任务的组合

2. 工作说明书与工作规范最大的不同之处在于工作说明书的"主角"是(　　)。
   A. 员工　　　　B. 工作　　　　C. 培训　　　　D. 绩效

3. 在工作分析的访谈法中访谈的核心是(　　)。
   A. 工作设置目的　　　　　　B. 工作内容
   C. 工作性质和范围　　　　　D. 任职者所负的责任

4. 职位分析问卷法是以(　　)为重点的工作分析方法。
   A. 薪酬　　　B. 岗位特性　　　C. 绩效　　　D. 个人特性

5. 让秘书起草一份文件是一种(　　)。
   A. 任务　　　B. 职位　　　　C. 职务　　　D. 职业

6. 工作分析的基本步骤是(　　)。
   ① 确定工作分析的目的
   ② 收集与工作相关的背景信息
   ③ 选择被分析的工作
   ④ 与有关人员共同审核和确认工作信息
   ⑤ 实施收集和分析工作信息
   ⑥ 编写工作说明书和工作规范
   A. ①②③④⑤⑥　　　　　　B. ①③②④⑤⑥
   C. ①②③⑤④⑥　　　　　　D. ①③②⑤④⑥

7. (　　)的结果——工作说明书、岗位规范以及职位晋升图必须以良好的岗位设计为基础,才能发挥应有的作用。
   A. 人员分析　　B. 岗位分析　　C. 任务分析　　D. SWOT分析

8. 按事物"两头大,中间小"的正态分布规律,先确定好各级在总数中所占的比例,然后按照每人绩效的相对优劣程度,列入其中的一个等级,这种评价方法是(　　)。
   A. 岗位分类法　　B. 成对排列法　　C. 强制分配法　　D. 岗位比较法

9. 工作分析小组通常由(　　)组成。
   A. 分析专家　　　　　　　　B. 人力资源部门人员
   C. 工会主席　　　　　　　　D. 生产工艺工程师
10. 某企业采用两两比较法进行岗位评价,将所有岗位进行成对比较,结果是:乙的工作价值高于甲、丙、丁;甲的工作价值低于乙,高于丙、丁;丙的工作价值低于甲、乙,高于丁;丁的工作价值低于甲、乙、丙。那么将四个岗位的工作价值从高到低排序为(　　)。
   A. 甲、乙、丙、丁　　B. 乙、甲、丙、丁　　C. 丙、甲、乙、丁　　D. 丁、乙、甲、丙

判断题

1. 工作分析是运用科学方法收集与工作有关的信息的过程,主要包括该项工作应该承担的职责以及承担该项工作需要的任职资格等方面的信息,工作分析的最终产出表现为职位说明书。(　　)
2. "因人设岗"是设置岗位的基本原则。(　　)
3. 职责是工作活动中达到某一工作目的的要素集合。(　　)
4. 职级是分类结构中最重要的概念,指将工作内容、难易程度、责任大小、所需资格皆很相似的职位划为一个职级。(　　)
5. 工作环境不是工作说明书的基本内容。(　　)
6. 关键事件技术是通过设计一定的表格,专门记录工作者工作过程中那些特别有效(成功)与特别无效(失败)的工作行为,作为将来确定任职资格的一种依据。(　　)

讨论题

1. 根据本章内容,结合实际,讨论如何综合应用职务分析法。
2. 为什么要制定职位说明书?职位说明书在企业人力资源管理中具有什么重要作用?

讨论案例

HI 信息服务公司的工作分析

赵珍很兴奋,大学刚毕业,她就能顺利进入 HI 信息服务公司。这是一家中外合资的信息服务公司,近几年发展迅速。考虑到赵珍在大学学的是国际企业管理,公司把她安排在人力资源管理部工作。

HI 在目前国内的计算机行业中算是一家高收益、有很大发展潜力的公司。它主要为企业和个人提供软件及硬件,自 1994 年创办以来,通过灵活的经营手段在激烈的竞争中保持住了领先地位。它是一个人员及技术密集型的企业,并且企业的发展主要依赖于它的人力资源。因此,HI 在人力资源管理方面的最大兴趣是制定政策和程序,提高员工的素质及其满意度。由于信息业正以难以置信的速度发展,所以对企业来说,机会很多,但同时企业间对高质量人力资源的竞争也非常激烈。HI 的管理者深知,如同容易吸引新雇员一样,它也容易失去他们。目前它的人员流动率接近其行业的平均水平。

但是在听了人力资源部佟经理的一番谈话后,赵珍原来乐观的想法改变了。佟经理告诉她,尽管从表面上看,公司有着骄人的经营业绩和良好的发展势头,但是事实上公司内部的管理制度有很多不完善的地方,这些方面将严重阻碍公司的进一步发展。佟经理举例说,作为人力资源管理基础工作之一的工作分析,在公司就没有得到很好的贯彻落实,随着公司规模的扩大,新的工作岗位不断增加,但是相应的工作说明书却没有制定,原有的一些工作描述和工作规范的内容也与实际情况完全不匹配了。佟经理交给赵珍一份旧的工作说明书。造成这种状况的原因在于,初创时期员工较少,公司内部的局域网可以使上下级之间和同事之间非常顺畅地沟通,相对扁平的组织结构也使公司各个层次上的员工很容易接近。同部门的工作经常由员工们共同协力完成,职位在公司被定义成是员工之间关于特定技术、专业能力和兴趣的竞赛。有超常能力和成就的员工常被录用,接着很快获得晋升。正因为如此,公司并不注重为每个工作岗位制定工作说明书,因为从某种意义上说,这只是一纸空文。但是这种忽视工作分析的做法,随着公司规模的日益扩大,显示出越来越多的对人力资源管理工作的负面影响。佟经理坦率地告诉赵珍,在公司,人力资源部被认为是一个低效率的团队。比如说,通过绩效评估,发现员工绩效不符合标准的原因,并安排各种培训和锻炼机会以提高这部分员工的技能,增强他们的信心,这本应该是人力资源部门的职责。但是由于缺乏准确的工作说明书,人力资源部门就没有确切的标准来衡量员工的工作绩效,因而也无从发现员工究竟有哪些地方需要改进和提高,更别提为员工制订适宜的培训计划了。因此,在 HI,其他部门没人认为人力资源部的员工有这方面的能力和经验。另外,公司主要的奖励系统也似乎和人力资源部没有太大关系,甚至公司的年度职工表彰晚宴也被认为是来自外方总经理的奖赏而与人力资源部无关。而按惯例,员工的薪酬奖励计划应该是由人力资源部根据工作说明书,判断每个工作岗位的相对价值以后,再以此为依据制订的。另外,使新进的员工尽快适应新工作,尽快融合到企业文化中去,并通过安排各种培训和锻炼机会以提高他们的技能、增强他们的信心,这也应该是人力资源部门员工的职责。但是在 HI,没有部门认为人力资源部能做这件事。因此,新进员工的职前培训很少由人力资源部负责安排和实施。正是由于缺乏细致的工作分析,HI 的人力资源部在开展工作时显得力不从心。近期,公司又将大规模招聘新员工,佟经理决定先从工作分析这一环节抓起,彻底改变以往人力资源部在人们心目中的形象。他将此重任交给赵珍,要求她在 6 个月的时间内修正所有的职位说明书。

资料来源:http://www.docin.com/p-3038171.html。

问题:
1. 如果你是赵珍,你如何看待工作分析在人力资源管理职能中的作用?
2. 为制定新的工作说明书,你将通过哪些具体步骤开展这一工作?采用哪些方法收集必要的工作分析信息?

3. 请尝试修改招聘专员的工作说明书。

复习思考题

1. 结合现代企业的实例,思考为什么要进行工作再设计?

2. 为什么说职位分析是整个人力资源管理的基础?思考职位分析和设计与其他人力资源管理职能的关系。

推荐阅读

1. 彭剑锋.人力资源管理概论[M].上海:复旦大学出版社,2003.
2. 雷蒙德·诺伊.人力资源管理:赢得竞争优势[M].北京:中国人民大学出版社,2004.
3. 萧鸣政.工作分析的方法与技术[M].北京:中国人民大学出版社,2006.
4. 郑晓明,吴志明.工作分析实务手册[M].北京:机械工业出版社,2006.
5. 付亚和.工作分析[M].上海:复旦大学出版社,2004.
6. 顾琴轩.职务分析:技术与范例[M].北京:中国人民大学出版社,2006.
7. 余凯成.人力资源开发与管理[M].北京:企业管理出版社,1997.
8. 夏俊.基于企业战略目标的职位分析[J].人力资源管理,2009(6).
9. 李锦,薛江焰.职位期权与职位价值计量[J].管理世界,2007(10).
10. 张欣,许多爽.创意企业的工作设计与员工薪酬机制研究[J].经济管理,2008(18).

第四章　人力资源规划

> 凡事预则立,不预则废。言前定,则不跲;事前定,则不困;行前定,则不疚;道前定,则不穷。
>
> ——子思

本章学习目标

1. 理解什么是企业人力资源规划,掌握人力资源规划的内容有哪些。
2. 理解企业经营战略与人力资源规划的关系。
3. 掌握人力资源规划的操作程序。
4. 掌握人力资源需求预测与供给预测的方法。
5. 掌握人力资源供需平衡规划的方法。

引导案例

电信制品公司的人力资源规划

大冯几天前才调到电信制品公司的人力资源部当助理,就接受了一项紧迫的任务,要求他在10天内提交一份本公司5年的人力资源规划。虽然大冯从事人力资源管理工作已经多年,但面对桌上那一大堆文件、报表,不免一筹莫展。经过几天的整理和苦思,他觉得要编制好这个规划,必须考虑下列各项关键因素:

首先,是本公司现状。公司共有生产与维修工人825人,行政和文秘性白领职员143人,基层与中层管理干部79人,工作技术人员38人,销售员23人。其次,据统计,近五年来职工的平均离职率为4%,没理由预计会有什么改变。不过,不同类别的职工的离职率并不一样,生产工人的离职率高达8%,而技术人员和管理干部则只有3%。最后,按照既定的扩产计划,白领职员和销售员要新增10%—15%，工程技术人员要增加5%—6%，中、基层干部不增也不减，而生产与维修工人要增加5%。有一点特殊情况要考虑：最近本地政府颁布了一项政策，要求当地企业招收新职工时，要优先照顾妇女和下岗职工。本公司一直未曾有意排斥妇女或下岗职工，只要他们来申请，就会按同一种标准进行选拔，并无歧视，但也未予以特殊照顾。如今的事实却是，销售员除一人是妇女外全是男的；中、基层管理干部除两人是妇女外，其余也都是男的；工程师里只有三个是妇女；蓝领工人中约有11%是妇女或下岗职工，而且都集中在最底层的劳动岗位上。

大冯还有五天就得交出计划，其中包括各类干部和职工的人数、从外界招收的各类人员的人数以及如何贯彻市政府关于照顾妇女与下岗人员政策的计划。此外，电信制品公司刚开发出几种有吸引力的新产品，所以预计公司销售额五年内会翻一番，大冯还得提出一项应变计划以应付这类快速增长。

资料来源：http://www.hroot.com。

思考题：
1. 大冯在编制人力资源规划时要考虑哪些情况和因素？
2. 他该制定一项什么样的招工方案？
3. 在预测公司人力资源需求时，他能采用哪些技术？

第一节 人力资源规划概述

一、人力资源战略与人力资源规划的关系

目前学术界对人力资源战略与人力资源规划这两个概念范畴的理解可分为三种：一种观点认为，人力资源规划包括人力资源战略。持这种观点的学者常常将企业的人力资源规划分成"广义的"和"狭义的"两种，认为广义的人力资源规划包含了企业人力资源的"战略计划"与"战术计划"两个方面。其"战略计划"就是企业较长期的宏观的人力资源战略的制定，而"战术计划"也就是狭义上的"企业人力资源规划"或者称"企业人力资源计划"。另一种观点认为，人力资源战略包括人力资源规划。同前一种观点类似，这种观点将人力资源战略分为"广义的"与"狭义的"两种，"广义的"人力资源战略是指企业制定所有与人相关的方向性规划，"狭义的"人力资源战略就是具体的人力资源计划。第三种观点则是将"企业人力资源规划"与"企业人力资源战略"当成是两个完全独立的、并列范畴的概念，并且认为"人力资源战略"是"人力资源规划"的基础，"人力资

源规划"是"人力资源战略"的具体延伸与实施。

这三种观点的差异在于对"人力资源战略"与"人力资源规划"这两个概念的范畴界定各不相同。本书采用第三种观点的界定方法,即认为"人力资源战略"与"人力资源规划"是两个独立的概念。人力资源战略以企业的总体战略为依据,是企业的职能战略之一。它从宏观上把握企业的人力资源发展方向,提出纲领性的人力资源发展目标,使有限的人、财、物资源能够得到更好的使用。而人力资源规划则是根据人力资源战略,制订出人力资源各个模块具体的实施计划,形成可操作的实施方案。两者的关系是:人力资源战略是人力资源规划的前提与方向性基础,人力资源规划是人力资源战略的延伸与具体体现。两者相辅相成,但是在具体操作中有先后次序。人力资源战略的工作层面比人力资源规划高。

二、人力资源规划的含义

人力资源规划是指根据企业的战略规划,通过对企业未来的人力资源的需求和人力资源供给状况的分析及预测,制定相应的人力资源获取、利用、保持和开发政策,采取职务编制、员工招聘、测试甄选、培训开发、薪酬设计以及未来预算等人力资源管理手段,以确保组织在需要的时间和需要的岗位上获得各种所需的人才,使企业人力资源与企业发展相适应的综合性发展规划。

人力资源规划与组织战略紧密相连,它以组织战略目标为基础,当组织战略目标与经营方式发生变化时,人力资源规划也随之发生变化,所以人力资源规划常常被称为人力资源战略规划。人力资源战略规划源于战略,又涉及招聘、甄选、薪酬、培训等人力资源里的诸多板块,在整个人力资源管理的大系统中具有领头羊的重要位置和作用。人力资源规划应对人力资源管理大系统中的其他板块——企业员工的获取与配置、培训与开发、薪酬和福利等各种人力资源管理活动的目标、任务、实施步骤和资金预算,在时间上作出详细的计划和安排。因此,人力资源规划是企业人力资源各项管理工作的依据,具有战略性和先导性。在人力资源管理的各项职能中,人力资源部门必须先履行战略规划职能,否则企业人力资源管理活动会带有很大的盲目性。

三、人力资源规划的内容

人力资源规划的内容包括三个方面:人力资源数量规划、人力资源素质规划和人力资源结构规划。其中,数量规划是依据未来企业业务模式、业务流程和组织结构等因素,确定未来企业各级组织人力资源编制及各职类职种人员配比关系或比例,并在此基础上制订企业未来人力资源需求计划和供给计划,其实质是确定企业目前有多少人以及未来需要多少人;结构规划是依据行业特点、企业规模、未来战略重点发展的业务及业务模式,对企业人力资源进行分层分类,同时设计和定义企业的职类职种职层功能、职责及权限等,从而理顺各职类职种职层人员在企业发展中的地位、作用和相互关系;素质规划是依据企业战略、业务模式、业务流程和组织对员工的行为要求,设计各职类职种职层人员的任职资格要求,包括素质模型、行为能力及行为标准等,是企业开展选人、用人、育人和留人活动的基础与前提。这三方面的规划是同时展开的。

在人力资源规划实施时,人力资源数量规划、结构规划和素质规划将融入各种具体的人力资源计划中。这些具体的人力资源计划又可以分为总体计划和业务计划两种。其中,总体规划是指在有关计划内,根据企业的战略目标确定人力资源开发和利用的总目标、总政策、实施步骤和总预算;业务计划是根据总体规划对人力资源管理的各职能制订出详细的实施计划。

总体计划应该包括如下三个方面的内容:(1)阐述在企业战略规划期内组织对各种人力资源的需求和配置的总体框架;(2)阐明人力资源方面(如人才的招聘、晋升、降职、培训与发展、奖惩和工资福利等)的重要方针、政策和原则;(3)确定人力资源投资预算。

业务计划包括职务编制计划、人员补充计划、人员使用计划、提升或降职计划、教育培训计划、薪资计划、退休计划、劳动关系计划等。业务计划是总体计划的展开和具体化,每一项业务计划都是由目标、任务、政策、步骤和预算等部分构成的。业务计划的执行结果是能够保证人力资源总体计划的实现。

四、人力资源规划的程序

人力资源规划一般分为以下五个具体步骤,如图4-1所示。

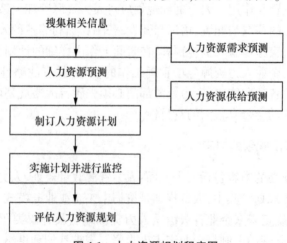

图4-1 人力资源规划程序图

(一) 搜集相关信息

信息是一个十分重要的生产要素,是制订计划的基础与依据。信息是否正确、充分,直接关系到人力资源计划的制订与实施效果。与人力资源计划相关的信息可分为内部信息与外部信息两种。

内部信息主要包括:现阶段的企业经营战略,业务计划,职位的调整情况(职位类型与基本要求),企业的人力资源现状(如人员素质、人员能力,各类人力的数量、结构、利用及潜力情况,流动比率等),员工的考核、培训及教育情况,员工的薪金、福利待遇情况,等等。

外部信息主要包括:宏观经济形势和行业经济形势,科学技术的发展水平,市场竞争程度,劳动力供求状况,人口和社会发展状况,政府的相关方针政策和法规,等等。外部信息主要用于人力资源的外部供给预测,这在本章第三节中将详细地介绍。

(二) 人力资源预测

人力资源预测是人力资源规划过程中技术性最强的一个环节。企业人力资源部要判断各种不同类型的人力资源的供求状况,估计企业内部哪些部门在未来的经济运行中会出现劳动力短缺或劳动力过剩的情况。

人力资源预测包括人力资源需求预测和供给预测两个方面。人力资源需求预测主要是根据企业的发展战略规划和本企业的内外部条件选择预测技术,然后对人员需求的结构、数量和质量进行预测,它包括短期预测和长期预测、总量预测和各个岗位需求预测。人力资源供给预测包括内部供给预测和外部供给预测两个内容:内部供给预测是根据现有人力资源及其未来变动情况,确定未来所能提供的人员数量和质量;外部供给预测是对外部人力资源供给进行预测,确定未来可能的各类人员供给状况。

(三) 制订人力资源计划

人力资源计划的制订主要从人力资源数量、结构和素质三个方面入手,包括制订总体计划和各项业务计划,如增加或减少劳动模范、改变技术组合、开展管理职位的接续计划、实施员工生涯计划等。

(四) 实施计划并进行监控

人力资源计划应包括预算、目标和标准设置,同时也应承担执行和控制的责任,并建立一整套报告程序来保证对计划实施的监控。报告全公司的雇佣总数量和为达到招聘目标而招聘的人员数量,同时应报告与预算相比雇佣费用情况如何、损耗量和雇佣量的比率变化趋势如何。

在分类计划的指导下,确定企业如何具体实施计划,是实施计划这一步骤的主要内容。一般来说,在技术上或操作上没什么困难。

在计划执行过程中要实施监控。实施监控的目的在于为总体计划和具体的业务计划的修订或调整提供可靠信息,强调监控的重要性。

(五) 评估人力资源规划

虽然人力需求的结果只有过了预测期限才能得到最终检验,但为了给企业人力资源规划提供正确决策的可靠依据,有必要事先对预测结果进行初步评估,由专家、用户及有关部门主管人员组成评估组来完成评估工作。评估的内容涉及人力资源规划的各个方面及其所带来的效益,评估工作就是要对其内容进行综合的审查与评价,同时对人力资源计划所涉及的有关政策、措施以及招聘、培训发展和薪酬等方面进行监督与控制,提供关于人力资源计划系统的反馈信息,为下一个人力资源计划奠定基础。

五、人力资源供需平衡

企业在进行人力资源规划的过程中要时刻注意人力资源供需平衡的问题。由于人力资源供需的刚性,企业人力资源供需不平衡是一种必然的现象。因此,在完成人力资源需求与供给预测后,需要对人力资源进行综合平衡,从而为下一步的人力资源计划提供依据。人力资源供求不平衡的表现有时候是供过于求,有时候是供大于求。这种不平衡不仅表现在数量上,还表现在结构上。例如,公司在人员数量上是供过于求,但是独独缺乏营销人员。所以,人力资源管理部门必须对供求平衡作出分析,以便对人力资源计划及时进行调整。下面针对供小于求和供大于求这两种情况分别进行讨论。

(一) 需求大于供给

当出现需求大于供给的情况时,企业并不应急于招聘人员,而应该首先分析需求大于供给这种情况出现的原因,例如这种状况是由于部门结构问题还是生产工艺、流程问题造成的。同时还要分析这种状况是暂时的还是长期的,然后再制订计划。

如果是短期的供不应求,可以通过加班、内部借调或雇用临时工来满足需求。对于长期的供不应求,则要根据不同情况来作决策。首先,若因部门设置过于复杂和重叠,则应考虑组织结构调整和精简;若因生产工艺或生产流程问题,则可以考虑进行工作设计。其次,考虑企业内部招聘,如对内部人员进行提升或平调等。最后,考虑外部招聘。

对于一些工作或一部分产品零配件的生产,如果企业人手不够,可以考虑外包加工这一途径,即将其转给外部单位承包,这样可以减少企业的一些配套成本。

(二) 供给大于需求

当供给大于需求时,企业同样要首先分析人力资源过剩的原因,是产品问题还是市场原因,是机构设置问题还是管理问题,然后再分别进行处理。处理企业人力资源供过于求问题的难度远远大于处理供不应求问题的难度,而且很容易产生劳动纠纷问题,所以对这类问题的处理要慎重。具体可以按以下顺序考虑:

1. 增加销售渠道

对企业内部的富余人员进行培训,将其转为销售人员。增加销售人员会相应带动生产部门的人员需求。

2. 改进产品质量和功能

企业人员供大于求的情况往往发生在企业产品的衰退期。改进产品的质量和增加产品的功能就是产品的扩展,或者说是产品的更新,这样可以给产品带来新的生命力,增加产销量,从而增加对人员的需求。不过,采取这一措施需要一定的时间才能看见成效。

3. 减少工作时间,相应降低工作量

这会减少员工的收入,而且这一措施容易使一部分有能力的员工提前辞职,另谋出路,出现庸才沉淀的现象。

4. 对一部分人员进行培训

员工培训计划可作为人员储备或为调往新的岗位而作准备。但是,这种方法需要一定的资金投入。

5. 提前退休

对接近退休年龄的员工进行劝说,让他们提出提前退休的要求,并给予他们适当的补偿。采取这项措施时要注意,对于尚未达到法定退休年龄的员工,其提前退休必须由本人自愿提出,企业无权责令其提前退休。

6. 临时性停工

让一部分人员暂时待业或自谋其他职业,这时他们仍可以领取一定的生活补贴。

7. 永久性辞退人员——裁员

裁员本应作为最后的措施,但在许多企业中却往往是最常用的应对人员供给过剩的手段。虽然裁员可以直接和快速地减少成本开支,但是,许多研究表明,裁员并不是最好的增效方法。因为大批裁员使留下来的员工产生恐慌和消极的情绪,增加了员工谨慎保守的行为,使企业失去活力;而且减员也会使大量优秀人才因看不到企业的前景而纷纷及早跳槽,另谋出路。

第二节 人力资源需求预测

一、定性预测法

(一) 现状规划法

现状规划法是一种最简单的预测方法,此方法比较容易操作。它假定企业原有的生产规模和生产技术不变,那么,企业的人力资源也应处于相对稳定状态,即企业当前的职务设置和人员配置是恰当的,并且没有职务空缺,各种人员的配备比例和人员的总数将完全能适应预测规划期内人力资源的需要,所以不存在人员总数扩充的问题。人员的需求完全取决于人员的退休等情况的变化。所以,人力资源预测就相当于对人员退休等情况的预测。为此,人力资源规划人员所要做的工作就是测算出在规划期内有哪些人员将得到晋升、降职、退休或调出本组织,再准备调动人员去弥补就行了。

现状规划法是假定企业各岗位上需要的人员为原来的人数,它要求企业特别稳定,技术不变、规模也不变等同时成立,因而这种方法较适合短期人力资源规划预测。

(二) 经验预测法

经验预测法用以往的经验来推测未来的人员需求,适合较稳定的小型企业。它是根据过去经验将未来活动水平转化为人力需求的主观预测方法,即根据每一产量增量估算劳动力的相应增量。经验预测法建立在启发式决策的基础上,这种决策的基本假设是:人力资源的需求与某些因素的变化之间存在着某种关系。西方不少企业组织常采用这种方法来预测本组织在将来某段时期内对人力资源的需求。例如,一个单位每个员工每天产出 1 000 个产品,如果单位需要多产出 10 000 个产品,再补充 10 个员工即可。又如,一个企业组织根据以往的经验认为,在生产车间里的管理人员,如一个班组长或工头,一般管理 10 个人为最好。因此,根据这一经验,就可以从生产工人的增减数来预测对班组长或工头一级管理人员的需求。

该方法简便易行,但由于完全依靠管理者的个人经验和能力,所以预测结果的准确性不能保证,通常只用于短期预测,然而可以通过多人综合预测或查阅历史记录等方法提高预测的准确率。现在不少企业采用这种方法来预测本组织对将来某段时期内人力资源的需求。企业在有人员流动的情况下,如晋升、降职、退休或调出等,可以采用与人力资源现状规划结合的方法来制定规划。

(三) 管理人员判断法

管理人员判断法是一种较为简单、常用的方法,可以分为"自上而下"和"自下而上"两种方式。

"自上而下"主要依赖于高层管理者的判断,是指由组织的高层管理者先拟定组织的总体用人目标和计划,然后逐级下达到各具体职能部门,开展讨论和进行修改,再将有关意见汇总后反馈回高层管理者,高层管理者据此对总的预测和计划作出修正后,公布正式的目标和政策。这个高层管理者团队应该对组织的发展方向有明确的认识。

"自下而上"是指由各部门管理人员根据自己部门的经营目标和未来各时

期的业务变化情况,估计出本部门各类人员的需求量,然后,将各部门的预测数累积起来得出企业的人力资源需求数量的方法。这种方法通常只用于简单的预测,它只需清楚地了解当前的需要,而不必反映未来的目标,也不需要这些主管人员了解整个公司的目标,当环境变动速度不大、组织规模较小时采用这一方法往往可以得到满意的结果,所以这种方法一般只用于短期预测,若用于中、长期预测就很不准确。但是在缺少足够的信息资料时,这种方法不失为一种简单、快速的方法。在实际操作中,特别是在一些中小规模的企业中,这种方法被普遍采用。

另外,用这种方法对其他预测手段的结果进行修正也非常有效。由于无论哪种预测都不可能一成不变地延续下去,因此,企业领导需要以自己认为在未来可能会发生变化的那些因素为依据,对预测结果进行修正。

(四) 德尔菲法

德尔菲(Delphi)法是美国兰德公司(Research and Development Corporation,简称 RAND Corporation)于 20 世纪 50 年代发明的。德尔菲法是结合函询调查法与专家会议两种方法,听取有关专家对企业组织某一方面未来发展的分析意见和应采取的措施,并通过多次反复以达到在重大问题上的较为一致的结构性方法。通常经过三到四轮咨询,专家们的意见可以达成一致,而且专家的人数以 10—15 人为宜。使用该方法的目的是通过综合专家们各自的意见来预测企业组织某一方面的发展。由于其简便易行,被广泛地运用于经济预测分析之中。

由于专家组成员之间存在身份和地位上的差别以及其他社会原因,有可能使其中一些人因不愿意批评或否定其他人的观点而放弃自己的合理主张。要防止这类问题的出现,必须避免专家们面对面集体讨论,而是由专家们单独提出意见,然后将第一轮单独预测意见集中起来,加以归纳后反馈给专家们。继续重复这一循环,使专家们有机会去修改他们的预测并说明修改的理由。

兰 德 公 司

兰德公司是美国非营利性的研究和咨询服务机构,主要对国家安全和公共福利方面的各种问题进行系统的跨学科分析研究,1948 年由福特基金会提供资金正式成立,总部设在加利福尼亚州。

兰德公司是美国的一所智库。在其成立之初主要为美国军方提供调研和情报分析服务。其后,这个组织逐步扩展,并为其他政府以及营利性团体提供服务。兰德公司拥有1600名左右的员工。他们分别在下列六个地点工作:(美国本土)加利福尼亚的圣莫尼卡、弗吉尼亚的阿林顿、宾夕法尼亚的匹兹堡;(欧洲)荷兰莱顿、德国柏林和英国剑桥。有些人认为兰德公司的名字是"调研和发展"的缩写(RAND = "R"esearch "AN"d "D"evelopment),而柯蒂斯·勒梅则讽刺其为"研究并得不到结果"(Research And No Development)。

兰德公司的前身是美国空军1945年立项的"兰德计划"。当时的道格拉斯飞机公司承接了这个项目。同年,"兰德计划"发表了《环球航天飞机实验计划的初步构想》。1948年5月,兰德从道格拉斯公司中脱离出来,成为一个独立的智库组织。

兰德公司是美国最重要的以军事为主的综合性战略研究机构。它先以研究军事尖端科学技术和重大军事战略而著称于世,继而又扩展到内外政策各方面,逐渐发展成为一个研究政治、军事、经济、科技、社会等各方面的综合性思想库。它可以说是当今美国及至世界最负盛名的决策咨询机构。

资料来源:http://baike.baidu.com/view/707444.htm? fr = ala0_1_1。

德尔菲法的具体做法如图4-2所示。

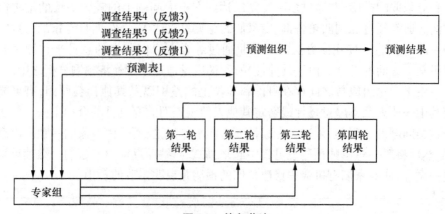

图4-2 德尔菲法

第一步,做预测的筹划工作,包括确定预测的课题及各预测的项目,设立预测组织工作的机构,选择若干名熟悉所预测课题的专家;

第二步,预测机构将预测表及有关背景材料交由专家进行预测,再进行统计反馈;

第三步,设计人力资源调查表,在专家意见汇总后,预测机构对各专家的意见进行统计分析,综合成新的预测表;

第四步,进行第一轮的调查,把新的预测表再次分给各位专家,并列出可用统计方法处理的人力资源问题,由专家们对新预测表作出第一轮判断或预测,然

后再将反馈的调查表进行统计分析;

第五步,根据分析的结果设计第二轮的调查表,将统计结果再次给专家判断预测,并给出相关分数;

第六步,对第二轮的反馈进行处理,总分最高的方案就是较佳方案;

第七步,再根据上轮的较佳方案设计第三轮的调查表,并提出若干方案,请专家进行判断预测;

第八步,将预测机构中专家经过几轮的预测所形成的结果以文字和图表的形式表现出来,最后公布专家们的预测结果。

使用德尔菲法应注意以下两个问题:

(1) 尽量避免专家在预测中出现倾向性选择信息和冒险心理效应。在对预测专家的培训中,必须强调各自的独立判断;在预测过程中,应注意保密,避免受到人际压力的影响。最好的办法是由独立的机构而不是人力资源部来汇总、处理信息。

(2) 与名义团体法配套使用。德尔菲法的难点在于如何提出简单明了的问题,如何使专家对预测中涉及的各种概念和指标理解一致,以及如何将专家意见归纳总结。如果在预测前能对专家进行全面的培训,预测后再集中专家采用名义团体法进行讨论,最后达成一致意见,效果会更好。

(五) 描述法

所谓描述法是指人力资源规划人员通过对本企业组织在未来某一时期的有关因素的变化进行假设性描述、分析,并作出多种被选方案,从描述、假设、分析和综合中对将来人力资源的需求进行预测规划。例如,对某一企业组织今后三年的情况变化可能会有这样几种描述或假设情况:第一种是在三年内,同类产品可能稳定地增长,同行业中没有新的竞争对手出现,同行业中在技术上也没有新的突破;第二种是同行业中出现了几个新的竞争对手,同行业中在技术上也有较大的突破;第三种是同类产品可能跌入低谷、物价暴涨、市场疲软、生产停滞,但同行业中在技术上可能会有新的突破。人力资源规划人员可以根据对上述不同情况的描述和假设预测和制定出相应的人力资源需求备选方案。

描述法通常用于环境变化或企业变革时的需求分析,但是,对于长期预测有一定困难。因为时间跨度越长,对环境变化的各种不确定因素就越难以进行描述和假设。

(六) 工作研究预测法

工作研究预测法是通过工作研究(包括动作研究和时间研究)来计算完成某项工作或某项产品的工时定额和劳动定额,并考虑内在的变化因素,确定需要的员工人数。

二、定量预测法

(一) 趋势预测法

趋势预测法是根据企业过去几年的员工数量,分析它在未来的变化趋势并以此来预测企业在未来某一时期的人力资源需求量。其基本做法是:先确定组织中与劳动力数量和结构关系最大的因素,然后找出这一因素随员工数量的变化趋势,由此推出将来的趋势,从而得出未来劳动力的需求量。

趋势预测法简单直观,但是由于在使用时一般都要假设其他的一切因素保持不变或者变化的幅度保持一致,而未来不确定因素太多,过去毕竟不能代表未来,因此具有较大的局限性,多适用于经营稳定的企业或作为企业人力资源需求分析过程的初步分析。为保证人力资源需求预测的准确性,还应该借助其他分析方法。下面以一个企业为例说明该方法的步骤,如表 4-1 所示。

表 4-1 趋势预测法示例

年份	销售额(千元)	劳动生产率(销售额/人)	员工需求量
1993	2 351	14.33	164
1994	2 613	11.12	235
1995	2 935	8.34	352
1996	3 306	10.02	330
1997	3 613	11.12	325
1998	3 748	11.12	337
1999	3 880	12.52	310
2000*	4 095	12.52	327
2001*	4 283	12.52	342
2002*	4 446	12.52	355

注:* 为预测数据。
资料来源:何娟.人力资源管理[M].天津:天津大学出版社,2006。

1. 确定适当的与员工数量相关的组织因素

组织因素的选择至少应该满足两个条件:一是组织因素应该与组织的基本特性直接相关,以便根据这一因素制订组织计划;二是所选因素的变化必须与所需员工数量的变化成比例。在不同组织中,所选的组织因素不尽相同。对于医院来说,可能是病人数量;对于商店来说,可能是销售收入;对于生产企业来说,可能是产值量。本示例中的组织因素是销售额。

2. 找出历史上组织因素与员工数量之间的关系

组织因素一经确定,接下来就要找出过去的员工数量与过去的组织因素之间的数量关系。如在表 4-1 中,1993 年 164 名员工的销售总额为 235.1 万元,人均 1.433 万元。如果组织是第一次进行人力资源规划以及这种历史数据不存在或很难收集时,这种关系就难以确定。

3. 确定劳动生产率的趋势,对过去和将来的趋势进行必要的调整

利用收集到的一定期间的组织因素与员工数量的数据,计算出平均的生产率变化和组织因素的变化,就能够预测未来的变化。当然,未来变化与平均变化可能不同,对这些变化要进行准确的分析和研究,预测其影响程度,并根据这种影响程度对已得出的趋势进行修正。在本示例中,根据前几年的趋势,预测2000—2002年的劳动生产率不变,如表4-1所示。

4. 预测未来某一年的劳动力需求量

根据收集的数据分析了影响变化率的因素后,就可以预测未来劳动力的需求量。表4-1列出了企业1993—2002年实际和预测的组织因素、劳动生产率和员工需求量。

(二) 回归预测法

回归预测法用回归模型来进行人力资源需求预测。回归模型常被用于分析各种生产或经营要素之间的相互影响和变化的规律。

回归分析主要解决三个方面的问题:(1) 确定几个特定变量之间是否存在相关关系,如果存在的话,找出它们之间合适的数学表达式;(2) 根据一个或几个变量的值,预报或控制另一个变量的取值,并且要知道这种预报或控制的精确度;(3) 进行因素分析,确定因素的主次以及因素之间的相互关系,等等。

在人力资源预测方面,回归模型强调用统计方法建立人力和其他可量化的因素之间的关系。这些因素可能和人具有较明显的因果关系,也可能只认为它们之间存在着相依关系,而不强调其因果关系。回归模型一般认为除人力数量外,其他的量均为解释变量,而且认为这些量是确定性的,把全部随机因素都折合成影响人力的系统干扰因素。这样,当预测年份的解释变量设定以后,就可以实现对于人力需求的预测。

回归模型分为线性回归模型和非线性回归模型,线性回归模型又可分为一元线性回归和多元线性回归。一元线性回归是整个回归分析方法中最基本、最简单的一种;当对人力资源需求产生影响的因素大多为两个以上时,就要用多元线性回归了;如果某个因素与人力资源供给没有线性关系,那就得采用非线性回归的分析方法了。下面仅对线性回归的两种方法进行介绍。

1. 一元线性回归模型预测法

用一元线性回归模型进行预测,首先要根据历史数据找出与人力资源需求高度相关的一个变量,然后根据过去的相关资料确定它们之间的数量关系,再用数理统计的方法定量地把这种关系表示为一个一元回归方程 $y = a + bx$,最后根据这个因素的变化以及确定的方程来预测未来人力资源需求。其中,x 是与人力资源需求高度相关的变量值,可以是产值、投资额等可量化的因素,也可以是

单纯的年份；y 代表人力资源需求量；a、b 是回归系数，可用最小二乘法进行估计。其公式为：

$$a = \Sigma y / n - b \times (\Sigma x / n)$$
$$b = [n \times (\Sigma xy) - \Sigma x \Sigma y] / [n \times (\Sigma x^2) - (\Sigma x)^2]$$

按要求，回归分析都要进行参数检验。但是，对于人力资源管理人员来说，这种要求恐怕偏高，因此，在这里就省去对参数检验的介绍。下面的多元回归方程亦是如此。

例 某公司过去 8 年人员的数据如表 4-2 所示，预测今后第二年和第四年公司对人力资源的需求。

表 4-2 某公司过去 8 年的人员数量

年度	1	2	3	4	5	6	7	8
人数	450	455	465	480	485	490	510	525

资料来源：杨顺勇，王学敏，查建华. 现代人力资源管理[M]. 上海：复旦大学出版社，2004。

由上述公式可以算出 $a = 435.357$，$b = 10.476$，由此得出一元回归方程为 $y = 435.357 + 10.476x$，也就是说，每过一年，企业的人力资源需求量增加 10.476，通常取整数 11。这样就可以预测出第二年和第四年的人力资源需求量了：

$$y_1 = 435.357 + 10.476 \times (8 + 2) = 540.117 \approx 541$$
$$y_2 = 435.357 + 10.476 \times (8 + 4) = 561.069 \approx 562$$

所以，第二年和第四年公司对人力资源的需求分别为 541 人和 562 人。

2. 多元线性回归模型预测法

对于企业人力资源的需求量，往往有多种主要因素（如产量、劳动生产率、技术水平等）共同对其变化起作用，而且这些因素基本上与人力资源需求量的变化存在着线性关系。而一元回归方程只关注其中最重要的一个因素而忽略了其他因素的影响，因此，没有多元回归方程预测的准确度高。在需要更加精确的预测结果时需要建立多元回归方程。多元回归方程与一元回归方程的原理一样，只是将一个变量扩展为多个变量，其表达式为：

$$y = \alpha_0 + \alpha_1 x_1 + \alpha_2 x_2 + \cdots + \alpha_n x_n$$

其中，y 仍然代表人力资源需求量；α_0，$\alpha_1 \cdots \alpha_n$ 为回归系数；$x_1 \cdots x_n$ 为影响人力资源需求的多个变量。

但是，多元回归方法在运用中也有很大的局限：首先，我们在进行多元分析时往往容易引入一些相互之间相关性比较强的变量，从而与使用多元回归模型的基本假设前提相违背，也使多元回归预测的效果受到很大的影响，准确度下降。而且,多元回归模型的使用要求各个变量符合正态分布,在实际生产实践中,往往有些样本的分布并不完全符合正态分布的规律,这也会影响回归分析的效果。为了克服上述问题,可将主成分分析和多元回归方法相结合,这种新的方法叫做主成分回归预测方法。下面以一案例进行说明:

某沿海地区外贸行业的人力资源需求量的增长与该地区的国内生产总值、外贸商品存储量和消费量的变动有着某种联系;换句话说,该沿海地区的国内生产总值、商品存储量和消费量对该地区外贸行业的用人需求有一定的影响,但影响的强弱程度还没有定量的估计。外贸商品存储量和消费量发生变化,会导致该沿海地区的外贸单位进行人力资源方面的调整,引起外贸单位增加或减少自己在外贸方面的人力资源,这是对该案例进行统计分析的基础。表4-3是该沿海地区经济数据与外贸行业人力资源需求数据统计表。

表4-3 某沿海地区经济数据与外贸行业人力资源需求数据统计表

年份	国内生产总值	外贸商品年度存储量	外贸商品年度总消费量	外贸行业人力资源需求量
1997	149.3	4.2	108.1	15.9
1998	161.2	4.1	114.8	16.4
1999	171.5	3.1	123.2	19.0
2000	175.5	3.1	126.9	19.1
2001	180.8	1.1	132.1	18.8
2002	190.7	2.2	137.7	20.4
2003	202.1	2.1	146.0	22.7
2004	212.4	5.6	154.1	26.5
2005	226.1	5.0	162.3	28.1
2006	231.9	5.1	164.3	27.6
2007	239.0	0.7	167.6	26.3

注:自变量单位均为亿元,因变量单位为千人。

(1)设定相关变量

因变量是该地区外贸行业人力资源需求数量 y,自变量是对人力资源数量产生影响的因素,包括:国内生产总值 x_1、外贸商品储存量 x_2、商品消费量 x_3。自变量数量 $p=3$、样本容量为 $n=11$,满足多元回归条件 $n>p$。

(2)变量相关性分析

主成分分析方法适用于原始变量 (x_1, x_2, x_3) 之间相关性较强的情况,如果原始变量的数据之间相关性不强,主成分分析方法将无法进行适当的降维,失去原有的意义。原始变量的相关系数大于0.3时,主成分分析方法的效果比较明显。所以要对原始变量进行相关性分析。

用统计软件SPSS15.0进行相关性分析,输出结果显示:x_1 和 x_3 之间的相关系数为 0.997，x_2 和 x_3 之间的相关系数为 0.036；x_1 和 x_2 之间的相关系数为 0.026；x_1 和 x_3 之间有很强的相关性，满足使用主成分法的前提条件。

(3) 主成分分析

运用 SPSS15.0 统计软件对表 4-3 的数据进行主成分分析，得到了主成分 (a、b) 与原始变量 (x_1, x_2, x_3) 的函数关系：

$$a = 0.999x_1 + 0.062x_2 + 0.999x_3$$
$$b = -0.036x_1 + 0.998x_2 - 0.026x_3$$

由此数据推导出一组新的数据如表 4-4 所示。

表 4-4 一组新数据

y	a	b
15.9	257.40	-3.99
16.4	275.98	-4.70
19.0	294.60	-6.28
19.1	302.29	-6.52
18.8	312.66	-8.85
20.4	328.21	-8.25
22.7	347.88	-8.98
26.5	366.48	-6.06
28.1	388.32	-7.37
27.6	396.12	-7.53

对因变量 y，主成分 a、b 进行线性回归的结果如表 4-5 所示。

表 4-5 模型系数表 (Coefficients*)

模型	非标准化的回归系数		标准化的回归系数	t 值	显著性水平
	B 值	标准误差	测试值		
常数项 (Constant)	-9.854	1.822		-5.408	0.002
a	0.106	0.006	1.043	19.037	0.000
b	0.518	0.168	0.169	3.082	0.022

注：* 表明因变量是 y。

a、b 对应的统计量的 p 值分别为 0 和 0.002，都小于 0.05，所以这两个回归系数显著。

故得出：外贸行业人力资源需求量 $y = -9.854 + 0.106a + 0.518b$。其中：

$$a = 0.999x_1 + 0.062x_2 + 0.999x_3$$
$$b = -0.036x_1 + 0.998x_2 - 0.026x_3$$

无论是一元回归方程还是多元回归方程，应用回归模型预测的关键都是正确选择合适的解释变量,即影响因素要找准,否则会影响预测的准确度,有时甚至导致预测错误。

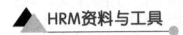

SPSS 介绍

SPSS 是社会科学统计软件包(Statistical Package for the Social Sciences)英文名称的首字母缩写。但是随着 SPSS 产品服务领域的扩大和服务深度的增加,SPSS 公司已于 2000 年正式将英文全称更改为 Statistical Product and Service Solutions,意为"统计产品与服务解决方案",标志着 SPSS 的战略方向正在进行重大调整。

SPSS 现在的最新版本为 17.03,大小约为 300 M。它是世界上最早的统计分析软件,由美国斯坦福大学的三位研究生于 20 世纪 60 年代末研制。他们共同成立了 SPSS 公司,并于 1975 年在芝加哥组建了 SPSS 总部。1984 年 SPSS 总部首先推出了世界上第一个统计分析软件微机版本 SPSS/PC +,开创了 SPSS 微机系列产品的开发方向,极大地扩展了它的应用范围,并使其能很快地应用于自然科学、技术科学、社会科学的各个领域,世界上许多有影响的报刊纷纷就 SPSS 的自动统计绘图、数据的深入分析、使用方便、功能齐全等方面给予了高度的评价与称赞。迄今 SPSS 软件已有 30 余年的成长历史,全球约有 25 万家产品用户,它们分布于通信、医疗、银行、证券、保险、制造、商业、市场研究、科研教育等多个领域和行业,是世界上应用最广泛的专业统计软件。在国际学术界有条不成文的规定,即在国际学术交流中,凡是用 SPSS 软件完成的计算和统计分析,可以不必说明算法,由此可见其影响之大和信誉之高。

1994—1998 年间,SPSS 公司陆续购并了 SYSTAT 公司、BMDP 软件公司、Quantime 公司、ISL 公司等,并将各公司的主打产品纳入 SPSS 旗下,从而使 SPSS 公司由原来的单一统计产品开发与销售转向为企业、教育科研及政府机构提供全面信息统计决策支持服务,成为走在最新流行的"数据仓库"和"数据挖掘"领域前沿的一家综合统计软件公司。

资料来源:http://baike.baidu.com/view/637703.htm?fr=ala0_1。

(三) 比率分析法

比率分析法是通过计算某些原因性因素和所需要雇员数目之间的精确比例来确定未来人力资源需求的一种方法。它的依据是员工数与某些因素有一定的比例关系,即要达到某一产量或销售额必须有一定数量的员工。进行预测时,首先要计算出人均的生产效率,然后根据企业未来的业务量预测出对人力资源的需求,即:所需的人力资源＝未来的业务量/人均生产率。

比率分析与趋势分析有相似之处,它们都假定生产率保持不变,都根据历史记录进行预测,但比率分析更为精确。例如,假设一名销售人员每年通常能实现60万元的销售额。在过去的两年中,企业每年需要20名销售人员来完成1 200万元的销售额。假如企业计划在下一年度完成1 500万元的销售额,那么企业需要增加5名销售员来完成增加的销售额。以此类推下一年度企业销售额增加或减少时所需销售人员的数量,即:销售员数量＝经营总额/人均生产率。

比率分析法还可以作进一步的延伸,利用各类人员之间的比例关系,根据已知的某类人员的数量来预测对其他人员的需求。例如,我们可以计算销售人员与文秘人员的比率关系,然后以此来确定需要增雇多少文秘人员来与销售人员的增加相匹配。只要两类人员之间数量上有相对稳定的比例关系,又知道其中一类人员的数量需求,我们就可以通过这种方法来预测对另一类人员的数量需求。

另外,像工作负荷法、工作量定员法实际上都是比率分析法的一种,都是通过计算与所需人员数量相关的某种比率来确定需要多少人员。工作量定员法将在下面进行详细介绍。

比率分析法的前提条件是假定生产率保持不变,如果劳动生产率发生变化,那么比率分析法就不准确了,这时还要借助其他方法进行预测。

(四) 工作量定员法

若采用工作量定员法,首先需要将企业各类人员按职能分类,如技术类、财务类、生产类、管理类等。

1. 技术类人员

劳动—资金产出率表明企业的生产技术水平,可用公式表示为:

$$G = (P/L) \times (P/C)$$

其中,G为某年的技术水平;P为该年的生产总值;L为该年的劳动投入量;C为该年的资金投入量。

所以,技术类人员的人数 $Y = a + bP + cG$ (a、b、c为常数)。

2. 财务、生产、管理类人员

根据影响工作量的因素来计算所需员工数,可用公式表示为:

$$Y = kX_1 d_1 X_2 d_2 \cdots X_n d_n$$

其中,Y为人数;$X_1 \cdots X_n$为影响该类人员工作量的n种因素;$d_1 \cdots d_n$为各因素的权重。

例如,影响财务人员的工作量的因素主要有职工人数、固定资产的设备台数、主要产品零件总数、签订各种经济合同的份数等。确定了这些因素的数值，再为各因素分配恰当的权重，就可以算出所需财务人员的数量。

（五）生产函数模型法

生产函数模型法是根据企业在 t 时刻的产出水平和资本总额，估算 t 时刻企业人力资源需求量的一种方法。

由柯布-道格拉斯生产函数，假定生产水平取决于劳动力和资本的输入水平，则 $Y = AL^{\alpha}C^{\beta}u$，可以推出 $\lg L = (\lg Y - \beta\lg C - \lg u - \lg A)/\alpha$。

其中，Y 是总产出水平；L 是劳动力投入量；C 是资本投入量；A 是总生产率系数；α、β 分别为劳动和资金产出弹性系数（一般地，$|\alpha| \leq 1$，$|\beta| \leq 1$）；u 假设为对数正态分布误差项。

生产函数模型的特点是经济意义较明确，但应用该模型时，必须先预测生产水平和资本贮备水平，同时要求具备较充分的统计资料。

（六）散点分析法

散点分析与趋势分析、比率分析原理相同，只不过是用制作"散点图"的办法来预测人员的需求数量。"散点图"形象直观地描述了所需人员与变量之间的关系，适用于精确度要求不高的预测。图 4-3 就是某企业月生产产值与员工人数的散点图。

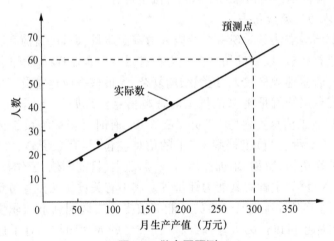

图 4-3　散点图预测

资料来源：李虹. 人力资源管理[M]. 北京：北京大学出版社，2002。

（七）时间序列预测法

时间序列预测法是通过搜集与整理企业人力资源需求的过去资料，从中寻找其随时间演变的趋势，来预测未来的人力资源需求量的一种方法。它是只以时间作为解释变量的单变量模型，或者它假定人力需求量仅仅取决于过去人力的需求的数值,并以此为根据研究内部的规律。

需要指出的是,时间序列预测法因突出时间序列暂不考虑外界因素影响,因而存在着预测误差的缺陷。当外界发生较大变化时,其预测结果就会与实际情况严重不符,会有较大偏差。时间序列预测法对于中短期预测的效果要比长期预测的效果好。

第三节 人力资源供给预测

一、人力资源内部供给预测

人力资源供给预测是人力资源规划中的核心内容,是预测在某一未来时期,组织内部所能供应的(或经培训有可能补充的)及外部劳动力市场所能提供的一定数量、质量和结构的人员,以满足企业为达成目标而产生的人员需求。人力资源供给预测包括两个内容:一个是内部供给预测,即根据组织内部现有人力资源及其未来变动情况,确定未来组织内部所能提供的人员数量和质量;另一个是外部供给预测,是指通过研究外部劳动力市场对组织的员工供给,对外部人力资源供给进行预测,确定未来可能的各类人员供给状况。

人力资源内部供给预测的技术和方法主要有:

(一)人力资源盘点法

人力资源盘点法是对现有企业内人力资源质量、数量、结构和各职位上的分布状态进行核查,以便确切掌握人力拥有量。在企业规模不大时,核查是相当容易的。若企业规模较大、组织结构复杂,人员核查应建立员工信息系统。

员工信息系统就是将每位员工的资料信息整理归档,记录在"员工档案卡"上,建立员工信息资料库。"员工档案卡"有时又被称为员工的技能管理图,如图4-4所示。"员工档案卡"上的信息应包括:背景资料、教育水平、个人能力或特殊资格、职称、培训经历、持有的证书、目前职位、工作绩效、兴趣爱好、职业生涯目标、主管对其能力评价等。其中有关技能的信息可反映员工的竞争力,可用于判断哪些现有的员工能够被提升或调配到空缺职位上来。员工信息资料库也可以作为人才库,将不同类型的人才归类。有了这样的资料库就可以随时找到能够被调配到空缺职位上的最合适的人选。资料库中首次资料的收集一般采用问卷法,以后每年进行补充,以便在盘点时能够获得员工准确的最新资料。

技能管理图					
姓名:×× 代号:28036			日期:1998-01-01 部门:319		
主要工作			工作经历		
职务	描述	活动	时间(年)	描述	
1. 会计 2. 簿记员 3. 审计	税务会计 总分类账 计算机记录	监督与分析 监管 分析	1. 1993—1998 2. 1985—1993 3. 1984—1985	XYZ商店总税务会计 XYZ制造厂商簿记员 XY银行审计培训	
教育		特别课程		会员资格	
学历	专业	时间(年)	课程	时间(年)	
1. MBA 2. 经济学学士	企业管理 会计	1984 1982	1. 管理理论 2. 企业规划 3. 审计电算化	1994 1991 1985	1. 美国会计学会 2. 美国管理协会
证件		语言		工作喜好	地区偏好	爱好
1. CPA 1975年		1 西班牙语 流利 2 法语 阅读		1. 会计 2. 审计	1. 旧金山 2. 圣地亚哥	1. 桥牌 2. 无线电 3. 划船
雇员签字: 日期:			人事部签字: 日期:		

图 4-4 技能管理图范例

资料来源:何娟.人力资源管理[M].天津:天津大学出版社,2004。

在进行人力资源盘点的过程中,可以先对组织的工作职位进行分类,划分其级别,然后确定每一职位每一级别的人数。表4-6 为某企业的人力资源现状核查表。

表 4-6 某企业的人力资源现状核查表

级别	管理类	技术类	服务类	操作类
一级	2	3	2	23
二级	9	11	7	79
三级	26	37	19	116
四级	61	98	75	657

从表 4-5 中可以看出,该企业把企业员工划分为管理类、技术类、服务类和操作类四类职系,每类职系四个级别。该企业的管理类员工的一级员工为2个、二级员工为9个、三级员工为26个、四级员工为61个,其他技术类、服务类和操作类员工依次可以从表中了解到。表中各类员工的分布状况相当明朗。

人力资源盘点法是静态的，它不能反映人力拥有量未来的变化，因而多用于短期人力拥有量预测。

（二）人员替换图法

人员替换图法是通过职位空缺来预测人力供给的方法，而职位空缺的产生主要是因离职、辞退、晋升或业务扩大产生的。这种方法用人员替换图（见图4-5）来显示每一职位未来可供替换的人选，从而预测出组织内的人力资源供给。在人员替换图中必要的话应当标出现有职位候选人的简单情况，如部门、职位名称、在职员工姓名、每位员工的绩效与潜力等。

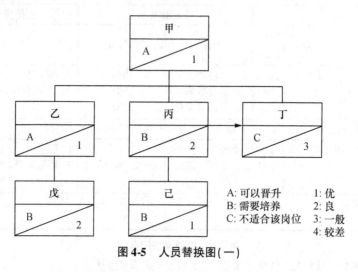

图4-5　人员替换图（一）

通过替换图，我们可以得到由职位空缺表示的人员需求量，也可以得到由于在职者年龄和晋升可能性所要产生的职位空缺，以便采取录用或提升的方式弥补空缺。

根据人员替换图可以判断出某一具体职位的继任者有哪些。在图4-5中，甲的接替者有3位，但只有乙现在具备了继任的资格和能力，丙还需要再培养，而丁连现在的职位都不能胜任。当企业出现空缺，需要提升内部员工时，由多张人员替换图就可以推出人员替换模型，如图4-6所示。

从图4-6中可以看出，职位系列A中出现了3个空缺，从企业内部可以提供2名合格的继任者，一名是从A2级晋升上去的，另一名则是从B1级跨职位晋升上去的。同时，这两个级别的空缺再由下级晋升或平调弥补，最后将空缺转化为比较基层的职位如C2级的职位，再进行外部招聘以填补职位空缺。

人员替换图法侧重于内部员工的晋升，可以起到鼓舞员工士气、激励员工的目的，同时降低了招聘成本，因为基层员工比较容易招到。

这种方法在操作过程中也可以通过制作职位替补卡片来实现。其具体做法

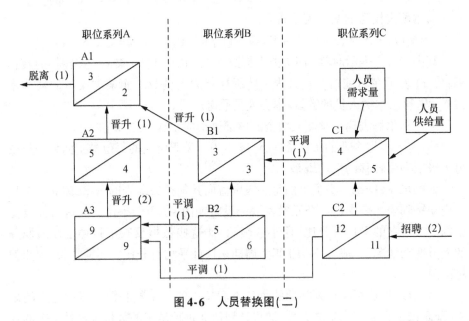

图 4-6 人员替换图(二)

是:将每一职位制成一张卡片,在上面标明所有可能的替补人员以及他们当前的主要状况。这样可以更加详细地反映替补人选的有关信息,让使用者对职位替补人员的具体情况一目了然。同时,为了保证预测的准确性,需要及时更新人员的替换信息。例如某员工经过培训后,具有相应的技能,能够调动到别的职位上工作,那么在下一年度的替换图中就要把这一信息添加进去。

(三) 转移矩阵法

转移矩阵法也叫马尔可夫(Markov)分析法,是通过建立马尔可夫模型来进行人力资源供给预测的一种方法。其基本思路是:假设企业内部员工的转移都是有规律的转移,而且转移的概率也有一定的规律,因此找出过去企业人力资源变动转移的比率,就可以预测企业未来人力资源变动的趋势。这是一种比较有效和合理的方法,有利于管理者综合考虑各种影响因素,系统考虑企业内部人力资源的供给情况,目前被广泛应用于人力资源供给预测。

马尔可夫模型将时间序列看做一个随机过程,通过对事物不同状态的初始概率及转移概率的研究,来预测事物的未来状态。同时为了便于研究,还需将连续变化的时间进行"离散化"的处理,即将事物所属的状态分成若干等级,分别与状态空间相对应。马尔可夫预测模型建立的前提是"无后效性"和"平稳性"假设,其中无后效性是指事物本阶段的状态只与前一阶段的状态有关,而与以前其他任何阶段的状态都无关,即 $t+1$ 时刻的员工状态只依赖于 t 时刻的状态,而与 $t-1$、$t-2$ 时刻状态无关;平稳性是指在状态变化的过程中,转移概率不受任何外部因素影响,基本保持稳定。

马尔可夫模型的基本表达式为：

$$N_i(t) = \Sigma N_i(t-1)P_{ji} + V_i(t) \quad (i,j = 1,2,3\cdots n; t = 1,2,3\cdots n)$$

其中，$N_i(t)$ 表示时刻 t 时 i 类人员数；P_{ji} 表示人员从 j 类向 i 类转移的转移率；$V_i(t)$ 表示在时间 $(t-1,t)$ 内 i 类所补充的人员数。而某类人员的转移率 (P) = 转移出本类人员的数量/本类人员原有总量。

采用马尔可夫模型预测人力资源内部供给的步骤大致如下：

第一步，根据企业的历史资料，计算出每一类职位上的每位员工向另一类或另一级别职位转移的平均概率。

第二步，根据每一类员工的每一级别流向其他类或级别的概率，建立一个员工变动矩阵表。表中每一个元素表示一段时期内，在两个工作之间进行人员变动的员工数量的平均百分比（用小数表示）。这些数据反映了每种工作或职务的人员变动情况，一般以 5—10 年为周期来估计平均百分比。周期越长，预测就越准确。

第三步，根据组织计划初期的每一类职位上的员工数和第二步中建立的矩阵，预测未来企业可供给的人数，即将计划初期每种员工的数量与该种员工的变动率相乘，然后进行纵向相加，即可得到组织内部未来劳动力的净供给量。

下面举例说明马尔可夫模型的应用。

例 假设某企业有四类职位，从低到高依次是 A、B、C、D，各类人员的分布情况见表 4-7，请预测未来人员的供给情况。

表 4-7 某企业人员的分布情况表

职位	A	B	C	D
人数	40	80	100	150

根据上述步骤，首先要确定各类人员的转移率，本例中假定转移率已知，因此得出如表 4-8 所示的转移矩阵表。

表 4-8 该企业人员的转移矩阵表

	A	B	C	D	离职率合计
A	0.9				0.1
B	0.1	0.7			0.2
C		0.1	0.75	0.05	0.1
D			0.2	0.6	0.2

表 4-8 中的每个数字都表示，在固定的时期内，两类职位间员工转移的平均比率。例如，A 类职位的员工有 90% 留在公司；B 类职位的员工有 80% 留在公

司，其中10%转移到A类职位，70%留在原来的职位。这样就可以将初期的人数与每类转移率相乘，然后进行纵向相加，就能得到每类职位第二年的内部人员供给量，如表4-9所示。

表4-9 该企业人员的供给量

	初期人数	A	B	C	D	离职合计
A	40	36				4
B	80	8	56			16
C	100		10	75	5	10
D	150			30	90	30
预测的供给		44	66	105	95	60

由表4-9可以看出，在第二年中，A类职位的供给量为44人，B类职位的供给量为66人，C类职位的供给量为105人，D类职位的供给量为95人，整个企业的供给量则为310人。将这一供给预测和需求预测进行比较，就可以得出企业第二年人力资源的净需求量。

使用马尔可夫模型进行人力资源供给预测的关键是要确定转移率矩阵，然而在实际预测中，由于受各种因素的影响，人员转移率矩阵有时难以确定，只能进行大致的估计，这样会影响预测结果的准确性。经过对比研究，现在的许多政府机关、高等学校、事业单位，由于它们的编制总量基本固定，而且人才均采用若干等级来分类，人才需求的变化量不是很大，因此比较适合采用马尔可夫预测模型进行预测。

（四）人力资源"水池"模型

人力资源"水池"模型又被称为人员接替模型，它与人员替换图法有相似之处，都是在预测企业内部人员流动的基础上来预测人力资源的内部供给。所不同的是，人员替换图法是从员工出发来进行分析，而且预测的是一种潜在的供给；而"水池"模型则是从职位出发进行分析，预测的是未来某一时间现实的供给。这种方法一般要针对具体的部门、职位层次或职位类别来进行，由于它要在现有人员的基础上通过计算流入量和流出量来预测未来的供给，这就好比是计算一个水池未来的蓄水量，因此称之为"水池"模型。对企业中各职位员工的供给预测可以使用下面的公式确定：

内部供给量 = 现有员工数量 − 流出总量 + 流入总量

流出总量 = 退休数 + 辞职数 + 降职数 + 晋升数

流入总量 = 晋升进入数 + 外部招聘数 + 降职进入数

人力资源"水池"模型如图4-7所示。

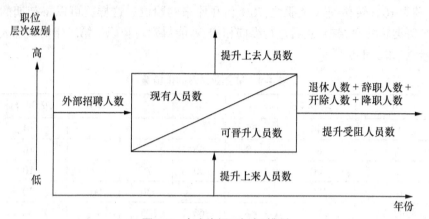

图 4-7 人力资源"水池"模型

借助水池模型,可以看出每一职位从外部招聘人数、提升上来人员数、提升上去人员数、退休人数、辞职人数、开除人数、降职人数及具备提升实力的人数等信息。将所有的职位分析完之后,把它们合并在一张图中,就可以得出企业未来各个层次职位的内部供给量以及总的供给量,这种模型使我们一目了然,给我们提供了相当简单又实用的方法。

图 4-8 为某企业的人力资源"水池"模型。

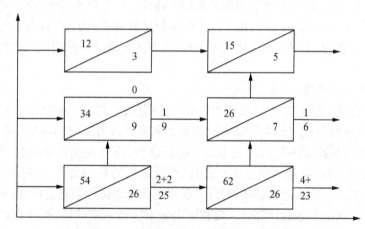

图 4-8 某企业的人力资源"水池"模型

(五) 计算机人才库

计算机人才库也叫人力资源管理信息系统,它是利用计算机技术对企业现有人员和曾经应聘的外部人员进行信息处理的系统管理方法。在现代企业中,计算机信息系统已经被越来越多地采用,使用计算机进行档案管理,可以做到更全面、更便捷,更重要的是,它还可以将各种不同的数据联系起来进行综合处理。

最初,人力资源管理信息系统内嵌在企业资源计划(ERP)系统中。目前,很多软件公司纷纷开始开发单独的人力资源管理信息系统,为包括人力资源规划在内的人力资源管理提供了更加便捷有效的工具。

二、人力资源外部供给预测

企业所需的人力资源除了通过充分挖掘内部潜力进行补充外,从企业外部引进也是一条必不可少的途径。外部供给可以给企业注入新鲜的血液、带来新的活力、激发原有员工的工作积极性,还可以为企业带来新的技术和管理经验。人力资源外部供给预测主要从以下三个层面进行:

(一) 总体经济和人口状况的预测

对企业外部人力资源供给进行预测,首先要了解整个宏观经济的发展趋势。一般来说,经济增长速度快,失业率就低,劳动力供应就少,人员招聘的难度就大。另外,人口状况直接影响企业人力资源的素质结构,其主要影响因素包括:人口规模、人口密度、人口的年龄结构、人口的素质结构、适龄劳动人口的比例等。

(二) 当地劳动力市场状况的预测

当地劳动力市场是企业人力资源供给的主要来源,所以,对它的预测也是企业人力资源外部供给预测至关重要的一步。这方面的预测主要包括对当地劳动力市场发育状况和就业政策倾向的预测、对当地劳动力供给现状的预测。当地劳动力市场状况主要包括本地的就业状况,大中专院校、职业学校、中学毕业生、复员退伍军人的就业状况,在职人员的流动状况,外地劳动力流入和本地劳动力流出的状况等。同时,还要注意劳动力供给的季节性变化。我国沿海发达地区每年春季的民工潮就是季节性变化的表现。

(三) 行业经济状况和专业人才状况的预测

根据企业所要招聘的特定职位,预测该职业市场的潜在候选人的数量、薪酬水平等方面的状况。行业的发展状况影响同类型和同专业人才的供给。如果某一行业处于兴旺发达时期,那么这一行业的专业人才就相对紧缺。

企业外部人力资源供给的主要来源有大中专院校、职业学校、中学毕业生,失业人员,其他组织的在职人员,退伍军人等。对毕业生的预测比较容易,相关信息可以通过相关部门获取,而对其他方面来源的预测就比较困难。在对外部人力资源进行预测时,还要考虑人们择业的社会心理,本企业的规模、品牌、声誉对人们的影响等因素。

本章小结

本章主要介绍人力资源规划的基本内涵和规划技术。人力资源规划的内容包括三个方面：人力资源数量规划、人力资源素质规划和人力资源结构规划。人力资源规划一般分为以下五个具体步骤：搜集相关信息、人力资源预测、制订人力资源计划、实施计划并进行监控、评估人力资源规划。人力资源需求预测的定性方法主要介绍了现状规划法、经验预测法、管理人员判断法、德尔菲法、分合性预测法、描述法工作预测法。定量预测法分为趋势预测法、回归预测法、比率分析法、工作量定员法、生产函数模型法、散点分析法、时间序列预测法、计算机模拟预测法。人力资源内部供给预测的技术与方法主要有人力资源盘点法、人员替换图法、转移矩阵法、人力资源"水池"模型与计算机人才库。人力资源外部供给预测主要从三个层面进行，分别是总体经济和人口状况的预测、当地劳动力市场状况的预测、行业经济状况和专业人才状况的预测。

关键概念

人力资源战略　人力资源规划　人力资源规划方法　人力资源规划程序　转移矩阵　人力资源供需状况

课堂练习

选择题

1. 在人力资源规划的程序中，最先进行的程序是（　　）。
   A. 需求预测　　　　　　　　　　B. 战略规划
   C. 供给预测　　　　　　　　　　D. 现有人力资源核查

2. 人事部经理准备建议将一职工提升为车间主任，这一规划属于人力资源规划中的（　　）。
   A. 补充规划　　　B. 培养开发计划　　　C. 晋升计划　　　D. 配备规划

3. 人力资源需求预测方法中的专家判断法又称（　　）。
   A. 回归分析法　　　　　　　　　B. 经验预测法
   C. 德尔菲法　　　　　　　　　　D. 马尔可夫分析法

4. 人力资源规划的社会环境包括（　　）。
   A. 法律　　　　　B. 法规　　　　　C. 政策　　　　　D. 平均工资水平

5. 在人力资源规划中，为了保持组织在中、长期内可能产生的职位空缺而制定的人力资源规划称为（　　）。
   A. 人力分配规划　　B. 调配规划　　　C. 晋升规划　　　D. 招聘规划

6. 人力资源规划的首要任务是( )。
A. 人力资源需求预测　　　　　　B. 人力资源供给预测
C. 核查现有人力资源　　　　　　D. 确定企业发展目标

7. 生产工人参与计划制订,自行决定生产目标、作业程序、操作方法,检验衡量工作质量和数量,并进行经济核算。这种做法属于( )。
A. 横向扩大化　　B. 纵向扩大化　　C. 工作丰富化　　D. 工作满负荷

8. 企业内部人力资源供给量必须考虑的因素是( )。
A. 劳动力市场发育程度　　　　　B. 人口政策及人口现状
C. 企业内部人员的自然流失　　　D. 社会就业意识和择业心理偏好

9. ( )是归纳专家对影响组织发展的某一问题一致意见的程序化方法。
A. 集体预测方法　　　　　　　　B. 回归分析方法
C. 劳动定额法　　　　　　　　　D. 转换比率法

判断题

1. 人力资源规划是各项具体人力资源管理活动的起点和依据,直接影响着企业整体人力资源管理的效率。( )

2. 企业人力资源状况总是与战略要求存在一定差距,人力资源的配置总是在适应未来战略的需要。( )

讨论题

1. 讨论在现在的竞争环境中企业为什么要将人力资源问题提升到战略高度。

2. 以一个熟悉的企业为例,分析:该企业的发展战略是哪种?该企业的人力资源战略是怎样的?人力资源战略是如何与企业战略相匹配的?

讨论案例

人力资源规划

你是一个人力资源顾问,一家大型公司新任命的总经理给你打来了电话。

总经理:我在这个职位上大约一个月了,而我要做的所有事情似乎只是与人们面谈和听取人事问题。

你:你为什么总在与人面谈?你们没有人力资源部吗?

总经理:我们有,但是人力资源部不雇用最高层管理人员。我一接管公司,就发现两个副总经理要退休。

你:你雇用什么人了吗?

总经理:是的,雇用了,而这就是问题的一部分。我从外部雇用了一个副总经理。我一宣布这个决定,就有一个部门经理前来辞职。她说她想得到副总经理的职位已经有8年了,她因为我们从外部雇用了某人而生气。我怎么知道她想得到这个职位呢?

你：对另一个副总经理你们做了些什么？

总经理：什么也没做，因为我怕又有其他人由于没有被考虑担任这个职位而辞职，但这只是问题的一半。我刚刚发现最年轻的专业员工——工程师和会计师——过去三年的流动率高达80%，他们是在我们这里得到提升的人。正如你所知道的，这就是我在这个公司怎样开始工作的。我是一个机械工程师。

你：有人问过他们为什么要离开吗？

总经理：问过，他们都给了基本相同的回答，他们说感觉到在这里没有什么前途。也许我应该把他们所有人都召集到一起，并解释我将怎样使公司取得进步。

你：你考虑过建立一个人力资源规划系统吗？

总经理：人力资源规划？那是什么？

资料来源：http://www.docin.com/p-5115658.html。

问题：

1. 你如何回答总经理的问题？
2. 如果要你帮助这个公司建立人力资源规划系统，你将怎样开展工作？

复习思考题

1. 企业要实现战略人力资源管理，要在组织文化、组织结构、业务流程等方面进行哪些转变？
2. 人力资源如何实现与战略的匹配关系？思考不同成本导向的企业战略对人力资源管理有什么样的要求。

推荐阅读

1. 李虹.人力资源管理[M].北京:北京大学出版社,2005.
2. 窦胜功,卢纪华,戴春风.人力资源管理与开发[M].北京:清华大学出版社,2005.
3. 彭剑锋.人力资源管理概论[M].上海:复旦大学出版社,2003.
4. 何娟.人力资源管理[M].天津:天津大学出版社,2003.
5. 戚艳萍,程水香,金燕华.现代人力资源管理[M].杭州:浙江大学出版社,2003.
6. 侯光亮.人力资源战略与规划[M].北京:科学出版社,2009.
7. 徐国华,杨东涛.制造企业的支持性人力资源实践、柔性战略与公司绩效[J].管理世界,2005(5).
8. 杨伟国.战略人力资源审计:历史、结构与功能[J].经济理论与经济管理,2005(7).
9. 张星,马朝阳.企业人力资源优化配置的关键要素分析[J].中国人力资源开发,2009(3).
10. 傅志明.人力资源供求的不平衡性及其管理策略[J].中国人力资源开发,2009(4).

第五章 人力资源招募

> 企业是一部机器。部门是齿轮,人也是齿轮,齿轮与齿轮如果不咬合,这部机器就不会运转。
>
> ——柳传志

本章学习目标

1. 理解招募的概念。
2. 了解内部招募与外部招募的方法。
3. 理解内部招募与外部招募的优缺点。
4. 了解招募评估的方法。

引导案例

中兴通讯:选聘一流人才

通讯公司的最大特点就是高速发展。对中兴通讯这类的行业开拓者来说,这里的高速发展有着两个方面的含义:一是企业业务的高度膨胀,市场份额不断扩大;二是技术的更新换代持续加快。高速发展的公司面临的首要问题就是人力资源的扩张。人力资源短缺往往是限制业务拓展的主要障碍之一。比如市场份额更多更大时,由于人手问题而无暇顾及一些客户,就可能造成客户的流失。因此,中兴通讯一直非常重视招聘,并提出了"以一流的标准选聘和培训员工"的理念。

什么是一流人才? 对此,中兴通讯的定位是"在某一个专业领域里的国内前五名"。这在其每一次招聘中都得到了体现。中兴通讯目前的1万多名员工是从超过10万的面试者中选拔出来的,收到的简历更是超过30万到50万份。

谈到花费这么多的精力与时间选聘员工时,中兴通讯人力资源中心主任陈健洲先生很肯定地说:"这很值得!"员工选聘就是从一组求职者中挑选最适合特定岗位要求的人的过程,而企业招聘工作对选择过程的质量影响很大,如果符合条件的申请人很少,组织可能不得不雇用条件不是十分理想的人,企业就不得不加强培训工作,这增加了隐性成本。而且高能力员工和低能力员工之间的生产率差别估计高达3:1。因此,选择了一流人才可以获得很大的益处。陈健洲形象地比喻说,只要这些一流的人才还列在企业的工资单上,这种益处就会不断延续下去。

在招聘中,中兴通讯会重点考虑人才的背景,对其所受教育的要求一般锁定在重点本科院校。对此,陈健洲解释说,我们不是认为非重点高校的学生不行,但是我们认为在重点高校的范围内,优秀的学生比率要更高,更有利于中兴通讯选聘到一流的人才。中兴通讯的大部分岗位都要求员工有好的技术背景,因此对高校和专业都有一个较为明确的要求;此外,对工作经验及健康的体魄也要求较高。中兴通讯的面试非常严格,从技术能力和素质考核两个方面进行考察,被面试者须通过6—7关,把关极其严格,实行一票否决制,而且中兴通讯的面试官都是受过专业培训的。中兴通讯的要求很简单:招聘到的人才既是优秀的人才,也是符合公司文化原则的人才。

资料来源:http://www.doc88.com/p-33278253760.html。

第一节　人力资源招募概述

招募是指组织在人力资源战略规划的指导下确定工作需要,根据需要从组织的内部或外部吸引候选人来填补工作空缺的活动。人员招募是组织获取人力资源过程中的一个重要步骤,其目的是形成一个工作候选人的蓄水池,这个蓄水池尽可能多地蓄积组织需要的人才,为接下来的人员甄选,储备充分的候选对象。通过招募与甄选,组织能够挑选出合适的人与合适的工作相匹配。

整个招募过程可以分为招募前的准备和招募的实施两个阶段。其中,招募准备是关键环节,包括制定招募策略、确定招募方法、选择并培训招募者等。同时,还要确定组织招募和甄选活动的合法性,确定吸引候选人的过程是公开透明的,以及确保人员招募工作能够支持组织的战略目标,并与组织协调一致。

招募策略的制定以组织优劣势分析为基础。组织应该以"优秀的雇佣者"的身份来吸引更多的优秀者,因此,在实施招募活动之前,组织首先应该详细分析组织的声誉、组织文化、职位吸引力、角色的自主性、报酬水平、职业生涯发展、培训开发的机会、工作场所的吸引力等多方面的因素,确定本组织与竞争对手的比较优势和劣势,以制定招募策略,选择招募手段和设计广告。

招募方法的确定取决于组织的实际情况。从大的方面讲,招募途径分为外部和内部两种,各有其优缺点。两种途径包括的具体方法,在下面的段落中将有详细的介绍,这里不再赘述。研究表明,内部与外部招募相结合会产生最佳的结果。具体的结合方式取决于环境、组织战略、职位类别以及组织在劳动力市场上的相对位置等因素。

选择并有针对性地培训招募者对组织而言非常有必要,因为招募者的行为能够影响求职者的最终选择。合格的招募者应具备以下基本素质和品质,见表5-1。

表5-1 招募者应具备的素质和品质

表达能力	观察能力
协调沟通能力	自我认知能力
专业技能	知识面
诚实公正	热情

资料来源:孙健敏.组织与人力资源管理[M].北京:华夏出版社,2005。

组织可以参考这些基本素质来选择招募者,然后对其进行有针对性的培训。组织可以通过以下方面的措施来提高招募者对于候选人的影响力:(1)招募者必须能够提供及时的反馈;(2)招募者必须避免作出一些会导致求职者对组织产生错误印象的行为;(3)用团队的方式进行人员招募。

只有做好以上准备活动,招募才能有效实施。组织实施招募的时间也要经过科学的选择。合理地确定招募时间,能够避免企业因缺少人员而影响正常运转。

第二节 招聘理念

一、正确的招聘理念

(一) 以人为本

招募过程应该始终奉行"以人为本"的招聘理念,尊重并重视每一位应聘者以及潜在的应聘者,尽可能地从应聘者角度出发,为其提供周到的人性化服务,包括让应聘者详细地了解企业信息、安抚落聘者,等等。例如,很多企业把应聘者带回企业进行多次面试,除了为了更深入地了解应聘者之外,更重要的是为应聘者提供深入了解企业的机会,让应聘者自己体会并判断是否适合该企业。英特尔公司"以人为本"的招聘理念贯穿其整个招募、甄选活动的始终,其招聘的人才也许并不是学历最高、成绩最好的,但一定是适合本企业、价值观与本企业价值观相符的人,只有这样的人才能与企业一同成长。

（二）重视企业文化

招聘理念的一个重要组成部分就是重视企业文化,不仅在招聘过程中体现并灌输企业文化,而且在挑选应聘者时,选择那些与本公司企业文化相容的人。这样做的好处是:首先,优秀的企业文化能够对优秀人才产生强大的吸引力;其次,及时让应聘者了解本公司的企业文化,可以为应聘者判断将来能否适应该企业提供依据;最后,向应聘者灌输企业文化,无形中把到职培训提前到招募甄选过程中,使公司的新进员工更早地适应本公司。IBM公司在对应聘者进行第一次面谈时,就开始把公司的哲学灌输给他们。总部设在得克萨斯州普拉诺的EDS公司在招聘时,首选那些课程和学生与公司文化相容的大学作为招聘的目标学校。

（三）真实职位预现

真实职位预现（Realistic Job Preview,简称RJP）是近年来出现的一种新的招聘理念。这种理念认为:招聘人员需要给应聘者提供真实、准确、完整的有关职位的信息,这样才能最大限度地实现应聘者与企业的匹配,从而降低雇员流失率。所谓真实、准确、完整的职位信息,是指既包括工作内容、工作的一般要求,又包括职位的特殊要求以及职位本身的缺陷等全面信息,目的是便于应聘者准确衡量自己是否适合该职位。真实职位预现把招聘工作从以往的战术层面提升到战略层面,因此,人力资源规划对其实现有重要意义。例如,EDS公司的招聘工作在该公司长远的人力资源规划的指导下长年不停。在招聘过程中,该公司客观地描述空缺岗位的方方面面,全面介绍公司所能提供的一切机会,既包括公司在其职业发展方面将会作出的各种投资,也包括那些可能会令应聘者不太满意的制度。尽管它所提供的报酬并不是最高的,但EDS公司总能雇用到各方面最优秀的人才。

二、我国企业招聘的通常误区

我国企业对招聘有一些认识上的误区,招聘理念往往不正确,这样就影响了招聘的质量和效率。主要的认识误区有以下几个:

（一）认为从人才市场上可以得到更好的人才

人才市场上存在着大量的劳动力供应者,这里不乏好员工,但是称得上"人才"的可能是凤毛麟角。优秀的大学毕业生早在毕业前就被跨国公司或国内知名企业选中;有工作经验的应聘者,要么是被其他公司解雇的,要么就是对原来的工作环境或报酬等不满而主动辞职的。对于后者,极有可能出现如下两种情况:要么不满新的工作单位而继续跳槽或出工不出力;要么害怕再次丢掉工作而变得保守、亦步亦趋,在工作中缺乏创新。因此,在人才市场上,可以招聘到比较令人满意的员工,但是想招聘到真正的人才会非常困难。

（二）轻招募，重使用

很多企业不重视人力资源的招募，在招募广告中对应聘职位的描述非常简单，而且把吃苦耐劳、诚实守信以及相关工作经验作为应聘条件。这些都反映出招募者对招募的重视程度不够，只注重要使用人做什么工作，而无视员工的成长。这样做的危害是显而易见的：首先，企业招聘到的人上岗后可能根本不适合该岗位；其次，会错失很多成长性高的优秀人才。

（三）认为招募是个孤立的、历史的过程

很多招聘人员都认为：人力资源部门招聘到符合需求的员工，经进一步考核合格并上报相关部门任用后，自己的任务就完成了。事实上，企业的战略、组织结构、发展阶段等都在不断变化着，对人力资源的需求也随时在变，岗位调动、培训、激励，甚至是解雇都时刻影响到招聘工作。另外，企业内部员工的培训、晋升是有效的招聘方式。因此，招募不是一个历史的、孤立的事件，而是一个与企业战略息息相关、与人力资源的其他环节环环相扣、循环往复的过程。

（四）认为所有的职位都是：职位＝专业＋学历

社会上普遍存在这样一种观点：职位＝专业＋学历。对于技术性要求较高的行业中的企业，的确需要坚守这样的用人原则。但是，对于那些技术性要求不高的职位或综合职位，不仅没必要而且不应该坚守这个原则。这是因为：首先，自然规律和社会规律都有其内容的相通性和方法的共适性；其次，员工可以通过自学、培训或继续教育来适应企业需要；最后，在学校里学习的内容真正用于本专业工作领域的少之又少。因此，这种片面的招募观点会阻碍很多有能力但非本专业或者学历不高的人才进入企业。

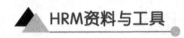

HRM资料与工具

HR 如何排除招聘环节中的隐患

在企业劳动用工管理中，招聘是关键的一个环节。而招聘启事上录用条件的拟写和对知情权的使用不全面，就有可能暗藏杀机，给企业日后留下败诉的隐患。

录用条件应具体化

招聘时为防止给以后的工作埋下隐患，企业应在录用条件设计上做好以下几方面的工作：

首先，要对"录用条件"进行明确界定，即录用条件一定要明确化、具体化。比如说符合岗位要求，应该把岗位要求是什么、怎么衡量等明确下来。"录用条件"的共性可以通过规章制度进行明确，"录用条件"的个性则可以将招聘公告、劳动

合同等规章制度结合起来予以明确。

其次，要对"录用条件"事先公示。从法律的角度来说，就是用人单位有证据证明员工知道了本单位的录用条件。那么如何进行公示呢？方法有以下几种：

（1）通过招聘公告来公示，并采取一定方式予以固定，以给诉讼保留证据；

（2）招聘员工时向其明示录用条件，并要求员工签字确认；

（3）劳动关系建立以前，通过发送聘用函的方式向员工明示录用条件，并要求其签字确认；

（4）在劳动合同中明确约定录用条件或不符合录用条件的情形；

（5）规章制度中对录用条件进行详细约定，并将该规章制度在劳动合同签订前进行公示，比如作为劳动合同的附件。

树立证据保存意识

《中华人民共和国劳动法》第十八条规定，采取欺诈、威胁等手段订立的劳动合同无效。

为减少企业与员工间因知情权所产生的争议，防范相应的法律风险，企业应树立证据保存意识。在招聘、录用员工的过程中，企业应积极采取书面方式保存告知行为的证据。例如，以书面方式告知应聘者信息，并要求对方签字确认；在审核应聘员工所提交的信息后，在录用环节设计相应的承诺书，要求被录用者签署。

企业和员工应在诚实信用的基础上建立劳动关系。若任何一方违反了诚实信用原则，向对方提供了虚假信息，就侵害了对方的知情权，由此可能会产生一系列法律后果。

资料来源：http://www.jobcn.com/hr/News_content.jsp? ID=161948。

第三节 内部招募的方法

内部招募指在单位出现职务空缺后，从单位内部选择合适的人选来填补这个位置，其实质是组织内部人力资源的再配置。内部招募的做法通常是企业在内部公开空缺职位，吸引员工来应聘。这种方法起到的另一个作用，就是使员工有一种公平合理、公开竞争的平等感觉，它会使员工更加努力奋斗，为自己的发展增加积极的因素。内部招募主要有内部晋升、工作调换、工作轮换、内部公开招募、员工推荐、技能清单法和内部储备人才库等方法。

一、内部晋升

这种做法给员工以升职的机会，使员工感到有发展的机会，对于激励员工非常有利。从另一方面来讲，内部提拔的人员对本单位的业务工作比较熟悉，能够较快适应新的工作。然而内部提拔也有一定的不利之处,如内部提拔的员工不一定是最优秀的,还有可能在少部分员工心理上产生"他还不如我"的思想。一个人在一个单位待的时间越长,别人看他的优点越少,而看他的缺点越多,尤其是在他被提拔的时候。而且,还可能造成"近亲繁殖"的弊病。

二、工作调换

工作调换也叫做"平调",是在内部寻找合适人选的一种基本方法。这样做的目的是要填补空缺,但实际上它还起到许多其他作用。例如可以使内部员工了解单位内其他部门的工作,与本单位更多的人员有深入的接触、了解。这样,一方面有利于员工今后的提拔,另一方面可以使上级对下级的能力有更进一步的了解,也为今后的工作安排做好准备。

三、工作轮换

工作轮换和工作调换有些相似,但又有些不同。例如,工作调换从时间上来讲往往较长,而工作轮换则通常是短期的、有时间限定的。另外,工作调换往往是单独的、临时的,而工作轮换往往涉及两个以上的岗位,需要有计划地进行。工作轮换可以使单位内部的管理人员或普通人员有机会了解单位内部的不同工作,给那些有潜力的人员提供以后可能晋升的条件,同时也可以减少部分人员由于长期从事某项工作而带来的烦躁和厌倦等情绪。

四、内部公开招募

内部公开招募是指通过企业的内部沟通系统,如电视、内部刊物、局域网等发布内部职位公告,对职位进行公开招募。公告的内容包括职位的责任、义务、任职资格、对技能的要求、工资水平、截止日期、申请程序等。

布告招标是在组织内部招募人员所采取的方法之一,过去的做法是在公司或企业的布告栏发布工作岗位空缺的信息,现在已开始采用多种方法发布招募信息。采用布告招标时允许雇员有一段时间去"投标","投标"时要求雇员填一张表格。

在使用布告招标时,要满足以下几条要求:第一,至少要在内部招募前一周发布所有的招募信息;第二,应该清楚列出工作描述和工作规范;第三,使所有申请人收到有关申请书的反馈信息。

在西方,公布工作空缺和允许雇员投标这种方法主要用于蓝领阶层的招募工作,但其应用范围近来正在扩大,不仅在政府部门被广泛使用,而且也被私人企业广泛应用。布告招标,有利于发挥组织中现有人员的工作积极性,激励士气,鼓励员工在机构中建功立业。因此,它是刺激员工职业发展的一种好方法。它的另外一个优点就是比较省时和经济。

五、员工推荐

人力资源部将空缺的职位信息公布出来，公司员工可以自我推荐，也可以互相推荐。人力资源部搜集到相关人员的信息后，采取公开竞争的方式，选拔该岗位的人才。

招募的独特渠道

英特尔的招募渠道很多。其中包括委托专门的猎头公司帮其物色合适的人选。另外，通过公司的网页，你可以随时浏览有哪些职位空缺，并通过网络直接发送简历。只要他们认为你的简历背景适合，你就有机会接到面试通知。

还有一个特殊的招募渠道，就是员工推荐。它的好处首先在于现有的员工对英特尔很熟悉，而对自己的朋友也有一定了解。基于这两方面的了解，他会有一个基本把握，那个人是否适合英特尔，在英特尔大概会不会成功。这比仅通过两个小时的面试要有效得多，相互的了解也要深得多。英特尔非常鼓励员工推荐优秀的人才给公司，如果推荐了非常优秀的人，这个员工还会收到公司的奖金。当然，进人的决策者是没有奖金的。如果因为人情招了不适合的人，决策者会负一定责任，所以决策者会紧紧把握招募标准，绝不会出现裙带关系。

资料来源：http://www.chinahr.com/news/news.asp? newid=200409160027&chan-ne-lid=AU02。

六、技能清单法

技能清单法就是利用现有人员技术档案中的信息选拔空缺职位的候选人。技术档案是计算机化的技能档案，包括雇员的资格、技能、智力、教育和培训等方面的信息。当出现职位空缺时，人力资源部门可以邀请这些人参加竞争。这些信息不仅可以帮助招募人员确定是否有合适的人选，而且可以与候选人接触以了解他们是否想提出申请。这种方法可以和布告招标共同使用，以确保职位空缺引起所有有资格申请人的注意。

利用技术档案的优点是可以在整个组织内发掘合适的候选人，同时技术档案可以作为人力资源信息系统的一部分。如果经过适当的准备，并且技术档案包含的信息比较全面，采用这种方法比较便宜和省时。

七、内部储备人才库

人才库系统记录了每一位员工在教育、培训、经验、技能、绩效、职业生涯规划等方面的信息，并且这些信息随着员工的自身发展得到不断的更新，用人部门和人力资源部门可以在人才库里找到合适的人补充职位空缺。

第四节 外部招募的方法

如果组织中没有足够的内部候选人可供挑选的话，就必须把目光转向外部，以补充劳动力。研究表明，那些"走进来"的申请者为组织提供了重要的外部来源。外部招募的方法很多，常用的有以下几种：

一、媒体广告

广告是单位从外部招募人员最常用的方法之一。通常是在一些大众媒体上刊登出职位空缺的信息，吸引对这些空缺职位感兴趣的潜在人选应聘。采用广告的形式进行招募，由于职位空缺的信息发布迅速，能够在很短时间内传达给外界，同时有广泛的宣传效果，可以展示单位实力。发布广告有两个关键的问题：

（一）广告媒体的选择

一般来说，可采用的广告媒体主要有报纸、杂志、广播电视、网站以及随机发放的宣传材料等。表5-2比较了部分主要媒体形式的特征。

表5-2 主要媒体形式的特征

类型	优点	缺点	适用范围
报纸	标题短小精炼；广告大小可灵活选择；发行集中于某一特定的地域；各种栏目分类编排，便于积极的求职者查找。	容易被未来可能的求职者所忽视；集中的招募广告容易导致招募竞争的出现；发行对象无特定性，企业不得不为大量无用的读者付费。	当你想将招募限定于某一地区时；当可能的求职者大量集中于某一地区时；当有大量的求职者在翻看报纸，并且希望被雇用时。
杂志	专业杂志会到达特定的职业群体手中；广告大小富有灵活性；广告的印刷质量较高；有较高的编辑声誉；时限较长，求职者可能会将杂志保存起来再次翻看。	发行的地域太广，故在希望将招募限定在某一特定区域时，通常不能使用；广告的预约期较长。	当所招募的工作承担者较为专业时；当时间和地区限制不是最重要时；当与正在进行的其他招募计划有关联时。

(续表)

类型	优点	缺点	适用范围
广播电视	不容易被观众忽略;能够比报纸和杂志更好地让那些不是很积极的求职者接到招募信息;可以将求职者来源限定在某一特定区域;极富灵活性;比印刷广告能更有效地渲染雇用气氛;较少因广告集中而引起招募竞争。	只能传递简短的、不是很复杂的信息;缺乏持久性;求职者不能回头再了解(需要不断地重复播出才能给人留下印象);商业设计和制作(尤其是电视)不仅耗时而且成本很高;缺乏特定的兴趣选择;为无用的广告接受者付费。	当处于竞争的情况下,没有足够的求职者看你的印刷广告时;当职位空缺有许多种,而在某一特定地区又有足够多的求职者时;当需要迅速扩大影响时;当用于引起求职者对印刷广告的注意时。
招募现场的宣传资料	在求职者可能采取某个立即行动时,引起他们对企业雇用的兴趣。	作用有限;要使此种措施见效,首先必须保证求职者能到招募现场来。	在一些特殊场合,如为劳动者提供就业服务的就业交流会、公开招聘会、定期举行的就业服务会上布置的海报、标语、旗帜、视听设备等;当求职者访问组织的某一工作地时,向他们散发招募宣传材料。

(二) 广告形式与内容的设计

好多广告形式有利于吸引更多的求职者的关注,而且由于设计精良的招募广告具有一定的"形象效应",有利于树立组织的公共形象,因此在选择合适的媒体之后,应根据组织的实际需要设计广告的具体形式。一般来说,招募广告应满足"AIDA"原则。

1. 引起求职者对广告的注意(Attention)

要注意:印刷紧凑的广告容易被忽视;重要职位要单独做广告;语言的使用要特别,要吸引人的注意,如"年轻人,不要假装你什么都知道!"

2. 引起求职者对广告的兴趣(Interest)

强调工作本身的性质,如挑战性;强调工作的其他方面,如薪酬、工作地点等。

3. 引起求职者申请工作的愿望(Desire)

强调工作的成就感、职业发展的机会等。

4. 能够鼓励求职者积极采取行动(Action)

如"今天就联络我们","请马上打电话给我们,索取更详细的信息资料"等。

二、招聘会

由于招聘会的参展单位和应聘者众多,必须事先做好充分的准备;否则,没有营销策略,甚至不懂营销的原则,很难将单位推销出去。

三、职业介绍机构

职业介绍结构是专门为企事业单位提供劳动者有关信息,同时也为劳动者提供有关单位信息的机构。通常这类机构都存有大量各类应聘人员的信息,以便提供给寻找可用人员的单位。企业利用职业介绍机构进行招募的好处在于节省时间、候选人信息面广。尤其是对于那些没有设立人力资源部门的小企业,能够利用职业介绍机构得到专业服务和咨询。这种招募途径的不足之处在于企业需要花费一定的费用,而且对招募过程不能进行有效的控制。

四、猎头公司

猎头公司是专门为企业选聘有经验的专业人员和管理人员的机构。越来越多的企业开始利用猎头公司来搜寻中高层管理人员。与职业介绍机构相区别,猎头公司一般不为个人服务,而且在每次服务过程中,无论企业是否招聘到中意的候选人,都必须向猎头公司付费。另外,猎头公司通常与它们的客户保持密切的联系,并且掌握所服务企业的目标、结构、企业文化以及所空缺的职位等信息。只有这样,才能为企业找到真正合适的人选。

专业猎头公司应至少具有以下几个特点:

1. 客观真实地推荐人才:从软、硬件两方面着手

硬件指个人的学历、工作经历、业绩等硬指标;而软件指能力素质等软指标,具体包括候选人的性格特点、内在驱动力、团队精神、领导才能、情商,甚至包括其拥有的社会资本。猎头公司不对人才进行主观性的包装,而是采用科学有效的测评手段,提交事实性的评价和面试报告。

2. 注重竞争情报研究

不同行业的企业各有特点,因此相同的职位具体到不同的企业,差别非常大。只有配合强大的竞争情报研究,才能保证猎头公司在短时间内掌握企业的情况,迅速确定最大范围内的候选人名单,从而确保猎寻高级人才取得成功。在人才市场上流动的高级人才是有限的,要帮助客户挖掘那些潜伏在行业内的高级人才。

3. 系统、稳定的项目组作业

在猎寻中更加注重团队协作,每个项目组中都配有一个具有人力资源专业背景的成员、一个商务人员、一个调查研究员和一个行业顾问,互为支持,弥补行业经验的不足,增加了挖掘的深度和成功的把握。如果只有一个猎头顾问,当他遇到比较大的困难时比较容易放弃,而团队协作则更有挑战困难、解决难题的资本。

一个真正优秀的猎头公司必须拥有足够的信息网络,时刻关注行业、企业动态,关注行业媒体,关注行业热门人物;在尽可能多的区域或行业聘请兼职猎手

和信息采集顾问;与国外猎头公司建立战略合作关系,提高自身的技能和专业水平;积极参加各类行业研讨会,结识知名企业老板和业务骨干并保持长久联系;与各行业协会建立良好的关系,以获取重要的一手资料;参办人力资源论坛和就业讲座,与将来的高级管理人员——MBA和EMBA学员进行沟通;参加一些高级俱乐部和金领聚会,通过个人关系网,在精英聚会中搜罗人才。

优秀的猎头在猎寻过程中会尊重行业规则,比如在几年内不挖客户的人才、不挖国家重点项目和实验室的人才等;在整个猎寻过程中对高级人才和企业的相关情况进行高度保密,确保企业的商业机密和候选人的职业安全性。因此,从降低企业用人风险、合适人才为企业创造的价值来看,选择专业和规范的猎头公司往往是物有所值的。

五、网络招聘

网络招聘也称在线招募或者电子招募(e-Recruiting),它是指利用互联网技术进行的招募活动,包括招募信息和求职信息的发布、人才简历的搜集整理、电子面试以及在线测评等。它以其费用低、信息量大、操作便捷、招募效果好、无地域限制且具备远程服务功能等优点获得了越来越多的企业的认可,已经逐渐成为中小企业招募人才的主要途径。利用网络,不仅可以招募选拔组织外部人才,也可以招募选拔内部人才。

与传统招募方式比较,网络招聘具有信息量大、不受时空限制、信息查询搜索十分便捷、成本较低等优点。其缺点主要在于招募双方信息不对称而且缺少互动、信息反馈少。网络招聘主要有以下几种应用:

(一)发布招募信息

网络招聘信息的发布直接关系到企业招募的效果,如何根据企业的实际情况,选择适当的信息发布渠道十分重要。常见的网络信息发布渠道有以下几种:

1. 人才网站

用人单位注册成为人才网站的会员,在人才网站上发布招募信息,收集求职者信息资料,查询合适人才信息。人才网站的资料库大,日访问量高,加上收费相对较低,所以很多公司往往会同时在几家人才网站注册。这样可以收到众多求职者的资料,可挑选的余地更大。

2. 大型网站

还有一些用人单位选择了在大型网站上登招募广告这种方式,一般他们都是选择那些相关专业的大型网站,或者是本地的综合门户网站。由于专业网站能聚集某一行业的专门人才,在这样的网站发布招募信息,对吸引某一特定专业的人才效果良好。而在知名的综合门户网站上发布招募广告,由于这类网站的浏览量很大,招募广告不仅会有很大的信息反馈量,而且会对公司产生一定的广告作用。

3. 网上 BBS

它是互联网上热门的服务项目之一,通过远端登录的方式,享有在远端主机上张贴布告、网上交谈、传送信息等功能。这种方式发布信息的成本几乎为零,但影响力有限,也不利于体现公司的形象,一般适用于小型公司的招募。

4. 本公司主页

如果公司有自己的网站,也可以在上面发布招募信息,同时将企业文化、人力资源政策以及更多信息发布在主页上,以便求职者了解。这样既可达到宣传目的,又能让求职者在了解企业实际状况后,有针对性地选择应聘岗位,招募到的人员质量较高。公司还可以将在线简历应用其中,从而更方便建立自己的人才储备库,留待日后需要时查询。

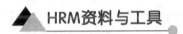
HRM 资料与工具

SNS:活用人脉关系进行招聘

认识 SNS

SNS,全称 Social Networking Services,即社会性网络服务,指帮助人们建立社会性网络的互联网应用服务。SNS 的另一种解释是 Social Network Site,即"社交网站"或"社交网"。严格来讲,国内 SNS 并非 Social Networking Services,而是 Social Network Site,比如人人网(校内网)、开心网、天际网、My space 等几个 SNS 平台。

如何用 SNS 进行招聘

利用 SNS 进行招聘主要是利用网络这一低廉而快速的平台,通过人脉关系来拓宽人才来源;原理是"熟人介绍熟人",形成人脉关系的链条,一传多,多传多。招聘人员只要找到一个目标突破点,建立相关目标群体,网络传播的速度会非常快,使得招聘成本降低、招聘效率提高。在 SNS 中,朋友圈内的关系往往真实度较高,较为可靠,互相之间不存在所谓的网络"假面具",因此通常会采取实名制与真实的个人信息,这有利于招聘工作的顺利开展。

如果你在招聘研究网、人人网、开心网、白领网等社交网站都注册成为会员,当要招聘有关职位时,就在网站上搜索目标群体的信息,相关信息包括人才所在的行业、工作单位与职位。一些单位利用这些网站招聘到了不少中基层岗位人才,甚至招聘到个别高层管理人才。当你找到一个人选后,如果发现他不合适或没有意愿,没有关系,最重要的是要他继续推荐几个人选,这才能发挥 SNS 最大的作用。

资料来源:http://www.cnxz.cn/fashion/200912/26/178230.html。

(二) 电子面试

招募信息的发布与搜集整理仅仅是网络招聘的开始,电子面试更能体现网络招聘的互动性、无地域限制性,因而电子面试的应用才是网络招聘的重要组成部分。

1. 利用电子邮件

电子邮件(E-mail)是网络上被应用最多的工具,它具有快捷、方便、低成本等优点。越来越多的人远离了传统的邮寄方式,开始利用电子邮件交流。招募者与求职者利用电子邮件交流,可以省掉大量的时间,进而提高招募的效率。招募者还可以通过求职者的电子邮件来了解他们的语言表达能力,为是否录用提供依据。但是,利用电子邮件的互动性不强,一般都用于面试前的联络、沟通。

2. 利用聊天室

公司可以利用一些聊天软件或者招募网站提供的聊天室与求职者交流,招募单位可以一家占用一个聊天室,在聊天室里进行面试。就像现实中一样,招募单位可以借此全面了解求职者,也可以顺便考察求职者的一些技能,比如电脑常识、打字速度、网络知识等。求职者也可以向招募单位就其所关心的问题提问,实现真正的互动交流。但是通过这种文字的交流还是有一定的局限。一方面,它反映不出求职者的反应速度和思维的灵敏程度;另一方面,求职者也可能会请人代替他进行面试,在虚拟的网络世界里,企业无法识别求职者的真伪。为了能够在第一时间得到应聘者的回答,用人单位还可以在语音聊天室利用语音聊天功能与求职者交流,这样既可以见到求职者的文字表述,又可以听到求职者的声音。

3. 网络"视频招聘会"

网络"视频招聘会"是2005年才出现的一种跨越地域与时间限制的新型招聘形式。

随着企业人才争夺的加剧,异地人才交流已经成为人才交流中一项重要内容。网络"视频招聘会"这种远程面试方式为招聘企业与异地人才提供了远距离交流互动的平台。与直接面谈相比,远程面试既可突破现场招聘会场地、地域的限制,也可弥补网站传统的虚拟招聘的局限,为企业和求职者创造了方便快捷的"面对面"沟通,可以大大节约远赴外地的招聘成本。

求职成本降低的最大受益者是中高级人才。现代企业的宽领域发展要求公司在全国甚至全球范围内广纳优秀人才,但绝大多数大公司都会要求分公司招募高层的员工必须通过总公司审核。一般来说,大公司都有相对比较严格的招聘策略,不会因为异地招聘的不方便而把中高级人才的录用权下放给分公司。这就使得不仅招聘成本高,而且招聘的情况也不尽如人意,结果是投入与回报不成比例。因此,异地中高级人才的求职一直是人力资源中的难题。

而视频招聘会恰好弥补了中高级人才异地求职的缺陷。对于中高级人才来说,时间、成本和面试成功率显得格外重要。同时人才市场中存在着招聘方与求职者之间的结构性矛盾,而且双方的信息并不对称,在人才交流活动中对双方都会造成不利影响,可视招聘和视频招聘会的兴起,则弥补了传统人才交流方式的不足,为求职者和招募方搭建了一个真正省时、省力、省钱而又实用的平台。

小案例

2005年5月20日,广州市首届台资企业综合人才视频招聘会火爆的视讯现场、清晰的语音图像、招募双方良性的互动以及招聘会结束后良好的效果,都让业内大吃一惊,也让企业和个人看到了视频招聘会的发展前景。

此次广州首届台资企业综合人才视频招聘会的成功可以说先进的视讯平台功不可没,其引入的视讯平台是目前全球唯一一个宽带视讯互动平台——视讯梦网运营平台,在技术上由视讯领域12项关键创新技术建造,语音、视频、数据、流媒体功能强大,图像清晰、流畅,具有屏幕广播、电子白板、文档共享、协同浏览、文件传输、远程控制等强大数据功能,是集"视频、音频、数据、流媒体"为一体的一流视讯通讯平台和视讯增值服务平台。求职招募双方在此平台上可进行面对面的即时交流及影像的在线审视,短时间内便可完成整个面试过程,达到预定的招募效果。在视频招募过程中,可以传输大量包括图片、声音、文字等数据,可以实现"一对单"或"一对多"的"面对面"多媒体交流。

资料来源:http://www.iresearch.com.cn。

目前,网络招聘出现了国际化的趋势,很多跨国公司成为跨国招聘网络平台的企业会员。如总部设在中国香港的JobsDB.com,就是近年来成立的亚太地区最大的跨国招聘网络平台,目前有13万家企业会员。现如今世界500强企业中96%的人才招聘是通过网络实现的。但在我国,由于网络招聘刚刚起步,无论是技术上还是观念上都存在着许多问题。我国的网络招聘模式一般为广告招聘模式,还只是传统的专业招募报纸的延伸。相信在不久的将来,随着我国网络法规的完善、企业上网力度的加大,网络招聘会必将以它独特的优势,在众多招募方式中脱颖而出。

六、电视招聘

2003年10月,中央电视台经济频道推出了一档全新的人力资源节目《绝对挑战》。节目首创新颖的电视招募形式,由知名企业提供真实的职业岗位,三位求职者现场打擂,资深职业顾问、著名人力资源主管担当"猎头考官",经过"实力作证"、"压力面试"、"人在职场"三个环节的考核,最终揭晓谁获得了招募企业的青睐。同时,由现场观众选出的"最具人气求职者"还将获得2万元的培训基金。

此后,其他电视台也紧随央视推出类似节目。像中国教育电视台一套(CETV-1)的《命运函数》,以校园招募为切入点;湖南卫视的《新青年》以关注青年成长为视角;浙江卫视推出的《大红鹰天生我才》,以创业竞争和职场商战为内容,通过精心布置的实战关卡,以密拍纪实的方式真实记录创业竞争的全过程。

当时业界对此众说纷纭,争议最多的是,电视的娱乐性和招聘的严肃性能统一起来吗？如果只顾了好看,那招聘岂不成了娱乐观众的道具了吗？如果只为了招聘,那又岂不成了枯燥的说教了吗？而事实证明,电视的可视性和招聘的专业性是可以"两条线并行"的,《绝对挑战》的亮相不仅开局不俗,而且生命力旺盛。据介绍,《绝对挑战》开播后,收视率达到0.50%,比该时段原来的节目提升了31%;观众忠实度达到33.4%,比该时段原来的节目提升了29%。

电视招募突破了应聘者与面试方面对面、一问一答的传统模式,采用角色扮演、职业案例选择分析、情境面试等丰富多彩的手段,给求职者提供了展现才华与风采的舞台。

相对传统的面试,电视招聘的难度是有过之而无不及。由于面试全程直播,选手要赢取心仪的职位,除了要付出智慧与努力外,心理承受能力也受到"绝对"的考验。

七、校园招募

校园招募即将公司招募信息及时发往各院校毕业生分配办公室,对专业对口的院校有选择地参加学校人才交流会、发布招募信息并进行招募活动。校园招募的实施途径多种多样,四大会计师事务所之一的德勤公司推出了面向北京名校会计、财务管理和法律专业的"德勤俱乐部",俱乐部几乎每月举办一次活动,主要是公司的部门经理、员工和大学生们交流、讨论并举办专题讲座,此外还有郊游、聚餐等活动。另外,很多企业在学校设立企业奖学金,吸引优秀学生,也是常用的招募手段之一。

校园招募的优点是学生充满活力、富有工作热情、可塑性强、选择余地大、候选人专业多样化、招募成本低、有助于企业形象宣传。不足之处在于大学生没有工作经验,需要经过一定的培训才可以胜任工作;很多大学生在刚刚踏入社会时对工作往往有过于理想化的期待,对自身的能力也有不切实际的估计,因此往往容易对工作产生不满,在毕业的前几年中可能会有较高的跳槽率。

校园招募案例

宝洁公司的校园招募

曾经有一位宝洁的员工这样形容宝洁的校园招募:"由于宝洁的招募做得实在太好,即便在求职这个对于我们学生来说比较困难的关口,也能让我第一次感觉到被当做人来看,就是在这种感觉的驱使下,我应该说是有些带着理想主义来到了宝洁。"

前期的广告宣传

派送招募手册。招募手册基本覆盖所有的应届毕业生,以达到吸引应届毕业生参加其校园招聘会的目的。

邀请大学生参加其校园招募介绍会

宝洁的校园招募介绍会程序一般如下:校领导讲话,播放招募专题片,宝洁公司招募负责人详细介绍公司情况,招募负责人答学生问,发放宝洁招募介绍会介绍材料。

宝洁公司会请公司有关部门的副总监以上高级经理以及那些具有校友身份的公司员工来参加校园招聘会。通过双方面对面的直接沟通和介绍,向同学们展示企业的业务发展情况及其独特的企业文化、良好的薪酬福利待遇,并为应聘者勾画出新员工的职业发展前景。通过播放公司招募专题片,以及公司高级经理的有关介绍及具有感召力的校友的亲身感受介绍,使应聘学生在短时间内对宝洁公司有较为深入的了解和更多的信心。

网上申请

从2002年开始,宝洁将原来的填写邮寄申请表改为网上申请。毕业生通过访问宝洁中国的网站,点击"网上申请"来填写自传式申请表及回答相关问题。这实际上是宝洁的一次筛选考试。

宝洁的自传式申请表是由宝洁总部设计的,全球通用。宝洁在中国使用自传式申请表之前,先在中国宝洁的员工中及中国的高校中分别调查取样,汇合其全球同类问卷调查的结果,从而确定了可以通过申请表选拔关的最低考核标准。同时也确保其申请表能针对不同文化背景的学生仍然保持筛选工作的相对有效性。申请表还附加一些开放式问题,供面试的经理参考。

因为每年参加宝洁应聘的学生很多,一般一个学校就有1 000多人申请,宝洁不可能直接去和上千名应聘者面谈,而借助于自传式申请表可以帮助其完成高质高效的招募工作。自传式申请表用电脑扫描来进行自动筛选,一天可以检查上千份申请表。宝洁公司在中国曾做过这样一个测试,在公司的校园招募过程中,公司让几十名并未通过履历申请表这一关的学生进入到了下一轮面试,面试经理也被告之"他们都已通过了申请表筛选这一关",结果这几十名学生无人通过之后的面试,没有一个被公司录用。

资料来源:http://www.chinahr.com/news/news.asp? newid=200409160027&channelid=AU02。

八、员工推荐

推荐法可用于内部招募,也可用于外部招募。它是由本组织员工根据组织的需要推荐其熟悉的合适人员,供用人部门和人力资源部门进行选择和考核。由于推荐人对用人部门与被推荐者均比较了解,使得被推荐者更容易获得组织与职位的信息,便于其决策,也使组织更容易了解被推荐者,因而这种方法较为有效,成功的概率也较大。

在员工推荐计划中,每一次职位空缺,员工都会得到消息。企业会提供工作说明书、教育和经历要求、工作责任。员工推荐符合要求的人,如果推荐的人被录用,那么推荐人要得到奖励。

奖励通常是现金,从100元推荐一个临时性员工到几千元推荐一个高层管理人员不等。当然也有其他奖励方式,如债券、礼品券和物品等。现在越来越流行的方法是抽签,即除了现金奖励外,推荐成功的员工可以参加抽签,赢得更多的奖金。推荐的人越多,奖金越高,可以包括旅游、延长假期、车、一年的税金和保险。

例如,思科系统(中国)网络技术有限公司40%—45%的新员工是通过内部员工介绍来的。思科有一项特别的鼓励机制,鼓励员工介绍人加入思科,方式有点像航空公司累积旅程。思科的规定是:介绍一个人来面试就给你一个点数,每过一道面试关又有一个点数,如果这个人最后被思科雇用,则有事成的奖金,这些点数最后累积折成海外旅游。这是思科创造性的做法,让所有员工都成为猎头代理,有合适的人一定会介绍到公司来。对美国思科来说,百分之六十几的员工都是通过员工引介系统进来的。

员工推荐一般情况下都行之有效。员工对奖励持欢迎态度,企业花的钱也要少于其他招募来源。然而,使用员工推荐仍要小心谨慎,因为人们喜欢推荐同类人。因此,员工推荐要和其他招募来源一起使用。

第五节 内部招募与外部招募方式的比较

内部招募和外部招募这两种招募方式的优缺点是相对的。不同文化、不同规模与发展阶段,以及不同管理模式等的企业,所适合的招募方式是不同的。比如,一家公司的管理高度制度化,分工非常细,员工的工作职责非常清楚,基本上是一个萝卜一个坑。那么,这家公司在招募时就比较适合外部招募方式,因为该公司的员工要想横向轮换工作是非常困难的,而外部招募能提供丰富的人才资源,并给公司带来新技术、新思想。而另一家公司在管理上采取基本制度化与较大随意性相结合的方式,部门内部岗位之间的分工比较粗略,对工作要求的描述比较笼统,公司看重工作结果而对工作过程或方法没有更多的要求,员工的工作范围和工作方法的自由度较大,并且公司规模较小。那么,这家公司更适合内部招募的方式。首先,该公司的管理模式为内部招募的实施提供了可能性;其次,公司规模小使得员工的发展机会相对较少,内部招募可以为员工提供轮换工作的机会,拓展其发展空间,因此可以作为公司挽留人才的手段;最后,还可以为公司节约招募成本。

内部招募与外部招募各自的优点与缺点总结如表5-3所示。

表5-3 内、外部招募渠道比较

	内部招募	外部招募
优点	1. 了解全面、准确性高; 2. 可鼓舞士气、激励员工进取; 3. 应聘者可更快适应工作; 4. 使组织培训投资得到回报; 5. 选择费用低。	1. 人员来源广泛,选择余地大,有利于招到一流人才; 2. 新雇员能带来新思想、新方法,从而给公司带来新的活力; 3. 当内部有多人竞争而难以决策时,向外部招聘可在一定程度上平息或缓和内部竞争者之间的矛盾; 4. 人才现成,节省培训投资。
缺点	1. 来源局限于企业内部,水平有限; 2. 容易造成"近亲繁殖"; 3. 可能会因操作不公或员工心理原因造成内部矛盾; 4. 公司管理容易形成一个固定模式,容易产生惰性,趋于按习惯办事,创新不够,变得保守。	1. 不了解企业情况,进入角色慢; 2. 对应聘者了解少,可能招错人; 3. 内部员工得不到机会,积极性可能受到影响; 4. 成本高。

由此可见,没有绝对好与绝对不好的招募方式。选择招募方式时,要根据不同招募方式的特点,视企业的具体情况而定。

第六节 招聘方法评估

人力资源部应对招聘流程的每个环节进行跟踪,以检查招聘效果。例如,从职位空缺是否得到满足、雇用率是否符合招聘计划的设计来检查;从求职人员数量和实际雇用人数的比例、接受雇用的求职者的转换率等来检查。招聘活动结束后,人力资源部应调查求职者及新员工对招聘组织工作的意见,测量新员工的工作业绩,研究每种招聘渠道的时间、成本和效果等,作为招聘工作进一步改进的依据。

一、招聘成本效益评估

(一)招聘成本评估

招聘成本评估是指对招聘中的费用进行调查、核实并对照预算进行评价的过程。它是鉴定招聘效率的一个重要指标。

$$招聘单价 = 总经费(元)/录用人数(人)$$

进行招聘成本评估之前,应该制定招聘预算。每年的招聘预算应该是全年人力资源开发与管理总预算的一部分。招聘预算主要包括:招聘广告预算、招聘测试预算、体格检查预算、其他预算,其中招聘广告预算占据相当大的比例,一般来说按 4:3:2:1 的比例分配预算较为合理。

组织在评估人员招聘成本的时候,除了核算人员招聘的直接成本外,如果有条件的话,还应当对人员招聘的间接成本加以估计。特别是在招聘组织的高层人员或核心人才时,更要注意招聘中的无形成本支出,以便规范组织人员招聘的成本行为,有效地控制人员招聘的总成本。

招聘成本分为招聘总成本与招聘单位成本。招聘总成本即是人力资源的获取成本,人员招聘的总成本包括有形成本和无形成本。目前组织在招聘成本评估时,因为间接成本与无形成本在实际工作中很难计量,常常把它们略去不计。但是在总体上评估人员招聘成本的时候,应当包括它们,这样才能对企业的招聘工作作出客观、公正的评价。

招聘单位成本是招聘总成本与实际录用人数之比。如果招聘实际费用少,录用人数多,意味着招聘单位成本低;反之,则意味着招聘单位成本高。

(二)成本效用评估

成本效用评估是指成本效用评估师对招聘成本所产生的效果进行的分析。它主要包括:招聘总成本效用分析、招募成本效用分析、人员选拔成本效用分析、人员录用成本效用分析等。计算方法是:

$$总成本效用 = 录用人数/招聘总成本$$
$$招募成本效用 = 应聘人数/招募期间的费用$$
$$选拔成本效用 = 被选中人数/选拔期间的费用$$
$$人员录用效用 = 正式录用的人数/录用期间的费用$$

(三)招聘收益—成本比

它既是一项经济评价指标,也是对招聘工作的有效性进行考核的一项指标。招聘收益—成本比越高,则说明招聘工作越有效。

招聘收益—成本比＝所有新员工为组织创造的总价值/招聘总成本

二、录用人员评估

录用人员评估是指根据组织招聘计划和招聘岗位的工作分析,对所录用人员进行的数量、质量和结构等方面的评价过程。只有在招聘成本较低,同时录用人员数量充足且质量较好时,才说明招聘工作的效率高。

录用人员评估主要从录用比、招聘完成比和应聘比三方面进行。

1. 录用比

其计算公式为:

$$录用比＝录用人数/应聘人数\times 100\%$$

该比率越小,说明可供筛选者越多,实际录用的员工的质量可能比较高;该比率越大,说明可供筛选者越少,实际录用员工的质量可能比较低。

2. 招聘完成比

其计算公式为:

$$招聘完成比＝录用人数/计划招聘人数\times 100\%$$

该比率说明招聘员工数量的完成情况。该比率越小,说明招聘员工数量越不足;如果为100%,则意味着企业按计划招聘到了所有需要的员工。

3. 应聘比

其计算公式为:

$$应聘比＝应聘人数/计划招聘人数\times 100\%$$

该比率说明员工招聘的挑选余地和信息发布状况。该比率越大,说明组织的招聘信息颁布得越广、越有效,组织的挑选余地就越大;该比率越小,说明组织的招聘信息发布得不适当或无效,组织的挑选余地也越小。一般来说,应聘者比率至少应当在200%以上。招聘越重要的岗位,该比率应当越大,这样才能保证录用者的质量。

录用人员的质量评估实际上是对录用人员在人员选拔过程中对其能力、潜力、素质等进行的各种测试与考核的延续,也可根据招聘的要求或工作分析中得出的结论,对录用人员进行等级排列来确定其质量,其方法与绩效考核方法相似。当然,录用比和应聘比这两个数据也在一定程度上反映了录用人员的质量。

三、招聘来源质量的评价

由于对于某一既定职位空缺来说,到底哪一种招募来源的质量更好一些,实际上并无太多的规则可依,所以总的来说雇主注意对不同招聘来源的质量进行评价还是一种非常必要的做法。评价不同招聘来源质量的方法之一是计算并比较每一招聘来源的产出率。产出率所表达的是应聘者从企业招募和甄选程序中的一个阶段成功地进入下一个阶段的比例。比较不同招募来源的产出率,可以确定对于被调查的职位来说,哪一种招募来源最好或最有效率。每雇用一位雇员所支付的成本也是评价某一招募来源质量高低的非常有用的指标。

表5-4 显示的是五种招募来源的假设产出率以及单位雇用成本。

表5-4 各种招聘方式比较

	招聘来源				
	地区大学	名牌大学	员工推荐	报刊广告	猎头公司
吸引求职简历的数量	200	400	50	500	20
接受面试的求职者人数	175	100	45	400	20
产出率	87%	25%	90%	80%	100%
合格的应聘人数	100	95	40	35	19
产出率	57%	95%	89%	12%	95%
接受工作的人数	90	10	35	25	15
产出率	90%	11%	88%	50%	75%
累计产出率	90/200 = 45%	10/400 = 2.5%	35/50 = 70%	25/500 = 5%	15/20 = 75%
成本	30 000 美元	50 000 美元	15 000 美元	20 000 美元	90 000 美元
单位雇用成本	333 美元	5 000 美元	428 美元	800 美元	6 000 美元

从表5-4中可以看出,对于该公司所出现的这些空缺职位而言,当地大学以及内部雇员推荐是两个最佳的招募来源。报刊广告所招募来的人数尽管是最多的,但是却只有相对很少的人符合职位的要求。到全国名牌大学中进行招募倒是可以招募到素质很高的应聘者,但是却只有相对很少的人最后会接受公司所提供的职位。而高级经理人员搜寻机构可以招募到人数不多但是质量却很高的候选人,但是与其他集中招募来源相比,它的费用无疑太高了。因此我们总结出一种现象,即地区性大学与内部员工推荐是最佳招募来源(产出率高、成本低);猎头公司产出率高、成本高;名牌大学产出率最低,其次是报刊广告。

本章小结

招募是给企业带来新鲜血液的一个环节,招募的准备工作、招募方法的正确选择是企业取得招募成功的基础。本章的主要内容包括正确的招聘理念、招聘的方法及招聘方法评估。正确的招聘理念包括以人为本、重视企业文化和真实职位预现。招聘的方法分为内部招聘和外部招聘两种,内部招聘的方法有:内部晋升、工作调换、工作轮换、内部公开招募、员工推荐、技能清单法、内部储备人才库;外部招聘的方法有:媒体广告、招聘会、职业介绍机构、猎头公司、网络招聘、电视招聘、校园招募、员工推荐。对招聘方法的评估有:招聘成本效益评估、录用人员评估、招聘来源质量的评价。

关键概念

招募　内部招聘　外部招聘　猎头公司

课堂练习

选择题

1. 招聘的前提也是（　　）的主要依据。
   A. 招聘策略　　　B. 职业生涯设计　　　C. 招聘计划　　　D. 人力资源规划
2. （　　）是为适应单位对高级人才的需求和高级人才的求职需求而发展起来的招聘方式。
   A. 推荐法　　　B. 猎头公司　　　C. 布告法　　　D. 发布广告
3. 甲公司在报纸上刊登一消息：“本公司因业务发展需要，需销售部经理一名等。”这属于组织中的哪一项重要活动（　　）。
   A. 培训　　　B. 招聘　　　C. 晋升　　　D. 广告宣传
4. 人员招聘的直接目标是为了（　　）。
   A. 招聘到精英人员　　　　　　　B. 获得组织所需要的人员
   C. 提高单位影响力　　　　　　　D. 增加人力资源的储备
5. 主要是由（　　）收集有关空缺职位的所有信息。
   A. 基层部门　　　B. 用人部门　　　C. 人事部门　　　D. 高层领导
6. 员工离职、正常退休等都会产生职位的空缺，这是因为（　　）产生的招聘需求。
   A. 组织人力资源自然减员
   B. 组织业务量变化
   C. 组织内部人力资源配置不合理
   D. 组织变革
7. 相对于内部招聘而言，外部招聘具有的优势是（　　）。
   A. 准备性高　　　　　　　　　　B. 员工容易适应新的工作
   C. 激励员工积极工作　　　　　　D. 有利于吸收新观点
8. 相对于其他媒体而言，网上招聘的特点是（　　）。
   A. 费用高、时间周期短、联系快捷方便　　B. 费用低、时间周期短、联系快捷方便
   C. 费用高、时间周期长、联系快捷方便　　D. 费用低、时间周期长、联系快捷方便
9. 招聘广告设计和编写的注意事项是（　　）。
   A. 引人注目、合法、简洁　　　　B. 引人注目、真实、合法
   C. 真实、合法、内容丰富　　　　D. 真实、合法、简洁
10. 相对于申请表而言，下列选项中（　　）不是个人简历的优点。
    A. 体现应聘者的个性　　　　　　B. 费用较少
    C. 易于评估　　　　　　　　　　D. 展示书面交流能力

判断题

1. 通过人才交流中心选择人员,有针对性强、费用低廉等优点,但对于计算机、通信等热门人才或高级人才的招聘效果不太理想。(   )
2. 企业招聘高级管理人才,比较有效的途径是通过校园招聘。(   )
3. 一般来说,选择招聘地点的规则是:在全国范围内招聘组织的高级管理人才或专家教授;在跨地区的市场上招聘中级管理人员和专业技术人员;在招聘单位所在地区招聘一般工作人员和技术工人。(   )
4. 招聘策略是招聘计划的具体体现,是为实现招聘计划而采取的具体策略。(   )
5. 通过参加招聘洽谈会,用人单位招聘人员不仅可以了解当地人力资源素质和走向,还可以了解同行业其他企业的人事政策和人力需求情况。(   )
6. 招聘者和应聘者直接进行接洽和交流,能节省用人单位和应聘者的时间。(   )

讨论题

1. 内部招聘的方法中,你认为哪种方法最可行和最公平?说说你的理由。
2. 假如你是人力资源经理,你会在招聘过程中推行网络招聘和视频招聘吗?

讨论案例

朗讯公司的 GROWS 文化招聘

朗讯公司在中国主要有两个地方需要用人:一个是贝尔实验室的研究开发人员,一个是市场销售和行政人员。

朗讯公司的 GROWS 文化是每个朗讯人必备的理念:

G(Global Growth Mindsets),指全球增长理念。

R(Results-focused),指专注成果、专注对客户和股东的承诺。

O(Observed with Customers and about Competitors),指时刻关注并牢记客户和竞争对手的状况,绝对达到甚至超过客户的需求,时刻关注竞争对手。

W(Workplace that's Open,Supportive and Diverse),指创造一个开放、支持及多元化的工作场所,鼓励人们自由地交换意见,以便及时作出最佳决定。

S(Speed),指对每个过程、产品和客户要有紧迫感。在高科技迅猛发展的时代,谁领先一步,谁就能掌握竞争的主动权。

闪电招聘

朗讯中国公司人力资源部经理孙贺影说,他们作招聘是在和竞争对手抢,更确切地说,是在人才市场中抢。一般情况是,当别的公司开始意识到要到大学搞宣传招人时,他们已经招完人了。

朗讯中国公司招聘人才的速度用一个"抢"字毫不为过。1998 年,朗讯中国公司需要大量的研究人才,军令如山,人力资源部接到命令,迅速组织了一个招聘"快速反应部队",25 个人分成五个小组,同时进入五个地区 16 所院校。这五人小组的构成是:三个科学家、一个人力资源部负责人、一个秘书。招聘小组到达高校的第一天就马上组织招聘会,贴广告,组织学生洽谈。一天的安排是这样的:一个半小时的招聘说明会,然后筛选收集来的简历,晚上公布面试名单。

第二天就开始全天面试工作,当晚九点五个小组通过电话会议,彼此通报各地区的生源情况,确定各地区名额,十点就将录用名单贴出去。

第三天就跟录用的学生签合同。往往一周时间内,五个小组25个人能招100多人。

"闪电招聘"需要充分的前期准备工作,朗讯公司很早就开始集中目标甄选学校,前一年去过的学校当年就没有去要人。此外,朗讯公司还要提前解决进京进沪的指标问题。招聘前做好的招聘袋,里面有面试日程表、面试问卷、朗讯公司的资料等。对此,朗讯公司的要求是:一旦学生看完朗讯公司的资料,就不需要问任何问题,非常清楚。朗讯公司的招聘过程非常程序化,所以一开始招聘,就能抢占先机。

用猎头公司

朗讯公司很少用猎头公司。如果用,一般是招聘中高级管理人才。所以,朗讯公司用猎头公司招聘的人不到2%。朗讯的观点是:(1)倾向于自己培养人才;(2)猎头公司费用太高;(3)服务跟不上。虽然中国的猎头公司比以前有很大进步,但跟国际相比还有一定的差距。

朗讯公司的招聘程序

朗讯中国贝尔实验室倾向于从应届毕业生里挑选人才,他们挑选应届毕业生的方式针对性很强。他们认为搞研究开发要有新的知识,而且搞通讯技术开发必须要有高学历。所以,他们的目标就是应届毕业生,除了全面扎实的知识结构,朗讯公司还看中他们的可塑性以及学习新东西的能力。

朗讯公司的招聘没有笔试,除非是做行政人员。在其招聘程序过程中,目标也非常明确。有两个方面是重点:一是专用技能,例如,主考官可能会关心应聘者的专业和工作背景及经验,以及对所申请的工作需要具备的技能。就这些方面,主考官会问一些问题,而每个问题会有三个等级的打分。另一个非常重要的考察值是朗讯公司的文化尺度行为GROWS(如前所述),看应聘者是否能够适应朗讯公司的文化。朗讯公司在招聘时就考虑了文化优先权,就GROWS的五个方面,考官会问各种不同的问题,比如,在以前的工作中遇到困难是怎样处理的,有没有在有竞争的情况下成功签单的经历;如何提高自己的工作速度,如何当团队领导等。每一个人面试时会有两个面试官,他们会在每一项回答里面评注和打分。应聘者可能被标记为优势明显,可能被标记为需要一定的培训,可能被标记为不足,最后面试官会通过这些问话的打分,将技能经验打分与GROWS打分填到招聘矩阵中,以此来确定应聘者是否符合朗讯公司的要求。朗讯公司将这种测试称为行为和技能测试。

在招聘应届毕业生时,情况会有所不同。朗讯公司让应届毕业生用英文进行45分钟的演讲,这个关卡非常艰难。如果应聘技术职位,朗讯公司会让应聘者专门针对他做过的课题,进行技术方面的演讲。在朗讯公司招聘中,一般都有两个科学家(贝尔实验室技术专家的特别称谓)和一位科研人员旁听,以考察应聘者技术领域的知识。行为测试主要是对他们过去以及意识和情绪特点进行考察。主考官有一些准备好的问题,就这些问题与应聘者进行半个小时的面谈,注重考察应聘者如何处理以前发生的问题。

朗讯公司有时也会遇到一些非常优秀的人才,但是暂时还没有适合他们的位置,人力资源部专门会为他们设立一个"红名单",记录这些隔离在朗讯公司玻璃门外的优秀人才,他们会与"红名单"上的人建立联系,这是他们的一种习惯。建立自己的"人才小金库",往往能在人才变动时及时补上。

资料来源:郑晓明.人力资源管理导论[M].北京:机械工业出版社,2002。

问题:
1. 朗讯公司在招聘过程中是怎样体现 GROWS 文化的?
2. 如果你参加朗讯公司技术部门的面试,你认为什么样的演讲内容会受到公司的青睐?

复习思考题

1. 简述内部招聘的优缺点。
2. 正确的人才招聘理念是什么?
3. 简述正确的招聘流程。

推荐阅读

1. 边文霞.员工招聘实务[M].北京:机械工业出版社,2008.
2. 李旭旦,吴文艳.员工招聘与甄选[M].上海:华东理工大学出版社,2009.
3. 戴尔.员工招聘与选拔[M].北京:中国轻工业出版社,2009.
4. 吴志明.员工招聘与选拔实务手册[M].北京:机械工业出版社,2002.
5. 黛安娜·阿瑟.员工招募、面试、甄选和岗前引导[M].北京:中国人民大学出版社,2003.
6. 玛丽·艾伦·布兰特丽,科里斯·科尔曼.高科技人才战——如何招募和留住高科技人才[M].北京:企业管理出版社,2002.
7. 牛雄鹰,马成功.员工任用——工作分析与员工招募[M].北京:对外经济贸易大学出版社,2003.
8. 罗伯特·伍德.职能招募与选才[M].汕头:汕头大学出版社,2003.
9. 陈万思,赵曙明.家族企业人力资源经理的招聘管理——基于人力资源经理胜任力模型的视角[J].中国人力资源开发,2009(5).
10. 张弘.以竞争对手为目标的攻击性招聘分析[J].中国人力资源开发,2009(5).
11. 龚文,钱树刚.评价中心在招聘测评中的应用实践[J].中国人力资源开发,2007(5).

第六章 甄 选

将合适的人请上车,不合适的人请下车。

——吉姆·柯林斯

> **本章学习目标**
>
> 1. 了解甄选的含义。
> 2. 了解甄选的一般流程。
> 3. 掌握测评标准体系基本模型。
> 4. 掌握甄选的各种技术与方法。

引导案例

华为选拔管理者的六大原则

公司发展需要大量的管理者,优秀管理者有三个衡量标准:(1) 是否具有敬业精神,对工作认真与否。改进了,还能改进吗?还能再改进吗?(2) 是否具有献身精神,不能斤斤计较。(3) 是否具有责任心和使命感。这将决定管理者是否能完全接受企业的文化,担负起企业发展的重担。

华为在选拔管理者的过程中一直坚持以下六大原则:

第一,管理者要具备踏实的办事能力、强烈的服务意识与社会责任感,能够不断提高自身的驾驭与管理能力。

华为要求每个管理者都能够亲自动手做具体的事,那些找不到事做又不知如何下手的管理者,就会面临被精简的命运,公司会将没有实践经验的干部调整到科以下的岗位去。在基层没有做好工作、没有敬业精神的人,是得不到提拔的,任何虚报数字、作风浮夸的干部都会被降职、降薪。

在华为,公司要求中高层管理者要具备自我提高的能力,能够很快地适应社会、企业的发展要求。同时，管理者必须充分理解企业的核心价值观，具有自我批判的能力。要关心部下，善于倾听不同的意见，能够和持不同意见的人交朋友，分析这些人的问题，给他们帮助。对管理者而言，做员工真诚的朋友很重要，这样员工就能和你说知心话，可以弥补管理者在工作中的缺陷。

第二，管理者要具备领导的艺术和良好的工作作风。

在华为，公司强调批评与自我批评的工作作风，从高层一直传递到最基层。在公司内部允许员工对自己的上级、对自己的部下进行批评，否则人人都顾及影响，都做"好人"，企业管理的进步就无从说起。

第三，要站在公司的立场上综合地选拔，而不能站在小团体、小帮派的立场上选拔管理者。

甄别一个人是否具有成为合格管理者的潜质，主要看这个人的基础、素质以及能力，不能论资排辈。同时，要允许持不同意见的人存在。华为实行的是干部对事负责制，而不是对人负责制。对人负责制会滋生一些不良风气，会出现使很多人说假话、封官许愿、袒护问题、以人画线等一系列的毛病。华为对管理者有几条纪律：管理者只能以个人名义表达自己的意见，不允许使用联合签名的方式。管理者个人对问题的看法，只能以电子邮件的方式发到专用邮箱反映，而不允许未经批准擅自把电子邮件发到公告栏上。当公司认为意见可以公开时，才可以公开发表。不管是正面意见还是负面意见，未经批准而公开，在华为都是错误的。

第四，管理者必须具有培养超越自己的接班人的意识、具有承受变革的素质，这是企业源源不断发展的动力。

企业变革的阻力一般都来自管理层，管理者要以正确的心态面对变革。变革从利益分配的旧平衡逐步走向新的利益分配平衡，这种平衡的循环过程，促使企业核心竞争力提升与效益增长。在这个过程中，管理者的利益可能会受到一些损害，大方丈可能会变成小方丈，原来的庙可能会被拆除，这时，管理者要从企业发展的角度出发，用正确的心态对待。就像华为，正处在一个组织变革的时期，许多高中级干部的职务都会相应发生变动。公司会听取管理层的倾诉，但也要求其服从，否则变革无法进行。等变革进入正常秩序，公司才有可能按照干部的意愿及工作岗位的需要，接受他们的调整愿望。

第五，企业对候选的管理者要进行深入的了解与沟通。

华为要求管理者加强个人履历的透明度，他也可以选择放弃对公司的透明度，这样，公司也会放弃选择他做干部的权利。对管理者个人状况的了解有助于解决管理层的腐化问题。

华为还有一个选拔管理者的原则：凡是没有基层管理经验，没有当过工人、没有当过基层秘书和普通业务员的，一律不能提拔到管理层，哪怕是博士也不行。学历再高,如果没有实践经历,也不可能成为一个合格的管理者。

随着全球竞争的日益加剧,企业之间的竞争重点逐渐转移到人才的竞争上来。员工的工作绩效是决定组织能否实现其战略目标,能否建立竞争优势的一个主要因素。每个组织都在想尽一切办法控制或影响本组织员工的工作绩效。工作绩效的大小由两个因素所决定:个人能力的大小和努力程度。其中,能力因素就是组织甄选和培训两种活动的结果。因此,甄选是组织的一项至关重要的活动。它是确保员工有能力完成组织中的工作的仅有的两条途径之一。有效的甄选能够为组织注入健康的血液,是组织生存与发展的重要保障。

资料来源:http://bbs.21manager.com/dispbbs-185321-0.html。

第一节 甄选概述

一、甄选的含义

甄选是组织为了聘用某人而收集并评估有关他的信息的过程,既包括从组织外部招聘员工,也包括从组织内部招聘员工。组织的甄选活动既受法律的限制,也受环境的制约;既强调组织的利益,也强调个人的利益。

甄选直接影响员工的工作业绩,进而影响组织的业绩,因此,甄选应该与组织的战略直接挂钩。组织的战略规定了组织未来的发展蓝图,组织的所有决策和活动都应该参考它的战略目标和策略,甄选活动也不例外。

在人力资源管理的各项活动中,甄选与招聘的关系最为密切,因为二者都涉及通过一定的程序将个人安排在工作岗位上的问题。招聘是吸引足够多的人到组织中来的过程,而甄选则是在招聘完成以后,从中选出与组织空缺岗位相符的人员的过程。尽管在实际操作中,招聘与甄选常常是独立进行的,但是将二者区分开来的观点却是不切实际的。因为,对求职者甄选的标准既影响招聘渠道的选择,也影响招聘广告中与工作相关的信息。相应地,求职者群体与职位要求的符合程度也是甄选的制约因素之一。如果求职者群体不符合职位的要求,那么甄选的有效性就要大打折扣了。

二、甄选的一般流程

甄选过程就是先根据人力资源战略设计甄选方案,然后实施方案,进行求职者甄选的过程,其典型的流程如图6-1所示。其中,制定完善的甄选方案对于优化甄选过程有重要意义。如果组织不重视甄选方案的制定,那么甄选的实用性就会大打折扣。因为,甄选过程实施起来很容易——可以很容易地印制或购买一张求职申请表,不需要做过多的准备就可以进行面谈,对求职者进行就业测试也可以花钱请专业的公司来做。然而,关键的问题不是组织能否从求职者那里收集到信息,而是组织能否从求职者那里收集到与工作绩效密切相关的有关个人特征的信息,并且根据这些特征从众多求职者当中有效地识别最适合工作的人。

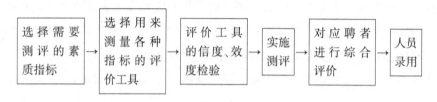

图 6-1　甄选流程图

（一）选择素质指标

选择素质指标的基本途径有两种:一种是先进行工作分析,收集与工作相关的基础数据;然后测量相关的工作绩效,收集和使用成功的工作业绩是由哪些要素组成的这样的信息。在这两项工作的基础上,人力资源专家运用工作分析的信息和工作业绩数据来识别知识、技术和能力以及其他员工特征,从而确定需要进行测评的素质指标。另一种途径是通过胜任素质模型确定素质指标。胜任素质模型是指担任某一特定的任务角色需要具备的胜任特征的总和。它是针对特定职位表现要求组合起来的一组胜任特征;是用行为方式来定义和描述员工完成工作需要具备的知识、技巧、品质和工作能力;是通过对不同层次的定义和相应层次的具体行为的描述,确定完成一项特定工作所要求的一系列不同胜任素质要素的组合。因此,通过胜任素质模型可以很容易地找到每种职位所需要的素质特征。

（二）选择评价工具

当识别了具有重要利害关系的知识、技术和能力以后,就需要选择或构建从求职者那里收集信息的适当的甄选工具。这些工具包括招聘申请表、自传性数据表、推荐材料核查、甄选面谈、智力和特殊能力测验、个性测量量表,以及工作模拟和业绩测量等几种类型。

在选择甄选工具时,有两个基本原则:一是工具必须测量前面所识别的知识、技术和能力;二是工具必须能够对求职者进行区分。第一个原则看起来相对简单,但实际上常常是很复杂且很困难的。因为在诸多的甄选工具中作出选择,必须既要考虑测试工具的原理,又要考虑测试工具所测试的知识、技术和能力是否就是工作所需要测试的知识、技术和能力。满足第二个原则也不容易,因为从大量的差不多的求职者中挑选出几个来很显然是困难的。以下情况都会导致缺乏区分度的问题：在面试时强调有关职业目标和对个人长处和短处进行自我评价这类一般性问题；个性量表的测量意图非常明显（比如，测量喜欢社会交往的数量或者对盗窃或不诚实的态度的量表）。有关如何实施测验的知识、来自工作分析的信息和工作业绩分析都有助于专业化地处理这些问题。

（三）评价工具的信度、效度检验

无论组织选择使用何种技术进行甄选决策，都必须确保这些技术的信度与效度。如果组织使用的是无效度的甄选技术，将会浪费资源。缺乏信度的测验也同样无法具有效度。

如前所述，信度是指特定甄选方法的一致性程度。信度特别意味着甄选方法能够衡量其预设的可衡量的任何事物，且没有随机误差。信度有再测信度和复本信度两类。其中，再测信度是指对同一群受测者前后实施同一测验两次，然后计算两者之间的相关系数。如果一套测验有两种以上的复本，则可以交替使用，这种测验通常是根据相同的设计说明表分别独立编制而成。两个复本测验实施于一群相同的受试者，依据所测量到的分数求相关，即为复本信度。复本信度系数可以说明两个复本测验测量相同行为或内容的程度。

效度是指衡量测量指标的有效反映程度，即一个测验能够测量到它所想要测量的特质的程度。效度可分为内容效度、结构效度和准则相关效度。其中，内容效度是指测验内容适当的程度；结构效度是指测验能测量理论的概念、结构或特质的程度；准则相关效度是指测验的结果与效标相关的程度，而"效标"是指想用测验来预测的某种特质或行为。

事实上，没有任何一种甄选技术是完全可信和有效的，因此在实际操作中，组织往往要使用多种甄选工具来进行甄选。比如，应聘者往往要先提交履历表，然后经历一次笔试，再经过一次或多次的面试，才能最终进入组织。这些程序中的每个步骤都能让雇主分辨出应聘者的某些优势与劣势。

（四）对应聘者进行综合评价

对人才素质进行评价一般常用的方法是定性评估法。在实施测评阶段，实施者会对应聘者的每种素质进行打分。对应聘者进行综合评价的过程，通常是对每项素质指标的得分进行汇总的过程。

评价时，首先引入客观评价法；在使用主观评价指标时，运用差异性分析法以增强主观评价指标的准确性；在综合评价中，根据各指标的重要程度给予不同的权重，从而得到应聘者的综合素质。由于每项指标的含义和重要程度不同，因此具有不同的量纲。在综合评价应聘者素质时，不能对各种指标的得分进行简单的平均，而应该根据不同素质对该职位工作绩效的影响程度，对相应指标的得分赋予一定的权重，以保持评估的无偏性、有效性和一致性。在确定指标权重时,可以运用层次分析法,根据不同的需要、目的确定各指标之间的重要程度,再用判断矩阵求得不同权重值。最后,根据应聘者的最终得分对其进行取舍、录用。

三、测评与选拔标准体系

在测评员工素质方面,国内学者萧鸣政提出了测评与选拔员工的一个较为完善的基本框架,即测评与选拔标准体系,如图 6-2 所示。该体系分为横向结构和纵向结构两个方面。横向结构是指将需要测评的人员素质的要素进行分解,并列出相应的项目;纵向结构是指将每一项素质用规范化的行为特征或表征进行描述与规定,并按层次细分。

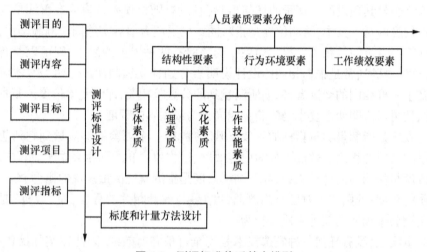

图 6-2　测评标准体系基本模型

横向结构由结构性要素、行为环境要素和工作绩效要素构成。其中,结构性要素是从静态角度来反映人员素质及其功能行为的构成,它包括身体素质、心理素质等;行为环境要素是从动态角度来反映人员素质及其功能和行为特征,主要是考察人员的实际工作表现及其所处的环境条件,可分为外部环境和内部环境;工作绩效要素是一个人的素质与能力水平的综合表现,主要包括一个人的工作数量、工作质量、工作效率、工作成果、群众威信、人才培养等要素。

纵向结构就是在测评与选拔体系中,根据测评目的来规定测评内容,在测评内容下设置测评目标,在测评目标下设置测评指标。测评内容、测评目标与测评指标是测评与选拔标准体系的不同层次。其中,测评内容是测评所指向的具体对象与范围,测评目标是对测评内容的明确规定,测评指标则是对测评目标的具体分解。

第二节 甄选的技术与方法

一、书面材料分析

(一) 申请表

1. 申请表的含义与作用

当求职者申请一个组织的某个职位时,组织通常要求他们填写申请表或空白申请书,然后分析申请表内的各项内容所提供的信息,并在此基础上作出挑选决定,这是甄选中最常用的方法之一。现实生活中,几乎所有的组织都采用申请表来收集录取前的信息。申请表常常与其他甄选方法搭配使用,而且总是作为整个甄选程序的第一步。

2. 申请表的构成

多数申请表包括两大部分:第一部分是申请表的填写与递交说明;第二部分是题项,这些题项的答案用于判断求职者是否适合组织职位。填表说明应该清晰、明确地告诉求职者如何填写表格。如果雇主面临非法雇用控诉时,填表说明可以作为雇主辩解的依据。题项部分应该有助于判断求职者的任职资格,否则将影响申请表的效力。

3. 申请表的内容

申请表能否在甄选中发挥作用,关键在其形式与内容的设计。

根据不同组织需求的不同,申请表的内容也不尽相同。国内的申请表一般包括姓名、性别、地址、婚姻状况、文化程度、工作经历、特长、直系亲属、社会关系、工资等级、是否犯过错误、业余爱好等,而美国等一些国家的申请表还包括人种、军事训练、假日/周末工作的可能性、身体健康与心理健康状况、国籍、非在职行为、组织成员资格、信用评估与担保等项目。

申请表的内容设计,关键在于保证每个题项均与胜任某项工作有一定的关系,而且比较客观,其他人容易看到与检核。例如,某公司研究发现,大部分称职的经理在大学期间就是品学兼优的学生干部;经济状况、婚姻状况与工作情绪、工作责任心、能否安心工作等有密切关系;业余爱好可以反映一个人的领导才能与性格等。在设计申请表的题项时可以考虑增加相关的内容。

另外,申请表的题项与工作职位的关系并非一成不变,它会随着地区、时间、社会以及申请个人情况的变化而变化。因此,申请表的设计者应该定期对申请表的题项进行检查,看看其中的内容是否继续有测评价值。当工作程序、社会生活或劳动力市场发生较大变化时,尤其需要这样做。

4. 申请表的优缺点

申请表的优点是不显示评价倾向，只表现事实、反映信息，因此被测者或申请人不会有所警惕，加上许多情况可以通过调查与查阅档案证实，故申请人在填写时一般不会作假。

其缺点是不便对申请人作出比较和选择，因为题项多，各项差异不一样，尽管会翻来覆去地逐一比较，但是最终还是难以取舍。

(二) 加权申请表

1. 加权申请表的含义与适用场合

如果不清楚申请表数据与工作成功之间的关系，那么申请表在甄选决策中只能发挥有限的作用。但是，对于申请表数据的经验计分和统计分析，有助于分析能够预测工作成功的具体因子。这些分析能够促进我们更好地解释申请表信息，并以标准化方式使用申请表。这就用到了加权申请表。传统的申请表，甄选人员只能对它进行定性分析，而加权申请表则可以进行定量分析与计算机自动化处理。

加权申请表需要通过甄别出某个题项（例如，过去工作经历或受教育年数）来区分成功和不成功的雇员。一旦甄别出与雇员工作成功相关的题项，就对其赋以权数，代表它能区分优秀业绩者和拙劣业绩者方面的重要程度。对于应聘某一具体职位的求职者，分别对这些题项进行计分，然后汇总相关题项的权数，即可获得求职者的总分，从而预测他们是否能够成功胜任工作。可以确定一个分数线，从而最大化地预测能够获得成功的求职者数目。

加权申请表特别适用于具有以下特征的招聘情形：

(1) 许多雇员从事类似工作活动的职位；

(2) 对于每个雇员有足够人事记录的职位；

(3) 需要长时间的培训，而且培训花费比较高的职位；

(4) 雇员流动率高的职位；

(5) 空缺职位有大量求职者的职位；

(6) 组织使用面试或测试甄选求职者的费用太高的职位。

2. 开发加权申请表

在已经设计好申请表的基础上，开发加权申请表的步骤简要概括如下：

(1) 选择效标。整个开发过程能否成功，取决于效标是否恰当和是否准确。可以使用在职时间（或雇员流动）、旷工、培训项目是否成功、加薪比率、主管评估、工作业绩等多种不同的效标。涉及工作业绩行为指标的效标（如在职时间、销售额、怠工、旷工、薪酬记录与工作产量）比主观指标（如评估）能够提供更加可靠的数据。应该注意确保这些行为指标能提供可靠的、有意义的评估数据。在职时间特别经得起预测检验，因此很多研究都将在职时间作为一个效标。

(2) 识别效标组。一旦选择了某个效标,就必须设计两个雇员效标组:一个是高效标组(成功的或合意的雇员),另一个是低效标组(不成功的或不合意的雇员),分别将每个雇员归入适当的组。一般地,效标组中包含的人数越多,加权申请表计分系统的置信度也越高。

(3) 选择加权申请表题项。用于开发加权申请表的题项取决于申请表中题项的内容和数目。有学者建议,应该使用尽可能多的题项,因为许多题项无法区分成功和不成功的雇员。申请表中最简单、最明显的题项可能不是最有用的。针对申请表中的一个题项可能能够开发出几个子项。例如,如果问及个人的过去职位,可能开发出两个子项:过去的职位数目和过去的职位类别。

(4) 确定题项的回答类别。为了检验回答与效标之间的关系,首先需要针对每个可能作为效标预测工具的题项设置回答类别,然后根据这些类别对求职者的回答进行计分。例如,在寿险保单销售员的申请表中设置"你个人投保了多少寿险保单?"的题项,为了计分,可以设置不同的回答类别:A. 没有或少于1 000 元;B. 1 000—25 000 元;C. 25 000—50 000 元;D. 50 000—75 000 元;E. 75 000—100 000 元;F. 多于 100 000 元。

(5) 确定题项的权数。欲使申请表的某一题项能够预测雇员成功与否,加权组中成功和不成功雇员对该题项的回答必须有差异,而且两者的差异越大,该题项对于预测效标的重要性就越大。对题项赋予的权数反映了题项回答与雇员成功效标之间的相关程度,即体现了题项的重要性。

(6) 将权数应用于控制组。必须通过另外一个求职者样本来检验计分权数,确保这些权数不是偶然获得的。这是因为,在开发加权申请表的题项权数时,如果继续利用同一组雇员来评估权数的有用性,将会获得误导的结果。这种检验权数的过程称作交叉效度检验。交叉效度检验能够保证权数不是偶然获得的,而是必需的。

(7) 评估控制组的加权申请表得分。该分数是通过加总对控制组雇员在下列题项的回答得分而获得的,这些题项能够对用来确定题项权数的加权组作出区分。

(8) 设定甄选分数线。在实际使用加权申请表时,需要知道可接受的最低分数线或分数线。得分超过分数线的求职者,可以接受进一步考察;得分低于分数线的求职者,则被淘汰。最理想的分数线应该能够最大限度地拒绝不成功的求职者,最大限度地接受成功的求职者。

3. 使用加权申请表需要注意的问题

(1) 加权申请表不能适用于一个组织的所有职位或不同组织的类似职位。职位的独特性要求我们必须为每个职位或职位族开发一张加权申请表。

（2）当求职者与用以开发加权申请表的雇员在人种、性别或其他人口统计特征方面的差别达到一定程度时，计分标准可能就不适用于预测求职者的工作成效。在这种情况下，根据加权申请表计分标准制定的加权申请表可能是一种无效的甄选工具。

（3）随着时间的推移，开发加权申请表所使用的雇员成功指标（效标）的重要性会发生变化。因此，如果出现新的或不同的甄选效标，需要开发新的加权申请表计分程序。

（4）随着时间的推移，加权申请表对雇员成功的预测能力逐渐减弱。

（5）组织变革可能对加权申请表的适用性产生影响。

（三）履历表

履历表又叫简历，许多雇主对求职者的第一印象来自其递交的履历表。求职简历通常先于申请表递交给未来雇主。履历表和申请表一般都用于组织对应聘者的初步筛选。

履历表是一种有关被测者背景情况描述的材料，其内容与申请表类似，但又有所不同。从项目与内容上来说，履历表比申请表更详细、更全面；从时效上来说，履历表反映的是被测者过去的情况，而申请表反映的是当前的情况。有人对比了申请表与履历表的异同，如表6-1所示。

表6-1　申请表与履历表之比较

	申请表	履历表
适用对象	更适用于计件工或初级的岗位	更适用于专业或管理层的岗位
优点	① 直截了当 ② 结构完整 ③ 限制了不必要的内容 ④ 易于评估	① 开放式；有助于创新 ② 允许申请人强调他认为重要的东西 ③ 允许申请人点缀自己 ④ 费用较少，容易做到
缺点	① 封闭式，限制创造性 ② 制定和分发费用较贵	① 允许申请人略去某些东西 ② 可以添油加醋 ③ 难以评估
建议	如果可能的话，最好两者都用，先用个人简历，再用申请表。	

履历表的题项选择与申请表一样，也是以与职位要求或工作绩效的相关性为标准。常见的是选择那些与生产效率、人事变动率、出勤率显著相关的题项，选择的方法也与申请表的题项选择方法类似。

（四）传记资料

目前出现了一种被称为传记式项目检核记录表的表格，其客观性比传统的履历表更高一些，表中的许多题项比加权申请表更主观，篇幅也比加权申请表长。其形式如表6-2所示。

表 6-2 传记式项目检核记录表示例

婚姻状况
目前婚姻状况如何？
1. 未婚
2. 结婚、无子女
3. 结婚、有子女
4. 寡居
5. 分局或离婚

健康状况
你曾患过什么病？
1. 强烈过敏
2. 哮喘
3. 高血压
4. 胃病
5. 头痛
6. 以上疾病皆未患过

经济
在正常情况下你作为户主每年打算储蓄年收入的百分之几？
1. 5% 以下
2. 6%—10%
3. 11%—15%
4. 16%—20%
5. 20% 以上

个人特点
你感到你的创造性如何？
1. 富有创造性
2. 比自己所在领域中的大多数人更富有创造性
3. 创造性一般
4. 比自己所在领域中的大多数人创造性差一些
5. 没有创造性

学校和教育
你中学毕业时几岁？
1. 小于 15 岁
2. 15—16 岁
3. 17—18 岁
4. 19 岁以上
5. 中学没有毕业

嗜好及态度
你常说笑话吗？
1. 极常
2. 常常
3. 偶尔
4. 很少
5. 根本不说

人际关系
你对你的邻居的感觉是：
1. 不感兴趣
2. 很喜欢他们，但不常见
3. 常相互访问
4. 很多时间一同相处

早期的家庭、童年和少年
18 岁之前，你大部分时间是和谁一起度过的？
1. 双亲
2. 单亲
3. 亲戚
4. 养母养父或者非亲戚
5. 在一个社会家庭或者在一个公共机构中

业余爱好和兴趣
去年一年中你读了多少本小说？
1. 一本也没有
2. 一两本
3. 三四本
4. 五至九本
5. 十本以上

自我印象
通常情况下你尽力干：
1. 每种工作
2. 只是自己喜欢的工作
3. 要求自己干的工作

(续表)

价值观、观点	工作
下面这些东西哪一样对你来说最重要？ 1. 舒适的家和家庭生活 2. 需要才干、令人兴奋的工作 3. 在社会上出人头地 4. 在社团事务中积极活跃、得到承认 5. 尽量发挥自己的一技之长	你通常工作多快？ 1. 比大多数人快得多 2. 比大多数人快一些 3. 跟大多数人差不多 4. 比大多数人慢一些 5. 说不好
个人贡献	
你觉得自己贡献了多少？ 1. 贡献很大 2. 比同地位者贡献多些 3. 有一定的贡献 4. 比同地位者贡献少些	

这种表格提供的求职者的传记资料，又称为"自传资料"、"个人或生活经历资料"或"背景资料"。传记资料表一般包括工作情况、嗜好、健康、社会关系、态度、兴趣、价值观、自我观等题项。加权申请表通常关注有限的、事实性的、可验证性的教育背景、培训与工作经历，而传记资料表涉及的范围更广，包括个人背景、经历、兴趣、态度与价值观。因此，传记资料表比加权申请表更加主观，其题项比加权申请表的题项更加不易验证。

传记资料表的设计依据是目前的素质与工作绩效及过去各种环境中的行为是相联系的，同时也与态度、嗜好、价值观相关联。但是要确定需具体列出的问题与选项，则必须进行大量的实证研究与理论分析，从中找出关键性的因素。例如，一家制药公司研究发现，富有创造性的研发人员均具有以下特点：有主见、埋头工作、希望从事有挑战性的工作、父母比较宽容。虽然这些素质特征信息可以通过面试与心理测验来收集，但用传记式项目检核记录表既省钱省事，又更有效。

（五）证明材料核查

核查求职者的证明材料和介绍信这种甄选方法要求雇主通过他人收集潜在求职者的信息，这些人曾经与求职者有过接触。收集的信息用于以下目的：(1) 验证求职者在其他甄选方式(例如，申请表、招聘面试或培训和经历评估)中提供的信息；(2) 作为预测求职者工作成功的依据；(3) 了解求职者没有提供或通过其他甄选程序无法甄别的背景信息(例如，犯罪记录或不安全驾驶记录)。

一般而言，证明材料核查者主要检查四种数据：(1) 就业与教育背景数据；(2) 求职者的性格和个性评价；(3) 预测求职者的工作业绩能力；(4) 推荐人再雇用求职者的意愿。

1. 收集证明材料数据的方法
（1）亲自核查

亲自核查，即亲自与证明人联系。通常，这种联系是背景调查的一部分，涉及对在职者构成潜在工作保障威胁或财务风险的职位。

（2）邮寄核查

通过邮寄方式进行证明材料核查，可以邮寄一张问卷或一封推荐信。

如果邮寄问卷，通常要求证明人评估求职者的多种特质或特征。这种方式与传统的雇员工作业绩评估类似，根据分级评估量表，对个人特征进行评价。问卷中也可以留出空白，让证明人发表意见。

通过邮寄方式进行证明材料核查，是一种系统、高效的收集证明人提供数据的方式。但是，邮寄问卷的一个最大问题是回收率较低。可以通过附上求职者的署名声明的方式提高回收率，即同意前雇主提供调查信息，而且证明人提供的信息将被保密。

（3）电话核查

电话联系比通过邮寄方式进行证明材料核查更为常用。进行电话核查时，可以使用预先准备的问题，或由核查者在电话中即时提问。如果通过电话采用非结构化形式，收集的数据质量取决于电话面试者的技能和培训水平。

2. 证明材料数据来源

雇主可以通过许多渠道获得证明信息，证明材料核查应该考虑每一种信息来源。

（1）前雇主

前雇主是验证过去就业记录和评价求职者过去工作习惯和工作业绩的重要信息来源。来自前雇主的信息十有八九是由前雇主的人事部门提供的。如果前部门主管能提供这样的信息，则信息的含金量更高。

（2）个人推荐信

求职者提供的个人推荐信是另一种信息来源。多数求职者选择他们认为能够获得正面评价的个人作为推荐人。如果要求提供个人推荐信，必须对它们进行核查。通过认真设置题项，可以从推荐信中获得有用信息。特别重要的是，应该知道推荐人已经认识求职者多长时间，以及了解求职者哪方面的能力。

（3）调查机构

可以通过许多公司对求职者进行背景调查。背景调查的重点是简历和申请表信息、信用评估、警方和驾驶记录、个人声誉、生活方式，以及其他关于求职者的信息。

(4) 公共记录

雇主可以利用公共记录来收集信息,这些记录包括:犯罪记录、驾驶记录、教育记录和法院记录等。

(七) 档案分析

在素质测评与人员录用中,档案分析也是一种应用较为广泛的方法。我国组织人事部门提拔与录用某个人时,总是要先看看他的档案材料。档案材料之所以能作为甄选的一种方法,一是档案中记录着一个人从上学到目前为止的所有经历、学习情况与工作的绩效、家庭情况、社会关系、组织与群众的评价意见等,所有这些材料都可以成为甄选决策的重要依据;二是资历在甄选中起着重要作用,而档案中对资历的考察最为翔实。

有人认为档案分析法不一定可靠,因为档案中的材料由本人填写的部分并不一定真实,可能有隐瞒之处;组织鉴定部分可能因好面子而给予好评,因打击报复或有意"整人"而给予差评,或不负责任而含糊其辞。有调查发现,以前领导和朋友提供的材料预测效度最为可靠,以前人事部门提供的材料预测效度为零,亲属或亲戚提供的材料预测效度为负。因此,档案分析应该与实际调查相结合。

二、面试

(一) 面试概述

长期以来,面试被公认为最频繁使用的甄选工具。也可以认为,面试是众多甄选工具中最重要的一个。但是,面试也是一种非常费时、费钱的甄选工具。据调查,对于每个空缺职位,面试需要花费的时间相当于两个工作日。

 HRM资料与工具

来自面试官的13条忠告

1. 不要迟到。
2. 对应聘的企业一无所知,证明你对这份工作并不感兴趣。
3. 回答问题时,不要刻意迎合或一味取悦考官。
4. 不要盲目自大,也不要因为缺乏经验而自卑。
5. 与其说"给我时间,我会好好学习",不如讲讲可被证明的自己具备的学习能力。
6. 不要夸夸其谈,针对问题,简单明了,先作出结论,然后再讲一个故事说明。

7. 尽量展示自己与众不同的地方,被面试者要能回答面试者心中最大的问题:"我为什么要雇你而不是其他的候选人?"

8. 自我介绍要实事求是,要正确地评价自我,坦诚地表达自己职业生涯发展的目标。

9. 面对"你有什么弱点"这个问题时,你的回答可能正能考察你实事求是的态度。

10. 要面带微笑,正视考官。

11. 面试应该准备个人的基本资料,有条不紊、整齐地摆放在考官面前。

12. 面试过程中,当服务员为你倒水时,不要视若无睹。

13. 重要的最后两分钟。面试过程中你可能已经很疲惫,情绪很坏,但礼貌地说声"再见",整理好自己的物品,可能会让考官记住你的名字。

资料来源: http://www.zjhr0759.com/News/412010126101242.html。

在整个甄选过程中,可以进行多次面试。用于评估求职者的一般特征,并对其进行初步筛选的面试被称为筛选面试,筛选面试的结果决定了哪些求职者能够接受其他甄选测试,例如校园招聘可能会采用这种面试。筛选面试后常常会用到另一种面试,用于评估具体的、与工作相关的知识、技术和能力,这种面试被称为甄选面试。筛选面试与甄选面试在行为和知识的具体性方面存在差异,后者比前者要具体很多。

采用面试这种甄选方式有以下优点:(1) 面试为组织提供机会,招聘优秀的求职者;(2) 如果需要测量许多具有不同知识、技术和能力的求职者,面试是一种高效、可行的方法;(3) 关于求职者是否能够被录用,需要由一个组织成员判断这个人是否与应聘职位相匹配。面试中必须体现这些优点,才能对组织有利。如果不能体现这些优点,就会降低甄选面试的有效性。

(二) 有效的面试认知模型

早期的面试研究指出,面试这种甄选工具存在信度和效度方面的缺陷,于是,后来的研究试图从中发现那些导致低信度和效度的面试者特征、求职者特征以及面试过程的特征。然而,这种研究往往是非系统的,各种研究得出的结论也不一致。因此,最近的面试研究出现了一个重要的趋势,即开发面试过程与面试者决策的认知模型,这种模型为研究设计和结果解释提供了框架。这些模型假定,面试者收集和处理关于求职者的信息基本上是用以评估求职者是否适合某一职位的。目前有两个比较完整的面试认知模型,一个是乔治·德雷埃尔(George Dreher)和保罗·萨克特(Paul Sackett)模型,另一个是罗伯特·迪普博伊(Robert Dipboye)模型。这两个模型的共同之处在于,它们都以面试前的影响因素开始,以面试结束后影响面试者评估的因素终止。下面,我们只介绍迪普博伊模型。

迪普博伊模型的核心在于"知识结构"这个建构,即面试者对工作要求与求职者特征的理解。知识结构体现了面试者过去接受的教育、培训及其面试经验,它们对面试者的印象、行为和决策的影响,如图6-3所示。

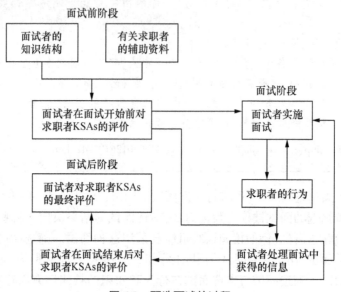

图6-3 甄选面试的过程

资料来源:Robert L. Dipboye, Selection Interviews:Process Perspectives(Cincinnati, OH:Southwestem,1992),10。

在面试初始阶段——面试前阶段,面试者通过他所能获得的与求职者相关的信息,结合自己的知识结构,建立初步印象。面试者的知识结构包括典型的任职者、印象分类及固有的个性理论。这些关于求职者的初步印象包括以下六类:外表、行为、社会关系、行为情境、个人血统与内部特征。这种分类表明,求职者的外表是影响面试者评估的重要因素。根据这些类别,面试者将自己对求职者的印象与其关于理想的或典型的求职者的知识结构进行对比。即使面试者所能获得的关于求职者的信息非常有限,也能进行这种对比。

在面试阶段,面试者对被面试者进行归类、再归类,力图回答以下问题:求职者是谁?职位有哪些任职要求?求职者是否适合该职位?面试者的知识结构与由此形成的印象,不仅影响面试本身,而且影响面试者对在该阶段收集到的信息进行解释。例如,研究表明,面试者的知识结构中包括"男性"职位与"女性"职位的分类。于是,面试者将根据职位类别,对男性求职者和女性求职者分别进行评估,即使他们的任职条件大致相同。还有证据表明,面试者将根据他在面试前阶段建立的初步印象,对求职者进行面试。这时面试者所要做的是,为证实他在上述六个方面对求职者的印象而收集信息。如果获得的资料与最初印象不一致，面试者需要分析不一致的原因。其中最重要的是，面试者对求职者行为进行归因分析。所谓归因分析，是指面试者判断求职者的个人特质可以在多大程度上解释他的行为，行为发生的情境可以在多大程度上解释他的行为。归因分析可以解释，为什么对于同样一个导致高分数的行为，一个面试者可能认为它体现了个人责任心，而另一个面试者可能认为由于考试"容易"从而分数普遍较高。

在面试的最后阶段——面试后阶段，面试者首先对收集到的信息进行解释，在此基础上对求职者进行评估，进而形成判断。这个阶段也会涉及面试者的知识结构。因为面试者不可能记住面试过程的所有信息，需要依赖知识结构对记住的信息进行加工。面试者最重要的任务，是判断求职者是否适合某职位。工作要求和求职者特征的数量和明确性会影响面试者的评估结果。当这些信息不明确时，面试者根据知识结构作出判断；当工作要求与求职者特征都非常明确时，面试者直接根据评估作出判断。这表明，第一，使用与工作相关的面试问题是重要的；第二，为使所有求职者的面试问题保持一致，应该使用结构化面试，即将预先确定面试问题作为面试的一个方法。

(三) 面试的缺陷与改进办法

研究表明，面试的信度和效度较低，这是因为：第一，使用了不恰当的问题；第二，影响面试者对求职者进行评估的外部因素。这些研究促使研究者开发出纠正以上缺陷的方法，比如采用结构化面试的方法。经过改进，某些类型的面试问题的效度系数很高。因此，只有恰当设计并正确使用，面试才是一种良好的甄选工具。人力资源专家采取了一些措施来克服这些缺陷，通常的做法有两个：一是对面试者进行培训，二是开发恰当的面试问题。

1. 培训面试者

面试者会在面试过程和评估阶段犯下不少错误，例如：面试者说得太多，从而限制了从被面试者处获得与工作相关的信息；不同求职者的面试问题不一致，从而从每个求职者处收集到各种不同的信息；面试问题与工作业绩无关，或即使相关，关系也不紧密；使被面试者感到约束，从而难以获得求职者自愿提供的信息或补充信息；面试者对自己的评估能力过分自信，从而武断地作出决定；面试者对求职者产生成见，从而在评估结果中夹杂个人偏见；面试者受求职者的非语言行为影响；面试者给出的评估结果趋于一致，要么都为"优秀"(仁慈错误)，要么都为"一般"(中心趋势错误)，要么都为"较差"(严格错误)；求职者身上一两个好的或坏的特征，影响面试者对其他特征的评估结果(晕轮效应)；前一个求职者的素质影响面试者对后一个求职者的评估结果(对比效应)；在面试开始后的最初几分钟内，对求职者进行评估(第一印象错误)；由于求职者在某些方面与面试者有共同之处，从而评估时给他打高分(同我错误)；等等。

针对这些常见的错误,人力资源专家已经开发出相应的培训项目。这里,不对其进行一一介绍。但是这些培训项目都有一些共同的主题,包括:结构化面试的方法;改进面试过程,即面试过程如何实现面试者与被面试者之间的自主互动;培训决策方式;对面试采取系统计分。下面我们分别对其进行介绍。

(1) 结构化面试

根据是否使用预先确定的面试问题、计分方式和决策规则,可以将面试分为结构化面试和非结构化面试两类。结构化面试使用预先确定的面试问题、计分方式和决策规则,而非结构化面试则不使用这些问题、方式和规则。在非结构化面试中,面试者可以任意提问,面试问题之间的逻辑性取决于面试者。根据前面介绍的迪普博伊模型,可以发现这种面试方式存在很多潜在的问题——非结构化面试无法控制影响面试者决策的任何外部因素。

结构化面试是以与工作相关的主题为基础的。例如,某一职位要求任职者具有完成无结构任务的毅力。在结构化面试中,可以通过设置专门问题收集有关"毅力"的信息,如"你是否曾经参加这样一类项目:没有明确告诉应该做什么或没有告诉应该如何完成项目?如果有,请具体描述"。所有求职者都必须回答这个问题。面试者可以提出探测性问题,直到获得足够信息为止。这些问题,取决于面试者和求职者之间谈话的性质。

结构化面试的主要优点是,针对同一主题,可以从所有求职者处收集信息,从而有助于在求职者之间进行对比。在非结构化面试中,主要通过印象和推测对比求职者。另外,结构化面试可以收集重要主题的信息,且大大提高了面试的效度,使其与其他推荐使用的甄选工具效度相当。

(2) 改进面试过程

对面试者进行培训时的另一个重要主题是如何成功实现面试者与被面试者之间的自主互动。该主题包括以下内容:① 创造一种开放的沟通气氛;② 提供一致的面试问题;③ 控制面试过程;④ 培养良好的演说习惯;⑤ 学习倾听技术;⑥ 进行适当记录;⑦ 保持面试的连贯性,不得引导或威胁被面试者;⑧ 对于面试的非语言特征,或进行解释,或予以忽略,或加以控制。

这些措施都是为了创造一种惬意的面试环境,从而使被面试者放松。从理论上说,这些措施不仅有助于被面试者回忆难以想起的信息,针对面试问题提供完整答案,而且有助于减少面试过程的施策错误(Administrative Error),包括误解被面试者的话、没有正确记住被面试者提供的信息、向被面试者透露面试问题的"最优"答案、时间利用方式不合理以致没有覆盖所有主题。培训的目的就是要增加通过面试获得的信息量,同时提高准确性。例如,一项研究指出,如果面试者在面试中记下被面试者的行为,则记笔记能够提高评估的效度。如果记笔记只是例行程序,则效度不升反降。

(3) 培训决策方式

培训的第三个主题是决策方式。有以下几种培训方式:① 解释并举例说明常见的评估错误,包括对比效应、晕轮效应、仁慈错误与中心趋势错误等。通过实例,能够说明这些错误如何影响面试者的决策。② 通过建立模型,规定面试者如何对信息进行加权,然后得出关于求职者的整体评价。这些模型保证面试者对相同信息进行更恰当的加权,于是,遵照模型能够提高面试评估的效度。这些培训方式通常关注面试者的外表和特殊习惯,因为面试者的刻板印象和偏见通常是不当加权的原因。决策培训的关键之处,在于了解这些错误的性质,有助于减少实际面试中由这些错误造成的扭曲。

(4) 采取系统计分

面试培训的第四个主题是对面试采取系统计分。实践中面试者通常凭直觉对求职者进行评估,操作中应该避免这种评估方式,而以正式评估量表取而代之。

正式评估量表包括一系列内部测量量表。不同的量表使用的回答类别数目存在差异,通常分为4到7个等级。每个等级都有一个分数,代表某一求职者特征的不同程度。这种量表通常通过一系列形容词(例如,不合格、勉强合格、符合最低要求、良好、优秀)来描述程度差异或简要界定每个等级(例如,无法理解指导、指导能够被理解但不正确、指导能够被理解且基本正确)。另一个需要考虑的问题是哪些维度需要计分。最好直接对知识、技术和能力计分,而不必对测量这些知识、技术和能力的每个问题都计分。

评估量表还应该留出位置来评论求职者具备的知识、技术和能力。这些评语通常是求职者对用来评估他们知识、技术和能力的问题的回答的摘要。评语的目的有两个:一是如果有人对面试问题提出质疑,评语可以作为书面证明材料;二是为对比求职者提供更多信息。

另外,如果评估结果需要获得一个总分,应该直接由面试者评估得出一个独立分数,而不是汇总所有知识、技术和能力的得分。也就是说,面试者应该根据他对求职者的面试表进行总体评价,而不是汇总各个因子的评估结果。

以上这些面试改进措施能够提高面试的有效性,但是无法克服面试所有的缺陷。绝大多数的面试培训项目能够减少一般性评估者错误,包括:对比效应、晕轮效应、仁慈错误与严格错误,而且培训能够极大地改变受训者的实际培训行为。另外,随着时间的推移,面试者由于较少使用或缺乏批判性的自我分析,其技术会逐渐衰退。因此,为保持必需的技术,面试者应该定期参加培训。

2. 开发恰当的面试问题

使用具体的、与工作相关的面试问题能够提高面试的信度和效度,开发具体

的、与工作相关的面试问题的方法有以下三种:

(1)情境面试

情境面试的基本内容是:确定能够代表职位的具体活动,使用这些信息设计面试问题,要求求职者回答在具体情境下如何行动。使用情境面试的步骤如下:

① 利用关键事件法对职位进行工作分析。关键事件描述了实际发生的工作行为,这些行为代表了特别优异或特别拙劣的工作业绩。它是对行为予以描述而不是评价,通过在职者及其主管收集关键事件发生的环境、事件本身及其后果。收集方式有面谈法和问卷法两种。这两种方式都要定义"关键事件",并提供例子使在职者及其主管集中考虑某些工作活动。通常,一个职位包括几百个事件。评审小组根据行为的相似性,将这些事件归为几类。每类相似的行为就是一个行为维度,可以根据内容对其命名,例如专门技术、故障诊断、客户服务等。

② 检查每个行为维度下的所有事件,从中选择少数最恰当的事件,据此设计面试问题。关于如何挑选恰当事件,不存在一种最佳方式,通常需要考虑那些在面试方面有着丰富经验的主管的意见。挑选多少事件,取决于面试时间长短以及行为维度数目,通常每个维度至少包括两个事件。

③ 改写选择出的事件,使其适合向求职者提问。表6-3提供了面试问题示例,通常先要简要描述环境,然后提出问题:"你会怎么做?"

表6-3 情境面试问题与计分量表示例

- 你的配偶与两个十几岁的孩子因患感冒而卧床。你无法找到亲戚或朋友来照顾他们,但三个小时后就是上班时间。你会如何做?
  1(低)我会留在家里——家庭第一。
  2(中)我会打电话告诉我的主管,向他解释情况。
  3(高)既然他们只是感冒,我将照常上班。
- 一位顾客来店里取回他的手表。他的手表本应在一周前就修好,但现在仍未从修理厂返回。于是,这位顾客非常生气。你会如何处理这种情况?
  1(低)告诉顾客修理厂未将手表送回,让他以后再来取。
  2(中)首先表示道歉,然后告诉顾客将对这个问题进行调查,并尽快反馈调查结果。
  3(高)首先安慰顾客,然后在顾客等待时打电话给修理厂。
- 上一周,你一直从事最耗时的工作(例如,进行复杂的统计工作)。你知道这不是任何人的错,因为你已经按照最优次序完成工作。一天,你接到第四项工作,这又是一项"难做的事"。你会怎么办?
  1(低)把这项工作丢在一边,从事另一项工作。
  2(中)向协调者抱怨,但仍然做这项工作。
  3(高)毫无怨言地接受这项工作,并设法完成。

④ 为每个问题设计量表,以便对求职者的回答进行计分。开发量表的过程需要相关主管参与。主管要么撰写观察到的实际工作行为,要么撰写面试中听

到的回答。量表中的各级回答示例必须是大家一致同意的。该量表只能由面试者使用，不能透露给求职者。在对面试结果计分时，面试者以量表提供的回答示例作为参照系，在量表的恰当位置标上"×"号。如果回答示例是经过认真准备的，则求职者的回答通常与这些示例非常接近。通过加总每个量表的分值，即可获得面试总分，或者单独使用每个量表的分值。

（2）行为描述面试

行为描述面试法与情境面试法非常类似，许多步骤是相同的。首先像情境面试法那样确定关键事件和行为维度。与情境面试法的不同之处在于，行为描述面试法需要检查每个行为维度，保证它们能够描述个人的最大绩效或典型绩效。

最大绩效与典型绩效的区别如下：如果求职者的工作知识和工作能力是决定工作业绩的关键因素，则这个行为维度就是旨在描述最大绩效。如果求职者的典型工作行为与工作业绩相关，则这个行为维度就是旨在描述典型绩效。最大绩效维度通常涉及专门技术和知识，典型绩效维度则包括与人相处、是否努力工作与浪费时间以及是否有条理、有礼貌、守时。行为描述面试法区分最大绩效和典型绩效的目的，在于面试可以简化最大绩效维度部分，而把注意力集中在典型绩效维度部分。

行为描述面试问题的开发过程基本上与情境面试法一样。二者的差别在于：第一，每个问题都包含调查性问题（Problems）或补充问题（Follow-up Questions）。主问题用以确定求职者过去所处的情境与事件类别，调查性问题则是为了挖掘求职者的行为方式及其结果。第二，根据求职者是否具有相关工作经验，设计两套面试问题。但是这两套问题的行为维度必须一致。如果求职者没有相关工作经验，则面试问题应该更笼统一些，而不要涉及工作的具体方面。例如，对于有销售经验的求职者，面试问题可以是"请告诉我在过去三个月中，你所经历的最困难的一次客户联系"；对于没有销售经验的求职者，面试问题可以换为"我们需要说服一个不认识的人，使他相信我们推销的产品或提倡的观点具有许多优点。我希望你能告诉我，你是否遇到同样困难的任务"。表6-4列出了行为描述面试法适用的基本问题和调查性问题示例。

分别对每个行为维度进行计分。面试者在面试结束后，如果可能，最好检查求职者做的笔记或观看录像带。根据求职者的回答，将其放入相应维度的五级量表中的适当一级。量表中每级代表20%的求职者。也就是说，分数"1"代表求职者在总体中的排名落在最后20%，分数"5"代表求职者在总体中的排名落在前20%。面试者对每个维度赋以权数，它反映该维度对整体工作业绩的重要性。除非一个维度的重要性比其他维度高出一倍或两倍，否则不要使用不同权数。将维度得分与其权数相乘，即可获得该维度总分。加总各维度总分，即可获得面试总分。

表 6-4　行为描述面试问题和计分示例

某项任务必须以团队形式完成,你最近是否有团队工作经历?(以下是调查性问题)
  a. 你在团队中从事哪些任务?
  b. 团队中共有多少人?
  c. 以团队形式工作,是否出现困难?
  d. 为了克服困难,你扮演什么角色?
  e. 你的团队是否成功地完成了既定任务?
  f. 你是否经常参加团队工作?

请告诉我,你向一个雇员讲解一项难以推行的政策的经历。(以下是调查性问题)
  a. 这项政策是什么?
  b. 你如何知道雇员有理解障碍?
  c. 为了使雇员理解这项政策,你做了什么,说了什么?
  d. 为了克服困难,你扮演什么角色?
  e. 你如何知道你已经成功地完成了任务?
  f. 你采取哪些措施改变这项政策?

行为描述面试法使用的求职者评估表

维度	1 最差 20%	2 较差 20%	3 中间 20%	4 较好 20%	5 最好 20%
1. 团队工作					×
2. 理解政策					
⋮					
10.			×		

维度	维度得分		权数(可选择的)		总分
1.	5	×	25	=	125
⋮					
10.	3	×	10	=	325

资料来源:Based on Tom Janz, Lowell Hellervik, and David C. Gilmore, *Behavior Description Interviewing* (Boston: Allyn & Bacon, 1986).

(3) 工作内容法

工作内容法与前两种方法的主要区别是:面试只是甄选计划的一部分,测量少数几项知识、技术和能力。为此,必须采取以下步骤:

① 确定关键工作任务,并进行评估;
② 确定决定任务业绩的知识、技术和能力,并进行评估;
③ 将知识、技术和能力与工作任务相联系;
④ 选择测量知识、技术和能力的适当指标。

完成这四步后,可以知道哪些知识、技术和能力需要通过面试测量,哪些知识、技术和能力需要通过其他甄选工具测量。面试的测量对象缩小到某些具体知识、技术和能力之后,只需通过关键事件法收集必要的信息,设计测量这些知识、技术和能力的面试问题。换句话说,只要求主管和在职者撰写几个维度(通常3—5个维度)的事件。

用来测量良好的在职表现和个人关系的面试问题,在措辞方面,力求使答案不涉及与应聘职位相关的经历。例如,面试问题不应该是"请告诉我你的团队的工作经历,该团队正在设计的技术工人的薪酬体系",应改为"请告诉我你曾经参与的团队项目经历,该项目要求项目成员在一段时间内频繁互动"。如果需要,可以使用补充问题。建议针对某一知识、技术和能力,设计多个面试问题。

计分过程分为两步,与情境面试一样。面试者首先根据工作行为量表对被面试者进行评估,然后针对某一知识、技术和能力,汇总多个面试问题的评估结果,即可获得该项知识、技术和能力的最终评估结果。

三、能力测验

能力测验是这样一类测验:除身体能力测验外,它通常用于测量求职者掌握的知识。能力测验作为一种甄选工具,与工业心理学和人力资源管理几乎有着同样悠久的历史。佩尔·拉伊(Par Lahy)曾经在1908年为巴黎交通协会开发了一种测验工具,用来甄选市内有轨电车司机。这套测验中,他测量了反应时间、估计速度和距离以及在道路出现意外情况时采取正确驾驶行为这三种能力。

能力测验包括智力测验、机械能力测验、行政能力测验和身体能力测验等多种测验。在心理测量史上,最初人们出于要了解智力的功能和辨别愚智的需要,而产生了智力测验。后来,由于智力测验只测量了智力的某一方面,加之人们对智力与环境、遗传之间关系的看法有可能会引起种族纠纷等,因此,现在人们倾向于降低智力测验所测量的智力这个概念的重要性,而将其看做一般的认知能力或学术能力倾向。心理学家的研究表明,不同的工作要求任职者具有不同的认知水平和专长,并进一步发现人的能力在某种程度上是专门化的。在此基础上,人们开发了诸如音乐、绘画、文书、行政、机械等特殊能力倾向测验。后来,又出现了能同时测量多种能力的一般能力倾向成套测验。在这些测验中,除了身体能力测验在工业环境下进行,其他测验都采用标准化的笔答方式,也就是大家熟知的笔试。而且,通常允许几个求职者同时接受测验。而身体能力测验,就是要测量肌肉力量、心血管耐力和运动协调能力,为此通常需要使用特殊设备。

能力测验不仅用于甄选,还可以用在职业选择、职业指导等多个方面。如果使用得当的话,能力测验将是一种有效的甄选方式,而且不会产生歧视后果,并能够大幅削减招聘决策的成本。下面我们将介绍几种主要的能力测验及其对甄选的作用。

（一）认知能力测验

1. 认知能力测验概述

认知能力测验又被称为智力测验，所测量的是求职者的各种认知能力，主要反映了一个人处理词语、图形、数字、符号和逻辑顺序的能力。这些认知能力通常由测验的测量因子代表或由测验题目反映。智力测验分数与学业成绩之间存在强相关关系，因此，认知能力测验所测量的是学习能力。在10岁到90岁的范围，各项分测验的测验结果随年龄的对数呈抛物线变化。一般来说，从10岁到20岁左右，基本认知能力随年龄的增长而提高；从20岁左右到90岁，基本认知能力将随年龄的增长而逐渐下降。尽管认知能力测验所测量的是学习能力，但是，这并不意味着这种测验只能用于学术选拔，它还可以用于超常儿童的鉴别、人才的选拔等多个方面。

智力测验能够测量几种不同的能力，主要能力包括语言能力、数学能力、记忆能力和推理能力。由于测量对象不同，智力测验之间差别很大。表6-5列出了可以通过智力测验测量的各种能力。不能因为它们的名称相同，即都叫"智力测验"，而认为它们是可以互换的。智力测验可以获得许多分数。第一种是测验测量几种不同的智力，然后将所有分数汇总得出总分。理论上，它表示一个总的智力能力水平。第二种是测验针对每种能力计算一个分数，然后将这些分数加总得出综合能力总分。第三种是测验只计算每种能力的分数，不统计总分。下面我们将详细介绍两种认知能力测验。

表6-5 不同智力测验测量的能力

记忆跨度	图形分类	数字运用	空间感觉	语言理解	想象能力	概念分类
直觉推理	语义关系	有序工作	一般推理	图形识别	概念预见	逻辑评价

2. 翁得里克人事测验

翁得里克人事测验（Wonderlic Personnel Test）诞生于1938年，至今仍被广泛使用。该测验包括50道多项选择题，要求受试者在12分钟内完成。问题涉及词汇、常识推理、正式演绎、算术推理和运算、类推、知觉技能、空间关系、数列、乱句重排和谚语知识。例如，与真正的测验题目相似的一个题目是："以下月份中，哪个月为30天？"该题目的选项可能是："2月"、"6月"、"8月"、"12月"。统计分析表明，该测验的主要测量因子根据重要性排列，处于前三位的依次是语言解释、演绎和数字运用。

翁得里克人事测验共有6张用多种语言印刷的表，出版者称这些表只在形式上略有差异。他们建议用户交替使用两张表或更多表，以保证题目的安全性。所有表格的测验计分很容易。计分办法是：统计所有50个题项中答对的题数。虽然翁得里克人事测验属于综合智力测验，但是该测验没有把这些分数转化为智商得分。题目按照由"很容易"到"相当难"的顺序排列。平均难度为大约60%的受试者能答对所有题目。该测验在长期使用过程中,已经得出了测验的平均得分。出版者根据求职者的受教育程度、申请的职位、所在地区、性别、年龄和种族,提供了各种测验分数分布表,而且还提供了6张测验表的信度。

(二)机械能力测验

机械能力主要是指有助于成功操作机器和设备的特征。与认知能力测验一样,不同的机械能力测验所测量的能力存在很大差异,但大体上,主要包括空间想象能力、感知速度和准确性以及操作知识。机械能力测验也可以用来测量一般能力和具体能力。

最早的机械能力测验是约翰·斯滕奎斯特(John Stenquist)1923年开发的斯滕奎斯特机械装配测验(Stenquist Mechanical Assembly Test)。该测验使用一个长而窄的箱子,里面分出10个隔间,每个隔间放有一件简单的机械设备(例如捕鼠器、按钮),受试者必须将这些设备装配好。为测量这种机械能力,斯滕奎斯特还开发出两种图形测验。斯滕奎斯特指出,机械能力测验通常可以采用两种测验方法:操作表现和书面问题。

早期使用的测验,例如斯滕奎斯特机械装配测验和明尼苏达机械装配测验(Minnesota Mechanical Assembly Test,1930),强调实际装配或操作。但是如果被试人数很多,那么这种测验机械能力的方法就会在施测和计分环节投入太多的成本和时间。在这种背景下,适用于集体施测的纸笔测验诞生了。这种测验通过图形和语句反映操作工作中出现的问题。后来的30年间,纸笔测验的使用率大大超过了绩效测验。

最近的相关研究主要集中于如何更准确地确定被测能力。下面我们将介绍两个最常使用的一般机械能力测验。

1. 贝内特机械理解能力测验

贝内特机械理解能力测验共有6张不同的表,其中包括西班牙语版。每张表有60道题,各张表的难度不同,从而可以适用于不同情形的求职者。目前仍在使用的是1969年开发的S表和T表,这两张姊妹表分别由68道题组成,这些题绝大多数来自过去使用的表,另外补充了11道新题。

贝内特测验试题包括美国文化中常见的物体,包括:飞机、手推车、台阶、滑车和齿轮。这些问题测量受试者对物理作用力和实际操作之间关系的领悟和理解能力。尽管该测验要求受试者熟悉常见工具和物体,但问题本身只要求受试者有日常工作经验即可,不需要掌握更多的技术知识。它在一定程度上证实了正式的物理知识培训只能有限地提高测验分数这一假定。每道题都由图和题两部分组成。例如,一张图上显示两个男子肩挑一个厚木板,上面挂着一个重物,题目是:"哪个人受力更大?"每张图的下方都有一个字母。由于那个物体离其中一个人更近一些,因此,标示出这个离物体更近的人的字母即为正确选项。再如,有两张房间图,其中一张图中,房间里有几件家具,墙上挂着物体;另一张图中,房间里只有少量物体,地上没有地毯。问题是:"哪个房间会出现回音?"根据基本知识和日常经验,通过逻辑分析即可得出该题的答案,即第二个房间会出现回音。

该测验没有时间限制,多数受试者可以在 30 分钟内完成所有题目。根据答对的题数统计得分。不同表的使用手册给出求职者、在职雇员和学生的百分点分布情况。该测验的信度介于 0.80 和 0.90 之间。

2. 麦夸里机械能力测验

麦夸里测验也是一种纸笔测验,与贝内特测验的不同之处在于,它不是测量受试者是否掌握操作原则或物理知识,而是测量他们的操作能力,包括手指和手的灵巧性、视觉的敏锐性、肌肉控制以及图形之间的空间位置关系。

该测验要求受试者在 30 分钟内完成所有题目。该测验又分为下列 7 项子测验:描图(Tracing)、点击(Tapping)、打点(Dotting)、临摹(Copying)、定位(Location)、木块(Blocks)和追踪(Pursuit)。其中,描图测验要求受试者画一条线,穿过所有纵线间的空白;点击测验要求受试者用铅笔尽可能快地在图中打点;打点测验要求受试者快速地在每个小正方形中打上一个点,这些正方形的排列是无规则的;临摹测验要求受试者临摹一系列简单图案;定位测验要求受试者首先在大比例尺中画上几个点,然后在小比例尺中标出各点的相应位置;木块测验要求受试者回答在一堆木块中,某个木块与多少木块有接触,这要求受试者具有一定的空间想象能力;追踪测验要求受试者用眼跟随某一条线的移动方向。

(三) 行政能力测验

传统上,行政工作包括校对或抄写句子和数字,移动或放置办公设备、文件与报告。于是,行政能力测验主要用于测量处理语言和数字材料的感知速度及准确性。因此,这种测验有助于甄选文字处理员和相关的信息系统专家。

出现于 1933 年的明尼苏达行政能力测验(Minnesota Clerical Test),通常被认为是行政能力测验的范例。现在使用的许多行政能力测验都是在明尼苏达行政能力测验的基础上开发出来的。该测验非常简短,容易施测和计分。它是一张由数字核查和文字校对两个部分组成的表,这两个部分分别计时和计分。每个部分包括 200 道题,每道题由一对名字或数字组成。受试者比较后如果认为这两个名字或数字是一致的,就在这两个名字或数字之间的横线上打个"×"。需核查的数字从 3 位数到 12 位数不等,需校对的名字从 7 个字母到 16 个字母不等。数字核查部分和文字校对部分的答题时间分别为 8 分钟和 7 分钟。计分办法是将答对的题数减去答错的题数,这样可以获得数字核查和文字校对部分的得分,以及测验总分。

虽然数字核查和名字校对部分之间有联系,但是这两个部分分别测量不同的能力。名字校对部分考察受试者的阅读速度、拼写和智力;而数字核查部分考察受试者的数字检验能力。数字核查和名字校对部分的得分,与受教育程度或行政职位经历之间的相关程度很低。明尼苏达行政能力测验的复本信度和重测信度分别为 0.90 和 0.85。

(四) 身体能力测验

身体能力测验用来甄选体力劳动和需要高强度体力的职位的求职者。多数身体能力测验用来测量力量、吸氧能力和协调能力。

埃德温·弗莱希曼(Edwin Fleishman)指出,下列九种身体能力被广泛用于甄选从事需要高强度体力工作的求职者。

(1) 静止力量:对外部物体施加的最大力量的承受力。通过举重测验。

(2) 动态力量:连续对外部物体施力的肌肉耐力。通过引体向上测验。

(3) 爆发力:肌肉有效爆发力量的能力。通过快速跑或跳远测验。

(4) 躯体力量:躯体肌肉的局部动态力量。通过抬腿或仰卧起坐测验。

(5) 柔韧性:弯曲或伸展躯体和背部肌肉的能力。通过转体接触(Twist-and-Touch)测验。

(6) 动态柔韧性:连续、快速弯曲躯体的能力。通过连续、快速俯身触地测验。

(7) 身体总体协调性:在运动过程中协调各部分身体运动的能力。通过跳绳(Cable-jump)测验。

(8) 身体总体平衡性:通过非视觉途径保持平衡的能力。通过横杆行走(Rail-walk)测验。

(9) 耐力:保持心血管发挥最大功能的能力。通过 600 码跑测验。

乔伊斯·霍根(Joyce Hogan)综合了根据工作分析得出的身体要求数据研究和基于身体能力测验获得的数据研究,总结出身体素质包括三个组成部分,如表 6-6 所示。她认为,通过这两种方式考察身体素质,可以开发一个综合的身体能力模型。

霍根对几套数据进行因子分析后发现,身体能力可以通过肌肉力量、心血管耐力和运动质量这三个因子反映。其中,肌肉力量就是通过肌肉收缩施力或抗力的能力,它包括三个指标:肌肉张力、肌肉爆发力和肌肉耐力。心血管耐力,即在较长时间内保持总体肌肉活动(而不是局部肌肉活动)的能力。这是一种吸氧能力,反映大肌肉的整体配合性。运动质量,即有助于熟练操作的特征,包括柔韧性、平衡性和神经肌肉配合三个指标。

表 6-6 身体素质的组成部分

组成部分	指标	工作活动或实例	测验实例
肌肉力量	肌肉张力	推、拉、举、放低或支撑一个重物	握手力量,测力计(以磅/千克计分)
	肌肉爆发力	手工工具的使用,利用升降索使梯子的一部分上移	测功计,实心球投掷(以磅计分)
	肌肉耐力	重复使用工具,把材料放到货盘上	俯卧撑,手臂测功计(以重复次数计分)
心血管耐力	无	搜索和救援,爬楼梯,带着防护设备	限时、长距离加速跑(以所需时间计分)
运动质量	柔韧性	采矿,安装电梯	坐接触,转体接触(以肢体位移和重复次数计分)
	平衡性	爬杆,登梯,高处施工	横杆静止平衡(以时间或距离计分)
	神经肌肉配合	接触海上平台,截取一个物体	明尼苏达操作评估(以花费时间或目标误差计分)

资料来源：Based on Joyce C. Hogan, "Physical Abilities", in *Handbook of Industrial & Organizational Psychology*, 2d ed., Vol. 2, ed. Marvin Dunnette and Leatta Hough (Palo Alto, CA: Consulting Psychologists Press, 1991)。

（五）一般能力倾向成套测验

一般能力倾向成套测验(General Aptitude Test Battery,简称 GATB)最早诞生于美国,美国劳工部就业保险局自 1934 年起花了 10 年时间编制而成。他们在工作分析的基础上发现,所有的职业可以分为 20 个职业能力模式,并从中选出 10 种不可缺少的能力倾向,然后借助因素分析最终确定了 10 种与职业密切相关的有代表性的能力因素。在此基础上,开发了 15 种测验分别测量这 10 种能力因素,其中包括 11 种笔试测验和 4 种操作测验。在迄今近 70 年内,该测验不仅在美国经过多次修订,而且也被包括中国在内的许多国家引进修订。目前,这种能力测验包括 12 个分测验,其中有 8 个笔试测验和 4 个操作测验,评定 9 种不同的能力,包括智力、言语能力、数理能力、书写知觉、空间判断能力、形状知觉、运用协调、手指灵巧度和手腕灵巧度等。由于该测验测量的是各种职业通用的、基本的必备能力,因此除了用于甄选外,还可用于探索个人职业适应范围,进而为其希望选择的职业提供一份资料等。

四、个性评估

（一）个性评估与甄选

个性评估也被称为人格测验。对甄选而言,简单地对求职者使用个性测验工具并将测验分数与工作业绩挂钩毫无意义。只有当个性数据是经恰当方式获得并能够正确使用时,才能为甄选决策提供有效的信息。目前,越来越多的组织开始在甄选中使用个性测验。下面我们将具体介绍个性的含义及其与甄选的关系。

1. 什么是个性与个性特质

对个性的正式定义通常是这样的：个性是界定一个人并确定它与环境互动的模式的各种特征的独特组合。这里的特征是指一个人特有的思想、情感和行为，而环境则是指与人相关的元素和与人无关的元素，其中与人无关的元素包括组织要求、工作条件、物质环境等。

在甄选中使用个性数据，必须根据特质对每个人进行标记、分类和测量。特质(Trait)是测量个人特征数量差异的连续维度。合群性、独立性和成就需要都可以作为特质，个人在这些特质方面表现出很大的差异。特质这个概念用来解释人们在相同情境下的不同反应。比如，有些人喜欢常规的装配线工作，而另一些人则对这种工作感到不适，这就是合群需要这个特质的不同表现。另外，特质还用来解释个人在各种情境下的行为一致性。例如，在会议上社会进取心强的人，在其他群体互动场合通常也会表现出相似行为。

2. 个性特质与甄选

在甄选中使用个性数据要求首先确定工作任务，然后甄别与这些任务有关的特质。表6-7提供了一些根据这些步骤得出的用于甄选的个性特质。

表6-7 用于甄选几种职位的个性特质

职位	个性特质
高级经理	合作能力
领班	援助，培育，忍耐力
工程师	容忍，自在性，精干
售货员	秩序，支配，友好，周到
秘书	一般事务，情绪稳定性
电工	攻击行为，尊敬，秩序
计算机编程员	独创性思想
保险代理人	独创性思想，人际关系
报纸撰稿者	支配欲

资料来源：盖特伍德．人力资源甄选[M]．北京：中国人民大学出版社，1999。

研究表明，特质与情境这两者中的任何一方都不能成为行为的决定因素，而是两者相互作用，并影响着人们的行为。因此，特质对行为的影响方式取决于具体的情境。为此，一些研究将情境分为强情境和弱情境。强情境，是指在该情境下，人们能够以一致的方式对特定事件作出解释，人们对最适行为(Most Appropriate Behavior)形成统一预期，积极促使人们采取这种最适行为，要求每个人都掌握大致相同的技能。弱情境则相反，它是指在该情境下，人们不能以一致的方式对特定事件作出解释，人们对最适行为没有形成统一预期，没有提供足够的激励促使人们采取这种最适行为,多种技能都可以产生可接受的行为。一些销售情境就属于弱情境,因为无论是对顾客的预期和知识,还是产品或服务的特征都存在差异。在强情境下,人们的行为主要由情境而不是个人特质决定;而在弱情境下,人们的行为主要由个人特质决定。

对于甄选而言,这些概念的意义在于:第一,对于欲甄选的职位,使用个性评估是恰当的。如果一个职位属于强情境,那么个性评估就不能发挥重要的甄选作用;第二,告诉我们应该使用什么工具对个性进行评估。在强情境下获得的个性数据不能准确提供求职者的个性信息。因此,如果不能恰当地利用个性测验(比如,没有考虑到情境因素)就无法作出正确的甄选决策。下面我们将介绍几种最常使用的个性评估方法。

(二)个性评估方法

1. 自陈量表

量表法是指根据书面回答判断一个人的个性。不同的量表测量的个性特质不同,一些量表用来测量正常的个性特质,另一些量表则用来测量反常的个性特质;一些量表用来测量几个个性维度,而另一些量表则只用来测量一个个性维度。自陈量表(Self-report Inventories)是量表法的一种,又被称为自陈问卷(Self-report Questionnaires),它采用标准化测验的形式,通常包括一系列多项选择题,要求答题者根据自身情况选出能够反映他的思想、情感和过去经历的答案。通常,题项是一个陈述句,例如"我是快乐的"、"我喜欢参加小型聚会"或"我认为努力工作的人会有好结果"等;提供的选项只有三个:同意、不同意、无法确定。这些问卷假定,答题者的回答能够真实反映实际情况,而且答题者知道自己的思想和情感并且愿意坦率地告诉测验者。这种问卷的种类繁多,下面只介绍其中的三种。

(1)卡特尔16种人格因素问卷

卡特尔16种人格因素问卷(Catell 16 Personality Factor Test,简称16PF)是由美国伊利诺伊州立大学人格及能力测验研究所R.B.卡特尔教授编制的。问卷由187道题组成,共分为16个分量表,分别用来测量16种人格因素,它们是:A.乐群性、B.智慧性、C.稳定性、E.好强性、F.乐观性、G.有恒性、H.敢为性、I.敏感性、L.怀疑性、M.幻想性、N.世故性、O.忧虑性、Q1.实验性、Q2.独立性、Q3.紧张性、Q4.控制性。这16种个性因素各自独立,每一种因素与其他因素的相关度极小。每一种因素的测量能认识被试者的某一方面的人格特征,整个问卷能对被试者的16种个性因素综合了解,从而全面地评价被试者的个性。

16PF不仅能明确描绘出一个人的16种个性特质,而且还可以推算出许多描绘个性的双重因素。16PF在国际上颇有影响,具有较高的效度和信度,被广泛应用于人格测评、人才选拔、心理咨询和职业咨询等工作领域。目前,我国通用的 16PF 是美籍华人刘永和博士与伊利诺伊州立大学人格及能力测验研究所的 G. M. Meredith 博士合作,于 1970 年发表的中文修订本。

(2) 个性特征量表

默里·巴里克(Murray Barrick)与迈克尔·芒特(Michael Mount)开发的个性特征量表(Personality Characteristics Inventory,简称 PCI)包括 200 道多项选择题,这些题目源自几项关于自陈量表的实证研究。每道题有三个选项:"同意"、"无法确定"和"不同意"。通常要求答题者在 45 分钟内完成测验。表 6-8 列出了该量表测量的五个个性维度及其对应的典型题项。每个维度包括更具体的相关特质。这些特质具有两极:位于两端的分值代表相反的行为。

表 6-8 个性特征量表的五个个性维度及其对应的典型题项

个性维度*	典型题项
外向(Extroversion)	我不愿意说出我正在思考的事情。
适意性(Agreeableness)	我愿意相信别人。
责任感(Conscientiousness)	我通常稳步、不间断地完成自己的工作。
情绪稳定性(Emotional Stability)	当我独自一人时,我感到易受攻击。
开放性(Openness to Experience)	我喜欢到自己不了解的新餐馆用餐。

资料来源:* Based on the Revised Personality Characteristics Inventory by Murry P. Barrik and Michael K. Mount。

第一个维度是外向。从正向看,该维度包括以下特质:好交际的、果断的、健谈的、主动的。一些个性专家认为这个维度包括两个基本组成部分:进取精神和合群性。第二个维度是情绪稳定性。从负向看,该维度包括以下特质:易激动的、紧张的、没有安全感的、不安的、易兴奋的、担忧的、易心烦意乱的。第三个维度是适意性。从正向看,该维度包括以下特质:有礼貌的、灵活的、信任他人的、脾气好的、合作的、宽大的、好心肠的、容忍的。第四个维度是责任感。从正向看,该维度包括以下特质:认真负责的、有条理的、可靠的、有计划的、有始有终的、有毅力的。第五个维度是开放性。从正向看,该维度包括以下特质:富有想象力的、有教养的、好奇的、智慧的、富于艺术敏感力的、富于创新精神的、容得下不同意见的。

(3) 明尼苏达多项人格问卷

明尼苏达多项人格问卷(Minnesota Multiphasic Personality Inventory,简称 MMPI)是 20 世纪 40 年代美国明尼苏达大学教授 S. R. 哈撒韦(S. R. Hathaway)和 J. C. 麦金利(J. C. Mckinley)采用经验效标法编制的,分为 13 个量表,其中包括 10 个临床量表和 3 个效度量表。MMPI 原本是为了诊断精神障碍而编制的,现在已广泛应用于心理学、人类学、医学、社会学等研究和实践领域。

需要注意的是,个性测量量表的信度往往受到地域、文化、专业等因素的影响。比如，外国开发的某个性量表中的"凡事应该有计划性"的理念，在中国的文化背景下就不一定合适。因此，使用个性测量量表时往往需要进行本土化。目前，专门针对中国员工的个性测量量表的开发研究还非常少，种类不够齐全，因此需要研究者们对此进行更多、更深入的研究。

2. 投射技术（Projective Techniques）

投射技术一词由 L. 富兰克（L. Frank）于 1939 年首先明确提出。投射测验（Projection Test）要求被试者对一些模棱两可、模糊不清的刺激作出描述或反应，通过对这些反应的分析来推断被试者的内在心理特点。与自陈问卷的不同之处在于，投射技术是非结构的，它有意使题项存在多种回答可能，而不是像自陈问卷那样采用结构化的题项形式。例如，向答题者展示一系列墨迹或图片，然后要求他就每个墨迹或每幅图片说一段故事。通常，答题说明非常简短，而且很不明确。另一种常用的技术是：给出几个句子的词干，例如"我的父亲……"或"我最喜欢的……"然后要求答题者完成句子。无论采取哪种形式，投射技术都鼓励答题者说出自己的真实想法。投射技术属于"弱测验情境"，因为它允许答题者"串联经历、构造传记"，"相对而言，具有较少结构和文化形式"。因此，人们的回答差别主要通过他们的个性差异来解释。之所以称作"投射"，是因为题项存在多种回答可能，所以要求答题者把他的解释投射其中。这些解释是其个性的延伸。投射技术的一个显著优点，是答题者不知道所提供信息的可能解释，从而有助于让他表达自己的真实想法。

（1）罗夏墨迹测验

最有影响力的投射测验是罗夏墨迹测验（RM），由瑞士精神病学家 H. 罗夏（H. Rorschach）于 1921 年提出。它是通过对标准化的刺激场合进行反应的观察，来预测或推断被试者在其他场合的行为样式。罗夏墨迹测验所用的用具是印刷好的 10 张墨迹图、记录用纸和计时表，以墨迹偶然形成的模样为刺激图版，让被试者自由地看并说出所浮想到的东西，然后将这种反应用符号进行分类（称作"记号化"），加以分析、捕捉人格的各种特征，进而进行诊断。施测在宽松、自由的气氛及安静、采光很好的房间中进行，测查的时间大约为 45—55 分钟。主试者把一张张编有一定顺序的卡片递给被试者，被试者两手拿着卡片观看，也可以自由地转动图形，从不同的角度观看。整个过程先后分为提示、自由联想、质疑三个阶段。接下来对被试者的反应进行分类：① 受试领域，是对图形作整体反应还是部分反应，是对其中某处作特殊反应还是向空白部分反应。② 决定的原因，决定反应的知觉因素是形态还是运动、是彩色还是黑白、是浓还是淡，等等。③ 内容，反应内容是人、动物，还是解剖特征等其他内容的反应。④ 一般反应和独特反应，与大家反应是一致的还是与众不同的。最后按正确度、明细度、组织化进行整理。20 世纪七八十年代，Exner（1968）成立的罗夏基金会(后改为罗夏工作组)对罗夏墨迹测验进行了进一步的研究,并于1974年创立了综合系统(Comprehensive System,简称CS),使罗夏墨迹测验发展为一个标准化的心理测验系统。

在众多投射测验中,罗夏墨迹测验有其独特的价值。首先,它是一种非文字性的测验,对它的反应基本不受文化的影响;在测量人格方面是文化公平的(Culture Free)和文化独立的,来自不同文化的个体可直接相互比较,因此在跨文化比较研究中有独特的价值。其次,由于刺激物的特征对反应有相当大的规定性,因此测验具有相当程度的结构性,也具有客观性,在一定程度上可以成为一个客观化的人格测验。

(2) 主题统觉测验

主题统觉测验(Thematic Appreception Test,简称TAT)是另一种常见的投射技术。与罗夏墨迹测验要求从图片中识别出物体(让被试者说出图形可能是什么)不同的是,主题统觉测验要求被试者脱离图形编造故事和产生联想。因此,罗夏墨迹测验提供的刺激物的特征对反应的规定性比主题统觉测验提供的刺激物要大很多。在主题统觉测验中,答题者必须就19张卡片说19个故事,每张卡片中有一个人或多个人,对于卡片情境存在多种解释。通常,还用一种空白卡片作为第20张卡片。主题统觉测验假定答题者针对卡片叙述的故事内容,能够揭示无意识的愿望、内心癖好、态度和冲突。该测验采用单独施测方式,分为两部分,每部分的答题时间为1小时。可以采用多种方式对主题统觉测验进行计分,但这些计分方式都非常复杂。其中,最流行的是亨利·默瑞(Henry Murray)计分法。该方法通过分析故事的以下方面进行计分:主人公(故事的主角)、主人公的需要(例如成就需要、秩序需要、侵犯需要等)、压力(主人公承受的压力)以及主题(需要、压力和解决冲突之间的相互作用)。

3. 作业测验

作业测验,顾名思义,是通过让被试者进行一定的作业来进行测试的。在各种作业人格测验中,最为广泛使用的就是内田-克雷佩林心理测验。这种心理测验包括15分钟作业—5分钟休息—15分钟作业的心理测验,以及内田-克雷佩林加算表。它仅要求被试者做一位数的连续加法计算,然后通过对作业曲线的分析,就能得到被试者各种心理特点的大量信息,从而对被试者的性格、气质乃至智力作出全面的诊断,并且很少受国别、种族和文化背景的影响。

内田-克雷佩林心理测验的样卷是由许多随机数字组成,被试者根据指令从第一行开始,把第一个数字与第二个数字相加,把第二个数字与第三个数字相加……所得之和的个位数写在两个数的中间。测试时,被试者按照主试者发出的换行指令,每分钟做一行,连续做15分钟后,休息5分钟,然后从第二部分的第一行开始再连续做15分钟。被试者进行上述作业后,所得的结果因人而异、千差万别、非常复杂。测验结果的整理和判定方法如下:首先,用红色笔将被试者每一行所写的最后一个数字用直线依次连接起来,休息前的最后一行与休息后的第一行不要连接,于是就形成了两条曲线,称之为作业曲线。其次,检查答案的正误及漏字并计算平均作业量,划分作业量等级。最后,根据作业量等级和曲线形态特征判定曲线类型,通过分析作业曲线得到被试者各种心理特点的大量信息,从而对被试者的性格、气质、智力等进行诊断。

4. 面试者主观判断

我们在前面介绍的面试用来预测求职者的生产率,而现在介绍的面试用于评估求职者的个性特征,其目的在于确定求职者是否具有特定公司所需的个性类型、是否能够与他人共事。在此,我们将其归为个性评估的一种手段。

常用的面试问题与投射技术相似,都是非常开放的非结构化问题,因此都存在多种答案。例如,"你有哪些优点?""在你成长过程中,你的家庭生活是怎样的?"……由于这些问题的答案没有明显对错之分,从理论上说,被面试者的回答源自他的个性,并且能够作为个性测量的准确指标。但是以下三点却限制了面试作为个性评估手段的有用性:(1)与投射技术一样,为了开发关键计分问题,没有对答案进行系统分析;相反,每个面试者都有一套自己的计分办法。(2)市场上的面试培训班、私人公司、大学和社会服务机构等向各类人士提供了面试培训,很多书籍、报刊等也为人们提供了各种面试建议。如果面试者根据这些培训计划学到的信息来回答面试者提出的问题,那么他们的回答就不再由其个性决定,而只是反映面试培训课程的内容。(3)就这类问题而言,很难收集其他信息来证实或反驳面试者的陈述。

另外,研究发现,以下因素会大大提高作出不正确个性评估的可能性,例如面试者对求职者的行为进行因果归因时,过度强调个性特质;人们通常根据少量的行为迹象来推导特质与动机;面试者通常凭借几个主要特质形成对他人的印象等。因此,不应该通过面试全面测量求职者的个性,而应该将测量范围限制在社会交往方式以及通过工作分析确定的工作方式(例如,注意细节、达到难以实现的目标等)。这样能够限制被试者的个性特质数目,并对它们进行认真甄别。

5. 行为评估

行为观察技术,即行为评估,是指通过经过培训的人力资源人员对别人的行为进行评估,以此来预测这个人的个性特征。在人力资源甄选中,行为评估是指情境测验、工作样本或工作模拟,它不仅可以评估个性特征,还可以评估与工作相关的知识、技能和能力。

收集行为数据的基本方法主要有以下几种:一是人力资源专家设计出与重要的工作情境类似的结构化情境。这些情境要求几个求职者进行互动。由经过培训的公司员工观察、记录、解释这组求职者的行为,并根据获得的数据评估他们的个性特征。无领导小组讨论就是这样一种方法。二是安排组织成员到其他公司工作,然后由这些雇员的主管记录与工作活动有关的行为,并作出解释。三是采用关键事件法,即主管系统地记录非常好或非常差的工作业绩的实例或特定个性特质(例如说服力)的行为实例。为此,主管必须详细描述发生的事件,包括行为和条件,通过这些事件对个人建立印象。另外,在行为评估过程中也可以采用评定量表,常用的人格评定量表有梵兰社会成熟量表(VSMS)、汉密尔顿焦虑量表(HAMA)等。

6. 计算机辅助心理测量

计算机辅助心理测量是通过计算机对人的心理状态进行多维度、多层次的分析和描述,其内容包括人的态度、情绪、思维、行为、健康、道德观和价值观等许多方面。例如,有"心理CT"之称的计算机多项个性测量诊断系统,就可用于测量心理健康状况,发现心理上的各种异常现象,同时具有测谎功能。利用"心理CT",被检者只要回答几百个简单的问题,该系统就可以使用光电扫描机输入信息,经过分析处理后,为被检者作出内容详细的心理报告,其中包括100个心理量表计分、心理症状和临床诊断的提示,并可以进行一定程度的预测。目前,专门用于甄选的计算机辅助心理测量系统还没有出现,但是由"心理CT"进行的个性测量诊断所得到的结果,对职业选择、甄选等都有较大的参考意义。

五、绩效测验与评价中心

(一) 绩效测验概述

绩效测验(Performance Test)又被称为工作样本测验(Work Sample Test),是通过模拟真实工作情境对求职者进行评估的,它建立在假设甄选计划具有"行为一致性"特征的基础上。绩效测验要求求职者在结构化的测验条件下,以行为或口头方式完成某种工作活动。例如,要求求职者编写一段简单程序,解决一个具体问题。在实际操作中,绩效测验被广泛使用,特别是行政职位和熟练体力劳动职位的甄选。现在,绩效测验也采用评价中心(Assessment Center)的形式对经理人员和专业人员进行甄选。

(二) 绩效测验实例

绩效测验模拟重要的工作活动,它可分为运动(Motor)和言语(Verbal)两类。运动(行为)是指通过身体活动操控某些物体,例如开机器、安装设备或制造产品。言语是指测验情境主要涉及语言或面向个人,例如审问模拟、校订手稿中的语法错误或演示如何培训下属。表6-9列出各种绩效测验实例及其适用的职位。从表中可以看出,一个职位对应多种测验。

表 6-9 甄选中使用的工作样本测验实例

	测验	职位
运动类	机床 钻床 灵巧使用工具 螺孔板测验 打包	机床工人
	速记法 速记术 打字	行政人员
	图纸阅读 工具识别 安装皮带 修理齿轮箱 修理机械器具 汽车修理	机械工
	检查复杂电路中存在的故障 检查毁损的电子元件 电子学测验	电子技术人员
言语类	报告问题处理建议 小企业生产竞赛 判断和决策测验 主管对培训、安全、绩效和评估的评价	经理或主管
	处理数字数据和假设检验 描述实验 数学公式表达和科学判断	工程师或科学家
	口头调查 客户联系的角色扮演 撰写商务信函 给予口头指导	客户服务代表

传统上，运动类绩效测验主要用于甄选熟练工人、技术人员和行政人员，因为这些职位需要使用大量设备和工具。但是，由于这些职位通常使用多种设备，因而需要采用多种绩效测验，每种测验模拟几个具体的工作任务。对于机械工、电工和机床工人等需要熟练技能的职位，甄选时同时采用几种绩效测验是很正常的。

言语类绩效测验通常用于甄选经理、人员配置专家、工程师、科学家以及其他类似的专业人员。这类职位要求使用口头或书面语言，或者涉及人际交往。于是，言语类绩效测验的内容必须包含上述方面。从表 6-9 中可以看出，言语类绩效测验与运动类测验一样，具有多样性。

除了运动类和言语类绩效测验，还有一种绩效测验类别是可培训性测验。这类测验最常用于甄选以下两种职位：一是当前不存在但在近期可能出现的职位，于是需要大量培训；二是已经存在的职位，但由于专业化或技术性程度高，于是求职者不可能具备完成能力测验或绩效测验所需的知识或技能。美国电话电报(AT&T)公司开发的可培训性测验通过微型课程(Minicourse)为求职者创造了一种模拟真实培训的测验情境。由此，评估求职者学习关键资料和完成大量必需的培训的能力。其目的在于获得满意的培训绩效。该测验首先要求求职者完成一次标准化的程序式培训样本，即微型课程。微型课程的长度通常从2个小时至3天不等，但多数不超过6个小时。完成微型课程后，安排求职者参加一次测验，检测他的学习效果。如果求职者达到及格分，则表明他可以参加培训。只有当他成功完成培训后，才会被正式录用。

（三）开发绩效测验

虽然绩效测验因甄选职位和情境不同而具有显著差异，但开发步骤是相似的，具体如下：

1. 选择效标，确定需要测验的重要工作任务

根据频率、重要性、所需时间、难度和/或误差后果，对工作任务进行评估。该评估结果对于确定绩效测验的内容非常重要。绩效测验应该选择对工作绩效具有重大影响的任务作为测验内容。通常，这种信息是通过工作评价获得的。另外，必须特别注意季节性任务或非重复性任务，这类任务如果完成不当，将会产生严重后果。从这个意义上说，这些任务非常关键。盖特伍德建议，应该安排几个人同时进行工作评价。

2. 开发测验程序

确定了需要测验的重要工作任务后，下一步是评估求职者是否能够完成这些任务。多数绩效测验假定，求职者能够完成任务。对于具有独特性、只有熟练工人才能完成的工作任务，需要在测验情境下进行调整。一种调整办法是在测验前告诉求职者操作设备的方法、使用的特殊材料的性质或与公司政策相关的背景知识。显然，只有当从事工作任务所需的信息相对简单并容易掌握时，这种调整才是可行的。如果这些预备知识很复杂或难度较大，则被调整的绩效测验应该测量求职者是否有能力开发从事这些任务所需的技能。这时，可以采用前面讨论的可培训性测验。

（1）选择任务

虽然已经确定了最重要的工作任务，仍需要对其进行进一步分析，以便有效地利用测验时间。这种分析需要考虑以下几个方面的内容：

① 完成任务的全部时间必须合理。测验任务所需的完成时间越长，测验成本越高。

②多数求职者都会做或只有少数求职者会做的任务,对于区分优秀求职者和拙劣求职者没有任何帮助。

③如果两个任务都可用于绩效测验,通常选取使用较少材料、设备或设施的任务。

④应该根据计分对象的性质对任务进行评估。如果其他条件相同,应该在测验中选取具有以下特征的任务:使用标准化操作或产品,或容易界定的言语,或互动内容。因为开发这类任务并在测验时对其计分都相对容易,而且成本较低。

(2) 确定测验程序

测验条件必须标准化,即必须确保对所有求职者使用同一测验内容,采用相同的方式对他们的测验结果进行计分。

(3) 建立独立的测验模块

测验模块之间要保持独立性。如果其他条件相同,最好避免两个测验模块之间具有关联性。如果绩效测验的内容是一个工作过程的一系列步骤,这种测验往往缺乏独立性。为避免这个问题,一些测验为工作过程的每个阶段都提供一套适用的新材料。

(4) 排除污染因素

进行绩效测验时,还必须确保对工作绩效具有较小影响的仪器、术语或其他测验元素不会妨碍或降低那些不熟悉它们的求职者的测验结果。

(5) 确定重复测验的数目

确定求职者在绩效测验中完成工作活动的次数,是因为需要权衡让求职者多次演示任务需要的时间和成本,以及信度系数的增加值。总体原则是:在成本允许的条件下,安排求职者重复演示任务。

3. 对测验结果计分

考虑到计分者的工作难度,必须明确规定绩效测验的计分效标。通常,计分者根据多个因子来判断求职者的任务完成情况是否符合要求,并对照组织定义的满意标准对求职者的任务完成情况打分。

4. 培训评估者

培训评估者如何评估过程效标,可以让他们观看一段求职者行为的录像。不论培训采用录像还是现场演示方式,都要求评估者解释并描述恰当的工作过程行为,包括行为顺序。培训的重点应放在演示恰当和不恰当的行为上。这里,录像法具有优势,因为它可被反复使用,可在关键动作处暂停,还可以回放。另外,开发计分系统时必须使绩效测验信度最大化,于是也需要对评估者进行相关培训。

(四) 评价中心

1. 什么是评价中心

评价中心标准任务小组(Task Force on Assessment Center Standards)将评价中心定义如下:"评价中心通过多种方式对行为进行标准化评估。它采用多种评估技术,使用多名受过培训的观察员。有些行为还通过专门开发的模拟情境进行评估。评估者在评价会上汇报评估结果,并进行讨论,最终得出指标评估和整体评估结果。"

简单地说,评价中心采取小组形式(通常 12—24 人为一组),通过一系列工具,主要是言语类绩效测验,测量求职者的知识、技术和能力。这些知识、技术和能力体现为绩效测验中表现的行为。评价中心使用的测评工具,通常被称为"练习"(Exercise)。通过这些练习,被试者可以演示需被评估的行为。而评价者则在观察和记录行为方面,都要接受特殊训练。评价者开会讨论每个被试者的评估行为或彼此分享信息时,将用到记录的行为信息。评价中心作为人才测评的高端技术,一般适用于管理人员,尤其是高级管理人员的选拔。

评价中心使用多种测评技术对人才进行甄选。其中,以行为观察为主,以心理测验为辅。行为观察主要包括公文筐测验、无领导小组讨论、管理游戏、角色扮演等情景模拟测试。心理测验通常采用智力、能力和个性测验。评价中心由于综合使用多种测评技术,得以考察个人各方面的能力品质。这里需要注意的是,评价中心采用多种测评技术甄选人才,并非不分测评目的、测评指标,机械地套用某一测评模式,而是有针对性、有选择性、灵活地使用各种测评技术。例如,360 度评估方法较适用于能力发展和培训的测评项目,而不太适用于绩效考核、晋升选拔等测评项目;考察分析思维能力最适合采用案例分析的方法,而考察团队领导能力则最适合采用无领导小组讨论的方法。

2. 评价中心的测量维度

开发评价中心的第一步是进行工作分析,确定重要的工作活动族(Clusters of Job Activities)。每个工作活动族应是具体的、可观察的、由几个具有逻辑关系的工作任务组成。这些工作活动族需要通过评价中心工具进行测量,故称为"测量维度"。表 6-10 列出了评价中心常用的 9 个测量维度及其简要定义,总结了每个维度所包含的工作活动。需要注意的是,实际使用时,这些维度都需要详细界定。例如,"容忍压力"维度通过描述需要满足许多工作相关者(下属、主管、外部压力团体等)的具体要求和对扮演许多角色(协调者、公关专家、绩效评估者等)的行为进行界定。每个维度界定的行为,是开发评价工具的依据。这样就可以理解为什么评价中心的测评方法以绩效测验为主,因为绩效测验这种测评工具容易把工作活动转化为测验内容。

表 6-10　评价中心常用的行为测量维度

测量维度	定义
口头沟通	在面对个人或群体的情境下有效地表达自己的观点(包括使用手势和非语言沟通方式)
计划和组织	为自己或他人完成一个具体目标建立一条行动路线;恰当地规划人事安排和资源分配
授权	合理地使用下属;给下属分配适当的决策权和其他责任
控制	建立程序,监督或管理下属的工作进程、工作任务、工作活动和责任;采取行动,监督受托任务或项目的完成情况
果断性	迅速作出决策、判断、行动或表态的反应
主动性	为了实现目标积极参与活动;采取主动行动而不是被动接受;以自己的行动方式达到目标,而不是被别人牵着走
容忍压力	在压力或反对情境下,保持稳定的绩效
适应性	在不同环境(不同任务、责任或人员)下,保持有效性
坚韧	坚守一个职位或坚持一个行动计划,直到目标实现或目标不可能实现

资料来源:George C. Thornton Ⅲ, *Assessment Centers in Human Resource Management* (Reading, MA: Addison-Wesley Publishing Co., 1992)。

3. 评价中心的参与者

(1) 主考(Assessor):是对评价中心流程中的员工或工作候选人的工作行为进行观察、记录、分类、评分的工作人员。

(2) 应聘者(Job Candidate):是经过前期筛选(心理测试、面试等),能够进入评价中心接受进一步评估的外部应聘者或者组织的内部员工。

(3) 角色扮演者(Role-player):是在评价中心所设计的活动中与应聘者共同进行活动的工作人员,他们一般按照预先设计好的模式引导应聘者尽量多地表现出各种工作行为,以利于主考更好地观察和评分。

(4) 督导(Director):是监督、指导以保证评价中心流程顺利进行的工作人员。

(5) 评估报告撰写人(Reporter):是对评价中心最终的评估结果进行系统的总结和归纳的工作人员。

4. 评价中心使用的评价工具

评价中心由于使用绩效测验(即模拟测验)而与其他甄选方法相区别。下面是几种最常用的绩效测验工具:

(1) 文件筐练习(In-basket)

文件筐练习采用纸笔测验模拟现实管理任务。该测验的名称源于经理办公桌上收发备忘录的文件筐。测验所使用的文件筐备忘录应该通过工作分析获得,使之能够代表实际的管理任务。文件筐练习要求被试者坐在一张摆放着文件筐备忘录的办公桌旁,在 2—3 小时内独立完成测验。通常,评价者不需要在测验之前提供测验说明,在测验过程中,被试者和评价者之间也没有互动。

文件筐练习使用引导性文件描述假设的情境。这些文件的主题可能包括下列情境:该职位前任职员辞职、受伤、休假或死亡,被试者必须同时处理许多备忘录。被试者还被告知,他过去设定的计划不能更改,但现在必须暂时离开公司几天。于是,被试者在离开公司前,必须事先指出针对备忘录中提出的问题应该采取哪些行动,然后以书面备忘录形式放在发送筐(Out-basket)中。被试者不得与其他办公人员联系。除备忘录外,被试者还可通过组织结构图、组织使命以及公司政策了解由他负责管理的单位的基本信息。

备忘录的纸型、大小都不尽相同:既有打字机输入的,也有手写的。这样做的目的是增加真实感。被试者阅读这些备忘录后,指出应该采取哪些行动,涉及哪些人员。每个被试者必须在规定时间内完成测验。当被试者完成文件筐练习后,评价中心的一个人员将对他进行面试,要求他说明处理备忘录的宗旨或哲学,以及针对每个具体管理问题给出建议时所使用的依据。

评价中心人员根据被试者提供的书面材料和口头信息评估下列行为测量维度:决策、计划和组织、授权能力、果断性、独立性和主动性。

(2) 无领导小组讨论(Leaderless Group Discussion)

文件筐练习和无领导小组讨论是评价中心最常使用的两种绩效测验。无领导小组讨论通过集体解决问题方式,测量经理特征。每次无领导小组讨论有 6 人参加,他们坐在一张摆放在房间中央的会议圆桌旁,评价中心评价者则靠墙坐在他们外侧,观察并记录他们的行为。这 6 个讨论者是平等的,没有正式领导或团队管理者,他们共同面对一个管理问题。解决这个问题,需要 6 个被试者相互合作或彼此竞争。组织必须在招聘时声明,这个管理问题要求相互合作。需要竞争的管理问题,通常涉及少量组织资源(加薪或购置新设备所需资金、一次性资本投资基金等),由于资源有限,无法满足所有被试者的要求。不论是要求被试者相互合作还是彼此竞争的问题,讨论组成员都将获得一份问题描述以及与之相关的证明材料。然后,讨论组必须提供一份书面报告,指出组织应该采取什么行动。通常情况下,讨论时间不超过一个半小时或两个小时。

除了根据合作或竞争划分外,还可以根据角色确定划分无领导讨论小组问题。角色确定(Defined Roles),是指每个被试者被告知其他成员不知道的信息,这些信息包括他在公司的职位及其所代表的部门。必要时,被试者通过这些信息影响团队的行动。如果被试者未被告知这些信息,就是角色未定(Unassigned Roles)。角色确定,通常用于需要竞争的管理问题。这时,每个被试者根据他所掌握的信息,证明应该将稀缺资源分配给其所在部门。

无领导小组讨论通常被用于评估下列行为测量维度:沟通、容忍压力、适应性、恢复力、精力、领导能力和说服力。

(3) 案例分析

案例分析是指为每个被试者提供一个组织问题的详细描述,具体问题根据评价中心甄选职位的不同而不同。对于高层职位,案例通常描述公司的某些历史事件,并附有财务数据、营销战略和组织结构,有时还包括新产品的行业数据、消费者动向和技术。案例中包括一个管理困境,需要由被试者解决,即要求他们提出具体建议,提供支持性数据,详述公司战略的演变。

对于中层管理职位,主要问题通常是作业计划或作业系统(例如,管理信息系统或工作流程系统)的设计与实施。

对于一线管理职位,工作重点是处理下属冲突、监督下属遵守公司政策或重新评估具体的工作方法。被试者阅读案例题并对其分析后,应该准备一份书面报告,向评价中心人员作口头陈述,或者与其他被试者一起讨论该案例。

案例分析通常用于评估下列行为测量维度:口头和书面沟通、计划和组织、控制力、果断性、恢复力和分析能力。

(4) 管理游戏

管理游戏(Management Games),又称商业游戏,主要用于考察被试者的战略规划能力、团队协作能力和领导能力等。管理游戏一般都比较复杂,其复杂性有利也有弊。积极的一面是,它比一般的情景模拟看上去更为真实,也更接近组织中"真实的生活";它能帮助有经验的管理者学习技巧,也能使被试者感到开心和兴奋。不利的一面是,当被试者从这个房间到那个房间或待在一个小组中时,他们的行为常常难于观察;当管理游戏用于培训目的时,有时其情境可能过于复杂,以至于没有人能表现得很好,造成被试者很难学到什么东西。据调查,管理游戏只在25%的评价中心中使用,可能是因为它的复杂性,导致施测上的困难。

5. 评价中心的优缺点

(1) 评价中心的优点

评价中心的优点主要表现在:一是由于综合利用了多种测评技术,所以评价效果比较好,这是任何其他单一的测评手段所无法比拟的;二是评价中心总是强调在动态中考察被试者的能力,从而使被试者的积极性和主动性得到充分的发挥,使测评过程能得到被试者的配合和支持;三是评价中心得到的信息非常丰富,通常包括被试者有关方面的详尽情况。

(2) 评价中心的缺点

评价中心的缺点主要表现在:一是评价中心技术过分依赖于测评专家,从评价中心的设计到实施都需要专家投入大量的精力;二是由于技术构成复杂、技术要求高,一般人很难掌握,人们只对比较重要的工作种类(如管理)和较高的职位(如中高层管理者)才应用这一技术。

6. 评价中心的操作步骤

评价中心在实践中的具体操作一般遵循以下流程：

（1）建立能力素质模型。评估之前首先要有能力素质模型，以明确目标岗位的能力素质要求。通常评价中心所要测评的能力素质包括：人际沟通能力、计划组织能力、辅导与激励能力、分析与决策能力等。

（2）根据能力素质模型设计素质评价矩阵。能力素质评价矩阵包括测试工具和能力素质维度两部分。针对每一项指标选择和设计测评工具，要确保其与测评的能力素质维度直接相关，具有合理的信度和效度。通常使用最频繁的情景模拟包括：公文筐处理、角色扮演、案例分析与演讲等。

（3）对负责观察和评价被试者行为的评估人员进行培训。

（4）实施评估。每一个评估人员要仔细观察并及时记录被试者的行为，作出精确而详细的行为记录。在观察行为的同时，评估人员要将被试者的各种行为进行归类。测试结束后，评估人员要马上整理观察到的行为，与其他评估人员进行交流并整合各方信息后，对每一个被试者的表现进行分析，并根据评分标准打分后，撰写评估报告。

（5）进行反馈。在评价中心实施之后，应根据具体情况给予被试者或需要知情的管理者以适当程度的评估结果反馈。

六、生理特征分析

（一）正直测验

正直测验（Integrity Testing）被用来判断哪些求职者更有可能做坏事，例如偷窃、故意毁坏公司财物、殴打主管等，以及哪些求职者更有可能迟到、不向管理者举报行为不端者。有两种正直测验方式被广泛使用，一是测谎器测验，二是纸笔诚实或正直测验。

1. 测谎器测验

测谎器测量一个人在回答测谎器操作员问题时的生理反应，并通过这些数据以及测谎器操作员的意见，来判断这个人回答的真实性。

测谎器通常报告三类生理数据：(1) 仪器指示数由与皮肤相连的电路显示，记录手掌皮肤反应或皮电反应的变化；(2) 仪器指示数由与心脏相连的电路显示，记录与心脏循环有关的上臂血压的变化，由此确定心率和脉搏；(3) 仪器指示数由被试者胸部缠绕的气冲带相连的电路显示，记录呼吸变化。测谎器假定，通过观察这些生理反应变化，可以确定其是否说谎。

2. 纸笔正直测验

这种测验包括两种形式：一是公开正直测验（Overt Integrity Test），它直接询问被试者对于偷窃的态度及其过去是否有偷窃行为；二是个性测量法（Personality-based Measures），它不直接询问偷窃行为，而是通过个性量表测量雇员的几个特质，这些特质涉及不利于组织的行为，其中偷窃只是这些行为中的一个。

（1）公开正直测验。公开正直测验的基本原理，是通过测量求职者对于偷窃的态度和认知，预测他在工作中是否会有偷窃行为，尤其是存在偷窃的需要和机会时。测验的题目举例如下：

- 你是否曾经认为你的行为构成犯罪？
- 你在其他单位工作时是否发现一个不诚实的人以某种方式挪用资金？
- 你认为未经雇主许可在公司拨打私人电话，是否属于偷窃行为？
- 你是否曾经为了盈利而向别人索费太多？

还有一类题目是首先提出一个不诚实的行为，然后让被试者回答以下一些问题：他们对于这个偷窃犯的态度，对于向地区经理报告的雇员的行为的看法，以及如果他作为地区经理将会采取哪些行动。

（2）个性测量法。个性测量法的基本思想，是雇员偷窃只是反社会行为或组织过失综合征的一种表现。于是，如果正直测验只关心偷窃，就会忽视许多其他组织不希望出现的给组织造成损失的行为，如吸毒或酗酒、破坏财产、故意毁坏、殴打行为、不服从、旷工、极度不满、虚假的工伤补偿申请、暴力行为等。它们都属于组织违法（Organizational Delinquency）。个性测量法假定有偷窃行为的雇员也会参与其他组织的违法行为。对于组织来说，预测雇员的一般行为方式，既容易实现也更有意义。

霍根个性量表（Hogan Personality Inventory）就是其中的一种个性测量量表，它是自填式量表，包括6个维度，测量日常生活中的个性特征，而不是心理失调。这6个维度是：智力（机智的还是迟钝的）、适应能力（社交怕羞，情绪涨落）、谨慎（超我，冲动）、进取精神（坚持）、社交能力（社交谈话）与亲和性（合作的/周到的）。这些维度之下又包括43个子维度。

（二）笔迹分析

笔迹分析就是通过分析一个人的笔迹，推断他的个性特质和行为倾向。利用笔迹分析的假设是：书写者的基本个性特征会通过笔迹表现出来。早在20世纪50年代，美国笔迹分析专家就开始通过研究求职者的笔迹和签名来发现求职者的需要、意欲和心理特征。在人力资源甄选中，笔迹分析专家通过分析求职者的笔迹，作出下列评估：他们在整体上是否符合录用条件，以及他们的个性特质是否与具体职位要求相匹配。

关于笔迹分析的论述很多，一般认为，其基本内容包括以下六个方面：

（1）书面整洁情况。书面干净整洁，说明书写者举止高雅，穿着较讲究，性喜干净整齐，较注重自己的仪表和形象，并多有较强的自尊心和荣誉感。书面有多处涂抹现象,说明书写者可能有穿着随便、不修边幅、不拘小节等性格特征。

(2) 字体大小情况。字体大,不受格线的限制,说明书写者性格趋于外向,待人热情、兴趣广泛、思维开阔,做事有大刀阔斧之风,但多有不拘小节、缺乏耐心、不够精益求精等不足。字体小,说明书写者性格偏于内向,有良好的专注力和自控力,做事耐心、谨慎,看问题比较透彻,但心胸不够开阔,遇事想不开。字体大小不一,说明书写者随机应变能力较强、处事灵活,但缺乏自制力。

(3) 字体结构情况。结构严谨,说明书写者有较强的逻辑思维能力,性格笃实,思虑周全,办事认真谨慎,责任心强,但容易循规蹈矩。结构松散,说明书写者发散思维能力较强,思维有广度,为人热情大方,心直口快,心胸宽广,不斤斤计较,并能宽容他人的过失,但往往不拘小节。

(4) 笔压轻重情况。全篇文字连笔较多,速度较快,说明书写者思维敏捷、动作迅速、效率较高,但有时性急,容易感情冲动。笔速较慢,说明书写者头脑反应不是很快,行动较慢,但性情和蔼,富有耐心,办事讲究准确性。

(5) 字行平直情况。字行平直,说明书写者做事有主见,只要自己认定的事,一般不为他人所左右。字行上倾,说明书写者积极向上,有进取精神,常常雄心勃勃,有远大的抱负,并常能以较大的热情付诸实践。字行过分上倾,说明书写者除有上述特征之外,还往往非常固执。字行下倾,说明书写者看问题非常实际,有消极心理,遇到问题看阴暗面、消极面太多,容易悲观失望。字行忽高忽低,说明手写者情绪不稳定,常常随着生活中的高兴事或烦恼事或兴奋或悲伤,心理调控能力较弱。

(6) 通篇布局情况。这要看左右两边空白大小及行与行之间的排列是否整齐。左边空白大,说明书写者有把握事物全局的能力,能统筹安排,并为人和善、谦虚,能注意倾听他人意见,体察他人长处。右边空白大,说明书写者凭直觉办事,不喜欢推理,性格比较固执,做事易走极端,遇到困难容易消极。左右不留空白,说明书写者有着很强的占有欲和控制欲,比较自私。行与行之间排列整齐,说明书写者有良好的教养,正直、不搞歪门邪道,头脑清晰,做事有条不紊,讲究计划性、系统性和程序性,有较强的自尊心、责任感和荣誉感。行与行之间排列不整齐,说明书写者头脑比较简单,条理性差,做事马马虎虎,缺乏责任感。

以上六个方面的内容只是笔迹分析中最基本的部分,也是其中很小的一部分,如果要全面了解一个人,还需要作更全面的分析。

本章小结

组织如何作出甄选人员的决策,对它的生存、适应和发展能力都是非常重要的,好的培训不能弥补差的甄选,可见人员的甄选对于企业的重要性。本章的主要内容是甄选的概念、甄选的一般流程以及甄选的技术和方法。甄选是指组织通过一定的手段,对应聘者进行区分、评估,并最终选择哪些人将被淘汰的一个过程。甄选的一般流程为:选择需要测评的素质指标,选择用来测量各种指标的评价工具,评价工具的信度、效度检验,对应聘者进行综合评价,人员录用。甄选的技术和方法有:书面材料分析、面试、能力测验、个性评估、绩效检验与评价中心、生理特征分析。

关键概念

甄选　能力测验　绩效测量　评价中心　人格测试　无领导小组讨论

课堂练习

选择题

1. 人才测评最直接、最基础的功能是(　　)。
   A. 甄别和评定功能　　　　　　B. 预测功能
   C. 诊断功能　　　　　　　　　D. 反馈功能
2. 在情境模拟测试中,要考察一个人的会议主持能力,应对其进行(　　)。
   A. 事务处理能力测试　　　　　B. 组织能力测试
   C. 语言表达能力测试　　　　　D. 沟通能力测试
3. 在人员甄选活动中,对一个人所学知识和技能的基本检测称为(　　)。
   A. 能力测试　　B. 人格测试　　C. 成就测试　　D. 兴趣测试
4. 心理测试方法中的能力测试,不包括(　　)。
   A. 普通能力倾向测试　　　　　B. 人格特质兴趣测试
   C. 特殊职业能力测试　　　　　D. 心理动力机能测试
5. 在人员甄选中,体格检查程序放在最后的原因是(　　)。
   A. 该程序不重要　　　　　　　B. 符合应聘者的意愿
   C. 有利于提高体检的准确性　　D. 节约费用
6. 员工能否被正式录用的关键取决于(　　)。
   A. 试用期时间长短　　　　　　B. 试用期考核结果
   C. 录用培训的效果　　　　　　D. 试用期是否有失误
7. (　　)是已被多年实践充实完善并被证明是很有效的管理干部测试方法。
   A. 公文筐测试　　　　　　　　B. 无领导小组讨论
   C. 即席发言　　　　　　　　　D. 角色扮演

判断题

1. 专业性职位的候选人由人力资源部进行甄选就可以了,完全没有必要请由部门经理和专家组成的甄选委员会来进行甄选。(　　)
2. 甄选工作在整个招聘过程中已经越来越居于核心地位,应该借助多种甄选手段来公平、客观地作出正确的决策。(　　)

3. 甄选能为企事业组织中空缺的职位寻找到合适人选,实际上它含有招聘的成分。（　　）
4. 有效的甄选会花更多的金钱和大量的时间。（　　）
5. 美国微软公司近一半的员工都是通过人才猎取方式获得的。（　　）
6. 人员挑选是从应聘者中挑选出最优秀的人才的过程。（　　）

讨论题

1. 在员工甄选的过程中,你觉得面试在前好还是笔试在前好？
2. 在培训和经历评估的方式中,你认为哪一种是最有效的？为什么？
3. 为什么大多数公司在甄选过程中基本只用到笔试和面试两种方法,其他的诸如评价中心法、人格测试等都未用到,谈谈你的看法。

讨论案例

新巴克百货公司的招聘

新巴克百货公司在中国各地有 25 个销售点。人力资源管理职能由位于上海总部的 9 个人组成的人力资源部门来行使,这个人力资源部门负责每个分店经理的雇用。当一个新店开张时,一位人力资源管理师出差到新店所在地先为其雇用一名经理,然后这位新店的经理才被赋予为该店铺雇用必要人员的责任。

一位人力资源管理师李慧最近为一家在广州市新开的店挑选了关涛作为经理。在开始经营的头 6 个月,店铺中人员流动率达 120%。助理经理的职位已经换了 3 次,一般的销售人员平均只待 2 个月。李慧被派往广州市调查这个问题。

李慧询问并让关涛描述他在挑选人员时所用的雇用实践,关涛作了以下答复："我作出的挑选是依靠我个人对每个求职者的面试。我向所有的求职者提出某些基础问题,如他们是否乐意在周末工作并且是否乐意加班。除此之外,我并不是按事前确定的问题顺序去发问,恰当地说,我尽力使问题适合于每一位申请人,在面试之前,我反复阅读了求职者的简历与申请表格,以便熟悉他们的背景与过去的经历。通过这方面的信息,我确定他们是否符合工作的最低资格,然后我才开始对那些至少满足最低资格的人进行面试。在面试过程中,我试着确定该求职者是否是一个喜欢与别人一道工作的性格外向的人。当面试助理经理时,我也寻找他有无领导技能。"

然后李慧问关涛,他是如何确定哪一位求职者可以被雇用的,关涛作了如下陈述："求职者给我的第一印象是相当重要的。一个人如何介绍自己、如何开口谈论以及他的服饰都很重要,并且确实对我的最后决策有一些影响。然而,可能最具影响因素的是与求职者目光的接触,当与某个人目光接触时,那就表明他在聆听并且是诚恳的。微笑、一次坚定有力的握手、两脚平放地面的笔直的坐姿也都是我作出决策的重要因素。最终,如果一个求职者受到雇用,他必须对本公司感兴趣,而不仅仅是为了一份工作。我的第一个问题是:'你为什么想要为新巴克工作?'我对那些已知道很多新巴克事情的求职者印象很深。"

李慧现在必须对关涛的雇用实践作出评价,以确定它们是否是影响人员流动问题的关键因素。

资料来源:http://365et.online.sh.cn/shownews.asp?idx=24602。

问题:
1. 假如你是李慧,请你为关涛策划一个完整的面试过程。
2. 关于如何改善面试决策,你会向关涛提供哪些建议?

复习思考题

1. 甄选的一般流程是怎样的?
2. 简述评价中心法的优缺点。
3. 影响面试信度与效度的问题有哪些?

推荐阅读

1. 徐世勇,陈伟娜. 人力资源的招聘与甄选[M]. 北京:清华大学出版社,2008.
2. 赵永乐. 人员招聘与甄选[M]. 北京:电子工业出版社,2009.
3. 李旭旦,吴文艳. 员工招聘与甄选[M]. 上海:华东理工大学出版社,2009.
4. 罗伯特·D. 盖特伍德,休伯特·S. 菲尔德. 人力资源甄选[M]. 北京:清华大学出版社,2005.
5. 世界500强企业管理标准研究中心. 员工甄选与聘用[M]. 北京:中国社会科学出版社,2004.
6. 张永乐. 招聘与面试[M]. 上海:上海交通大学出版社,2006.
7. 菲奥克. 选人的真理:卓越的商业成功始于卓越的人才甄选[M]. 北京:当代中国出版社,2008.
8. 黛安娜·阿瑟. 员工招募、面试、甄选和岗前引导[M]. 北京:中国人民大学出版社,2003.
9. 孙武. 企业如何甄选可用之才——特质面试的设计[J]. 中国人力资源开发,2009(1).
10. 王庆娟,张义明. 中国文化下的甄选程序公平原则[J]. 中国人力资源开发,2008(5).
11. 王丹,李琼. 集团企业信息化核心人才甄选技术[J]. 中国人力资源开发,2007(9).

第七章 绩效管理

不能搞平均主义,平均主义惩罚表现好的、鼓励表现差的,得来的是一支坏的职工队伍。作为一个管理者,要积极减少和消除不公平现象,做到公平处事、公平待人,不搞以好恶论人,亲者厚、疏者薄。

——史蒂格

传统上,过程的每一块职能部分均有一个部门来负责,该部门的主管对这块绩效承担责任,可是,没有谁对整个过程负责,很多问题都源自部门要求与整个过程要求之间的冲突。结果,这个过程在运作中常常既无效果也无效率,也注定不具有适应性。

——约瑟夫·朱兰

本章学习目标

1. 理解绩效管理的概念、目的。
2. 掌握绩效管理体系在人力资源管理中的作用。
3. 掌握绩效管理的主要方法与工具。
4. 掌握绩效管理的常见问题及解决方法。

引导案例

索尼公司如何进行绩效管理

一、考核指标

在索尼公司内部,采用的是5P评价体系来全面评估员工的业绩。5P是指Person(个人)、Position(职位)、Past(过去)、Present(现在)、Potential(潜力)。一个人(Person)在一个职位(Position)上要符合这个位置的要求才会有业绩。公司根据员工的业绩(Performance)决定其能否得到晋升。Performance本身由三部分构成:Past(过去的业绩)、Present(现在的业绩)和 Potential(潜力)。

二、实施

索尼实施"360度管理",做每件事都制订计划,绩效管理亦是如此。索尼在网上公开工作计划,并在实施过程中每天核查行动结果;同时,事前通过不断观察对各种情况作出预测,以不断调整方案,保证工作有效完成。因此,计划的细节方面经常变化。

索尼实行的是年度考核制。到年末每个员工首先自我评估,评估考核的标准都在网上公布;然后上司会与员工谈话,分析员工的工作内容,然后对其方式、方法进行评估,评估员工的工作态度、团队合作精神,等等。

三、评估

索尼通过提供很多问题让员工回答,从而得到量化的结果,以此作为个人评估的依据。在评估的过程中,就会发现员工的不足与优秀之处。第二年的目标也会在评估的过程中确定下来,这样公司就能够确定第二年具体到每个员工的培训方向。

做完个人的评估,还要对团队进行评估。每一个分公司的总经理要陈述对下级的评估,说明打分的原因。作为管理者要帮助下属完成任务,帮助下属发展、提高技能,如果管理者的技能需要提高,在陈述的过程中也要给他提出目标。另外,还要对各部门进行评估,以掌握各个分公司、各个部门之间的平衡。做完公司的评估以后,就知道整个公司在哪些方面需要尽快改善。

需要说明的是,员工的资历在整个评估体系中是无足轻重的,索尼看重的是业绩,而不是在公司待了多少年。因此,对资历浅但作出业绩的员工的评价一样会高。

资料来源:http://cmspass.blog.163.com/blog/static/57083484200810240352380/。

第一节 绩效管理概述

一、什么是绩效管理

(一) 什么是绩效

绩效(Performance),也称为业绩、效绩、成效等,反映的是人们从事某一种活动所产生的成绩和成果。比如,你的同学正在复习准备考研,如何提高效率,尽快达到学习目的,这就存在绩效问题。还有,小孩快上学了,家长如何引导他学知识,也是个绩效问题。

绩效有两个层次:对组织而言(组织绩效),绩效就是任务在数量、质量及效率等方面完成的情况;对员工个人而言(个人绩效),绩效就是上级、下级以及同事等对其工作状况的评价。

(二) 什么是绩效管理

绩效管理(Performance Management)这个概念是由比尔等人于1976年提出来的,他们将绩效管理定义为"管理、度量、改进绩效并且增强发展的潜力"。之后,绩效管理的概念逐步完善,发展成为对组织和员工的行为与结果进行管理的一个系统,是一系列充分发挥每个员工的潜力、提高其绩效,并通过将员工的个人目标与企业战略相结合,以提高组织绩效的一个人力资源管理过程。

(三) 绩效管理的过程

绩效管理不是简单的、静态的任务管理过程,也不等同于绩效考核,它绝不是在季度末或年度末填写的那几张表格。绩效管理的过程是一个循环的过程(见图7-1)。在这个过程中,不仅强调了绩效结果,更为重视的是通过目标、辅导、评价、反馈等环节而达到结果的过程。绩效考评只是绩效管理循环中的一个环节。

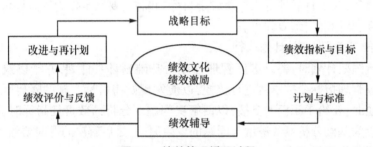

图7-1 绩效管理循环过程

绩效管理的循环过程可以被划分为绩效分析、绩效计划设定、绩效计划执行、绩效评价和绩效反馈五个阶段,统称五阶段模型。

1. 第一阶段:绩效分析

在这一阶段中将会分析迄今为止的业绩与能力、环境预测,有必要时以此为基础修订战略,而且还有清除不必要的指标、追加新指标等绩效指标更新的过程与重新设定各个指标中期目标的过程,即为了执行企业的远景与战略,需要分析目前的绩效水平(例如,绩效管理指标的监控以及绩效目标业绩评价)来发现问题,并寻找解决方案。此时,如果有必要应该重新修订战略,并以修订过的战略为基础重新确定绩效指标。

2. 第二阶段:绩效计划设定

在这一阶段中设定企业当年的经营绩效目标,并为了实现这个目标,设定组织与个人的绩效目标,而后为了实现这个目标制定相应的战略,并与绩效目标一起分配给下属组织。每个员工通过这样的过程,确定评价自己绩效的标准。

这个过程应该是:首先,把企业绩效指标中的所有财务指标转换为绩效责任指标,指标状态呈现下降趋势或恶化的非财务指标也一同转换为绩效责任指标,而后设定有关绩效责任指标的本期绩效目标水平。其次,将这样的企业绩效目标经过与有关组织之间的协议后分配给各个组织(事业部层次以及部门、个人层次)。因此,各组织的绩效目标由战略目标、本职目标和贡献目标构成。其中,战略目标是上级组织赋予的目标。本职目标是从自身的一般绩效责任以及涉及战略的自身绩效指标中,以所有的财务指标以及状态呈现下降趋势或恶化的非财务指标为中心,组织自己自发性地设定的目标。贡献目标是根据其他组织的期望所制定的目标。再次,把各个绩效目标的具体执行战略以及对其负责任的组织名称和绩效目标实施战略一起明示出来,并把与此相关的工具性先行目标战略性地分配给下属组织。重复几次这样的过程之后,可制订个人绩效计划以及绩效目标实施战略。绩效目标实施战略,是指根据实际业绩以及客户需求、标杆、环境预测设定好预期障碍因素与解决方案之后,制定具体的核心执行目标。最后,为了日后评价以往所设定目标的绩效,要制定作为绩效评价标准的评价尺度,从而确定绩效评价表。

3. 第三阶段:绩效计划执行

执行绩效计划时,要以进度管理程序为基础制订月计划,并予以执行和评价。绩效管理指标要按季度进行监控,以便发现妨碍目标实施的障碍因素。当发现问题时,要给予积极的支援,以便解决问题。分析绩效责任指标时,要以月业绩评价为基础分析业务进度与问题的发生原因,之后解决问题时要给予支援,必要时还要修订目标本身,以便达成绩效目标。

4. 第四阶段:绩效评价

绩效评价是指把绩效实现程度与绩效目标相比较进行评价(绩效目标实施率评价)的情况。绩效评价有两个过程,首先是被评价者对自身的绩效进行评价的过程,然后是评价者对被评价者进行评价的"评价者评价"和被评价者与评价者通过面谈对评价达成共识的"评价面谈"。通过这样的过程确定评价结果之后提交给主管部门。主管部门将会综合这些结果,对个人的最终评价等级作出决定。

5. 第五阶段:绩效反馈

绩效反馈发生在绩效分析、绩效计划执行、绩效评价等阶段。在绩效分析阶段,可以通过业绩结果的反馈修订中长期目标与战略。在绩效计划执行阶段,可以通过业绩分析反馈修订业务,促进月计划。在绩效反馈中重要的是激励,与评价结果相联系的物质性或者非物质性激励将会提高员工们的士气。

由以上介绍我们可以看出,绩效管理是一个企业战略指导下的动态的循环过程。在这个过程中,绩效指标的确定是个关键,它直接决定了绩效管理的效果。为了与企业战略紧密结合,并实现企业的均衡发展,人们想出了很多方法。其中最有影响力的一个方法是平衡计分卡,在后面将对其进行详细介绍。在确定绩效指标时,总体思路都是将企业的战略目标层层分解为各部门以及员工个人的绩效目标,关键绩效指标(KPI)的思想方法为我们提供了一个分解思路。可以这么说,平衡计分卡保证了围绕企业战略目标的均衡发展,而KPI的方法则提供了确立具体的绩效指标的途径,二者的基本出发点都是在绩效管理过程中实施目标管理。目前,被广为接受的方式是将二者结合起来制定绩效指标。

另外,绩效管理过程还是一个持续的沟通过程,它特别强调沟通、辅导及员工能力的提高。沟通贯穿于绩效管理过程的始终,而且在不同的阶段,沟通的重点也有所不同。在计划阶段,主管与员工经过沟通就目标和计划达成一致,并确定绩效评价的标准。在辅导阶段,员工就完成绩效目标过程中遇到的问题和障碍向主管求助,主管有义务对员工遇到的问题提供技能上的指导或协助员工解决外部资源等障碍。同时,在这一阶段员工还应根据条件的变化,经与主管沟通达成一致后,提出计划变更,并确定新的评价标准。在考核与反馈阶段,员工有责任向主管汇报工作的进展情况,主管需要收集评价数据并对员工在完成目标过程中出现的问题及时纠偏,避免问题的累积和扩大。

二、绩效管理的目的

绩效管理的目的主要有三个,分别为战略目的、管理目的、开发目的。

(一) 战略目的

在实施绩效管理的组织中,管理者必须能够把员工的工作活动以及工作产出与组织的目标联系起来并保持一致。执行组织战略的主要方法是,首先界定为了实现某种战略所必需的结果、行为以及(在某种程度上还包括)员工的个人特征是什么,然后再设计相应的绩效衡量和反馈系统。

在运用绩效管理系统实现组织战略时,应首先明确企业的战略,然后通过战略目标分解,逐层落实,将企业的中长期目标分解到部门和员工个人,在此基础上订立相应的绩效评价指标和标准,设计相应的绩效评价和反馈系统。但是,企业实际上并不能有意识地运用绩效管理系统向员工传达企业的目标。

(二) 管理目的

绩效管理的管理目的主要是指绩效管理为组织的薪酬薪资管理(加薪)决策、晋升决策、保留—解雇决策、临时雇用、对个人绩效的承认等多项管理决策提供必要的信息。

但是,多数管理者却将绩效评价视为一个不得不做的难办的过程,他们往往倾向于给所有的雇员都打高分或者至少给予他们相同的分数,导致绩效管理系统的绩效评价信息没什么意义。比如,一位管理人员这样说道:"一个不可回避的事实是,每当我评价一位雇员时,我都会停下来认真地思考一下我的评价所产生的后果——我的决定会给我与这个人之间的关系以及他在本公司的前途带来怎样的影响……无论是把它称为政治头脑,还是把它称为管理者的自由度,或者是把它叫做对雇员的绩效评价结果所作的微调,到最后,我都得与这个人继续相处,所以我不可能在不考虑后果的前提下对一位雇员进行绩效评价。"

(三) 开发目的

绩效管理能对员工进行进一步的开发,以使他们能够有效地完成工作。当一位员工的工作情况没有达到他所应达到的水平时,绩效管理就要对员工进行针对性的培训,提高员工的知识、技能和素质,促使其个人发展,使他们能够更加有效地完成工作。

为了实现绩效管理的开发目的,管理者需要与员工面对面地讨论他们的绩效缺点。但是这种方法往往使双方都感到不安,也可能使工作群体内部的人际关系变得紧张。或者管理者给员工一个较高的评价,也会使开发目的无法实现。

三、绩效管理体系与企业价值链的关系

要研究企业的绩效管理,首先应该从企业整体的价值链角度来思考。在赢得客户满意与忠诚成为企业获得可持续发展的关键环节的知识经济时代,企业的战略目标转化为以客户和市场为依据的具体目标,进而成为组织未来绩效的来源与动因。因此,企业价值链管理(见图7-2)是人力资源管理的一个核心。

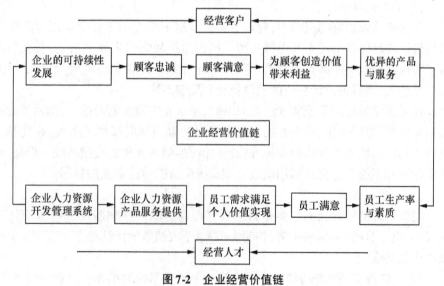

图 7-2 企业经营价值链

企业价值链管理包含价值创造、价值评价和价值分配三个基本部分，如图7-3所示。在知识经济时代，企业家才能、知识、资本和劳动共同创造了企业价值。企业价值创造出来后，如何在众多的价值创造要素之间进行价值的客观分配成为关键问题。一套完善的分配体系建立在对价值创造者的贡献度进行准确评价的基础上。从人力资源管理的角度来说，就是要建立一个按照业绩、能力分配企业价值的机制，因此必须建立一个科学的绩效考评系统。

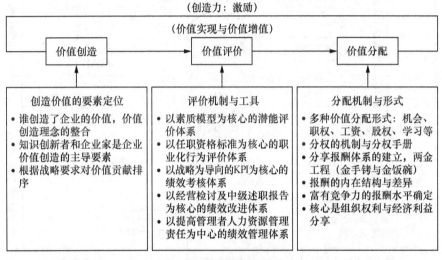

图7-3 企业价值链管理

四、绩效管理体系在人力资源管理系统中的作用

基于能力的人力资源管理系统可分为任职资格体系、绩效管理体系、潜能评价开发体系、薪酬管理体系、培训开发体系和人力资源规划六个业务板块。其相互的协同作用如图7-4所示。

绩效管理系统在整个系统中承担了中枢和关键的作用。在该系统中，战略决定了企业的组织结构、业务流程以及人力资源的规划配置，作为基础环节的潜能评价体系和任职资格体系则在规划和配置的基础上对员工的发展通道和职业生涯进行设计。任职资格体系对于确定职位的任职者提出了行为标准和能力标准，其中的行为标准是从流程的角度对任职者的关键行为进行规范，从而产生了员工的绩效行为依据和标准。绩效管理制度根据这个依据和标准对员工的价值创造活动进行评价，判断其是否符合所任资格的要求，或者对其绩效进行整体的评价。在评价结果的基础上，对员工创造的价值进行分配，同时根据与任职资格的符合程度对员工进行奖惩，并产生培训需求，以引导员工的能力不断提升。

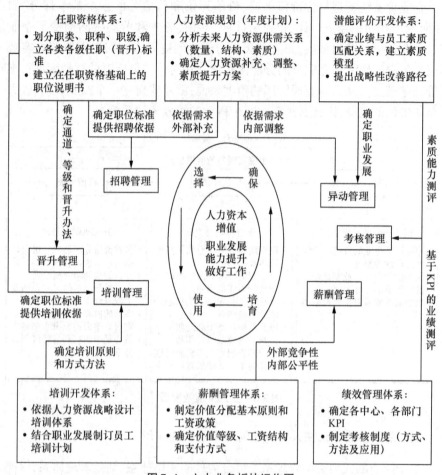

图 7-4　六大业务板块运作图

在现实应用中,绩效管理体系往往被错误地定位为分配制度,制度上非常明确地规定了某项工作未完成扣多少钱等惩罚措施。这造成员工的注意力只集中于如何避免受罚,而不是如何努力提高工作绩效。因此,为发挥出绩效管理原有的作用,应该对其进行正确的定位,必须要与分配制度相分离。正确的绩效管理体系首先应该建立以任职资格为基础、基于 KPI 的全面绩效考评体系,再通过薪酬、培训、晋升等措施体现对员工的激励,从而不断地提升员工的能力和工作绩效水平。

第二节 绩效考评的主要工具与技术

一、绩效考评工具的选择标准

绩效考评工具要阐明每个员工在实现最低目标中的职责。要达到这个目的,行为标准在一定程度上必须依据系统的工作分析和可信与有效的考评工具。因此,要根据以下三个标准来选择绩效考评工具:

(一)基于工作分析

人力资源工作人员用工作分析来说明达到某一具体工作最理想的绩效所需要的行为要求,工作分析的基本任务是弄清工作或环境所要求的行为的特征是什么。因此,应该根据工作分析来开发绩效考评的尺度,以方便人们评估自己和他人的生产率。这种评估生产率的方法是降低成本的最好方式,而且还能尽可能地减少因绩效考评而引起的法律纠纷。

(二)信度

判断一个绩效考评工具是否可信,可以采用下列方法(每个方法针对一种情况):

1. 重测方法

这种方法可以评估绩效测量方法不同时期的稳定性。它假设员工的绩效在一段时间以后是稳定的。它能测量出考评方法免受根据时间进行抽样调查导致的错误,如考评者标准或机器操作的随机变动。这就要求在两个或两个以上不同的场合,使用同一种工具测量同一部分人(如 30 人或更多人)。不同时间的相似程度就是信度尺度。完全信度相关系数为 1.00,相关系数在 -1.00—$+1.00$ 之间,正相关意味着员工这个时间绩效很高,下一次同样也很高;相反,负相关表明在时间 1 绩效很高、在时间 2 很可能绩效很低。当相关系数为 0.00 时,表明两段时期没有关系。信度尺度的理想状况应该为 0.7 或者更高。如果绩效测量的结果不稳定,反映的是随机波动,例如疲劳程度或情绪波动等。

2. 考评者内部信度

这种方法可以通过两个或更多考评者独立评估员工的一致性来确定。在此,"独立"是关键。完美的考评者内部信度(1.0)很难获得,因为两个或两个以上的观察者很少同时或以同样的方式观察同一个体。然而,不同的考评者之间的相关系数至少应为 0.6,如果小于 0.6,且考评者有机会观察员工并有能力区分有效与无效表现,那么很可能就反映了考评者的态度和偏见。将考评结果分解成一系列直截了当的判断(评价)是提高考评者内部信度的一个方法。

3. 考评量表内在信度

它反映量表的内部一致性,显示同一量表里的所有项目是否在测评同一维度(如质量)。它提供了一种方法来检查量表在何种程度上避免了内容样本失误。比如,如果量表是用来测量产品质量的,那么提高市场份额就与质量无关,应该将其去掉。理想状况是相关系数不小于0.8。

(三) 效度

评价绩效考评工具的效度可以从以下三个方面入手:

1. 考评工具必须具有内容效度

一个内容效度必须包含关键工作行为的代表性样本。

2. 如果该考评工具的目的是预测员工做不同工作的预期绩效,就必须具有预测效度。

对个体在现有工作中的绩效考评打的分数与对同一个人在下一个工作中的绩效测量打的分数相关。预测效度的样本要求包括30人或更多的人的工作,然而在同一组织中很少有这么多人在同一职位上工作,因此组织很少使用预测效度。

3. 结构效度

鉴于预测效度在技术上不可行,因此要使用结构效度。结构效度被用来推测被考评者拥有的一些素质或结构的程度(如员工对组织的价值),它假定质量或结构在该绩效考评方法中可以被反映出来。确定结构效度的大致程序是先收集几个不同的在逻辑上能够测量同一结构(如管理技巧)的绩效考评方法,然后观察这些方法之间的关系。高度相关则表示有结构效度。

与效度相关的还有实用性和标准化。一个考评工具对使用者来说必须可以理解、有道理而且要能够被接受。如果使用者认为该工具使用起来较困难和较麻烦,就没有达到设计的目的。另外,一个考评工具在符合组织要求的同时,还要符合法律的规定。

二、绩效考评的方法与技术

(一) 基本方法

所谓基本方法,就是说这类方法不仅可用于绩效考评,还可用于其他领域,而专用方法就是专门用于绩效考核的方法。很多基本方法在前面章节都已经涉及过,因此,在此不作详细分析。基本方法主要有比较法和因素考核法两种。

1. 比较法

通常,企业使用比较法对员工的绩效进行考评,员工的绩效是通过与其他员工的绩效相比较来进行考核的。在比较法中,根据考核方式的不同,又分为一般分级法、交替排序法、配对比较法、强制分布法四种方法。

(1) 一般分级法

要求管理者将本部门所有员工，根据每一个关键绩效指标进行排序，如从绩效最高者到绩效最低者或从最好者到最差者进行排序。根据所有的排序结果，得出员工的绩效考核分数。

使用一般分级法进行绩效考核时，考核者要用科学的方法对关键绩效指标进行考核并得出可用于比较的结果。但是也可能出现员工的业绩水平相近而很难进行准确排序的问题。

(2) 交替排序法

这种方法也称为个体排序法，是指在每一个关键绩效指标上，先选出最好的和最差的员工，填入表格；再从剩余的员工中选出最好的和最差的，填入表格；以此类推，直到所有员工都被填入表格。使用交替排序法进行考核要比绝对地对员工的绩效进行考核容易使用。

交替排序法的操作方法如下：

首先，考核者需要列出所有需要考核的人员的名单，并将考核者自己不是很熟因而无法对其进行考核的人员的名字除去。

其次，用表格来显示。在被考核的某一特点上，将考核表现最好和表现最差的员工的名字分别列在表格的最前面和最后面。

最后，这样依次比较剩下的员工的绩效，用相同的方法进行填写，直到所有考核员工的名单都排列到表格中为止。

用交替排序法考评员工既可以使用单一的指标，也可以根据员工行为的整体来判断工作绩效；多元标准的考评每次采用一个标准排队，将多次排队的结果平均，作为员工最后的排序位置。

使用交替排序法进行绩效考核时，优点是用表格的形式将考核结果表示出来，能够让员工清楚地看到自己的位置，但是这种方法容易对员工造成心理压力，员工面对这种显性的对比可能在感情上不容易接受。

(3) 配对比较法

配对比较法要求管理者将需要考核人员中的每一位员工，在每一项特性指标方面，如工作质量、数量、创造性等，与其他考评对象一一进行比较。在一位雇员与另外一位雇员的比较中，绩效优秀的雇员在个人得分中记1分，否则记0分。在全部的配对比较完成之后，对每一位员工的所得分数进行汇总，从而得出每一位员工的绩效评价分数。

表7-1和表7-2就是用配对比较法对五名员工(A、B、C、D、E)进行工作质量和创造性的考评。

表 7-1　配对法对员工绩效考核表（就"工作质量"要素所作的考核）

员工	A	B	C	D	E
A		1	1	0	0
B	0		0	0	0
C	0	0		1	0
D	1	1	0		1
E	1	1	1	0	
得分	2	4	2	1	1

注：可以看出，在就"工作质量"要素所作的考核中，B 为最优。

表 7-2　配对法对员工绩效考核表（就"创造性"要素所作的考核）

员工	A	B	C	D	E
A		0	0	0	0
B	1		0	1	1
C	1	1		0	1
D	1	0	1		0
E	1	0	0	1	
得分	4	1	1	2	2

注：可以看出，在就"创造性"要素所作的考核中，A 为最优。

配对比较法是一种系统比较程序，科学合理，但此法通常只考评总体状况，不分解维度，也不测评具体行为，其结果也是仅有相对等级顺序，不能反映员工之间的差距有多大。当被考评者达到 10 人以上时，对偶比较次数太多，就会变得非常费时，实际上变得不可行了。

（4）强制分布法

强制分布法假设员工的工作行为和工作绩效整体呈正态分布，那么按照正态分布的规律，员工的行为和工作绩效好、中、差的分布存在一定的比例关系，中的员工应该最多，好和差的员工极少。强制分布法一般都是按照一种提前确定的比例将考核者分别分布到每一个工作绩效上去。

企业可以在考核前设置强制比例，如表 7-3 所示。

表 7-3　强制分布表

等级	绩效描述	比例分布
A	绩效最高	15%
B	绩效较高	20%
C	绩效一般水平	30%
D	绩效低于要求水平	20%
E	绩效很低	10%

强制分布法的优点：首先，采用这种方法，可以有效避免由于考核者的个人

因素而产生的考核误差。如可以避免传统考评中大多数员工的绩效都是良好的情况发生。其次,具有激励的功能,能够让绩效差的员工意识到差距,从而激励员工提高绩效而不至于被公司淘汰。

强制分布法的缺点:首先,在公司员工的能力分布呈偏态(如一个部门的员工都十分优秀)时,该方法就不合适了。其次,这种方法只把员工分成有限的几种类别,难以对员工的差别进行具体比较,也不能在诊断工作问题时提供准确可靠的信息。

2. 因素考核法

因素考核法是将一定的分数按权重分配给各项绩效考核指标,使每一项绩效考核指标都有一个考核尺度,然后根据被考核者的实际表现在各考核因素上评分,最后汇总得出的总分,就是被考核者的考核结果。

方法举例:我们可以为被考核者设定出勤、能力、成绩、组织纪律四个绩效指标,运用因素考核法划分权重并制定标准,并以此为基础对员工绩效进行考核,如表7-4所示。

表7-4 考核标准

被考核人姓名:		
考核因素	比重(%)	等级评价
出勤	30%	● 出勤率100%为满分(30分),病事假一天扣1分,旷工一天扣20分,迟到或早退一次扣15分,旷工一天以上或缺勤30天以上者不得分。
能力	20%	● 技术高、能独立工作、完成任务好、胜任本职工作的评为上,低于这个技术水平的评为中或下。在考核阶段内如有一个月未完成下达任务的扣10分。
成绩	30%	● 协调性好、积极主动工作、安全生产、完成任务好的评为上,较差的评为中,再差的评为下。在工作、生产中出现一次差错,造成损失或安全、质量方面发生事故的,经公司处理者一次扣10分,情况严重者不得分。如有1个月未完成下达任务的扣15分,病事假每一天扣0.5分。
组织纪律	20%	● 工作服从分配、遵守规章制度、讲究文明礼貌、能团结互助的评为上,否则评为中或下。违反公司规章制度或因工作失职经公司处理者一次扣10分。
★ 对每个考核因素,又各分为上、中、下三个等级。各个考核因素的上、中、下三个等级的比例分别控制在25%、60%、15%。		

(二) 特征法

按具体形式区分的考评方法,可以衡量员工拥有某些特征(如依赖性、创造性、领导能力)的程度,这些特征通常被认为对岗位和企业是非常重要的,而且该方法容易更新。但是为了避免主观性和偏见,应该在职业分析的基础上作详细设计。

1. 图尺度评价法(Graphic Rating Scales)

在图尺度评价法中,要求考评者就量表中列出的各项指标对被考评者进行评定,评定一般分为5个等级。例如,评价员工与人相处的能力是好、较好、平均、较差、差,也可以让评定者在0到9分的连续分值上为员工打分。

图尺度评价法的设计可以很简单,有时可以只用数字而不用附加文字说明,如最简单的可以只列出一段有均等刻度与分段的标尺,令考评者适当勾选就行了。但是对于等级和标准的选定必须合理,只有当尺度(等级)和标准被精确定义后,主观偏见产生的可能性才会大大降低。

关于"工作质量"的图尺度评价法如表7-5所示。

表7-5 图尺度评价法

工作绩效维度	绩效等级			
	一贯优良	有时优良	总属于中等	从来不好
工作质量				
成品率				
精度外观				

2. 个性特质量表(Trait Scales)

测量员工最常用的方法是个性特质量表。例如,测量员工的"忠诚"、"独立"、"果断"和"自我管理"等。这种方法有两个特点:(1) 同一个尺度稍作修改就可以适合从高级主管到最基层雇员的所有员工。每个人都希望别人忠诚、独立、果断和能自我管理,而不管别人从事什么职业。(2) 个性量表能被迅速设计出来。设计时不需要花大量时间去思考修饰语,而且整个组织可以使用同一个考评表。但是,需要注意的是,要想简单易行而试图开发出一种万能的考评工具,则是不切实际的。另外,如果要使员工的行为产生相对较持久的变化,反馈和目标设置必须具体化,而且它们还必须与影响员工绩效的关键事件有关。因此,要使考评有效,必须为目标工作或工作族设计一些有针对性的考评工具。

表7-6、表7-7是一些组织使用的个性量表法的两个例子。

表 7-6 以个性特质为导向的绩效考评量表(一)

单位:		部门:		职位:		报告时期:	
a. 优秀	b. 超出平均水平		c. 一般	d. 低于平均水平		e. 不令人满意	
1. 适应能力		a b c d e		9. 实践能力		a b c d e	
2. 勤奋和运动能力		a b c d e		10. 潜力		a b c d e	
3. 与他人的合作		a b c d e		11. 沟通技巧		a b c d e	
4. 工作质量		a b c d e		12. 计划		a b c d e	
5. 作出决定		a b c d e		13. 能力		a b c d e	
6. 态度和仪表		a b c d e		14. 领导能力		a b c d e	
7. 工作贡献		a b c d e		15. 冷静		a b c d e	
8. 首创精神		a b c d e		16. 个人行为		a b c d e	

表 7-7 以个性特质为导向的绩效考评量表(二)

姓名:		公司:		级别:		日期:		职业:	
S:足够　　D:不够									
	S	D		S	D		S	D	
忍耐			正直			首创精神			
热情			果断			判断力			
公平			能力			独立性			
勇敢			知识			不自私			
机智			忠诚			有胆识			
说明:对所有缺点、不足(选择 D 的项目)进行评论。未被观察的特征无需选择。									
(如有必要,可写在反面)						总体评价: (选择一个并画圈)			
			令人满意		不满意		介于两者之间		

资料来源:莱瑟姆,韦克斯利.绩效考评——致力于提高企事业组织的综合实力[M].北京:中国人民大学出版社,2006。

3. 书面法

(1)用于员工考评的书面法

这是以一篇简短的书面鉴定来进行考评的方法。书面法要求考评者以报告的形式,认真描述被评价的员工,考评的内容、格式、篇幅、重点等均不限,完全由考评者自由掌握,不存在标准规范。通常将谈及被考评者的优点与缺点、成绩与不足、潜在能力及培养方法等,并对员工的发展提出建议。

书面法的优点是:明确而灵活,反馈简捷,所以至今仍颇受欢迎。书面法还可以提供一些其他方法所不能提供的描述性信息,使考评者有机会指出员工独有的特征。书面法通常与其他方法一起使用。

书面法的缺点是:如果对员工的所有特征进行描述,将太费时(尽管与其他方法一起使用时,不一定要求作全面描述);描述将受到考评者写作风格和表达技巧的影响,评语虽各具特色,但只涉及总体,不分维度或任取粗略划分的维度;既无定义,又无行为对照标准,所以难作相互对比;带有主观性,描述的重点不一定能放在与绩效管理相关的方面;几乎全部使用定性式描述,无量化数据,据此作出准确人事决策,相当不易。

(2)用于管理人员考评的书面法——自我报告法

自我报告法是管理者利用书面的形式对自己的工作进行总结及考核的一种方法。自我考核是自己对自己一段工作效果的总结,让被考核者主动地对自己的表现加以反省,为自己的业绩作出考核。自我报告法通过"员工自我鉴定表"反映出来,如表7-8所示。

表7-8 员工自我鉴定表

姓名		学历		专业	
部门		入部门日期		现任岗位	
项目					
目前工作	1. 本月(年)你所实际担任的工作是什么? 2. 执行工作时,你曾感到有什么困难?				
工作目标	本月(年)你的工作目标是什么?				
目标实现	本月(年)你的工作目标的实现程度。				
原因	你的目标实现(或不能实现)的原因。				
贡献	你认为本月(年)对公司较有贡献的工作是什么?你做到了什么程度?				
工作构想	在你担任的工作中,你有什么更好的构想?请具体说明。				

(三)行为法

行为法是以员工行为为对象进行考评的方法,考评者遵循一种工作范围和尺度,对员工行为进行描述,以提高绩效考评的正确性。通过这些描述,考评者可以比较容易地考评员工在工作范围内的成绩。行为法用来评判哪些行为是应该的、哪些是不应该的。

1. 关键事件法(Critical Incident Approach)

关键事件法要求管理者将每一位雇员在工作中所表现出来的代表有效绩效与无效绩效的具体事例记录下来,然后每隔一段时间,比如一个季度或者半年,考核者和被考核者根据所记录的特殊事件来讨论后者的工作绩效。关键事件法对事不对人,让事实说话,考评者不仅要注重对行为本身的评价,还要考虑行为的情境。

在记载事件时需要注意以下几点:

(1)所记载的事件既有好事(如某日提前多久完成了所分配给他的某项重要任务),也有不好的事(如某日因违反操作规程而造成一次重大事故);

(2) 所记载的必须是较突出的、与工作绩效直接相关的事,而不是一般的、琐碎的生活细节方面的事;

(3) 所记载的应是具体的事件与行为,而不是对某种品质的评判(如"此人是认真负责的");

(4) 事件的记录本身不是评语,只是素材的积累。

表7-9为运用关键事件法对工厂助理管理人员进行工作绩效评价的实例。

表7-9 关键事件法举例

工作责任	目标	关键事件
安排工厂的生产计划	充分利用工厂中的人员和机器;及时发布各种指令	为工厂建立新的生产计划系统;上个月的指令延迟率降低了10%;上个月提高机器利用率20%
监督原材料采购和库存控制	在保证充分原材料供应的前提下,使原材料的库存成本降到最低	上个月使原材料库存成本上升了15%;"A"部件和"B"部件的订购富余了20%,而"C"部件的订购却短缺了30%
监督机器的维修保养	不出现因机器故障而造成的停产	为工厂建立了一套新的机器维护和保养系统;由于及时发现机器部件故障而阻止了机器的损坏

如果要应用关键事件法对被考评者进行绩效考评的话,那么在确定绩效目标和计划的时候,就要将关键事件与绩效目标和计划结合起来。

关键事件法有许多优点:它在对员工进行反馈时,不仅因有具体事实作为支持而易于被员工接受,而且还可以充实那些抽象评语,并加深被考评员工对它们的理解,有利于改进以后的工作,因而培训功能较强。此外,在设计和开发其他绩效工具时,可有助于从这些记录中找出合理的考绩维度和行为性实例,供作标尺刻度说明词用。

关键事件法的缺点是:关键事件的记录和观察费时费力;能作定性分析,不能作定量分析;不能区分工作行为的重要程度;很难使用该方法评价员工;它很少单独使用,一般用做等级绩效评价的补充说明,以增强绩效评价的说服力,减少绩效评价的主观性。

2. 强迫选择量表(Forced-Choice Scales,简称FCS)

强迫选择量表是第二次世界大战后由美国国防部开发研制的一种考评工具。它最独特的地方是要求考评者从以四个行为选择项为一组的众多选择组群中选择出最能反映与最不能反映被考评者的两个行为选择项。考评者不知道什么样的选择项能得高分。换句话说,考评者并不知道各选择项的分值。因此在考评过程中,客观性得到了保证。一个比较有代表性且比较有效的强迫选择量表一般包括15至50组选择项,组数多少取决于被考评者所从事工作的水平差异与复杂程度。

下面是考评一位教授的强迫选择量表的实例:(1)每年在专业杂志上发表研究成果;(2)受到许多资深教师的好评;(3)拒绝与系主任谈话;(4)拒绝为大学委员会服务。

其中两个选项描述的是良好行为,两个选项描述的是不良行为,考评者需要对照每个选项,从中选出与被考评者平时表现最相似与最不相似的两个选项。

在这种考评工具中,考评者的个人偏好或偏见性大大减少,从而保证了考评分数有一个合理分布而不是集中在分数过高的一头。而且考评者的考评不会受到员工外在条件的影响,因为考评者并不知道每组的四个选项中哪两个对员工计分有利。具体的计分结果只有人力资源部的人才清楚。

强迫选择量表也有它的缺点,其中最明显的有两个:其一,使一个诚实客观的考评者很难按照自己的意愿去把握对员工考评的结果。其二,不能让员工在考评中产生自我激励。换句话说,因为员工不知道各个选项的分数差异,就无法对自己的工作表现提供自我强化的反馈。1950年美国国防部废弃了强迫选择量表,是因为考评者无法把握最后的考评结果而对强迫选择量表产生了反感,以至于他们不约而同地想寻找另一种考评工具取而代之。

3. 行为尺度评定量表(Behaviorally Anchored Rating Scale,简称 BARS)

行为尺度评定量表又被翻译为行为锚等级评价法,它是为每一职务的各考评维度都设计出一个评分量表,并有一些典型的行为描述性说明词与量表上的一定刻度(评分标准)相应和联系(即所谓锚定),供考评被考评者的实际表现时作参考依据。

行为尺度评定量表最为突出的特点是每个尺度或例示都是用频率的词组来描述,例如"经常能够清楚解释组织方针的制定依据"。它的每一个尺度或例示都向考评者直接说明了什么样的行为表现是优秀的,什么样的行为表现是令人满意的,什么样的行为表现是不合格的。因此当考评者要给被考评者的行为评7分时,没有必要逐字逐句地解释得7分的员工的行为是什么样子。除此之外,该量表还有以下特点:(1)一般由考评者自己开发编制;(2)用考评者惯用的专业术语表述考评标准;(3)每个考评刻度标准都由考评者用一些关键行为与事件来界定;(4)要求每个考评标准相互独立。

这种考评量表允许考评者考评时针对每个考评标准的评判结果提供有关或相关行为表现的原始记录,作为自己或他人检查评定的备查证据。这有助于促使考评者依据日常的观察对员工进行考评。所有考评者依据考评记录进行考评。采取这种考评量表得到的考评分数比较准确。如果企业领导人或员工认为考评的结果不够准确,那么可以由第三方如人力资源经理,依据日常的考评记录评判考评者的分数是否符合事实。让考评者针对每种考评标准提供证据,可以使考评者时刻记住自己作出的每一个评判必须诚实认真。

行为尺度评定量表可以按照以下步骤进行编制：

(1) 用工作分析的关键事件技术来得出一系列有效和无效的工作行为。

(2) 工作分析者将这些行为分类为个人行为大致能表征的工作维度或工作者特征，然后将这些特征归类和加以定义。

(3) 在不知道所分配的维度的情况下，与主题有关的专家们评论行为清单。具体的做法是：把每一维度的名称和定义告知专家，要求他们将所有的行为按正确的维度加以分类，如果大部分专家(通常是80%或更多)分配给同一行为的维度与工作分析者分配给它的维度相同，则该行为被保留下来。

(4) "保留"下来的行为由第二组与主题有关的专家加以评审。这些人依照一项工作绩效去评定每种行为的有效性。例如，如果使用一个7级量表，"7"将代表一个极其有效的绩效水平，"1"将代表一个极其无效的绩效水平。

(5) 分析者们计算出被给予每一行为的有效性评分的标准偏差。如果该标准偏差反映评分有较大的可变性(专家们在该行为多么有效上意见不一)，那么该行为就被舍弃，然后为剩下的每一行为计算出评定的平均有效性。

(6) 建立最终的员工绩效体系。分析者为每个特征建构一个评定量表，量表中列出该特征的名称和定义。对行为的描述被放置在量表上的一个与他们的平均有效性评分相对应的位置上，如表7-10所示。

表7-10 客户服务行为尺度评定量表

△7	● 把握长远盈利观点，与客户达成伙伴关系
△6	● 关注顾客潜在需求，起到专业参谋的作用
△5	● 为顾客而行动，提供超常服务
△4	● 个人承担责任，能够亲自负责
△3	● 与客户保持紧密而清晰的沟通
△2	● 能够对客户形成回应，有问必答
△1	● 被动地对客户形成回应，拖延和含糊回答

客户服务行为尺度评定量表的优点是：第一，它可以通过提供一种精确、完整的绩效维度定义来提高评价者信度。第二，行为尺度评定量表有指导和监控行为的能力。由于量表能给员工提供其所需要的改进信息和强化性反馈结果，因此有利于对员工的激励与绩效辅导。它的缺点是：第一，它在信息回忆方面存在偏见。也就是说，那些与行为评定最为近似的行为是最容易被回忆起来的。第二，有时一个员工会表现出处在量表两端的行为，因此，评定者不知应为其分配哪种评分。

4. 行为观察量表(Behavioral Observation Scale，简称BOS)

行为观察量表法是在关键事件法的基础上发展起来的，它要求评定者根据某一工作行为发生频率或次数的多少来对被评定者打分。因此，行为观察量表只不过是将行为进行加总的考评量表,考评者只要把那些表示员工具体行为发生频率的数字简单相加就可以了。

我们可以通过以下步骤来建立量表:(1) 运用关键事件技术进行工作分析;(2) 通过工作分析识别出工作行为;(3) 将每种行为所出现的次数划分为五级标度,并进行因素分析;(4) 将每个要素内的每项得分相加,所得的总分与每个员工的小时工作量进行相关性分析。

表 7-11 是一个行为观察量表的示例。

表 7-11　行为观察量表示例

管理人员绩效考评 BOS 指标示例
克服改革中阻力的能力
1. 向下属说明改革的细节　　　　　　从不　1　2　3　4　5　总是
2. 解释改革的必要性　　　　　　　　从不　1　2　3　4　5　总是
3. 与员工讨论改革会对他们产生什么影响　　从不　1　2　3　4　5　总是
4. 倾听员工所关心的问题　　　　　　从不　1　2　3　4　5　总是
5. 在推进改革的过程中寻求下属的帮助　　从不　1　2　3　4　5　总是
6. 如果需要,指定下一次会议的日期,以便对员工所关心的问题作出答复　　从不　1　2　3　4　5　总是
总分:_____
不足　　　尚可　　　良好　　　优秀　　　杰出
6—10　　11—15　　16—20　　21—25　　26—30
注:分数由管理部门设定。

资料来源:加里·P. 莱瑟姆,肯尼斯·N. 韦克斯利. 绩效考评[M]. 北京:科学出版社,2004。

行为观察量表法有很多优点:第一,它克服了关键事件法不能量化、不可比以及不能区分工作行为重要性的缺点,是从员工所做的系统的工作分析中设计和开发出来的,因此有助于员工对考评工具的理解和使用。第二,它有助于产生清晰明确的反馈,因为它鼓励主管和下属之间就下属的优缺点进行有意义的讨论。第三,编制一份行为观察量表费时也费力,而且完全从行为发生的频率来考评会使考评者和员工双方都忽略工作的意义和本质内容。

5. 混合型标准量表(Mixed Standard Scales,简称 MSS)

由布兰兹和基色力(Blanz & Ghiselli,1972)开发的混合型标准量表与强迫选择量表相似。这种量表不让考评者知道考评的标准是什么,考评者只需根据行为指标评价员工的表现是优于(＋)、等于(＝)还是差于(－)行为指标描述的内容。这种量表的主要目的是减少诸如晕轮误差和过宽/过严误差。

6. 组织行为修正法

组织行为修正法是通过一套正式的行为反馈与强化系统来管理员工的行为。该系统建立在行为学家的机动观点基础之上，这种观点认为，雇员的未来行为是由其得到过正面强化的过去行为所决定的。

尽管组织行为修正法的技术是在变化着的，但是大多数此类方法都由以下四个部分组成：首先，它们要界定对工作绩效来说是必要的一套关键行为；其次，它们要运用一套衡量系统来评价这些行为是否被表现出来；再次，管理者或咨询人员将这些关键行为告知雇员，并且也许还会为雇员制定目标，要求雇员必须以怎样的频率来表现出这些行为；最后，向雇员提供反馈与强化。

组织行为修正法所涉及的技术已经被广泛运用到多种环境当中。其中一种被称为行为管理的技术，曾经被用于改善旅馆业中的房间清洁员的工作绩效。旅馆要求房间清洁员按照一份包括70个项目的行为检查单来进行操作，他们每完成一项行为就将此项行为要求从清单中勾去。通过提供反馈和强化，管理者就能够提高房间清洁员的工作绩效。

（四）结果法

结果法是一种按照员工的工作成果进行考评的方法，考评者以员工的工作结果而不是行为表现或特征来对员工进行考评。这种方法比较客观，容易为员工所接受，能够减少产生偏见的可能性。同时，结果法促使员工对其行为负责，可以促使员工认真谨慎地选择完成任务的方法。

1. 目标管理(MBO)

"目标管理"的概念是德鲁克1954年在《管理实践》中最先提出的，其后又提出"目标管理和自我控制"的主张。德鲁克认为，并不是有了工作才有目标，而是相反，有了目标才能确定每个人的工作。所以"企业的使命和任务，必须转化为目标"，如果一个领域没有目标，这个领域的工作必然被忽视。因此，管理者应该通过目标对下级进行管理。当组织最高层管理者确定了组织目标后，必须对其进行有效分解，转变成各个部门以及个人的分目标，管理者根据分目标的完成情况对下级进行考核和奖惩。

目标管理是一种程序或过程，概括来说，即是让企业的管理人员和工人一起亲自参加工作目标的制定，根据组织的使命确定一定时期内组织的总目标，并由此决定上、下级的责任和分目标，并把这些目标作为考核组织绩效以及考核部门和个人绩效产出对组织贡献的标准。它要求每个员工在工作中实行"自我控制"，并努力完成工作目标。目标管理具有以下优点：形成激励、有效管理、明确任务、自我管理、控制有效。

尽管你可以通过与员工一起制定目标并定期提供反馈来使用目标管理法，但是要运用这种工作绩效评价法，就必须在建立工作绩效评价体系的时候，考虑到整个组织的目标。

表7-12列示的是一家财务服务公司在其目标管理系统中所确定的目标。

表7-12 工作绩效评价的目标管理法举例

关键结果领域	目标	完成百分比（%）	实际绩效
债券组合管理	在今后的12个月内将债券组合的价值提高10%	90	在过去的12%个月内将债券组合的价值提高9%
销售额	在今后的12个月内实现3万美元的服务费收入	150	在过去的12个月内实现4.5万美元的服务费收入

目标管理法的优点：(1) 它重视人的因素，是一种参与性、民主性、自我控制性强的管理制度，也是一种把个人的需求和组织的目标结合起来的管理制度。(2) 它能使员工个人的努力目标与组织目标保持一致，能够减少管理者将精力放到与组织目标无关的工作上的可能性，从而能够帮助企业提高生产率。(3) 由于工作目标是部门领导与下属共同制定的，因此绩效标准相对客观。(4) 由于评价标准直接反映员工的工作内容，结果易于观测，所以很少出现评价失误，也适合对员工提供建议、反馈和辅导。

目标管理法的缺点：(1) 它没有在不同部门、不同员工之间设立统一目标，因此难以对员工和不同部门间的工作绩效作横向比较，不能为以后的晋升决策提供依据。(2) 目标的商定可能会带来管理成本的增加，因而采用目标管理法会比较费时间。(3) 与下属员工共同确定目标的过程有时候会演变成一场"舌战"，因为上级总想将目标定得高一些，而下属员工却千方百计地要把目标定得低一些。

2. 平衡计分卡(BSC)

平衡计分卡是1992年美国哈佛大学著名管理学家、会计学家罗伯特·卡普兰等人提出的一种全新的业绩评价工具。调查表明，迄今为止在《财富》杂志公布的世界前1000名公司中，50%以上的公司采用了平衡计分卡系统。平衡计分卡从顾客、内部业务流程以及学习和发展三个非财务指标角度弥补了传统财务指标的不足，并认为它们共同构成企业的绩效驱动因素，使公司在了解财务结果的同时对自己未来发展能力的增强和无形资产收购方面取得的进展进行监督，同时提供给管理者更广泛、更丰富的管理及决策信息，成为一种战略管理工具。这也正是平衡计分卡的思想精髓，通过绩效考核四个方面指标之间的因果驱动关系共同描绘组织战略的实施轨迹，并且通过绩效考核的计划—实施—管理过程契合组织战略的制定—实施—修正过程，使绩效考核与战略管理实现统一与一致。它为企业必须回答的四个问题提供了答案,即顾客如何看待我们(顾客角度)、我们必须擅长什么(内部流程角度)、我们能否持续提高并创造价值(学习与创新角度)、我们怎样满足股东(财务角度)。平衡计分卡作为业绩评估系统的主要思想在于:协调各种根本不同的战略指标之间的平衡,努力达到目标的一致;鼓励员工按照企业的最大目标努力工作;凝聚组织,增加沟通。

平衡计分卡包括四个维度,其基本框架如图 7-5 所示。

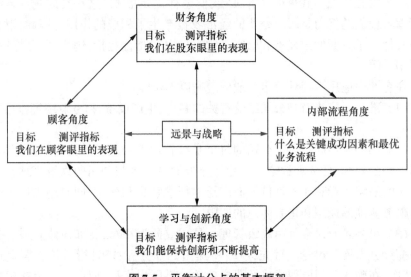

图 7-5 平衡计分卡的基本框架

这四个维度分别是:

(1)顾客方面。其目标是解决"顾客如何看待我们"这一类问题。"如何为顾客创造价值"是公司的首要任务。公司如何以顾客为导向进行运作已经成为管理层首先考虑的问题,平衡计分卡要求管理者把为顾客服务的声明转化为具体的测评指标,这些指标应该能够反映真正与顾客相关的因素。顾客所关心的五类事情是:时间、质量、性能、服务、成本。对于企业来说,应该明确这些方面所应该达到的目标,然后把这些目标转化为指标。客户方面体现了企业对外界变化的反应。常见的客户指标包括送货准时率、客户满意度、产品退货率、合同取消数,等等。

(2)内部流程方面。其目标是解决"我们必须擅长什么"这一类问题。以顾客为基础的指标十分重要,但是优异的顾客绩效来自组织中所发生的流程、决策和行为。管理者需要关注这些使公司能满足顾客需要的关键的内部经营活动。内部流程方面的指标应该来自于对顾客满意度有最大影响的业务流程,包括生产率、生长周期、成本、合格品率、新产品开发速度、出勤率,等等。

（3）学习与创新方面。其目标是解决"我们能否继续提高并创造价值"这一类问题。以客户为基础的测评指标和内部业务程序测评指标,确定了公司认为竞争取胜的最重要的参数。但是环境和竞争要求公司不断改进现有产品和流程。只有通过持续不断地开发新产品、为顾客提供更多价值并提高经营效率,公司才能够发展壮大,从而增加股东价值。学习与创新方面的指标将注意力引向企业未来成功的基础,如设计人员、信息系统和市场创新等问题。

（4）财务方面。其目标是解决"我们怎样满足股东"这一类问题。告诉企业管理者他们的努力是否对企业的经济收益产生了积极的作用。因此,财务方面是其他三个方面的出发点和归宿。常见的财务指标包括:销售额、利润率、资产利用率等。

在企业内应用平衡计分卡一般应遵循以下步骤:

（1）准备。应当对与公司经营有关的客户、生产设备、财务业绩等作出适当的定义。

（2）第一轮访问记录。公司的每个高级管理者必须了解公司的内部情况,包括公司的目标、任务和战略。平衡计分卡的设计者与公司的高级管理者一起就公司的战略目标和业务评价方面广泛地征求意见和建议,同时还应该了解股东对财务业绩的期望和重要客户的期望。

（3）第一轮研讨会。由高级管理人员成立研讨小组,就如何建立适合公司的平衡计分卡展开讨论。首先,应就所提出的任务、战略进行辩论直至达成共识;其次,在确立公司取得战略经营成功的关键因素之后,应形成一个初步的对公司战略经营业绩进行评价的多层面的计分卡,一般不少于四到五个方面,然后就这些层面投票进行取舍。

（4）第二轮访问记录。就第一轮研讨会初步形成的计分卡内容征求高级行政管理者和董事会的意见。

（5）第二轮研讨会。此轮研讨会不仅包括高级管理者,还包括部属及中级管理人员,就公司的战略目标、任务和初步形成的计分卡进行分组讨论,将战略目标与平衡计分卡的多个层面结合起来,形成一个比较完整的计划。

（6）第三轮研讨会。此轮研讨会由高级行政管理人员参加,目的是就公司的战略、目标、任务在前两轮讨论会的基础上达成最终共识,就每个层面定出具体的评价指标,以确认初步的活动计划至目标的完成,该活动计划应便于员工的理解和执行。

（7）完成。最终完成平衡计分卡的设计,并建立数据库的信息支持系统,完成组织高层和基层的评价标准。

（8）定期检查和改进。高层管理人员与部门经理就战略平衡计分卡所显示的信息进行讨论,寻找缺点,并将其纳入新的经营计划之中。

建立平衡计分卡的流程示例如图 7-6 所示。

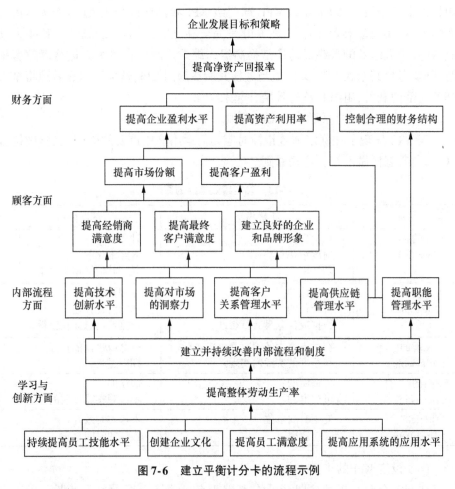

图 7-6　建立平衡计分卡的流程示例

3. 关键绩效指标法(Key Performance Indication,简称 KPI)

(1) KPI 的概念

KPI 是指企业宏观战略目标决策经过层层分解产生的可操作性的战术目标,是宏观战略决策执行的效果。

KPI 是衡量企业战略实施效果的关键指标。其目的是建立一种机制,将企业战略转化为内部流程活动,从而不断增强企业的核心竞争力并获得持续的发展。因此,通过 KPI,可以落实公司战略目标和业务重点,传递公司的价值导向,有效激励员工,提高人均效益,促进公司和员工的绩效改进和提升。

(2) KPI 的三个层次

绩效可以按其实施主题分为组织绩效、团队绩效、个人绩效三个层次,因此在对组织绩效进行评价时就要用企业级 KPI,在对部门绩效进行评价时就要用部门级 KPI，而在对个人绩效进行评价时就要用个人 KPI。从这个意义上说，KPI 包括以上三个层次，即企业级 KPI、部门级 KPI 和具体岗位 KPI（或个人 KPI）。实际上，在实施绩效管理时，三者并非是完全独立的，因为组织绩效依赖个人绩效，提高个人绩效的最终目的还是提高组织绩效。所以在对个人进行绩效考核时，既要考核其个人 KPI，又要适当考核其所在部门 KPI，这样可以有效地将个人利益与部门利益、组织利益有效结合起来。

（3）确定 KPI 的原则：SMART 原则

表 7-13 体现了在确定绩效指标时应如何运用这些重要的原则，怎样做符合这些原则，怎样做不符合这些原则。

表 7-13　确定绩效指标的原则

原则	正确做法	错误做法
具体的 （Specific）	切中目标 适度细化 随情境变化	抽象的 未经细化的 复制其他情境中的指标
可度量的 （Measurable）	数量化的 行为化的 数据或信息具有可得性	主观判断 非行为化描述 数据或信息无从获得
可实现的 （Attainable）	在付出努力的情况下可以实现 在适度的实践内实现	过高或过低的目标 期限过长
现实的 （Realistic）	可证明的 可观察的	假设的 不可观察或证明的
有时限的 （Time-bound）	使用时间单位 关注效率	不考虑时效性 模糊的时间概念

（4）设定 KPI 的步骤

在制定企业 KPI 时，根据企业的战略重点，运用头脑风暴法和鱼骨分析法找出业务重点（即企业评估重点），并找出这些关键业务领域的关键业绩指标（即企业 KPI）。在制定部门和岗位 KPI 时，通常采用以下步骤：

① 详细描述部门和岗位的工作职责。首先根据组织的战略目标与部门设置情况，根据部门间工作流程关系，确定每一部门的基本职责。然后根据部门内的岗位设置情况以及不同岗位间的工作业务流程关系，把部门的职责分解到各个岗位上，通过工作分析，明确每一岗位的具体职责，为每一岗位建立规范的工作说明书。

② 提取工作要项。工作要项是指各部门和岗位的工作中所包含的重要职责，在明确了工作职责的基础上，管理者与被管理者通过商讨共同确定将哪些工作作为工作要项。确定工作要项的具体方式有以下三种：第一，管理者与被管理者先通过商讨共同拟定一个初稿，然后召集所有有关下属员工一起讨论直到意

见一致为止。第二,管理者先拟定一个初稿,被管理者在仔细阅读的基础上提出改进意见,管理者再根据被管理者的意见作一定修改,直到双方都接受为止。第三,被管理者先拟定一个初稿,管理者在详细阅读初稿的基础上提出改进意见,被管理者再根据管理者的改进意见作一定修改,直到双方都接受为止。

③ 建立KPI。确定了工作要项之后,每一工作要项就是一个KPI。KPI必须符合数量化和行为化的标准,否则,就不能作为KPI。KPI有四种基本类型,即数量、质量、成本和时限,如表7-14所示。

表7-14　KPI的常见类型

指标类型	举例
数量	产量、销售额、回款数、市场占有率、利润等
质量	合格率、差错率、完好率、顾客满意度、投诉率等
成本	单位产品成本、人均费用、费用控制
时限	及时性、供货周期

④ 确定不同指标的权重。不同方面的绩效指标在总体绩效中所占的比重不一定相同。

⑤ 确定绩效标准。KPI体现了每一部门或岗位对组织目标有增值作用的工作产出,指标的内容规定了从哪些方面对工作产出进行衡量或评估,标准则表明了在各个指标上分别应达到什么程度或水平。绩效标准是进行绩效评价时所依据的标准,对于量化的绩效指标,设定的绩效标准通常是一个范围,这个范围的下限即基本标准,上限是卓越标准。基本标准是被评估对象必须达到的水平,如果被评估者的绩效表现低于标准的下限,表明被评估者存在绩效不足问题,须进行改进;如果被评估者的绩效超出标准的上限,则表明被评估者作出了超出期望水平的卓越表现。

4. 绩效合约

个人绩效合约借用了目标管理的核心思想,强调员工绩效目标的实现以及员工对组织目标达成的具体承诺。

运用个人绩效合约对员工绩效进行考核,首先需要根据组织绩效目标自上而下地层层分解,确定不同员工的主要绩效范围;然后设定相应的绩效目标并确定具体的考核指标,员工在与其直接上级进行沟通后签订个人绩效合约,员工的直接上级负责监督绩效合约的完成,如在每周的例会上向员工通报合约的完成情况,并负责根据绩效合约的具体要求对员工进行绩效考核。作为一种绩效考核与管理的有效工具,个人绩效合约在设计上比单纯的目标管理更具优势。

5. 标杆超越

标杆超越方法可以这样描述：不断寻找和研究业内外一流的、有名望的企业的最佳实践，以此为标杆，将本企业的产品、服务和管理等方面的实际情况与这些标杆进行定量化考核和比较，分析这些标杆企业达到优秀水平的原因，结合自身实际加以创造性地学习、借鉴并选取改进的最优策略，从而赶超一流企业或创造高绩效的不断循环提高的过程。

标杆超越活动由"标杆"和"超越"两个基本阶段构成。"标杆"阶段就是要针对企业所要改进的领域或对象，首先确定"谁是这一方面最好的？它为什么做到了最好？我们为什么差？差在哪里？"这意味着要确定学习和赶超的榜样，对其进行解剖和分析，同时也要解剖和分析自己，通过对比找出自己与榜样之间的差距及原因。这一阶段实际上是一个"知己知彼"的过程。但是关键在于"超越"对手，使自己成为"领袖"。因此，必须在前一阶段"知己知彼"的基础上，寻找支撑企业可持续发展的关键业绩指标及绩效改进的最优方法，拟定出超越对手的策略并加以实施，努力使自己成为同业最佳，这便是"超越"阶段。

以标杆超越为基础设计的绩效考核体系如图 7-7 所示。

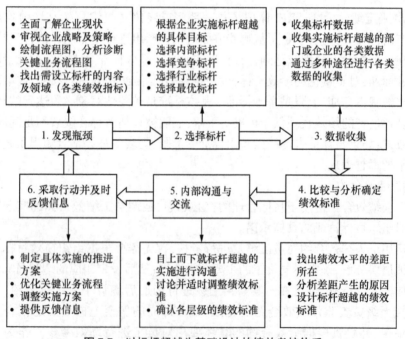

图 7-7　以标杆超越为基础设计的绩效考核体系

6. 生产率衡量与提升系统法

生产率衡量与提升系统法（Productivity Measurement and Enhancement System,

简称ProMES)的主要目标是激励雇员向着更高的生产率水平前进。它是一种对生产率进行衡量以及向全体雇员提供反馈信息的手段。

生产率衡量与提升系统法包括以下四个步骤：

(1) 组织中的人共同确定组织希望生产出哪些产出以及执行或达成何种系列活动或目标。组织的生产率通常取决于其能够在何种程度上生产出这些产出来。比如，对于一个修理店来说，"修理质量"可能就是其产出之一。

(2) 组织中的人共同确定能够代表产出的指标。这些指标是用来衡量组织实现产出的程度的。比如，修理的质量可能用以下两个指标来表示：返修率和通过质量控制检查的百分比。

(3) 组织中的人共同确定所有绩效指标的总量以及同这一总量相联系的各种总体绩效水平。

(4) 建立一套反馈系统，向雇员和工作群体提供关于他们在每一个指标上所得到的特定绩效水平的信息。

通过研究发现，生产率衡量与提升系统法在提高生产率方面是很有效的，而且它还是一种有效的反馈机制。它的缺点就在于：开发这套系统比较费时；由于注重结果，有时候员工所不能控制的某些外部原因导致的结果往往要由员工承担，在无意中会引起员工的短期行为而忽视长期结果。

三、考评信息的来源——360度考核法

360度考核(360° Feedback)，又称"360度绩效考核法"或"全方位考核法"，最早由被誉为"美国力量象征"的典范企业——英特尔公司首先提出并加以实施。360度绩效考核是指从员工自己、上司、直接部属、同事甚至顾客等全方位的各个角度，如沟通技巧、人际关系、领导能力、行政能力等方面来了解个人的绩效。通过这种理想的绩效考核，被评估者不仅可以从自己、上司、部属、同事甚至顾客处获得多种角度的反馈，也可从这些不同的反馈中清楚地知道自己的不足、长处与发展需求，使以后的职业发展更为顺畅。

(一) 360度考核的执行者

1. 上级

如果是顶头上司自然较了解情况，监控密切，但却容易掺杂个人感情因素。如果是隔两级的更高一层的上级，个人恩怨相对较少，且更着眼于大局，但了解细节则不及前者。

2. 被评价者本人

应该说最了解实情的是自己，但是易有"报喜不报忧，见长不见短"的偏向，或有因担心被视为"不谦虚"而顾虑说出自身成绩的另一偏向。

3. 同级同事

同级同事平日一起工作,工作性质相近,彼此最为了解,但也容易受感情左右,使考评主观、片面。当同级同事间具有竞争性时,更容易如此。

4. 客户

客户对一个企业提供的服务最为关心,他们提供的意见对评价者本人十分重要。但评价者也易因此对客户百般讨好,过分迁就。

5. 外聘专家

他们因无个人利害牵连,且专攻此道,因而公正且内行。但对实情难有深入了解,且对被评价者的技术专业不熟悉。

(二) 360 度考核的优点

1. 比较公正

单纯由直线经理对下属进行考核可能会有两个弊端:其一,滥用权利,打击报复"异己分子"或有意拔高"溜须拍马者";其二,主观性强,他可能只对员工任务完成情况的判断较准确,对其他方面的判断就不一定准确了。在 360 度考核中,考核团成员通过听取被考核人的陈述,再结合各自对被考核人多方面的了解和认识给予考核,就可以弥补单纯由直线经理考评的不足。

2. 加强了部门之间的沟通

360 度绩效考核程序包含直线主管介绍员工岗位职责和员工为其他部门工作的内容、特点、职责、成绩和困难,以及为了克服这些困难员工所付出的努力,因此这种方法增进了整个企业内员工的相互了解,促使员工在以后的工作中能从对方的角度出发考虑问题,化解矛盾,相互配合。

3. 人事部门据此开展工作较容易

在 360 度绩效考核中获得的较客观公正的考核结果,使人事部门依据它实行的奖惩措施较易推行,如根据 360 度绩效考核的结果来发放年终奖的做法就得到了大多数员工的支持,领导也比较满意。

(三) 360 度考核方法举例

表 7-15 显示的是某研发中心 360 度考核表的部分内容。

表 7-15 某研发中心 360 度考核表(部分)

项目	考核评定标准	上级	同级	下属	其他
工作目标	• 清楚简单地使他人理解公司研发中心的工作目标;使他人清楚地了解组织方向 • 激励他人致力于完成公司研发中心的工作目标;以身作则 • 想得远,看得广,向想象挑战 • 如果必要,需完善公司的工作目标,以反映不断加剧的变化影响着公司的业务				

(续表)

项目	考核评定标准	上级	同级	下属	其他
责任心	• 坚持公司道德最高标准；服从并宣传公司研发中心的所有政策——"做正确的事情"				
以客户为中心	• 听顾客发表意见，把顾客满意作为工作的最先考虑，包括公司内部的顾客满意 • 通过跨职能、多元化的培训，能对业务全面掌握和认识 • 打破壁垒，发展业务之间、职能之间、团队之间相互影响的关系 • 作出的决策要反映公司的全球观及顾客观 • 将速度作为一种竞争优势				
团队工作	• 迅速实施加以改进的好的工作方法 • 提倡发表不同看法，因为这些看法对积极变化非常重要 • 发挥既是一名团队领导，又是一名团队成员的积极作用 • 尊重团队成员的才智和贡献；创造一种人人可以参与的环境 • 将团队的目标和组织与其他团队的目标联系起来 • 热情支持团队，即使团队处在困境当中；对团队的错误承担责任 • 解决问题时不疏远成员				
自信	• 承认自己的力量和局限，从团队成员那里寻求坦率的反馈 • 境况不佳时也能保持性情不变 • 开诚布公地和大家一起探讨问题，超越传统的边界分享信息，易于接受新思想				
沟通	• 向团队成员和供应商解释本公司的工作目标及挑战 • 本着公开、坦率、清晰、全面及持续的态度进行沟通——欢迎不同的意见 • 和大家一起探讨开展一个项目、计划和程序的最佳做法 • 积极倾听；对团队成员的作为能显示真正的兴趣				
授权	• 敢于将重要任务交给下属去做，而不是只让下属做不喜欢做的事 • 给下属与责任相匹配的权利，并给他们完成工作必需的资源保证 • 促进下属和同事独立发展的能力；恰当的时候应将功劳归于他们 • 充分利用团队成员的多样性（如文化、种族、性别）来取得成功				

第三节　实施绩效管理的常见问题及实施关键

一、实施绩效管理的常见问题

在绩效管理的实施过程中，最常见的问题如下：

1. 绩效管理与战略管理实施相脱节

现在很多企业中存在着一种普遍现象：各个部门的绩效目标完成的情况不错，但是企业整体绩效却不好。这种现象产生的原因在于各个部门更多考虑的是本部门的设想、能力甚至是利益，很少去关注公司的战略和整体的经营绩效以及公司发展对部门提出的新要求。公司审核时也只是就部门的工作讨论部门的目标。部门努力工作的结果可能对企业整体战略目标的实现价值不大甚至没有价值。

绩效管理是战略实施的有效工具，战略能否落地最终体现在目标能否层层分解落实到每位员工身上，促使每位员工都为企业战略目标的实现承担责任。战略稀释现象的发生，其原因还是绩效分解存在问题。各个部门、职位的绩效目标不是从企业的战略逐层分解得到的，而是根据各自的工作内容提出的，所以不能引导员工趋向组织的目标。

2. 绩效管理仅仅被视为一种专业技术

在国内的企业中，经常可以发现企业员工对于考核的态度是非常不认真的。考核在许多企业或部门流于形式，仅仅停留在纸上。人力资源部门费尽力气制定考核制度，希望通过考核工作能够区分出员工工作业绩的优劣，引导员工改进工作作风和工作方法，但是往往事与愿违，员工的考核结果都差不多，而且考核结果的好坏对于员工个人没有任何影响。

绩效管理要想成为一种有效的管理工具，必须与人力资源管理系统中的其他业务板块相互配合。人力资源管理系统是由任职资格、绩效管理、薪酬管理、培训管理等多个业务板块共同构成的。绩效管理必须基于任职资格制度，对员工的工作绩效以及适应岗位要求的能力进行综合评价，这种评价结果将应用于价值分配，以及后续培训、岗位晋升等方面。

3. 绩效管理的核心目的不明确

在公司中经常会看到这样的情景，每当到了季度末或者年末的时候，在人力资源部门的再三催促下，主管会通知大家："现在要开始考核了，每个人将自己的工作总结一下。"然后，员工开始对自己过去一段时间的工作进行回顾和总结，主管根据员工的总结和平时的观察给员工一个评价，将评价结果交给人力资源部门以后，这项工作就结束了。还有些企业只对员工进行考评，而对怎样才能提高员工绩效、培养员工能力就没有人关心了。

这些情况都反映出企业对绩效管理的目的存在认识上的误区。事实上，不同的目的决定了不同的绩效管理形式，如通过绩效评价为价值分配提供依据，或是作为管理的工具寻找企业经营的短板并不断改进。只有对绩效管理的目的进行明确定位，才能有的放矢地设计相应的评价办法和制度，而不是仅仅将考评环节误认为是绩效管理，或者给绩效管理赋予其他不应有的含义。

4. 绩效管理仅仅成为人力资源部的责任

在企业中，当人力资源部门组织业务部门进行绩效考核工作的时候，业务主管往往会强调业务工作的重要性和复杂程度，认为绩效考核不产生增值行为，浪费业务部门的时间，分散业务部门的精力。他们往往根据自己对下属的印象作出主观评价，将结果交给人力资源部门交差，这样的评价是不可能准确反映员工的实际绩效的，最终只能使绩效考核工作遇到员工更大的抵触。

实际上，在绩效管理中，人力资源部作为服务性的职能部门，在绩效管理中只能起到组织、支持、服务和指导的作用，而不是绩效管理的主体。作为管理者应当承担的主要责任是对下属的绩效及能力的提升负责，管理者必须通过绩效管理这一有效的管理工具，引导员工努力实现绩效目标，并为这一目标的实现提供支持和指导。

5. 组织绩效、团队绩效、个人绩效之间存在差异

在企业中，我们经常会发现：几个非常优秀的员工组成的团队的绩效往往并不是最优秀的，甚至出现团队绩效较差的现象。有时单个的团队绩效较好，但综合在一起时，组织整体的绩效水平却在降低。也就是说，组织绩效与个人绩效之间出现脱节，组织绩效、团队绩效和个人绩效未能有效的衔接。

造成这种现象的原因：一是由于组织、团队和个人的绩效目标出现脱节；二是由组织绩效、团队绩效和个人绩效三者的性质决定的。无论组织、团队还是个人的目标都应当是来源于战略的，三者之间应当是层层分解和细化的关系。企业文化和共同愿景将个人、团队与组织的绩效有机契合，最终实现组织战略目标。

6. 绩效管理指标没有重点

有一家企业的生产车间的员工作了一个计算：从公司的考核制度开始，到部门、车间，再到班组，涉及一个生产线上的操作工人的考核指标多达60多个，从产量、消耗、考勤、请假到机台卫生、开会培训等，几乎所有的活动都规定了具体的考核指标。几乎没有员工能够把所有的考核指标和考核标准弄清楚。

在实践中，很多企业都在追求指标体系的全面和完整。事实上，作为绩效管理，应该抓住KPI进行管理，而指标之间是相关的，通过抓住KPI将员工的行为引向组织的目标方向。因此，应当通过建立KPI体系将绩效管理与员工的业绩结合在一起，引导员工的行为趋向组织的战略目标。太多和太复杂的指标只能增加管理的难度和降低员工的满意度,对员工的行为是无法起到引导作用的。

7. 一套考核指标无法对所有员工产生牵引作用

一些企业往往会有这样一种现象:有些部门的员工对公司的绩效考核制度认可程度非常高,认为公司的绩效考核制度比较适合企业的实际情况,而另外一些部门的员工则对公司的考核制度极为抵触,认为用公司规定的制度根本就无法进行考核。人力资源部门的人员也觉得非常委屈,强调没有办法平衡各个部门的要求。

随着知识含量的增加,现如今在企业中工作的个性化越来越明显,不同工作的绩效结果的表达方式也必然是不相同的。企业仍是抱着平均统一的思想来处理人力资源工作肯定是行不通的,企业的人力资源部门必须树立市场意识和客户意识,必须能够为企业内不同工作性质的员工提供不同的人力资源产品,包括考核指标。只有这样,才能真正适应企业内所有部门、员工的要求,才能真正满足企业人力资本增值的要求。

8. 只追求短期绩效,忽视长期绩效

很多企业在进行绩效考核时完全用财务指标进行考核。如一家企业对销售人员的考核非常简单,就是以完成的销售量来计算奖金。员工为了完成企业的销售指标采取了各种各样的做法,但基本都是短期行为,几乎很少有人考虑长期的市场培育,这样就给企业后续发展带来很多问题。像美国的安然公司也是由于过于追求业绩而忽视了企业的安全,最终导致破产。

仅仅用财务指标进行绩效考评,过于强调短期利益,势必会引发公司管理者和员工的短视行为。因此,必须在企业内按照平衡计分卡的原则建立起包括财务指标、客户指标、内部运营指标和员工发展指标在内的综合绩效指标体系。通过上述四个指标之间相互驱动的因果关系实现绩效考核—绩效改进以及战略实施—战略修正的目标,从而将企业的长期绩效和短期绩效协调起来。

9. 绩效管理成为奖金分配的手段

企业中可能存在这样一个问题:企业的绩效管理制度实际上就是奖金分配制度,制度中非常明确地规定了每一项工作的奖励或扣罚的金额和尺度。每个月末,员工也没有考核表格,而是由各部门的统计人员将所有相关员工的奖励或者扣罚金额进行汇总,然后根据员工每个月固定的奖金基数算出员工当月的奖金数。

这种做法使得员工只有根据奖金数额的变化才能模糊地判断上级对于自己本月工作的评价,好在哪里、不好在哪里都无从知晓。假如奖金数额没有发生变化,员工可能更不知道自己应该在哪些问题上加以改进。应该注意到,绩效管理的主要目的之一是引导员工提升绩效水平,增加创造的价值。同时,通过绩效考核对于员工的贡献进行评价和区分,并进行价值的分配。而这种分配则包括物质激励、培训、晋升,等等。绩效评价结果应用于物质激励,仅仅是绩效评价结果应用的一个方面,并不是绩效管理的手段和全部。

10. 沟通不足使得绩效管理遭遇抵触

要做好绩效管理工作就必须有良好的沟通与反馈机制,让员工充分了解企业绩效管理的目标、作用、成果。绩效管理的最终目的在于确保企业战略目标的实现、对员工的指导与开发,最后才是将考评结果应用于工资和奖惩等方面。尽管制定了绩效考评的反馈、申诉制度,但由于缺乏信息反馈和有效沟通,员工不知道自己工作中存在的缺点和今后努力的方向,绩效考评工作无法达到改进管理绩效的目的,进而妨碍绩效考评对职工的指导教育作用。因此,管理者必须对员工的发展和提高真正承担起责任,积极引导员工参与到管理活动中,而员工的这种参与要通过绩效管理活动体现出来。

11. 对绩效管理认识不足

公司许多管理人员认为年末填写的那几张考评表就是绩效管理。事实上,那只是绩效考评,绩效考评是绩效管理过程中的一个环节,绩效考评绝不等于绩效管理。完整的绩效管理是包括绩效计划、绩效考评、绩效分析、绩效沟通、绩效改进等方面的管理活动。在绩效管理过程中,不仅要强调达成绩效结果,更要强调通过计划、分析、评价、反馈等环节达成结果的过程。绩效管理所涉及的不仅仅是员工个人绩效的问题,还包括对组织绩效的计划、考评、分析与改进。目前许多公司缺乏完整的绩效管理体系,还停留在绩效考评阶段。绩效管理是对绩效实现过程中各要素的管理,是基于企业战略基础之上的一种管理活动。具体来说,绩效管理是通过对企业战略的建立、目标分解、业绩评价,并将绩效成绩用于企业日常管理活动之中,以激励员工业绩持续改进并最终实现组织战略目标的一种管理活动。

二、有效实施绩效管理的关键事项

企业实施绩效管理不仅要实现绩效考评模式的转变,更要实现从单一的绩效考评向有效的绩效管理的提升,建立起完整的、科学的绩效管理体系。可以从以下三个方面入手:

1. 开展工作分析,设定可行的绩效目标,增强绩效考评的可操作性

(1) 在企业人力资源管理实务中,强调以岗位为核心的人力资源管理整体解决方案。实际上,就是指企业人力资源管理的一切职能,都要以工作分析为基础。工作分析是现代人力资源所有职能工作(如人力资源获取、整合、保持激励、控制调整和开发等)的基础和前提。只有做好了工作分析与设计工作,才能据此完成企业人力资源规划、绩效管理、职业生涯设计、薪酬设计管理等工作。

(2) 员工的绩效目标来源于部门目标的层层分解和职位应负的责任。绩效目标的设立是一种协调过程。部门负责人在与员工共同设定具体的绩效目标

时,要根据企业的年度经营计划和管理目标,围绕本部门的业务重点、策略目标制订本部门的工作目标计划。然后,根据员工具体职位应负的责任,将部门目标层层分解到具体的责任人。而员工则要根据分解到的目标制订出具体的工作计划,并与经理进行协商。员工最终的绩效目标应当以与经理共同协商确定后的计划为依据。由此可以看出,员工的绩效目标大多数直接来源于部门的绩效目标,而部门的绩效目标来源于企业的经营计划,保证了每个员工按照企业要求的方向去努力。只有这样,企业的战略目标才能真正得以落实。目标太高会让人望尘莫及产生畏惧感,目标太低又会让人轻松懈怠无所追求。进取性强又可衡量的目标就像航灯一样,能让员工朝一致和正确的方向前进,志向高远的战略能让员工非常清楚地感受到企业宏大的发展方向和目标,能最大限度地调动和鼓舞员工的斗志及士气,也能让员工有一致努力的方向和归属感。

(3) 绩效考评指标应尽量量化,不能量化的要尽量细化,以提高考评工作的可操作性和确保考评结果的客观性、公正性。设定可行的考评指标时要注意两点:一是考评的指标应尽量以可量化的、可实际观察并测量的指标为主,并且能科学确定各考评指标之间的权重;二是在确定考评的指标内容时,要考虑企业的实际特点,建立有针对性的、切实符合企业自身管理要求的指标体系。确定合适的考评指标体系和指标值,不仅能激发员工个人的内在潜力,为完成目标而努力,而且是对员工个人能力的认可。考评项目不应过多,过多易使员工难以分清主次。确定考评指标值时,要注意指标值定得不应过高或过低,应以"让员工必须通过努力能达到"作为一个合适的"度"。为每个员工确定明确的工作目标,从而实现员工的自我控制。

2. 营造良好的平等沟通氛围,做好绩效面谈工作,建立健全绩效反馈机制

(1) 绩效沟通是绩效管理的重要环节。绩效沟通的主要目的在于改善及增强考评者与被考评者之间的关系;分析、确认、显示被考评者的强项与弱点,帮助被考评者善用强项与正视弱点;明晰被考评者发展及训练的需要,以便其日后更加出色有效地完成工作;反映被考评者现阶段的工作表现,为被考评者订立下阶段的目标,作为日后工作表现的标准。

(2) 绩效面谈是经理与员工共同确定下一绩效管理周期的绩效目标和改进点的主要方式。做好绩效面谈工作才能在双方对绩效结果和改进点达成共识以后,确定下一绩效管理周期的绩效目标和改进点。绩效管理是一个往复不断的循环,一个周期的结束恰好也是下一个周期的开始。做好绩效面谈工作要求经理在同员工进行面谈前一定要进行绩效诊断。在与员工面谈的时候,经理不能仅仅是告诉员工一个考评结果,更重要的是要告诉员工为什么会产生这样的绩效,应该如何避免出现低的绩效。实际上双方在面谈过程中,同时也对下阶段绩效重点和目标进行了规划,这就使整个绩效管理的过程形成一个效率不断提高

的循环系统。通过绩效改善计划的制订可以帮助员工在下一绩效周期进一步改善自己的绩效,同时它也是帮助员工进行职业规划和职业生涯设计的一个重要过程。

(3) 基于绩效沟通基础之上的绩效评价是绩效管理的核心环节。绩效评价是通过岗位管理人员或岗位关联人员与该岗位员工之间有效的双向或多向沟通,依据考评标准和实际工作完成情况的相关资料,在分析和判断基础上形成考评成绩,并将绩效成绩反馈给员工的一种工作制度。绩效评价应预先建立健全绩效反馈机制,某些员工如果对自己所得到的绩效评价结果有不同意见,可以在一定时间内通过该程序谋求分歧的解决。

3. 创新绩效激励体系,加强绩效压力,迅速而广泛地应用绩效成绩

绩效管理的最后阶段是应用开发阶段,对绩效成绩的应用包括以下六个方面:工资调整、绩效薪酬分配、层级晋升与职位调整、教育培训、激活沉淀和指导员工职业发展。创新绩效激励体系在绩效管理应用开发阶段具有十分重要的作用。

作为企业人力资源开发与管理工作的重要组成部分,激励机制要与人力资源管理的其他环节相互联结、相互促进。合理的及有效的激励机制可能成为现代企业制度下企业规避员工道德风险的重要手段。创新绩效激励体系要在企业内部形成共同的价值观和健康向上的新型文化;要很好地设计能配合企业战略实现的关键性业绩评价指标,开展战略性业绩评价与激励。建立和实行战略性激励对企业实现全面和可持续发展是至关重要的。

本章小结

绩效管理,就是为了更有效地实现组织目标,对组织和员工的行为与结果进行管理的一个系统,是一系列充分发挥每个员工的潜力、提高其绩效,并通过将员工的个人目标与企业战略相结合,以提高组织绩效的一个人力资源管理过程。绩效管理的目的主要包括三个方面:战略目的、管理目的、开发目的。有效的绩效体系应该与企业价值链相适应,绩效管理系统在人力资源系统中起着中枢的作用。绩效考评工具的选择主要依据工作分析、信度、效度。绩效考评的基本方法有比较法和因素考核法;特征法包括图尺度评价法、个性特质量表和书面法;行为法包括关键事件法、强迫选择量表、行为尺度评定量表、行为观察量表、混合型标准量表和组织行为修正法;结果法有目标管理、平衡计分卡、关键绩效指标法、绩效合约、标杆超越、生产率衡量与评价系统法等;面谈考核法是一项十分重要的方法,广泛应用于人力资源管理的各个环节;360度考核法为我们提供了一种能获得尽可能全面的信息的考评方法。实施绩效管理并非没有问题产生,本章提到的绩效管理与战略管理实施相脱节、绩效管理仅仅被视为一种专业技术、绩效管理的核心不明确等都是当今绩效管理确实存在的矛盾与问题。从

绩效管理体系的建立角度提出了三点实施关键：开展工作分析，设定可行的绩效目标，增强绩效考评的可操作性；营造良好的平等沟通氛围，做好绩效面谈工作，建立健全绩效反馈机制；创新绩效激励体系，加强绩效压力，迅速而广泛地应用绩效成绩。

关键概念

绩效　绩效管理　绩效管理过程　绩效管理目的　信度　效度　比较法　特征法　行为法　结果法　关键绩效指标　平衡计分卡　标杆超越　360度考核

课堂练习

选择题

1. （　　）不属于人力资源管理部门对绩效管理的管理责任。
   A. 设计绩效管理制度　　　　　　　B. 宣传绩效管理制度
   C. 在各部门实施绩效管理　　　　　D. 制订人力资源开发计划
2. 绩效管理是企业人力资源管理制度的组成部分，它是针对企业（　　）开展的。
   A. 基层员工　　　B. 中层领导　　　C. 高层领导　　　D. 全体员工
3. 绩效面谈的最终目的是（　　）。
   A. 告知结果　　　B. 绩效改进　　　C. 员工满意　　　D. 营造氛围
4. 绩效管理的对象是组织中的（　　）。
   A. 管理者　　　B. 一般员工　　　C. 特定部门的员工　　　D. 全体员工
5. 在一项对操作工人的考评中，为了了解员工绩效提高的程度应以（　　）作为信息的主要来源。
   A. 该员工的同事　　　　　　　　　B. 该员工本人
   C. 该员工的直接主管　　　　　　　D. 该员工的最高主管
6. 绩效管理的效度是指绩效管理所采用的方法对员工工作绩效评价的（　　）的程度。
   A. 可靠性　　　B. 稳定性　　　C. 一致性　　　D. 准确性
7. 在绩效面谈中，考评者所反馈的信息应当是针对员工的某一类行为，这是指绩效反馈的（　　）。
   A. 真实性　　　B. 针对性　　　C. 能动性　　　D. 能动性
8. （　　）不是造成考评偏差的主要原因。
   A. 考评标准缺乏客观性　　　　　　B. 考评者不能坚持原则
   C. 被考评者不能积极配合　　　　　D. 相关资料数据不准确
9. 为保证绩效考评的公正性，企业人力资源部门应当确立（　　）两个保障系统。
   A. 评审与反馈　　B. 评审与申诉　　C. 实施与反馈　　D. 实施与申诉
10. 公司员工绩效评审系统应由（　　）组织建立。
    A. 人力资源部门　B. 企业董事会　　C. 企业高层领导　D. 企业管理部门

判断题

1. 绩效管理的实施是人力资源管理部门的主要职责。（　　）
2. 绩效考评只要对组织或员工的绩效进行考评就足够了,因为业绩考评足够实现绩效管理的目标。（　　）
3. 不管员工的职位高低、能力大小,对员工的态度考评的重点都是工作的认真度、责任感、工作的努力程度、是否服从命令等。（　　）
4. 绩效考评和绩效管理的含义完全相同。（　　）
5. 业绩主导的考评方式适合用来考评事务性人员。（　　）
6. 考评方法的准确性是选择考评方法时应该考虑的唯一指标。（　　）
7. 绩效面谈过程即主管评价下属业绩好坏的单向沟通过程。（　　）

讨论题

1. 根据对我国公共部门的了解,请谈一谈对其绩效改进有何看法与建议。
2. 假设自己是一名 IT 集团领导,应如何建立一套有效的业绩考核体系,采取何种方式?
3. 讨论 KPI 与平衡计分卡在绩效考核中的应用。

讨论案例

基于能力的绩效管理——中国移动广西公司

在绩效管理的推动下,企业会更注重人的能力的提升和潜能的发挥,逐渐形成"以绩效论英雄"的企业文化。下面以中国移动广西公司为例。

全面建立绩效考核系统

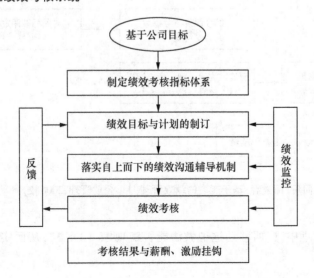

层层分解绩效指标

每年年初,中国移动广西公司在集团公司下达整体考核体系的基础上,制定公司的发展战略和年度经营业绩目标,并以 KPI 和工作目标的方式逐级分解至各公司、各部门;然后各单位再将经营业绩指标和工作目标进一步分解,下达给各个层级的管理人员和基层员工。

严格按照绩效考核流程

中国移动广西公司采用三维绩效考核,即从直属主管评估、同级评估和部属评估三个维度对员工的业绩和素质能力进行全面考评。

正确把握三个方面的工作

第一,把握业绩考核与素质考核的平衡与互补;

第二,把握全过程的绩效沟通辅导机制;

第三,绩效管理知识培训。

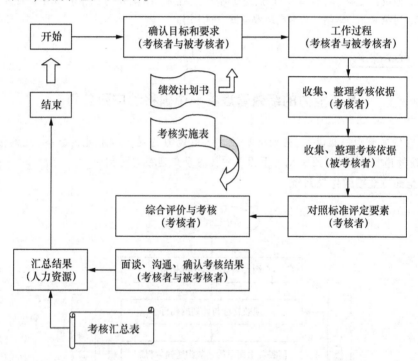

资料来源:何玲,伍爱春.基于能力的绩效管理[J].企业管理,2006(2)。

问题:

在绩效管理中,广西移动这种做法能否实现"1 + 1 > 2",从而实现企业绩效目标?

复习思考题

1. 评分计分卡的实施对于人力资源部门提出了哪些新的要求?
2. "战略稀释现象的发生,究其原因主要是绩效目标的分解存在问题"。思考如何处理战略与绩效的不匹配问题。

推荐阅读

1. 彭剑锋.人力资源管理概论[M].上海:复旦大学出版社,2004.
2. 方振邦.战略与战略性绩效管理[M].北京:经济科学出版社,2005.
3. 饶征,孙波.以 KPI 为核心的绩效管理[M].北京:中国人民大学出版社,2003.
4. 刘朗道.综合绩效管理革命[M].北京:新华出版社,2005.
5. 雷蒙德·诺伊.人力资源管理:赢得竞争优势(第五版)[M].北京:中国人民大学出版社,2005.
6. 付亚和,许玉林.绩效管理[M].上海:复旦大学出版社,2003.
7. 张一弛,李书玲.高绩效人力资源管理与企业绩效:战略实施能力的中介作用[J].管理世界,2008(4).
8. 曲刚,季绍波.环境不确定条件下组织间协作、IT 应用、协作绩效关系初探[J].管理世界,2007(1).
9. 刘海建,陈传明.企业组织资本、战略前瞻性与企业绩效:基于中国企业的实证研究[J].管理世界,2007(5).
10. 张骏生,王红涛.全球化背景下公共部门人力资源管理的激励[J].中国人力资源开发,2009(6).

第八章 薪酬管理

> 尊重和理解员工无疑会调动员工的工作热情,如果把它当做唯一,那就错了。在现阶段丰厚的薪酬、福利仍是最具吸引力的,但是我们一直把它与才智放在一架天平上来衡量。
>
> ——柯德川

本章学习目标

1. 理解薪酬管理的相关概念。
2. 掌握薪酬结构设计的方法。
3. 掌握基于职位的薪酬体系设计方法。
4. 掌握基于技能/能力的薪酬体现的设计方法。
5. 掌握绩效奖励的设计方法。
6. 掌握特殊员工群体薪酬的设计方法。

引导案例

爱克公司与爱立信公司的薪酬管理

"薪酬、心愁。"在企业的人力资源管理工作中,薪酬问题无疑是最为敏感的问题之一。事实上,企业在创立与发展的过程中,都将收入分配列为重要内容,并为此投入了很多精力和时间,但效果却不尽如人意。本行业的薪酬行情如何?整体的薪酬市场面临着什么样的问题?公司的薪酬战略该如何制定?这恐怕不仅是人事经理头疼的大事,也是公司领导者关注的大问题……

从我们求职者的角度看,公司的薪酬制度也影响了我们的选择。怎样的薪酬制度最能吸引众多求职者呢?近日,北京外企太和企业管理顾问有限公司发布了新的年度薪酬报告,报告共涉及43个行业。报告指出:中国的企业普遍存在薪酬结构不合理的状况。除此之外,北京外企太和公司在调查中发现,"高层管理人员的薪酬是否合理,高薪是否能够买来高绩效,'金手铐'生锈,股权、期权需要重新检讨"等"薪"问题,使企业管理者显得"薪"事重重。

爱克公司的薪酬管理

爱克公司是世界上规模最庞大、历史最悠久的工业企业之一。爱克公司的创始人与另外四人联合成立了标准石油公司。当时,石油工业的发展完全取决于石油的运输,由于标准石油的货运量大,铁路运输系统给予标准石油最优惠的价格。其经验是:"要想在混乱的竞争中崛起,唯一的办法就是或者与竞争者合作,或者将竞争者兼并。如果一味地与竞争者相互残杀,那么所有的同类都将在残酷的竞争中消亡。"

很多跨国公司都明确规定工作表现是决定员工薪酬福利和职业发展的唯一标准,但在真正实施上却各有各的说法,而爱克公司在这一点上的确做到了名副其实。在决定是否对员工给予培训和发展机会之前,公司对该员工的工作表现作全面而客观的评估。工作评估以员工入职的时间为标准,即按照员工加入公司的日期以每年为期限进行评估,客观地评估员工一年来在公司工作的表现,而第二个工作年的薪酬福利就根据工作评估的结果而定。

工作表现评估由员工先填写自我评估表格,员工的直接主管填写正式的表现评估。然后员工和主管双方面谈,就评估表格中每一项的标准和评分进行详尽的谈话,直至员工和主管双方达成一致意见。最后,每个员工的评估表格经部门汇总,交至分公司管理委员会,由管理委员会的全体经理们就全公司的员工进行排名。在亚太区的各个分公司,工作表现排名在前10名的员工的名字、职位和工作表现将送至亚太区区域总部新加坡,由区域管理委员会进一步评估,以确定该员工是否具备国际化发展的潜力。

爱立信公司的薪酬管理

自1876年爱立信注册"拉·马·爱立信机械修理"以来,爱立信已经经历了100多个春秋。多年来,爱立信在电信及相关设备供应方面均处于世界领先地位,已有100 000多名员工在130多个国家为客户解决电信需求问题。全球已有40%的移动电话接入爱立信网络,其AXE系统的销售范围在全世界首屈一指。

为保留人才,爱立信设计了"转换成本"策略,即员工试图离开公司时会因"转换成本"高而放弃。这就需要在制定薪酬政策时充分考虑短期、中期、长期报酬的关系,并为特殊人才设计特殊的"薪酬方案"。

薪酬是吸引、保留和激励员工的重要手段,是公司经营成功的影响要素。爱立信的薪酬机构包括薪资和福利两部分,薪资有固定和不固定两块内容,福利则包含保险、休假等内容。

影响薪酬水平的因素有三个:职位、员工和环境,即职位的责任和难易程度、员工的表现和能力以及市场影响。薪酬政策的目的是提供在本地具有竞争力(而不是领先)的报酬,激励和促使员工更好地工作并获得满足。

资料来源:http://hi.baidu.com/%B0%A2%DF%B9/blog/item/8f790e1288a4cb50f819b8ab.html。

问题:
以上两家公司在薪酬管理上有何特点?

第一节 薪酬管理概论

一、薪酬的内涵及相关概念

(一)薪酬的内涵界定

按界定范围进行划分,薪酬可以分为狭义的薪酬和广义的薪酬。

乔治·T.米尔科维奇(George T. Milkovich)对薪酬内涵的界定就是一种狭义的概念。他从社会、股东、雇员和管理者四个角度对薪酬的内涵进行了分析,并从薪酬管理角度对薪酬进行了定义。薪酬是指"雇员作为雇佣关系的一方所得到的各种货币收入、服务及福利之和"[①]。

董克用(2003)、刘昕(2002)认为,薪酬是指员工从企业那里得到的各种直接和间接的经济收入,包括薪资、奖金、津贴、养老金以及其他各种福利保健收入。

彭剑峰(2006)认为,薪酬是企业向员工提供的报酬,用以吸引、保留和激励员工,具体包括工资、奖金、福利、股票期权等。

一些学者提出了薪酬的广义内涵。美国的薪酬管理专家约瑟夫·J.马尔托其奥提出薪酬是雇员完成工作而得到的内在和外在的奖励,并将薪酬划分为外在薪酬和内在薪酬。[②]

国内学者赵曙明(2001)、曾湘泉(2001)、孙剑平(1999)等也认为薪酬包括内在和外在两个方面。

综合而言,从狭义的角度可将薪酬定义为:企业为了吸引、留住和激励员工,向员工提供的经济性报酬,分为货币和非货币的形式,具体包括职位薪酬、技能/能力薪酬、绩效薪酬和福利等。

(二)薪酬的构成

对薪酬界定的不同,其具体包括的内容也就不一样。从广义角度看薪酬的

[①] 乔治·T.米尔科维奇,杰里·M.纽曼.薪酬管理[M].北京:中国人民大学出版社,2003.
[②] 约瑟夫·J.马尔托其奥著.战略薪酬[M].北京:社会科学出版社,2002.

组成情况,如图 8-1 所示。

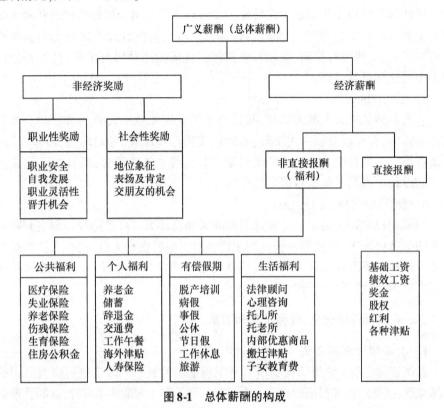

图 8-1　总体薪酬的构成

经济薪酬主要由以下内容组成:

1. 基础工资

基础工资是一种固定报酬,企业按照一定的时间周期,定期向员工发放。基础工资发放的依据主要是员工所承担职位的价值或者员工所具有技能/能力的价值,即以职位为基础的基础工资或以技能/能力为基础的基础工资。

2. 绩效工资

绩效工资是根据员工的年度绩效评价的结果而确定的对基础工资的增加部分,因此它是对员工的优良工作绩效的一种奖励。它与奖金的差别在于,奖金只是一次性的奖励,并不能成为基础工资永久性的增加部分。

3. 奖金(Incentive Pay)

也称激励工资,是为员工超额完成任务、获取的优秀工作业绩而支付的额外报酬,其目的在于对员工进行激励。奖金比其他报酬形式具有更强的灵活性和针对性,奖金形成的报酬也具有更加明显的差异性。

4. 津贴(Allowance)

传统的津贴是企业对员工在特殊劳动条件下所付出的额外劳动消耗和生活费开支的一种物质补偿形式,即经济性津贴。现代薪酬管理中津贴的内涵和外延都在扩大,一些带有奖励、激励和政策倾斜性质的津贴纷纷出现,且在补偿性薪酬中的比例日益提高。

5. 福利(Benefit)

它是一种员工人人都能享受,并且与工作业绩关系不大的利益分配。其形式是多样的,有时以金钱形式出现,有时以实物形式出现,是对环境、政策、公司凝聚力等的一种补偿。它是经济性报酬十分重要的组成部分,而且在现代企业的薪酬设计中占据了越来越重要的位置。

6. 股票期权(Stock Option)

股票期权主要包括员工持股计划和股票期权计划。员工持股计划主要针对企业的中基层员工,而股票期权计划主要针对中高层管理人员、核心人员和技术人才。这种报酬形式将员工的个人利益与组织的整体利益联系起来,能够在极大程度上调动员工的积极性。

二、薪酬管理的含义、目标及影响因素

(一) 薪酬管理的含义

薪酬管理是指一个组织根据所有员工所提供的服务来确定他们应当得到的报酬总额、薪酬结构和报酬形式的一个过程。它不同于薪酬体系设计,薪酬管理是一个系统过程,包括薪酬战略、薪酬结构、薪酬体系、薪酬调整和薪酬沟通等内容。它是在企业经营与发展战略的前提下,在企业所处的具体环境、业务需要及人力资源管理战略下进行设计和完善具有本企业特色的薪酬政策和薪酬制度的过程。

从以上概念我们可以看到,企业在薪酬管理的过程中是在作一系列的选择和决策。在这里,我们主要介绍以下三种决策:

1. 薪酬体系(Compensation System)

该决策的主要任务是确定企业的基本薪酬是以什么为基础的。当前,国际上通行的薪酬体系有三种:职位或岗位薪酬体系、技能薪酬体系和能力薪酬体系。其中以职位薪酬体系的运用最为广泛。这三种体系在后面的章节中我们会有详细介绍。

2. 薪酬结构(Compensation Structure)

它一般指与职位或能力等薪酬要素相匹配的薪酬等级结构。传统的薪酬结构主要依据岗位价值确定,而现代的薪酬结构还要考虑员工的能力和特质等。因此,薪酬等级结构既反映了员工在组织架构中的位置,也反映了组织对员工贡献程度的价值认可。

3. 薪酬水平(Compensation Level)

薪酬水平是指企业中各职位、各部门以及整个企业的平均薪水。薪酬水平决定了企业薪酬的外部竞争性。对企业的薪酬水平决策产生影响的主要因素有：同行业或地区中竞争对手支付的薪酬水平、企业的支付能力和薪酬战略、社会生活成本指数，以及在集体谈判情况下的工会薪酬政策等。

(二) 薪酬设计的影响因素

为什么各个企业的薪酬水平都不一样呢？为什么我们周围的同事和朋友的收入千差万别呢？有很多因素在影响着薪酬管理，这些因素可分为三类：一类是企业内部因素；一类是企业外部因素；一类是员工个人的因素。表8-1概括了影响薪酬的各种因素。

表8-1 影响薪酬的因素

影响薪酬的因素													
内部因素					个人因素					外部因素			
企业负担能力	企业经营状况	薪酬政策	企业文化	人才价值观	企业远景	工作表现	资历水平	工作技能	工作年限	工作量	岗位及职务差别	地区及行业差异	地区生活指数	劳动力市场的供求关系	社会经济环境	现行工资率	与薪酬相关的法律法规	劳动力价格水平

三、薪酬管理的基本流程

在很多时候，企业的薪酬管理系统是否能够正常运行、发挥正常功能，在很大程度上取决于企业薪酬管理的流程是否科学、有效。在现代市场经济条件下，企业的薪酬管理是一个市场化和个性化的过程。图8-2反映了这一过程。企业的薪酬管理立足于企业的经营战略和人力资源战略，以劳动力市场为依据，在考虑到员工所从事的工作本身的价值以及所要求的资格条件的基础上，再加上团队对于个人绩效的考核与评价，最后才形成薪酬管理的系统。这种薪酬管理系统必须达到外部竞争性、内部一致性、成本有效性以及合理认可员工的贡献、遵守相关法律规定等有效性标准。

四、薪酬管理的发展趋势

现代薪酬管理受到国际宏观经济的影响，即经济的全球化、知识经济的到来和过剩经济的形成等。这些都为企业的薪酬管理带来新的变化动力，主要表现在：

第一，在知识经济时代，知识企业的发展为新的薪酬制度的产生提供了丰富

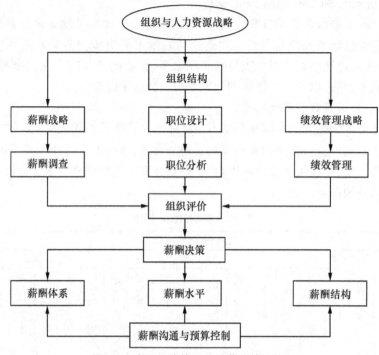

图 8-2　市场经济体制下的薪酬管理流程

资料来源:刘昕.薪酬管理[M].北京:中国人民大学出版社,2006。

的土壤。其中一个重要的变化是越来越多的企业,特别是知识企业正从以职位为基础来制定薪酬向以个人为基础来制定薪酬的转变。宽带薪酬结构也越来越受到关注。

第二,随着组织结构的日益扁平化和流程管理方式的兴起,团队薪酬和团队激励成为现代薪酬管理的新内容。这就产生了如何对团队和团队中的个体进行绩效考核与薪酬体系设计问题。

第三,在知识企业,全面薪酬的理念越来越深入人心,心理收入、精神享受、价值实现、职业发展等内在薪酬在吸引、留住和激励知识员工的过程中起到的突出的作用,也成为企业在知识经济社会中发展的一个重要的砝码。

第四,随着经营环境不确定的加强和员工价值观的多样化,"人质"工资成为企业激励员工的重要手段。"人质"工资的作用机理是以影子收益的原理引导员工发挥最高的努力水准,将员工的收入延期支付,这样员工对企业来说是在进行储蓄,中途跳槽就不可能全额返回。在这种报酬体制下,随着"人质"的增长,给予员工在同一企业长期工作的激励也就越强。

第五,跨国薪酬、国际薪酬成为薪酬管理的内容。随着经济全球化的日益深入,跨国公司成为全球化的主角,在一家公司中将雇用不同国籍、不同文化背景的员工。此时的薪酬管理将变得十分复杂、棘手,如何协调、规范不同背景员工的薪酬将是国际薪酬管理研究的内容。

第二节 薪酬结构的设计方法

一、薪酬结构的内涵及薪酬结构确定的主要过程

(一) 薪酬结构的内涵及相关概念

薪酬结构是对同一组织内部的不同职位或者技能/能力之间的工资率所作出的安排。它所要强调的是职位或者技能等级的数量、不同职位或技能等级之间的薪酬差距以及用来确定这种差距的标准是什么。薪酬结构设计是结合组织内部的一致性和外部的竞争性来实现的。根据薪酬结构设计依据的不同,可以把薪酬结构分为基于职位的薪酬结构和基于技能/能力的薪酬结构,后者往往又被称为宽带薪酬结构。

(二) 薪酬结构设计的主要过程

薪酬结构的设计要考虑组织内部的一致性和外部的竞争性,组织内部的一致性体现了薪酬结构的内部公平性,它是通过工作和技能/能力分析及评价来实现的;外部的竞争性则通过外部市场的薪酬调查来实现。下面就从内部和外部这两个方面来介绍一下薪酬结构形成的过程,如图8-3所示。

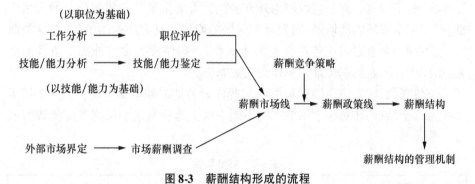

图8-3 薪酬结构形成的流程

从内部一致性来看,当一个企业建立的是以职位为基础的薪酬结构时,首先需要进行工作分析和职位评价;当一个企业建立的是以技能/能力为基础的薪酬结构时,首先需要进行技能/能力分析和技能/能力鉴定。这些内容在第三节和第四节会有系统的介绍。下面主要从外部竞争性方面,探讨怎样通过外部市场界定、市场薪酬调查以及如何与职位评价或技能/能力鉴定结果相结合形成一个具有竞争性的薪酬结构。

1. 外部薪酬水平调查

（1）选取外部薪酬调查的职位

进行薪酬调查的第一步就是选取需要进行调查的关键职位，然后从外部市场调查中获取这些关键职位的薪酬信息。在这里只选取关键职位进行调查，而非针对所有职位展开调查，一方面是因为一些职位是企业所独有的，从外部市场调查不到具体数据，即使能够获得相关的市场薪酬数据，但往往也将面临高昂的成本而没有必要；另一方面是因为很多在本组织中工作类似的职位其外部市场价值也是相似的，只需要对这类职位的一个代表职位进行调查，其他相似职位则可以参照这个职位作出薪酬决策。

在选取外部薪酬调查的职位时可以用到以下方法[①]：

① 基准职位确定法。基准职位具有以下特征：作为整个组织结构的一个子集，基准职位必须代表组织中的职位的所有范围（即职位结构中的最高、中等和最低等级的职位）；基准职位应该容易进行界定；基准职位的所有方面都应该能够用普通语言进行描述，以使被调查者和调查信息的使用者能够准确获得关于该职位的具体信息；基准职位在调查对象的组织之中应该是普遍存在的，而非本企业所独有的职位；基准职位应该有相对稳定的职位内容；基准职位应该为薪酬结构提供良好的关于职位价值各方面因素的参考点数，也就是要求它们在各项职位评价的维度上（如职责大小、受教育程度、经验和其他薪酬因素）的表现应该多样化；至少有一部分组织使用外部的人力资源来填补这些职位上的人员空缺，而非完全依靠内部培养，因为只有这样的职位才具有准确的价值；在这类职位上，不同的企业之间应该存在着人才竞争，否则便没有建立外部竞争性的必要；组织中有问题的职位常常不作为关键职位。

一般来说，此方法会确保基准职位能代表关键的职能和层次。表 8-2 把工作归为三个结构，在每一个结构中的不同层次上选择基准职位能确保所调查职位的覆盖面。

表 8-2 基准职位

经理类	技术类	管理类
副总裁	主任科学家	管理助理
部门总经理	资深助理科学家	管理秘书长
部门经理	助理科学家	管理秘书
项目经理	科学家	程序员
主管	技术员	职工/信息员

② 全球定位法（Global Approach）。当几个组织中拥有的相同职位很少、很

[①] 乔治·T.米尔科维奇，杰里·M.纽曼. 薪酬管理[M]. 北京：中国人民大学出版社，2003.

难提供充分数据的时候,可以采用全球定位法。这种方法提倡通过支付给每个员工个人的薪酬汇总出整个技术群体或职能部门中的工资分布,根据分布图来确定组织的薪酬水平。它更适合半自由的团队或不断调整以适应环境的组织。

③ 薪酬两端定位法。如果组织的薪酬结构是根据技能/能力或者一般性职位描述来确定的,那么以职位定薪的市场调查数据就必须转化成适合以技能/能力来确定的薪酬结构。最简单的方法是确定相关劳动力市场上相关技能的基准职位与支付的最低薪酬和最高薪酬,以这些职位的薪酬作为以技能确定薪酬结构的参照物。在此结构中的各种层次的工作便可放在这两个参照点中。例如,把非熟练技工的薪酬率作为起点,管理人员的薪酬率位于结构的顶端,那么其他职位的薪酬率就位于两者之间,如图 8-4 所示。

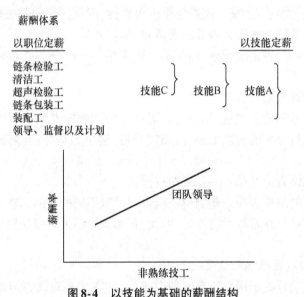

图 8-4 以技能为基础的薪酬结构

这种方法的价值取决于外部基准职位与组织内的职位的对应程度,以及这些职位能否包括所有技能。把薪酬制度建立在两种市场数据基础上,对数据的精确性来讲是一种冒险。

(2) 界定相关劳动力市场

相关劳动力市场的界定,即薪酬调查对象的界定,是指企业将要向哪些企业进行薪酬调查。

企业在多个劳动力市场中进行竞争,相关劳动力市场的界定取决于薪酬调查的目的。相关劳动力市场主要包括下面几类企业[1]:

---

[1] 乔治·T. 米尔科维奇,杰里·M. 纽曼. 薪酬管理[M]. 北京:中国人民大学出版社,2003.

① 与本企业竞争从事相同职业或具有同样技术员工的企业；
② 与本企业在统一地域范围内竞争员工的企业；
③ 与本企业竞争同样产品或服务的企业；
④ 与本企业薪酬结构(如以职位定酬或以人定酬)相同的企业。

(3) 确定薪酬调查的渠道和方式

就薪酬调查的渠道而言，企业可以根据自己的需要展开薪酬调查，也可以聘请专门的咨询公司为本企业进行专门的薪酬调查，还可以直接购买专业薪酬调查机构(比如咨询公司、网站等)的薪酬数据或者调查报告。

进行薪酬调查可以有很多不同的方式，其中最为典型的方式包括：问卷调查、访谈调查、电话调查和网络调查。目前网络调查作为一种新兴的调查方式，由于其保密性，大幅度提高了调查结果的可靠性，因此正受到越来越多的青睐。

(4) 设计薪酬调查表并展开薪酬调查

不管是采用何种薪酬调查方式，都需要采用一个薪酬调查表来收集或者记录所获得的信息。

(5) 薪酬调查数据分析

在调查问卷回收上来后，调查者要对每一份调查问卷的内容进行核实和分析。对数据进行分析的方法主要有：频度分析、趋中趋势分析、离散分析以及回归分析。

(6) 薪酬调查的结果——薪酬调查报告

薪酬调查的结果表现为薪酬调查报告。采取不同的薪酬调查方式和渠道所得到的调查信息存在着较大的差异，因此，薪酬调查结果的表现形式往往也不尽相同。

2. 构建市场薪酬线和政策线

薪酬调查结果的运用主要有两种方式：一种方式是对调查结果进行数据统计分析得到市场薪酬线，并结合企业的薪酬战略而设计出企业的薪酬政策线，即把外部竞争性和内部一致性结合起来，最终形成薪酬结构；另一种方式是直接针对某一职位或某些职位的调查数据，分析企业在该职位上应该如何付酬。后一种方式往往需要具体问题具体分析，因此我们这里重点介绍前一种方式。

(1) 构建一条市场薪酬线

经过以上步骤，我们可以得到与评价职位有关的两列数据：一列是点数值，一列是薪酬水平数值，见表8-3。

表 8-3　职位评价点数与市场薪酬水平

顺序	职位名称	点数	市场薪酬水平(元)
1	出纳	140	1 530
2	离退休事务主办	210	1 800
3	无	—	—
4	行政事务主办	260	2 030
5	工会财务主管	335	2 300
6	总经理秘书	345	2 300
6	行政事务主管	355	2 430
6	报销会计	355	2 560
7	招聘主管	405	2 920
8	会计主管	425	3 160
9	项目经理	470	3 600
10	无	—	—
11	财务部主任	550	5 300
11	市场部经理	560	5 700

资料来源：刘昕.薪酬管理[M].北京：中国人民大学出版社，2008.

根据以上两列数据，我们可以制成如图 8-5 所示的散点图，其中横轴表示职位的评价点数，纵轴表示职位的市场薪酬水平。

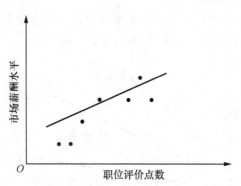

图 8-5　职位评价点数与市场薪酬水平之间的回归线

下面我们用最小二乘法来对两列数据进行拟合，以得到一条能够体现不同职位等级的薪酬趋势的直线。根据数学计算的要求，设直线方程 $Y = a + bX$，X 为职位评价点数，Y 为薪酬水平数据，那么只要从下列联合方程中解出 a 和 b 的值，就可推出直线方程。

$$\begin{cases} \sum Y = na + b\sum X \\ \sum XY = a\sum X + b\sum X^2 \end{cases}$$

解上述方程组可以得到：

$$a = \frac{\sum X^2 \cdot \sum Y - \sum X \cdot \sum XY}{n\sum X^2 - (\sum X)(\sum X)} \quad b = \frac{n\sum XY - \sum X \cdot \sum XY}{n\sum X^2 - (\sum X)(\sum X)}$$

用上述方法推导出来的直线 $Y = a + bX$ 即为用最小二乘法拟合出的直线（这条线被称为市场薪酬线），将职位的点值带入 X，可求出相应的 Y，即经过平滑处理以后的各职位薪酬水平，也称薪酬区间中值。

(2) 考察薪酬区间中值与市场水平的比较比率，对问题职位的区间中值进行调整

在通过上述步骤得出每一职位等级的薪酬中值之后，我们还需要对薪酬区间的中值与外部市场薪酬数据之间的比例（比较比率）进行分析，以发现可能存在问题的特定职位等级的薪酬定位。一般来说，比较比率减去100%后控制在10%以内都是可以接受的，这表明在该职位等级的薪酬内部一致性和外部竞争性之间是比较协调的。对于一些典型问题，即一个职位的工资数据大大高于或大大低于其职位等级所对应的工资水平，这可能有多种原因，其中的每一种原因都应该仔细加以考虑。

(3) 确定企业的薪酬政策线

通过上述步骤，企业得到了市场薪酬线；接下来，企业需要根据其竞争性的薪酬政策来确定企业的薪酬政策线，如图8-6所示。

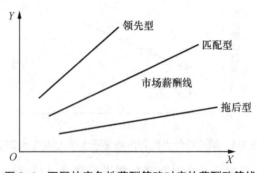

图8-6 不同的竞争性薪酬策略对应的薪酬政策线

所谓薪酬政策，是指企业的薪酬水平在相关劳动力市场上的定位。一般来说，企业有三种不同的薪酬政策：

第一，领先型的薪酬政策。企业的薪酬水平高于相关劳动力市场的平均薪酬水平，它常常用处于劳动力市场薪酬水平的前25%来进行界定。

第二,匹配型的薪酬政策。企业的薪酬水平与相关劳动力市场的平均薪酬水平大致相当,它常常用处于劳动力市场薪酬水平的25%—75%来进行界定。

第三,拖后型的薪酬政策。企业的薪酬水平落后于相关劳动力市场的平均薪酬水平,它常常用处于劳动力市场薪酬水平的75%之后的部分来进行界定。

根据企业的薪酬政策,企业需要对市场薪酬线进行调整而得到企业的薪酬政策线,即如何将每个职位评价点值转换为具体金钱的价值的回归线。如果采用领先型的薪酬政策,企业的薪酬政策线就要高于市场薪酬线;如果采用匹配型的薪酬政策,企业的薪酬政策线就与市场薪酬线重合;如果采用拖后型的薪酬政策,企业的薪酬政策线就要低于市场薪酬线。

3. 薪酬结构的设计

一个完整的薪酬结构包括三项内容:一是薪酬的等级数量;二是同一薪酬等级内部的薪酬变动范围(最高值、中点和最低值);三是相邻两个薪酬等级之间的交叉和重叠关系。

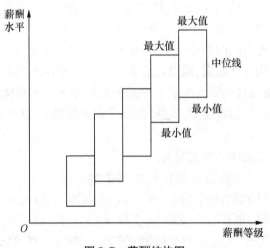

图8-7 薪酬结构图

职位评价(第三节会具体介绍)和外部薪酬调查已经为薪酬结构的构建创造了基础,下面我们以计点法进行职位评价的情况为例来说明薪酬结构的建立过程。

(1) 根据职位的评价点数确定职位等级的数量

在实际操作中,通常只对一些基准职位进行职位评价,因此,在划分职位等级的时候还要考虑到其他未被评价的非典型职位的情况。这时就需要仔细考虑:到底划分多少职位等级比较合适。我们可以采取几种不同的方式来进行不同职位等级内部的点数区间的划分。一种方式是对每一职位等级的最高点值都以恒定的绝对级差方式来确定,如表8-4所示。尽管绝对级差是恒定的,但是其差异比率(等于绝对级差与下一职位等级最高点数之间的比率)却是变化的。

表 8-4　各职位等级最高点值之间的绝对级差逐渐增加的情况

职位等级	职位点数等级		最高值的绝对级差	最高值的差异比率(%)
	最低值	最高值		
1	137	175	递增 39	22
2	176	214	递增 39	18
3	215	253	递增 39	15
4	254	292	递增 39	15
5	293	331	递增 39	13
……				

除了上述方法外,还有其他方法,比如,将上述的恒定级差转变为变动级差;或者先确定差异比率,然后再推算不同职位等级的最高值之间的级差,在这种情况下,差异比率可以采用恒定的做法,也可以采取变动的做法。

(2)确定薪酬浮动幅度(最高值、中点和最低值)

由于外部劳动力市场上个人的素质(技术、能力、经验)存在差异、对企业贡献不同以及员工对薪酬的期望等原因,促使企业设计浮动的薪酬。但并非所有的企业都确定薪酬浮动幅度,像以技能为基础的薪酬制度就不考虑绩效和资历因素,为同一等级的技术等级制定了相同的薪酬率。许多集体谈判合同也是为同样职位确定了统一的薪酬率。这些薪酬率常常是根据该职位薪酬调查的中位值来确定的。

确定薪酬浮动幅度的相关因素:

$$\begin{cases} 薪酬变动率 = (最高值 - 最低值)/最低值 \\ 薪酬浮动幅度的最低值(下限) = 中点/[100\% + (1/2 \times 薪酬变动率)] \\ 薪酬浮动幅度的最高值(上限) = 下限 \times (1 + 薪酬变动率) \end{cases}$$

从以上公式可知,确定了中点和薪酬变动率,就可以把薪酬浮动幅度确定下来。下面我们介绍如何确定中点和薪酬变动率。

薪酬浮动幅度的中点通常称为控制点,它是根据前面确定的具有竞争力的薪酬水平设定的。它是薪酬政策线与每一个薪酬等级的中位线的交点。也可以通过工资政策线的回归方程来计算处于每一薪酬等级中部的职位的平均工资率,即薪酬中点。这一点符合受到良好培训员工所需要的薪酬,而且员工对在此薪酬等级上工作感到满意。这一点也符合企业在相关市场上的竞争力。

(3)确定相邻薪酬等级之间的交叉和重叠

如果 A 和 B 是两个相邻的薪酬等级,B 在较高的等级中,则交叉程度为:

$$\frac{(A\text{所在等级的上限} - B\text{所在等级的下限})}{(B\text{所在等级的上限} - A\text{所在等级的下限})} \times 100\%$$

从理论上讲,在同一组织中,相邻的薪酬等级之间的薪酬区间可以设计成有交叉重叠的,也可以设计成无交叉重叠的。然而,在实践中,在大多数情况下,企业倾向于将薪酬结构设计成有交叉重叠的,尤其是对于中层以下的职位。因为它一方面可以避免因晋升机会不足而导致的未被晋升者的薪酬增长局限;另一方面又因为为被晋升者(绩效优秀者)提供了更大的薪酬增长的空间,从而对被晋升者提供了激励。

薪酬等级之间的薪酬区间交叉与重叠程度取决于两个因素:一是薪酬等级内部的变动比率;二是薪酬等级的区间中值之间的级差。前者我们在前面已经分析过了,下面我们主要介绍区间中值之间的级差问题。

区间中值级差是指不同薪酬等级的区间中值之间的等级差异,在最高薪酬等级和最低薪酬等级的中值一定的情况下,各薪酬等级中值之间的级差越大,则薪酬结构中的等级数量就越少;反之,各薪酬等级中值之间的级差越小,则薪酬结构中的等级数量就越多。

薪酬等级的区间中值级差越小,同一薪酬区间的变动比率越大,则薪酬区间的重叠区域就越大,这表明组织越鼓励下一个职位等级的员工致力于职位的升迁来获得报酬的提升;反之,薪酬等级的区间中值级差越大,同一薪酬区间的变动比率越小,则薪酬区间的重叠区域就越小,这表明组织越不鼓励下一个职位等级的员工致力于职位的升迁。但关于企业的具体的工资结构中应采用多大的重叠比例,往往也没有通用的标准,而需要具体情况具体分析。

4. 建立薪酬结构的管理机制

薪酬结构建立之后,整个企业的薪酬框架就基本完成了,这时候需要建立对这样的薪酬结构进行管理的机制。它主要包括两个方面:一是现有人员和新员工如何进入这样的薪酬框架,即人员的入轨机制;二是如何根据业绩、能力和资历的变化以及其他因素(比如通货膨胀)对人员的薪资进行调整。建立管理机制是实现对薪酬的动态调整、完善薪酬结构的关键。

二、宽带型薪酬结构

(一) 宽带型薪酬结构的概念

所谓宽带型薪酬结构,即薪酬宽带,仍然是一种薪酬结构的范畴,只不过它是对传统上那种带有大量等级层次的垂直型薪酬结构的一种改进或替代,如图8-8所示。它通过对多个薪酬等级以及薪酬变动范围进行重新组合,从而变成只有相当少量的薪酬等级和相应的较宽的薪酬变动范围。薪酬宽带的概念可以应用于职位薪酬体系,更适用于技能/能力薪酬体系。事实上,薪酬宽带是技能/能力薪酬体系赖以建立和有效运营的一个重要平台。

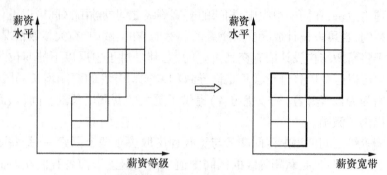

图 8-8 传统薪资等级到宽带薪资等级转变的示例

(二) 宽带型薪酬结构设计的主要步骤

1. 确定薪酬宽带的数量

在一个企业的薪酬结构中到底设计几个宽带比较合适,还找不到一个统一的标准,大多数企业设计 4—8 个薪酬宽带,也有些企业设计 10—15 个宽带,还有些企业只设计 2 个薪酬宽带(一个给管理人员用,另一个给技术人员用)。不过,薪酬宽带数量的决策依据还应当是组织中能够带来附加价值的不同员工的贡献等级到底应该有多少比较合适。宽带之间的分界线往往是在一些重要的"分水岭"处,即在工作或技能/能力要求存在差异的地方。例如,可以将某公司的薪酬宽带划分为助理级、专家级、专业组长级和资深专家级,每个薪酬宽带中包含不同职能部门的职位,如财务、采购、软件开发工程师等。

2. 确定薪酬宽带的价位

根据上述薪酬宽带数量的确定情况,在给薪酬宽带定价时面临一个挑战,即如何向处于同一宽带之中但是职能却各不相同的员工支付薪酬。一个可行的做法是:参照市场薪酬水平和薪酬变动区间,在存在外部市场差异的情况下,对同一宽带中的不同职能或职位族的薪酬分别定价。

3. 将员工放入薪酬宽带中的特定位置

在这一问题上,企业通常可以采取如图 8-9 所示的三种方法。

(1) 绩效曲线法。根据员工个人的绩效将员工放入薪酬宽带中的某个位置。这种方法强调绩效的作用。

(2) 技能法。那些强调新技能获取的企业,会严格按照员工的新技能获取情况来确定他们在薪酬宽带中的位置。企业根据培训、资格证书或者员工在工作中的表现来决定员工是否具有组织所要求的那些新技能。

(3) 能力法。那些强调员工能力的企业,会采用能力法来确定员工在薪酬宽带中的位置。首先确定某一明确的市场薪酬水平,然后在同一薪酬宽度内部,对于低于该市场薪酬水平的部分,采用根据员工的工作知识和绩效定位的方式,而对于高于该市场薪酬水平的部分,则根据员工的关键能力开发情况来确定他

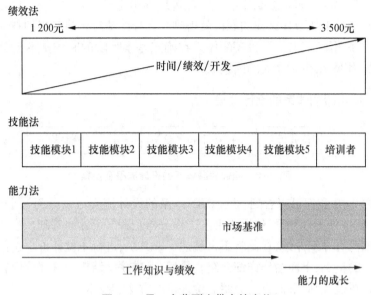

图8-9 员工在薪酬宽带内的定位

们在薪酬宽带中的位置。

4. 跨级别的薪酬调整以及宽带内部的薪酬调整

在同一宽带内,鼓励不同职能部门的员工跨部门(如从采购部门到财务部门)流动,以增强组织的适应性、提高员工多角度考虑问题的能力。这种情况相对来说比较简单,因为在薪酬宽带内部的薪酬变动与在同一薪酬区间内的薪酬变动原理基本上是相同的。不过,有些时候企业也需要处理员工在不同等级的宽带之间的流动问题。这个问题的核心是如何确定员工的薪酬变动标准。

第三节 职位薪酬体系的设计方法

本节和第四节都是围绕基本薪酬体系展开的。基本薪酬是企业支付给员工的一种固定性、周期性的收入,支付的依据可以是员工所从事的职位的价值,也可以是员工自身的技能或能力的价值。前者可以形成职位薪酬体系,后者可以形成技能/能力薪酬体系。这两种薪酬体系的设置都是为了更好地实现企业的内部一致性。

一、职位薪酬体系的概念

所谓职位薪酬体系,就是首先对职位进行客观的分析和评价,得出该职位的价值,然后再根据这种评价的结果来对从事这一职位的员工支付薪酬的一种基本薪酬决定制度。职位薪酬体系是一种传统的确定员工基本薪酬的制度,它最大的特点是员工从事什么样的职位就得到什么样的薪酬。与新兴的技能薪酬体系和能力薪酬体系相比,职位薪酬体系在确定基本薪酬的时候基本上只考虑职位本身的因素,很少考虑人的因素。

二、职位薪酬体系的设计流程

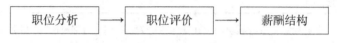

图 8-10 职位薪酬体系的设计流程及步骤

从图 8-10 我们可以看到,职位薪酬体系的设计流程可以分为三个部分:首先,通过职位分析,形成职位说明书。工作分析是薪酬设计的基础。这部分内容在前一章已有详细介绍,在此就不再赘述了。其次,进行职位评价。这部分内容是这一节的重点,下面会作详细介绍。最后,形成薪酬结构。这部分内容在第二节已经分析过,因此下面重点介绍职位评价的方法和技术。

职位评价又称职位评估。薪酬管理专家米尔科维奇认为:职位评价是一个为组织制定职位结构而系统地确定每个职位相对价值的过程,它以工作内容、技能要求、对组织的贡献、组织文化以及外部市场等为综合依据。

在目前国际通用的职位评价方法中,具有代表性的主要有四种方法:排序法、分类法、因素计点法和要素比较法。它们之间的关系如表 8-5 所示。

表 8-5 四种职位评价方法的比较

	将职位视为一个整体	考虑职位中的报酬因素
将职位与报酬量表比较	分类法	因素计点法
将职位与职位比较	排序法	要素比较法

(一)排序法

1. 排序法的内涵及其分类

排序法又称职位分级法,是一种最简单的职位评价方法,它根据总体上界定的职位的相对价值或者职位对于组织成果所作出的贡献对职位进行从高到低的排列。在对各项工作进行比较排序时,一般要求评价人员综合考虑以下各项因素:工作职责、工作权限、岗位资格、工作条件、工作环境等。排序法又可以划分成四种类型:直接排序法、交替排序法、配对比较排序法和委员会排列法。

(1)直接排序法。是指简单地根据职位的价值大小从高到低或从低到高对职位进行总体上的排队。

(2)交替排序法。是指首先从待评价职位中找出价值最高的一个职位,然后找出价值最低的一个职位,再从剩余的职位中找出价值最高的职位和价值最低的职位,如此循环,直到所有的职位都被排列起来。

(3)配对比较排序法。是指首先将每一个需要被评价的职位都与其他所有职位分别加以比较,然后根据职位在所有比较中的最终得分来划分职位的等级顺序,评分的标准是:价值较高者得 1 分,价值较低者扣 1 分,价值相同者双方得 0 分,如表 8-6 所示。

表 8-6 配对比较排序法举例

职位	行政主管	司机	人事	会计	总计
行政主管	—	1	0	0	1
司机	0	—	0	0	0
人事	1	1	—	1	3
会计	1	1	0	—	2
总计	2	3	0	1	6

(4)委员会排列法。是指首先在企业内组成一个委员会,所有工作等级的高低均由这个委员会评估;其次,将评估的原则、目的、方法等向委员会成员解释明白,达成共识;最后,由委员们评估工作,并将结果予以平均。此法简单易行,但主观因素起的作用较大。

2. 排序法的实施流程

排序法的操作步骤如图 8-11 所示。

图 8-11 排序法的实施流程

3. 排序法的优缺点

排序法最大的优点在于快速、简单、费用比较低,而且容易和员工进行沟通;缺点是在排序方面可能很难达成共识、主观性强、在职位数量太多的情况下使用会很困难。

(二)分类法

1. 分类法的内涵

分类法是指首先划分好不同的职位等级,然后把职位对号入座,分配到各个职位等级中去的一种职位评价方法。其操作方法类似于先造好一个书架(总体职位分类),然后对书架上的每一行中所要放入的图书用一个标签(职位等级描述)来加以清晰的界定,最后再把各种书籍(职位)按照相应的定义放入不同的行次中。

2. 分类法的实施流程

分类法的实施流程如图 8-12 所示。

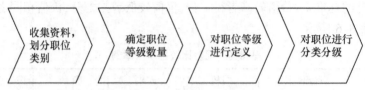

图 8-12　分类法的实施流程

(1) 收集职位资料,进行职位类别的划分

为了划分职位类别,必须掌握每一职位的详细资料。首先,在收集了必要的工作职位概要和其他有关资料的基础上,将各个职位划分为职位群,如管理类、业务类、技术类等;然后,将职位群进一步划分为职位系列,如会计师、出纳员、销售员、工程师等。

(2) 确定合适的职位等级数量

这一决策实际上是确定职位价值的层级结构。在通常情况下,企业中的职位类型越多,职位之间的差异越大,则所需要的职位等级就会越多;反之,就会比较少。

(3) 编写每一职位等级的定义

这里的职位等级定义通常是对职位内涵的一种较为宽泛的描述,其编写可以较为复杂也可以较为简短。职位等级说明书的撰写方法一般采用间距排列法。在编写职位等级定义时,通常需要阐述不同职位等级上的职位所具有的以下几个方面的特征:职位内容概要、所承担的责任、所需具备的知识水平与技能水平要求、所接受的指导与监督,等等,如表 8-7 所示。

表 8-7　业务类职位分类标准

等级	等级描述
实习行销员(1)	不独立开展业务,协助资深经理处理订单、交货、回款等业务。根据资深经理的安排与客户进行联系,在资深经理的指导下洽谈业务、签订销售合同。
行销员(2)	在行销员岗位上实习满一年。独立开展销售业务,但业务范围仅限于公司划定的某市或县,定期向资深行销员汇报业务开展情况。

(续表)

等级	等级描述
资深行销员(3)	担任行销员三年以上。负责某区范围内的业务工作,指导、监督行销员开展业务,负责策划所在省范围内的营销活动并组织实施。
片区经理(4)	担任资深行销员三年以上。负责某区范围内的业务工作,负责在本辖区内落实公司的营销策略。
销售中心经理(5)	担任片区经理三年以上。主持公司的产品销售和市场开拓工作,在营销副总的指导下制定公司的营销策略,确保完成公司的营销计划。

(4) 根据职位等级定义对职位进行等级分类

即将每一个职位的完整的职位说明书或者工作描述与上述的相关职位等级定义加以对照,然后将这些职位分配到一个与该职位的总体情况最为贴切的职位等级中去。如此类推,直至所有的职位都被分配到相应的等级中去。

3. 分类法的优缺点

分类法也是一种简单易行的工作评价方法。其优点是通过事先规定好的职位等级标准及岗位描述,可以减少评价人员的主观影响;缺点是该方法只是作整体的综合性评价,不作因素分解,难以进行精确评比,相邻等级间难免有重叠之处。因此该方法局限性仍很大,只适用于小型的、结构简单的企业。

(三) 因素计点法

1. 因素计点法的内涵

因素计点法是目前较为流行的职位评估方法。因素计点法要求首先组建评价机构,然后确定影响所有职位的共有因素,并将这些因素分级、定义和配点(分),以建立评价标准。其次,依据评价标准,对所有的职位进行评价并汇总每一职位的总点数(分数)。最后,将职位评价点数转化为货币数量,即职位工资率或工资标准。因素计点法通常包括三大要素:一是报酬要素(Compensable Factors);二是反映每一种报酬要素相对重要程度的权重;三是数量化的报酬要素衡量尺度。

2. 因素计点法的实施流程

因素计点法的实施流程如图 8-13 所示。

图 8-13 因素计点法的实施流程

(1) 确定评价范围

企业的组织结构往往都较为复杂,职位也是多样化的,为了确保因素计点法使用的准确性,需要划分组织内部职位的横向类别,选取最适合使用因素计点法的范围。

(2) 进行工作分析

在这一步骤里要找一些有代表性的基准职位样本,进行职位分析。这些职位的内容是确定报酬要素的基础。

(3) 选取合适的报酬要素

报酬要素是指那些在工作中受组织重视,有助于追求组织战略并实现其目标的特征。为了发挥作用,报酬要素必须以所执行的工作、组织的战略和价值观为基础,并使最终受工资结构影响的利益相关者能够接受。一般来说,付酬因素包括劳动技能、劳动责任、劳动强度、劳动环境四类要素以及相关的子要素。付酬要素根据企业特点和岗位类型来确定,最少时仅两三种,最多时可达三十余种。

(4) 建立报酬要素的等级定义

选择了报酬要素之后,就应该对每一个报酬要素的各种不同等级水平进行界定。每一个报酬要素的等级数量取决于组织内部所有被评价职位在该报酬要素上的差异程度。差异程度越高,则报酬要素的等级数量就需要得越多;反之,会相对少一些。

(5) 赋予指标权重

报酬要素所占的权重是以百分比的形式来表示的,权重的依据是报酬要素对于职位评价结果的贡献程度或者所扮演角色的重要性程度。确定不同的报酬要素在总体职位评价体系中所占有的权重的方法通常有两种:经验法和统计法。

经验法实际上是运用管理人员的经验来进行决策的一种方法。这种方法要求评价小组通过讨论,共同确定不同报酬要素的比重。表8-8就反映了一种权重分配情况。

表8-8 报酬要素及其权重分布举例

报酬要素	报酬要素权重(%)
劳动技能	35
劳动责任	15
劳动强度	25
工作环境	25
合计	100

统计法是运用统计技术或数学技术进行决策的一种比较复杂的方法。这种

方法需要运用非加权报酬要素来对基准职位进行评价。统计法的操作要点是：对于每一种基准职位都要确定一个总价值公式,总价值可以用市场价值、当前薪酬、总点数或者通过排序获得的序数价值等来表示,然后可以运用多元回归等统计技术来确定每一种报酬要素在所有这些职位中应当占的权重或者是相对价值。

(6) 赋予报酬因素分值并评分

赋予付酬因素分值,即确定各付酬因素的总分以及这些分数在各付酬因素等级之间的分值分配,如表8-9所示。

表8-9 职位付酬因素等级划分及分数分配举例

付酬因素类型	因素指标	等级 1	2	3	4	5	合计
劳动技能	文化和技术理论知识	1	8	10	12	14	50
	操作技能	12	14	16	18	20	80
	作业复杂程度	3	6	9	12	14	44
	处理预防事故的复杂程度	1	2	3	4	6	16
劳动责任	质量责任	2	4	6	8	10	30
	原材料消耗责任	2	4	6	8	10	30
	经济效益责任	2	4	6	8	10	30
	安全责任	2	4	6	8	10	30
劳动强度	体力劳动强度	12	14	16	18	20	80
	脑力消耗疲劳程度	3	6	9	12	14	44
	作业姿势	2	4	6	8	10	30
	工时利用率和工作班制	1	2	3	4	6	16
工作环境	气候条件影响	12	14	16	18	20	80
	作业条件危险性	3	6	9	12	15	45
	有毒有害物危害	2	4	6	8	10	30
	噪声危害	1	2	3	4	5	15

将待评职位逐一对照每一等级的说明,评出相应分数,并将各因素所评分数求和得到职位分值,此职位分值即为该职位对本企业的相对价值。表8-10显示了某个职位的最终评价结果。

表 8-10 某职位的评价过程及其结果举例

报酬要素	报酬要素权重(%)	报酬要素等级	点值
劳动技能(操作技术)	35	4	18
劳动责任(安全责任)	15	1	2
劳动强度(体力劳动强度)	25	2	14
工作环境(有毒有害物危害)	25	3	6
合计	100		40

(7) 将所有被评价职位根据点数高低排序,建立职位等级结构

将所有职位的评价点数都算出来之后,只要按照点数高低加以排列,然后根据等差的方式将职位进行等级划分,就可以制成职位等级表。至此,职位评价工作宣告完成。

表 8-11 显示的是某企业采用计点法职位评价系统后得到的职位评价等级。

表 8-11 职位评价并经点值范围划分之后所形成的职位等级结构举例

职级	薪点范围	生产类	管理类	营销类	技术类
10	185—194		政务主管		
10	175—184	电气管理员			
9	165—174		报账会计		
9	155—164				
8	145—154		网络维护员		
8	135—144				质量抽检员
7	125—134				
7	115—124				
6	105—114				环境监测员
6	95—104				
5	85—94		女工主任		
5	75—84				
4	65—74				
4	55—64		档案管理员		
3	45—54	锅炉工			
3	35—44				
2	25—34				
2	15—24				
1	5—14				

3. 因素计点法的优缺点

因素计点法的优点是：评价更为精确，评价结果更容易为员工所接受，而且还允许对职位之间的差异进行微调；可以运用可比性的点数来对不相似的职位进行比较；由于明确指出了职位比较的基础——报酬要素，因此能够反映组织独特的需要文化。

因素计点法的缺点是：方案的设计和应用耗费时间；在报酬要素界定、等级定义以及点数权重确定等方面都存在一定的主观性，并且在多人参与时可能会出现意见不一致现象。

(四) 要素比较法

要素比较法是一种量化的职位评价方法，它需要用到的报酬要素比其他方法更多，因而在一定程度上是一种比较复杂的排序法。在一般的排序法中，通常是把每个职位视为一个整体，并根据整体指标来对职位进行排序，而在要素比较法中则要多次选择报酬要素，并据此分别对职位进行多次排序。要素比较法的实施流程如图 8-14 所示。

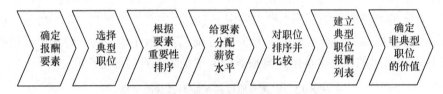

图 8-14　要素比较法的实施流程

1. 获取职位信息，确定报酬要素

要素比较法对职位分析的成果要求比较高，它要求评价者必须仔细、全面地做好职位分析工作，形成标准、规范的职位说明书，并确定用来对职位进行比较的报酬要素是哪些。报酬要素一般包括心理要求、身体要求、技术要求、所承担的责任和工作条件五项要素。

2. 选择典型职位

评价小组要挑选出数个典型职位作为评价的对象，这些职位在企业中是要具有代表性的基准职位。基准职位是指那些可以作为统一"标准"的职位，具有以下特征：首先，这些职位必须是存在于大多数组织之中的，因而可以在组织内部以及组织之间进行薪酬比较；其次，这些职位的内容是广为人知的、相对稳定的；再次，这些职位的供给和需求相对稳定，不会经常发生变化；最后，这些职位需要代表所要研究的职位结构的全貌。在确定了基准职位之后，企业必须根据外部市场状况和企业的实际情况为这些典型职位定价。

3. 根据典型职位内部相同报酬要素的重要性对职位进行排序

排序的过程以职位描述和职位规范为基础,通常由评价小组的每位成员分别对职位进行排序,然后再讨论或者以计算平均排序值的方法来决定每个职位的序列值。

表 8-12 显示的是对 A、B、C、D 四个典型职位的报酬要素进行排序的结果。

表 8-12　对典型职位的报酬要素进行排序

	心理要求	生理要求	技术要求	承担责任	工作条件
职位 A	1	4	1	1	2
职位 B	3	1	3	4	4
职位 C	2	3	2	2	3
职位 D	4	2	4	3	1

4. 将每一典型职位的薪酬水平分配到其内部的每一个报酬要素中去

首先,评价小组的成员需要根据自己的判断来决定,在每一个典型职位中,不同的报酬要素对于此职位的贡献大小(用百分比的形式来体现);然后,根据事先确定的典型职位的薪酬水平来确定典型职位内部每一报酬要素的价值。假如说某典型职位的现有薪酬水平为 5 元/小时,则评价小组中的三位成员可按照表 8-13 中所示的方法来确定该典型职位中各报酬要素的最终价值。

表 8-13　某典型职位的报酬要素分配结果

	心理要求	生理要求	技术要求	承担责任	工作条件	合计
评价者甲	10% (0.05 元)	20% (1.00 元)	15% (0.75 元)	25% (1.25 元)	30% (1.50 元)	100% (5.00 元)
评价者乙	15% (0.75 元)	10% (0.05 元)	15% (0.75 元)	40% (2.00 元)	20% (1.00 元)	100% (5.00 元)
评价者丙	5% (0.25 元)	25% (1.25 元)	15% (0.75 元)	35% (1.75 元)	20% (1.00 元)	100% (5.00 元)
合计:(甲+乙+丙)/3	0.500 元	0.917 元	0.750 元	1.667 元	1.167 元	0.500 元

5. 根据每一典型职位内部的每一报酬要素的价值来分别对职位进行多次排序

在所有典型职位的每一报酬要素的价值分别确定下来以后,将所有的职位排列在一起,然后根据每一报酬要素来分别对职位进行多次排序。

6. 将因素序列与薪酬数额序列进行比较,排序不一致时要进行调整,使之完全吻合

调整时有两种方法:一种是调整因素序列;一种是调整典型职位各因素薪酬数额的分配比重,如果不能通过调整达到完全一致,则该职位不能作为典型职位,应予以放弃或更换。如表 8-14 所示,在每个报酬要素之下都对应着对典型职位的两种排序结果,A1 是因素序列,2 元是薪酬数额序列。

表 8-14 根据每一种报酬要素对典型职位所作的两次评价结果的比较

	心理要求		生理要求		技术要求		承担责任		工作条件	
	A1	2元	A1	2元	A1	2元	A1	2元	A1	2元
职位 A	1	1	4	4	1	1	1	1	2	2
职位 B	3	3	1	1	3	3	4	4	4	4
职位 C	2	2	3	3	2	2	2	2	3	3
职位 D	4	4	2	2	4	4	3	3	1	1

7. 建立典型职位报酬要素等级基准表

将所有典型职位的报酬水平以及每一典型职位内部的每一种报酬要素的薪酬水平都确定下来以后,便可以建立一个典型职位报酬要素等级基准表,如表 8-15 所示。

表 8-15 典型职位报酬要素等级基准表

薪酬水平(元)	心理要求	生理要求	技术要求	承担责任	工作条件
0.20				职位 B	职位 B
0.30					职位 C
0.40		职位 A	职位 D	职位 D	职位 A
0.50					
0.60					职位 D
0.70					
0.80				职位 C	
0.90					
1.00					
1.10					
1.20					
1.30			职位 C		
1.40	职位 B		职位 D		
1.50					
1.60	职位 C				
1.80					
2.00		职位 B	职位 C	职位 A	

(续表)

薪酬水平(元)	心理要求	生理要求	技术要求	承担责任	工作条件
2.20					
2.40					
2.60					
3.00			职位 A		
3.50					
4.00	职位 A				
4.50					

8. 使用典型职位报酬要素等级基准表来确定其他职位的工资

将上述工作完成后，评价小组成员就可以依照待评价职位的各报酬要素与典型职位的报酬要素之间的对比，来确定待评价职位的每一报酬要素与典型职位报酬要素等级基准表中的哪一个或哪几个典型职位的同一要素最为接近；然后，根据与之最相近的那个或那些职位的同一报酬要素的价值作为确定待评价职位在该报酬要素上的货币价值的依据。

除了上述做法之外，要素比较法还有几种基本的变形，其中比较常用的一种是把典型职位报酬要素等级基准表中的货币价值变为点值。利用这种方法，可以长期根据要素比较来对各种职位进行评价。

要素比较法的优点主要表现在：它是一种比较精确、系统、量化的方法，可靠性较强；付酬因素的赋值标准无上、下限之分，较为灵活，增加了企业操作过程中的灵活性；很容易向员工解释。其缺点主要体现在：运用起来难度较高，需聘请专家予以指导方可进行，因此成本较高；在评价过程中仍不可避免地带有一定的主观成分，又加之不易被员工理解，因此会使一部分员工对其公平性产生怀疑。

三、几种典型的要素计点法职位评价方案

随着传统的职位评价方法在实践中越来越广泛的应用，产生了一些成形的职位评价方案，这些职位评价方案往往拥有知识产权，下面介绍三种典型的职位评价方案。

（一）海氏工作评价方法

1. 海氏工作评价方法的内涵

海氏工作评价方法又称"指导图表—形状构成法"，是由美国工资设计专家艾德华·N.海(Edward N. Hay)于1943年研究开发的。它有效地解决了不同职能部门不同职务之间相对价值的相互比较和量化的难题。这种方法实质上是一种评分法。根据这个系统，所有的职务所包含的最主要的付酬因素有三种，每一种付酬因素又分别由数量不等的子因素构成，详见表8-16。

表8-16　海氏工作评价系统付酬因素描述

付酬因素	付酬因素释义	子因素	子因素释义
技能水平	是工作绩效达到可接受的水平所必需的专门知识及相应的实际运用技能的综合	专业理论知识	是指对该职务要求从事的职业领域的理论、实际方法与专门知识的理解。该子系统分八个等级，从基本的第一级到权威专门技术的第八级。
		管理诀窍	是指为达到要求绩效水平而具备的计划、组织、执行、控制、评价的能力与技巧。该子系统分为五个等级，从起码的第一级到全面的第五级。
		人际技能	是指该职务所需要的沟通、协调、激励、培训、关系处理等方面主动而活跃的活动技巧。该子系统分为"基本的"、"重要的"、"关键的"三个等级。
解决问题的能力	在完成工作时所需要的分析、决策、创新能力的广度和复杂程度	思维环境	是指指定环境对职务行使者的思维的限制程度。该子因素分为八个等级，从几乎一切按既定规则办的第一级(高度常规的)到只做了含混规定的第八级(抽象规定的)。
		思维难度	是指解决问题时对当事者创造性思维的要求。该子因素分为五个等级，从几乎无需动脑只需按老规矩办的第一级(重复性的)到完全无先例可供借鉴的第五级(无先例的)。
承担的职务责任	指职务行使者的行动对工作最终结果可能造成的影响及承担责任的大小	行动的自由度	是指职务能在多大程度对其工作进行个人性的指导与控制。该子因素包含九个等级，从自由度最小的第一级(有规定的)到自由度最大的第九级(一般性无指导的)。
		职务对后果形成的作用	该子因素包括四个等级：第一级是后勤性作用，即只在提供信息或偶然性服务上出力；第二级是咨询性作用，即出主意与提供建议；第三级是分摊性作用，即与本企业内外其他部门和个人合作，共同行动，责任分摊；第四级是主要作用，即由本人承担主要责任。
		职务责任	是指可能造成的经济性正负后果。该子因素包括四个等级，即微小的、少量的、中级的和大量的，每一级都有相应的金额下限，具体数额要视企业的具体情况而定。

2. 海氏工作评价法的步骤

步骤一：根据海氏工作系统的三张评价指导表确定各因素的价值。下面以对营销副总的工作评价为例进行分析。

第一张表是供技能水平评价用的，见表8-17。

表 8-17 海氏工作评价指导表之一——技能水平

专业理论知识		人际技能	基本的			起码的			相关的			多样的			广博的			全面的		
		管理诀窍	基本的	重要的	关键的	基本的	重要的	关键的	基本的	重要的	关键的	基本的	重要的	关键的	基本的	重要的	关键的	基本的	重要的	关键的
基本的	基本的		50	57	66	57	66	76	66	76	87	76	87	100	87	100	115	115	132	152
	重要的		57	66	76	66	76	87	76	87	100	87	100	115	100	115	132	132	152	175
	关键的		66	76	87	76	87	100	87	100	115	100	115	132	115	132	152	152	175	200
初等业务的	基本的		66	76	87	76	87	100	87	100	115	100	115	132	115	132	152	152	175	200
	重要的		76	87	100	87	100	115	100	115	132	115	132	152	132	152	175	175	200	230
	关键的		87	100	115	100	115	132	115	132	152	132	152	175	152	175	200	200	230	264
中等业务的	基本的		87	100	115	100	115	132	115	132	152	132	152	175	152	175	200	200	230	264
	重要的		100	115	132	115	132	152	132	152	175	152	175	200	175	200	230	230	264	304
	关键的		115	132	152	132	152	175	152	175	200	175	200	230	200	230	264	264	304	350
高等业务的	基本的		115	132	152	132	152	175	152	175	200	175	200	230	200	230	264	264	304	350
	重要的		132	152	175	152	175	200	175	200	230	200	230	264	230	264	304	304	350	400
	关键的		152	175	200	175	200	230	200	230	264	230	264	304	264	304	350	350	400	460
基本专门技术	基本的		152	175	200	175	200	230	200	230	264	230	264	304	264	304	350	350	400	460
	重要的		175	200	230	200	230	264	230	264	304	264	304	350	304	350	400	400	460	528
	关键的		200	230	264	230	264	304	264	304	350	304	350	400	350	400	460	460	528	608
熟练专门技术	基本的		200	230	264	230	264	304	264	304	350	304	350	400	350	400	460	460	528	608
	重要的		230	264	304	264	304	350	304	350	400	350	400	460	400	460	528	528	608	700
	关键的		264	304	350	304	350	400	350	400	460	400	460	528	460	528	608	608	700	800
精通专门技术	基本的		264	304	350	304	350	400	350	400	460	400	460	528	460	528	608	608	700	800
	重要的		304	350	400	350	400	460	400	460	528	460	528	608	528	608	700	700	800	920
	关键的		350	400	460	400	460	528	460	528	608	528	608	700	608	700	800	800	920	1056
权威专门技术	基本的		350	400	460	400	460	528	460	528	608	528	608	700	608	700	800	800	920	1056
	重要的		400	460	528	460	528	608	528	608	700	608	700	800	700	800	920	920	1056	1216
	关键的		460	528	608	528	608	700	608	700	800	700	800	920	800	920	1056	1056	1216	1400
																		1216	1400	1600
																		1400	1600	1840

现在我们根据表 8-17 对营销副总作相应的技能因素的评价。

营销副总在企业中全面主管营销事务,需要很高的管理技巧,因此在管理技巧方面应是全面的;在专业知识方面应是权威专业的;在人际技巧方面,需要拥有广泛的人际关系,这是关键因素。因此,营销副总的技能因素评分为 1 400。

第二张表是用来评定解决问题的能力,见表 8-18。

表 8-18　海氏工作评价指导表之二——解决问题的能力

		思维难度				
		重复性的	模式化的	中间型的	适应性的	无先例的
思维环境	高度常规性的	10% 　　12%	14% 　　16%	19% 　　22%	25% 　　29%	33% 　　38%
	常规性的	12% 　　14%	16% 　　19%	22% 　　25%	29% 　　33%	43% 　　43%
	半常规性的	14% 　　16%	19% 　　22%	25% 　　29%	33% 　　38%	43% 　　50%
	标准化的	16% 　　19%	22% 　　25%	29% 　　33%	38% 　　43%	50% 　　57%
	明确规定的	19% 　　22%	25% 　　29%	33% 　　38%	43% 　　50%	57% 　　66%
	广泛规定的	22% 　　25%	29% 　　33%	38% 　　43%	50% 　　57%	66% 　　76%
	一般规定的	25% 　　29%	33% 　　38%	43% 　　50%	57% 　　66%	76% 　　87%
	抽象规定的	29% 　　38%	38% 　　43%	50% 　　57%	66% 　　76%	87% 　　100%

现在我们根据表 8-18 对营销副总作相应的解决问题的能力的评价。

营销副总是企业市场的开拓者,其思维环境属"抽象规定的";为了占领市场,营销副总需要开展高度的创造性工作,其思维难度为"无先例的"。因此,营销副总解决问题的能力被评价为技能水平得分的 87%。

第三张表是用来对承担的职责任务进行评价的工具,见表 8-19。

表 8-19 海氏工作评价指导表之三——承担的职责任务

职务责任大小等级	金额范围	微小 间接 后勤	微小 间接 辅助	微小 直接 分摊	微小 直接 主要	少量 间接 后勤	少量 间接 辅助	少量 直接 分摊	少量 直接 主要	中量 间接 后勤	中量 间接 辅助	中量 直接 分摊	中量 直接 主要	大量 间接 后勤	大量 间接 辅助	大量 直接 分摊	大量 直接 主要
有规定的	低	10	14	19	25	14	19	25	33	19	25	33	43	25	33	43	57
有规定的	中	12	16	22	29	16	22	29	38	22	29	38	50	29	38	50	66
有规定的	高	14	19	25	33	19	25	33	43	25	33	43	57	33	43	57	76
受控制的	低	16	22	29	38	22	29	38	50	29	38	50	66	38	50	66	87
受控制的	中	19	25	33	43	25	33	43	57	33	43	57	76	43	57	76	100
受控制的	高	22	29	38	50	29	38	50	66	38	50	66	87	50	66	87	115
标准化的	低	25	33	43	57	33	43	57	76	43	57	76	100	57	76	100	132
标准化的	中	29	38	50	66	38	50	66	87	50	66	87	115	66	87	115	152
标准化的	高	33	43	57	76	43	57	76	100	57	76	100	132	76	100	132	175
一般性规范的	低	38	50	66	87	50	66	87	115	66	87	115	152	87	115	152	200
一般性规范的	中	43	57	76	100	57	76	100	132	76	100	132	175	100	132	175	230
一般性规范的	高	50	66	87	115	66	87	115	152	87	115	152	200	115	152	200	264
有指引的	低	57	76	100	132	76	100	132	175	100	132	175	230	132	175	230	304
有指引的	中	66	87	115	152	87	115	152	200	115	152	200	264	152	200	264	350
有指引的	高	76	100	132	175	100	132	175	230	132	175	230	304	175	230	304	400
方向指引的	低	87	115	152	200	115	152	200	264	152	200	264	350	200	264	350	460
方向指引的	中	100	132	175	230	132	175	230	304	175	230	304	400	230	304	400	528
方向指引的	高	115	152	200	264	152	200	264	350	200	264	350	460	264	350	460	608
广泛性指引的	低	132	175	230	304	175	230	304	400	230	304	400	528	304	400	528	700
广泛性指引的	中	152	200	264	350	200	264	350	460	264	350	460	608	350	460	608	800
广泛性指引的	高	175	230	304	400	230	304	400	528	304	400	528	700	400	528	700	920
战略性指引的	低	200	264	350	460	264	350	460	608	350	460	608	800	460	608	800	1056
战略性指引的	中	230	304	400	528	304	400	528	700	400	528	700	920	528	700	920	1216
战略性指引的	高	264	350	460	608	350	460	608	800	460	608	800	1056	608	800	1056	1400
一般性无指引的	低	304	400	528	700	400	528	700	920	528	700	920	1216	700	920	1216	1600
一般性无指引的	中	350	460	608	800	460	608	800	1056	608	800	1056	1400	800	1056	1400	1840
一般性无指引的	高	400	528	700	920	528	700	920	1216	700	920	1216	1600	920	1216	1600	2112

职务成果形成的作用（行动的自由度）

现在我们根据表 8-19 对营销副总作相应的承担责任的评价。

营销副总在企业中属于"战略性指引的";他全面负责企业的营销工作,所以他起到的作用是"主要的";营销副总的决策有时直接决定企业的生死存亡,其职务责任是"大量的"。该职务责任的整体评分为 1 056。

步骤二:分析待评价职位的"职务状态构成"。海氏提出,职务具有一定的形态,这个形态主要取决于技能和解决问题的能力两因素相对于职务责任这一因素的影响力间的对比和分配。主要有三种类型:

(1) 上山型。该职务的责任比技能与解决问题的能力重要。如公司总裁、销售经理、负责生产的干部等。营销副总属于"上山型"。

(2) 下山型。该职务的责任不及技能与解决问题的能力重要。如会计、人事等职能干部。

(3) 平路型。该职务的责任与技能和解决问题的能力并重。如科研开发、市场分析干部等。

步骤三:根据职务的"职务状态构成",赋予三种职务因素以不同的权重,即分别向职务的技能、解决问题的能力两因素与责任因素指派代表其重要性的一个百分数,这两个百分数之和恰为 100%。根据一般性原则,可以分别把上山型、下山型和平路型的两组因素的权重分配为:40% + 60%、70% + 30%、50% + 50%。

步骤四:根据以上数据,计算待评价职位的总分。

营销副总的技能水平得分为 1 400、解决问题的能力得分为技能水平得分的 87%,职务责任得分为 1 056;两组因素的权重比例为 40% 和 60%。

根据以上数据可得:

$$营销副总评价总分 = [1\,400(1 + 87\%)] \times 40\% + 1\,056 \times 60\%$$
$$= 1\,680.8$$

3. 海氏工作评价法的优缺点

海氏评价法评价出来的分数比直觉性的主观评价要精确和合理一些,只是评价过程非常复杂,并且需要聘请专家进行,因此运用这种方法成本很高。评价分获得后,具体工资额的确定要参考外界市场情况确定。

(二) IPE 码

IPE 码即国际职位方法(International Position Evaluation,简称 IPE),目前在世界各地被广泛应用。结合各国的实际情况,产生了各类基于 IPE 码的职位评价方法。下面介绍两种典型的方法。

1. 韦氏的 IPE 码

韦氏的 IPE 码是一个建立在 4 个因素基础上的职位评价模型,这 4 个因素覆盖了确定职位价值大小的关键因素。每个因素分为 2—3 个子维度,每个子维度有不同的等级和相应的权重。在评价过程中,把待评估的职位所包含的因素对应到相应的维度及级别上去,就可以确定职位在该因素上的得分,将所有因素的得分累加,就可以得到该职位的总体分值。韦氏的 IPE 码包含的评价因素以及相关定义如表 8-20 所示。

表 8-20　韦氏的 IPE 码评价维度体系

因素	因素说明	二级维度
影响	本要素考虑职位在其职责范围内所具有的影响性质和范围,并以职位对组织的贡献作为修正。	• 职位在组织内部的影响 • 组织规模 • 职位贡献的大小
沟通	本要素考虑职位所需要的沟通技巧。首先决定任职者所需要的沟通类型,然后再选定对职位最困难和最具挑战性的沟通。	• 职位的沟通方式 • 组织架构
创新	本要素考虑职位所需要的创新水平。首先确定对职位期望的创新水平,然后决定该创新水平的复杂程度。明确职位的要求:识别并改进程序、服务和产品,或者发展新的思想、方法、技术、服务或产品。	• 职位的创新能力 • 职位的复杂性
知识	知识是指工作中为达到目标和创造价值所需要的知识水平,知识的获得可能是通过正规教育或者工作经验。首先确定应用知识的深度,然后指出该职位在团队中的位置,最后确定应用知识的区域。	• 确定知识水平 • 确定知识深度 • 确定团队角色

2. 和君创业的 IPE 码

该方案是针对中国企业的实际情况,对 IPE 码进行修订而制定出来的具有本土化的职位评价方法。该方案是一个二维评价模型,包括 7 个一级维度、14 个二级维度,详见表 8-21。

表 8-21　和君创业的 IPE 码职位评价维度体系

维度	二级维度数量	二级维度	权重	包含等级
对企业的影响	2	职位贡献	30%	6
		过失损失		6
监督管理	2	人数	10%	4
		类别		4
责任范围	2	独立性	20%	6
		广度		6
沟通技巧	2	频率与接口	10%	5
		技巧		3

(续表)

维度	二级维度数量	二级维度	权重	包含等级
任职资格	2	学历	5%	4
		经验		6
解决问题的难度	2	创造性	20%	5
		复杂性		6
环境条件	2	环境	5%	2
		风险		2
总计			100%	

第四节 以任职者为基础的薪酬体系设计

基本薪酬体系除了以职位为对象来进行设计外,还可以以任职者为基础来进行设计。与职位薪酬体系相比,以任职者为基础的薪酬体系强调个人在薪酬体系中的作用。它虽然在国内出现的时间不长,但在知识经济这一大背景下,知识企业和知识员工的大量涌现,极大地促进了以任职者为基础的薪酬体系的发展。根据决定薪酬的任职者因素的差异,可以把该薪酬体系进一步分为技能薪酬体系和能力薪酬体系。

一、技能薪酬体系的内涵

技能薪酬体系或技能薪酬计划,是组织根据一个人所掌握的与工作有关的技能、能力支付基本薪酬的一种报酬制度。这种薪酬制度通常适用于所从事的工作比较具体而且能够被界定出来的操作人员、技术人员以及办公室工作人员。这种薪酬决定体系有一个共同的特征,即员工所获得的薪酬是与知识、一种或多种技能以及能力而不是与职位联系在一起的。在技能薪酬体系中员工的技能包括以下三个维度:

(1) 深度技能(Depth of Skill)。是指员工掌握了与完成同一种工作有关的更多、更深的知识和技能。

(2) 广度技能(Horizontal of Skill)。是指任职者在掌握本职位技能之外,还掌握了其他相关职位所需的技能。

(3) 垂直技能(Vertical of Skill)。是指员工能进行自我管理,掌握与工作有关的计划、领导、团队合作等技能。

二、技能薪酬体系的设计流程及其步骤

技能薪酬体系的设计流程的重点在于开发一种能够使技能和基本薪酬联系在一起的薪酬计划。技能薪酬体系所遵循的大体流程和步骤如图8-15所示。

图 8-15　技能薪酬体系的设计流程

（一）成立技能薪酬计划设计小组

技能薪酬计划的设计小组成员通常包括企业的高层管理人员、人力资源部、财务部、信息管理部等部门的代表、员工代表和薪酬专家等。各部门的主管和来自第一线的员工代表组成具体实施小组，进行整个过程的具体操作；高层管理者组成指导委员会，在技能薪酬设计过程中制定设计小组的章程，对设计小组的工作进行监督和指导，以确保整个活动与长期经营战略保持一致；薪酬专家作为主题专家，负责协助设计小组解决技能薪酬设计过程中遇到的各种技术问题。

（二）进行工作任务的技能分析

对工作任务进行分析，确定技能要素，是对技能进行分级和定价的基础。技能薪酬体系准备支付报酬的对象应当是那些对于有效地完成任务来说至关重要的技能。因此，设计一套技能薪酬计划的第一个步骤就是要系统地描述所要涉及的工作任务。为了描述工作任务，我们有时还需要将工作任务分解成更小的分析单位，即工作要素。当然，一种活动被说成是工作要素、工作任务还是工作，则要取决于一个工作单位中的劳动分工程度。表 8-22 对这三个概念进行了剖析。

表 8-22　工作要素、工作任务与工作之间的区别和联系

工作名称	汽车维修工人	汽车维修厂
工作	在规定的时间内提供客户满意的维修完毕的汽车	维修汽车
工作任务	维修汽车	用工具更换汽车零件
工作要素	用工具更换汽车零件	

在以上工作分析的基础上，评价各项工作任务的难度和重要性程度，然后重新编排任务信息，对工作任务进行组合，从而为技能模块的界定和定价打下基础，在这一过程中就需要与主题专家进行有效沟通和密切合作。

技能等级模块是员工为了按照既定的标准完成工作任务而必须能够执行的一个工作任务单位或者一种工作职能。对技能模块进行等级评价需要以技能模块中所包括的工作任务为对象，以工作任务的难度和重要性等为指标来进行。一般来说，有以下五种方式可以选择：

1. 阶梯模式

这种模式将一个工作族中的工作从入门到复杂划分为几个"阶梯"（如一级技工、二级技工、三级技工等），每个阶梯就是一个等级。员工每上升一个阶梯，就需要掌握更深层次的技能。例如，一级装配技工需要掌握两项技能——重新进料、存货分类;二级技工需要掌握四项技能——重新进料、存货分类、去除毛口、作业线操作;三级员工需要掌握六项技能——重新进料、存货分类、去除毛口、作业线操作、装配、焊接。企业可以为不同的工作族设计不同的阶梯模式。这一模式的主要特点是强调员工知识和技能深度的发展。

2. 技术单元模式

技术单元模式与阶梯模式有一定相似之处:它们都适用于同一工作族内的工作,员工可以从事简单工作转变为可以从事复杂工作。但两者间的区别是阶梯模式强调技能深度的发展,而技术单元模式强调广度技能和垂直技能的发展。员工在掌握一个"门槛"水平的技能模块后,就可以开始学习其他模块中的任何技能。比如公司的一名职员如果掌握了文件档案管理和文字处理的技能,可以被评为一级职员;如果他又学会了数据处理和项目日常安排等技能,则可以被评为三级职员。

3. 学校课程表模式

这种模式类似于阶梯模式中的技能模块。但与阶梯模式不同的是,此模式中的有些技能被认为是重要的,而有些技能被认为是任选的。

4. 工作点累计模式

通过技能分析和评估,能够获得每项技能的点数,点数越大,等级也就越高。技能点数的确定与该项技能对应的职位评价点值或职位等级有关,同时也要以该技能对组织成功的贡献大小为依据。这种模式鼓励员工扩展技能以便完成不同工作族的工作。公司可以设置几项与增强公司竞争力息息相关的技能,如处理顾客关系、提高响应速度等。如果员工掌握了这些公司迫切需要的技能,他的技能等级就可以得到提升。这种模式可以引导员工改变自己的知识和技能结构,以适应公司竞争的需要。

5. 跨部门模式

跨部门模式鼓励员工学习其他部门的某些重要技能,以增强员工的灵活性。掌握其他部门重要技能的员工可以获得更高的技能等级。比如,掌握一个部门技能的员工被评为一级员工;掌握本部门加其他部门一门技能的员工被评为二级员工。跨部门模式可以处理偶然的、短期的人员短缺,也可以帮助公司应对产品和服务需求的季节性波动。比如,公司在节假日的销售量会大幅度提高,如果发货部门暂时人手不足,就可以把掌握发货流程的其他部门员工借到发货部门工作。员工掌握多项技能可以帮助企业更好地适应不断变化的竞争环境。

(三) 对技能模块及各个等级进行定价

对技能模块进行定价实际上就是确定每一个技能单位的货币价值。虽然这一操作步骤的重要性得到了广泛承认,但是至今也没有一种标准的技能等级定价方法。尽管如此,在对技能模块进行定价的时候,任何组织都需要作出两个基本决定:一是确定技能模块的相对价值;二是确定对技能模块定价的机制。在通

常情况下,我们可以按照下面几个方面的维度来确定技能模块之间的相对价值:

1. 失误的后果

是指由于技能发挥失误所导致的财务、人力资源以及组织后果。

2. 工作的重要性

是指技能对于完成组织认为非常重要的那些工作任务的贡献程度。

3. 基本的人力资源水平

是指学习一项技能所需要的基本的数学、语言以及推理方面的知识。

4. 工作或操作的水平

是指工作中所包括的各种技能的深度和广度,其中包括平行工作任务和垂直工作任务。

5. 监督责任

是指在该技能等级上涉及的领导能力、小组问题解决能力、培训能力以及协作能力等范围的大小。

在对技能模块进行定价时,由于确定依据和标准的不同,其结果也各不相同。表 8-23 和图 8-15 分别是两种不同的定价模式。表 8-23 是某制造企业所采用的技能薪酬定价表。

表 8-23 技能薪酬定价表

	机械技能	团队合作技能	通用技能
三级技能	15.50 元(增加 2.00 元)	0.50 元	已经包括在本等级的技能价格之中
二级技能	13.50 元(增加 2.00 元)	0.50 元	已经包括在本等级的技能价格之中
一级技能	11.50 元(增加 2.00 元)	0.50 元	已经包括在本等级的技能价格之中
学徒起薪	10 元/小时		

在表 8-23 中可以看到,该企业的整个模块分为通用和专用(机械及团队合作技能)两种技能模块。根据外部市场调查,确定员工的起薪为 10 元/小时,随着员工机械及团队合作两方面技能的增加,薪酬水平也不断提高。但员工通用技能的增加不会带来薪资水平的变动。

在实际操作中,很多企业可能并不会费力地对每个技能模块进行定价,而是根据一定的规则确定员工的技能水平,然后根据这种技能水平的总体评估来确定员工的薪资。图 8-15 是某公司生产操作人员的技能薪资情况。在图中可以看到,整个操作人员的技能水平被简单划分为四个等级,每个级别对应不同的薪资水平。

图 8-15 某公司生产操作人员的技能薪资情况

（四）技能的分析、培训和认证

设计和推行技能薪酬计划的最后一个阶段是关注如何使员工置身于该计划中，对员工进行培训和认证。在这一阶段，在对员工的现有技能进行分析的同时，还要制订培训计划、技能资格认证计划以及追踪管理工作成果的评价维度。

1. 员工的技能分析

对员工进行技能分析的目的在于确定员工当前处于何种技能水平。

2. 培训计划

由于技能分析与评价能够确定每位员工所处的实际技能水平，因此它所提供的信息对于制订员工的培训计划来说是相当重要的。在制订员工的培训计划时需要确定两个要点：一是培训的需要；二是采取何种方法进行培训最为合适。

3. 技能等级或技能资格的认证与再认证

实施技能薪酬计划的最后一个环节是设计一个能够确定员工技能水平的认证计划。该计划包括三个要素：认证者、认证所包含的技能水平以及员工通过何种方法表现出自己具备某种技能水平。

在技能认证完成以后，每隔一段时间，对员工的技能进行重新认证也同样重要。只有这样才能确保员工能够继续保持已经达到的技术水平。

不仅如此，随着技术的更新，技能等级的定义也在发生变化，因此，企业需要根据自身技术水平的更新以及进步情况，随时修订自己的技能等级定义，并且进行技能等级的重新认证。

三、以素质（能力）为基础的薪酬体系设计

（一）能力（素质）的内涵

能力（素质），又称胜任能力，是驱动一个人产生优秀工作绩效的各种个性特征的集合。它反映的是可以通过不同方式表现出来的个人的知识、技能、个性与内驱力等，通常用来指管理人员、专业人员、技术人员以及其他白领的工作素质。

（二）建立以素质为基础的薪酬体系的流程

1. 分析组织能力

企业的活动都是围绕如何实现企业战略进行的，不同的企业要求的核心能力不同，相同的企业在发展的不同阶段也会提出不同的能力要求，因此在建立素质模型的准备阶段要先研究一下，实现组织战略需要的核心素质是哪些，这是建立素质模型的基础。

在明确了组织能力之后，企业还必须把组织能力分解落实到员工的具体工作能力上。实现这一过程通常有两种方式：

（1）对于一些小规模的企业，如咨询公司和软件开发公司等，员工人数较少，工作差异不大，组织能力可以直接等同于员工的能力，那么组织可以建立一

套涵盖组织能力的通用素质模型,并把它作为员工能力的要求标准和决定能力薪酬的基础。

(2)对于更多的大型组织而言,组织必须首先考虑与组织能力密切相关的是哪些部门或职类,这些部门和职类需要具备哪些能力才能支撑组织的发展。在对各职类进行能力分析之后,就可以建立各职类的素质模型,再用它作为衡量员工能力的标准和决定薪酬的依据。

比如,在 X 公司的战略实施计划中,市场部为关键部门,对市场部员工的能力要求包括以下方面:销售渠道战略的制定,销售基础设施的建立,客户开发计划的制订和实施,供应链管理、经销商管理等。

总之,进行组织能力分析的目的是确定哪些能力是支持组织战略、为组织创造价值的,从而为具备这些能力的员工支付报酬。

2. 开发分层分类的素质模型

能力工资必须建立在企业的素质模型的基础之上,根据员工所具备的个人素质特征来确定其所获得的薪酬。

在企业战略与目标职位都明确之后,就可以建立素质模型了。对素质模型的开发可以通过三种方式。

第一种方式是最常见、最通用的方式,具体步骤见图 8-16。

图 8-16 素质模型开发的步骤

第二种方式:成立专家组,依据问卷、头脑风暴等多种手段集中开发、评审与确认素质模型。这种方式花费的时间不长,适合面向较少职位的素质模型的开发。

第三种方式:面向未来尚不存在的职位或者没有太多的任职者可以提供优秀和一般工作绩效的样本的职位,主要采取专家组论证、分析目前类似工作状况的方式进行素质模型的开发。

3. 素质模型的评审、修订和确认

在素质模型的框架形成之后,还要通过管理实践对素质模型进行评估、修订和确认,以保证素质模型的有效性和可操作性。可以采取以下两种方式:

一种方式是人力资源部门组织相关部门主管、业务专家以及核心员工对素质模型进行评审和修订,在评审过程中应重点关注几个方面:素质要项是否能驱动任职者达到高绩效;素质模型的整体构架是否合理;素质要项的界定与划分是否完备;素质模型的内容是否完整,是否有其他重要的要素被遗漏;素质模型在应用时的可操作性如何等。

另一种方式是通过素质模型的实践运用来检验素质模型的有效性。例如，选取两组样本进行试验，检验素质模型对其行为差异以及未来绩效的预期意义；将素质模型与招聘、甄选、培训等企业的其他职能相结合，预测素质模型对绩效的作用；采取标杆基准法，通过选取标杆企业，进行企业间核心能力的比较与素质模型的基准化。

通过以上步骤，企业可以形成几种类型的素质模型来满足企业的需要。这些素质模型既可以是针对整个组织建立的核心能力模型，也可以是仅仅为满足某些特定的领域的需要建立的能力模型，通常包括以下四种，见表8-24。

表8-24　素质模型的类型及释义

模型类别	模型释义
核心能力模型	这种能力模型实际上是适用于整个组织的能力模型，用来界定企业各层各类人员所通用的核心素质，即哪些素质是支撑企业战略成功的关键，从而要求全体人员都必须具备。
职能能力模型	这是一种围绕关键业务职能，比如财务管理、市场营销、生产制造等建立起来的能力模型。它适用于同一职能领域中的所有员工。
角色能力模型	这种能力模型适用于在一个组织中的某些人所扮演的特定角色，比如技师、经理等，而不是这些人所在的职能领域。这种能力模型是跨职能领域的，因此，它特别适用于以团队为基础的组织。
职位能力模型	这种能力模型适用的范围最狭窄，因为它只适用于单一类型的职位。这种能力模型主要针对那些有很多人从事的职位，比如一家软件公司针对某种软件销售人员开发的模型。

4. 将能力与薪资挂钩

能力薪资作为一种新兴事物，本身还存在很多尚未解决的问题。这些问题涉及能力薪酬应用过程中的方方面面，因此也包括对素质模型进行定价。在将能力和薪资挂钩的问题上，企业常常采取多种不同的形式，其中主要的形式有以下五种：

(1) 职位评价法

职位评价法是对能力进行评价的最常见、最传统的方法，即在因素计点法中，用与能力相关的部分或全部要素代替传统的报酬要素。例如，传统评价要素在衡量管理责任时往往根据管理职位下属的人数或管理的预算规模来进行判断，而与能力有关的职位评价要素，会考虑管理方面的要求以及需要具备怎样的技能才能满足这些管理要求。

(2) 直接能力分类法

这种方法完全根据个人的能力情况对基本薪酬进行等级划分，是真正意义上的能力薪酬定价法。在这种情况下，分类者往往根据员工扮演的角色——比如,普通员工、经理、高级经理——把他们放进某个单一的薪资宽带中。在每个薪资宽带中都划分三四个高低不同的区域,每个区域代表着一种不同的能力水平并且对应着一个特定的薪资浮动上限和下限。

(3) 传统职位能力定价法

在这种方法里,员工依然会因为开发能力而获得报酬,但是关于职位和薪资的概念都更为传统,即某一个职位仍然会被确定在某一个薪资等级之中,在这样一个狭窄的薪资区间中,组织会根据员工的能力决定员工的薪资水平处于这一区间的哪个位置上。

(4) 行为目标达成加薪法

这是一种根据基于能力的行为目标达成度来确定加薪水平的做法。在这种情况下,组织是通过运用事先拟定的行为目标——而不是整体能力评估结果——来对能力进行评价的,然后根据评价结果确定加薪幅度。

(5) 能力水平变化加薪法

这种方法将员工的薪资水平直接与对其总体能力水平的变化情况所作的评价相挂钩,即企业首先通过多位评价者对员工的总体能力水平进行评估,然后根据员工的能力水平变化情况,直接决定员工的加薪幅度。

5. 员工能力的测试和评价

对员工的能力进行评价,是根据员工能力进行薪酬支付的依据,同时也促使员工积极提升自身素质,引导员工向产生高绩效的能力方向发展。进行能力测试和评价的过程主要包括:培训、自我评价、资料收集、能力测试、评价与讨论、结果反馈、改进提升,具体见图 8-17。

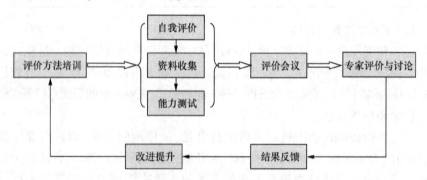

图 8-17 能力评价的基本过程

资料来源:濮雪镭. 基于技能与能力的薪酬设计研究[D]. 西南财经大学,2006。

第五节 绩效奖励设计方法

第二节至第四节介绍了基础工资体系的设计方法，这种工资体系分别围绕职位和员工的技能/能力进行设计，更多体现的是薪酬的静态公平性。本节则以绩效为基础进行工资体系设计方法的介绍，以说明哪些方法更能调动员工的积极性，更多地体现了薪酬动态的激励性。

一、绩效奖励计划的内涵及实施要点

（一）绩效奖励计划的内涵

所谓绩效奖励计划，是指员工的薪酬随着个人、团队或者组织绩效的某些衡量指标的变化而变化的一种薪酬设计。由于绩效奖励计划是建立在对员工行为及其达成组织目标的程度进行评价的基础上的，因此，它有助于强化组织规范，激励员工调整自己的行为，以实现组织的目标。

（二）绩效奖励计划的实施要点

越来越多的企业在使用绩效奖励计划，但实施过程必须非常谨慎，需要注意以下几点：

第一，绩效奖励计划只是企业整体薪酬体系中的一个重要组成部分，只有与其他薪酬计划密切配合，才能确保绩效奖励计划的作用正常发挥。

第二，绩效奖励计划必须与组织的战略目标及其文化和价值观保持一致，并且与其他活动相协调。事实上，在实践中经常发生这样的情况，即从局部看设计非常合理的绩效奖励计划，最终对于企业业绩所产生的影响却是不利的。

第三，企业必须首先建立起有效的绩效管理体系。这是因为绩效奖励计划是以对员工、员工群体甚至组织整体的业绩作为奖励支付的基础，如果没有公平合理、准确完善的绩效评价系统，绩效奖励就成了无源之水、无本之木。

第四，有效的绩效奖励计划必须在绩效和奖励之间建立起紧密的联系。因为无论企业的目标多么清晰，绩效评价多么准确，反馈多么有成效，如果它与报酬之间不存在联系，绩效也不会达到最大化。

第五，绩效奖励计划必须获得有效沟通战略的支持。既然绩效奖励计划要求员工能够承担一定的风险，那就要求企业能够及时为员工提供正确作出决策所需要的各种信息；同时，企业还需要就绩效进展情况向员工提供经常性的反馈，以帮助员工提高达到既定目标的可能性。沟通的另一个重要作用是让员工看到绩效和薪酬之间到底存在怎样的联系。

第六，绩效奖励计划需要保持一定的动态性。这是因为，绩效奖励计划是围绕企业经营目标、企业外部的经营环境以及员工的工作内容、工作方式等情况而

不断变化的,因此,过去曾经取得成功的绩效奖励计划并不一定到现在依然成功,而经常是或者需要完全重新设计新的薪酬奖励计划,或者需要对原有的薪酬奖励计划进行较大的修改和补充。

二、绩效奖励计划的种类

绩效奖励计划很多,按照时间维度可分为短期和长期绩效奖励;按照激励对象维度可分为个人奖励和群体奖励。下面对这五种奖励计划的方法分别进行介绍。

(一)短期绩效奖励计划

1. 绩效加薪

绩效加薪是将基本薪酬的增加与员工在某种绩效评价体系中所获得的评价等级联系在一起的一种绩效奖励计划。通常是在年度绩效评价结束时,企业根据员工的绩效评价结果以及事先确定下来的绩效加薪规则,决定员工在第二年可以得到的基本薪酬,绩效加薪所产生的基本薪酬增加会在员工以后的职业生涯——在同一个企业中连续服务的年限——中得到累积。

绩效加薪计划的三大关键要素是加薪的幅度、加薪的时间以及加薪的实施方式。

加薪的幅度主要取决于:(1)企业的支付能力;(2)企业的薪酬水平与市场薪酬水平的对比关系;(3)员工所在的管理层级以及企业内部相对收入水平高低等因素。

从绩效加薪的时间安排来看,常见的绩效加薪是每年一次,也有半年一次或者两年一次的做法。从绩效加薪计划的实施方式来看,绩效加薪既可以采取基本薪酬累积增长的方式,也可以采取一次性加薪的方式。

2. 一次性奖金

一次性奖金是一种非常普遍的绩效奖励计划。从广义上说,它属于绩效加薪的范畴,但却不是在基本薪酬基础上的累积性增加,而是一种一次性支付的绩效加薪。

3. 月/季度浮动薪酬

在绩效加薪和一次性奖金两种绩效奖励方式之间还存在一种这样的奖励方式,即根据月或者季度绩效评价结果,以月绩效奖金或季度绩效奖金的形式对员工的业绩加以认可。在实际执行的过程中,员工个人应当得到的绩效奖金往往还要与其所在的部门的绩效挂钩。

(二)长期绩效奖励计划

长期绩效奖励计划是指绩效衡量周期在一年以上的对既定绩效目标的达成提供奖励的计划,而这种奖励实现的主要形式是股票所有权计划。常见的股票所有权计划可以划分为三类:现股计划、期股计划和期权计划。

现股计划是指通过公司奖励的方式直接赠与,或者参照股权的当前市场价格向员工出售股票,总之是使员工立即、直接获得实实在在的股权。

期股计划则规定,公司和员工约定在将来的某一时期内以一定的价格购买一定数量的公司股权,购股价格一般参照股权的当前价格确定。

期权计划是指公司给予员工一定的权利,可以使员工在将来的某一时期内以一定的价格购买一定数量的公司股权。但是员工可以行使这种权利,也可以放弃这种权利。

(三) 个人绩效奖励计划

个人绩效奖励计划是指针对员工个人的工作绩效提供奖励的一种报酬计划。其种类主要有以下四种:

1. 直接计件工资计划

这是运用最为广泛的一种奖励计划。工资率的确定以单位时间的产量为基础,工资随产量函数变动。工人的工资直接根据其产出量支付。因此,一个产量经常高于既定标准的工人的工资会比平均水平高。

2. 标准工时计划

所谓标准工时计划,是指首先确定正常技术水平的工人完成某种工作任务所需要的时间,然后再确定完成这种工作任务的标准工资率。举例来说,对于一位达到平均技术水平的工人来说,他生产单位产品所耗费的时间为一个小时,而另一个工人的工作效率更高,他可能在半个小时内就可以生产出一个产品,这时企业仍然根据一个小时来支付报酬,则另一个工人就可能得到双倍报酬。

3. 差额计件工资计划

它是直接计件工资制的另外一种变体,包括泰勒计划和梅里克计划。这两种计划都以标准产量为依据,根据实际产量水平的不同来确定不同的工资率。

泰勒计划的主要内容是使用两种不同的计件工资率:一种是用于那些产量低于或等于预定标准的员工;另一种则是用于那些产量高于预定标准的员工。

梅里克计划的运作与泰勒计划基本相同,只是它设定的计件工资率有三个标准:(1) 高档,即实际产量100%超过标准产量;(2) 中档,即实际产量为标准产量的83%—100%;(3) 低档,即实际产量低于标准产量的83%。表8-25给出了一个对比这两种计划的例子。

表 8-25　对泰勒计划和梅里克计划的说明

计件工资率标准:10 个单位/小时 标准工资:5 元/小时 计件工资率:				
产出	每单位的 泰勒工资率	泰勒工资	每单位的 梅里克工资率	梅里克工资
7 个单位/小时	0.50 元/单位	3.5 元	0.50 元/单位	3.5 元
8 个单位/小时	0.50 元/单位	4.00 元	0.50 元/单位	4.00 元
9 个单位/小时	0.50 元/单位	4.50 元	0.60 元/单位	5.40 元
10 个单位/小时	0.50 元/单位	5.00 元	0.60 元/单位	6.00 元
11 个单位/小时	0.70 元/单位	7.70 元	0.70 元/单位	7.70 元
12 个单位/小时及以上	按工资率等同于 11 个单位/小时的标准计算			

4. 与标准工时相联系的可变计件工资计划

它主要包括以下三种形式:

(1) 海尔塞(Halsey)50-50 计件工资计划。其内容是:企业通过时间研究确定完成某项任务的标准工时,如果员工以低于标准工时的时间完成工作,从而因节约时间而产生的收益在企业和员工之间以对半的形式分享。

(2) 罗曼(Rowan)计件工资计划。它与海尔塞计划的相似之处是,企业和员工分享因节约标准工时所产生的收益。与海尔塞计划所不同的是,随着所节约时间的增加,员工所能够分享的收益所占的比例是上升的。举例来说,如果完成某项任务的标准工时是 10 个小时,某人用 8 个小时完成任务,则此人得到 20% 的成本节约奖;若他在 6 个小时内完成,则可得到 40% 的成本节约奖。

(3) 甘特(Gantt)计件工资计划。它的主要做法是:在确定标准工时时,有意将它制定在工人需要付出较大的努力才能达到的水平上。不能在标准工时内完成工作的人将会得到一个有保障的工资率,但对于那些能够在标准工时内或少于标准工时的时间内完成工作的员工,计件工资率则定在标准工资率的 120% 这一较高水平上,即工资报酬 = 保障工资 × (1 + 120% × 结余时间)。

(四) 群体绩效奖励计划

群体绩效奖励计划通常可以划分为以下几种类型:利润分享计划、收益分享计划、成功分享计划和小群体或团体奖励计划等。

1. 利润分享计划

利润分享计划,是指根据对某种组织绩效指标(通常指利润这样一些财务指标)的衡量结果来向员工支付报酬的一种绩效奖励模式。员工根据公司整体业绩获得年终奖或股票,或者以现金或延期支付的形式得到红利。

一般来讲,利润分享的关键在于确定利润分享的额度,而这一比例的确定有三种方式:(1)以利润实体获得的总体利润为基数,在组织和员工之间分享总利润的一定比例。比如,规定拿出总利润的3%来奖励员工。(2)采用超额利润分享的方法,即设定一个目标利润,将超出这一目标利润的部分的一定比例用来进行分享。比如,规定目标利润为500万元,实际获得利润为560万元,就可以将其超额利润60万元按照一定比例在组织和员工之间进行分配。(3)采用累积分享比例的方法,即规定若干个利润段,在不同的利润段采用不同的分享比例。比如,规定在200万元以内分享比例为2%,在200万元到500万元之间分享比例为6%,500万元以上分享比例为8%。

现代的利润分享计划又有了新的内容。它将利润分享和退休计划联系在一起,其做法是:企业将利润分享基金用于为某一养老金计划注入资金,经营状况好时持续注入,经营状况不佳时则停止注入。

2. 收益分享计划

收益分享计划是企业提供的一种与员工分享因生产率提高、成本节约和质量提高而带来的收益的绩效奖励模式。这种计划的基础是群体绩效而不是个人绩效,并且通常是一种短期的群体绩效。

收益分享计划与利润分享计划之间有本质的区别。首先,收益分享计划并不使用整个组织层次上的绩效衡量指标(利润),而是对某一群体或者部门的绩效进行衡量。它常常与生产率、质量改进、成本有效性等方面的既定目标达成联系在一起。

其次,相比之下,收益分享计划的奖励支付周期更短,同时也更为频繁。从某种意义上来说,收益分享计划实际上把像利润分享计划这样一些以组织绩效为导向的绩效奖励计划的优点,与像绩效加薪和个人绩效奖励计划这样一些以个人绩效为导向的奖励计划的优点结合起来。

最后,收益分享计划具有真正的自筹资金的性质,因为作为收益分享基础的这些收益是组织过去无法挣取或者节约的钱,所以它不会对组织的收益存量产生压力。

收益分享计划主要包括三种方式:斯坎伦计划、拉克计划和分享生产率计划。

(1)斯坎伦计划。其目标是降低企业的劳动成本而不影响员工的积极性。其收益分享部分的计算公式如下:

收益分享总额 = (基期或目标的斯坎伦比率 − 当期的斯坎伦比率) × 当期的产品销售价值

斯坎伦比率 = 工资总额 / 产品的销售价值

(2)拉克计划。它与斯坎伦计划的区别在于所关注的不仅仅是劳动成本的节约,而是整个生产成本的节约。其收益分享部分的计算公式如下:

收益分享总额 =（当期的拉克比率 – 基期或目标的拉克比率）×
　　　　　　当期的雇佣成本

拉克比率 =（销售额 – 购买的原材料成本、供给成本和服务成本）/
　　　　　雇佣成本

（3）分享生产率计划。这种计划不再衡量节省成本的经济价值，而是追求在更短的劳动时间内生产出更多的产品。其关键是计算劳动时间比率，比较当期的劳动时间比率与基期或者目标的劳动时间比率，如果当期的劳动时间比率低于基期或目标的劳动时间比率，那么该企业的劳动生产率就获得了提高，因此就可以将这一部分生产率提高带来的收益进行分享。分享生产率计划往往是以周为单位向员工发放分享奖金。但这种分享计划有一个回购规定，即公司可以通过一次性向员工付款买回超过一定标准的生产率，从而使企业能够在生产率上升到一定水平后提高基期值或者目标值。

3. 成功分享计划

成功分享计划又被称为目标分享计划，它主要是运用平衡计分卡方法来为某个经营单位制定目标，然后对超越目标的情况进行衡量，并根据衡量结果来对经营单位提供绩效奖励的一种做法。这种计划涉及的目标可能包括在财务绩效、质量和客户满意度、学习与成长以及流程等各种绩效方面的改善，并且在成功分项计划中，每一项绩效目标都是相互独立的，经营单位所获得的总奖励金额等于其在每一项绩效目标上所获得的奖励总和。

成功分享计划的设计程序包括三个步骤：（1）建立成功分享计划委员会；（2）制定经营绩效指标并且确定不同指标之间的权重；（3）为绩效指标确定公平合理的进展目标并确定奖励的方法。

4. 小群体奖励计划

小群体奖励计划是适用于规模更小的工作群体的一种群体奖励计划。这种计划与上述几种群体奖励计划有类似之处，只不过奖金是以小群体的业绩为依据的。最常见的情况是围绕财务指标制定，但是它对于支持非财务目标，比如生产率、质量、时效性及客户满意度等也同样有效。这些奖励计划往往持续时间不长，当任务或者项目完成时，奖励计划也就随之消失。

（五）特殊绩效认可计划

特殊绩效认可计划是一种现金或非现金的绩效认可计划，即在员工远远超出工作要求表现出特别的努力，实现了优秀的业绩或者作出重大贡献的情况下，组织给予他们的小额一次性奖励。奖励形式可以是奖励个人一次度假的机会或者现场奖励上千元的现金等。

HRM资料与工具

一、制度工作日的计算

年工作日:365 天 – 104 天(休息) – 11 天(法定节假日) = 250 天

季工作日:250 天/4 = 62.5 天/季

月工作日:250 天/12 = 20.83 天/月

工作小时:以每月、季、年的工作日乘以每日的 8 小时

二、日工资、小时工资的折算

按照《劳动法》第 51 条规定,法定节假日用人单位应当依法支付的工资,即折算日工资、小时工资时不剔除国家规定的 11 天法定节假日。折算的规律为:

日工资 = 月工资收入/月计薪天数

小时工资 = 月工资收入/(月计薪天数 × 8 小时)

月计薪天数 = (365 天 – 104 天)/12 = 21.75 天

资料来源:http://china.findlaw.cn/laodongfa/baochoufuli/jbf/15483.html。

第六节 特殊(典型)员工群体的薪酬设计

一、何为特殊(典型)员工群体

一般来说,企业中大多数员工群体都处于一种相似的工作环境中,因此他们的薪酬方案也包含很多相近的特征。但也有一些员工群体由于工作的性质以及所处的工作环境比较特殊,所面临的压力、冲突以及所需要完成的工作任务的特征与其他员工群体存在较大的差异;同时,这些员工群体是否能够妥善解决自己所面临的压力和困境,是否能够达到既定的绩效水平,对于企业的总体经营绩效又具有非常重要的影响。这些人被称为特殊(典型)群体,主要包括高级管理人员、专业技术人员、销售人员、外派人员、独立董事等。

二、特殊(典型)员工群体的薪酬设计

(一)高级管理人员的薪酬设计

与其他员工群体相比,管理层可能是企业在进行薪酬管理时特别需要关注的一个群体,因为管理人员受激励水平的高低会直接作用于企业的经营绩效和员工的工作满意程度,进而影响到企业的竞争力。如果说管理层是企业中很重要的特殊群体,那么高层管理者则更是这一特殊群体里的特殊群体。企业高层

管理者的绩效表现在相当大的程度上直接决定了企业经营状况的好坏,而向其支付的薪酬数目也在组织的薪酬总额中占据了相当大的比重。

对于高级管理者,当前国内外主要实行经营管理者年薪制。年薪制一般由四个部分构成,即:

年薪 = 基本薪酬 + 年度红利 + 长期奖励 + 福利

(1) 基本薪酬(Salary)。高层管理人员的基本薪酬通常都是由以董事会主席为首的薪酬委员会来确定,决策的依据是上一年度的企业总体经营业绩以及对外部市场薪酬调查的分析。基本薪酬可以为高层管理人员提供一个稳定的收入来源,使个人不必承担过多的风险。基本薪酬在高层管理人员的总收入中所占比重有逐年下降的趋势,虽然基本薪酬的绝对值在逐年上升。

(2) 年度分红(Bonus)。这是一种短期激励行为,但数额却相当可观。一般来说,红利的金额与薪水成正比,即以投资方分红的比例为参照指标,或以税后利润、税前净收益、税后净收益加上股票价值等为指标。

(3) 长期性奖励(Long-term Incentive)。这是非常重要的一项内容,其中主要是各种各样的股票选择计划。如上市公司采用的股票期权计划、非上市公司采用的"虚拟股权计划"或"综合福利基金"等。

(4) 福利和服务(Supplementary Benefits)。高级经理人享受除一般员工都享有的诸如医疗福利之外的福利。这些福利主要体现在三个方面:① 企业内部福利,包括豪华的办公室、高级管理人员餐厅、特定的停车位、免费体检等;② 一些企业外部福利,包括公司付费的俱乐部会员证、旅馆、度假等;③ 属于个人的福利,包括低成本或无息贷款,由公司付费的个人财务或法律咨询,使用公司的财产、车载电话,等等。

(二) 专业技术人员的薪酬设计

1. 专业技术人员及其双重职业发展通道

专业技术人员是指那些具有专门的技术知识和经验或者持有专业技术资格证书的工程师、会计师、律师、科学家、经济学家,等等。专业技术人员主要从事的是脑力劳动,他们或者是把握企业的整体运行情况,为企业的发展提供咨询建议或谋略支持;或者是直接从事专业技术研究开发工作,对企业的相对技术竞争优势产生重要的影响。

近年来,越来越多的企业开始实行专业技术人员的双重执业发展通道,如图8-18所示。所谓双重职业发展通道,是指在薪酬方面,专业技术人员刻意谋求两条不同的晋升路径:一种是走传统路子,即从从事专业技术工作转变到从事管理性工作;另外一种是继续从事专业技术工作。无论走哪一条道路,专业技术人员都同样具有薪酬增加的空间。

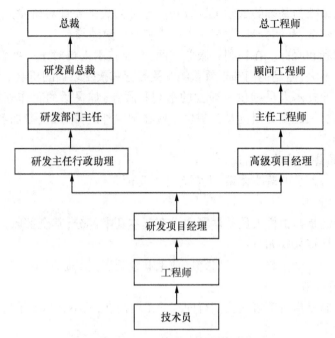

图 8-18 专业技术人员的双重职业发展通道

资料来源：刘昕.薪酬管理[M].北京：中国人民大学出版社，2006。

2. 专业技术人员的薪酬水平

通常情况下，企业一般会选用专业技术人员的事业成熟曲线，并以外部市场的相应薪酬数据作为依据，同时考虑员工个人的知识技能水平和经验状况，来确定他们的薪酬水平。对于拥有专业技术人员数量较多的企业而言，这些员工的绩效好坏对于企业的经营状况和竞争能力的影响是非常大的，但是由于专业技术人员薪酬的市场敏感性较高，因此，为了挽留和有效激励组织中的这些核心力量，有实力的企业一般会选择成为特定劳动力市场上的薪酬领导者，至少也会支付与竞争者持平的薪酬。并且，当企业薪酬的内部一致性与外部竞争性之间产生冲突的时候，对于技术人员的薪酬决策来说，外部竞争的重要性会远远超出内部一致性的重要性。

3. 专业技术人员的薪酬结构

（1）基本薪酬与加薪。专业技术人员的基本薪酬往往取决于他们掌握的专业知识与技能的广度和深度以及他们运用这些专业知识与技能的熟练程度，而不是他们所从事的具体工作岗位的重要性。在基本薪酬一定的情况下，专业技术人员的加薪也主要取决于他们的专业知识与技能的积累程度，以及运用这些专业知识与技能的熟练程度。因此，技术人员可以通过接受各种培训和学习的机会来提高自身的知识水平和能力，以获得加薪的机会。

(2) 以绩效为基础的激励工资方式。这种方式主要针对研发人员，主要内容有一次性奖金、利润分享、营销收入提成和股权激励等。

(3) 福利和服务。在福利和服务方面，专业技术人员对于一些常规性的福利往往兴趣不大，但是他们却很看重继续受教育和接受培训的机会。因此，企业除了要为专业技术人员提供一般性的福利和服务（如灵活的工作安排、宽敞的办公室等）之外，还要尽量为员工提供一些在国内外进修深造、参加各种学术活动等的机会。

（三）销售人员的薪酬设计

对于销售人员的薪酬体系，主要有几下几种：

1. 纯佣金制

纯佣金制是指销售人员的薪酬中没有基本薪酬部分，其全部收入都是由佣金构成的。计算公式如下：

$$个人收入 = 销售额（或毛利或利润） \times 提成率$$

2. 纯薪金制

纯薪金制是指对销售人员实行固定的工资制度，而不管当期销售完成与否。计算公式如下：

$$个人收入 = 固定工资$$

3. 基本薪酬加佣金

在这种薪酬制度下，销售人员每月领取一定数额的基本薪酬，然后再根据销售业绩领取佣金。佣金部分的计算又可以分为两种形式，下面分别举例说明。

(1) 基本薪酬加直接佣金。这种方法的应用如表8-26所示。

表8-26　销售人员薪酬方案：基本薪酬加直接佣金制

薪酬构成	佣金计算方式			
• 基本薪酬：3万元/年 • 目标佣金：3万元/年，每月根据实际销售业绩浮动计发 • 目标薪酬：6万元/年，上不封顶	实际完成销售目标的百分比	佣金占销售额的百分比		
		产品A	产品B	产品C
	0—100%	3%	5%	8%
	超过100%	5%	9%	12%

(2) 基本薪酬加间接佣金。在这种方法中，佣金的计算不是以直接的销售额提成的方式来计算的，而是首先将销售业绩转化为一定的点值，然后再根据点值来计算佣金的数量。这种方法的应用如表8-27所示。

表 8-27　销售人员薪酬方案：基本薪酬加间接佣金制

薪酬构成	佣金计算方式	
	产品类型	单位产品的点值
• 基本薪酬：4.2 万元/年 • 目标佣金：2.4 万元/年，每月根据实际销售业绩浮动计发 • 目标薪酬：6 万元/年，上不封顶	A	2
	B	4
	C	8
	D	10
	E	6
	每个点等于 2 元	

4. 基本薪酬加奖金制

在这种薪酬制度中，销售人员所达成的业绩只有超过一定的标准，才能获得一定数量的奖金。这个标准可以是完成的销售业绩、利润水平、贷款回收速度、客户投诉状况等。销售人员的奖金主要取决于两个指标：一是销售额；二是利润。这种方法的应用如表 8-28 所示。

表 8-28　销售人员薪酬方案：基本薪酬加奖金制

薪酬构成	奖金计算方式					
			相当于季度目标奖金的百分比(%)			
• 基本薪酬：6.4 万元 • 目标奖金：1.6 万元/年，每季度根据销售额和利润完成情况浮动计发 • 目标薪酬：8 万元/年，上限封顶，最高不超过 9.6 万元	销售额	卓越	50.0	87.5	125.0	162.5	200.0
			37.5	75.0	112.5	150.0	162.5
		目标	25.8	62.5	100.0	112.5	125.0
			12.5	37.5	62.5	75.0	87.5
		最低	0	12.5	25.8	37.5	50.0
			最低		目标		卓越
		利润					

5. 基本薪酬加佣金加奖金制

这种薪酬制度的特殊性在于，它将佣金制和奖金制结合在一起，如表 8-29 所示。

表 8-29　销售人员薪酬方案：基本薪酬加佣金加奖金制

薪酬构成	季度利润奖金	
	毛利率(%)	奖金比例(相当于佣金的%)
• 基本薪酬：4.2 万元/年 • 佣金：每月发放，佣金比率为销售额的 6% • 奖金：季度发放，相当于佣金的百分比 • 目标薪酬：6 万元/年，上不封顶	15	0
	20	10
	25	25

6. 瓜分制

瓜分制是指事先确定所有销售人员总收入之和,然后在本月结束后,按个人完成的销售额占总的销售额的比例来确定报酬,从而瓜分收入总额。公式如下:

个人月工资 = 团体总工资 × (个人月销售额 / 全体月销售额)

注:人数需大于 5 人,否则易于串通作弊,从而达不到鼓励内部竞争、提高工作效率的目的。

7. 同期比制

同期比制是指将每个人当年的销售额与上一年同期的销售额相比较,如果比上一年差,则予以处罚,处罚程度与下降比例挂钩。公式如下:

个人工资 = [基本工资 + (当期销售额 − 定额) × 提成率] × (当期销售额 / 去年同期销售额)^n

注:$n = 1, 2, 3\cdots$,视需要而定。

8. 谈判制

谈判制是指在基本工资加提成的基础上对据以提成的销售收入与提成定额之间的差距予以整体调整,销售人员按调整后的标准获得报酬。公式如下:

销售人员工资 = [基本工资 + (销售收入 − 定额) × 提成率] × (价格系数)^n

而价格系数又是由实际销售价格和计划价格之间的比例决定的,即价格系数小于或等于(实际销售额/计划价格销售额)^n。

综上可得,谈判制的销售人员的工资可表达为:

销售人员工资 = [基本工资 + (销售收入 − 定额) × 提成率] × (实际销售额 / 计划价格销售额)^n

其中,定额和提成率可由企业根据具体情况进行调整。根据销售价格的具体情况,企业可以对价格系数的幂加以调整,如果采取宽松政策,n 可定为 1;如果采取较为严厉的政策,n 也可定为 2,3,4……以此来严格控制成交价格。

(四) 外派人员的薪酬设计

一般来说,外派人员薪酬的定价方法主要有:谈判法、当地定价法、平衡定价法、一次性支付法、自助餐法等几种方法。

1. 谈判法

对于新近涉及国际业务的企业而言,由于它们所使用的外派人员较少,因此多半会采用分别谈判的方式来与每一位员工进行单独交涉。最终达成的结果在很大程度上会取决于双方的谈判技巧和员工执行任务的愿望。

2. 当地定价法

当地定价法是指向处于类似职位的外派人员支付与东道国员工相同数量的薪酬。

3. 平衡定价法

与当地定价法相对应,平衡定价法的目的在于通过给员工支付一定数量的薪酬,确保员工在东道国享受与母国相同或相近的生活水平。

4. 一次性支付法

当企业使用一次性支付法时,它会在员工的基本薪酬和各种奖金之外附加一笔额外的补贴,这笔钱通常都是一次性付清,员工可以随心所欲地支配。

5. 自助餐法

自助餐法是指向员工提供各种不同的薪酬组合来供员工选择,即在薪酬总量一定的情况下,外派人员可以选择最理想的薪酬构成及其相应的薪酬水平。

(五) 独立董事的薪酬设计

在独立董事制度的实践中,不同公司在独立董事的薪酬问题上的做法都不一致。美国的做法是独立董事每年从董事会领取固定数量的津贴,除此之外,独立董事每参加一次董事会或专业委员会会议还能得到一些额外津贴;英国的做法是采用法律的形式规定独立董事的年度薪酬为公司董事的5%—10%。

国内上市公司基本上学习了美国的做法,典型的独立董事薪酬机制是采用固定的年度津贴、每年参加董事会发放额外津贴并报销相关合理费用的做法。

本章小结

本章主要介绍了薪酬管理的相关概念、薪酬结构的设计方法、绩效奖励的设计方法、福利的设计方法、特殊员工群体薪酬的设计方法。薪酬一般有广义与狭义之分。经济薪酬作为本书的研究对象,主要由基础工资、绩效工资、奖金、津贴、福利、股票期权组成。薪酬管理是指一个组织根据所有员工所提供的服务来确定他们应当得到的报酬总额、薪酬结构和报酬形式的一个过程。这个过程涉及的三种决策是薪酬体系决策、薪酬结构决策、薪酬水平决策。薪酬设计的过程受内部因素、外部因素与个人因素的影响。经济的全球化、知识经济的到来和过剩经济的形成带来薪酬管理的新趋势,这些新趋势包括宽带薪酬、团队薪酬和团队激励、全面薪酬、"人质"工资、跨国薪酬、国际薪酬等方面。

薪酬结构是对同一组织内部的不同职位或者技能/能力之间的工资率所作出的安排。一个完整的薪酬结构包括三项内容:一是薪酬的等级数量;二是同一薪酬等级内部的薪酬浮动幅度(最高值、中点和最低值);三是相邻两个薪酬等级之间的交叉和重叠关系。宽带型薪酬结构通过对多个薪酬等级以及薪酬变动范围进行重新组合,从而变成只有相当少量的薪酬等级和相应较宽的薪酬变动范围。

职位薪酬体系的设计流程是由职位分析到职位评价再到薪酬结构。通过职位分析形成职位说明书,工作分析是薪酬设计的基础。职位评价是一个为组织制定职位结构而系统地确定每个职位相对价值的过程,它以工作内容、技能要求、对组织的贡献、组织文化以及外部市场等为综合依据。目前国际通用的职位评价方法中,具有代表性的主要有四种:排序法、分类法、因素计点法和要素比较法。

基本薪酬体系的设计除了以职位为对象来进行设计外,还可以以任职者为基础来进行设计,该薪酬体系进一步分为技能薪酬体系和能力薪酬体系。技能薪酬体系中员工的技能包括以下三个维度,即深度技能、广度技能、垂直技能。技能薪酬体系的设计流程包括成立技能薪酬计划设计小组、进行工作任务的技能分析、对技能模块及各个等级进行定价,以及技能的分析、培训和认证。以素质(能力)为基础的薪酬体系设计流程包括:分析组织能力,开发分层分类的素质模型,素质模型的评审、修订和确认,将能力与薪酬挂钩,员工能力的测试和评价。

绩效奖励计划,是指员工的薪酬随着个人、团队或者组织绩效的某些衡量指标的变化而变化的一种薪酬设计。绩效奖励计划很多,按照时间维度可分为短期和长期绩效奖励,按照激励对象维度可分为个人奖励和群体奖励。短期绩效奖励计划又分为绩效加薪、一次性奖金和月/季度浮动薪酬。个人绩效奖励计划包括直接计件工资计划、标准工时计划、差额计件工资计划和与标准工时相联系的可变计件工资计划。群体奖励计划通常可分为利润分享计划、收益分享计划、成功分享计划和小群体奖励计划等。长期绩效奖励计划实现的主要形式是股票所有权计划。常见的股票所有权计划可以划分为三类:现股计划、期股计划和期权计划。

典型员工群体的薪酬设计包括高级管理人员的薪酬设计、专业技术人员的薪酬设计、销售人员的薪酬设计、外派人员的薪酬设计和独立董事的薪酬设计。

关键概念

薪酬管理　薪酬管理流程　宽带薪酬　职位薪酬体系　技能薪酬体系　绩效奖励计划

课堂练习

选择题

1. 同一组织中不同职位的人所获薪酬与职位贡献成正比是指(　　)。
   A. 外部公平　　　　B. 员工公平　　　　C. 内部公平　　　　D. 分配公平

2. 影响薪酬中的基本工资的设计因素主要是(　　)。
   A. 战略　　　　　　B. 职位　　　　　　C. 绩效　　　　　　D. 资质
3. 计时工资制和计件工资制主要是针对(　　)。
   A. 管理人员　　　　B. 技术人员　　　　C. 销售人员　　　　D. 操作人员
4. 员工的薪酬主要根据其所担任的职务(或岗位)的重要程度、任职要求的高低以及劳动环境对员工的影响等来决定的是(　　)。
   A. 以绩效为导向的薪酬结构　　　　B. 以工作为导向的薪酬结构
   C. 以能力为导向的薪酬结构　　　　D. 新型薪酬结构
5. 岗位评价的结果是(　　)形式。
   A. 分值　　　　　　B. 等级　　　　　　C. 排顺序　　　　　D. A、B 和 C
6. 岗位与薪酬的对应关系是(　　)。
   A. 线性关系　　　　B. 非线性关系　　　C. 两者无关　　　　D. A 和 B
7. 在确定薪酬调查范围时,应遵循(　　)。
   A. 可比性　　　　　B. 前瞻性　　　　　C. 效益性　　　　　D. 谨慎性
8. 不同薪酬等级之间薪酬相差的幅度是(　　)。
   A. 浮动薪酬　　　　B. 固定薪酬　　　　C. 薪酬级差　　　　D. 标准薪酬
9. 在薪酬结构中,属于短期激励薪酬部分的是(　　)。
   A. 业绩工资　　　　B. 股票期权　　　　C. 股票增值权　　　D. 虚拟股票
10. 在进行岗位分析时,对岗位中具有代表性的工作者的工作行为进行描述的方法,被称为(　　)。
    A. 观察法　　　　　B. 问卷调查法　　　C. 面谈法　　　　　D. 典型事例法

判断题

1. 薪酬管理的目的完全是为了激励员工,充分调动员工的积极性。(　　)
2. 一个合理的组合薪酬结构应该是既有固定薪酬部分,又有浮动薪酬部分。其中,岗位工资是固定薪酬部分。(　　)
3. 职位评价的方法主要有排序法、分类法、要素比较法和因素计点法。(　　)
4. 薪酬调查的目的主要是建立企业合理的薪酬构成,根据市场薪酬给付水平确定企业薪酬水平的市场定位。(　　)
5. 绩效奖励计划很多,按照时间维度可分为短期和长期绩效奖励;按照激励对象维度可分为个人奖励和群体奖励。(　　)

讨论题

1. 某企业的年终奖金分配一直是个难题,因为办公室、人事部、财务部的考核指标无法量化,企业中的工程、设计、生产等工作任务往往需要若干部门配合完成,各部门的工作量与效果难以区分。往年的奖金分配总是出现部门之间、岗位之间的攀比,都觉得自己付出得多,得到的少。原是为了调动大家积极性的年终奖金反而引起矛盾,影响了员工的积极性。通过所学的薪酬设计方法,讨论各部门适合的薪酬设计方案是怎样的。
2. 现在有 A、B 两家企业,A 是生产类企业,B 是服务类企业,结合行业特点讨论对 A、B 企业的各个层级人员实行什么样的薪酬设计方案最合适,说出你的理由。

📝 讨论案例

唐僧该如何分配百万奖金？

主持人	邓羊格	《中外管理》杂志编辑部业务总监
嘉 宾	吴春波	中国人民大学公共管理学院组织与人力资源研究所教授
	王军宏	中关村科技发展有限公司人力资源总监
	景素奇	北京腾驹达管理顾问有限公司首席顾问
	沈东军	通灵珠宝(中国)有限公司CEO

话说唐僧师徒四人历尽千辛万苦西天取经归来,以如来、观音菩萨为首的董事会经过研究决定,奖励唐僧师徒四人——西天取经项目小组100万元奖金;并决定由唐僧负责制定分配方案,董事会不干预,但要求唐僧必须要把分配方案上报董事会。在财务备案后,由师徒四人分别到财务领取奖金。

唐僧接到指令后有四难:面对这100万元,一是自己和三个徒弟的分配比例如何确定?二是三个徒弟应该分别得多少?三是分配是公开民主,还是自己私下决定?四是若公开后有人不服,找自己甚至找观音告状,该怎么办?

奖金该由谁来分?

景素奇:唐僧怎么分都会挨骂。我觉得本案例中,以如来和观音菩萨为首的董事会知道奖金发放之难,所以采取的是矛盾下放策略。唐僧这个项目组长无论如何分,都不好办。很多企业老板都认为,即使唐僧不要一分钱,都会有矛盾。正确的方法应该是:董事会先把唐僧应得的那一部分划出来,比如35万元,再让唐僧分配徒弟三人的65万元。这样唐僧就好分多了,他就只面临一种矛盾:如何把65万元分配公平的问题。要不然,唐僧还面临着涉嫌徇私情以及和部分徒弟共谋的问题。

吴春波:董事会先定唐僧奖金。我也认为,董事会这种要求唐僧决定分配奖金的方法不是一种好的办法,应该由董事会直接决定唐僧的奖金,再由唐僧决定其他三人的奖金。目前的办法确实是董事会在推卸责任,给下属制造矛盾,不利于未来人力资源的开发与管理。退而求其次,董事会也应该为唐僧发放奖金确定基本的原则。

王军宏:董事会找"外人"来分。依我看,让唐僧决定奖金分配是否合适,首先涉及唐僧作为团体负责人是否合格?他的部属是否甘愿受他的领导?他是否真正具有鼓舞士气、激励成员完成目标的能力?如果他合格,那奖金分配方案就应由董事会授权唐僧决定;反之,则不能由他决定。我们所看到的唐僧团队完全是成员自发地承担职责:由于孙悟空本领太大,所以每次降妖都非他莫属;猪八戒好吃懒做,并时常吵着回高老庄;沙和尚任劳任怨,所以每次都挑着重担。这实际上是团体负责人缺位的结果。在这一点上,我认为唐僧是不合格的。他既不能鼓舞成员、形成对使命的高度认同,在自己与其团体成员之间发生矛盾时的表现也近乎幼稚,多次依靠观音才能维持取经小组的存在。所以唐僧没资格分配奖金。我认为,最好的办法莫过于由董事会委托一位超然于该团体的人士(如观音菩萨)主持奖金分配工作。另外,从某种程度上讲,观音对孙悟空、猪八戒、沙和尚有知遇之恩,他们即使心中不满,也不至于大闹。

沈东军:变成"红包"就是错。我认为,唐僧针对这100万元奖金无论制定何种分配方案,可能都无法达到好的效果,问题的根本在于唐僧在西天取经计划实施前没有同三个徒弟约定明确的职责分工、考核指标及奖金分配标准,导致其在取经任务完成后发放奖金时缺乏依据,也无法准确衡量出三位徒弟的业绩,很难保证公正性。想要从根本上解决此类问题,我认为:必须从根本上摒弃发放红包的传统,因为红包本身就代表着一种不透明和暗箱操作,这是与现代人力资源管理的宗旨相违背的。对于大多数热衷于春节发放红包或年终奖的国内企业来说,不要总是将问题积压在年底,应逐渐淡化传统的年终奖功能及发放形式。我想当这些都做到了,老板们"没钱发红包很愁,有钱发红包更愁"的尴尬将不复存在。

可以不发奖金吗?

景素奇:给奖状胜过给奖金。其实,董事会完全没必要采取奖金分配这一种形式,完全可以采用以下其他方式激励。比如,采取公开表扬、颁发荣誉证书及针对性的荣誉称号等,给西天取经项目组颁发"最能解决难题和战斗的团队",给唐僧颁发"最具领导艺术魅力的干部",给孙悟空颁发"降妖除魔的大英雄",给猪八戒颁发"坚持到底的关键英雄",给沙僧颁发"无名英雄"的荣誉称号。并且召开大会给予隆重的表彰,让取经组的每个人讲自己的感想,表一表继续干好工作的决心,号召其他项目组向西天取经项目组学习。同时也让其他项目组介绍他们排除困难的经验,不要让西天取经组感觉只有自己了不起。然后安排一次西天取经项目组集体探险的旅游度假,费用由董事会负责报销(费用控制在10万元以内)。其实,整个奖励和激励活动,所耗费用比100万元少多了,但激励的效果可能会比单纯发100万元好。奖金只是对员工辛勤劳动肯定的一种形式,而不是唯一形式,也不是最好的形式,应该是多种形式的组合。只有用更多的精神鼓励,以及对比奖励,才能最大限度地减少矛盾。

沈东军:并入下次取经的奖金。如果事先没有明确公开标准,没有相应的绩效管理体系支持,唐僧与其模糊地发还不如不发。或者唐僧建议董事会拿出100万元中的一小部分用于加强团队建设,并将剩余的奖金滚入下一次师徒四人去"南天取经"的项目奖金。当师徒四人再去"南天取经"时,若能事先建立以绩效为导向、公开的奖金分配机制,明确各自的目标,我想唐僧将比以前更有使命感、决策更有效,孙悟空将更加勇敢机智、更加服从命令,沙和尚也将更加勤奋踏实,而猪八戒可能也将不再偷懒、经不起诱惑、贪恋美色,毫无疑问这项任务将比"西天取经"完成得更加顺利、更好!

资料来源:http://www.bxcg.com/glal/html/xinzi/xinzi_4629.html。

问题：
你认为唐僧该如何分配百万元奖金？

复习思考题

1. 说出并思考工作评估的方法，以及每种方法的好处和不足。
2. 什么是宽带薪酬？它如何与诸如报酬范围和分类的传统的工作评估结果联系起来？

推荐阅读

1. 乔治·T.米尔科维奇,杰里·M.纽曼.薪酬管理[M].北京:中国人民大学出版社,2002.
2. 刘昕.薪酬管理[M].北京:中国人民大学出版社,2006.
3. 谌新民.人力资源管理概论[M].北京:清华大学出版社,2005.
4. 彭建锋.人力资源管理概论[M].上海:复旦大学出版社,2006.
5. 杨剑.激励导向的薪酬设计[M].北京:中国纺织出版社,2002.
6. 董克用、叶向峰.人力资源管理[M].北京:中国人民大学出版社,2003.
7. 刘军胜.薪酬管理实务手册[M].北京:机械工业出版社,2005.
8. 约瑟夫·J.马尔托其奥.战略薪酬[M].北京:社会科学出版社,2002.
9. 方妙英.制造企业职位薪酬体系的实例设计[J].中国人力资源开发,2008(3).
10. 孙琳.T公司基于宽带思想的薪酬体系改进[J],中国人力资源开发,2009(4).
11. 夏晓莹,胡君辰.通胀压力下的企业薪酬策略[J],中国人力资源开发,2008(4).
12. 李强.富士康集团的薪酬激励模式[J],中国人力资源开发,2007(2).

第九章 福利管理

> 一切空话都是无用的,必须给人民以看得见的物质福利。
>
> ——毛泽东

本章学习目标

1. 了解福利的相关概念。
2. 理解福利增长及其动因。
3. 掌握法定福利的类型。
4. 了解补充福利和其他福利的类型。
5. 掌握弹性福利计划的设计。
6. 理解福利管理的内容。

引导案例

广西移动为员工提供的"精神福利"

2008年中国移动广西公司在南宁国际会展中心开展了一场员工心理援助专题讲座,为在场的500多名员工提供心理援助(EAP),这在广西地区尚属首例。

据了解,现在的"上班族"多数都存在着一些"心理亚健康"的问题。不管是在生活上还是工作中,往往容易与朋友或亲人、同事发生矛盾和冲突,但又不知道怎么去与人沟通来缓解来自各方的压力。EAP是英文Employee Assistance Program的缩写,直译为"员工帮助计划"。EAP项目的实施和开展,将从心理层面逐步推进个体和谐、团队和谐、家庭和谐和企业和谐,使员工更加积极向上、更加阳光豁达、更加健康和自信。

本次心理援助专题讲座围绕"性格决定命运"的课题,邀请了心理咨询经验丰富的知名心理学者主讲。讲座通过大量的真实案例，来引导员工正确认识自身性格，从而改善员工个人工作和生活，使员工更积极、更热情、全心服务客户。讲座受到了广大员工的广泛关注和参与，许多员工听完后都有感而发。来自10086的员工说："我现在的工作是话务员，每天接到的都是客户的投诉，心里非常烦躁，有时会跟同事诉苦，有时也会与同事闹矛盾，但不知道怎么调整自身的压力。听完这节心理课轻松多了，相信自己以后也能学会自身调整。"

据悉，中国移动广西公司2007年12月引进并启动了覆盖公司12 000名员工的心理援助项目。作为公司企业文化建设工作的一项重要内容，此心理援助项目目前已相继开展员工深度访谈、员工心理状态调查、建立中国移动广西公司员工心理健康数据库，以及个体咨询、与心理咨询师面对面交流等员工关怀活动。

资料来源：http://www.gxnews.com.cn/staticpages/20080514/newgx482aaa7c-1484061.shtml。

问题：

当今的福利形式与传统意义上的福利有什么区别？哪一种福利更具有激励性？

第一节 福利概述

一、福利的内涵

什么是福利？乔治·T.米尔科维奇、杰里·M.纽曼认为福利是总报酬的一部分，不是按工作时间给付的。约瑟夫·J.马尔托奇奥认为福利就是非货币奖励，属于边缘薪酬，就类别而言可划分为三类：员工所能获得的非工作时间报酬（如假期）、为雇员提供的各种服务（如日托补助）和企业的各种保障计划（如医疗保险等）。美国电话电报公司（AT&T）前任人力资源经理道格曾经说过，"福利的含义既要能反映公司如何通过员工技能、知识和行为来创造竞争优势，又要能反映员工如何体现雇佣这一产品的各个组成部分的价值，福利的具体含义要根据公司的业务以及人力资源策略来定"。

我国学者刘昕提出员工福利是薪酬的重要组成部分，包括退休福利、健康福利、带薪休假、实物发放、员工服务等。它不同于基于员工工作时间而计算的薪酬形式，通常采取延期支付或实物发放支付的方式，具有类似固定成本的特点，因为其与员工的工作时间没有直接的关系。

二、福利的类型

对于员工福利,从不同的角度可以划分为多种类别。

(一) 集体福利与个人福利

集体福利是由用人单位举办或通过社会服务机构举办的设施性福利及娱乐性福利等,如住宅、员工餐厅、阅览室、交通车、托儿设备等集体生活设施和服务,以及员工免费旅游、带薪休假、集体文艺活动等。集体福利是员工福利的主要形式。

个人福利主要是以货币形式直接支付给员工个人及其家属的福利,如上下班交通补贴、差旅补贴、生活困难补助、医疗(医药费)补贴、婚丧假和年休假工资、取暖补贴、生活消费品价格补贴、人寿保险等。

(二) 法定员工福利与非法定员工福利

法定员工福利是由政府通过立法的形式强制要求用人单位必须提供给员工的福利和待遇,也称强制性福利、非自愿性福利,如五大社会保险项目、住房公积金、产假、病假、丧假、婚假、探亲假、安全保障福利、独生子女奖励等。

非法定员工福利是出于企业自愿,为提高员工生活质量和提供生活、工作便利,由企业出资(或企业和个人双方共同出资)而建立起来的福利项目,大至住房保障、企业年金,小至意外伤残保险、生日卡片等,形式多样。

(三) 经济性福利、工时性福利、设施性福利和娱乐及辅助性福利

还有人根据员工福利的实际表现形式特意将员工福利细分为经济性福利、工时性福利、设施性福利和娱乐及辅助性福利这四大类。经济性福利主要指以货币形式发放的福利(如各种补贴)和以实物形式发放的福利(如节假日礼品等);工时性福利主要指休假制度和弹性工时制度等;设施性福利如员工餐厅、阅览室、交通车与托儿(老)设备等;娱乐及辅助性福利如员工免费旅游和各种文艺活动等。

此外,按福利的具体形态,可以分为有形福利(主要指实物形式的福利)和无形福利(主要指货币形式的福利)。按福利的利用场所可以分为工作时间内福利(发放工作服等)、公司内休息时间福利和结束工作后的福利等。按福利的功能又可分为劳动条件福利、生活条件福利和人际关系福利。

三、影响福利的因素

福利对雇主来说是相当重要的成本构成,而对员工来说却是重要的价值所在。企业员工的福利有利于弥补企业人力资源管理的不足,有效地实现对较低层次需求的员工的激励,也可使员工增强高层次的需求,从而促进企业目标的实现。是否提供福利、如何提供福利,是当今所有企业面临的问题。政府的规定、

市场的因素以及管理层的选择是影响员工福利的三个主要因素。

（一）政府的规定

许多国家和地区的政府都明文规定组织员工应该享受哪些福利。一旦组织不为员工提供相应的福利就算犯法。由于国家的法律法规对于企业的行为具有约束力，因此福利就具有强制性的特点，任何企业都必须遵守，企业对此只有有限的选择权和决策权，所以企业在制订福利计划时，要在法律规定的范围内进行活动。一般来说，国家的法律法规对福利产生影响的内容主要有：法定福利的水平及其内容的确定、法定福利的实施形式方面的规定、对企业福利实施的指导等。

（二）市场的因素

由于同行业的类似企业都提供了某种福利，迫于竞争的压力，企业不得不为员工提供该种福利，否则会影响员工的积极性。

（三）管理层的选择

有的管理者认为员工福利能省则省，有的管理者认为员工福利只要合法就行，有的管理者认为员工福利应该尽可能好，这都反映了管理层的选择。

除政府、市场、管理层以外，还有几个会影响福利的因素，比如工会，工会经常会为员工福利问题与企业资方谈判，有时资方为了缓解与劳方的冲突，不得不提供某福利。对于大型企业，尤其是跨国公司，文化也是福利的一大影响因素。长期以来，我们已经认识到员工福利必须反映一个社会系统的普遍价值，在国际大背景下，企业所提供的福利自然受国家文化与社会价值观的高度影响。国家文化对福利的影响在于：首先，国家文化会影响社会保障提供的内容与程度；其次，国家文化会影响所在国经理对于福利选择的看法；最后，国家文化还会影响所在国员工对于福利的认识、需求和偏好。[①]

四、福利增长及其动因分析

福利对组织的发展至关重要，具有以下作用：

（1）吸引优秀员工。优秀员工是组织发展的顶梁柱。以前一直认为，组织主要靠高工资来吸引优秀员工，现在许多企业家认识到，良好的福利有时比高工资更能吸引优秀员工。

（2）降低员工辞职率。员工过高的辞职率必然会使组织的工作受到一定损失，而良好的福利会使很多可能流动的员工打消辞职的念头。

（3）激励员工。良好的福利会使员工产生工作满意感，进而激发员工自觉为组织目标而奋斗的动力。

---

① 资料来源：程延、陈景秋、王垒.西方有关企业福利影响因素的研究[J].新资本,2003(4).

(4) 凝聚员工。组织的凝聚力由许多因素组成,但良好的福利无疑是一个重要因素,因为良好的福利体现了组织的高层管理者以人为本的经营思想。

(5) 减免税收。福利相对于工资和奖金,还有十分重要的一个作用就是减免税收。因为福利作为企业提供给员工的各种保障计划、服务和实物等,完全可以用现金来替代,如果折换成现金计入工资,将使员工为这些福利支付一笔高额的所得税。但如果采用福利形式,员工就能够在得到这些报酬的同时,获得税收的减免,这也是当今福利越来越受到欢迎的原因。

企业的员工福利制度始于西方。现代意义上的员工福利计划约开始于20世纪20年代,20世纪30年代以后企业员工的福利事业迅速发展,逐步形成了今天这样由国家立法规定,法律法规监督实施,国家、社会、企业和员工多方参与、品种齐全、项目众多,制度体系完备的企业员工福利制度。几十年来,各国的企业员工福利开支大幅度增长,总体是随时间推移而呈稳步上升之势。推动员工福利不断增长的原因是多方面的,既有政治的、社会的特殊原因,但更重要的还是经济原因。随着生产社会化程度的提高和科技的进步,原始的、野蛮的管理方法已经显得不合时宜。企业需要增加对员工的凝聚力;人们收入增加后对医疗保健、生活安定等高层次消费需求更加强烈;消费结构变得更加复杂后,人们更加需要依赖专业人员的帮助,选择合适的消费内容,等等。这些都是导致员工福利高速发展的比较本质的原因。现以美国员工福利情况为例,分析有关动因[①]:

(1) 战时工资控制的推动。第二次世界大战和朝鲜战争期间,美国政府对工资和物价实行了严格的控制措施。企业间为了争夺稀缺的劳动力,纷纷向员工提供优厚的福利待遇,以作为一种规避战时工资冻结的手段。在这一时期,员工福利发展很快。到朝鲜战争结束时,福利开支已从战前的微不足道增加到占企业劳动总成本的17%。

(2) 工会的推动。战后工会的谈判力量因为劳动力短缺和有利的法律而得到加强。因为工资的增加有时会受到很多因素的限制,比如战时有工资和物价管理的限制,和平时期一次要求增加太多的工资也会显得"不讲理",于是工会经常把注意力放到增加福利上来。

(3) 雇主的推动。雇主出于提高员工工作效率和工作满意度而主动提供了一部分福利。随着劳动复杂程度的增加,对员工劳动进行监督越来越困难,企业必须更加依赖员工的自觉性来提高劳动生产率,这就使雇主也愿意通过增加员工福利来表示对员工的关心。

(4) 政府的推动。政府在企业员工福利的增长上扮演着重要角色。政府除

[①] 约翰·伊万切维奇.人力资源管理(第九版)[M].北京:机械工业出版社,2007.

了直接通过立法要求企业提供某些福利外,还通过税收方面的优惠,鼓励企业为员工提供福利,力求平衡个人、企业和其他对社会不负责任的短期行为。例如,有些雇主为了眼前的利益,可能对劳动力使用过度而不注意对其保护。有些员工可能有钱就花,对自己和家庭的将来不作负责任的安排。这些不负责行为,最终都会造成社会问题,形成社会负担,影响社会稳定,妨碍全社会劳动生产率的提高。

随着经济的发展,福利在劳动成本中所占的比重也会有相应的提高。企业薪酬管理的重要工作之一就是要提高福利支出的效益并控制好福利成本。具有长远眼光的企业管理者,应该对员工福利事业的高速发展有所准备,在体现效率、公平、经济、合法的大原则下,科学合理地设计和管理好员工福利。

▲ HRM资料与工具

1988年,星巴克成为第一家为临时工投保医疗险的公司。1991年,星巴克成为第一家给予员工优先股权的公司,并且将员工的范围扩大到临时工。在经营中既注重产品品牌,又注重人际资本,借助优良的人际资本创造独具特色的产品品牌,使两者相互提升。这是星巴克的管理特色,也是它不断发展壮大的制胜动力。让每一个员工都像对待自己的事情那样尽心尽责、殚精竭虑,是企业拥有活力和业绩的不竭源泉。

第二节 法定福利

任何一位员工的福利都受到法律法规的影响,本节主要讨论法律规定的一些福利即法定福利,也叫做公共福利,主要包括医疗保险、失业保险、养老保险、工伤保险、生育保险五大保险和住房公积金。

一、医疗保险

医疗保险是为补偿疾病所带来的医疗费用的一种保险。职工患病、负伤、生育时,由社会或企业提供必要的医疗服务或物质帮助,如中国的公费医疗、劳保医疗。中国职工的医疗费用由国家、单位和个人共同负担,以减轻单位负担,避免浪费。

中国的基本医疗保险制度实行社会统筹与个人账户相结合的模式。基本医疗保险基金原则上实行地市级统筹。基本医疗保险覆盖城镇所有用人单位及其职工;所有企业、国家行政机关、事业单位和其他单位及其职工必须履行缴纳基本医疗保险费的义务。目前,用人单位的缴费比例为本单位工资总额的9%左右,个人缴费比例为本人工资的2%。单位缴纳的基本医疗保险费一部分用于建立统筹基金,一部分划入个人账户;个人缴纳的基本医疗保险费计入个人账户。统筹基金和个人账户分别承担不同的医疗费用支付责任。统筹基金主要用于支付住院和部分慢性病门诊治疗的费用,统筹基金设有起付标准、最高支付限额;个人账户主要用于支付一般门诊费用。

为保障参保职工享有基本的医疗服务并有效控制医疗费用的过快增长,中国政府加强了对医疗服务的管理,制定了基本医疗保险药品目录、诊疗项目和医疗服务设施标准,对提供基本医疗保险服务的医疗机构、药店进行资格认定并允许参保职工进行选择。在基本医疗保险之外,各地还普遍建立了大额医疗费用互助制度,以解决社会统筹基金最高支付限额之上的医疗费用。国家为公务员建立了医疗补助制度。有条件的企业可以为职工建立企业补充医疗保险。国家还将逐步建立社会医疗救助制度,为贫困人口提供基本医疗保障。

二、失业保险

失业保险是为遭遇失业风险、收入暂时中断的失业者设置的一道安全网。它的覆盖范围通常包括社会经济活动中的所有劳动者。它包括:企事业单位按本单位工资总额的一定比例缴纳的失业保险费,职工个人按本人工资的一定比例缴纳的费用,政府提供的财政补贴,失业保险基金的利息和依法纳入失业保险基金的其他资金。目前我国企业单位一般按缴费基数的1.5%缴纳,个人按缴费基数的0.5%缴纳。

三、养老保险

随着工业化和现代化的发展,全世界大多数国家都已经实行了老年社会保险制度。它是针对退出劳动领域或无劳动能力的老年人实行的社会保护和社会救助措施。从资金的筹集管理和发放方面考虑,现代老年社会保险制度有三种基本模式:国家统筹的保险模式、投保自助性的养老保险模式和自我保障模式。

国家统筹的养老保险模式,是指工薪劳动者在年老丧失劳动能力之后,均可享受国家法定的社会保险待遇。老年保险需要的全部资金,都来自于国家的财政拨款。前苏联和我国在计划经济体制下实行的是这种方式。

世界上大多数国家实行的是投保自助性的养老保险模式,这是一种由社会共同负担、社会共享的保险模式。它规定:每一个工薪劳动者和未在职的普通公民都属于社会保险的参加者和受保对象;在职的员工必须按工资的一定比例定期缴纳社会保险费,不在职的社会成员也必须向社会保险机构缴纳一定的养老保险费,作为参加养老保险所履行的义务,这样才有资格享受社会保险;企业也必须按企业工资总额的一定比例定期缴纳社会保险费。目前我国企业已采用此模式,单位一般按缴费基数的19%缴纳(北京为20%),个人按缴费基数的8%缴纳。

自我保障模式也称强制储蓄模式。这种保险制度下的保险基金来自企业和劳动者两个方面,国家不进行投保资助,仅仅给予一定的政策性优惠。这种保障制度必须在经济发展迅速而且水平也较高的情况下才能实行。

四、工伤保险

工伤保险是针对那些最容易发生工伤事故和职业病的工作人群而特别设置的一种社会保险。最新的工伤保险制度建立了基金体制,工伤保险费完全由企业负担,按照本企业职工工资总额的一定比例缴纳,职工个人不缴纳工伤保险费。

在保险费率方面,我国采取了与国际接轨的做法,实行不同的费率,主要有差别费率和浮动费率两种形式。首先,我国根据各行业的伤亡事故风险和主要危害程度划分职业伤害风险等级,从而据此征收各行业差别费率;其次,在实行差别费率的情况下,政府还要根据各行业或企业的安全生产状况和费用收支情况,定期调整收费率。

五、生育保险

生育保险制度采用的是社会统筹的模式,由企业按照本企业职工工资总额的一定比例向社会保险经办机构缴纳生育保险费,建立生育保险基金,职工个人不缴纳保险费。生育保险费由当地人民政府根据实际情况确定。不过需要指出,生育费用社会统筹至今在很多地方还没有实施,具体的对策和相关的法律法规还有待进一步的研究。

六、住房公积金

住房公积金是单位及其在职职工缴存的长期住房储金,是住房分配货币化、社会化和法制化的主要形式。住房公积金制度是国家法律规定的重要的住房社会保障制度,具有强制性、互助性、保障性。单位和职工个人必须依法履行缴存住房公积金的义务。职工个人缴存的住房公积金以及单位为其缴存的住房公积金,实行专户存储,归职工个人所有。这里的单位包括国家机关、国有企业、城镇集体企业、外商投资企业、城镇私营企业及其他城镇企业、事业单位、民办非企业单位、社会团体。

住房公积金的法律规定主要有六点:按照中国人民银行的规定,应当在指定的银行办理住房公积金贷款、结算等金融业务和住房公积金账户的设立、缴存、归还等手续;应当与受委托银行签订委托合同,在银行设立住房公积金专户,每个员工只能有一个住房公积金账户;住房公积金管理中心应当建立员工住房公积金明细账;单位合并、分立、撤销、解散或者破产的,应当按法律规定到指定银行办理变更登记等事宜;单位录用员工的,单位应当自录用之日起30日内到住房公积金管理中心办理缴存登记;单位与员工终止劳动关系的,单位应当自关系解除起30日内到住房公积金中心办理登记。

住房公积金的建立对象是具有城镇户口的居民,外地员工可建可不建。企业中可享受住房公积金的必须是转正后的企业正式员工,人事档案关系已经调入公司。

国家规定的住房公积金的缴存比例是员工月工资的8%(有些公司为增加员工福利,将比例提到10%),从员工每月工资中扣除,税前列支。

根据《住房公积金管理条例》第四章第二十四条规定,只有发生以下几种情况才能提取住房公积金:购买、建造、翻建、大修自住住房的;离休、退休的;完全丧失劳动能力,并与单位终止劳动关系的;出境定居的;偿还购房贷款本息的;房租超出家庭工资收入的规定比例的。而第二十五条规定,职工提取住房公积金账户内的存储余额的,所在单位应当予以核实,并出具提取证明。员工应当持提取证明向住房公积金管理中心申请提取住房公积金。

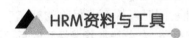
HRM资料与工具

个税调整记录

- 1980年9月10日:《中华人民共和国个人所得税法》获得通过,确定起征点为800元,但当时的纳税对象主要以在华外国人为主;
- 1986年9月:国务院发布《中华人民共和国个人收入调节税暂行条例》,对本国公民的个人收入统一征收个人收入调节税,起征点400元;
- 1993年10月31日:我国公民个税起征点上调至800元;
- 1999年:北京市地税局将北京市市民的个税起征点上调至1 000元;
- 2003年9月1日:北京市市民的个税起征点上调至1 200元;
- 2005年10月27日:我国公民个税起征点提高到1 600元;
- 2007年12月23日:我国公民个税起征点调整到2 000元。

第三节 补充及其他福利

除去法定的五种福利和住房公积金,其他补充福利也有很多种,本节分个人福利、有偿假期、生活福利、企业年金四个方面来阐述。

一、个人福利

个人福利是指在个人具备国家及所在企业规定的条件时可以享受的福利。个人福利包括养老金、储蓄、辞退金、交通费、工作午餐、海外津贴、人寿保险等。

(一) 养老金

养老金也称退休金、退休费,是一种最主要的养老保险待遇。它是在劳动者年老或丧失劳动能力后,根据他们对社会所作的贡献和所具备的享受养老保险资格或退休条件,按月或一次性以货币形式支付的保险待遇,主要用于保障职工退休后的基本生活需要。1991 年,《国务院关于企业职工养老保险制度改革的决定》规定:随着经济的发展,逐步建立起基本养老保险与企业补充养老保险和职工个人储蓄性养老保险相结合的制度。1997 年,《国务院关于建立统一的企业职工基本养老保险制度的决定》中更进一步明确:各级人民政府要把社会保险事业纳入本地区国民经济与社会发展计划,贯彻基本养老保险只能保障退休人员基本生活的原则,为使离退休人员的生活随着经济与社会发展不断得到改善,体现按劳分配原则和地区发展水平及企业经济效益的差异,各地区和有关部门要在国家政策指导下大力发展企业补充养老保险,同时发挥商业保险的补充作用。目前,按照国家对基本养老保险制度的总体思路,未来基本养老保险的目标是养老金替代率(是指养老金收入占退休前收入的百分比)达到 58.5%。由此可以看出,今后基本养老金的主要目的在于保障广大退休人员的晚年基本生活。

(二) 储蓄

又称互助会,是指由企业组织、员工自愿参加的一种民间经济互助组织,员工每月储蓄若干金钱,当员工经济暂时发生困难时,可以申请贷款以渡过难关。

(三) 辞退金

是指企业由于种种原因辞退员工时,支付给员工一定数额的金钱。一般来说,辞退金的多少主要根据员工在本企业工作时间的长短来决定,聘用合同中应该明确规定。

(四) 交通费

是指企业为员工上下班提供交通方便,主要包括以下几种形式:企业派专车到员工家中接送其上下班、企业派专车按一定的线路行驶、上下班时员工到一定地点集中等候车辆、企业按规定为员工报销上下班交通费。

（五）工作午餐

是指企业为员工提供的免费或低价的午餐。有的企业可能不提供午餐,但是可以报销一定金额的用餐发票。

（六）海外津贴

是指一些跨国公司为了鼓励员工到国外工作而提供的经济补偿。海外津贴的标准一般根据以下条件制定:职务高低、派往国家的类别、派往国家的时间长短、家属是否可以陪同、工作时期回国度假的机会多少、愿意去该国的人数多少,等等。

（七）人寿保险

在公司提供的员工福利中,最常见的是人寿保险。它是指企业全额资助或部分资助的一种保险,员工一旦死亡,其家属可以获得相应的经济补偿。

二、有偿假期

有偿假期是指员工在有报酬的前提下,可不用上班的一种福利项目。有偿假期的具体形式有脱产培训、病假、事假、公休、节日假、工作间休息、旅游。

（一）脱产培训

这种项目具有两重性,既是企业对人力资源投资的一种商业行为,又是一种福利,使员工受益。

（二）病假

员工在出示医生证明,或经上级同意后,可因病休息。

（三）事假

不同企业允许有差异,但通常包括婚假、妻子产假、搬迁假等。

（四）公休

指根据企业的规章制度,经有关管理人员同意,员工可在一段时间内不用上班的一种福利;不同企业间的公休可以有所不同,但一般规定员工每年有一周至一个月的公休。

（五）节日假

包括我国明文规定的节假日和一些企业自行规定的节假日。

（六）工作间休息

指员工在工作中间的休息,一般上下午各一次,每次10分钟至30分钟。

（七）旅游

指企业全额资助或部分资助的一种福利,企业可以根据自己的实际情况制定旅游时间与旅游地点,可以每年一次,也可以数年一次。

三、生活福利

生活福利是补充福利的另一种形式,一般包括法律顾问、心理咨询、托儿所、托老所、内部优惠商品、搬迁津贴、子女教育费等。

(一) 法律顾问

法律顾问有广义和狭义之分。广义而言,具有法律专业知识,接受公民、法人或其他组织的聘请为其提供法律服务的人员,以及法人或其他组织内部设置的法律事务机构中的人员,均为法律顾问;狭义而言,法律顾问指接受公民、法人或其他组织的聘请为其提供法律服务的执业律师,是传统意义上的法律顾问。此处的法律顾问是指企业为员工提供的一种福利,企业可以聘用长期或短期的法律顾问,为员工提供法律服务,甚至一些企业也为员工聘请律师而支付费用。

(二) 心理咨询

是由专业人员即心理咨询师运用心理学以及相关知识,遵循心理学原则,通过各种技术和方法,帮助求助者解决心理问题。企业为员工提供定期或不定期的心理讲座是实行这种福利的方式之一;企业也可以和专业人员签订协议,让其在一段时期内为员工提供心理方面的咨询。

(三) 托儿所

企业通过向员工提供信息、补贴等形式来实现这种帮助。多项调查显示,提供儿童帮助的企业,员工的缺勤现象大大降低,生产率也会有一定程度的提高。

(四) 托老所

随着人口平均年龄的提高,企业和个人都越来越关心老年人的护理问题。企业通过帮助员工照顾他们年迈的家人,解除他们的后顾之忧,以提高员工的工作绩效。组织提供的老年护理福利主要有:弹性工作时间、长期保健保险项目以及公司资助的老年人照顾中心等。

(五) 内部优惠商品

指企业为生产或服务性企业,员工购买本企业的产品或接受服务的,价格低于一般顾客。

(六) 搬迁津贴

指企业为员工搬迁住所而提供一定数额的经济支持,不过津贴数额、能享受搬迁津贴的间隔期有所不同。

(七) 子女教育费

现在员工越来越重视子女教育,为了使员工子女能接受良好教育,企业提供子女教育费成为一项吸引优秀人才的重要福利,这项福利因不同企业而有所不同。

四、企业年金

企业年金计划是企业或行业自主发起的员工养老金计划。对于企业来说，它已经成为人力资源管理福利体系的一个重要组成部分，是延期支付的工资收入。企业年金一般由雇主缴费或雇主和雇员共同缴费建立保险基金，经过长期积累和运营而成为退休雇员的补充养老金收入。国家鼓励企业开展企业年金计划，通过税收优惠政策吸引企业为职工建立补充养老金。大多数发达国家都建立了企业年金制度，甚至有一些国家通过立法，把企业年金变成了国家强制性的养老金制度。

企业年金方案的建立应当由企业与员工代表或工会协商完成，国有及国有控股企业的年金方案应当提交员工大会或员工代表大会讨论通过。

企业年金基金由下列各项组成：企业缴费、员工个人缴费、企业年金基金投资运营收益。企业年金基金实行完全积累，采用个人账户方式管理。企业年金基金可以按照国家规定投资运营。企业年金基金投资运营收益并入企业年金基金。企业缴费应当按照企业年金方案规定比例计算的数额计入员工企业年金个人账户；员工个人缴费计入本人企业年金个人账户。

员工在达到国家规定的退休年龄时，可以从本人年金个人账户中一次性或定期领取企业年金。员工未达到规定的退休年龄的，不得从个人账户中提前提取现金。员工或退休人员死亡的，其企业年金个人账户余额由其指定的受益人或法定继承人一次性领取。

第四节 弹性福利计划

一、弹性福利计划的含义

弹性福利计划，是一种有别于传统固定式福利的新员工福利制度。员工可以从企业所提供的一份列有各种福利项目的"菜单"中自由选择其所需要的福利。弹性福利计划强调让员工依照自己的需求从企业所提供的福利项目中来选择属于自己的一套福利"套餐"组合。每一个员工都有自己"专属的"福利组合。另外，弹性福利计划非常强调"员工参与"的过程，希望从别人的角度来了解他人的需求。但事实上，实施弹性福利计划的企业，并不会让员工毫无限制地挑选福利措施，通常公司都会根据员工的薪水、年资或家眷等因素来设定每一个员工所拥有的福利限额。而在福利清单中所列出的福利项目都会附一个金额，员工只能在自己的限额内购买喜欢的福利。

二、弹性福利计划的类型与优缺点

（一）弹性福利计划的类型

弹性福利计划的类型有附加型、核心加选择型、弹性支用账户、福利"套餐"、选择性弹性福利"套餐"，下面一一介绍每种类型。

（1）附加型。是指在现有的福利项目外，再提供一些福利措施或提高原有福利的标准，供员工自己选择。

（2）核心加选择型。它由核心福利和选择福利两部分构成。核心福利是所有员工都享有的基本福利；选择福利包括所有可自由选择的福利项目，并附有购买价格。

（3）弹性支用账户。是指员工可从其税前收入中拨出一部分款项作为自己的"支用账户"，并以此账户去选购各种福利措施。

（4）福利"套餐"。是指由企业同时推出不同的、固定的福利组合，每一种组合所包含的福利项目和优惠的幅度都不一样，员工只能自由选择某种福利组合，而不能选择每种组合所包含的内容。

（5）选择性弹性福利"套餐"。是指在原有的固定福利的基础上，提供几种项目不等、程度不同的福利组合。这些福利组合有的价值要高于原有的固定福利，有的价值则低于原有的固定福利。如员工选择了较高价值的福利组合，就要扣除一部分的直接薪酬作为补偿；如果员工选择了较低价值的福利组合，则可得到其中的差额部分，但是员工必须对所得差额纳税。

（二）弹性福利计划的优缺点

弹性福利计划的优缺点是很明显的。优点有：对企业来说，将不再被福利（固定的福利）套牢，且企业能够根据自身情况控制福利成本的支出情况（固定的资金投入）；同时，企业可将节省下来的一部分钱作为业绩奖励，回报员工。对员工来说，弹性福利计划富有灵活性和自由选择性，注重员工参与，使员工拥有了权利和有价值的感觉，也激起了员工采用弹性福利计划的兴趣。缺点有：（1）管理起来较复杂。由于员工自主选择，每个人的信息可能差别很大，管理和核算的工作量和难度都加大了，福利的管理成本会上升，如处理不慎，甚至可能会引起员工的抵制。（2）员工缺乏某种专业知识时，作为消费者，其选择有时不尽合理，可能会因为只注重眼前利益或未经仔细考虑，以致选择了不实用的福利项目，影响了员工的长期利益。（3）存在"逆选择"的问题。"逆选择"是理性的"经济人"没有作出利润最大化的选择，而是选择了非利润最大化的情况。在弹性福利计划中，员工很可能为了享受福利金额的最大化而选择了并非自己最需要的内容。

三、构建自助式的福利计划

企业和员工分别是福利的供方和需求方,而自助式福利就是在供需双方之间建立起一种可以进行选择性匹配的"市场机制"。下面我们从需求到供给和从供给到需求两个方面来分析如何构建自助式的福利计划。

(一) 从需求到供给

所谓从需求到供给,是指从员工的需求出发来确定企业需要为员工提供什么样的福利。这一方面所需要做的最主要的工作是针对员工展开调查,采用问卷调查、访谈等方式,收集他们所要的福利的信息,然后将所收集的信息进行分类汇总,从而确定员工的需求的种类层次。

(二) 从供给到需求

所谓从供给到需求,是指在明确了员工的福利需求的情况下,企业如何来满足员工的需求。这一阶段是需求的实现阶段,也是自助式福利的核心内容,它又分为四个基本步骤:

(1) 购买力的确定。这里的购买力,不是货币购买力,而是一种点数购买力。具体来说,就是通过资历审查、绩效考核等手段,确定一定的标准,评出员工的购买点数,它具有类似货币的购买力,可以购买福利。点数的确定依据主要有两大因素:资历和绩效。资历是指员工在企业中的工作年限、职务等级、权责大小等;绩效则是指企业的绩效考核体系所反映出来的员工的工作业绩和能力。

(2) 福利物品定价。对于可用货币衡量的实物或服务的定价,可根据现实价格进行定价;对于那些不能用货币衡量的物品,如带薪休假则需要根据一定的标准折算成现值进行定价。

(3) 市场交易。当员工手里有了福利点数,而福利物品也一一定价完毕之后,就可以进行交易了。公司把福利物品的种类和价格公布出来,由广大员工进行挑选。选购的过程并不是现买现付,而是先进行登记,隔一段时间之后再提供物品。在这一过程中,将不可避免地发生员工购买力不足和员工"储蓄"的情况。员工购买力不足是指员工本身所积累的点数不足以购买其所需要的福利物品。对于这种情况,公司可以考虑实行分期付款的方法,即实行预支。员工"储蓄"是指员工暂时不购买,而把点数储存起来以备下次购买。对于这种情况,公司应当参照现实的银行储蓄利率,支付当期利息。

(4) 约束协调机制。主要是指针对交易过程中发生的各种意外纠纷等特殊情况采取的处理措施。比如,员工跳槽时的福利点数处理、公司信用危机时的福利点数处理等。

(三) 弹性福利计划的实施方式

企业可以采取多种方式,如附加福利计划、混合匹配福利计划、核心福利项目计划、标准福利计划等,实现从传统福利计划向弹性福利计划的过渡。选择何种弹性福利计划取决于企业想要从弹性福利计划中获得什么。

(1) 附加福利计划(Add-on Plan)。这种福利计划不会降低原有的直接薪酬和福利水平,而是提供给员工一张特殊的信用卡,卡中可用的金额取决于员工的任职年限、绩效水平等,员工可以根据自己的需要自行购买商品或福利。

(2) 混合匹配福利计划(Mix-and-Match Plan)。在实施这种计划时,员工可以按照自己的意愿在企业提供的福利领域中决定每种福利的多少,但是总福利水平不变。

(3) 核心福利项目计划(Core Carve-out Plan)。该计划是指为员工提供包括健康保险、人寿保险以及其他一系列企业认为所有员工都必须拥有的福利项目的组合。企业会将这些福利项目的水平都降低到各自的最低水平上,然后让员工选择自己喜爱的其他项目。

(4) 标准福利计划(Modular Plan)。在这种计划下,企业为员工提供多种不同的福利组合,员工可以在这些组合之间自由进行挑选,但是却没有权利来自行构建自己认为合适的福利项目组合。就像西餐厅所推出的A套餐、B套餐一样,食客只能选择其中的一个套餐,而不能要求更换套餐里面的内容。

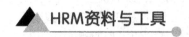
HRM资料与工具

401(K)条款

401(K)条款(计划)是美国著名的养老金计划,是指美国1978年《国内税收法》新增的第401条K项条款[Section 401(K)]的规定。该条款适用于私人公司,其目的是为雇主和雇员的养老金存款提供税收方面的优惠。该计划规定,企业为员工设立专门的401(K)账户,员工每月从其工资中拿出不超过25%的资金存入养老金账户;而企业属于配合缴费(即可缴可不缴),但是一般来说,大部分企业也会按照一定的比例(不能超过员工存入的数额)往这一账户存入相应的资金;计入员工个人退休账户的资金,员工在退休前,一般不得领取,但是这笔钱可以用做投资。与此同时,企业向员工提供3—4种不同的证券组合投资计划,员工可任选一种进行投资,其收益归401(K)账户;当然其风险也由员工自己承担。员工退休后能够领取多少养老金具有不确定性的特点,取决于缴费额的高低(账户资金的数量),也取决于资金管理的状况,还取决于资本市场发展的情况。员工退休时,可以选择一次性领取、分期领取和转为存款等方式使用。

401(K)与一般养老金计划不同的是,法律规定该计划项目下账户内基金的任何增值均可延迟纳税,而且一旦款项被放进该计划中的个人账户,对于账户上的存款,由员工自主选择投资方式，可以购买股票、债券、专项定期存储等。员工到59.5岁时允许提取账户上的款项，在提取存款时缴纳个人所得税。假如欲提前提取养老金计划的存款，则提取的存款要视为一般收入所得，按20%的税率预缴所得税，另外还要被征收10%的惩罚税。除非出现残疾、死亡、退休、雇佣关系终止等特殊情况。

新的养老金计划——401(K)出现后，受到了美国企业和员工的广泛欢迎，很快就发展成为缴费确定型养老金计划的主流。自20世纪90年代以来，401(K)养老金计划这种个人退休账户制度正在逐步取代原有的退休金制度，成为美国老百姓的首选。实际上，401(K)条款是一个抽象的法律条款，具体到每个公司的401(K)计划则是由公司的经营者和工会根据法律的规定协商后确定的，所以，各个公司的401(K)计划往往有一定的差别，但是在制度设计理念上还是相同的。

401(K)条款主要应用于企业年金领域。美国一些参加401(K)计划的员工获得了非常好的收益，一些大公司的员工因为用养老金账户的钱购买了本公司的股票，实现了他们退休后成为百万富翁的梦想。这种情况在可口可乐、麦当劳、微软等大公司中比比皆是。截至2007年年底，参加401(K)养老金计划的美国人已经超过6 000万，涉及养老金达到3.025万亿美元。

资料来源：http://www.seclaw.com.cn/seclaw/2008/3737.html。

第五节　福利管理

组织提供的福利反映了组织的目标、战略和文化，因此，福利的有效性对企业的长远发展至关重要。为了更有效地发挥福利的效果，留住企业核心人才，进行高效的福利管理对企业至关重要。

一、福利管理的主要内容

企业的福利保险管理，既要控制成本开支，又要为员工提供一个比较满意的工作条件。有效的福利保险管理能够吸引人才，在人才市场竞争中赢得优势。

我国学者张德、胡君辰、杨文健等人分别对福利管理进行了深入分析，提出福利管理主要涉及五项内容：员工福利的目标、员工福利的成本核算、福利沟通、福利的调查、福利的实施。刘昕提出的福利管理包括了前期的福利申请、福利沟通以及福利监控。人力资源管理专家赵曙明提出，福利管理包括福利管理的战略与目标、福利管理环境分析、福利管理计划设计、福利成本控制。

综合以上内容，本书把福利管理的主要内容分为员工福利的目标、福利沟通、成本控制以及福利实施。

(1) 员工福利的目标。每个组织的福利目标各不相同，但有些内容是相似的，主要包括：必须符合组织长远目标；满足员工的需要；符合组织的报酬政策；

要考虑员工的眼前需要与长远需要;能够激励大部分员工;符合法律规定;组织可以负担。

(2) 福利的沟通。要使福利最大限度地满足员工的需要,福利沟通是福利管理必不可少的内容。研究表明:并非福利金额越多,员工就越满意,员工对福利的满意度与对工作的满意度是正相关的。

福利沟通有很多方式,通常采用的有下列几种:调查问卷法调查所有或部分员工需求;影像资料介绍福利项目;重点调查,用统计上的一些方法选取一部分员工进行访谈,通过与员工实际交流来沟通;公布福利项目让员工自己选择;反馈调查,定期或不定期地收集员工对公司福利项目的反馈信息。

(3) 成本控制。由于福利呈增长趋势,那么如何控制福利成本是福利管理必须考虑的内容。有几种方式可以选择:由员工承担部分费用,即由员工承担一个限额,在医疗或其他支出上超过限额后,开始享受福利;规定福利的上限,这有效地控制了成本;不同类型的员工给予不同的福利,像权变理论一样,根据员工的工龄、绩效等方面决定享有哪种福利;某些岗位招聘临时或兼职人员,这部分福利成本是最低的;企业为了专注于核心业务,也可以采用福利外包的形式,雇用外部专业人员来管理企业福利。

(4) 福利实施。福利实施是福利管理最具体的一个方面。在福利实施中要注意以下几点:根据目标实施;预算要落实;按照各个福利计划有步骤地进行;防止漏洞;定时检查实施情况。

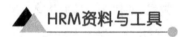
HRM资料与工具

知名公司大打温情福利牌

Cisco 公司:提供紧急医疗救助

Cisco 公司有一项非常特别的福利项目,就是由一家医疗服务机构提供 24 小时的紧急医疗救助。它保证员工可以在全球范围内享受全天候的安全保障,服务内容甚至超出了医疗保险的范围,包括由急病和社会不安因素、人身意外等构成的危险等,员工所遇到的任何问题都能够通过打对方付费电话获得帮助。

惠普:加班可以打的回家

惠普对员工的上班时间实行弹性管理,如果员工有私事,一般可以优先处理。员工可以以家中暖气试水为由晚到半天,甚至一天不上班。如果加班乘坐出租车回家,费用由公司报销,还可享用免费晚餐。

星巴克:福利惠及家人

与零售业同行相比,星巴克员工的福利十分优厚。董事长舒尔兹给那些每周工作超过 20 小时的员工提供卫生福利、员工扶助方案和伤残保险。这种独特的福利计划使星巴克尽可能地照顾到员工家庭,对员工家里的长辈、小孩在不同状况下都有不同的补贴方法。

Valassis 公司：母婴福利全面周到

Valassis 公司是一家市场推广公司,员工中有一半是女性,而且其中有许多人都是在职母亲。公司因此提供了托儿服务,还设全科医生为孩子服务。新任母亲有长达 68 周的产假,还可在哺乳室给婴儿喂奶;新任父亲也可享有带薪假期。

ASP 公司：开办免费瑜伽班

在 ASP 公司,牙科、医疗及人寿保险每一样都不缺,多余的带薪病假还可转发现金作为奖励。在瑜伽运动盛行时,ASP 公司及时开办了免费的瑜伽班,让员工闲暇时能够开开心心地玩。

宝洁公司：医疗和意外险齐全

宝洁公司为员工提供医疗福利,员工只需支付小部分的门诊费用和极少的住院费用。公司为所有因公务出差的员工提供宝洁全球差旅意外保险。在发生人身意外死亡情况下,公司将赔偿员工的直系亲属三倍的年薪。

二、福利方案设计

企业通过良好的设计,完全可以根据自身的实际情况量力而行,制定出具有吸引力的福利方案。在制定福利方案时一定要考虑到企业战略与员工需求。

福利管理的指导思想要与企业发展的阶段以及战略目标相匹配,企业在发展的初期、中期与末期,扩张期与收缩期,盈利期与亏损期,其福利方案应该是有所区别的。同时,社会经济发展形势的变化、劳动力市场的变化等也要求企业的福利方案作出响应。不顾企业实际情况的照搬照抄只会导致管理的失败。

高效率的福利项目一定来源于员工本身,福利项目只有在员工得到其期望获得的项目时才会产生作用,脱离员工需求设计的福利项目是无效的,尤其是激励性福利项目。而普惠制的福利项目对于员工来说如果如同鸡肋一般,那就是浪费。所以,福利项目除五险一金外,应来源于大多数员工的需求。

以下列举几个不同类型的福利方案：

1. 经济型方案

第一步,给每一位员工按照最低标准建立五险一金。此举可以降低人事管理风险,保证公司依法用人,使员工有基本保障。在目前仍存在一些非法用工的现状下,这种企业具备最基本的吸引力。

第二步,选一种很独特的福利项目,作为福利亮点,投入不大,但足以驱动员工努力。比如某小型广告公司,员工人数不多,且均为年轻人,除了上述最低标准的五险一金外,公司每年参考大家意见就近选择风景名胜区开年会,通过旅游公司组团,花费不多,员工一年忙到头,能得到这样的机会,会感觉很值得。

2. 激励型方案

第一步,采取"五险一金"方案,缴费水平与个人收入挂钩。

第二步,实行自助福利。除五险一金以外的所有福利项目均实行自助福利。每个福利项目均有规定的"价格",员工的有关表现可以积分,如同航空公司的里程兑换一样,一定的积分可以换取对应的福利项目,员工除法定社保以外的所有福利项目均通过自己的努力挣来。

3. 综合型方案

大多数有一定规模和实力的企业一般都倾向于采取更为温和的综合型福利方案。

第一步,选取普惠制的福利项目,比如五险一金、免费午餐、发放工作服、举办节日庆典等,这些福利项目主要为保障型、补助型、方便型和部分娱乐健康型,旨在搭建一个关爱所有员工的福利平台,构建企业内部的和谐氛围。

第二步,选取部分福利项目作为自助福利,通过积分与兑换的方式,员工通过自己的工作表现和业绩来获得,这些福利项目主要为促进发展型和部分娱乐健康型。能获得这些福利项目的一般都是企业内部业绩比较好的员工,通过此举激励员工并保留、发展优秀员工,营造公司内部有序的竞争意识,增强企业的对外竞争力,效果比较显著。

本章小结

本章主要介绍了福利的相关概念与福利管理的一些问题。员工福利广义上包括工资、安全卫生、保险、假期、健康福利、员工服务等。福利按不同的分类方法有不同的类型:集体福利与个人福利,法定员工福利与非法定员工福利,经济性福利、工时性福利、设施性福利和娱乐及辅助性福利,有形福利和无形福利等。影响福利的因素总结为五点:政府、市场、管理层、工会、文化。随着激励的加强,福利呈现增长的趋势。法定福利主要包括医疗保险、失业保险、养老保险、工伤保险、生育保险五大保险和住房公积金。补充福利包括个人福利、有偿假期、生活福利、企业年金。弹性福利的类型有附加型、核心加选择型、弹性支用账户、福利"套餐"、选择性弹性福利"套餐"。福利管理的主要内容分为员工福利的目标、福利沟通、成本控制、福利实施。

关键概念

福利　福利类型　法定福利　住房公积金　个人福利　有偿假期　生活福利　企业年金　弹性福利计划　福利管理　福利方案设计

课堂练习

选择题

1. 人寿保险属于福利形式中的(　　)。
   A. 公共福利　　　B. 个人福利　　　C. 有偿假期　　　D. 生活福利
2. 探亲假可以看做是一种(　　)。
   A. 病假　　　　　B. 事假　　　　　C. 公休　　　　　D. 节日假
3. 关于福利的错误看法是(　　)。
   A. 可以适当缩小薪酬的差距
   B. 往往是以服务或实物的形式支付给员工
   C. 包括全员性福利、特殊福利和困难补贴
   D. 与工资、奖金相比不够恒定，也不够可靠
4. 公共福利是指(　　)。
   A. 社会要求提供的福利
   B. 法律规定必须提供的福利
   C. 员工要求提供的福利
   D. 组织根据自身的发展需要所提供的福利
5. 不属于社会福利的项目是(　　)。
   A. 财政补贴　　　B. 生活补贴　　　C. 公共设施　　　D. 养老保险
6. 弹性工作制属于(　　)。
   A. 经济性福利　　B. 直接薪酬　　　C. 非经济性福利　D. 津贴和补贴
7. 社会保险中关系最为复杂、管理难度最大的一项是(　　)。
   A. 养老保险　　　B. 医疗保险　　　C. 失业保险　　　D. 生育保险
8. 政府对企业年金的监管是(　　)。
   A. 没有必要的，因为企业年金是由企业自行设立的
   B. 必要的，而且要有更多的直接干预
   C. 必要的，但要有一定的限度
   D. 必要的，不要人为地设定限度
9. 政府不是立法机关，但有责任推动企业年金方面的立法，立法的目的在于对雇员平等权利的保护和确保企业年金的(　　)。
   A. 商业性　　　　B. 自主性　　　　C. 自然性　　　　D. 合法性

判断题

1. 社会财富的增加是推动社会养老保险制度产生的重大因素。(　　)

2. 失业保险可以通过劳动力更合理的配置、更高的劳动生产率来调节经济的运行,从而具有调节功能。(   )

3. 在现实生活中,福利是指一种在基本收入之外的物质利益,是由政府在基本收入之外给予居民的某种物质待遇。(   )

4. 员工福利是薪酬体系的重要组成部分,是企业或其他组织以福利或工资的形式提供给员工的报酬。(   )

5. 员工福利是一个复杂的系统。以福利项目是否具有法律强制性为依据,可以分为国家立法强制实施的法定福利、企业自主实施的非法定福利和介于两者之间的准法定福利。(   )

讨论题

1. 一些人认为"工伤保险和失业保险会导致员工不愿意返回公司工作",你是否认可这种说法？说出你的理由。

2. 讨论外部竞争性在工资和福利中的差异。

3. 讨论"福利在战略上对雇主来说是否越来越重要"。

讨论案例

上海贝尔福利计划——激励第一

上海贝尔始终把员工看成公司的宝贵资产、公司未来的生命线,并以拥有一支高素质的员工队伍而自豪。公司每年召开的董事会,都有相当多的时间用于专题讨论与员工切身相关的问题,如员工培训计划、奖金分配方案、工资调整和其他福利政策等,而且每年董事会用于讨论此类事项的时间不断增加。

上海贝尔的决策者日益深刻地认识到,人正日益成为高科技企业在市场竞争中取得胜利的决定性因素。只有抓住员工这条主线,其他战略部署才成为有纲之目。因此,企业的福利政策应该与其总体的竞争策略保持一致。随着企业竞争策略的变化,相应的福利政策也应该随之调整。当然,意识到人在企业经营中的重要性并不困难,难的是如何在企业的日常经营中贯彻以人为本的经营方略。上海贝尔在这方面作了一些卓有成效的探索,自然也体现在公司的福利政策上。公司管理层为了塑造以人为本的理念,在实际中致力于以下几项工作：

力推自我完善

公司的福利政策应该是公司整体竞争战略的一个有机组成部分。吸引人才,激励人才,为员工提供一个自我发展、自我实现的优良环境,是公司提供福利的目的。同时,各类人才,尤其是高科技领域的人才,在专业和管理的知识及技能方面,自我更新和自我提升的需求日涨月高,这也是很自然的事。

从企业长期发展的远景规划,以及对员工的长期承诺出发,上海贝尔形成了一整套完善的员工培训体系。上海贝尔尽管不时从外部招聘一些企业急需的人才,但主要的人才来源是从高等院校毕业的本科生和研究生。他们进入上海贝尔后,必须经历为期一个月的入职培训,随后紧接着是为期数月的上岗培训;转为正式员工后,根据不同的工作需要,对员工还会进行在职培训,包括专业技能和管理专项培训。

此外,上海贝尔还鼓励员工接受继续教育,如 MBA 教育和博士、硕士学历教育,并为员工负担学习费用。各种各样的培训项目,不仅提高了公司对各类专业人士的吸引力,也极大地提高了在职员工的工作满意度和对公司的忠诚度。新近成立的上海贝尔大学,堪称是公司培训员工方面的点睛之笔。

强调日常绩效

福利作为一种长期投资,管理上难就难在如何客观衡量其效果。在根据企业的经营策略制定福利政策的同时,必须使福利政策能促使员工去争取更好的业绩。否则,福利就会演变成平均主义的大锅饭,不仅起不到激励员工的作用,反而会助长不思进取、坐享其成的消极工作习惯。

在上海贝尔,员工所享有的福利和工作业绩密切相连。不同部门有不同的业绩评估体系,员工定期的绩效评估结果决定他所得奖金的多少。为了鼓励团队合作精神,员工个人的奖金还和其所在的团队业绩挂钩。在其他福利待遇方面,上海贝尔也是在兼顾公平的前提下,以员工所作出的业绩贡献为主,尽量拉大档次差距。其意在激励广大员工力争上游,从体制上杜绝在中国为害甚烈的福利平均主义的弊端。

培育融洽关系

卓有成效的企业福利需要和员工达成良性的沟通。要真正获得员工的心,公司首先要了解员工的所思所想和他们内心的需求。员工的需求也随着人力资源市场情况的涨落和自身条件的改变在不断变化。所以,公司在探求员工的内心需求时,切忌采用静态的观点和手段,必须依从一种动态的观念。

上海贝尔的福利政策始终设法去贴切反映员工变动的需求。上海贝尔公司员工队伍的平均年龄结构仅为 28 岁。大部分员工正值成家立业之时,购房置业是他们生活中的首选事项。在上海房价高企的情况下,上海贝尔及时推出了无息购房贷款的福利项目,员工们在购房时助其一臂之力。而且在员工工作满规定期限后,此项贷款可以减半偿还。当公司了解到部分员工通过其他手段已经解决了住房,有意于消费升级——购置私家轿车时,上海贝尔又为这部分员工推出购车的无息专项贷款。

很多中国企业在福利方面只做不说。只有当员工触及具体问题时,他才可能从同事或人事部门获得一些支离破碎的有关公司福利方面的信息。如此在福利方面缺乏沟通,首先使在职员工对公司福利政策含糊不清,员工对公司的忠诚度也会大打折扣;其次,内部员工况且如此,局外人肯定更是如坠雾中,公司对外部人才的吸引力将大受影响。

上海贝尔计划在员工福利的设立方面加以创新,改变以前员工无权决定自己福利的状况,给员工一定的选择余地,使其参与到自身福利的设计中来,如将购房和购车专项贷款额度累加合一,员工可以自由选择是用于购车还是购房;在交通方面,员工可以自由选择领取津贴,自己解决上下班交通问题,也可以不领津贴,搭乘公司安排的交通车辆。一旦员工在某种程度上拥有对自己福利形式的发言权,则对工作的满意度和对公司的忠诚度都会得到提升。

上海贝尔的"福利菜单"

和上海贝尔的员工谈及公司福利,他们会众口一词地夸耀自己享有的优厚福利。当上海贝尔的人事总监陈伟栋先生介绍公司主要的福利项目时,展现在眼前的确实是一张令人心动的清单。

奖金:各种与业绩挂钩的奖金,包括公司利润指标完成后和员工分享的红利。

法定福利:国家规定的各类福利。如养老金、公积金、医疗保险、失业保险和各类法定有薪假期。

衣食住行津贴:每年发服装费,免费提供工作餐,提供丰厚的住房津贴,免费提供上下班交通工具,为管理骨干提供商务专车。

员工培训:完备的培训内容,包括入职培训、上岗培训、在职培训、各类技术培训、管理技能培训、工作态度培训、海外培训、海外派驻、由公司支付费用的学历教育。公司每年用于培训的现金支出在千万元以上。

专项无息贷款:主要有购房贷款和购车贷款。

补充性保险福利:主要是商业补充养老保险。按员工在公司工作的年限,在退休时可一次性领取相当于数年工资额的商业养老金。

有薪假期:除法定有薪假期外,员工享受每年长达14天的休假。

特殊福利:对有专长的人才,公司提供住房,其配偶在上海落实工作、子女解决就学问题。

员工业余活动:上海贝尔有30多个员工俱乐部,如棋牌、网球、登山、旅游等。由公司出资定期举行各类活动。

以上所列不一而足,仅是上海贝尔公司众多福利项目的主要部分。正是凭借优厚的福利,上海贝尔吸引了大批人才,培养了大批人才,留住了大批人才,建立了一支一流的员工队伍,造就了一个内部富有良性竞争的上海贝尔大家庭。

资料来源:中国人力资源开发网。

问题:

1. 雇主越来越看重福利对员工的激励作用,阅读案例,分析上海贝尔的福利计划从哪些方面激励了员工?

2. 你认为这个案例对我国高科技和通信行业有什么启示?

复习思考题

1. 福利制度是从哪些方面激励员工、提高劳动生产率的?

2. 弹性福利计划在成本下降时是如何增进员工满意度的？
3. 我国福利建设有哪些需要改进的地方？

推荐阅读

1. 赵曙明.人力资源管理与开发[M].北京:高等教育出版社,2009.
2. 彭剑锋.人力资源管理概论[M].上海:复旦大学出版社,2003.
3. 杨文健.人力资源管理[M].北京:科学出版社,2007.
4. 德斯勒.人力资源管理(第九版)[M].北京:中国人民大学出版社,2005.
5. 刘昕.薪酬管理[M].北京:中国人民大学出版社,2003.
6. 张德.人力资源管理[M].北京:中国发展出版社,2003.
7. 米尔科维奇.薪酬管理(第六版)[M].北京:中国人民大学出版社,2002.
8. 孙健敏.组织与人力资源管理[M].北京:华夏出版社,2002.
9. 刘昕.从薪酬福利到工作体验——以IBM等知名企业的薪酬管理为例[J].中国人力资源开发,2005(6).
10. 万向东,刘林平,张永宏.工资福利、权益保障与外部环境——珠三角与长三角外来工的比较研究[J].管理世界,2006(6).
11. 张欢.中国社会保险逆向选择问题的理论分析与实证研究[J].管理世界,2006(2).

第十章 员工培训

> 神枪手是靠消耗无数弹药训练出来的,优秀员工的培养也绝不是没有开销的,任何一个管理者对此都该舍得花费金钱,身怀技能的员工回报雇主是天经地义的,他们没有理由不这么做。
>
> ——查德·西尔斯
>
> 员工培训是企业风险最小、收益最大的战略性投资。
>
> ——沃伦·贝尼斯

本章学习目标

1. 理解培训的含义。
2. 了解培训体系的分类。
3. 掌握培训项目设计的过程。
4. 掌握培训的各种方法与技术。

引导案例

沃尔玛超市的员工培训

在《财富》杂志公布的2005年世界500强企业中,排名前100位中竟然有11家零售连锁企业赫然在榜。这其中便有美国沃尔玛(排名第1位)、法国家乐福(排名第22位)和德国麦德龙(排名第42位)三大零售巨人。究竟是什么原因造就了这些零售帝国的持续辉煌?追寻这些零售帝国巨人成长的脚印,我们也许可以发现并总结出令它们成功的许多奥妙和秘诀。例如,沃尔玛始终如一的"天天平价"策略,家乐福严格的内部管理制度,麦德龙对会员管理的严谨与科学,等等。但是你是否发现,尽管它们来自不同国家、具有不同的文化底蕴,但它们不仅重视对员工的培训投资,而且深谙培训之道。

沃尔玛创始人山姆·沃尔顿"农村包围城市"的发展战略使他成功打败了诸多零售巨头,例如普格斯、凯玛特等,并逐步确立了在美国乃至全球零售业的霸主地位。"人怕出名猪怕壮。"山姆·沃尔顿深知,以前沃尔玛面对的敌人主要是竞争对手,而今后,已成为众矢之的的沃尔玛不仅要面对来自全球竞争对手的群攻,更要面对自我发展的挑战。如何才能保证不被自己打败?山姆·沃尔顿在长期实践与探索中找到了答案——通过培训保持人才基业常青。

人才是零售企业的根本。因为零售业的竞争,归根到底是人才的竞争。山姆·沃尔顿在不断的探索过程中,领悟到人才对于企业成功的重要性,而对于员工的后续教育与终身培训,则是提高员工素质,确保企业人才基业常青的重要保证。

在培训内容上,沃尔玛采取的是全面培训。入职培训、技术培训、岗位培训、海外培训等都是员工必要的培训内容,而且所有管理人员还会接受领导艺术培训。为了让员工的知识与技能不断更新,公司提供了内容丰富的培训课程,给他们实现自我价值的机会。

在培训方式上,沃尔玛采用的是经验式培训,以生动活泼的游戏和表演为主,训练公司管理人员"跳到框外思考"。在培训课上,老师讲讲故事、做做游戏,再让受训者自己搞点小表演,让他们在培训中展现真实的行为,协助参与者分析,通过在活动中的行为,对其进行辅导,这种既有趣又有效的方法取得了良好的培训效果。

在培训创新上,沃尔玛开创了交叉培训方案。所谓交叉培训,就是一个部门的员工到其他部门学习,培训上岗,使该员工熟练掌握自己所从事的职务操作技能的基础上,又获得了另外一种职业技能,从而使其在整个卖场的其他系统、其他角落都能够提供同事或者顾客希望其给予的帮助,促使其能够完美、快速地解决他们所面临的问题,从而避免了他们浪费宝贵的时间,提高工作效率和缓解顾客的购物心理压力,让其轻松愉快地度过购物时间。实践证明,交叉培训不仅有助于员工掌握新的职业技能,提高终身就业能力,而且可以消除以往只从事一种完全没有创新和变革的职务的不利心理因素,还有利于不同部门的员工从不同角度考虑其他部门的实际情况,减少了公司的内耗,必要时还可以抽调到其他卖场中及时增援,排忧解难。

在员工培训计划上,沃尔玛实行员工培训与发展计划,让员工更好地理解他们的工作职责,并鼓励他们勇于迎接工作中的挑战。沃尔玛对合乎条件的员工进行横向培训和实习管理培训。横向培训是一个长期的计划,在工作态度及办事能力上有突出表现的员工,会被挑选去参加横向培训。例如,收银员会有机会参加收银主管的培训。为了让具有领导潜力的员工有机会加入沃尔玛,公司领导岗位还设立了管理人员培训课程,符合条件的员工还会被派往其他部门接受业务及管理上的培训。

在美国,沃尔玛被管理界公认为最具文化特色的公司之一,《财富》杂志一语道破了天机:"通过培训方面花大钱和提升内部员工而赢得员工的忠诚和热情,管理人员中有60%的人是从小时工做起的。"这是培训力量的最好佐证。

资料来源:http://finance.sina.com.cn/leadership/sxypx/20070121/23493267168.shtml。

第一节 培训概述

一、培训的含义

培训是指公司为了有计划地帮助员工提升与工作有关的综合能力而采取的努力,这些能力包括知识、技能,或者是对于成功地完成工作至关重要的行为。培训的目的在于让员工掌握培训计划所强调的那些知识、技能和行为,并且将它们运用到他们的日常活动之中。

培训与职业生涯管理都是人力资源开发的重要组成部分。培训主要是为了完成与当前工作相关的任务,职业生涯管理则更加关注个人的学习、成长与潜能的开发;培训关注绩效的改进,职业生涯管理则关注开放式的连续学习。

过去人们希望通过培训来开发与工作相关的基本技能,近年来随着知识经济的兴起与蓬勃发展,知识逐渐成为企业获得关键的经济附加值的重要实现因素,培训关注的焦点也有所改变——正在从教授员工掌握具体的技能转变为强调知识的创造和分享这种范围更大的目标。作为人力资源开发的关键环节,培训必须对组织具有战略性价值的知识的生产、传播和应用作出贡献。也就是说,要想通过培训获得竞争优势,就必须将培训视为一种从更广阔的意义上创造智力资本的途径。智力资本包括基本技能、高级技能、对顾客或者生产系统的理解以及自发的创造性。

二、培训体系的分类

培训会导致企业人力资源的直接成本增加,最受企业欢迎的应该是那些培训费用低但是效果显著的培训方式。不同的培训方式与内容,针对的培训对象不同,培训成本也不尽相同。企业的培训体系是否合理,对企业的效益有至关重要的影响。为降低培训成本、提高培训效率,首先应该将培训对象合理分类,实施差异化的培训战略。常见的分类方法有以下几种:

（一）按员工分类

这种分类方法一般是将员工分为新进员工、一般员工和管理者，或者在管理者中再按组织层次划分为基层管理者、中层管理者与高层管理者等，然后根据组织的需要分别对其进行不同目的、不同方式的培训。

中小企业的培训成本往往占总成本的更大份额，因此合理分类似乎显得更加重要。对此，何辉、张玉珍提出了从价值和独特性两个维度划分员工的分类方法。其中，有价值的员工是指"能为企业创造价值，加强企业的竞争优势或核心能力，进而帮助企业实现战略目标的员工"，员工的独特性是指"其技能的不可复制和不可模仿性"。在此基础上，他们提出了差异化的培训战略（见图9-1）。

图9-1 中小企业差异化培训模型

（二）按职能分类

即按照企业内部各部门的一般职能内容，根据企业职能部门的设置，将培训对象分为生产人员、营销人员、人力资源管理人员、财务人员等，然后根据各部门的不同需要，针对不同的专业职能对其进行培训。

（三）按目的分类

按照目的分类，可以将培训分为入司培训、转岗培训、变革管理培训等，然后根据不同的目的选择有针对性的内容进行培训。

（四）综合分类法

综合分类的方法很多，可以结合前三种分类方法，灵活安排培训，目的是力图全面体现培训内容，实施合理化管理。这里只介绍穆胜提出的"塔式培训分类体系"（见图9-2），该体系将培训内容分为专业类、统筹类和功能类。

1. 专业类培训

是指对各部门需要掌握的专业技能进行的培训。

2. 统筹类培训

是指对多数员工需要掌握的知识、技能和理念进行的培训。统筹类培训由于"直接作用于企业绩效",因此是这三类培训中的重点。统筹类培训又细分为两大固定板块——管理技能提升培训和综合技能提升培训。前者主要针对企业中处于不同组织层次的管理者,如基层管理者(M-3)、中层管理者(M-2)和高层管理者(M-1)进行管理技能提升培训。后者则主要针对企业中另外两类影响力较大的非管理人员(行政人员和核心人才)进行各有侧重的综合技能培训。根据企业具体情况的不同,还可以开发其他的培训内容。

3. 功能类培训

是指为在企业内实现某种目的(多为临时目的)或达到某种状态而进行的培训。它根据企业发展态势和临时需要等情况确定培训项目,如"变革管理培训"、"入司培训"。

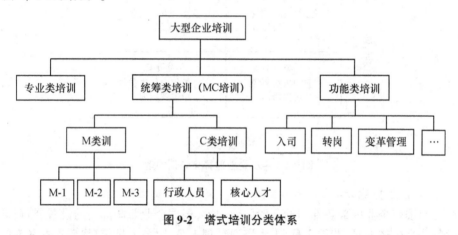

图9-2 塔式培训分类体系

在管理这三类培训的问题上,应采用"统分结合"的分层管理方法,即培训管理人员对统筹类培训和功能类培训进行直接管理,全面主持两类培训中所包含的项目。而对专业类培训,则在严格管理和监控的规章制度的基础上将权利下放到各部门。

第二节 培训项目设计

一、培训项目设计概述

培训项目的开发与设计需要采用系统的方法,来确保培训项目的有效性。开发培训项目的系统方法为指导性设计过程(Instructional Design Process)。该过程包含六个步骤:第一步要进行培训需求评估,明确是否需要培训;第二步是确保员工做好受训准备,确保员工有学习培训内容的动机与基本技能;第三步是营造学习所必需的环境,比如明确的学习目标和培训成果以及有价值的材料等;第四步是确保受训者能将培训内容应用于实际工作当中,包括让受训者明白如何对待技术进步及如何与人合作并获得管理者支持;第五步是选择培训方法;第六步是培训效果评估,判断培训是否取得了预期效果,包括分析培训效果和评估设计方案、进行成本—收益分析等。

二、培训需求评估

在选择培训方法之前,首先应该明确的是培训是否必要,而培训需求评估就是判断培训是否必要的过程。

通常,培训需求产生的原因可以是绩效达不到要求、新技术的产生、内部或外部顾客的培训要求、工作的重新设计,也可以是新的立法或制度的出台、顾客偏好的变化、新产品的开发,还可以是员工基本技能有所欠缺。当然,当这些情况出现时,培训并不是唯一的解决办法,同时也不能保证培训是正确的解决途径。因为,出现这些情况有可能是其他与之相关的因素造成的。比如工作出现了失误,可能是因为知识欠缺,也可能是因为员工对所得报酬或上级不满。只有知识的缺乏可以通过培训来解决,至于其他原因则需要通过薪酬体系设计或工作环境设计等方法来解决。由此可见,认真分析培训需求产生的原因、判断培训是否是最佳的解决途径是非常必要的。

培训需求评估通常包括组织分析、人员分析以及任务分析。组织分析考虑的是培训的背景条件,人员分析是为了了解谁需要培训,任务分析则是为了确定培训的内容,即需要对哪些方面进行培训。在实践中,组织分析、人员分析和任务分析通常都不是按照某种特定的顺序来进行的。不过,由于组织分析要分析培训是否与公司的战略目标相符,要分析公司是否愿意在培训上投入时间和资金,因此组织分析通常要先进行,而人员分析和任务分析通常是同时进行的。

通过培训需求评估,组织可以得到有关谁需要培训以及需要培训什么内容等方面的信息。需求评估还可以帮助培训者决定培训方式,比如是将培训外包给专门的培训机构,还是利用内部资源自行开发培训。

传统上参与培训需求评估的只有培训者,但是,随着培训逐渐成为辅助公司实现战略目标的工具,中高层管理者也需要参与评估过程。另外,作为培训对象以及工作信息的提供者,员工也应参与评估过程。因此,需求评估过程应该包括中高层管理者、培训者以及相关员工。在评估过程中,高层管理者关注的是培训是否支持以及怎样支持公司的经营战略,而且需要决定哪些职能部门或单位需要培训,公司的人力资源是否具备必要的素质来实现战略目标并保持竞争优势。中层管理者更加关注培训的投资、培训对象的类型以及有助于提高产品质量和顾客满意度的培训方式。培训者主要是通过评估获得培训相关的信息。由于需求评估参与者的关注重点不同,因此在需求评估过程中需要很好地协调参与者相互之间产生的不一致,以保证整个培训项目的顺利进行。

(一) 培训需求评估的过程

下面就从组织、人员、任务三个方面分析培训需求评估的过程。

1. 组织分析

组织分析(Organizational Analysis)是要在给定公司经营战略的条件下,决定相应的培训,为培训提供可利用的资源,确保管理者和同事对培训活动的支持。通常组织分析需要考虑三个因素:公司的战略方向、可用的培训资源以及员工的上级和同事对受训者参与培训活动的支持。

(1) 公司的战略方向

初步的研究表明,公司战略与培训的数量以及种类方面存在一定的相关关系。培训的主题因企业经营战略的不同而存在非常大的差异。比如,实施收缩战略的公司需要对员工提供搜寻工作的培训,并且对留下的员工进行跨职能的培训,因为这些人会发现他们自己在工作中必须承担更多的责任。注意力集中于市场地位的公司(即采取集中战略)则需要强调员工技能的更新以及现有劳动力队伍的开发。以下几个方面的问题是非常重要的:第一,通过确认现行企业经营战略来确保公司在培训活动方面分配足够的预算;第二,确保员工得到相关主题的培训;第三,确保员工接受培训的数量是恰当的。

(2) 可用的培训资源

企业有必要弄清楚自己是否有足够的预算、时间和专业人员来进行培训。比如,如果一家公司在其下属的一家工厂里安装计算机化的制造设备,那么它可以采取三种方法来解决对计算机员工的需求:第一,公司可以在现有人员现有的水平以及预算基础之上,利用内部的咨询人员来对所有相关的员工进行培训。第二,公司也可能会利用测试进行选拔,在工作样本操作考试中低于标准要求的员工可能会被安排在其他岗位上。选择这种战略就意味着公司已经决定将资源投入到甄选和配置方面而不是培训方面了。第三,如果该公司缺乏必要的时间和专业能力,那么它很可能决定从咨询公司那里购买培训服务。

(3) 上级和同事的支持

各种研究均发现,员工的同事和上级管理者的支持对于培训是非常关键的。培训取得成功的关键要素在于:受训者的上级及其同事对于受训者参加培训活动持有一种积极的态度;受训者的上级及其同事愿意教授他们如何将在培训中学到的东西运用到实际工作中……如果受训者的上级管理者和同事对于他们参加培训活动的态度和行为不是支持性的,那么受训者将培训内容应用于工作中的可能性也就不大。

2. 人员分析

人员分析(Person Analysis)可以帮助管理者确定培训是否合适以及哪些员工需要接受培训。人员分析包括:(1) 判断业绩不良到底是因为知识、技能或者能力(培训的一个主体)的不足而引起的,还是由于工作动力不够或者是工作设计本身有问题而引起的;(2) 确认谁需要得到培训;(3) 确定员工是否已经做好接受培训的准备。受训准备包括:员工是否具有必备的学习培训课程内容并可将其运用于工作的个体特征(如能力、态度、信仰和动机);工作环境是否有利于学习同时又不会对工作业绩产生太大影响。

绩效水平不能达到要求是导致培训需求的一个主要原因。影响员工绩效水平的因素包括:个体特征、工作输入、工作输出、工作结果和工作反馈。其中,个体特征是指员工的知识、技术、能力和态度。工作输入不仅指对员工应该干什么、怎么干和什么时候干的一类指导,还指那些提供给员工帮助他们完成工作的各种资源,如设备、时间和资金等。工作输出就是工作绩效水平。工作结果是指员工由于业绩表现好而受到的激励。工作反馈是指员工从执行工作中收到的信息。这些因素还能影响员工的学习动机,即受训者学习培训内容的欲望。学习动机与培训中知识的获得、行为方式的改变或技能的提高密切相关,对培训效果有重要的影响。因此,人员分析可以从这五个方面进行。

3. 任务分析

任务分析(Task Analysis)所要做的首先是明确员工需要完成哪些方面的重要任务,然后再来确定为了帮助员工完成他们的这些任务,应当在培训过程中强调哪些方面的知识、技能以及行为。任务(Task)是对员工在特定工作岗位上所从事的各项活动的表述。比如,电工的工作任务包括更换灯泡、插座和电灯开关等。任务分析所得出的结果是对工作活动所进行的描述,其中包括员工所要完成的工作任务以及成功完成这些任务所需要的知识、技能和能力。任务是指员工在某种具体工作中所要履行的工作活动。

任务分析分为以下四个步骤:(1) 选择需要分析的工作。(2) 通过与有经验的员工、他们的上级管理者进行访谈和观察,以及同其他曾经对当前工作进行过分析的人进行交谈,列出一个在当前工作岗位上需要履行的任务的一份初步清单。(3) 查证或确认初步列出的任务清单。(4) 一旦任务确定下来,很重要的一点是就是要确定成功完成每一项任务所需要的知识、技能或能力。这种信息可以通过访谈和问卷调查法收集。关于技能和认知能力要求的信息对于下面的决策是非常重要的;参与到培训项目(或者工作)中来的人是否必须事先具备某种特定水平的知识、技能和能力;是否需要提供一些补充培训来强化这些基本技能。出于培训的目的,关于学习知识、技能或能力的难度高低的信息是非常重要的,同样重要的还有是否要求员工在承担工作之前就必须具备这些知识、技能或能力。

由此可见,任务分析首先要将工作分解成职责或任务。需要注意的是,为了提高任务分析的有效性,应该使用两种以上的收集任务信息的方法,而且应该从熟悉该项工作的在职员工和经理人员那里收集信息。另外,在评估任务时,重点应该放在能实现公司长远目标和现实目标的任务,而不一定是最难完成或最花时间的任务上。最后,通过任务分析,不仅要知道员工在实际工作中做些什么,还要知道他们是怎么做的。

(二) 培训需求评估的方法

1. 需求评估的一般方法

培训需求评估常用的方法有:观察员工执行工作,阅读技术手册及其他文献,访问专门的项目专家并让这些专家完成有关各项任务和工作所需的知识、技术、能力和其他特点的调查问卷。表 9-1 列出了每种方法的优缺点。对于新兴的职业,培训者往往无法从在职人员那里获得信息。技术图表、仿真模拟和设备设计人员可以提供有关培训的要求、各项任务和执行工作所需条件的信息。

表 9-1 培训需求评估的优缺点

技术	优点	缺点
观察法	1. 得到有关工作环境的数据 2. 将评估活动对工作的干扰降到最低	1. 需要水平高的观察者 2. 员工的行为方式有可能因为被观察而受影响
调查问卷	1. 费用低廉 2. 可从大量人员那里收集到数据 3. 易于对数据进行归纳总结	1. 时间长 2. 回收率可能会很低,有些答案不符合要求 3. 不够具体
阅读技术手册和记录	1. 是有关工作程序的理想信息来源 2. 目的性强 3. 是有关新的工作和在生产过程中新产生的工作所包含任务的理想信息来源	1. 阅读者可能不了解术语 2. 材料可能已经过时
访问专门的项目专家	有利于发现培训需求的具体问题,以及问题的原因和解决办法	1. 费时 2. 分析难度大 3. 需要水平高的访问者

资料来源:Based on S. V. Steadham, "Learning to Select a Needs Assessment Strategy", *Training & Development Journal* (January 1980):56—61, and R. J. Mirabile, "Everything You Wanted to Know about Competency Modeling", *Training & Development* (August 1997):74。

由表 9-1 可以看出,各种方法根据所获信息类型和信息内容的不同而各有优缺点。培训需求评估的所有方法中,没有可以替代其他方法的最好方法。在实际操作中，常常综合运用多种方法来进行需求评估。

2. 胜任素质模型

胜任素质模型在欧美等国家被称为"Competency Model"，国内有多种译法，如能力模型、资质模型、胜任特征模型等，它是帮助企业从实现组织目标、提高业绩的角度出发，提高人员选拔、培养、调用、绩效等方面工作效率的先进工具。在培训需求评估中，胜任素质模型可用于确定培训主题等方面。除此之外，该模型还可用于人力资源开发的其他方面，比如对某职位上的员工进行职业发展规划，还可以用在职位分析与设计、绩效管理、薪酬管理等多个领域。由于员工素质是企业人力资源质量的关键决定因素，对企业获取并保持市场竞争优势有至关重要的作用，因此，企业对员工素质水平的高低越来越重视，胜任素质模型也被广泛应用于人力资源管理的各领域。

胜任素质模型是指能和参考效标（优秀的绩效或合格的绩效）有因果关系的个体的深层次特征，它包括深层次特征、因果关系和效标参考三个方面的内容。深层次特征是指个体潜在的特征能保持相当长的一段时间，并能预示个体在不同情况和工作任务中的行为或思考方式，其基本层面为深层的动机、特质、自我形象、态度或价值观，以及浅层的知识和技能。因果关系是指胜任素质与行为或绩效具有相关关系。一般来说，动机、特质、自我概念和社会角色等胜任素质能够预测行为反应方式，而行为反应方式又会影响工作绩效，可表述为意图—行为—结果。效标参考是指胜任素质能够按照某一标准预测效标群体的工作优劣，是胜任素质定义中一个非常关键的内容。一种胜任素质如果不能预测有意义的绩效差异，即与参考的效标没有明显的因果关系，则不能称为胜任素质。

开发胜任素质模型一般要遵循以下步骤：第一，明确被分析的工作或职位。第二，找出经营战略的变化，因为经营战略的转变会导致新的素质需求的产生或改变原有的素质需求。第三，确定绩效标准，如销售量、利润、管理风格、客户满意度等。第四，建立标准样本，如区分有效与无效的工作者，或是区分一般管理者与优秀管理者等。第五，收集并分析导致样本差异的与素质相关的信息，确定导致有效或无效行为的素质。收集信息的途径主要有问卷调查、访谈、评估中心、专家评议组等。第六，确定并描述等级，建立胜任素质模型并对其进行验证。

胜任素质模型的开发与应用是在组织的使命、目标明确的条件下进行的，需要人力资源管理者对企业管理基础的理论与方法，尤其是战略管理与实施、人力资源管理等基础理论和方法有较为深入的掌握和了解，并对心理学尤其是心理测量等学科有所掌握。胜任素质模型的使用成效在很大程度上依赖于操作者本身的素质与经验，技术门槛比较高。

三、培训的实施

培训实施的前提与关键步骤是选择合适的培训者与受训者,即培训对象。培训需求评估的人员分析已经足以帮助确定培训对象。下面主要介绍如何选择培训者(也称培训师)。选择培训者首先要了解培训者有哪些类型,然后才能通过各种途径来寻找并识别企业需要的培训者。

(一) 培训师的类型

培训师大体上可以分为以下六种:

(1) 卓越型培训师。既有丰富的理论知识,又有足够的实践经验,富有个人魅力。

(2) 专业型培训师。拥有扎实的理论功底和丰富的实践经验,但是缺乏个人魅力。

(3) 技能型培训师。富有个人魅力,也掌握各种培训技能,但缺乏相关的知识和经验。

(4) 浅薄型培训师。熟练掌握培训技能,但既缺乏个人魅力,又缺乏必要的知识和经验。

(5) 讲师型培训师。以大学教师居多,他们有着丰富的知识和经验,但没有受过培训方面的训练,又缺乏个人魅力。

(6) 弱型培训师。最差的一类培训师,在个人魅力、培训技能、知识经验三个维度上都处于低水平。

(二) 寻找培训师的途径

寻找一个合适的培训师,有一定的捷径可循,主要有:(1) 参加各种培训班,从中挖掘优秀的培训师。(2) 去高校旁听,看是否有相关领域的老师适合担任培训师。这种方法最适合为讲座找主讲人。(3) 参加专业协会活动。(4) 与培训公司建立联系。培训公司可以提供专业的培训师,帮助企业进行一些专业水平要求高的培训。

(三) 甄选培训师

企业聘用培训师之前,必须要了解培训师。企业招聘及甄选员工的一些方法同样可以用来甄选培训师。比如,要求培训师提供一份个人简历,可以帮助企业对培训师的工作经历有大致的了解;对培训师进行有效的面试,提出一些问题,可以了解简历中无法体现的培训师的性格特征;要求培训师制定一份培训大纲,能够反映其专业水平;还可以通过"试讲"的方式,让培训师作一次小规模的培训尝试,然后再决定是否聘用。

四、培训成果转化

要想成功地完成培训项目,受训者就必须将培训中所学的知识和技能有效且持续地应用到工作当中,这就是培训成果的转化,即培训转化。培训转化主要受到受训者自身的特点、培训项目的设计以及工作环境三方面因素的影响(见图9-3)。为促进培训成果的转化,需要从这三方面入手,采取相应的措施。

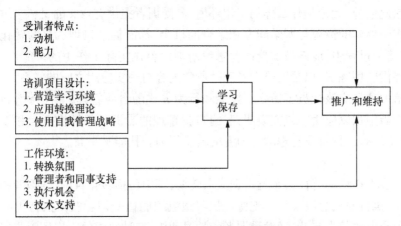

图9-3 培训成果转化过程模型

资料来源:Adapted from T. T. Baldwin and J. K. Ford "Transfer of Training: A Review and Direction for Future Research", *Personnel Psychology* 41(1998):63—103。

(一) 受训者的特点

受训者的特点包括影响学习的各种能力和动机。首先,受训者必须具备顺利完成工作并且能够学习培训内容的基本技能,包括认知能力和阅读、写作能力,才有可能学习培训内容并在工作中进行转化。其次,受训者只有相信自己能够胜任与培训相关的工作,相信自己能够学会培训内容,才有兴趣参加培训,这种自信被称为自我效能。培训者可以通过让员工了解培训目的是提高绩效水平而非发现其能力的缺陷、让员工意识到可能会出现的培训成果等方式,来提高受训者的自我效能。再次,必须让受训者知道培训的原因。受训者只有清楚地意识到自己的技术优势和弱点,以及培训项目与克服这些弱点之间的联系后,才有动力参加培训。最后,培训者还可以通过改善学习环境,如选择合适的培训场所、营造支持性的学习氛围,以及给员工创造实践的机会、为员工提供培训反馈等措施来提高员工参与培训的积极性。只有在确保受训者有足够的能力与动力参加培训的基础上,才有可能实现培训成果的顺利转化。

(二) 培训项目设计

培训项目设计是指构建在培训项目中用以提高培训成果转化发生几率的因

素。员工实际的工作环境的稳定性不同,培训项目的设计也不尽相同。

当工作环境是可预测且稳定的时(如设备使用培训),培训者要尽可能地创造与工作环境完全相同的培训环境,才能更好地实现培训成果转化;反之,当工作环境不可预测且变化剧烈时,培训者要让受训者明确成功处理一种情况所需的关键行为,并为其提供适用于多种不同工作环境的一般原则,这有利于提高培训成果的转化率。

除此以外,无论是什么样的工作环境,向受训者提供有意义的材料来增加其将工作中遇到的情况与所学能力相结合的机会,都能促进培训成果的转化。因此,在培训过程中,应该鼓励受训者思考培训内容在实际工作中的可能性,尽可能地提供应用练习,以帮助受训者理解所学内容与现实应用之间的联系。

培训项目应该让员工做好新技能和行为方式的自我管理,并注意引导员工在工作当中加以应用。研究表明,实施自我管理的受训者的转换行为和技能水平,要比没有进行自我管理的受训者的转换行为和技能水平高。

(三) 工作环境

许多工作环境特征会影响培训成果转换,其中包括转化氛围、管理者和同事的支持、执行的机会以及技术支持。学习型组织能让受训者获得执行机会及管理者和同事的鼎力支持,激发受训者的学习动机,这种组织的工作环境非常有利于培训成果的转化。

学习型组织是一种具有促进学习、增强组织成员适应能力和变革能力的组织。这种组织认为学习不仅发生在组织成员这个层面,而且发生在团体和组织层面上。它强调系统层次的学习,即公司长期保持所拥有的学习成果的能力。在学习型组织中的培训,要经过详细的审查并与公司目标保持一致,培训内容不仅包括学习执行现任工作所需具备的基本技能,而且还包括激发组织成员获取并应用知识的能力和创新能力。学习型组织的具体特征如表9-2所示。

表 9-2 学习型组织的特征

特征	具体描述
持续学习	员工们共享学习成果并把工作作为知识应用和创造的基础
知识创造与共享	开发创造、获取和分享知识的系统
严格的系统化思维	鼓励员工用新的方式思考,找出联系和反馈渠道,并验证假设
学习文化	公司明确对学习加以奖励、促进和支持
鼓励灵活性和实践性	员工可自由承担风险、不断革新、开创新思路、尝试新过程,并开发新产品和服务
重视员工价值	系统和环境重视对每一位员工的培训开发和福利

资料来源: Adapted from M. A. Gephart, V. J. Marsick, M. E. Van Buren, and M. S. Spiro, "Learning Organizations Come Alive", *Training and Development* 50(1996):34—45.

五、培训效果评估

培训效果评估是检验公司和受训者是否从培训当中受益以及受益程度的过程，它需要收集培训效果以衡量培训是否有效。进行培训效果评估之前，需要设计评估方案，以明确需要收集什么样的信息，从哪里、何时、如何收集信息以及如何判断培训项目的有效性。

培训评估包括事前评估和事后评估。事前评估是为改进培训过程的评估，通常需要收集培训项目的定性数据，包括对培训项目的看法、信任度和感觉。这些信息可以通过调查问卷以及与潜在的受训者或管理人员的访谈来收集。事后评估包括衡量受训者参加培训项目的改变程度，测量公司从培训中获得的投资回报。事后评估通常应用测试、行为打分、绩效的客观评价标准（如销售额、事故发生次数、开发专利项目等）来收集定量数据。一项好的评估应该在培训项目实施前就先进行项目评估，从需求评估和特定的可测量的学习目标中获得的信息有助于确认应在评估方案设计中包括哪些测量成果。

（一）培训效果评估的依据

在培训效果评估过程中，重要的是要开发出可测量的学习成果，并为这些成果设定测量尺度。开发可测量的学习成果的目的是给效果评估提供判断依据。如果在需求评估中采用了胜任素质模型，那么在进行效果评估时就可以直接对照模型展开，而不用重复开发。没有采用胜任素质模型的，可以从认知成果、技能成果、情感成果、绩效成果和投资回报率这五个方面进行效果评估。

认知成果用来衡量受训者对培训项目中强调的原理、实事、技术、程序或过程的熟悉程度，一般用笔试来评价。技能成果用来衡量技术或运动技能以及行为方式的水平，包括技能的获得与学习和技能在工作中的应用两个方面，可通过观察员工在工作抽样中的绩效来评价。情感成果包括态度和动机在内的成果，其中的反应成果反映了受训者对培训项目的感性认识，包括对设施、培训教师和培训内容的感觉。通常借助于让受训者完成调查问卷的方式来收集情感成果的信息。绩效成果用来衡量公司从培训计划中获得的绩效收益，包括由于员工流动率或事故发生率下降带来的成本的降低、产量的提高以及产品质量或顾客服务水平的改善。投资回报率是培训的货币收益和培训成本的比值。

在选择培训成果作为评估依据时，很重要的一个方面是判断这些培训成果的好坏，即这些培训成果能否作为判断培训项目有效性的最佳方法。好的培训成果应该是相关的、可靠的、有区分度且切实可行的。相关是指培训成果与培训项目所强调的应该学习的内容之间的相关性。可靠的培训成果的测试结果应该是长期稳定的。区分度是指受训者取得的成果能真正反映绩效差别的程度。可行性表明了收集培训成果的测量结果的难易程度。

在实际的培训评估实践中,反应成果和认知成果是最常用的两项成果,然而这两种成果无法说明是否发生了培训成果的转化,即技能或态度的转变程度、应用所学知识解决工作中问题的程度或培训对公司效率的影响程度。哪种成果的衡量尺度最有效,取决于培训目标。因此,要根据培训目标来选择可测量的培训成果。

(二) 培训效果评估方案的设计与选择

选择一套合适的评估方案也是效果评估中的一个重要方面。它可以提高评估结果的可信性。方案的选择需要通过详细分析如何降低内在和外在效度威胁,以及培训目标、专业人员水平、其他公司做法和培训的特点来确定。其中,内在效度就是评估结果的可信性,外在效度就是能将评估结果推广至其他受训者和其他情况的程度。效度威胁表明了人们对效度的怀疑。可以通过前测与后测、对照组和随机抽样的方法来降低效度威胁。

根据是否包括培训前和培训后的成果测量及受训组与对照组,可将评估方案划分为不同的类型,主要有后测、前测与后测、有对照组的后测、有对照组的前后测、时间序列和所罗门四小组控制实验(Solomon Four Group Designs)等方案,这里不再详细介绍。这些评估方案没有最好或最差的,选择时要根据重要性、培训范围、培训目标、组织文化、成本等一些影响因素来综合考虑。

第三节 培训的方法与技术

一、影响培训方法选择的因素

在培训过程中,可供选择的方法有很多。根据受训者是否积极参与培训过程,可将所有的培训方法归为两类:一类是受训者被动地接受知识技能,而没有主动参与培训过程,这类方法统称为演示法;另一类是受训者参与培训过程,与培训者或其他受训者积极互动,这类方法统称为体验法。这些方法中,有些是以提高个人素质为目的,有些是为了增强团队凝聚力,也有二者兼顾的,选择培训方法时要注意方法本身的适用性。

二、常见的培训方法

培训方法并非总是独立使用,培训者要根据实际情况来选择培训方法,并进行灵活有效的组合,这样才能增强培训效果,促进培训成果转化。

(一) 讲座法

讲座法也叫课堂教学法、演讲法,是指培训者用语言表达的方式向受训者传授内容,是最普遍、最古老的一种培训方法。这种学习的沟通主要是从培训者到受训者的单向沟通。讲座法的成本低廉,节省时间,按一定组织形式可以向大批受训者有效传递大量信息,因此一直是最受欢迎的培训方法之一。除了单独使用外,讲座法还可以作为其他培训方法的辅助手段,如进行行为模拟之前,可以通过讲座向受训者传递有关培训目的、概念模型或关键行为的信息。

讲座法有多种实现形式,表 9-3 反映了各种形式的主要优缺点。

表 9-3　不同讲座法的比较

方法	具体描述	优点	缺点
标准讲座	培训者讲,受训者听,并汲取知识	形式简便,易于组织	缺少受训者的参与、反馈
团体教学	两个或两个以上的培训者讲不同的专题或对同一专题的不同看法	为培训者提供更多的专业技术和不同的观点及看法	占用培训者更多的时间,不同的演讲者之间需要协调
客座发言	客座发言人按事先约定的时间出席并介绍讲解主要内容	可为受训者提供相关的例子和实际应用,从而激发学习动机	培训的时间要同发言人商定,不能自由安排
座谈小组	两个或更多的发言人进行信息交流并提问	受训者在讨论中可以充分表达自己的立场、观点	那些对某一课题不甚了解的受训者对主要内容的理解会产生困难
学生发言	各受训者小组在班上轮流发言	可提高资料的价值和受训者的注意力	受训者不具备发言能力时将会使学习受阻

讲座法最明显的不足之处在于受训者的参与较少,几乎得不到反馈,而且缺乏与实际工作环境的联系,这些都会阻碍学习和培训成果的转化。由于讲座法强调信息的单项接受,因此培训难以迅速有效地把握学习者的理解程度。为克服这个问题,讲座法常常会附加问答、讨论和案例研究等鼓励受训者参与的方法,以提高培训成果的转化率。

(二) 研讨会

研讨会也叫会议法,是将受训者聚集在一起讨论其共同感兴趣的题目或解决问题的一种方法。研讨会利用培训者与受训者之间的双向交流来进行讲授,常常用于旨在改变态度的培训当中。通常,研讨会的负责人是管理人员,作用是使讨论正常进行并避免某些人的观点偏离主题。讨论问题时,负责人倾听并允许小组成员解决他们自己的问题。参与会议的培训者经常可以借此解决自己日常工作中面临的实际问题。

头脑风暴法是一种特殊的研讨会。前面已经介绍过,头脑风暴法鼓励受训者针对某一特殊问题,在不受任何限制的情况下,提出所有能想象到的意见。头脑风暴法主要用于帮助受训者尝试解决问题的新措施或新办法,用以启发受训者的思考能力和开阔其想象力。

研讨会在一定程度上克服了讲座法的缺点,创造出一种更加平等开放的参与性环境,鼓励受训者的参与并有机会向培训者提供反馈。培训者调动和组织研讨的能力成为研讨会成功与否的关键因素。成功地组织研讨会的秘诀在于要为开放式的交谈创造一个安全的环境,让学习者感受到不会因为诚实、坦率地表达意见而产生不利的影响。

研讨会的局限在于它对组织者的要求较高,要求组织者受过良好的训练或者有丰富的经验。对受训者也有一定的要求,即受训者要具备讨论能力、讨论动机和正确的态度。此外,要进行有意义的研讨,还必须有足够的时间,因此这是一种比较耗时的培训方法。

(三) 辩论

辩论就是不同立场的参与者面对争议性的议题提出自身看法并反驳对方论点的公开竞赛。辩论的目的主要是为了训练参与者的逻辑思考能力和表达与思辨能力。

辩论法的优点有:(1) 能够激发受训者参与的热情;(2) 能为受训者提供动态学习的机会与经验;(3) 能够为受训者提供生动、活泼、热烈的学习气氛;(4) 能够提高受训者在具有一定压力的情形下独立思考问题和随机应变的能力。辩论法的局限性为:(1) 议题的研究与准备需耗费相当长的时间;(2) 受训者的个性差异可能会影响辩论的程序与效果。

辩论的组织与实施需要以下周密的准备工作:(1) 需挑选正反双方,每方至少各有两人参与辩论;(2) 需要挑选一位有经验的主持人和裁判团;(3) 准备一个双方都能接受且具有争议性的论题;(4) 明确辩论的规则;(5) 准备一个能足够容纳参与者和听众的场地;(6) 正反双方依序进行论述,最后再进行总结;(7) 裁判团裁决胜负,并作简短的讲评。

(四) 视听法

视听法也称视听教学法,是利用投影胶片、幻灯片、电影、录像等视听教材进行培训的方法,其中录像最为常用。它可以用来提高受训者的沟通技能、谈话技能和顾客服务技能等,并能详细阐述一道工作程序的要领。但是,录像方法很少单独使用,通常与讲座一起向员工展示实际的生活经验和例子。

视听法有许多优点:(1) 能利用多种媒体展示培训材料,以增强培训的趣味性;(2) 可重复使用培训材料,培训者可以根据受训者的专业水平灵活调整培训内容(如重播、慢放或调快课程内容);(3) 可让受训者接触到不易解释说明的设备、难题和事件,如设备故障、顾客抱怨或其他紧急情况等;(4) 受训者可接受前后连贯一致的指导,使项目内容不会受到培训者兴趣和目标的影响;(5) 通过现场摄像可让受训者亲眼目睹自己的绩效而无需培训者过多解释。

视听法的主要问题来自于培训者所使用的创作方法,如录像中涉及了过多的要求受训者学习的内容,演员之间的对话效果不好(从而阻碍信息的可信性及明确性),过多使用笑话或背景音乐,剧情过于复杂使受训者无法搞清录像中所强调的学习重点等。

另外,运用视听法之前,首先要熟悉培训工具的操作流程,重视培训设备的准备工作。如果操作中出现问题可能会大大影响培训效果。

(五) 处理公文训练

处理公文训练又被称为一揽子公文处理法,是指让培训对象在规定的时间内,对给定的各类公文材料进行处理,形成处理报告的一种培训方法。常见的形式是设计一个情境和角色,让受训者坐在堆满各种文件(如备忘录、报告和电话记录等)的办公桌前,快速处理这些日常文件和事务。受训者需要研究这些无条理的文件,分清轻重缓急,合理安排时间去处理。

处理公文训练主要侧重于培训受训者计划、组织、分析、判断、决策、书面沟通等的能力,一般用于中高层管理者的培训,而且与其他方法结合使用。

(六) 仿真模拟

仿真模拟是一种模仿现实生活中的场景的培训方法。在这种场景下,受训者的决策所产生的结果就是其在工作中作出同类决策所可能产生的后果。模拟是指受训者可以看到他们的决策在一种人工的、没有风险的环境中所可能产生的影响,从而可以被用来向受训者传授生产和加工技能以及管理和人际关系方面的技能。

仿真模拟法可以通过模拟器来实现。模拟器是员工在培训中所使用的真实设备的复制品。在使用时,受训者不用担心错误操作或决策的影响,因为这些错误不会导致实际生产线上的损失。成功地使用机器人和计算机的简单模拟练习能增强受训者的信心,使他们能够在自动化生产环境下顺利地工作。

在采用仿真模拟培训的时候要注意模拟环境必须与实际的工作环境有相同的构成要素,必须能够准确地对受训者所发布的指令作出反应。正是由于这种原因,开发模拟环境的成本是很高的,并且在获得了新的工作信息之后,还需要对这种模拟环境进行不断的改进。

仿真模拟法的优点是:(1) 使学习活动多元化并能增进受训者的学习兴趣。(2) 以团队的方式处理问题,更接近真实情况。(3) 可为受训者提供冒险的机会。模拟法的局限性有:(1) 模拟与真实之间仍有一定的差距。(2) 一些受训者可能过度强调竞争而破坏学习经验。(3) 需投入相当的时间、金钱和精力去发展。

成功的模拟应注意以下几点:(1) 需准备简单明了但详尽的书面资料。

(2) 准备各小组讨论的场地与其他设备。(3) 依受训者的数量、特质与实力,平均分组。(4) 召集各小组解释模拟训练的意义与目标。(5) 安排充分的时间,避免匆忙进行。(6) 给予各小组自我讨论和分析的机会,使受训者能感受到模拟学习的乐趣。(7) 模拟结束后,召集各小组进行分析和评估。

(七) 角色扮演

角色扮演法是指让受训者扮演分配给他们的角色,并给受训者提供有关背景信息(如工作或人际关系的问题)。角色扮演与模拟的区别在于受训者可获得的反应类型及有关背景情况的详尽程度。角色扮演提供的情境信息十分有限,而模拟所提供的信息通常都很详尽。模拟注重物理反应(如拨号、拉动杠杆),而角色扮演则注重人际关系反应(如寻求更多的信息、解决冲突)。在模拟培训中,受训者的反应结果取决于模型的仿真程度。在角色扮演中,结果取决于其他受训者的情感和主观反应。

为使角色扮演更有效,首先培训者要在角色扮演之前、扮演期间、扮演之后从事许多活动。在角色扮演之前,向受训者说明活动目的是非常关键的,这样能使他们感到活动更有意义,更愿意去学习。其次,培训者还需要说明角色扮演的方法、各种角色的情况及活动的时间安排。在活动期间,培训者要监管活动时间、受训者的感情投入程度及各小组的关注焦点(各小组是在扮演各种角色还是在讨论与练习一些无关的事情)。练习对受训者越有意义,培训者越不会遇到注意力分散和集中程度降低的麻烦。在角色扮演结束时,提问是很重要的。提问可以帮助受训者理解这次活动经历,并互相讨论一下各自的认识。受训者还可以相互讨论各自的感受、在练习中发生的事情、学到的东西、积累的经验、采取的行动,以及最终结果与工作中发生的事情之间的联系。

角色扮演法的优点是:(1) 能激发受训者解决问题的热情;(2) 可增加学习的多样性和趣味性;(3) 能够激发热烈的讨论,使受训者各抒己见;(4) 能够提供在他人立场上设身处地思考问题的机会;(5) 可避免可能的危险与尝试错误的痛苦。角色扮演法的局限性有:(1) 观众的数量不宜太多;(2) 演出效果可能受限于受训者过度羞怯或过深的自我意识。

角色扮演若欲取得好的效果,应注意以下几点:(1) 要准备好演出场地与设施,使受训者与观众之间保持一段距离;(2) 演出前要明确议题所遭遇的情况;(3) 谨慎挑选受训者与角色分配;(4) 鼓励受训者以轻松的心情演出;(5) 可由不同组的受训者重复演出相同的情况;(6) 可安排不同文化背景的受训者演出,以了解不同文化的影响。

(八) 案例研究

案例研究是指为受训者提供员工或某组织如何处理棘手事件的描述,让受训者分析和评价案例,提出解决问题的方案和建议。它要求受训者分析评价他们所采取的行动,指出正确的行为,并提出其他可能的处理方式。案例研究法的一个基本假设是,员工能够通过对这些过程的研究与发现来进行学习,这样他们才可能在必要时回忆出并应用这些知识与技能。案例研究特别适合开发高级智力技能,如分析、综合及评估能力。这些技能通常是管理者、医生和其他专业人员所必需的。案例还可使受训者在个人对情况进行分析的基础上,提高承担具有不确定结果风险的能力。为使案例教学更有效,学习环境必须能为受训者提供案例准备及讨论案例分析结果的机会;必须安排受训者面对面进行讨论或通过电子通信设施进行沟通。由于受训者的参与度对案例分析的有效性具有至关重要的影响,因此,学习者必须愿意并且能够分析案例,然后进行沟通并坚持自己的立场。

案例编写是案例研究的前提,一般要经过如下过程:(1) 明确问题或情境,案例必须与培训目标密切相关,且能激发受训者的讨论,要迫使他们制定决策,并能在长短合适的一段时间里进行描述;(2) 研究文件,访问参与者,收集有关案例细节的资料;(3) 概括出这个事件的大致轮廓,并将细节和证据与事件中的有关要点联系起来;(4) 确定展示这个案例所用的媒介;(5) 准备所需的案例资料,包括汇集证据(图、表、文章、工作说明书等),编写事件梗概,准备指导受训者进行分析的问题,并设计一个有趣的引人注意的案例开头。除此之外,培训者还要考虑如何进行案例练习,以及如何让受训者报告自己的分析结果。

案例研究法的优点是:(1) 可以帮助受训者学习分析问题和解决问题的技巧;(2) 能够帮助受训者确认和了解不同的解决问题的可行方法。其局限性有:(1) 需要较长的时间;(2) 可能同时激励与激怒不同的人;(3) 与问题相关的资料有时可能不甚明了,影响分析的结果。

成功的案例研究要求具备以下几点:(1) 研讨前要提供充裕的时间让受训者阅读相关的资料;(2) 主持人应详细介绍议题,并解释所研讨的个案与受训者应有的表现或成果;(3) 主持人要适时引导研讨以便达到研讨的目标。(4) 所选案例最好来自真实的问题,但切忌透露相关人员的真实姓名。

(九) 自我指导学习

自我指导学习要求员工自觉承担起学习的各个方面的责任——什么时候学习以及将让谁参与到学习过程中来,等等。受训者不需要任何指导者,只需按自己的进度学习预定的培训内容。培训者只是作为一名辅助者而已,即他们只负责评估受训者的学习情况并回答其所提出的问题。培训者不控制或指导学习过程,而完全由受训者自己掌握。

自我指导学习法既有优点也有缺点。从个人方面来说,它使受训者可以按照自己的节奏进行学习并且能够得到关于学习绩效的反馈。从公司角度来说,它不需要太多的培训者,能够降低旅行、租用会议室等相关费用,并且使得在许多场合进行培训变得更为现实。自我指导学习法还使得轮班员工能够更为便利地获得培训资料。但是自我指导学习法的最大缺点在于,受训者必须是愿意学习并且对于学习感到舒服的人,也就是说,受训者必须有学习的动机。从公司的角度来说,自我指导学习法导致了较高的开发成本,开发时间也比其他类型的培训项目所需的开发时间要长。随着企业希望越来越灵活地培训自己的员工、鼓励员工积极主动的学习而非被公司被动地推着去学习,自我指导学习法在将来可能会变得越来越普遍。

(十) 商业游戏

商业游戏又被称为管理游戏。它仿照商业竞争的规则,采用游戏的方式,由两个或者更多的参与者相互竞争以达到预期目标;或者是众多参与者通过合作来克服某一困难以实现共同目标,要求受训者收集信息并对其进行分析,然后作出决策。

游戏可以刺激学习,因为参与者会积极参与游戏并仿照商业的竞争规则进行。参与者在游戏中所作的决策可以涉及各个方面(如劳动关系、市场营销及财务预算)的管理活动。游戏多采用团队方式进行,这有助于营造有凝聚力的团队。参与者从游戏中学到的内容将以备忘录的形式记录下来。

商业游戏的优点主要有:(1) 游戏的趣味性、真实性和竞争性能较好地激发受训者的积极性;(2) 便于受训者将所学内容与真实情景相联系,易于理解和记忆;(3) 游戏能够充分发挥受训者的想象力,在改变自我认知、态度和行为等方面有神奇的效果;(4) 在团队营造中,有利于增强团队凝聚力。商业游戏的缺点有:(1) 它可能将现实过分简单化,会影响受训者对现实的理解;(2) 游戏的设计和操作比较费时,费用较为昂贵,而且需要经常修改;(3) 在游戏过程中,受训者可能因为游戏不是现实而缺少责任心;(4) 受限的决策条件在一定程度上会影响决策者的创新能力的发挥。

在商业游戏的运作中,应该注意增加游戏的真实性,尽可能地接近现实;此外,还应该注意在学习中让学习者把握游戏的伦理和道德原则。

(十一) 敏感性小组

敏感性小组又叫 T 小组,该方法也被称作敏感性训练,是通过团队活动、观察、讨论、自我坦白等程序,使受训者面对自己的心理障碍,并重新建构健全的心理状态的培训方法。这种培训方法在 20 世纪六七十年代十分流行,主要用于为受训者提供自我表白与解析的机会和了解团队形成和运作的情况等。其具体方法是,由受训者组成人数在 12 人以下的小组,每组配一位积极观察组员行为的培训师;培训没有固定的日程安排,讨论的问题往往涉及小组中形成的"现时、现地"的问题,主要集中在诸如此类的问题上:"为何参与者的行为会如此?人们是怎样察觉他人的情感的?人们的情感是怎样相互作用的?"

敏感性小组可以明显提高人际关系技能,使受训者能够重新认识自己并重新建构自己,从而促进受训者的成长与发展。敏感性小组的局限性在于:(1)所需的时间较长;(2)有造成受训者心理伤害的可能与危险;(3)需要一名受过专业训练的培训师与数名有一定基础知识的助手;(4)受训者可能不愿泄漏内心深处的秘密而影响整个程序与效果。

(十二)野外培训

野外培训又被称为冒险性学习或体验式培训,是通过有组织的户外活动来开发团队协作和领导技能的培训方法。它利用户外的一些自然环境所设计的项目来创造一种环境,让学员不必再通过真实的艰险、紧张、自我怀疑、受嘲笑以及失败的经历,就能领悟和发现真理,从而进一步认识自己、认识团队。野外培训最适合用来开发与团队效率有关的技能,如自我意识、问题解决、冲突管理和风险承担等。

野外培训以短期培训为主,基本在户外进行,主要包括场地、野外和水上三个部分。场地训练即在专门的训练场上,利用各种设施,展开攀登、跳跃、速降、通过等活动;野外训练包括远足宿营、野外定向、登山攀岩、户外生存技能等课程;水上训练主要是扎筏、漂流、跳水等课程。

为使野外培训获得成功,培训练习要和参与者希望开发的技能类型有关。在练习后要由一位有经验的辅导人员组织一次讨论,探讨在练习中发生的事情、受训者学到的东西、练习与工作的关系以及如何设置目标并将所学知识应用于工作中。此外,野外培训必须让整个工作群体一起参加这种学习,这样妨碍群体有效性的因素一旦出现,就可以加以讨论。

野外培训对身体素质的要求和练习中受训者之间经常发生的接触,将会给公司带来一定的风险。这种风险有可能来自私怨、感情不和而导致的故意伤害或是自私心理。因此,采用野外培训要慎重。野外培训允许受训者在没有正式商业准则的情况下进行人际交往,这种环境对那些将自己融入一个有凝聚力的团队的员工来说非常关键。同时,野外培训的实践让受训者共享一段具有丰富感情色彩的经历,这种感情经历能帮助受训者打破原有行为方式,使他们愿意改变自己的行为。另外,野外培训使受训者对自己有了更进一步的了解,并教会他们如何与同事交往。

(十三)团队培训

团队培训是把整个团队作为培训对象而进行的一系列培训,它需要通过协调在一起工作的单个人的绩效从而实现共同的团队目标。团队培训法的理论基础是"木桶理论":一个完整的木桶由横梁、木板、底盘和黏剂(通常为铁箍或竹篾)共同构成,只是这四部分构造得完整有序才能发挥木桶的功能。将这一理论应用于实践,团队培训的目标就是增大团队这个木桶的容量,即通过种种改造措施增强团队的整体实力和竞争力,提高团队工作绩效。

团队培训的类型包括交叉培训和协作培训。交叉培训是指让团队成员熟悉并实践所有人的工作,以便在有人暂时或永远离开团队后,其他成员可介入并取代他的位置。协作培训是指团队进行的如何确保信息共享和承担决策责任的培训,以实现团队绩效的最大化。协作培训对于商业飞行和外科医生团队尤为重要,因为他们负责分管某一件设备和一种情况,但又必须共享信息才能制定出有关乘客或病人安全与团队绩效的最有效的决策。

根据团队目标的不同,团队培训一般采用多种方法的组合,针对某一项或几项影响团队绩效的关键技能进行培训。比如,利用讲座或录像向受训者传授沟通技能,然后通过角色扮演或仿真模拟给受训者提供讲座中强调的沟通技能的实践机会。团队培训能有效提高团队的整体素质,对团队绩效有明显的贡献。

(十四)行动学习

行动学习法又称"干中学",由英国国际管理协会(International Management Center)主席烈·睿文(Reg Revans)创立。它是通过行动来学习,即通过让受训者参与一些实际工作项目,或者解决一些实际问题,如领导企业扭亏为盈、参加业务拓展团队、参与项目攻关小组、在比自己高好几个等级的卓越领导者身边工作等,来发展他们的领导能力,从而协助组织对变化作出更有效的反应。

现在行动学习法也可用于针对团队进行的培训,即给团队或工作群体一个实际工作中面临的问题,让他们合作解决并制订一个行动计划,然后由他们负责实施这一计划。一般情况下,行动学习法包括6—30名员工,还可以包括顾客和经销商。群体的构成可以不断变化,有时是群体中包括一个有问题需要解决的顾客;有时是群体中包括牵涉同一个问题的各个部门的代表;有时是群体中的成员来自多个职能部门,并且每个人都希望解决各自的问题。

目前,行动学习法主要应用于以下两个方面:一是用于经理人员培训,可以有效解决目前企业培训与实际工作脱节,以及培训效果低下的问题;二是用于解决战略与运营问题,可以使企业摆脱单纯依赖外部咨询机构解决问题的方法,高质量地解决企业实际问题。行动学习法可以用于处理各类难题,包括触及整个组织不同部门的复杂问题、专家无法改善的问题、未作出决策的问题、组织性而非技术性的问题等。

行动学习的过程有两种交替进行的活动:一是集中的专题研讨会,参与者在研讨会上得到促人警醒、发人深省的观点和信息,学习开展行动学习项目工作的方法;二是分散的实地活动,包括行动学习小组为解决实际的项目问题去实地搜集资料、研究问题的活动,也包括辅助性的团队建设活动。通过历时数星期乃至数个月的几聚几散,参与者的领导能力和解决问题的能力得以提高,组织的战略和策略问题得以解决。

参与行动学习项目的通常有三类人:一是发起者,他们是组织内部提出行动学习项目问题的人,是企业内有实权和影响力的人物,因此通常由总裁、副总裁、人力资源经理等担任。他们还要在行动学习结束前听取行动学习参与者的项目建议报告。这一环节也是推动行动学习的重要动力。二是指导者,他们为行动学习提供知识智力支持、组织团队建设活动、帮助成员反思等。他们不是传统意义上的培训师,而是兼具教师、教练、咨询师等角色。三是参与者,他们是行动学习项目的主体。通过行动学习,参与者要实现两个方面的转变:(1)知识的增加和能力的提高;(2)观念、情感、态度的转变。通过结构化的反思活动,参与者更加全面地认识了自我,心态更加开放,更加能够接受变革,这极大地支持了他们在知识与能力方面的进步。

行动学习法将学与做紧密结合,既可以培养人,又可以解决实际问题,有利于促进培训成果的转化达到最大。行动学习法不仅可以帮助企业发展或重塑领导人,而且有助于发现妨碍团队有效解决问题的一些非正常因素。

(十五)初级董事会

初级董事会是将受训者组成一个初级董事会,让他们对公司的经营策略、政策及措施进行讨论并提出建议,为培训对象提供分析公司现状和发展问题的一种培训方式。初级董事会一般由公司现任的中级管理人员,即公司未来的高级管理人员的候选人组成,人数通常为10人左右。公司让他们分析讨论公司正式董事会上要讨论的问题,并分享和积累正式董事会讨论制定决策问题的经验。初级董事会可就公司的组织结构、员工的激励政策和报酬政策、经营发展战略以及部门冲突等问题展开讨论,提出建议或方案,提交正式董事会。正式董事会就有关决策与他们进行沟通和意见反馈。

(十六)ERP沙盘模拟培训

沙盘实战模拟训练课程源自军事上高级将领作战前的沙盘模拟推演。战争沙盘模拟推演跨越了通过实兵军演检验的巨大成本障碍和时空限制,在重大战争、战役中得到普遍运用。由20世纪50年代军事沙盘推演演化而成的这种新颖而独特的培训模式现已风靡欧美,成为世界500强企业经营管理培训的主选课程。目前,沙盘模拟教学模式已被北京大学、清华大学等多所高等院校纳入MBA、EMBA及中高层管理者在职培训的教学之中。与传统的培训方式截然不同,沙盘模拟训练运用形象直观的沙盘教具,融入市场变数,全真模拟企业运营过程,从而培养学员在变化多端的经营环境里,如何面对众多竞争对手,正确制定企业的决策,达到企业战略目标的能力。

沙盘课程的作用主要表现为:

(1)体验。体验本身就是一种价值,学员可以在贴近实际的运营环境中体验,即"在体验中学习"。

（2）反思，即"在错误中学习"。沙盘类课程的一大特点就是允许学员犯错误，发现优势和不足，调整方向和速度。

（3）更贴近企业实际运营情况和运营环境。

（4）课程体系更加成熟。沙盘模拟类培训课程在国外已经经过很多企业和政府机关的实战检验，课程的每个环节都经过深入的调查研究，课程体系已经相当成熟。20世纪90年代末，沙盘模拟类培训课程进入中国，经过十多年的锤炼，原本成熟的课程体系进一步融入了中国企业的经营特色，更贴近企业的实际。

（5）提供一种解决企业实际问题的思路和方法。沙盘模拟作为一种新型的培训形式，给企业带来的不仅仅是简单的一门课程，更多的是一种解决企业实际问题的思路和方法。企业遇到的很多问题，特别是运营层面的、需要跨部门沟通的问题，可以通过沙盘这种形式具体化，这样不仅可以使问题更直观，而且可以统一沟通的语言。

三、以新技术为基础的培训方法

以计算机、网络等为主体的新技术的应用对培训产生了重大的影响，主要体现在以下几个方面：首先，新技术对培训信息的传递产生了深远的影响。随着新技术的出现，可以在24小时内对分布在各地的员工同时进行培训。其次，通过新技术，还可以简化培训管理过程。这些新技术包括成像、交互式声音回应系统以及专用培训软件。它们大大降低了培训费用，并使培训管理更为便捷。最后，新技术还能为培训提供支持服务。通过电子绩效支持系统和电子会议系统，员工可以根据自己的需要随时从专家那里获取有关信息。新技术使培训方式有了新的形式。

（一）多媒体教学

多媒体教学是指针对某一特殊议题所设计的自学教材，其中可能包括影片、幻灯片、自学手册、讨论问题、参考资料等。现在的多媒体教学多强调应用电脑科技，配合光碟设备，以满足学员个性化学习、同步自学与双向沟通式学习的需求。多媒体教学适合学员自我学习的情况。它几乎可以涵盖任何专业主题，可以满足标准化、长距离或学习地点分散的需求。

多媒体教学的优点有：（1）适合重复与大量使用；（2）大多不需要专人在一旁指导；（3）学习的程序与成效标准化，较易评估学习成果；（4）电脑可储存所有学员的学习记录，易于分析比较；（5）学员能马上知道学习成效，能够满足其立即回馈的需求；（6）学习资讯经严格的选择、设计与测试，符合大多数学员的需要。

多媒体教学的缺陷在于：（1）制作成本较昂贵；（2）有时缺乏弹性；（3）制

作耗费相当长的时间。

多媒体教学的运用需要一定的技术设备与条件的支持:(1)准备适当的教学软件、电脑与其他辅助设施,如 CD-ROM 或触摸式监视器等;(2)要求学员先阅读相关资料或手册,然后再依各单元顺序学习,直至结束;(3)学习结束后召集学员进行讨论或问题解答;(4)避免将多媒体教学流于追求时尚的形式;(5)强化学员的电脑知识,消除其对高科技的恐惧感。

(二)企业内部网培训

利用企业内部网进行培训是一种新型的计算机网络信息培训方式,主要是指企业通过内部网,将文字、图片及影音文件等培训资料放在网上,形成一个网上资料馆,使员工可以在网上学习课程。这种方式由于具有信息量大,以及新知识、新观念传递优势明显等特点,更适合成人学习。因此,特别为实力雄厚的企业所青睐,也是培训发展的一个必然趋势。

内部网培训的优点有:(1)使用灵活,符合分散式学习的新趋势。学员可灵活选择学习进度,灵活选择学习的时间和地点,灵活选择学习内容,节省了学员集中培训的时间与费用。(2)在网上培训方式下,网络上的内容易修改,且修改培训内容时,不需重新准备教材或其他教学工具,费用低,因此能及时、低成本地更新培训内容。(3)网上培训可充分利用网络上大量的声音、图片和影音文件等资源,增强课堂教学的趣味性,从而提高学员的学习效率。

内部网培训的缺点主要有:(1)网上培训要求企业建立良好的网络培训系统,这需要大量的培训资金;(2)该方法主要适合知识方面的培训,一些如人际交流的技能培训则不适用。

(三)混合式培训

混合式培训模式就是将传统培训方式与网络培训方式相结合的一种有效培训的方式,即分别利用两种培训的优势共同建立一套多元化的培训模式。而网络培训也称作 e-Learning。e-Learning 是指通过网络或其他数字化内容进行学习与教学的活动,它充分利用现代信息技术所提供的、具有全新沟通机制与丰富资源的学习环境,实现一种全新的学习方式。

混合式培训与单纯利用内部网培训不同,它是以传统培训为主、网络培训为辅两者相结合的培训模式。混合式培训的实施主要包括以下内容:(1)在企业内部建立网络培训平台,利用网络培训的平台实现有效的培训管理,对培训的资料、记录以及知识库进行科学的分类、管理,对培训进行更好的规划、安排;(2)将大量、重复、快速更新的培训内容通过网络培训的方式迅速有效地传递给员工或者经销商合作伙伴;(3)对于一些实践性、参与性强的培训,企业仍然需要通过传统的培训方式(如内训或者外训等)来实现;(4)即使是传统培训,为了加强培训效果,使培训效果更加持久,仍然需要将培训的部分内容放入单位知识库,通过网络培训的方式再次强化,扩充知识传递的渠道,亦可以让更多的员工参与。

其中,网络培训由三个部分组成:课件、平台和技术。课件(Courseware)是指在一定的学习理论指导下,为达成特定的教学目标而设计教学活动用来反映某种教学策略和教学内容的系统软件。平台是指 LMS,即学习管理系统是知识共享与传播的平台,是培训管理自动化系统,也是 e-Learning 的基础架构。技术服务主要是为客户实施项目流程及相关事项,包括定制课程内容、提供系统托管等。

混合式培训的最大好处就是,既能进行高度互动,又能累积企业智慧。其缺点主要来自于各种传统培训本身的缺点以及上面提到的内部网培训中的缺陷。

本章小结

培训是人力资源管理的一个重要模块,如何让培训成为公司的投资而不是成本对公司的经营成败起着至关重要的作用。本章的主要内容是培训项目的系统方法和培训方法与技术的选择。培训项目的系统方法又称为指导性过程,分为培训需求分析、培训实施、培训成果的转化及培训效果评估。培训的方法分为传统培训方法和基于新技术的培训方法。传统培训方法有:讲座法、研讨会、辩论、视听法等;基于新技术的培训方法有:多媒体教学、企业内部网培训、混合式培训。影响培训方法与技术选择的因素包括:学习的目标、所需的时间、所需的经费、受训者的数量、受训者的特质、相关技术的支持。

关键概念

培训　培训项目系统方法　交叉培训　协作培训　团队领导技能

课堂练习

选择题

1. 对工作任务进行详细研究以确定工作中需要哪些知识和技能,从而制订培训计划,这个过程指的是培训前的(　　)。
A. 组织分析　　　B. 任务分析　　　C. 绩效分析　　　D. 员工分析

2. 以提高员工分析和决策能力、书面和口头沟通能力、人际关系技巧能力等为主要内容的培训属于(　　)。
A. 技能培训　　　　　　　　　　B. 知识传授培训
C. 态度转变培训　　　　　　　　D. 工作方法改进培训

3. (　　)作为一种特殊的培训方法,其精髓在于"以动作和行为作为练习的内容来进行设想",即针对某一问题采取实际行动以提高个人及集体解决问题的能力。

A. 案例分析法　　　B. 行为模拟法　　　C. 角色扮演法　　　D. 头脑风暴法
4. 企业对新录用的员工进行集中培训,这种方式叫做(　　)。
A. 岗前培训　　　B. 在岗培训　　　C. 离岗培训　　　D. 业余自学
5. 企业培训员工的最终目的是(　　)。
A. 达成企业的发展目标　　　　　　B. 提高员工工作绩效
C. 解决现实中存在的问题　　　　　D. 提高员工生活质量
6. 对新员工的培训,关键是让新员工(　　)。
A. 了解组织的历史、现状和未来发展计划　　B. 了解组织的规章制度
C. 明确组织对他们的期望　　　　　　　　　D. 了解绩效考核和奖惩制度
7. 在人员录用过程中,强调以"事业"为重,而不是以自己的"小圈子"为重,是(　　)原则的要求。
A. 因事择人　　　B. 任人唯贤　　　C. 用人不疑　　　D. 严爱相济
8. 员工晋升培训必须以(　　)为依据。
A. 员工发展需求　B. 员工发展目标　C. 员工发展规划　D. 员工发展潜力
9. (　　)是了解受训人员受训效果最直接、最公正的信息渠道。
A. 生产管理人员　B. 计划管理人员　C. 培训管理人员　D. 岗位管理人员

判断题

1. 培训需求分析是现代培训活动的首要环节,其意义重大。(　　)
2. 员工培训是企业的一种投资行为,和其他投资一样,也要从投入与产出的角度考虑效益的大小。(　　)
3. 为了提高企业培训的质量和水平,培训师必须是某一课程内容的专家学者,由他们来组成课程组,执行"上课"的职能。(　　)
4. 不仅新老员工需要不断接受培训,管理者和领导者也需要不断"充电",接受培训。(　　)
5. 在现代企业中,员工的知识水平和技能已不再是影响工作绩效的唯一重要因素,员工的态度、观念对企业生产力及企业效益的影响日益加强。(　　)
6. 绩效考评一般属于单项考评,而企业诊断与培训中的员工考评大多数是综合考评。(　　)
7. 企业的培训考核应该兼顾检验培训的最终效果(以便为培训机构内部管理制度的确立提供依据),以及规范培训相关人员行为两种目的。(　　)
8. 个别指导法是指由一位有经验的工人或直接主管人员在工作岗位上对受训者进行培训。(　　)

讨论题

1. 培训为什么除了要得到人力资源部的支持外,还要得到业务部门领导的支持?
2. 培训需求分析是从上至下好,还是从下至上好?
3. 开发胜任素质模型为什么一定要先找出经营战略的变化?

讨论案例

案例一 松下幸之助的培训之道

松下幸之助认为,一个人的能力是有限的,如果只靠一个人的智慧指挥一切,即使一时取得惊人的进展,也肯定会有行不通的一天。因此,松下电器公司不是仅仅依靠总经理经营,不是仅仅依靠干部经营,也不是仅仅依靠管理监督者经营,而是依靠全体职工的智慧经营。松下幸之助把"集中智慧的全员经营"作为公司的经营方针。

为此,公司努力培养人才,加强职工的教育训练。公司根据长期人才培养计划,开设各种综合性的、系统的研修和教育讲座,公司有关西地区职工研修所、奈良职工研修所、东京职工研修所、宇郡宫职工研修所和海外研修所五个研修所。

由于松下公司把人才培养放在首位,有一套培养人、团结人、使用人的办法,所以自松下体制确立以来,培养了一支企业家、专家队伍。在事业部长一级的干部中,多数人是有较高学历的、熟悉现代管理的;不少人会一门或几门外语,经常出国考察,知识面广,年纪比较轻,比较精干,而且雄心勃勃,渴望占领世界市场,有在激烈竞争中获胜的志向,这是松下能够实现高效率管理的前提。

在如何培养人才上,松下有自己的独到见解:

1. 注重人格的培养。名刀是由名匠不断锻造而成的;同样,人格培养,也要经过千锤百炼。松下认为,造成社会混乱的原因,可能在于忽略了身为社会人所应有的人格锻炼。缺乏应有的人格锻炼,就会在商业道义上产生不良的影响。

2. 注重员工的精神教育和人才培养。对员工进行精神和常识上的教导,是经营者的责任。松下力主培养员工的向心力,让员工了解公司的创业动机、传统、使命和目标。

3. 要培养员工的专业知识和正确的价值判断。没有足够的专业知识,不能满足工作上的需要;没有正确的价值判断,也等于乌合之众,无法促进公司和社会的繁荣。不过,培养员工正确的判断能力,不是件简单的事。但是,只要随时养成判断价值的意识,就会有准确的判断,这样做事时就能尽量减少失败。在平常应该多参考别人的意见,和自己的想法作比较,从而想出更好的方式,作出最妥善的决定。所以,应该鼓励员工不断地努力,相互学习,研究什么才是正确的价值判断。

4. 通过训练提高员工的细心程度。细心体贴,看起来似乎是不足挂齿的小节,其实是非常紧要的关键,往往足以影响大局。因为在日新月异的现代世界,人们犯一点差错,就可能招致不可挽回的局面。所以,这种体贴而用心的表现,看起来微不足道,其实是至关重要的。

5. 培养员工的竞争意识。松下认为,无论政治或商业,都因比较而产生督促自己的力量,一定要有竞争意识,才能彻底发挥潜力。

6. 重视知识与人才相结合。知识是一种兵器,这种兵器要碰到人才才能发挥它的威力。松下引用美国汽车大王亨利·福特说过的一句话:"越好的技术员,越不敢活用知识。"说明知识分子往往是弱者,容易陷于自己知识的格局内,缺乏迎战困难、打破陈规的精神,以至于无法成大功立大业。松下认为,今日的年轻人,多受过高中、大学的教育,所以有相当的学问和知识。由于现代社会的变迁,分工很细,公司的工作项目也越来越复杂,所以年轻人具备高程度的学问知识是必要而且是很好的事。但重要的是不要被知识所限制。不要只用头脑考虑,而要决心去做实际的工作,在处理工作当中,充分运用所具备的知识。这样,学问和知识才会成为巨大的力量。松下告诫刚从学校毕业的年轻人,要十分留心发挥知识的力量,而不要显示知识的弱点。

7. 恶劣的环境促使成功。松下认为现在的教育虽名为教育,但不能算是真正的教育,真正的教育是提高一个人的人性,仅传授知识不能算是教育,知识的传授只是教育的第二意义,给成长中的人知识,是给他们兵器,绝不是教育本身;教育的中心,是培养一个人的人格,至于知识、技术,可以说是教育的附属。

一个具有良好人格的人,工作条件好,就能自我激励,做到今天胜过昨天,明天胜过今天,即使在恶劣的环境或不景气的情况下,也能克服困难,承担压力,以积极的态度渡过难关,开辟胜利的新局面。

适才适用,即在适当的位置上,配置适当的人才;人才活用,即通过对人的配置、信任和升迁,调动人才自动、自发工作的精神。

资料来源:赵曙明.人力资源管理案例点评[M].杭州:浙江人民出版社,2003。

问题:

1. 企业培训的关键是观念的培训,也就是使员工接受公司的理念,并能在统一的理念下工作。请问松下电器在培训中向员工传输的理念是什么?

2. 你如何看待培训的意义?

3. 假如你是一个公司培训部门的经理,你认为在培训中应该如何向员工传输理念?

案例二 惠普中国公司的销售培训

在惠普中国公司,对销售人员的培训有两方面的含义:一是长期性质的解决方案,它就像是一个路径图,告诉销售人员在什么时间应该具备哪些能力、掌握哪些知识,这是一个较长时间的积累过程,可能需要2—3年或3—5年,最终水到渠成地完成从量变到质变的飞跃;二是近期解决方案,即在时间紧、任务重的压力下,通过上一门培训课或者组织集训班,进行针对性较强的培训。惠普认为,解决方案的两个方面是缺一不可的。

集训班运用三种手段

在组织销售集训班的过程中,惠普有三种实施方案:

1. 拿来。当发现合适的专业培训机构时,惠普会把专家请进来。当然,目前这种可以直接"拿来"的课程并不多,而且多限于知识传递类型的课程。

2. 调整。当培训公司所能提供的培训内容并不都符合要求时,惠普会按照业务部门的要求对内容进行改编。如果培训公司的课程内容很好,但讲课的老师不令人满意,惠普就派自己的销售经理出去听课,获得此课的授权讲课资格,然后回来自主授课。

3. 自编。销售人员培训最大的挑战是找不到合适的解决方案,此时惠普采取自己执笔主编教材的办法。挑选几位最出色的销售人员和经理,采访他们,让他们谈谈是什么素质使他们获得成功,然后把他们的采访记录整理成文件,交给管理层审核、修改后作为培训教材。

集训班之魂——角色扮演

有些培训之所以没有带来预期的效果——行为的改变,原因之一就是培训中理论甚多,实践太少。为了增强培训效果,惠普专门为集训班编写了一个系列角色扮演的脚本。以惠普业务部门优秀的销售人员的成功案例为蓝本,针对IT行业和惠普的产品编写充满实战性的练习教案。要求销售人员在每天晚上下课后,4—6人分成一组,用当天所学的技巧,真实地演练客户拜访,现学现卖,从而加速行为的改变。由于集训班是把3—5门销售课程放在一起,而每天的角色扮演,犹如一条线索把这些根本不相关的培训课串在一起,起到了画龙点睛的作用,因此,角色扮演被称为集训班之魂。

根据脚本,集训班需要若干人扮演客户或合作伙伴的角色,公司里众多优秀的销售经理就是现成的宝库,他们有非常丰富的客户经验,能把各种场合下、各种性格、各种态度的客户演得活灵活现,让销售人员用所学的知识、技巧和态度来应对、处理和引导客户。因此,惠普把销售经理称为集训班之源。由于邀请的经理多数是参加培训的销售人员的直接老板,也有上一级经理,因此他们在扮演角色时不仅可以直接向他们的员工介绍自己的经验,为员工进行当场指导,同时还可以观察本部门的员工在集训班的学习表现。

集训班之镜——多面点评

每次角色扮演之后,还要花很多时间来作点评。惠普认为,这是一个非常重要的、获取全面反馈信息的难得机会。点评一般围绕专业销售人员在一般销售场合下应做到的动作、应具有的素质和心态展开。

点评会是多角度、多方面的。培训师的点评会强调课堂理论在角色扮演中的得与失,销售经理则专门点评在销售过程中需要积累经验的常识。成人学习最有效的方式之一是从同事身上学习,所以,惠普的集训班还很重视来自学员之间的点评。

点评在集训班中的作用是为学员提供一个多面镜,让他们清楚地看到自己在销售中的优势与劣势,因此称为集训班之镜。

资料来源:中国人力资源网。

问题:

1. 惠普对销售人员的培训有什么特色?其指导思想是什么?
2. 试着分析惠普角色扮演的培训方法,如果应用在其他职位上应该如何设计?

复习思考题

1. 培训体系是如何分类的?哪种方法比较全面?
2. 培训需求评估有哪些方法?
3. 影响培训方法选择的因素有哪些?

推荐阅读

1. 桂绍海.世界500强标杆员工培训理念:标杆员工[M].北京:中国城市出版社,2009.
2. 曲孝民,郗亚坤.员工培训与开发[M].大连:东北财经大学出版社,2009.
3. 雷蒙德·诺伊.雇员培训与开发[M].北京:中国人民大学出版社,2001.
4. 罗伯特·L.乔勒斯.如何组织培训:适合咨询公司、培训师、教师的表达技巧[M].北京:机械工业出版社,2007.
5. 莎拉·库克.培训的100件工具[M].上海:上海交通大学出版社,2004.
6. 王波,全琳琛.员工能力培训经典游戏[M].北京:人民邮电出版社,2009.
7. 迪安妮·C.瓦伦蒂.如何做好培训计划和预算[M].北京:机械工业出版社,2007.
8. 保罗·Z.杰克逊.培训师的灵感[M].北京:企业管理出版社,2004.
9. 毛翠云,梅强,刘建一.成功创业者素质测评及培训项目优化研究[J].中国人力资源开发,2009(8).
10. 董晓宏,张立峰,岑彬.如何找到有效的培训需求——构建"响应"业务战略的培训需求分析模式[J].中国人力资源开发,2009(3).
11. 王炳成,姜秀娟,王卫.员工培训的动力机制设计——从"推动式"向"拉动式"的转变[J].中国人力资源开发,2008(2).

第十一章 职业生涯管理

> 时代已经改变,真的改变了。"职业生涯"的含义与过去已经大大不同。一个人不再能够依靠一步一步地提升而在同一家公司里工作很长时间。那条曾经左右员工向前或向上的传送带已经停止,地面上一片狼藉。
>
> ——帕特·埃莉
>
> 小心,别选错了行当。仔细地想想,你的天性更适合进入商业经营领域,还是更适合做一名专业人员。
>
> ——马歇尔·菲尔德

本章学习目标

1. 掌握职业生涯管理的概念。
2. 了解职业生涯管理的阶段。
3. 掌握职业生涯管理的过程。
4. 理解组织的职业生涯管理。
5. 了解职业生涯管理面临的挑战。

引导案例

美国惠普公司员工职业发展的自我管理

美国惠普是世界知名的高科技大型企业,它的被称为"惠普之道"的独特而有效的管理模式为人所称道。该公司聚集了大量素质优秀、训练良好的技术人才,他们是惠普最宝贵的财富,是其竞争优势的主要根源。惠普能吸引来、保留住和激励起这些高级人才,不仅靠丰厚的物质待遇,更需要的是靠向这些员工提供良好的提高、成长和发展机会,帮每位员工制订令他们满足的、有针对性的职业发展计划,是其中的一个重要因素。

例如,该公司的科罗拉罗泉城分部就开发出一种职业发展自我管理的课程,要三个月才能学完。这门课程主要包含两个环节:先是让参加者用各种信度业经考验的测试工具及其他手段进行个人特点的自我评估;然后将评估中的发现结合其工作环境,编制出每个人自己的一份发展路径图来。

这家公司把从哈佛 MBA 班的职业发展课里获得的六种工具,用在这门课程的学习里,以取得每个人的个人特点资料。这些工具是:

1. 一份书面的自我访谈记录。给每位参加者发一份提纲,其中有 11 道问题问及他们自己的情况,要他们提供有关自己的生活(有关的人物、地点、事件)、他们经历过的挫折以及未来的设想,并让他们在小组中互相讨论。这篇自传摘要体裁的文件将成为随后的自我分析所依据的主要材料。

2. 一套"斯特朗-坎贝尔个人兴趣调查问卷"。这份包含 325 道问题的问卷填答后,就能据此确定他们对职业、专业领域、交往的人物类型等的喜恶倾向,为每人跟各种不同职业中成功人物的兴趣进行比较提供依据。

3. 一份"奥尔波特-弗农-林赛价值观问卷"。此问卷中列有相互矛盾的多种价值观,每人需对之作出 45 种选择,从而测定这些参加者对多种不同的关于理论、经济、美学、社会、政治及宗教价值观接受和同意的相对强度。

4. 一篇 24 小时活动日记。参加者要把一个工作日及一个非工作日全天的活动如实而无遗漏地记下来,用来对照其他来源所获得的同类信息与其是一致或是相反。

5. 对另两位"重要人物"(指跟他们的关系对自己有较重要意义的人)的访谈记录。每位参加者要对自己的配偶、朋友、亲戚、同事或其他重要人物中的两个人,就自己的情况提出一些问题,看看这些旁观者对自己的看法。这两次访谈过程需要录音。

6. 生活方式描述。每位参加者都要用文字、照片、图形或他们选择的任何其他手段,把自己的生活方式描绘一番。

这项活动的关键之处就在于所用的方法是归纳式的而非演绎式的。一开始就让每位参加者写出有关自己的资料来,而不是先从某些一般规律推导出每个人的具体情况。这个过程是从具体到一般,而不是从一般到具体。参加者观察和分析了自己写出的资料,才从中认识到一些一般性规律。他们先得把六种活动所获资料,一种一种地分批研究,分别得出初步结论;再把六种活动所得资料合为一体,进行分析研究。

每个人都做好了自我评估后,部门经理逐一采访参加过此活动的下级,听他们汇报自己选定的职业发展目标,并将其记录下来,还要写出目前在他们部门供职的这些人的情况与职位。这些信息便可供高层领导用来制定总体人力资源规划,确定所要求的技能,并拟定一个时间进度表。当公司未来需要的预测结果与每位学习参加者所制定的职业发展目标对照后相符时,部门经理就可据此帮助他的部下绘制出自己在本公司内发展升迁的路径图,标明每一次升迁前应接受的培训或应增加的经历。每位员工的职业发展目标还得和绩效目标与要求结合起来,供将来绩效考评时用。部门经理要监测他的部下在职业发展方面的进展,作为考绩活动的一部分,并需负责对他们提供尽可能的帮助与支持。

资料来源:余凯成等.人力资源管理[M].大连:大连理工大学出版社,2001。

第一节 职业生涯管理概述

一、职业生涯管理的概念

(一) 什么是职业生涯

职业生涯这个概念的含义,随着时间的推移不断地发生变化。从20世纪90年代开始并延续至今的全球化发展趋势迫使很多组织进行了结构变革。组织简单化、扁平化的发展趋势改变了原有的工作环境和工作性质。组织中管理责任下放,要求所有的员工都应当学会自我管理。跨组织、跨部门团队的迅速发展,要求团队成员具有从一个项目熟练转到另一个项目的灵活能力以及同各种不同领域的人进行交流的能力。这些变化促使职业生涯本身以及人们对职业生涯的认识有了很大的改变。

职业生涯是指与工作相关的整个人生历程。这个定义既包括客观事件或情境,如工作岗位、工作职责或行为以及与工作相关的各种政策,又包括对与工作有关的事件的主观解释,如工作志向、期望、价值观、各种需求以及对特殊工作经历的感受,即职业生涯包括主观与客观两层含义,"主观成分和客观成分都是必不可少的"。

需要说明的是,职业生涯并不要求个人的工作角色必须具有专业性(如医生、律师等),或者固守某一种职业(即稳定性),也不要求得到不断的提升。换句话说,个人能够以多种不同的方式来展开自己的职业生涯。

(二) 什么是职业生涯管理

对于职业生涯管理的定义同样是多种多样的,一种倾向于从个人角度出发,如"职业生涯管理是个人对职业生涯目标与战略的开发、实施以及监督的过程";另一种则倾向于从组织角度出发,如"组织开展和提供的、用于帮助和促进组织内从事某类职业活动的员工实现其职业发展目标的行为过程"。职业生涯管理的内容既包括个人对自己职业生涯的管理,也包括组织协助员工实现其职业生涯的管理。

然而,职业生涯管理最新的发展趋势是个人管理发挥着越来越重要的作用。正如格林豪斯所说,"越来越多的组织正在逐步淡化自己在其雇员职业生涯上的角色,并且正在将职业生涯管理的责任实实在在地挪到雇员个人的肩上"。道格拉斯·霍尔的研究发现,"这种新的职业生涯合同其实并不是个人与组织之间的契约;它是个人与自己、与自己的工作之间的一种协议"。即便是从组织的角度定义职业生涯管理的人,也不否认"员工的自我管理是职业生涯成功的关键"。由此可见,在管理自己的职业生涯方面,个人应该负主要的责任。

组织对于职业生涯管理的贡献主要是辅助。组织必须适应员工的职业生涯管理,协助员工规划其职业生涯,并设计出与员工职业生涯阶段最相关的项目和经历,为员工提供发展机会,促进员工职业生涯目标的实现。从组织的角度考虑,组织有必要而且必须理解员工的职业生涯需要并尽可能地满足这些需要。这是因为,能否更好地理解员工的职业生涯需要,已经成为组织能否有效地管理其人力资源的决定因素。组织在帮助员工实现其职业生涯的有效管理的过程中,也实现了自身的发展。

综上所述,职业生涯管理是个人与组织共同参与的一项活动。员工进行职业生涯管理为的是追求个人发展与自我实现;组织协助员工管理职业生涯,其目的在于最大限度地挖掘人力资源的潜力、有效利用人才。只有双方相互配合,才能实现各自的目标。

二、职业生涯发展阶段

职业生涯发展是一个进行的过程,在这个过程中,个人沿着一系列阶段前进,每个阶段都有一套相对独特的问题、主题和使命,在每个阶段解决这些问题、完成这些使命的方法与对策也各不相同。不同的学者对职业生涯发展阶段的划分略有不同,下面将对几种常见的划分方法作简要的介绍。

(一)舒伯的五阶段理论

舒伯(Super)认为,可以根据年龄将每个人的人生阶段与职业发展匹配,且每个阶段各有其发展任务。他将职业生涯发展分为五个阶段:成长(Growth)、探索(Exploration)、建立(Establishment)、维持(Maintenance)、衰退(Decline),每个阶段又有自己的次阶段,见表11-1。

表 11-1　职业生涯发展的五个阶段及其特征与主要任务

阶段	年龄		特征及主要任务
成长阶段	出生—14 岁		经由家庭、学校中重要任务的认同而发展出自我概念。此阶段的一个重点是身体与心理的成长。通过经验可以了解周围环境，尤其是工作环境，并以此作为试探选择的依据。
	次阶段	幻想（Fantasy,4—10 岁）	需求占决定性因素，角色扮演在此阶段很重要。
		兴趣（Interest,11—12 岁）	喜欢是从事活动的主要原因。
		能力（Capacity,13—14 岁）	能力占的比重较大，也会考虑工作要求的条件。
探索阶段	15—24 岁		自我概念和职业概念的形成、自我检视、角色尝试、学校中的角色探索。许多时间可用于休闲活动与兼职工作。
	次阶段	试探（Tentative,15—17 岁）	会考虑自己的需要、兴趣、能力、价值观和机会，并通过幻想、讨论、课程、工作等尝试作试探性的选择，此时的选择会缩小范围；由于自己的能力、未来的学习与就业机会还不是很确定，此时的一些选择以后并不一定会被采用。
		过渡（Transition,18—21 岁）	较为考虑现实的状况，并试图实施自我概念。
		尝试（Trail,22—24 岁）	已经确定了一个似乎是较适当的领域，找到一份入门的工作后，并尝试将它作为维持生活的工作。此阶段所选择的工作范围会小，只选择可能提供重要机会的工作。
建立阶段	25—44 岁		主要任务是：通过尝试以确定探索阶段的职业选择与决定是否正确，若感到选择正确，就会努力经营，打算在此领域内久留。
	次阶段	尝试（Trail,25—30 岁）	原本以为适合的工作，后来可能发现不太令人满意，于是会有一些改变，此阶段是定向后的尝试，不同于探索阶段的尝试。
		稳定（Stabilization,31—44 岁）	当职业的形态都很明确之后，便力图稳定，努力在工作中谋求一个安定的位置。
维持阶段	45—64 岁		守住这份工作，继续将它做好，并为退休作计划。
衰退阶段	65 岁至死亡		体力与心理能力逐渐衰退时，工作活动将会改变，亦必须发展出新的角色，先是变成选择性的参与者，然后成为完全的观察者。
	次阶段	减速（Deceleration,60—70 岁）	工作速度减慢，工作责任或职业性质发生变化，以适应逐渐衰退的体力和心理。许多人也会找一份代替全职的兼职工作。
		退休（Retirement,71 岁至死亡）	有些人能很愉快地适应完全停止工作的境况；有些人则很难适应，郁郁寡欢；有些人则是老迈而死。

(二)金斯伯格的职业生涯发展阶段理论

金斯伯格(Ginsberg)的研究重点是从童年到青少年阶段的职业心理发展,他把人的职业选择心理的发展分为三个主要时期:

1. 幻想期

在这个时期,儿童往往会想象他们将来会成为什么样的人,并且在儿童角色中扮演他们所喜欢的角色。在这个时期,儿童的职业期望是由其兴趣所决定的,并不考虑自己的能力和社会条件。

2. 尝试期

尝试期是指在初、高中学习,由少年向青年过渡的时期。在这个时期,年轻人开始有规律地扩大对自己职业选择因素的考虑,不仅注意自己的职业兴趣,而且能够较客观地认识到自己的能力和价值观,并意识到职业角色的社会意义。这个时期大致又可被分为四个阶段:

(1)兴趣阶段(11—12岁)。开始注意并培养其对某些职业的兴趣。

(2)能力阶段(13—14岁)。开始以能力为核心考虑职业问题,衡量并测验自己的能力,然后将能力表现在各种与职业相关的活动上。

(3)价值阶段(15—16岁)。逐渐了解职业的价值性,并能兼顾个人和社会的需求,依据职业的价值性选择职业。

(4)综合阶段(17岁)。将前三个阶段综合考虑,并综合相关的职业选择资料,以此来正确了解未来的发展方向。

3. 实现期

实现期是指17岁以后的成年期。在这个时期,成年人基于现实作出选择。这个时期可被分为三个阶段:

(1)试探阶段。根据试验期的结果,进行各种试探活动,试探各种职业机会和可能的选择。

(2)具体化阶段。根据试探阶段的建立作进一步的选择,进入具体化阶段。

(3)专业化阶段。依据自我选择的目标,作具体的就业准备。

金斯伯格的职业生涯发展阶段理论,事实上是关于职业生涯发展前期的不同阶段,即就业前人们职业意识或职业追求的变化发展过程的理论。为了完善该理论,1983年金斯伯格又重新阐述了职业选择理论,其中着重强调:对于那些从工作中寻求满足感的人来说,职业选择是一个终生决策过程。这一过程受三个方面因素的影响:最初的职业选择、最初的选择与随后的工作经验所给予的反馈以及经济和家庭状况。也就是说,如果一个人最初的职业选择没有达到其所预期的职业满意度,他很可能要重新进行一次职业选择,而再次的职业选择依然受到家庭和经济状况所允许的自由度的制约。

(三）格林豪斯的职业生涯发展阶段理论

格林豪斯(Greenhouse)研究人生不同年龄阶段职业发展的主要任务,并将职业生涯发展分为五个阶段。

1. 职业准备

职业准备的典型年龄阶段是 0—18 岁。主要任务是:发展职业想象力,对职业进行评估和选择,接受必需的职业教育。一个人在此阶段所作的职业选择,是最初的选择而不是最后的选择,主要目的是建立起个人职业的最初方向。

2. 进入组织

18—25 岁为进入组织阶段。主要任务是:在一个理想的组织中获得一份工作,在获取足量信息的基础上,尽量选择一种合适的、较为满意的职业。在这个阶段,个人所获得信息的数量和质量将影响个人的职业选择。

3. 职业生涯初期

25—40 岁处于职业生涯的初期。主要任务是:学习职业技术,提高工作能力;了解和学习组织纪律和规范,逐步适应职业工作,适应和融入组织;为未来职业成功作准备。

4. 职业生涯中期

40—55 岁是职业生涯的中期。主要任务是:对早期职业生涯重新评估,强化或转变自己的职业理想;选定职业,努力工作,有所成就。

5. 职业生涯后期

从 55 岁至退休为职业生涯后期。主要任务是:继续保持已有的职业成就,维持自尊,准备引退。

三、职业生涯发展通道

职业生涯发展通道也被称为职业生涯通道或职业通道,是指组织为内部员工设计的自我认知、成长和晋升的管理方案。职业通道设计指明了组织内员工可能的发展方向及发展机会,是个体在一个组织中所经历的一系列结构化的职位。设计职业通道的目的在于帮助员工在了解自我的同时使组织掌握员工的职业需要,以便尽量满足员工的需要。通过设计职业通道,组织能够对员工的职业发展施加影响,使员工的职业目标和计划有利于满足组织的需要。目前,常见的职业通道有四种:

（一）传统职业通道

传统职业通道是员工在组织中从一个特定的职位到下一个职位纵向向上发展的一条路径。这种发展路径将员工的发展限制在一个职能部门内或一个单位内,通常由员工在组织中的工作年限来决定员工的职业地位。员工必须一个台阶一个台阶地从一个职位向下一个更高的职位变动。传统职业通道的最大优点是清晰明确、直线向前,员工很清楚自己向前发展的特定工作职位序列。

(二) 行为职业通道

行为职业通道是一种建立在对各个工作岗位上的行为需求分析的基础上的职业发展通道设计。它要求组织首先进行工作分析来确定各个岗位上的职业行为需要,然后将具有相同职业行为需要的工作岗位划为一族(族是指对员工素质及技能要求基本一致的工作岗位的集合),并以族为单位进行职业生涯设计。这样,除了传统职业通道之外,员工还可以在族内进行职业流动,从而打破部门对员工职业发展的限制。这种呈网状分布的职业发展通道设计既能够为员工提供更多的职业发展机会,便于员工找到真正适合自己的工作,也能够为组织增加应变性,使组织在战略发生转移或环境发生变化时,能够顺利实现人员转岗安排,保持整个组织的稳定性。

(三) 横向职业通道

前两种职业通道都被视为组织成员向较高管理层的升迁之路,但组织中的高层职位有限,尤其在扁平化的组织中,升迁变得更加困难。因此,组织常采取横向调动来使工作具有多样性,使员工焕发新的活力、迎接新的挑战,以此来激发员工的工作热情,从而提高工作效率。虽然没有加薪或晋升,但是员工可以增加自己对组织的价值,也使自己获得了新生。

(四) 双重职业通道

双重职业通道主要用来解决在某一领域中具有专业技能,但并不期望或不适合通过正常升迁程序调到管理部门的员工的职业发展问题。其设计思路是:专业技术人员没有必要也不可能因为其专业技能的提升而从事管理工作,技术专家能够而且应该被允许将其技能贡献给组织而不必成为管理者。组织承认其贡献的方式体现在报酬的变更和地位的提升上,并且处于同一岗位上不同级别专业人员的报酬是可比的。双重职业通道有利于激励在工程、技术、财务、市场等领域有突出贡献的员工,它能保证组织既有高技能的管理人才,又有高技能的专业技术人员。

第二节 职业生涯管理过程

一、格林豪斯的职业生涯管理模型

格林豪斯开发的职业生涯管理模型,如图 11-1 所示。它描述了职业生涯管理的过程,告诉人们应当怎样管理其职业生涯。

格林豪斯的职业生涯管理模型以如下假设为基础:当人们的工作和生活经历与自己的欲望和志向相符合时,他们会感到生活更加充实,工作也更有效率。

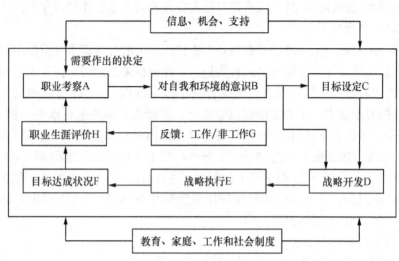

图 11-1 职业生涯管理模型

资料来源:格林豪斯.职业生涯管理(第3版)[M].北京:清华大学出版社,2006.

当人们的工作经历符合他们的需要、价值观、兴趣和生活方式偏好时,他们会对自己的职业生涯选择和工作感到更满意。当他们的工作需要运用个人所拥有的技术和能力时,他们从事这种工作所获得的业绩就会提高。

由职业生涯管理模型可以看出,职业生涯管理的循环是一个解决问题、进行决策的过程。在这一过程中,人们通过收集信息,就能更好地认识自身和周围的环境;然后通过确定目标、制订发展计划或战略并付诸实施,再获取更多的信息反馈,以便继续其职业生涯管理工作。同时,研究、目标设定、战略和反馈的作用往往依赖于其他人和组织的支持。

按照模型提供的方法管理其职业生涯的人不会盲目地生活。在现实生活中,个人并非只能照搬这个模型来管理自己的职业生涯,但是该模型提供的方法却能够帮助人们实现愿望。

二、职业考察

职业考察就是搜集和分析关于职业生涯问题的信息的过程。职业考察一般包括自我测评和环境考察两方面的内容。

职业考察的意义在于能够帮助人们更切实地认识到自身的价值、兴趣和能力,以及环境中的机会和障碍,从而制定实际目标和适合自己的职业考察战略。有研究表明,那些进行了大量职业考察的学生能够得到更多的面试应聘机会,能够得到更高的薪水,也具有更切合实际的工作期望。职业考察使人们获得了对自身特性与相关环境的相对完整和准确的理解,即获得了与职业相关的有意义的认知。这种认知是人们制定职业生涯目标以及作出职业生涯决策的基础,同时也是为完成这些目标制定策略的基础。因为只有建立在准确的信息基础上,职业生涯管理才能有效地发挥作用。

(一) 自我测评

1. 自我测评的内容

自我测评主要是指搜集大量有关自我素质和态度的信息。素质包括价值观、兴趣、个性因素、天赋或才能、生活方式或偏好以及优缺点等方面的内容。

(1) 职业价值观——你想从工作中获得什么

价值观是人们希望获得哪些结果的一种抽象化说法,它揭示了人们看待工作或职业回报、薪酬或其他问题的不同态度。价值观可以使我们充分了解一个人的职业生涯志向。比如一个非常务实且对金钱有强烈欲望的人,不可能对一个低薪的工作感兴趣。唐纳德·苏普(Donald Super)提出了一系列与工作显著相关的价值观,包括:利他主义、道德、创造性、知识鼓励、独立性、成就感、威信、管理权、经济回报、安全、环境、监督关系、同事关系、多样性和生活方式。

(2) 职业兴趣——你最喜欢干什么

兴趣是指人们喜爱或不喜爱某项特定活动或对象的态度。兴趣源于价值观、家庭生活、社会阶层、文化及物质环境等因素。尽管兴趣是价值观的反映,但它总是与特定的任务或活动相联系的。举例来说,两个同样重视工作中的创造性的人,其中一个对科学创造有强烈的兴趣,另一个却偏爱文学创作。那么这两个人的兴趣是不同的,但是都有助于他们拓展自己的创造性价值观。不难理解,人们的兴趣与其职业生涯选择之间越是一致,他们的工作满意程度就会越高。

约翰·霍兰德(John Holland)假定工作的兴趣是个性的一种重要表现,在此基础上他发现,人的个性、价值观及偏好的生活方式一般会通过六种兴趣反映出来。它们是:务实型、研究型、社会型、传统型、艺术型以及创业型。具有务实型兴趣的人往往愿意多做一些任务明确的实事。具有研究型兴趣的人则更讲科学性,更愿意搞研究。具有社会型兴趣的人更多地关注人文的、个人的价值倾向,并擅长处理人际关系。具有传统型兴趣的人关注的则是结构、传统和细节。具有艺术型兴趣的人更喜欢不太讲究的环境,这样才能表现出他的个性和创造性。具有创业型兴趣的人则往往愿意当组织者,进行管理,喜欢目标明确的活动。

(3) 个性因素——你适合干什么

人的基本个性可以影响他对职业生涯的选择。研究表明,人的个性因素共有五种类型:外向性(Extraversion)、附和性(Agreeableness)、诚实性(Conscientiousness)、情绪稳定性(Emotional Stability)和接受经验性(Openness to Experience)。当然,这种分法的要素和称谓也有值得商榷之处。一般来说,组织在人事选任、员工发展和开展个人自我评价时,都普遍按这种分法来设计个性调查问卷。人的个性直接决定了他适合什么样的工作。

(4) 才能——你能干什么

才能指个人的学习天赋或能力以及现有的技能或熟练程度,它反映的是人能做什么以及经过适当培训后能做什么。才能包括一般才能、动手能力、口头表达能力、掌握数字的能力、空间把握能力、逻辑推理能力、交际技巧、写作能力、创造力、记忆力、领悟能力、反应速度、敏捷性等很多方面。才能因素是我们可能取得哪些成就的约束条件,在决策之前必须要考虑自己的才能和能力,这样才有可能获得职场上的主动权,进而取得职业生涯的成功。但是,遗憾的是,许多人选择的职业或工作是他们所不擅长的,或者是虽然有能力做但却不能有效发挥他们才能的工作,这就使自己在今后的发展中显得被动。

(5) 生活方式的偏好——你希望过一种什么样的生活

全面分析个人的业余生活是很重要的,原因是:第一,有些基本价值观很难或不太可能在工作中得到满足。第二,有些职业或工作耗费人们大量的时间和感情,以致留给私人生活的所剩无几。为作出一个恰当的职业抉择,就要对业余生活的重要性和多样性、兴趣及价值观作一番重新审视。第三,业余生活及闲暇活动的重要性在人生过程中是变化无常的。因此,人们在作出职业决策时,就必须敏锐地应对这种变化,使决策尽可能与他们生活中的各方面相适应。

以上各种因素中,价值观、兴趣、个性和才能并不是彼此孤立的,而是在某些方面相互关联的:兴趣根源于更深的价值观;兴趣与能力密切相关——人们喜欢从事自己擅长的活动,同时通过实践,它们对喜欢的事情可能变得更专业。因此,尽管分开讨论这四个方面会比较方便,但是有时又必须将它们作为一个内在统一的整体来考虑。

2. 自我测评的方法

进行自我测评,首先要通过一些方法来收集有关个人的信息,然后将这些信息整理归纳,提炼出含义清楚的主题,并根据这些主题对职业生涯决策的作用分别作出解释。

(1) 收集信息

自我测评的第一步是搜集有关自己的价值观、兴趣、个性、才能和生活方式偏好方面的信息。其方法和途径多种多样,总的来说可以分为四类:个人评价法、完整的职业生涯规划体系、组织的员工自我测评计划以及非正式的测评方法。

个人评价法有非常多的种类,几乎所有的方法都必须由职业生涯管理顾问来操作和阐释。其中,比较著名的、被广泛应用的自我测评方法有:斯特朗兴趣清单(Strong Interest Inventory,简称 SII)、约翰·霍兰德的职业偏好清单(Vocational Preference Inventory,简称 VPI)和自我倾向搜寻法(Self Directed Search,简称

SDS),由美国劳动部所属各机构共同研究的"一般才能综合测试法"(General Aptitude Test Battery,简称 GATB),雷蒙德·卡特尔(Raymond Cattell)提出的 16 种个性调查问卷(Sixteen Personality Factor Questionnaire,简称16PF)以及基本人际关系行为倾向(Fundamental Interpersonal Relations Orientation-Behavior,简称 FIRO-B),等等。这些方法有的被单独用来测量兴趣、能力、个性等因素,有的则是对这些因素进行综合测量。

职业生涯规划体系(Career Planning System,CPS)是一种较为复杂的测评方法,其基本目标是帮助人们发现与预期职业生涯相关的重要信息,比如兴趣和价值观。这一系统中很多方法的一个或若干个核心内容都与 SII、SDS 或其他初级测评方法中的内容相似。按照传递信息和研究方法来分类,可将这些 CPS 分为手写型、计算机辅助型和授课型三种类型。

组织的员工自我测评计划是指所在组织提供的职业生涯管理援助计划(Career Management Assistance Programs)。这些计划包括个人的自我评价,可以通过一些活动来实现,如举办职业生涯规划培训班、填写《职业生涯手册》和建立组织职业生涯评价中心等。

非正式的测评方法是指自我测评过程中采用的各种非正式的技术和方法。例如,通过书面个人简历、个人全天日记或者对自己生活方式的记述等来了解自己的相关特性;购买一些能帮助自己更好地理解这些问题的自学教材等。

(2) 提炼主题

搜集好信息后,需要将这些杂乱无章的信息组织成一个前后连贯、容易理解的整体,并从中发现与自己相关的主题。一个重要的主题(例如,"我要走自己的路"或"我需要和他人合作")能将价值观、兴趣和才能结合为一个有意义的整体。

确认主题是一个引导人们思考的过程。在这个过程中,你需要分析具体的资料,找出资料中隐含的线索,然后对目前某些主题作出基本的假设,并进一步检验这些信息以确定这些假设是否成立。

在确认主题的过程中,有可能因为搜集的信息不充分而无法得出结论,或者得出自相矛盾的结论。同时,由于自我测评作为一个揭露个性和心理特征的活动过程,有可能令人产生焦虑和怀疑的情绪,因此,确认主题并不是一个简单明了的过程。但是,作为一项重要且必需的工作,这个过程一定要坚持进行下去。

3. 职业锚

埃德加·沙因(Edgar Schein)为了认清各种不同的工作倾向,在综合价值观、兴趣、个性、才能以及生活方式的偏好等因素的基础上引入了职业定位的概念。这就是后来对美国社会心理学界和组织行为学界有深远影响的职业锚理论。所谓"职业锚",是指个人经过搜索所确定的长期职业定位。人们自我感知的价值观、动机和才能等构成了这种对自身的职业定位。职业定位是人们职业观念的核心,同时也是人们选择职位的一个基础。沙因根据自己对斯隆管理学院(MIT)男性毕业生长期研究的结果,发现职业定位分为以下八种类型,即有八种职业锚:

(1) 技术型或职能型职业锚(Technical/Functional Competence Anchor)

这种职业定位主要关注的是工作的实际内容。持这种定位观点的员工一般都希望能一直在自己擅长的技术或职能领域(如财务管理、人力资源管理、市场营销等)工作。

(2) 管理才能型职业锚(Managerial Competence Anchor)

这种职业定位的主要目标是从事直线管理工作,而不是在组织中的某一职能部门工作。持此职业定位观点的人关注的主要是如何把其他人的努力整合起来,衡量的是总体效果,以及把组织中的各种职能进行整合。

(3) 自主权型职业锚(Autonomy/Independence Anchor)

这种职业定位主要考虑的是自身如何才能不受组织各种规章制度的限制,使自己在所选择的职业中能够自行决定工作时间、工作内容和工作强度。持这种职业定位的人宁可得不到提拔,也要保持这种自主权。

(4) 安全—稳定型职业锚(Security-Stability Anchor)

长期保持稳定的职业是这种职业定位的基本出发点。只要能使某人一直待在某一个单位、行业和地理区域中,就能满足其对安全的需要。持这种定位的人一般都喜欢稳定的、可预测的工作。

(5) 服务和奉献型职业锚(Service/Dedication Anchor)

这种职业定位主要关注的是追求某些有意义的结果。持这种定位的人希望以某种方式改善自己周围的环境,并希望与人合作、服务人类等精神在工作中得到体现。他们会选择以帮助别人为主的职业,如医生、护士和社会工作者等。

(6) 纯粹竞争型职业锚(Pure Challenge Anchor)

这种职业定位主要关注的是解决那些看起来无法解决的难题或不可逾越的困难和障碍。持这种定位的人在其工作中追求的是新鲜感、多变化和挑战性。

(7) 生活方式平衡型职业锚(Life-Style Integration Anchor)

这种职业定位的主旨在于实现自身生活各主要方面的平衡。持这种定位的人希望家庭生活和工作协调一致。

(8) 企业家型职业锚(Entrepreneurship Anchor)

这种职业定位的主要目标是追求创新,包括克服某些障碍、敢于冒险和突出个人的成就。持这种职业定位的人追求的是拥有按照自己的方式创办自己的组织的那种自由。

综上所述,人们在进行自我测评后,至少要明确自己的职业定位,即职业锚,从而为制定职业生涯目标奠定基础。

(二) 环境考察

1. 环境考察的内容

由于职业生涯根植于各种职业、工作和组织中,因此,要想使自己的价值观得到满足、使个人才能有用武之地并刺激自己的兴趣需求,必须有与价值观、才能、兴趣以及偏好等相适应的工作环境的支持。研究表明:人们在经过劳动市场的筛选后,总是要寻找与自己的兴趣、价值观和才能相适应的工作,即人们寻找的是能使人与工作环境相互融合的职位。由此可见,必须认真研究自己的工作环境,才能形成真正的自我意识。对环境的考察大体上可以分为对社会环境的考察、对组织环境的考察和对家庭环境的考察。

2. 环境考察的方法

对于家庭环境的考察只需要征求自己生活中重要人员的意见即可。对于社会、行业、组织和工作等外部环境的考察,以下信息来源可供参考:

(1) 行业简介,例如标准行业分类指南;
(2) 公司的年度报告;
(3) 任职于别的公司和行业的亲属、朋友和以前的同事;
(4) 有关具体工作和职位的参考资料;
(5) 谋职中介公司和职业咨询公司;
(6) 劳动人事部编发的《职业概览手册》;
(7) 《职位名称词典》。

除了以上途径以外,互联网是环境考察的一个有力工具,因为大量的行业、组织和职位信息都发布在互联网上。

在分析了环境因素后,个人可以从以下方面对自己所偏好的工作环境进行总结:

(1) 我最感兴趣的任务和活动是什么?
(2) 我希望在工作中展示何种才能?
(3) 我希望在工作中享有多大程度的自主权?
(4) 我喜欢与他人结成何种类型的工作关系?我是喜欢独自工作还是喜欢与他人合作?我是如何看待对他人发号施令或施加影响的?
(5) 我喜欢哪种工作环境(如工厂、办公室或室外)?
(6) 金钱和安全在我生活里起什么作用?
(7) 工作在我整个生命里有多重要?我希望我的工作和生活的其他内容之间是一种什么关系?
(8) 哪种职业和行业最符合我的兴趣、才能、价值观和所偏爱的生活方式?

三、设立职业生涯目标

（一）职业生涯目标的含义与作用

目标是一个人行动的预期目的。之所以要设定目标，是因为人们相信目标能调整人们的行动。目标可以多种方式影响人的行为和业绩：目标能鞭策人们为设定的目标尽力而为；能给人们指出努力的重点或方向；能使人坚持不懈地去完成任务；具体的目标可以帮助人们确定有用的战略，以实现这一目标；具体的目标可以为人们提供任务完成情况的反馈。

另外，从组织的员工的角度来看，职业生涯目标的设定有助于促进员工了解自己以及环境。因为没有对自身以及环境的了解，是无法制定合适的目标的。

除此之外，如果组织能够鼓励并帮助员工设定职业生涯目标，那么设定目标对组织也有某些好处。首先，它能让员工学会对自己的职业生涯负责；其次，当员工按照自己的职业生涯目标行事时，就能够提高个人的技能，这对组织而言能够带来生产率的提高。因此，职业生涯目标的设定往往都有利于实现员工和组织的最大利益。

值得注意的是，尽管制定职业生涯目标有很多好处，但是在有些情况下，目标会成为一种羁绊，使人反受其累，即当一个人不具备足够的知识，却要作出需要这些知识才能作出的决策时，不设定目标反而是明智的做法。

（二）职业生涯目标的分类

1. 概念目标与行动目标

概念目标就是概念上的职业生涯目标，它是对人们想参与的工作经历的一种本质性的概括，并不涉及具体的工作和职位。概念目标反映的是一个人的价值观、兴趣、才能和对生活方式的偏好。例如，一个人的概念目标可能是寻找一份营销工作，这种工作需要进行广泛的调查和分析，能赋予他很多责任，活动范围很广，工作节奏经常变化，能与各种客户打交道，自己又不必为家庭琐事操心，所在组织规模不要很大，但发展势头应该很足。由此可见，概念目标描述的是工作的性质、人际关系与物理条件，以及整个工作方式的类型。

行动目标把概念目标转换为具体的工作或岗位。以上述的概念目标为例，其行动目标可能是要当上某家公司的市场研究经理，也可能是在可预见的将来能保住他目前的工作岗位。因此，行动目标只不过是实现概念目标的一种手段。

2. 长期目标与短期目标

用时间的长短来衡量职业生涯目标，可以将目标分为长期目标和短期目标。按照传统的区分短期与长期的方法，一般而言，1—3年的目标为短期目标，5—7年的目标为长期目标。当然，所谓短期与长期，完全依人而定，不同的人对目标长短期的区分往往有很大差异。表11-2阐释了一名人力资源经理助理所设定的短期与长期目标。

表11-2　人力资源经理助理的短期目标与长期目标

	短期目标	长期目标
概念目标	承担人力资源管理的更多职责； 广泛涉及人力资源开发的各个方面； 与直线管理层有更多的互动。	参与人力资源规划； 参与公司的长期规划； 参与制定并执行公司的政策。
行动目标	2—3年成为人力资源经理	6—8年成为公司的人力资源总监

(三) 职业生涯目标的设定

1. 制定长期与短期的概念目标

在确定职业生涯目标时,理想的第一步是确认长期的概念目标。确认长期的概念目标需要考虑人的需要、价值观、兴趣、才能和期望。因此,长期的概念目标应该包括工作职责、自主程度、与他人交往的类型与频度、物质环境以及生活方式等方面,实际上是一个人把自己所偏好的工作环境放在某个5—7年的时间框架中的方案。确定该目标时通常要问自己这样一些问题:我希望在未来一段长时期内承担何种类型的工作? 从事哪些活动? 获得何种回报和承担哪些责任?

接下来是设定短期的概念目标。短期的概念目标是从长期目标中提炼出来的,它要能够支持长期目标。为提炼出短期的概念目标,通常需要自问以下问题:什么样的工作经历使我有条件去实现自己的长期目标? 我需要开发或提高哪些才能? 什么样的技能有助于实现下一个目标? 这些都属于战略上的问题。需要注意的是,设定短期目标时决不能把短期目标只看做一个阶段的终点,而是必须考虑它能否给人提供重大的回报,能否带来有趣的、有意义的工作任务,能否实现个人所希望的生活方式。因此,短期目标与长期目标一样,也应该与个人偏好的工作环境的主要因素相一致才行。

2. 制定长期与短期的行动目标

在制定完长期与短期的概念目标后,需要将概念目标转化为行动目标,即将其具体化为某一特定的工作或职位。这个过程需要对环境进行考察,即什么样的具体职位(或工作或组织)才能给你提供机会,符合你的重要价值观、兴趣、才能和生活方式的要求(即概念目标)呢?

在制定行动目标时,个人的判断以及从自己信任的人们那里获得的信息在行动目标的选择过程中起关键作用。另外,对每个行动目标的相关活动和回报作出评价时需要的大量信息,大部分都可以从上级或潜在的上级那里获得,因此需要自己作出相应的努力。

(四) 职业生涯目标的设定原则

为了正确地设定目标,防止陷入上述误区,有学者提出了八条设定职业生涯

目标的原则,其英文单词的首字母可以组合为两个单词:SMART 和 FEW,它们分别是:

1. 行为的明确性(Specification)

行为的明确性就是要明确描述出员工与主管在每一工作职责上所需完成的行动方案。

2. 目标的可测量性(Measurable)

目标的可测量性就是目标应该是可以测量的,要有定量数据,如数量、质量和时间等,如表11-3 所示。

表 11-3 设立可测量的目标举例

含糊的目标	可测量的较好的目标
我的目标是……	我的目标是……
更好地完成家庭作业	每天阅读历史书12 页以上,在下周六晚10 点之前至少要读完60 页
加强锻炼	在以后的两个星期内,每天都在45 分钟内跑完5 000 米
获得更多的杂志订单	在下星期这个时间之前获得30 份杂志订单
在网球比赛中表现得更好	在下星期的网球课期间练习发球,每天至少要有40—50 个球落在发球区之内
减肥	在……之前减掉5 斤

资料来源:杜映梅.职业生涯管理[M].北京:中国发展出版社,2006。

3. 可实现性(Attainable)

可实现性包括两个方面的含义:一是目标必须是合理的,并且是在个人可控制的范围内;二是目标必须"要经过努力"才可以实现。

4. 相关性(Relevant)

相关性是指该目标要与公司目标、部门目标,尤其是个人的职业生涯发展目标相联系。

5. 时限性(Time-bound)

时限性是指目标要在特定的时间内完成。

6. 重点集中性(Focused Targets)

目标不可定得太多,太多就意味着没有重点,一般3—5 个即可。

7. 授权激励性(Empowerment Level)

有的工作个人可以完全做主,有的则需要考虑企业的限制以及制度制约。

8. 重要等级性(Weighted Grade)

个人在目标设定时,要把全部的权重依照重要性的不同分配给不同的关键任务。这样才能分清不同目标的轻重缓急,而且在评估中也会体现不同的重要性。

四、开发职业生涯战略

职业生涯战略就是为帮助人们实现职业生涯目标而设计的各种行动,涉及人们要有意识地进行哪些人力资本投资以及避免哪些人力资本投资。有关研究显示,职业生涯已经越来越受公司之间的流动而不是公司内部流动所支配。在美国,员工在其职业生涯当中要换10个雇主;而日本的男性员工一生平均要换6个老板。在这种情况下,个人在其职业生涯管理中必须要有前瞻性,即必须确定职业生涯目标、实施职业生涯战略,这样才能使自己得到最大的机会,取得职业生涯的成功。

（一）职业生涯战略的类型

人们用来增强其职业生涯的成功和实现职业生涯目标的战略共有七大类型。具体如下：

1. 胜任现职

顾名思义,胜任现职的意思就是有效地进行现职工作。组织作出提拔的决策,在一定程度上是以员工当前的绩效水平为依据的,因此,如果不顾当前的工作绩效而去谋求其他职位,往往会得不偿失。进一步说,在一个岗位上发展起来的技能可能有助于员工在其他岗位上取得业绩。由此可见,集中精力开发现有岗位上的技能非常重要,它可以改善员工将来获得聘用的机会。

2. 延时工作

延时工作是指员工决定在自己的工作中投入大量的时间、精力和心思。实施这种战略的好处是既能提高本职工作的绩效,又能让组织知道你对工作很负责,也有能力承担更多的工作。但是,延时工作会大量减少一个人花在家庭或个人活动上的时间,因此可能会影响家庭和个人生活。另外,延时工作并非一定有效,因为在一些组织中,很多员工在晚上和周末加班是出于组织期望如此,而并非真有那么多工作必须要完成。

3. 开发技能

开发技能是指通过教育、培训或做实际工作来获取或提高与工作相关的技能,目的在于提高现任职位上的绩效,或者将来工作时用得上。

4. 拓展机会

拓展机会是指通过一些办法,把自己的兴趣和志向告知他人,以了解与自身志向相符的工作机会。实施这种战略的唯一目的在于增加人们对职业生涯的选择机会。例如,毛遂自荐是这种战略中的一种,它是指员工自觉自愿地把自己的成就、志向和希望得到的工作告知主管;"露脸"战略是把"能够见面"（能够见到组织首脑）和展示自我（让组织首脑了解自己）这两种战略合为一体的做法;"暂时代理"战略即接受临时或暂时的任命,借此获得额外的技能。

实施拓展机会战略，既应该在内部劳动力市场又应该在外部劳动力市场开拓自己的工作机会。事实证明，个人根据自己进入到哪个职业生涯阶段积极地在外部劳动力市场挖掘工作机会是非常有效的，尤其在薪资方面特别有效。

5. 拜师结友

拜师结友是指想方设法寻找重要人士并与其建立良好关系，目的在于得到或提供有关信息、指导、支持和各种机会。当然，这种关系中还可以包含比较深厚的感情成分。近年来，这种方法受到人们大量的关注。

6. 树立形象和声望

树立形象和声望是指通过交流，使别人了解自己可被别人接受的能力、成功和(或)成功的潜力等情况，其中包括完成显要职务的能力，目的在于传递成功和胜任的姿态，以便在组织中树立自己的声望。举例来说，一个人举办婚宴、参加社区活动以及衣着得体，都可以展现一种积极健康的公众形象，从而带来职业生涯上的回报。另外，一个人还可以通过完成某些工作任务，如发起并改变某种不利的工作环境，或者展示自己在一项特殊任务上的领导能力等，来为自己树立声望。

7. 组织政治

组织政治是指以奉承、服从、联盟以及有利的交易和影响等手段来获得预期的结果，它包括公开的和私下的行动，例如"使坏"和其他利己的行为。这些行为都能提高自己的地位，但可能要以牺牲别人为代价。组织政治包含多种战略，如附和或者是吹捧你的老板、鼓吹组织的各种做法、不抱怨组织的管理制度、与组织的其他人员建立合作或联盟关系等。

除了以上七种主要的战略外，还有一些战略如"创造性领导中心"等已经或者正在被研究者们开发。个人在选择职业生涯战略时要注意一点：某种具体的职业生涯战略有多大用处，要取决于很多因素，如工作类型、行业性质、组织惯例和规章制度等。在某种形势或经济环境中起作用的因素，在另一个环境中也许就不起作用。职业生涯战略学家建议：人们应该选择那些能提高自己成功机会的职业生涯战略，而不是只看哪些战略的成功概率比较高，或者只是碰巧成功的战略。

(二) 开发职业生涯战略

在开发职业生涯战略的过程中，有关职业生涯战略的研究给出了以下建议：

(1) 不存在"放之四海而皆准"的职业生涯战略。

(2) 具体战略的有效性要取决于职业生涯目标的特性。举例来说，一个致力于成为组织总裁的人，可能会从不甘心成为工程项目经理的战略中获益。

(3) 具体战略的有效性还取决于组织的规范和价值观。举例来说，一些组织也许鼓励秘密地搞政治，而另外一些组织则可能提倡公开性和合作。

(4) 个人不应该使自己局限于某一单独的战略，而应该采取一系列的战略行为。

（5）战略不应仅仅用来实现职业生涯目标，而要用来测试一个人对某个目标的兴趣和投入的程度。最好是将战略计划视为一个更多地了解自我和环境的过程。

（6）职业生涯战略应该反映我们所采取的每一个步骤以及应当回避的领域。积极的职业生涯战略不仅应该能够指导职业生涯上的成功或目标的实现，而且还应该指出一系列会导致职业生涯失败而应予以避免的行为（或离谱行为）。

在制定职业生涯战略的过程中，要想预先指出一个职业生涯战略的每一个成分，既不可能也不可取，正确的做法是要在这个过程中"边干边学"。

需要说明的是，开发与实施职业生涯战略的过程并不能机械。原因在于：首先，长期和短期战略的区分本身就是人为的；其次，战略不能总是事先完全规定好，人们通常是先实行战略的一部分，然后才能确定以后的步骤。这样做的意义在于使人们能够评价不同战略对自己若干重要目标有何影响。其中最基本的过程是要收集信息，衡量自己的意愿，以便重新审视自己的目标或战略。简而言之，就是要监控和评价自己的职业生涯。

五、职业生涯评价

职业生涯管理是一个灵活的、可调整的过程，因此，人们需要通过某种方法，根据他们自己或环境的新信息来调整战略。职业生涯评价为收集并运用有关职业生涯的各种反馈从而实现战略调整提供了一条途径。

通过职业生涯评价获得的反馈有两个作用：一是可以测试某一职业生涯战略是否适当，了解这一战略是否真能让人更接近自己的目标；二是可以测试目标本身是否适当、是否能坚持这一职业生涯目标并有望实现它。

（一）职业生涯评价所产生信息的种类和来源

对职业生涯进行评价所产生的与职业生涯相关的反馈信息可以归为以下几类：

1. 概念目标

有关概念目标的反馈信息包括：我对自己的价值观、兴趣、才能、理想的生活方式了解多少？这类信息是否与我概念上的目标相一致？以此来获得相关的信息反馈。

2. 行动目标

有关行动目标的反馈信息包括：我对自己的行动目标的适当程度了解多少？在概念目标与行动目标之间是否互相适应？换句话说，我是否仍然相信自己瞄准的工作与概念目标是一致的？

3. 战略

战略方面的反馈信息包括：我对战略的适当程度了解多少？它有作用吗？我是否有了离目标更近的感觉？如果这个目标中还包括做好当前工作的另一些能力，这些能力是否已经在令我满意的绩效评估中得到了反馈？如果这个职业生涯目标还包括某项不同的工作，那么我所在的组织还会把我当做这项工作的候选人吗？

（二）评价职业生涯的原则

职业生涯管理模型建议我们在职业生涯管理过程中要有持续的反馈，要或多或少地对各种活动及其结果进行一些监督检查。进行持续的职业生涯评价可以参照以下原则：

（1）看清形势，在适当的时间，对目标和战略作出修改。

（2）以职业生涯战略为基准来衡量所取得成就的大小。战略的表述应该包括目的和预期的结果。应该根据具体的基准来检验战略的具体优势和劣势。

（3）战略是学习的机会，同时也是获得成功的手段。定期根据你所获得的最新信息，检查你的概念目标和行动目标的正确性，并及时地进行必要的调整，学会从经验中学习。

（4）要获取信息，建立你与上级的关系。应该根据自己的时间安排参加绩效评估会议，以辅助（而不是代替）上级对你的评估。你当前的表现、你的优势和劣势以及组织的需要，能够帮助你评估自己的目标和战略。关于这些问题，你能从上级那里了解多少？你的上级应该对你的志向有哪些了解，才能给你提供有用的反馈信息？

（5）把你的经验和感受讲给你信赖的人听。同事之间坦率的讨论对大家都是有益的。首先，别人能看到你自己不了解的一面。其次，别人亲口说出来的目标、愿望、保留意见和战略，能帮助你理清自己的感受。再次，其他人也可能愿意把自己在工作中（这些环境也与你有关）的成功、失败和启迪讲给你听。要尽量形成一个网络，来提供相互反馈、相互指导、相互支持和相互鼓励。网络中的成员之间要建立一种信任和坦诚的氛围，当然这需要花费时间和耐心才能形成。

（6）从工作之外寻求信息反馈。工作与生活是相互影响的，因此，不仅你的工作决策会影响家庭生活，而且家庭状况如配偶的职业生涯要求，也能影响你的工作。

HRM资料与工具

个人职业生涯的 PPDF 法

PPDF 的英文全称是 Personal Performance Development File，中文译作个人职业表现发展档案，也可译成个人职业生涯发展道路。

PPDF 的主要目的

PPDF 是对员工工作经历的一种连续性的参考。它的设计使员工和他的主管领导对该员工所取得的成就，以及员工将来想做些什么有一个系统的了解。它既指出员工现时的目标，也指出员工将来的目标及可能达到的目标。它标示出，如果员工要达到这些目标，在某一阶段应具备什么样的能力、技术及其他条件，等等。同时，它还帮助员工在实施行动时进行认真思考，看自己是否非常明确这些目标，以及应具备的能力和条件。

PPDF 的主要内容

(1) 个人情况

① 个人简历：包括个人的生日、出生地、部门、职务、现在的住址等。

② 文化教育：包括初中以上的校名、地点、入学时间、主修专题、课题等，所修课程是否拿到学位，在学校负责过何种社会活动等。

③ 学历情况：填写所有的学历、取得的时间、考试时间、课题以及分数等。

④ 曾接受过的培训：填写曾接受过何种与工作有关的培训（如在校、业余还是在职培训）、课题、形式、开始时间等。

⑤ 工作经历：按顺序填写你以前工作过的单位名称、工种、工作地点等。

⑥ 有成果的工作经历：填写你认为以前有成绩的工作是哪些，不要写现在的。

⑦ 以前的行为管理论述：填写你对工作进行的评价，以及关于行为管理的事情。

⑧ 评估小结：对档案里所列的情况进行自我评估。

(2) 现在的行为

① 现时工作情况：填写你现在的工作岗位、岗位职责等。

② 现时行为管理文档：填写你现在的行为管理文档记录，可以在这里加一些注释。

③ 现时目标行为计划：设计一个目标，同时列出和此目标有关的专业、经历等。这个目标是有时限的，要考虑到成本、时间、质量和数量的记录。如果有什么问题，可以立刻同你的上司探讨解决。

④ 如果你有了现时目标，它是什么？

⑤ 怎样为每一个目标设定具体的期限？此处写出你和上司谈话的主要内容。

（3）未来的发展

① 职业目标：在今后的3—5年里，你准备在单位里做到什么位置？

② 所需要的能力、知识：为了达到你的目标，你认为应该拥有哪些新的技术、技巧、能力和经验等？

③ 发展行动计划：为了获得这些能力、知识等，你准备采用哪些方法和实际行动？其中哪一种是最好、最有效的？谁对执行这些行动负责？什么时间能完成？

④ 发展行动日志：此处填写发展行动计划的具体活动安排、所选用的培训方法。如听课、自学、所需日期、开始的时间、取得的成果等。这不仅仅是为了自己，也是为了了解工作、了解行为。同时，你还要对照自己的行为和经验等，写上你从中学到了什么。

第三节 组织职业生涯管理

一、什么是组织职业生涯管理

组织职业生涯管理，是一种专门化的管理，即从组织角度对员工从事的职业和职业发展过程所进行的一系列计划、组织、领导和控制活动，以实现组织目标和个人发展的有效结合。具体而言，组织的职业生涯管理实践就是专门设计出来帮助员工更好地认识自己和所处环境，形成职业发展目标和战略，以获得反馈意见的一项或一组活动。

职业生涯管理的责任归根结底要由员工来承担，那为什么还要组织进行职业生涯管理呢？原因是员工的职业生涯管理需要组织通过多种多样的方式来支持，以提高员工职业生涯管理的有效性，在员工制订和实施个人职业生涯发展计划的过程中，都需要组织的参与和帮助。另外，组织通过提供支持性的职业生涯管理活动，也能实现自身的目标，如通过帮助员工制订职业生涯计划来实现人尽其才，以提高员工的生产率；通过提供多种职业发展方向来降低员工的流失率；同时还能保持更完美的招聘形象，并实现组织的战略经营目标。

二、组织职业生涯阶段管理

对应于个人的职业生涯阶段，可以将组织职业生涯管理划分为四个阶段：职业探索阶段（对应个人职业生涯的探索阶段）、职业建立阶段（对应个人职业生涯的建立阶段）、职业中期阶段（对应个人职业生涯的维持阶段）、职业后期阶段（对应个人职业生涯的衰退阶段）。因为组织的职业生涯不涉及个人参加工作以前的内容,所以组织的职业生涯阶段划分中不包含与个人职业生涯成长阶段对应的部分。组织职业生涯管理的阶段任务内容见表 11-4。

表 11-4　组织职业生涯管理的阶段任务

阶段	对应的个人职业生涯阶段	组织的主要任务		
职业探索阶段	探索阶段	1. 帮助新员工准确地认识自己,制定初步的职业生涯发展规划。 2. 为新入职的员工提供职业咨询和帮助,例如实施"顾问计划"。 3. 帮助员工寻找早期职业困境产生的原因及解决办法。		
职业建立阶段	建立阶段	1. 建立职业档案	(1) 个人情况	个人基本信息,如姓名、性别、年龄、学历、曾接受过的培训、工作经历、工作成果、自我评估。
			(2) 现在的工作情况	如现在的岗位、岗位的职责、现在的目标计划,这个目标必须是可实现的,要考虑成本、时间、质量和数量等因素。
			(3) 未来发展	包括职业目标,即在未来 3—5 年里,你准备在单位里做到什么位置? 为了达到这一目标,需要什么条件? 需要掌握哪些技能、知识和经验?
			实施方法:档案一式两份,填好后一份自己保管,一份交给直接上司。上司会找员工谈话,一起研究分析其中的每一项内容,提出十分具体的建议。	
		2. 建立个人申报制度	(1) 担任现在职务的心情 (2) 对担任职务的希望 (3) 对公司的其他要求	
			实施方法:职工将上述几项内容写在纸上,由人力资源部门对申报内容进行分析和研究,在了解实际情况后,分门别类尽量满足员工的要求和愿望。同时,要让直接经理调查员工的职业适应性,包括员工的业务知识、理解判断能力、记忆力、协调力、性格、积极性、交往能力、计划能力、组织能力、健康状况、特别技能、对现任工作的适应性等,然后把适应性调查的结果与个人申报内容进行核对,作为人力资源部门作出判断的依据,进而提高判断的客观有效性。	
职业中期阶段	维持阶段	个人职业上的成长和发展	帮助员工正确处理好职业高原①现象与平衡工作和家庭的关系。	

---

① 职业高原是指在个体职业生涯中的某个阶段,个体获得进一步晋升的可能性很小。

（续表）

阶段	对应的个人职业生涯阶段	组织的主要任务		
职业后期阶段	衰退阶段	帮助员工顺利实现向退休生活的过渡	1. 做好细微的思想工作	
			2. 做好退休后的计划和安排	（1）因人而异，帮助每个即将退休者制订具体的退休计划，尽可能地把退休生活安排得丰富多彩而又有意义。
				（2）组织要以多种形式关心退休员工。
				（3）经常召开退休员工座谈会，达到三个目的：向退休者通报企业发展情况，互通信息；征求休员工对企业的意见和建议；加强员工之间的沟通、联系和友谊。
				（4）员工有各自的情况和不同的类型，多数员工的贡献能力不会随着正式退休而完结，组织可以采取兼职、顾问或某种其他方式聘用他们。
			3. 做好退休之际的职业工作衔接	（1）组织要有计划地分期分批安排应当退休的人员退休，且不可因为退休影响工作的正常进行。
				（2）选好退休员工的接班人。
				（3）及早进行接班人的培养工作。
				（4）帮助退休员工与其接班人做好具体的交接工作，保证工作顺利进行。

组织职业生涯探索阶段所面临的新员工陷入职业困境的原因及其解决方案如附表1所示。

表11-4 附表1 组织职业生涯探索阶段所面临的新员工陷入职业困境的原因及其解决方案

原因
　　最初的工作缺乏挑战
　　过高的期望和最初日常事务性工作安排碰撞所导致的不满情绪
　　不恰当的工作绩效评价

解决办法
　　运用实际工作预览（RJPVs），即在招募过程中尽量提供所聘职位和组织的完整、准确的信息。
　　尽可能安排一份挑战性的工作。组织应当鼓励新员工的上级管理人员在可能的工作范围内，尽可能地给他们安排工作技能水平要求较高的工作。
　　丰富最初的工作任务。通常的做法包括：给新员工以更多的权利和责任；允许他们直接与消费者和客户进行沟通；允许新员工去实践自己的想法（而不仅仅是向自己的老板推荐自己的想法）。
　　安排要求严格的上司指导新员工。在新员工就职的最初阶段，把他们安排给那些下属要求较为严格的上司，对新员工的职业发展是极为有利的。

组织职业生涯中期阶段所面临的问题及其解决方案如附表2所示。

表11-4 附表2　组织职业生涯中期阶段所面临的问题及其解决方案

问题	解决方法
职业高原现象(即职业通道越来越窄,发展机会越来越少)	1. 可以用满足员工心理成就感的方式来代替晋升实现激励效果 2. 安排一定范围内的职位轮换,使工作变得丰富多彩,提高员工对工作的兴趣 3. 扩大现有工作内容
员工工作与家庭关系的平衡	1. 提供职业生涯中期咨询,即企业聘用专职的心理医师帮助员工处理职业、健康和家庭问题 2. 弹性工作时间 3. 为员工提供子女日托等帮助 4. 老人照料计划

三、组织职业生涯管理的实施

(一) 实施步骤

1. 进行职务分析

进行职务分析是为了获得与工作相关的信息,是为员工制定有效的职业发展策略的起点。这一步骤主要是运用"职务分析问卷"、"任务调查表"、"职务分析面谈"和"关键事件调查"等方法来获得职务分析的基础数据。

2. 员工基本素质测评

这一步骤的主要任务是:通过对员工的个性特点、智力水平、管理能力、职业兴趣、气质特征、领导类型、一般能力倾向等方面的测评,对员工的长处和短处有一个全面的了解,以便于安排适合他所做的工作;针对每个员工的不足,拟定相应的培训方案;根据员工的上述特点,结合职务分析的结果,对其进行具体的职业生涯规划。

3. 建立与职业生涯管理相配套的员工培训与开发体系

培训作为职业管理的重要手段,能够改变员工的价值观、工作态度和工作行为,以便使他们在现在或未来工作岗位上的表现能够达到组织的要求。一般来说,员工培训方案的设计主要有以下两种:一是以素质测评为基础的培训方案设计;二是以绩效考核为基础的培训方案设计。

4. 制定较完备的人力资源规划

在公司原有的人力资源规划的基础上,应注意以下内容:

(1) 晋升计划。根据企业的人员分布状况和层级结构,拟定员工的提升政策和晋升路线,包括晋升比例、平均年薪、晋升时间、晋升人数等指标。在实施中,根据人事测评、员工培训、绩效考核的结果,并根据企业的实际需要对各个结果赋予相应的权重系数,得出各个职位的晋升人员次序。

(2) 补充计划。此计划使公司能合理地、有目标地把所需数量、质量、结构的人员填补在可能产生的职位空缺上。

(3) 配备计划。在制订配备计划时,应注意解决两个问题:第一,当上层职位较少而待提升人员较多时,需通过配备计划增强流动性。这样既可以减少员工对工作单调、枯燥乏味的不满,又可以使其耐心等待上层职位出现空缺。第二,在超员的情况下,通过配备计划可改变工作的分配方式,从而减少负担过重的职位数量,解决工作负荷不均的问题。

5. 制定完整、有序的职业生涯管理制度与方法

(1) 可以让员工充分了解单位的企业文化、经营理念、管理制度。

(2) 可以为员工提供内部劳动力市场信息。

(3) 可以帮助员工分阶段性地制定自己的职业生涯目标。职业生涯目标可以分为长期、中期、短期三种:① 短期目标(3 年以内)。要具体做好哪些工作? 在能力上有什么提高? 准备升迁到什么职位? 以什么样的业绩来具体表现? ② 中期目标(3—5 年)。在能力上有什么提高? 准备升迁到什么职位? 在知识、技能方面要接受哪些具体的培训? 是否需要进修或出国学习? ③ 长期目标(5—10 年)。准备升迁到什么职位? 在知识、技能方面要接受哪些具体的培训? 是否需要进修或出国学习? 为公司作出过哪些较突出的贡献? 个人在公司处在什么样的地位? 个人的价值观与公司的企业文化、经营理念融合程度如何?

(二) 实施方法

1. 举办职业生涯讨论会

职业生涯讨论会是一种有计划的学习和练习活动,一般是由人力资源管理部门统一组织。组织一般是希望通过这种活动的安排,让参加进来的员工主动参与,形式可以包括自我评估和环境评估、与成功人士进行交流和研讨、进行适当的练习活动,从而帮助员工制定职业生涯规划,即选定职业方向、确立个人职业目标、制定职业生涯发展路径。

2. 填写职业生涯计划表

职业生涯计划表中包含的内容,一般可以粗略地划分为三个方面:

(1) 职业。对于绝大多数人来说只选择一种职业,但也有人选择两种或两种以上的职业,如兼职。在职业的表述上,可以表述得非常具体,如"人力资源管理"、"财务管理"等,也可以表述得稍微粗略一些,如"管理"、"技术"、"营销"等。处于探索阶段的年轻人,可以先不忙着进行职业选择,其职业生涯计划中可先缺失职业这一项。

(2) 职业生涯目标。在选定的职业领域要取得的成绩或高度,即职业生涯

目标。其中,最高的目标可以称为人生目标,而在迈向人生目标过程中设定的阶段性目标则被称为阶段性目标。

典型的职业生涯设计,应有人生目标的计划内容。阶段性目标必须区分出长期目标和短期目标,有时还可以区分出中期目标。人生目标可以是岗位目标、技术等级目标、收入目标、社会影响目标、重大成果目标、社会地位目标中的几种。

为保证人生目标和长期职业生涯目标的实现,必须制定职业生涯战略,以充分利用各种可供利用的资源,指导职业生涯通道的设计。为保证短期目标的实现和指导短期职业生涯通道的设计,应制定职业生涯策略。

(3) 职业生涯通道。与职业生涯目标相适应,职业生涯通道可以分为人生通道、长期通道、中期通道和短期通道。

一般来说,职业生涯通道设计的重点是短期通道,因为它要设计得具有可操作性;长期通道和人生通道则可以设计得相对粗略一些,因为不可预知的因素太多。

在一个企业中,最好统一制定和使用一定格式的职业生涯计划表,以便进行统一管理。

3. 编制职业生涯手册

通过职业生涯讨论会,绝大多数员工在职业生涯计划的制订中都不会有太大困难,但仍然有部分员工可能会有某些不甚明白的地方。而且更常见的情况是,在职业生涯发展中,员工需要得到不断的书面指导,以解决许多自己职业生涯发展中遇到的问题,或者反思职业生涯设计,进而修改职业生涯计划。因此,拥有一份随手可得的职业生涯设计与职业生涯发展参考资料——职业生涯手册是十分必要的。表11-5是一本职业生涯手册的内容一览表。

表11-5 职业生涯手册编写参考

项目	内容
职业管理理论介绍	介绍有关概念,阐明职业生涯管理对个人发展和组织发展的重要意义,描述职业生涯管理的一般程序和方法,指出职业生涯管理中个人和组织密切合作的必要性和注意事项
组织结构图	展示企业的组织结构图,大型企业绘制成若干张子图,才能细化到岗位。在组织结构图中,就部门之间、工作之间的关系作出比较详细的说明,特别是任职岗位的先后次序规定,组织结构应具有较大的弹性,为员工留有较大的发展空间
工作描述与工作说明书	在职业生涯手册中,按管理等级中的层次、部门或职业类别,列出所有岗位的工作描述和工作说明书

(续表)

项目	内容
评估方法和评估工具	详细介绍各种自我评估、组织环境评估和外部环境评估的方法和工具,各种评估工具应是完整的问卷或量表,说明其适用范围、使用情形、使用注意事项、结果处理、结果解释和意义、适合的职位
组织环境信息	对职业生涯规划和职业发展有影响的企业组织信息主要包括:企业宗旨、长期目标、发展战略、企业价值观、企业人事政策与人力资源管理方面的规章制度等。其中,企业人力资源管理方面的政策制度需要详细说明,如招聘政策、调配政策、减员政策、培训政策、劳动关系政策、绩效考核制度、薪酬制度、考勤制度等
外部环境信息	把当时所能收集到的与本企业有关的技术发展趋势、国家经济政策、宏观经济走势、职业供给信息等汇集到职业生涯手册中,这些信息对职业生涯规划的制定和职业生涯发展都有影响
职业生涯规划方法和工具	介绍职业选择、人生目标与阶段目标确定、职业生涯通道设计的方法和工具。重点是介绍如何进行职业选择、人生目标与阶段目标的确定,以及职业生涯通道设计的方法
案例介绍与分析	介绍管理人员、技术人员、营销人员、技术工人等各类人员的职业生涯规划与发展的成功与失败案例,分析成功与失败的原因

在职业生涯手册编写过程中需要注意以下几个方面的问题:

(1) 编写者。职业生涯手册应由人力资源管理部门中负责职业生涯管理的有关人员编写。编写人员应与负责招聘、培训、绩效考核等工作的有关人员加强沟通与合作,并注意与企业战略/计划部门交流,在定稿前要听取上述人员的意见。

(2) 更新周期。由于内外环境的不断变化,客观上要求职业生涯手册必须不断更新。一般来说,组织变革、企业政策作重大调整、技术上取得重大突破、社会剧烈变化、更新工作分析文件,都需要更新职业生涯手册。在企业组织内外比较稳定的条件下,一般2—3年要更新一次职业生涯手册。

(3) 内容详细程度。职业生涯手册的内容一定要有可操作性,尤其是评估工具、案例介绍和计划制订几个部分,让普通员工一看就能明白自己应该怎么做。

职业生涯讨论会和职业生涯手册都是职业生涯管理的有效手段,两者相辅相成。职业生涯讨论会依靠短时间的集中活动,创造出一个教学环境和会议环境,从而可以使员工在短时间内强烈感受到有关知识和方法的冲击,形成特定氛围,有助于员工迅速形成职业生涯规划和职业生涯发展的概念,掌握相应的方法,制定出一份职业生涯计划书。职业生涯手册作为一个常备的指导工具,经常帮助员工进行生涯反思,进而使员工能够自己解决其职业生涯计划不同阶段出现的问题,对职业生涯发展中发生的冲突作出协调和重新设计。

4. 开展职业生涯咨询

员工在职业生涯规划和职业生涯发展过程中,会不断产生一些职业生涯方面的困惑和问题,需要管理人员或资深人员为其进行问题诊断,并提供咨询。

职业生涯咨询可以是正式的也可以是非正式的,前面提到的导师制只是一种一对一的咨询方式。事实上,中层和较高层的经理、技术专家以及其他成功人士都可对有进取心的员工的职业生涯规划提出忠告和建议,解释员工提出的各种问题。可以担任咨询者的人大致有以下几个类型:

(1) 法定咨询者。各部门负责人是该部门员工的法定咨询员。部门正职负有全部责任,为培养接班人,正职可授权副职分别向本部门部分员工提供咨询。如果部门较大,以至还有分支部门,那么部门负责人承担副职及分支部门负责人的咨询任务,各员工的咨询任务则由各分支部门负责人承担。即便如此,部门负责人仍然是这一部门的"最后咨询者",有义务向本部门的全体员工提供咨询服务。

人力资源管理部门的管理人员则是面向企业全体员工的法定咨询者。作为内部人力资源管理专家,他们不仅负责制定职业生涯管理的政策制度,统筹全企业的职业生涯管理活动,而且负有向全体员工提供职业生涯管理咨询的任务,当各部门员工遇到部门负责人解决不了的问题时,人力资源管理部门的管理人员负责向员工或部门主管提供咨询。

(2) 义务咨询者。企业的成功人士,包括已经退休、即将退休的成功的管理人员、技术人员、技术工人等,尽管他们不是管理等级链上的管理人员,不是法定咨询者,但是他们成功的职业生涯实践是一笔宝贵财富。从某种意义上来说,他们更有发言权,他们的咨询意见更容易为员工所接受;他们不仅为员工提供咨询,也可以为部门主管提供咨询。

当然,法定咨询者对企业的政策和全局的把握比义务咨询者更全面而准确,二者的咨询应相互补充。法定咨询者要谦虚,善于听取义务咨询者的"专家之言",义务咨询者则要尊重法定咨询者,以免引起混乱。对于员工来说,首先应向部门主管咨询,然后再听听义务咨询者的建议。

四、员工、经理、人力资源经理和公司在职业生涯管理中各自所扮演的角色

员工、经理、人力资源经理和公司应共同承担职业生涯规划的责任。图11-2 列出了员工、经理、人力资源经理、公司在职业生涯管理中各自所扮演的角色。

雇员	经理	人力资源经理	公司
• 自我评估 • 自我开发行动计划 • 通过良好的绩效和人际关系得到关注 • 寻求有挑战的工作机会	• 辅导 • 咨询 • 沟通交流 • 从公司的其他部门获取信息	• 提供信息和建议 • 提供专业服务（测试、咨询、研讨会）	• 开发职业生涯管理支持系统 • 培育能支持职业生涯管理的企业文化

图 11-2　责任共享：员工、经理、人力资源经理、公司在职业生涯管理中各自所扮演的角色

（一）员工的角色

新型的心理契约①要求员工对职业生涯规划负有责任，从而增加其对组织的信任。具有成功的职业生涯管理体系的公司都希望员工能管理好自己的职业生涯。英国石油开采公司为员工提供了一本人员开发规划指南，从而指导其进行评估、目标设置、开发规划和行动计划。员工可以自愿参与项目。同时，员工还必须同其经理开展有关职业生涯的面谈，这也是人员开发规划过程的一部分。

无论公司的职业生涯规划系统有多么错综复杂，员工都必须采取以下几种职业生涯管理行动：一是主动从经理和同事那里获取有关自身优势及不足的信息反馈；二是明确自身的职业发展阶段和开发需求；三是了解存在着哪些学习机会（如与销售、产品设计和行政管理相关的学习活动）；四是与来自公司内外不同工作群体的员工进行接触（如专业协会、项目小组）。

（二）经理的角色

不管职业生涯规划属于哪种类型，经理都应在职业生涯管理过程中扮演主要的角色。在大多数情况下，员工会从经理那里获取有关职业发展的建议。因为经理一般会对员工的工作调动（晋升）的资格进行评估，并提供关于职位空缺、培训课程和其他开发机会等方面的信息。可是，有许多经理不愿参与员工的职业规划活动，其原因在于：(1) 他们感到不具备足够的资格来回答员工有关职业发展的问题。(2) 没有足够的时间。(3) 认为自己缺乏良好的人际沟通技能，不能透彻地理解职业生涯问题。② 表 11-6 列出了职业生涯管理中经理所扮演的每种角色应承担的责任。经理应通过满足员工的个人需求和公司需求，来帮助员工管理其职业生涯。在员工职业生涯的各个阶段，经理都要承担起教练、评估者、顾问和推荐人等重要角色。处于早期职业生涯的员工需要了解自己的绩效能够满足顾客的

---

① 心理契约是指劳资双方对对方的期望值。
② B. M. Moses and B. J. Chakins, "The Manager as Career Counselor", *Training and Development Journal* (July 1989): 60—65.

期望，处于职业建立阶段和维持阶段的员工应该从经理那里听取工作调换和职业发展路径的意见。

表 11-6　职业生涯管理中经理的角色

角色	责任
教练	发现问题 倾听 确定需求 详细界定这些需求
评估者	给出反馈 明确公司标准 确定工作职责 确定公司需求
顾问	提供选择 协助设置目标 提出建议
推荐人	与职业管理资源（如工作机会）联系 追踪职业生涯管理计划的执行情况

资料来源：Based on Z. B. Leibowitz, C. Farren, and B. L. Kaye, Designing Career Development Systems (San Francisco; Jossey-Bass, 1986)。

（三）人力资源经理的角色

人力资源经理应提供培训与开发机会的信息或建议，同时还应提供专业服务，如对员工的价值观、兴趣、技能进行测评，帮助员工做好寻找工作的准备，并经常提供相关问题的咨询。

（四）公司的角色

公司要负责为员工提供成功的职业生涯规划所必需的资源。这些资源包括专门的项目和职业生涯管理流程。公司还需对职业生涯规划系统进行监管，从而不仅确保经理和员工按照预期目标来运用该系统，还对该系统能否帮助公司达到目标（如缩短为某一职位招聘人员所需的时间）进行评估。例如，美国3M公司建立了一个公司的内部网来协助进行职业生涯管理。该公司开展了绩效评估并设计了人员开发流程等，旨在让员工和经理进行更有效的沟通。通过这种方式，经理能和员工一起制订绩效和职业生涯发展计划。公司还设有一个职业生涯资源中心，它能提供关于职业生涯规划以及公司内部发展机会的参考资料、出版物和书籍。员工可以与受过培训的顾问一起探讨职业生涯问题，并通过心理测试来研究兴趣、价值观和工作环境的偏好等问题。3M公司的职业生涯资源中心还定期举办关于自我评估、面试技巧、经理在职业生涯发展中的角色等研讨会。对于由于调动、精简性裁员、健康问题或残疾等原因而丧失工作的员工，公司还帮助其安置工作。最后,3M公司有两个专门涉及职业生涯问题的信息库,可以在计算机管理的工作信息系统中让员工自行申请某个空缺职位。而通过借助内部查询系统,经理还可利用人力资源信息系统来了解哪些员工达到了工作要求,以及获取员工的工作经历、岗前培训经历、绩效评估记录和职业兴趣等方面的信息。

五、组织发展需要与员工职业发展相匹配

美国管理学家爱德加·沙因从职业发展观出发,设计出"人力资源计划和发展:一种实践的发展模型",如图11-3所示。在该模型中,他将组织计划与个人职业过程的匹配清楚地表现出来了。组织与个人积极互动,最终实现双方利

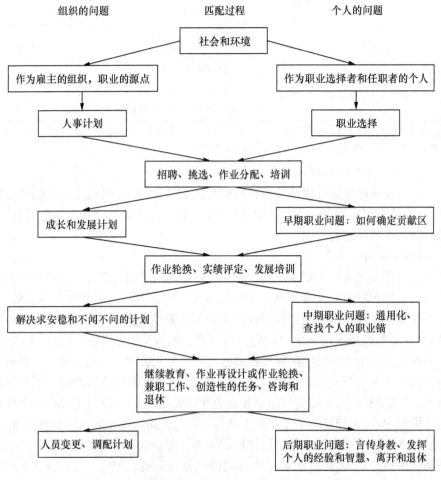

图11-3 人力资源计划和发展:一种实践的发展模型

资料来源:沙因.职业的有效管理[M].上海:生活·读者·新知三联书店,2003.

益的"双赢"——组织目标的实现和个人职业的成功。下面我们将对这个模型进行详细的说明。

沙因的模型是一个从职业发展观的角度来看待个人与组织目标相互作用的模型。模型左侧是组织的职业生涯管理活动,右侧是员工个人的职业生涯管理活动,而中间部分是两者的结合点——组织和个人需要共同参与和互动的过程,这也是个人职业发展与组织发展目标的整合过程。从组织的角度来看,一个职业生涯计划的实施流程应首先从人力资源规划开始,并据此确定招聘、甄选和培训计划等。随着员工在组织中经验的不断增长,再为他们设计成长和发展计划、安排作业轮换和发展培训等。当员工进入职业发展中期时,要着力解决职业高原期常出现的不求上进的问题,为其安排继续教育、工作轮换甚至是工作的重新设计等,实在不能胜任的,应尽力安排其到更能胜任的岗位上去或者列入退休人员计划。

从员工个人的角度来看,在正式成为组织中的一员之前,首先要对个人的未来职业有一个初步的定位,并在此职业观的指引下进行职业选择活动。当他们选定了某个组织中的某个职位后,就要参与到组织的招聘和甄选中去。一旦被组织正式录用以后,他们就步入了职业生涯早期,这个时期的员工的职业生涯问题主要是对未来的目标比较迷茫,尤其是第一次从事工作的年轻人还会产生理想与现实不符的强烈震荡,因此要通过工作轮换和发展培训等来逐步了解和发现自己的能力和特长、确定清晰的职业目标。当他们步入职业中期时,应该对个人的职业锚有更为清晰的认识,因而他们参加继续教育活动和工作轮换,追求职业价值的进一步实现。随着员工年龄的增长,当其要退出工作领域时,要充分发挥顾问的作用,为组织和年轻人提供经验咨询,使其顺利过渡到退休和离开组织。

第四节 职业生涯管理面临的挑战及其应对策略

一、个人职业生涯管理面临的挑战及其应对策略

(一) 个人职业生涯管理面临的挑战

在 20 世纪 70 年代至 80 年代中期,组织职业生涯管理是主导的职业生涯管理模式。然而,随着企业稳定性下降,企业倒闭、兼并、裁员增多,员工对企业能否长期提供工作产生动摇,不得不考虑自己的职业前景,于是个人逐渐变成了职业生涯管理的主体。现在是组织和个人均进行职业生涯管理,也许将来有些组织的职业生涯管理完全由个人来进行。Hall 和 Moss(1998)敏感地观察到了这种变化,认为职业管理的主体在发生变化,未来的职业发展将主要由个人管理,而非组织管理;未来的职业发展是连续的学习,是自我导向的、关系式的,并且在

挑战性的工作中进行；未来的职业发展不一定是正式的培训，不一定是再培训，不一定是向上流动。尽管在新时代下，职业生涯管理将获得新的内涵，但职业生涯管理的作用仍然不可忽视。

同时，员工与组织之间的心理契约关系也正在发生着变化。通过契约关系的缔结，双方可以明确能从对方那里获得的收益。个人希望得到工资、地位、晋升机会和能满足其欲望又具有挑战性的工作。组织则希望得到时间、活力、才能和忠诚，以实现其目标。与组织的心理契约会随着个人的职业经历得以调节与修正。

心理契约与新职业模式同时变化。当今社会，被雇佣的能力代替了雇佣安全性观念。员工的技能需要持续的加强和更新，以便当公司重建时，人们能找到新的工作（无论是在同一公司还是在其他公司），这样就省去了培训费用。如果能够通过更新、改变员工的技能来掌握他的被雇佣能力，他同样能与现在的雇主建立起比较安全的关系。如果一个公司提供培训和学习机会，就更有可能留住优秀员工。

事实证明，在新经济时代，出于对企业是否能长期提供工作岗位的担忧，员工不能不考虑自己的职业前景。一方面员工感到有必要接受职业指导；另一方面员工感到需要发展自身的能力，以保证可以继续被雇佣。具有成功职业管理体系的公司（如美国宝洁公司、英国石油开采公司）都希望员工能负责好自己的职业生涯，公司则为其职业生涯管理提供支持。

（二）个人应对职业发展的措施

1. 对自己的职业生涯负责

员工无论在什么样的企业，都必须采取几种职业生涯管理活动，来对自身的职业生涯进行规划。例如，主动从直接上司和同事那里获取自身优势及不足的信息反馈，对自己进行客观的评估；明确自身的职业生涯发展阶段和职业能力开发要求；主动获取公司内部有关职位空缺及其他工作机会的信息；了解公司内部和外部存在哪些与自己职业生涯有关的学习机会；建立自己的人际关系网络，与来自公司内外不同工作群体的员工进行接触，拓展自己的职业空间。

2. 增强职业敏感性

由于企业的组织结构、经营环境和资讯系统正在发生惊人变化，在工作中的员工应该增强职业的敏感性和职业危机意识，才能有效地提高自己终生被雇用的可能性。职业的敏感性包括职业弹性、职业洞察力和职业认同感等方面。

职业弹性是指员工处理某些影响工作的问题的能力的大小。高职业弹性的员工对组织变革、工作的不确定性变化有较强的适应能力。员工掌握的技能越多、工作轮换的次数越多，其职业弹性就越高。

职业洞察力包括员工对自己的兴趣、优势和不足的自知能力，包括对组织结构的变化、经营环境的变化、新技术的采用对自己希望从事的工作和职业的影响的感知能力等。具有较强职业洞察力的员工能够及时收集组织的各种信息,及时做好职业应对的准备。

职业认同感指员工对工作中个人价值的认可程度。职业认同感强的员工能够尽快完成组织社会化过程,能够尽快适应新的工作环境。

3. 提高学习能力,防止技能老化

(1) 要树立终身学习的观念,把学习看成工作和生活的第一需要;要不断接受新观念、新事物,要不断掌握新技能、接纳新思想、推行新方案,保持自己的学习能力。

(2) 要建立自己的知识网络,与同事或专家共享信息;要寻找与同事、上司共同探讨问题的机会,提出自己的想法,分享别人的经验,与你感兴趣领域的专家保持联系,建立自己的知识管理系统。

(3) 要扩大现有的工作内容,寻找更多的有挑战性的工作机会,如争取工作轮换、加入新的工作团队或新的工作项目组。这样能不断丰富自己在不同工作岗位上的经验,增强自己的职业适应能力,同时提高自己的综合技能。

二、组织职业生涯管理面临的挑战及其应对策略

(一) 组织职业生涯管理面临的挑战

进入20世纪八九十年代,企业竞争日趋激烈,有些企业由于管理措施不利,经营困难,面临破产、被兼并的境况;还有些企业在新的经济形势下停滞不前,使企业员工提升的梦想破灭,同时也打破了原来环境稳定、经济增长形势下建立起来的职业生涯规划或管理。另外,由于组织趋向于扁平化,对管理者、员工提供的晋升职位减少,也使得组织的职业规划变得与过去不同。再者,即使没有破产或被兼并,为了保持竞争力,企业也要不断地提出裁员、增效的策略。

(二) 组织应对职业发展的策略

面对组织环境的急剧变化对企业的职业生涯管理活动提出的全新挑战,国外很多企业身先士卒,为了吸引人才、激励人才和留住人才,对以往的职业生涯开发活动进行了较大的改进。这些措施具体表现为:

1. 工作重新设计

新型的职业生涯管理要求组织对工作进行重新设计,使得员工的能力得到更快的发展、员工的人性得到更多的尊重。工作重新设计的具体做法有工作轮换制,以及工作内容扩大化、多样化和丰富化等方式。

工作轮换可以消除员工对长时间固定在一个岗位或工种所产生的厌烦情绪。当然,这种工作轮换也不能过于频繁,不能在员工对其工作产生浓厚情绪时进行轮换。只有当员工主动申请,或经考察不能胜任工作或已对工作不胜其烦时,才能进行工作轮换。如果员工对一项工作已经驾轻就熟,希望有更多的机会

展示其才能或愿意应对更多的挑战,组织应该及时扩大员工的工作内容,使员工不只干一项工作而可以干多项工作。工作扩大化必然会提高员工的工作热情和兴趣,员工也能从更多的新的工作中获得满足感。工作丰富化不仅指增加员工的工作内容,还包括扩大员工的责任范围,让员工参与他们所从事工作的目标制定、规划、组织和控制。

工作轮换、工作扩大化和工作丰富化是从扩展人的知识和技能、挖掘人的潜能、激励员工承担更大的责任、提供更多的进步和发展机会出发而设计的措施。这里包含让员工自行规划工作内容、自行控制生产的产量和质量的自我管理的含义。无论是工作轮换、工作扩大化还是工作丰富化,组织都必须从改善工作环境出发,着眼于组织的人员配置和工作团队的建设。教育培训是推行工作轮换、工作扩大化和工作丰富化并取得预期成效的关键环节,集体意识和团队精神的培育与文化技能的培训同等重要。

2. 弹性工作时间安排

弹性工作时间安排是一种以核心工作时间为中心而设计的弹性日工作时间计划。它之所以被称为弹性工作时间计划,是因为在完成规定的工作任务或固定的工作时间长度的前提下,员工可以自行选择每天开始工作的时间以及结束的时间,以代替统一固定的上下班时间的制度。比如,他们可以选择从上午7点到下午3点之间工作,也可以选择从上午11点到晚上7点之间工作。

弹性工作时间计划在实践中产生了多样化的形式,如工作分担计划、临时工作分担计划、弹性工作地点计划、弹性年工作制计划等。

3. 针对双职工家庭的职业生涯开发

以往的职业计划一般是在某个时刻针对某位员工的,然而现在越来越多的员工的配偶也从事工作,他们的职业及雇佣前景也必须在职业决策时考虑到。一些学者开始把双职工家庭与双收入家庭分开分析。双职工家庭夫妇双方对各自的工作都非常投入,把工作视为自我认同的需要和职业道路的一部分,这条道路包括逐渐增加的责任、权利和报酬。至于双收入家庭夫妇,他们中的一方或双方认为工作是与报酬相联系的,如用于支付账单的钱、保持忙碌的机会或成为摆脱困境的一条途径。对后者而言,配偶中只有一方需要进行明确的职业定位,这使得制订职业计划相对容易些;而对前者来说,配偶中的每一方都强烈要求从事连续且富有挑战性的工作,双方的需要在职业计划中必须仔细进行平衡。

由于考虑到配偶工作前景的需要,许多员工不太愿意接受雇主调动工作的安排,这时,组织调度人力资源的方式必须变化。现在越来越多的组织在进行必要的地区间人事调动时也更加注意到员工配偶的职业需要,也更乐意同时雇用职业夫妇两人。

例如,在美国杜邦公司的10万名员工中就有3 500名双职工,而在中国这样的情况则非常普遍。所以，应该尽可能设法让配偶双方到同一地区工作，关心员工配偶的职业问题已成为企业挽留有价值专业人才的好办法。

双职工家庭的需要与传统的丈夫上班、妻子做家务的家庭有很大的区别，这些家庭通常欢迎"家庭援助"的组织政策，它包括照顾小孩、弹性工作时间、工作共享、部分的时间选择权等形式的帮助。根据双职工家庭的职业计划，当家庭责任达到顶峰时夫妻双方中的一方或双方停止工作或进入较慢的、工作压力较低的职业轨道。

4. 交换的职业模式

图 11-4 所示的是一个传统的职业模式，在该模式中，新员工先进入组织的基层，在同一机构工作许多年后，缓慢地按部就班地升迁，然后从组织中一个相对较高层的岗位上退休。但是，组织结构变革的趋势使得按等级序列升迁的竞争空前激烈，一方面管理职位的数目不断减少，另一方面适合的候选人数却在不断增加。组织正在试图通过开发传统职业道路的替代物来维持组织的动力和创造力，图 11-5 所显示的是一些替代办法。图 11-5 中的一些箭头进入组织但很快离开了，代表从一个组织到另一个组织的短期员工；其他的箭头遵循螺旋形的职业化道路，其中有一部分是在职能区间横向移动，这比喻员工正在接受更多的经验和新任务的不断挑战，但他们在等级升迁上也更为缓慢。组织还采用专业等级升迁制的做法，它鼓励员工在某一专门技术领域内增长专业知识，而不必转到管理部门。组织的报酬与工作结构正在发生变化，以适应这些新的职业活动形式。扩宽等级面是日益增长的普通做法，它把许多先前严格的工作称号、等级、报酬级别联合、扩宽，比如，美国北方电讯公司已经把 19 000 个工作称号及 32 个薪资级别压缩为 200 个称号及 13 个薪资级别。这种新的改革措施通过降低工作资历的重要性、奖励成绩优异者、加强同级间的工作变动等办法鼓励员工。

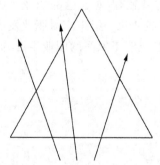

图 11-4　传统的职业流动模式

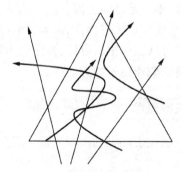

图 11-5　未来的职业流动模式

螺旋形或交叉的组织职业化道路可能对今天的员工还有一种吸引力，即它使员工待在一个地区的可能性增大了。随着双职工家庭数量的增加,员工宁愿在同一个社区住更长一段时间,宁愿在同一机构不同类型工作间转移或在不同的当地雇主间做同一项工作,新的职业流动模式满足了他们对这种稳定性的需要。

本章小结

职业生涯管理是个人与组织共同参与的一项活动。员工进行职业生涯管理为的是追求个人发展与自我实现;组织协助员工管理职业生涯,其目的在于最大限度地挖掘人力资源的潜力、有效利用人才。职业生涯发展阶段有多种不同的解读,如舒伯的五阶段理论、金斯伯格的职业生涯发展阶段理论、格林豪斯的职业生涯发展阶段理论。职业生涯发展通道也被称为职业生涯通道或职业通道,是指组织为内部员工设计的自我认知、成长和晋升的管理方案。目前,常见的职业通道有传统职业通道、行为职业通道、横向职业通道、双重职业通道。职业考察就是搜集和分析关于职业生涯问题的信息的过程。职业考察一般包括自我测评和环境考察两方面的内容。职业生涯战略就是为帮助人们实现职业生涯目标而设计的各种行动,涉及人们要有意识地进行哪些人力资本投资以及避免哪些人力资本投资。组织职业生涯管理,是一种专门化的管理,即从组织角度对员工从事的职业和职业发展过程所进行的一系列计划、组织、领导和控制活动,以实现组织目标和个人发展的有效结合。组织职业生涯管理实践的内容可以分为三个方面:提供信息、提供科学的潜能评价和提供培养措施。组织职业生涯管理的实施方法有举办职业生涯讨论会、填写职业生涯计划表、编制职业生涯手册、开展职业生涯咨询。职业管理的主体在发生变化,未来的职业发展将主要由个人管理,而非组织管理;未来的职业发展是连续的学习,是自我导向的、关系式的,并且在挑战性的工作中进行;未来的职业发展不一定是正式的培训,不一定是再培训,不一定是向上流动。个人应对职业发展的措施有:对自己的职业生涯负责、增强职业敏感性,以及提高学习能力、防止技能老化。组织应对职业发展的策略可从工作重新设计、弹性工作时间安排、针对双职工家庭的职业生涯开发、交换的职业模式等方面提出。

关键概念

职业生涯管理　职业锚　职业通道　职业兴趣

课堂练习

选择题

1. 家庭背景是与员工的职业生涯发展有关的(　　)。
   A. 个人因素　　B. 组织因素　　C. 环境因素　　D. 社会因素
2. (　　)不属于影响员工职业发展的个人因素。
   A. 价值观　　B. 父母的职业　　C. 社会地位　　D. 员工关系
3. 科技的发展是与员工的职业生涯发展有关的(　　)。
   A. 个人因素　　B. 组织因素　　C. 环境因素　　D. 社会因素
4. (　　)是满足员工物质需求的重要手段,也是激励员工的主要方式,并且是员工职业生涯发展的主要目标。
   A. 加薪　　B. 荣誉证书　　C. 升迁　　D. 奖赏
5. 在强调组织作用的员工个人发展计划模式中,(　　)是基础,其作用是发现有培养前途的员工。
   A. 自我评价　　B. 直接领导评价　　C. 同事评价　　D. 社会评价
6. (　　)用于能力的测量,它把受评人置于预先设定的一系列模拟的工作环境中,由评价小组根据受评人在模拟活动中的表现评价其能力或预测其潜能。其优点是评价的效果较高,可以发现和评价受评人的潜能;缺点是操作难度大、成本高。
   A. 人事考核　　　　　　　　B. 人格测试
   C. 情景模拟　　　　　　　　D. 职业能力倾向测试
7. 员工进行职业生涯管理为的是(　　)。
   A. 个人发展与自我实现　　　B. 挖掘人力资源的潜力
   C. 有效利用人才　　　　　　D. 开发人力资源
8. 下列不是职业生涯发展阶段理论的是(　　)。
   A. 金斯伯格理论　　　　　　B. 格林豪斯理论
   C. 权变理论　　　　　　　　D. 加里·德斯勒理论
9. 下列不属于常见的职业通道的是(　　)。
   A. 传统职业通道　　B. 行为职业通道　　C. 横向职业通道　　D. 纵向职业通道

判断题

1. 职业发展的目标是获得工作和生活的平衡。(　　)
2. 职业的选择对人生的发展并不重要。
3. "终身学习"已不是一种义务或特权,而是个人生存和发展的需要。(　　)
4. 在企业经营管理活动中,人是管理活动的主体,又是管理活动的客体。(　　)
5. 榜样的影响是社会学习理论的核心。(　　)

讨论题

1. 大多数人会选择与自己的才能、价值观、兴趣、所希望的生活方式相匹配的职业吗?这样做会遇到什么障碍?
2. 你是否认为女性及少数民族在择业时会遇到外界的严格限制?女性在选择职业的时

候遇到的问题与有色人种遇到的问题一样吗？

3. "在组织中，如果雇员达到了职业生涯高原期，其生产率和满意度都会大大降低"，你支持还是反对这种观点，请说明自己的理由。

讨论案例

进与退，IT 职业生涯选择题

IT，是一个让人欢喜让人忧的行业。有人认为，在 IT 行业里摸爬滚打几年，能够积攒不少经验，未来不管是创业还是在职场上，都能无往不利；也有人认为，IT 企业工作辛苦，要是遇上工作强度大的企业，更是要付出身体健康受到影响的代价。但是，几乎没有人否认，在 IT 行业，辛勤的付出一定会有相应的回报。

近几年，越来越多的人涌入 IT 行业，国家和地方政府鼓励 IT 产业发展的政策也使得 IT 行业的就业机会迅速增加，IT 培训成为培训行业中最普及也是最有吸引力的内容之一。那么，IT 行业到底值不值得我们为之奋斗？在我们生活的江苏省，IT 行业还有多少潜力？我们又该如何找对 IT 这个行业的敲门砖？

江苏软件产业崛起，面临人才困局

在 2007 年薪酬报告中可以看到，IT 行业平均收入名列前茅。其中，软件开发工程师、游戏设计工程师、电子商务产品经理这些岗位，外资公司平均给薪达到每月 8 756 元。或许，这足以说明越来越多白领身陷"IT"的原因。国家统计局日前发布的全国企业景气调查结果显示，2007 年计算机服务和软件业企业景气指数位居各行业榜首。

对江苏省来说，随着企业在上海的经营成本上升，软件企业将研发中心、软件外包基地转移到上海周边地区的趋势日益明显。

2007 年 2 月，NEC 信息系统（中国）有限公司成立无锡分公司，致力于软件开发与 IT 系统构筑。

2007 年 3 月，新宇软件（苏州工业园区）有限公司与印度著名 IT 企业戴塔麦特签订了目前中国最大的服务外包合作协议，计划在苏州工业园区建立首期 1 500 人的 ITO/BPO（信息技术外包及业务流程外包）基地。

2008 年 2 月，在"无锡—班加罗尔服务外包产业合作说明会"上，无锡市政府宣布携手全球领先的 IT 人才培养公司印度国家信息技术学院（NIIT），将共同在无锡市建立 IT 教育培训中心并提供相应的培训计划。作为该协议的一部分，NIIT 公司和无锡市政府将在人力资本开发方面紧密合作，致力于推动该地区新兴 IT 产业的发展。此外，无锡新区与印度国家软件园、江阴开发区与帕森（Polson）、锡山开发区与 SCL、滨湖区政府与法斯查古斯（Firstapx）、无锡市外经局与班加罗尔工商协会（BCIC）等十多个软件合作项目在会上成功签约。

江苏省信息产业厅发布的数据表明,自2004年以来,IT产业已经成为江苏省的第一支柱产业,而2007年江苏电子信息产业销售收入更是达到1.2万亿元,占全国信息产业的比重超过20%;其中,仅软件产业就实现销售收入832亿元,年增长率达到62%,超过绝大多数产业。目前,江苏的软件企业在电力、电信、安全、智能交通和城市管理、教育等行业领域的占有率均超过15%,个别行业甚至高达50%。

在江苏省的"十一五"规划中,软件行业成为未来五年江苏大力发展的重点产业。规划指出,江苏将在"十一五"期间启动软件和信息服务外包"4551工程",主要包括:实现软件产业出口50亿美元;在全省建立五个特色鲜明、目标市场明确的软件外包集聚地;将世界500强企业作为江苏省软件服务外包的重点发包方;培养10家超亿美元的软件外包企业;全省软件和信息服务企业上市公司超过100家等。

综观中国在IT服务外包产业的发展,到2015年,预计还将有500万软件工程师的人才缺口需求。可以清楚地看到,在未来五年里,软件人才在江苏面临着巨大的机会。选择这个时机进入IT行业,将打开成就你梦想的风帆。

软件人才供需脱节,培训机构显身手

随着软件及服务外包产业的快速发展,软件及服务外包人才短缺已成为制约外包产业发展的瓶颈,尤其是高校培养的学生的职业素质和实际动手能力与企业的实际要求有较大的差距,同时也制约了企业的发展。

刚刚拿到硕士毕业证书的小张这两天赶到招聘市场,以前专攻物理专业的他在考研的时候选择了热门的计算机软件开发专业,自认为能得到一份令人满意的工作。连续逛了三天的招聘会,小张彻底傻眼了,多数企业都是需要三年以上软件开发经验的熟练人员,三天下来面试了多家软件公司,但没有一家公司愿意接受他这样没有经验的硕士生。

而参加此次招聘会的某企业招聘负责人也叫苦不迭——自己公司要招三名不同类型的中高级软件管理人才及开发人才,但多数前来应聘的人员与企业想象的条件有很大的差距。引进一名新的软件人才需要3—6个月的培训期,同时IT行业的人才流动率高达30%,贸然引进生手需要极高的前期投入成本,招有经验的熟练工是最好的解决办法。在新《劳动合同法》正式实施之后,企业在招聘员工时更是小心翼翼。

一方面是企业的巨大需求缺口,另一方面是大量的软件开发人员很难找到令人满意的工作。这映射出中国传统高校在培养软件人才与企业有效对接上的失败。

"高校很难培养出能让企业马上使用的软件人员,高校教材及教学方式与企业软件人才标准脱轨是目前高校单一培养模式有待改进的地方。"某招聘企业人力资源部负责人这样说。

高校在意识到这种单一教育模式的弊端后,开始不断尝试与各大软件厂商合作推出培养人才计划,这在很大程度上弥补了与企业脱轨现象的出现。打开各大跨国IT企业的合作备忘录,可以看到SUN、微软、Oracle、思科等国际知名企业均与高校建立了长期的人才合作计划。
雾里看花,培训机构怎么选
在国内培训市场还不完善的今天,很多IT培训机构的人才培养都是以学员的毕业为终结的。这种培训与就业脱钩的情况,直接导致培训委托方无法监控培训效果。很多机构就是钻了这个空子,在课程设置上随心所欲,在师资结构上以次充好,在就业保障上"信口开河"。更有部分实力较弱的IT培训机构的学员在毕业之后才发现,企业对自己花大价钱学的课程并不感冒,又或者等到学习阶段完成时却发现自己已经落后于IT产业的潮流。

对于处于弱势地位的学员来说,选择一家合适的IT培训机构不是件容易的事——该怎么选是个大难题。找到一家好的培训企业需要注意如下几方面:

(1)品牌。国外有句谚语:"布丁吃过才知道好坏。"对培训机构的反馈,取决于培训过的学生。换句话说,即该培训机构的品牌效应。品牌代表信誉、代表诚信、代表这个培训机构的综合实力与素质,是一种高品质服务的象征。

(2)规模。规模大的培训机构拥有专职教师,甚至会结合自身的行业经验编制更具有针对性的教材,培训质量远高于中小培训机构。

(3)师资。对学员来说,训练有素的教师是培训质量的重要保证。因此,教师不仅要有丰富的产品理论知识及使用产品的实践经验,更重要的是教学方法和教学管理经验,并熟悉当今IT行业的最新技术及发展。

此外,了解学院过去的情况、培训教材的更新速度、学员的就业情况也非常有必要。一般来说,历史悠久的培训机构在教育方法、教学经验上占据优势,而教材更新速度则体现了培训机构紧跟产业发展趋势的能力。目前,大型培训机构通过与业界著名企业开展合作,其教材更新速度都非常快。

无论是什么规模的培训企业,都免不了要寻求合作伙伴的支持。选择培训合作伙伴的标准,涵盖了资质、投资管理能力与经验以及对教育事业的热情三大方面,还包括对品牌的认同感、对教育事业的热情及长期投入、正直廉洁的操守、投资管理能力与成功经营管理经验、正规办学许可证等诸多细节。由此可以看出,选择大的培训品牌对保障学员利益具有明显的作用。

然而,也会出现不法分子假借著名培训品牌的影响力牟利的事件。因此,想进入IT行业的学员除了要选择培训品牌之外,还得精心选择培训中心。如何找到正规的培训中心,这也需要一些技巧。

首先,正规培训中心具有相关主管部门颁发的培训许可证;其次,对于连锁机构,其合作伙伴名称、电话是否与官方网站上提供的数据一致也是鉴别真伪的重要因素;最后,多数连锁机构实行培训学员的统一管理,因此其学员卡能够在官方网站进行注册、查询课程成绩等操作。

事实上,选择IT教育培训是一个人通往软件行业最快速的方法之一。但是,在选择培训机构的时候更应该理性思考,综合考虑自己的实际情况和培训机构的实力,不要被那些"短期培训"或是"毕业包就业"的广告宣传所打动。要成为一名优秀的软件工程师,培训之外更需要的是自身的努力。

资料来源:http://www.xici.net/u11341568/d67851407.htm。

问题:

结合案例,假设你是一位刚进入 IT 业的新人,如何规划自己的职业生涯?对组织的职业生涯设计有什么期望?

复习思考题

1. 找出一家自己熟悉的企业,评价该企业的职业计划与发展规划。
2. 思考职业生涯管理对个体而言的重要性,用本章所学的内容,为自己制定一份职业规划设计书。

推荐阅读

1. 李智慧.职业生涯规划[M].北京:经济科学出版社,2009.
2. 曹露.职业生涯规划与就业创业指导[M].北京:北京师范大学出版社,2009.
3. 丁永钦.职业生涯规划[M].北京:科学出版社,2009.
4. 赵曙明.人力资源管理与开发[M].北京:高等教育出版社,2009.
5. 格林豪斯,卡拉南,戈德谢克.职业生涯管理(第三版)[M].北京:清华大学出版社,2006.
6. 喻剑利,曲波.无边界职业生涯时代的员工忠诚度培养[J].中国人力资源开发,2009(4).
7. 高晓芹.新员工早期职业生涯发展及管理[J].中国人力资源开发,2008(2).
8. 白艳莉.无边界职业生涯时代的职业生涯管理[J].中国人力资源开发,2007(4).

第十二章 劳动关系管理

> 一旦企业经理和工会互为对手,劳资关系是不可能有什么改善的。
> ——迪安·M.鲁伊

本章学习目标

1. 掌握劳动关系的定义及特征。
2. 理解劳动管理主体。
3. 了解劳动合同的种类、订立、履行与终止。
4. 了解集体合同的订立、履行与终止。
5. 掌握劳动关系矛盾的类型与处理。

引导案例

劳动合同能否变更?

2009年3月,南京某印刷厂招收激光照排车间工人,待业人员王某前去应聘。王某的基本条件符合招聘要求,但因深度近视,不符合招聘的视力要求,遂让与其相貌近似的胞妹顶替体检,其妹左右眼的视力分别为1.5和1.0,符合招聘条件。王某被招聘后,即与印刷厂签订劳动合同,合同试用期为两个月。王某上岗后,该厂发现她在工作中屡出差错,并发现差错源于她的视力不好,便对其视力进行复查,结果发现其实际视力仅为0.3和0.4,远远低于岗位要求。2009年6月,经调查,王某承认让其胞妹顶替的事实。2009年7月,印刷厂提出与王某解除劳动合同,王某不同意并向当地劳动争议仲裁委员会提请仲裁。王某诉称:"在应聘上确有弄虚作假,但入厂后工作勤奋,虽不适合照排工作但仍可胜任其他工作。原订劳动合同有效且该劳动合同规定的试用期已止,双方可以变更合同继续履行。"

资料来源:http://www.wfcldd.com/file_post/display/read.php? FileID=1210。

问题：
1. 该劳动合同是否有效？为什么？
2. 用人单位解除劳动合同的条件是什么？印刷厂解除与王某的劳动合同有无法律依据？
3. 王某提出的变更劳动合同的要求有无法律依据？

第一节 劳动关系概述

一、劳动关系的定义及其特征

(一) 劳动关系的定义

劳动关系是以劳动为实质、发生在劳动过程中的一种社会关系，它隶属于生产关系的范畴。在生产劳动过程中，雇员与雇主之间客观地存在着劳动权利和利益的矛盾，劳动关系体现的正是这种权利和利益关系。

要把握企业劳动关系，需要明了企业劳动关系三方面的特征：第一，企业劳动关系的存在，必须以企业管理者和劳动者两方主体的存在为前提条件，两方缺一不可。比如，个体劳动者的劳动，以及我国现实生活中的以联产承包责任制为特征的家庭劳动，就不具有企业劳动关系的性质。而一旦个体户和家庭聘用帮工或其他劳动者，便具备了企业管理者(个体户和家庭可近似看做企业管理者)和劳动者两方主体存在这个前提条件，这时，企业劳动关系就出现了。第二，企业劳动关系是在企业实现劳动的过程中所发生的企业劳动力使用者与劳动者之间的关系。企业劳动关系要涉及与企业劳动直接相联系的企业劳动关系的运作、企业劳动立法、企业劳动合同、企业集体谈判、企业集体合同、企业劳动争议和企业工会等诸多方面的内容。这些内容在本章的后半部分将陆续提到。第三，企业劳动关系的一方主体(劳动者)只有同另一方主体(企业管理者)签订劳动合同，并保证合同的履行，企业劳动关系的运作才算开始。

目前，我国正在向现代市场经济过渡，过渡期企业所有制性质的多样性，决定了企业劳动关系的多样性和复杂性。从企业所有制性质来说，主要存在三种形式的企业劳动关系，即公有制企业的劳动关系、混合性企业的劳动关系和私有制企业的劳动关系。公有制企业的劳动关系主要包括国有企业和集体企业的劳动关系等；混合型企业的劳动关系主要包括股份制企业、合伙制企业和中外合资企业的劳动关系等；私有制企业的劳动关系主要包括内资私营企业、外商独资企业和个体企业的劳动关系等。

(二) 劳动关系的特征

劳动关系是生产关系的重要组成部分,是社会分工协作关系。它是劳动者与用人单位之间由于劳动交易所形成的关系,是二者围绕有偿劳动的内容和形式所产生的各种权、责、利关系。

从理论上说,劳动关系的特征可概括为以下几方面:

第一,劳动关系是一种劳动力与生产资料的结合关系。因为从劳动关系的主体来说,当事人一方固定为劳动力所有者和支出者,称为劳动者;另一方固定为生产资料所有者和劳动力使用者,称为用人单位(或雇主)。劳动关系的本质是强调劳动者将其所有的劳动力与用人单位的生产资料相结合。

第二,劳动关系是一种具有显著从属性的劳动组织关系。劳动关系一旦形成,劳动关系的一方(劳动者)要成为另一方(所在用人单位)的成员。所以,虽然双方的劳动关系建立在平等自愿、协商一致的基础上,但劳动关系建立后,双方在职责上则具有从属关系。

第三,劳动关系是人身关系。由于劳动力的存在和支出与劳动者人身不可分离,劳动者向用人单位提供劳动力,实际上就是劳动者将其人身在一定限度内交给用人单位,因而劳动关系就其本质意义来说是一种人身关系。

二、劳动关系主体

一般来说,市场经济下的企业劳动关系要涉及管理方、劳动方和工会三方。也就是说,三方利益格局是市场经济下企业劳动关系的外在形式。工会是代表劳动者的一种组织。劳动法规定,劳动者有依法参加和组织工会的权利。工会代表应维护劳动者的合法权益,依法独立自主地开展活动。企业管理者作为财产法人或财产法人的代表,其基本职能是依法全权进行生产经营活动,并负责出资人的保值增值。劳动者作为劳动力的所有者,可以任意支配蕴藏在自己体内的劳动力,在劳动过程中向企业让渡自己的劳动力,以换取自己赖以生存和发展的物质资料。

劳动关系主体的对象包括四个方面:员工、工会、雇主、政府。

(一) 员工

员工,也称作雇员、雇工、受雇人、劳工,是指在就业组织中,本身不具有基本经营决策权力并从属于这种权力的工作者。员工的范围有蓝领工人、医务工作者、办公人员、教师、社会工作者、中产阶级的从业者和底层管理者,不包括自由职业者、自雇佣者。

(二) 工会

工会是劳动者(雇员)组成的旨在维护和改善其就业条件、工作条件、工资福利待遇以及社会地位等权益的组织。工会主要通过集体谈判方式来代表劳动者(雇员)在就业组织和整个社会中的权益。

1. 工会的职能与行动方式

工会是员工的集体组织,其主要目的在于维护员工的合法权益。工会的职能具体表现为代表职能、经济职能、社会民主职能和服务职能。

工会的行动方式主要有劳动立法、集体谈判、直接行为、互保互助、政治行动等。

2. 我国的工会和职工代表大会

工会的任务有：代表和组织职工参与国家社会事务管理和参加企事业单位的民主管理；维护职工的合法权益；代表和组织职工实施民主监督；协助政府开展工作,巩固人民民主专政的政权与支持企业行政人员的经营管理；动员和组织职工参加经济建设；教育职工不断提高思想政治觉悟和文化技术素质。

工会的职权主要包括：通过职工大会、职工代表大会等形式,参与民主管理或与用人单位进行平等协商；代表职工与企业谈判和签订集体合同；对劳动合同的签订和履行进行监督；对企业遵守劳动法律、法规进行监督；参与劳动争议的调解和仲裁。

职工代表大会是我国劳动者参与企业民主管理的一种基本形式,是职工行使民主管理权力的机构。

(三) 雇主

雇主,也称雇佣者,是指在一个组织中,使用雇员进行有组织、有目的的活动,并向雇员支付工资报酬的法人或自然人。在我国,雇主是一个新的概念,在现行的劳动立法中没有使用这一概念,而是普遍称作"用人单位"。

(四) 政府

在现代社会中,政府的行为已经渗透到社会经济、政治生活的各个方面,政府作为劳动关系的主体一方,在劳动关系的运作过程中扮演着重要的角色。具体体现为：第一,作为雇主的政府。第二,作为调解者、立法者的政府。第三,三方性原则中的政府。所谓三方性原则,是强调法律不仅要规定当事人双方的权利、义务,而且要同时规定作为第三方的政府的权利和义务。三方性原则表明了劳动关系制度对公共权力的承认。

三、劳动关系理论学派及历史发展

国外关于劳动关系管理理论的研究起步较早,可以说,伴随着19世纪中叶西欧产业革命的开始以及劳动关系问题的出现,有关劳动关系的理论研究就已开始。从马克思到韦伯夫妇(Sidney and Beatrice Webb),再到康芒斯(Commons)和珀尔曼(Perlman)等,他们分别从政治、经济、历史和社会等不同学科的角度对劳动关系这一重要的社会经济现象进行了富有成果的研究,形成了各具特色的观点,这对于后来的理论发展和完善有着不容忽视的指导和借鉴意义。20世纪40年代以后,各学派纷纷提出了本学派的理论体系。

(一) 新保守派

新保守派也称新自由派或新古典学派,基本由保守主义经济学家组成。这一学派主要关注经济效率的最大化,研究分析市场力量的作用,认为市场力量不仅能使企业追求效率最大化,而且能确保雇员得到公平合理的待遇。新保守派认为,劳动关系是具有经济理性的劳资双方之间的自由、平等的交换关系,双方具有不同的目标和利益。从长期看,供求双方是趋于均衡的,供给和需求的力量保证了任何一方都不会处于劣势。由于劳动力市场机制可以保证劳资双方利益的实现,所以劳资双方的冲突就显得微不足道,研究双方的力量对比也就没有什么意义,所以,工会的作用就不大了。新保守派认为,工会所起的作用是负面的,工会实际形成的垄断制度,干扰了管理方与雇员个人之间的直接联系,阻碍了本来可以自由流动的劳动力市场关系,破坏了市场力量的平衡,使管理方处于劣势地位。由于工会人为地抬高工资,进而抬高了产品的价格,干涉了管理方的权力,最终会伤害雇主在市场上的竞争地位,也会削弱其保障雇员工作的能力。在政府的劳动关系政策上,新保守派主张减少政府的收支规模,强调要减少税收,尤其是经营税收以及针对管理者和技术工人的税收;主张将市场"规律"引入工资和福利的决定过程,认为理想的劳动法应该使工人难以组织工会,或者即使有工会,其权力也很小,这样劳动和资源的配置才会更加灵活,也才能提高劳动生产率。

(二) 管理主义学派

管理主义学派由组织行为学者和人力资源管理专家组成。它更关注就业关系中员工的动机及员工对企业的高度认同、忠诚度问题,主要研究企业对员工的管理政策、策略和实践。该学派认为,员工同企业的利益是基本一致的,劳资之间存在冲突的原因,在于雇员认为自己始终处于被管理的从属地位,管理与服从的关系是员工产生不满的根源。该学派对工会的态度是模糊的,一方面,该学派认为,由于工会的存在威胁到资方的管理权力,并给劳动关系带来不确定性,甚至是破坏性的影响,所以应尽量避免建立工会;但另一方面,该学派也承认,在已经建立工会的企业,管理方应该将工会的存在当做既定的事实,同工会领导人建立合作关系。同样,该学派对集体谈判制度的态度也是灵活的。与新保守派相比,管理主义学派更多地看到"纯市场"经济的局限性,他们支持政府间接的介入。在劳动关系和人力资源管理方面,管理主义学派主张采用新的、更加弹性化的工作组织形式,更加强调员工和管理方之间的相互信任和合作,尤其赞赏高绩效模式中的"高度认同"的内涵,包括工作设计改革、雇员参与改革以及积极的雇佣政策。

(三) 正统多元论学派

正统多元论学派由采用制度主义方法的经济学家和劳动关系学者组成。其观点是第二次世界大战以来经济发达国家一直奉行的传统理念的延续。该学派主要关注经济体系中对效率的需求与雇佣关系中对公平的需求之间的平衡，主要研究劳动法律、工会、集体谈判制度。该学派认为，雇员对公平和公正待遇的关心，同管理方对经济效率和组织效率的关心是相互冲突的。同时也认为，这种冲突仅限于收入和工作保障等这些具体问题，而且"这些具体利益上的冲突，是可以通过双方之间存在的共同的根本利益加以解决的"。相对于雇主，雇员个人往往要面对劳动力市场的"机会稀缺"。所以，在劳动力市场上雇员大多处于相对不利的地位。而工会和集体谈判制度有助于弥补这种不平衡。正统多元论学派传统的核心假设是：通过劳动法和集体谈判确保公平与效率的和谐发展是建立最有效的劳动关系的途径。这是战后许多国家所奉行的劳动关系制度。该学派强调弱势群体的工会化，强调更为集中的、在产业层次上的集体谈判，反对因任何偏见解聘罢工工人，提出用工人代表制度等形式来保证劳动标准的推行（如建立工人与管理方共同组成的委员会；在公司董事会中要有工人代表，建立工人委员会；工人代表可以分享企业信息、参与协商以及联合决策等）。对该学派持批评态度的人认为，这一模式的缺点是：工会的覆盖面具有局限性，工会与管理方过于对立，以及在存在工会的情况下工人仍缺乏参与权。

(四) 自由改革主义学派

自由改革主义学派更具有批判精神，积极主张变革。该学派十分关注如何减少或消灭工人受到的不平等和不公正待遇。该学派的观点在五个学派中内容最松散，它包括对歧视、不公平、裁员和关闭工厂、拖欠工资福利、危险工作环境以及劳动法和集体谈判体系中的缺陷等问题的分析。它认为劳动关系是一种不均衡的关系，管理方凭借其特殊权力处于主导地位；现存的劳动法和就业法不能为工人提供足够的权利保护。因此，为了确保工人获得公正平等的待遇，必须要加大政府对经济的干预。自由改革主义学派的最大特点是提出了"结构不公平"理论。该理论将经济部门划分成"核心"和"周边"两个部门。"核心"部门是指规模较大、资本密集且在市场上居于主导地位的厂商；而"周边"部门则是规模较小、劳动密集且处于竞争性更强的市场上的厂商。近年来，该学派将"核心"和"周边"部门的划分进一步扩展到单个的雇主或产业的分析中。"结构不公平"说明工会的存在和集体谈判的开展是非常必要的。但自由改革主义学派同时又经常严厉地批判当前的劳动关系体系，甚至对工会也表示不满，认为：在当前体系下，那些在周边部门工作的雇员，是最需要工会帮助的，但恰恰在周边部门，工会又是最无效的。因为周边部门的工人，其罢工力量很小，管理方迫于市场竞争压力也不可能作出实质性让步。工会和管理方之间的尖锐对立,使工会无法为其成员争取更多的利益。近年来,在经济全球化趋势的影响下,当雇主对工资福利的支出和绩效水平的提高不满时,相继采取了关闭工厂,或者向海外人工成本较低的地区转移等手段,这一现象引起了该学派的特别关注。自由改革主义学派支持强有力的劳动法和各种形式的工人代表制度,关注更广泛的经济社会政策,认为政府应该限制和改变市场经济所产生的经常性的负面影响,反对市场化,尤其是自由贸易协议;主张强势工会,认为工会应该比以往更加关心广泛的社会问题和事务。

(五) 激进派

激进派具有比其他学派更加深刻的思想内涵,主要由西方马克思主义者组成。激进派所关注的许多问题同自由改革主义学派是相同的,但它更关注劳动关系中双方的冲突以及对冲突过程的控制。该学派认为:(1) 自由改革主义学派所指出的问题是资本主义经济体系本身所固有的问题,因而其提出的政策主张的作用十分有限。(2) 在经济中代表工人的"劳动"的利益,与代表企业所有者和管理者的"资本"的利益,是完全对立的。冲突不仅表现为双方在工作场所的工资收入、工作保障等具体问题上的分歧,还扩展到"劳动"和"资本"之间在宏观经济中的冲突。(3) 其他学派提出的"和谐的劳动关系"只是一种假象。只要资本主义经济体系不发生变化,工会的作用就非常有限。尽管工会可能使工人的待遇得到某些改善,但这些改善是微不足道的。在技术变革和国际竞争不断加剧的今天,工会显得越来越力不从心。因为国际竞争总是更多地依赖人均劳动成本的优势,而非人均劳动生产率的优势。所以,要使工会真正发挥作用,必须提高工人对自身劳动权和报酬索取权的认识,了解劳动关系对立的本质,进而开展广泛的与资本"斗争"的运动,向资本的主导权挑战。

实际上,劳动关系的运作主要表现为两种形式:既有可能是冲突,也有可能是合作。在劳动关系冲突过程中,工人一方主要采取的斗争手段包括罢工、怠工和抵制等,管理者一方主要采取的手段包括关闭工厂、列黑名单等。劳动关系合作有多种实现形式,主要有工人参与管理、双方协议制度和集体谈判制度三种。与此同时,劳动关系的处理还涉及劳动合同、集体合同和工会等内容。此外,与劳动关系处理相关的内容还包括影响劳动关系的外部环境,主要有思想文化环境、社会经济环境、体制法律环境和劳动力市场环境等。

第二节 劳动合同和集体合同

一、劳动合同概述

劳动合同,又称劳动契约、劳动协议,是指企业、个体经济组织、事业组织、国家机关、社会团体同劳动者之间建立劳动关系,明确双方权利和义务的协议。我国《劳动法》第 16 条规定:"建立劳动关系应当订立劳动合同。"

劳动合同一经双方当事人签订,即确立了劳动者与用人单位之间的劳动法律关系,双方当事人之间的有关劳动权利和义务以书面合同的形式确定下来,使之特定化、具体化。劳动者依据劳动合同在企业、事业、机关、团体等用人单位内担任一定的职务或工种的工作,完成规定的生产(工作)任务,遵守劳动法律和职业道德;用人单位则依据劳动合同的约定,按照劳动者劳动的数量和质量支付劳动报酬,对劳动者享有的劳动权利提供保障,督促劳动者履行劳动义务。

上述定义表明,劳动合同是发生在劳动者与用人单位之间的一种法律事实或法律文件,是确立具体劳动关系的法律凭证和法律形式。劳动合同的法律特征主要有以下四点:

第一,一般情况下,劳动合同的当事人一方是企业、事业、国家机关、社会团体、个体经济组织等用人单位,另一方是劳动者本人,即劳动关系是在拥有生产条件的用人单位与具有劳动权利能力、行为能力的劳动者之间形成的。

第二,劳动合同的当事人在职责上具有从属关系,即劳动合同订立后,劳动者一方成为该用人单位的一名职工;用人单位则依据劳动法律、法规和劳动合同,有权利也有义务组织和管理本单位的职工。这种职责上的从属关系,是由社会化生产劳动过程中的分工要求所形成的。

第三,劳动合同的当事人法律地位平等,即劳动合同是双方当事人之间平等自愿、协商一致达成的协议,是双方当事人意思表示一致的产物。也就是说,劳动合同的订立可以充分体现企业用工权、劳动者择业权的自主性。

第四,劳动合同所要求的主要在于劳动过程的实现,而不仅仅是劳动成果的给付。劳动过程是个相当复杂的过程,有的劳动直接创造或实现价值,有的劳动则是间接地帮助创造或实现价值;有的劳动有独立的成果,有的劳动则物化在集体劳动成果中。劳动合同的目的主要是使劳动者与用人单位构成具体的劳动关系,实现单位生产(工作)需要的劳动过程。这一特征使劳动合同区别于仅仅是成果给付的承揽形式的劳务合同。

(一)劳动合同的种类

按照不同的标准来划分,劳动合同有不同的类型。

1. 按照劳动合同期限划分

《劳动合同法》规定:"劳动合同的期限分为有固定期限、无固定期限和以完成一定的工作为期限。"劳动合同期限是指劳动合同起始至终止之间的时间,或者说是劳动合同具有法律约束力的时段。按劳动合同期限划分,劳动合同分为以下三种:

(1) 有固定期限的劳动合同。它是指企业等用人单位与劳动者订立的有一定期限的劳动协议。合同期限届满,双方当事人的劳动法律关系即行终止。如果双方同意,还可以续订合同,延长期限。

(2) 无固定期限的劳动合同。它是指企业等用人单位与劳动者订立的没有期限规定的劳动协议。劳动者在参加工作后,长期在一个企业等用人单位内从事生产或工作,不得无故离职,用人单位也不得无故辞退。这种合同一般适用于技术性较强、需要持续进行的工作岗位。

(3) 以完成一定工作为期限的劳动合同。它是指以劳动者所担负的工作任务来确定合同期限的劳动合同。如完成某项科研任务的劳动合同,以及带有临时性、季节性的劳动合同。合同双方当事人在合同存续期间建立的是劳动法律关系,劳动者要加入劳动单位集体,遵守劳动单位内部规则,享受某种劳动保险待遇。

2. 按照劳动合同产生的方式划分

(1) 录用合同。它是指用人单位在国家劳动部门下达的劳动指标内,通过公开招收、择优录用的方式订立的劳动合同。录用合同一般适用于招收普通劳动者。目前,全民所有制企业、国家机关、事业单位、社会团体等用人单位的录用劳动合同的特点是:用人单位按照预先规定的条件,面向社会,公开招收劳动者;应招者根据用人单位公布的条件,自愿报名;用人单位全面考核、择优录用劳动者;双方签订劳动合同。

(2) 聘用合同,也叫聘任合同。它是指用人单位通过向特定的劳动者发聘书的方式,直接建立劳动关系的合同。这种合同一般适用于招聘有技术业务专长的特定劳动者,如企业聘请技术顾问、法律顾问等。

(3) 借调合同,也叫借用合同。它是借调单位、被借调单位与借调职工个人之间,为借调职工从事某种工作,明确相互责任、权利和义务的协议。借调合同一般适用于借调单位急需使用的工人或职工。当借调合同终止时,借调职工仍然回原单位工作。

3. 按照生产资料所有制性质划分

按照生产资料所有制性质的不同,劳动合同可划分为:全民所有制单位劳动合同、集体所有制单位劳动合同、个体单位劳动合同、私营企业劳动合同和外商投资企业劳动合同等。

4. 按照用工制度种类划分

按照用工制度种类的不同，劳动合同可分为：固定工劳动合同、合同工劳动合同、农民工劳动合同、临时工（季节工）劳动合同等。

（二）劳动合同的订立与履行

1. 订立劳动合同应遵循的原则

《劳动法》规定："订立劳动和变更合同，应当遵循平等自愿、协商一致的原则，不得违反法律、行政法规的规定。"具体来讲，订立劳动合同必须遵循以原则：

（1）合法原则，即订立劳动合同必须遵守国家的法律法规和政策的规定。它包括：① 订立劳动合同的主体必须合法，作为用人单位，必须是依法成立的企事业单位、国家机关、社会团体和个体经营户等用人单位；作为劳动者，必须是具有劳动权利能力和劳动行为能力的公民。② 劳动合同的内容必须合法，劳动合同程式条款不能违反国家法律、法规和政策的规定，不得损害国家利益和社会公共利益。③ 劳动合同订立的形式和程序必须合法。

（2）平等自愿、协商一致原则。平等是指当事人双方在签订劳动合同时的法律地位平等，没有任何隶属关系、服从关系，用人单位与劳动者是以平等的身份订立劳动合同。自愿是指订立劳动合同完全出于当事人自己的意志，任何一方不得将自己的意志强加给对方，也不允许第三者干涉劳动合同的订立。协商一致是指合同的双方当事人对合同的各项条款，只有在双方充分表达自己意见的基础上，经过平等协商，取得一致意见的情况下，劳动合同才能成立。凡是违反平等自愿、协商一致原则签订的劳动合同，不仅不具有法律效力，而且还应承担一定的法律责任。

2. 签订劳动合同的程序

根据《劳动法》有关规定及订立劳动合同的惯例，签订劳动合同的程序一般如下：

（1）用人单位公布招工信息或招工简章，提出对劳动者的要求。招工简章的内容一般包括两方面：一方面是关于录用条件的内容；另一方面是关于以后劳动合同草案的内容。

（2）用人单位组织报名，并对找工作的劳动者进行资格审查、考评。

（3）用人单位根据考察结果确定是否录用。

（4）被录用人和用人单位就劳动合同的内容进行谈判，达成一致意见。

（5）双方签署劳动合同。

（三）劳动合同的变更、解除与终止

1. 劳动合同的变更

劳动合同的变更是指劳动者与用人单位对依法成立的劳动合同条款所作的

修改或增删。劳动合同依法订立后,双方当事人必须全面履行合同规定的义务,任何一方不得擅自变更劳动合同。但在下列情况下可以变更劳动合同:第一,经双方当事人协商同意;第二,订立劳动合同所依据的法律法规已经修改或废止;第三,企业经上级主管部门批准或根据市场变化转产或调整生产任务;第四,劳动合同订立时的客观情况发生重大变化,致使劳动合同无法履行;第五,法律法规允许的其他情况。

2. 劳动合同的解除

劳动合同的解除是指在劳动合同期限届满之前终止劳动合同关系的法律行为。《劳动法》规定,劳动合同当事人经协商一致,可以解除劳动合同。另外,当法定事由出现时,用人单位或劳动者也可单方解除合同。

(1) 用人单位单方解除劳动合同

第一,根据《劳动法》第25条的规定,劳动者有下列情形之一的,用人单位可单方解除劳动合同,而不必提前通知劳动者:一是在试用期间被证明不符合录用条件的;二是严重违反劳动纪律或者用人单位规章制度的;三是严重失职,营私舞弊,给用人单位利益造成重大损害的;四是被依法追究刑事责任的。

第二,有下列情形之一的,用人单位可以解除劳动合同,但是应当提前30日以书面形式通知劳动者本人并给予经济补偿:一是劳动者患病或者因公受伤,医疗期满后,不能从事原工作也不能从事由用人单位另行安排的工作的;二是劳动者不能胜任工作,经过培训或者更换工作岗位还不能胜任工作的;三是劳动合同订立时所依据的客观情况发生重大变化,致使劳动合同无法履行,经当事人协商不能就变更劳动合同达成协议的。

第三,企业经济性裁减人员。用人单位濒临破产进行法定整顿期间或生产经营状况发生严重困难,确需裁减人员,应当提前30天向工会或者全体职工说明情况,听取工会或者全体职工意见;经向劳动行政部门报告后,可以裁减人员。但是,用人单位依据以上规定裁减人员后,在6个月内又录用人员的,应当优先录用被裁减的人员。

(2) 劳动者单方解除劳动合同

第一,劳动者解除劳动合同,应当提前30日以书面形式通知用人单位。因为劳动合同是劳动者自愿签订的,当然也有权自愿解除,只要这种解除符合法律法规的规定并不损害用人单位利益。

第二,劳动者可以随时通知用人单位解除劳动合同。这样的情形有三种:一是在试用期内。试用期是用人单位考察劳动者是否具备录用条件的考察期限,也是劳动者选择用人单位的选择期限,因此在试用期内劳动者只要发现用人单位不适合自己,可随时通知解除合同。二是用人单位以暴力、威胁或者限制人身自由等非法手段强迫劳动的,劳动者可以随时通知用人单位解除劳动合同。三是用人单位未按劳动合同约定支付劳动报酬或者提供劳动条件的,劳动者可随时通知用人单位解除劳动合同。

3. 劳动合同的终止

有下列情形之一的,劳动合同即可终止:(1)劳动合同期限届满;(2)企业宣告破产或者依法被撤销;(3)劳动者达到退休年龄;(4)劳动者完全丧失劳动能力或者死亡;(5)法律法规规定的其他情形。

二、集体合同概述

集体合同(Collective Agreement)又称劳动协约、团体协约、集体协约或联合工作合同,是企业与工会签订的以劳动条件为中心内容的书面集体协议。集体合同与劳动合同不同,它不规定劳动者个人的劳动条件,而规定劳动者的集体劳动条件,一般适用于企业行政(或企业主)和全体工人、职员,也有的适用于企业行政(或企业主)和参加签订集体合同的工会成员。

(一)订立集体合同的程序

集体合同按如下程序订立:(1)讨论集体合同草案或专项集体合同草案。经双方代表协商一致的集体合同草案或专项集体合同草案应提交职工代表大会或者全体职工讨论。(2)通过草案。全体职工代表半数以上或者全体职工半数以上同意,集体合同草案或专项集体合同草案方获通过。(3)集体协商双方首席代表签字。

集体合同的生效与劳动合同的生效不同,法律对集体合同的生效规定了特殊程序:集体合同订立后,应报送劳动行政部门;劳动行政部门自收到集体合同文本之日起15日内未提出异议的,集体合同即行生效。依法订立的集体合同对用人单位和劳动者具有约束力。行业性、区域性集体合同对当地本行业、本区域的用人单位和劳动者具有约束力。

(二)集体合同的履行

集体合同制度是市场经济条件下用以规范劳动关系的一项重要的劳动法律制度,也是市场经济条件下劳动关系的基本调整机制。

一般而言,合同的履行是指合同依法成立后,当事人双方按照合同约定的各项内容,全面地完成各自承担的义务,从而使合同的权利、义务得到全部实现的整个行为过程。集体合同的履行是集体合同制度实现的基本形式。集体合同一旦生效,就具有法律效力,合同双方必须遵守执行,亦即劳动关系双方必须凭借一种高度的责任感和讲求诚信的精神来保证集体合同实施兑现。这里所谓的执行合同,不仅指签订集体合同的双方代表,而且要确保其组织的成员从上到下都切实履行合同。为了保证各自组织的成员切实履行合同,签订合同的工会组织和雇主组织要为本会会员提供足够的信息;对于未认真履行合同义务的本会会员,要切实采取措施帮助其实现,甚至有权运用各种手段加以处理。在西方国家,集体合同生效后,签约双方还必须承担产业和平义务,即在集体合同有效期内,劳资任何一方不得为了合同规定的雇佣条件而采取罢工或闭厂的行为。

在西方主要工业化国家,集体合同的履行主要通过较为完备的法律监督机制进行监督,在履行过程中即便出现违约行为,也能够通过相应的执法手段予以追究和解决。因此,集体合同的履行逐步成为劳资双方的一种自觉行为。为了保证集体合同的履行,工业化市场经济国家大都建立了劳动监督制度并主要由劳工部门负责实施,其基本活动方式是通过设立在各地方监督机构的专兼职劳动监督人员,以不同的监督方式和手段,直接进入劳动或工作现场,了解或调查劳动标准的执行情况,其中也包括集体合同的履行。在这种背景下,不仅促使集体合同的履行更加规范,而且使暴露出的各种违法和违约行为能够及时得到纠正。

(三) 集体合同的变更、解除与终止

1. 集体合同的变更、解除

集体合同的变更是指集体合同双方对依法成立、尚未履行或尚未完全履行的集体合同条款所作的修改或增删。集体合同的解除是指提前终止集体合同的法律效力。

在集体合同有效期限内,有下列情形之一的,允许变更或解除集体合同:

(1) 经双方当事人协商同意;

(2) 订立集体合同依据的法律、法规已经修改或废止;

(3) 因不可抗力的原因致使集体合同部分或全部不能履行;

(4) 企业转产、停产、破产、被兼并,致使集体合同无法履行;

(5) 工会组织被依法撤销;

(6) 双方约定的变更或解除集体合同的情况出现;

(7) 其他需要解除集体合同的情况出现。

变更或解除集体合同的程序如下:

(1) 提出变更和解除集体合同的要求。

(2) 双方达成书面协议。签订集体合同的一方就集体合同的变更或解除提出商谈时,另一方应给予答复,双方在7日内进行协商。经协商一致,达成变更或解除集体合同的书面协议。

(3) 审议通过变更或解除集体合同的书面协议,由职工代表大会或职工大会审议、通过变更或解除集体合同的书面协议。

(4) 提交劳动保障行政部门审议。对原集体合同进行变更或解除后,应在7日内向审查原集体合同的劳动保障行政部门提交变更或解除集体合同的书面协议及说明书,履行登记、审查、备案手续。

2. 集体合同的终止

集体合同的终止是指因某种法律事实的发生而导致集体合同法律关系消灭。集体合同期限届满或双方约定的终止条件出现，集体合同即行终止。

三、劳动合同与集体合同

集体合同与劳动合同作为《劳动法》规定的两种合同形式，存在着一定的联系。从历史角度看，集体合同是在劳动合同的基础上产生和发展起来的，只有在劳动合同确立了雇主和雇员的劳动关系后才有集体合同。从两者的比较角度看，既有相同之处(如都有关于雇员和雇主的权利、义务规定)又各具特色。集体合同与劳动合同的主要区别在于：

1. 目的不同

实行集体合同的目的是维护劳动者整体的合法权益，调整和改善劳动关系，促进企业和劳动者的共同发展。劳动合同是劳动者个人与用人单位确立劳动关系，明确双方权利和义务的协议；其目的在于在双方当事人之间建立劳动关系，利用合同制度实现和保护当事人的权利和义务。

2. 主体不同

集体合同的主体是雇主或雇主团体与由工会代表的全体职工，在我国是企业与由企业工会(没有建立工会的企业，由职工推举代表)代表的全体职工。劳动合同的主体是雇主与单个雇员，在我国是用人单位与劳动者个人。

3. 内容不同

集体合同不仅规定本企业的一般劳动和生活条件，而且涉及劳动关系的各个方面，内容具有广泛性、整体性的特点。劳动合同规定劳动者个人和用人单位的权利和义务，内容多是关于劳动条件的规定。

4. 法律效力不同

集体合同的效力高于劳动合同。集体合同适用于企业全体职工，劳动合同仅对劳动者个人有约束力；集体合同规定了本企业的最低劳动标准，劳动合同规定的各项劳动标准不得低于集体合同的规定，否则无效，无效部分以集体合同规定的标准代替。

5. 责任不同

集体合同的一方当事人(如企业)违反集体合同的规定，侵害了工会和全体职工的合法权益并造成损失时，应承担物质赔偿责任；工会一方不履行集体合同的规定，一般只对上级工会和全体会员负道义上的责任，由上级工会给予批评教育，纠正违约的行为，以适当方式弥补因违约给企业造成的损失，但一般不承担物质赔偿责任。劳动合同任何一方当事人违约可导致另一方提前解除劳动合同，任何一方因违约而给对方造成经济损失时，应根据其后果及损失的大小，予以赔偿。

第三节 劳动关系矛盾处理

劳动关系矛盾主要是劳动关系双方产生的矛盾与分歧,下面就矛盾关系中主要的三种矛盾及处理进行探析。

一、劳动争议及其处理

(一) 劳动争议概述

1. 劳动争议的概念

劳动争议(Labor Disputes)是指劳动关系当事人之间因劳动的权利与义务发生分歧而引起的争议,又称劳动纠纷。其中,有的属于既定权利的争议,即因适用劳动法和劳动合同、集体合同的既定内容而发生的争议;有的属于要求新的权利而出现的争议,是因制定或变更劳动条件而发生的争议。

西方国家对劳动争议的处理,有的由普通法院审理,有的由特别的劳工法院处理。由特别的劳工法院处理劳动争议,始于 13 世纪欧洲的行会法庭,1806 年法国在里昂创设了劳动审理所,此后意大利、德国等国才相继设立了劳工法庭。很多国家处理劳动争议采取自愿调解、强制调解、自愿仲裁和强制仲裁四项措施。

劳动纠纷是现实中较为常见的纠纷。国家机关、企事业单位、社会团体等用人单位与职工建立劳动关系后,一般都能相互合作,认真履行劳动合同。但由于各种原因,双方之间产生纠纷也是难以避免的事情。劳动纠纷的发生,不仅使正常的劳动关系得不到维护,还会使劳动者的合法利益受到损害,不利于社会的稳定。因此,应当正确把握劳动纠纷的特点,积极预防劳动纠纷的发生。

劳动争议的当事人是指劳动关系当事人双方——职工和用人单位(包括自然人、法人和具有经营权的用人单位),即劳动法律关系中权利的享有者和义务的承担者。

2. 劳动争议的特征

(1) 劳动纠纷是劳动关系当事人之间的争议。劳动关系当事人,一方为劳动者,另一方为用人单位。劳动者主要是指与在中国境内的企业、个体经济组织以及国家机关、事业组织、社会团体建立劳动合同关系的职工。用人单位是指在中国境内的企业、个体经济组织以及国家机关、事业组织、社会团体等与劳动者订立了劳动合同的单位。不具有劳动法律关系主体身份者之间所发生的争议,不属于劳动纠纷。如果争议不是发生在劳动关系双方当事人之间,即使争议内容涉及劳动问题,也不构成劳动争议。例如,劳动者之间在劳动过程中发生的争议,用人单位之间因劳动力流动发生的争议,劳动者或用人单位与劳动行政管理部门发生的争议，劳动者或用人单位与劳动行政部门在劳动行政管理中发生的争议，劳动者或用人单位与劳动服务主体在劳动服务过程中发生的争议等，都不属于劳动纠纷。

（2）劳动纠纷的内容涉及劳动权利和劳动义务，是为实现劳动关系而产生的争议。如果劳动者与用人单位之间不是为了实现劳动权利和劳动义务而发生的争议，就不属于劳动纠纷的范畴。劳动权利和劳动义务的内容非常广泛，包括就业、工资、工时、劳动保护、劳动保险、劳动福利、职业培训、民主管理、奖励惩罚等。

（3）劳动纠纷既可以表现为非对抗性矛盾，也可以表现为对抗性矛盾，而且两者在一定条件下可以相互转化。在一般情况下，劳动纠纷表现为非对抗性矛盾，会给社会和经济带来不利影响。

3. 劳动争议的起因

根据引起劳动纠纷的原因的不同，可以将劳动纠纷划分为以下几种：

（1）因用人单位开除、除名、辞退职工和职工辞职、自动离职而产生的劳动纠纷。开除是用人单位对严重违反劳动纪律、屡教不改、不适合在单位继续工作的劳动者，依法令其脱离本单位的一种最严厉的行政处分。除名是用人单位对无正当理由经常旷工、经批评教育无效、连续旷工超过15天，或者1年以内累计旷工超过30天的劳动者，依法解除其与本单位劳动关系的一种行政处分。辞退是用人单位对严重违反劳动纪律、规章、规程或严重扰乱社会秩序但又不符合开除、除名条件的劳动者，经教育或行政处分仍然无效后，依法与其解除劳动关系的一种行政处分。辞职是劳动者辞去原职务、离开原用人单位的一种行为。自动离职是劳动者自行离开原工作岗位，并自行脱离原工作单位的一种行为。上述情况均导致劳动关系终止，也是产生劳动纠纷的重要因素。

（2）因执行有关工资、保险、福利、培训、劳动保护等规定而产生的劳动纠纷。工资是劳动者付出劳动后应得的劳动报酬。保险主要是指工伤、生育、待业、养老、病假待遇、死亡丧葬抚恤等社会保险。福利是指用人单位用于补助职工及其家属和举办集体福利事业的费用。培训是指职工在职期间的职业技术培训。劳动保护是指为保障劳动者在劳动过程中获得适宜的劳动条件而采取的各种保护措施。由于上述规定较为繁杂，又涉及劳动者的切身利益，不仅容易发生纠纷，而且容易导致矛盾激化。

（3）因劳动合同而产生的劳动纠纷。劳动合同是用人单位与劳动者为确立劳动权利义务关系而达成的意思表示一致的协议。劳动合同纠纷在劳动合同的订立、履行、变更和解除过程中都可能发生。

（4）法律法规规定的其他劳动纠纷。

此外，根据劳动纠纷当事人是否为多数和争议内容是否具有共性来划分，劳动争议纠纷还可以分为集体劳动纠纷和个人劳动纠纷等。

(二) 劳动争议仲裁

劳动争议仲裁是指劳动争议仲裁委员会根据当事人的申请,依法对劳动争议在事实上作出判断、在权利义务上作出裁决的一种法律制度。

劳动争议仲裁的目的是促进社会稳定和劳动关系的和谐发展,保护企业经营者和职工双方的合法权益。

劳动争议仲裁依循以下原则:着重调解,及时受理,查清事实,依法处理;当事人在适用法律上一律平等。

市劳动争议仲裁委员会受理市内企业与职工之间的下列劳动争议:因确认劳动关系发生的争议;因订立、履行、变更、解除和终止劳动合同发生的争议;因企业开除、除名、辞退职工和职工辞职、自动离职发生的争议;因执行国家有关工资、保险、福利、培训、劳动保护的规定发生的争议;法律法规规定应当依照国家劳动争议处理条例处理的其他劳动争议。

劳动争议的投诉时效为:当事人应当从知道或者应当知道其权利被侵害之日起一年内,以书面形式向仲裁委员会申请仲裁。劳动争议发生后,当事人应当协商解决;不愿协商或者协商不成的,可以向本企业劳动争议调解委员会申请调解;调解不成的,向市劳动争议仲裁委员会申请仲裁;对仲裁裁决不服的,可以向人民法院起诉。

自 2008 年 5 月 1 日起施行的《中华人民共和国劳动争议调解仲裁法》第 53 条规定:劳动争议仲裁不收费,劳动争议仲裁委员会的经费由财政予以保障。

二、劳资冲突

(一) 劳资冲突概述

劳资冲突就其实质而言,是一种社会经济利益的冲突。在市场经济条件下,劳资冲突体现为劳动者的生存权和资本的财产权的冲突。由于在市场经济条件下,资本居于社会经济关系中的主导和核心的地位,而劳动居于从属和被动的地位,所以,劳资冲突产生的一般原因,都是劳动者一方的利益或权利被侵害或其合理要求未能实现。造成劳资冲突的直接原因,一般均是劳动条件和劳动标准的争议。由于雇主在工资、工时、劳动保护、社会保险等方面未能切实执行国家劳动标准或集体合同、劳动合同约定的劳动条件,致使劳动者的权利受到侵害,而且这种状况是在通过一般的劳动争议处理方式,如申诉、交涉、谈判、调解等手段无法解决的情况下出现的。但在有些情况下,也会因国家劳工政策的不完善或失误而引发劳资冲突。

从劳资冲突行为的性质来看,绝大多数是由于劳动者基本的劳动经济权益被侵害,而又长期得不到解决而致,劳资冲突行为的直接目的是劳资双方维护各自的经济权利。虽然属于集体行动,但并没有以争取新的利益为目标,在性质上仍是一种以劳动权利的实现为基本内容的权利争议。

从劳资冲突行为的目的来看,一般都与集体谈判和集体合同没有关系,而只是个别劳动权益的维护。这种争议的目的只是满足劳动者的一些具体要求,而没有使这一行动成为劳动关系调解和规范体系的重要环节。正因为如此,在一次劳资冲突行为之后,劳动者的境况在短期内会稍许改善,但由于没有从机制上解决问题,劳资力量的对比仍然没有改变,一段时间过后,情况会依旧存在。

从劳资冲突行为的组织来看,自发性是其重要的特点。所谓"自发",有两方面的含义:一是集体行动的发起,并不是当事人以外的人有组织、有预谋地策划发动的,而是因为当事人共同的利益关系,使他们聚集起来并采取共同的行动。二是由于造成劳资冲突行为的原因大都积累已久,愤怒和压抑的情绪在一些事件的刺激下,很快就促成了一种需要表达和发泄的抗争行为。

(二)劳资冲突的缓和

减少劳资争议,缓和劳资冲突,必须要有完善的劳工政策。而市场经济下的劳工政策,应该以保护劳工权益为基本原则。这种劳工政策也应该是我国的一项基本的社会政策。

劳资冲突是劳工问题的集中表现,而解决劳工问题的关键在于劳工权益的保障。劳工权益保障问题,已经成为中国社会转型期最为突出和普遍的社会经济问题之一。这一问题的出现,如果说是历史过渡中的一种过程,也许是不可避免的。但这绝不应是一种历史定位和历史结果。我们的社会和我们的改革,必须要把劳动者的权利保障放在首要的位置,而不应只是作为"配套措施"。劳动者不应该只是支付改革的成本,而是应该分享改革的成果、共享经济的繁荣。在劳资关系处理中,政府劳工政策的原则和出发点,不应该是追求效率,而应该是追求公平。否则,便不会有劳动关系的稳定和规范。而劳动争议和劳资冲突不断发生,便不会有持续稳定的经济发展和经济效益。政府的公平,并不是在劳资之间不偏不倚,而是要把保障处于弱者地位的劳动者的权益作为其劳工政策的重心。

既然劳资力量对比的悬殊是劳资冲突频发的根本原因,那么增强作为弱者的劳动者的力量就是预防和消解劳资冲突的根本对策。而劳动者力量的增长不外乎两种方式,即自发式增长与立法保护增长。我国的劳动司法必须对受劳动法保护的劳动者提供司法救济,这样才可以从司法的角度保证劳动关系的健康发展,避免劳资冲突的发生。

预防和消解劳资冲突,一个基本的要求是通过贯彻实施劳工标准,来规范劳资双方的行为,实现劳动关系法制化。劳工标准又称劳动标准,是由国家法律确定的、国家强力实施的劳资双方在劳动关系中都要遵守的行为准则。其内容主要涉及就业条件和劳动条件。劳工标准的实质是将劳动者的权益具体化和可操作化。贯彻实施劳工标准，是保障劳动者权益的主要的法律手段。

三、集体争议

（一）集体争议概述

集体争议是劳动争议中与劳动者全体或部分劳动者有关的那部分争议，即部分劳动者或劳动者全体、这些劳动者的利益代表（代表机构、代表者）与劳动力使用者，以及劳动力使用者的利益代表（代表机构、代表者）之间，就劳动条件的决定、维持、变更等进行交涉所发生的争议。

集体争议就其表象来看往往具有一定的破坏性。较具破坏性的集体争议又称工业行动，是指劳资关系双方为在劳动关系中实现自己的主张和要求，依法采用罢工或闭厂等阻碍企业正常运营的手段进行对抗的行为。劳动者一方的集体争议行为包括罢工、集体怠工、占领工厂、设置纠察线等。但构成劳动者集体争议行为最基本的手段是罢工，所以，狭义的集体行动又指罢工。以罢工为主要内容的集体劳动争议，主要出现在企业或产业的范围内。

如果引发集体劳动争议的原因超出企业或产业的层面而涉及整个社会，集体劳动争议便会扩大至一个地区甚或国家的范围，出现地区性或全国性的工潮。所谓工潮，是指在一定的区域内并延续一定时日的、连续不断的劳动者为实现一定的经济或其他社会要求而发生的集体行动，其内容主要包括请愿、集会、游行、示威、怠工、罢工等。这种集体行动往往演变为社会抗议和社会行动。抗议的对象也往往由雇主扩大至政府。

企业或产业层面的集体劳动争议，在市场经济下具有某种常态性，即集体劳动争议既是劳资矛盾激化的结果，也是解决劳资矛盾的一种过程和手段。这种冲突，具有某种必然性和合理性。所以，在成熟的市场经济国家，对在企业或产业范围内经过某种特定程序而发生的集体劳动争议，法律采取保护或放任的态度。而对作为冲突的主要手段的工业行动，即工人的罢工和雇主的闭厂，则具体规定为工人和雇主的权利。但这种工业行动权特别是工人的罢工权，其主要的社会作用更在于其具有的社会威慑作用，即作为弱者的工人可以利用（或威胁利用）这种最高和最后的斗争武器，对处于强势地位的雇主施加压力，以强迫雇主回到集体谈判桌前，在罢工实施之前能够接受工人的合理要求。正因为如此，一个企业或产业的正常的集体劳动争议具有合理性和合法性，但如果企业或产业的集体劳动争议频繁发生，则说明其劳资关系存在着重大的问题。而如果工潮超出企业或产业的层级而形成了地区性或全国性的局面，更表明集体劳动争议的性质开始发生转变，即由经济矛盾转化为社会矛盾，集体劳动争议所涉及的已经不仅是劳资之间的问题,而且涉及工人与政府和国家之间的问题。在这种情况下,如果不加以严重关注并予以妥善处理,便有可能引发社会动乱。

(二) 集体争议的处理

处理集体劳动争议,首先要坚持及时原则。集体劳动争议涉及的人员多,矛盾比较突出,处理必须及时。劳动争议仲裁委员会受理集体劳动争议应当在3天内作出决定,处理集体劳动争议应当在15日内完成。有些集体争议还应及时报告政府或通报有关部门,如公共行为引发的集体争议、有可能涉及和影响其他行业的集体争议、有可能引发过激行为造成严重后果的集体争议等。

其次,必须坚持调解的原则。争议的调解有利于履行,有利于化解矛盾,有利于企业与职工进一步稳定和谐的劳动关系。但调解必须依法调解,不能损害社会公共利益和他人利益,尤其是不能损害职工利益。当然也不能强行调解,当一方当事人不同意调解时,必须由劳动争议仲裁委员会及时裁决。

再次,应坚持合法原则。处理是否合法,关系到企业与职工的权益,如果不合法,要么损害国家、集体利益,要么损害职工利益。所以,处理集体劳动争议要吃透有关政策,熟练掌握有关法律法规,坚持合法处理。

最后,应坚持公正原则。公正原则体现劳动仲裁机构的政策水平、协调能力,更关系到社会的稳定、职工的生产积极性。

(三) 预防和减少集体劳动争议发生的对策

第一,加大劳动法制宣传,增强劳动关系双方的法律意识。劳动者要进一步学习劳动法,增强法制观念和分辨能力,对因少数人煽动而引发的上访、上诉事件,要清醒地分清到底占不占理,有理才能得到支持,无理取闹不仅得不到法律的支持,还会因影响社会治安受到处罚;劳动者对用人单位违法克扣、拖欠工资问题以及经济补偿等问题应积极走法律途径解决问题,及时向劳动监察部门举报,或及时向劳动争议仲裁委员会提起劳动争议仲裁,避免过激行为给自身和社会造成不良后果;企业管理者应增强依法治理企业的意识,认真学习、深入贯彻国家的劳动法律法规和政策。

第二,规范企业劳动人力资源管理,指导其依法操作。市场经济是法制经济,劳动管理方面也应依法管理、依法办事。因此,用人单位在防范因违法操作而引发集体劳动争议、加大劳动管理的同时,应加强对劳动管理人员的法律知识培训和再教育,逐渐实行劳动管理人员定期培训及上岗证制度,以减少因盲目操作而引发的集体劳动纠纷。

第三,规范企业用工,强化对违法用工行为的监督检查。有关劳动监督检查部门应进一步规范用工秩序,督促未依法签订劳动合同的用人单位,及时与劳动者补签劳动合同,以劳动合同规范企业工资、工时等制度,并加大对拖欠工资、延长工时等违法行为的查处和处罚力度,以遏制劳动违法行为的蔓延。

第四，加大集体劳动争议和突发事件的排查力度，建立应急处理机制。集体劳动争议和突发事件往往涉及人员多、社会影响大，处理不及时会矛盾升级，甚至会导致恶性治安事件的发生。因此，加大集体劳动争议和突发事件的排查力度，及时发现和消灭争议隐患，才能防患于未然。

第五，规范企业改制、兼并、裁员，对集中裁员进行宏观监控。目前随着企业的改制重组，劳动关系呈现出日益多样化、复杂化的趋势。企业因经济效益驱动，往往在重经济运行的同时，忽视劳动者权益的维护，动辄解除几十人甚至上百人的劳动关系，而不给予任何经济补偿，被裁减人员因经济补偿问题解决不了，诉诸法律，引发集体劳动争议。因此，进一步规范企业改制、兼并行为，对大批裁员行为进行宏观调控，防范可能引发的集体争议尤为重要。

第六，加大基层调解组织的建设，加大基层劳动争议调解力度。基层调解组织的建设能有效地将集体劳动争议最大限度地化解在基层。有关部门应进一步强化基层企业、主管部门及乡镇劳动争议调解组织的建设，使其承担起集体劳动争议的先行介入和调解职责，将集体劳动争议妥善、及时、最大限度地化解在萌芽状态。

本章小结

本章主要介绍了劳动管理的定义及其三大特征，劳动关系主体的对象包括四个方面：员工、工会、雇主、政府。劳动关系理论学派主要包括五个派别，分别是新保守派、管理主义学派、正统多元论学派、自由改革主义学派、激进派。劳动合同可以按照劳动合同期限、劳动合同产生的方式、生产资料所有制性质、用工制度种类等的不同进行多种划分。劳动合同与集体合同的订立、履行、变更、解除、终止都要按照法律程序进行。劳动合同与集体合同的目的、主体、内容、法律效力、责任不同。劳动关系矛盾主要有三种形式：劳动争议、劳资冲突、集体争议。

关键概念

劳动关系　　劳动关系主体　　劳动合同　　集体合同　　劳动争议　　劳动争议仲裁　　劳资冲突　　集体争议

课堂练习

选择题

1. (　　)是劳动者与用人单位确立劳动关系、明确双方权利义务的协议。
   A. 劳动合同　　　B. 专项协议　　　C. 集体合同　　　D. 集体协议

2. (　　)是指有固定期限的劳动合同到期,双方当事人就劳动合同的有效期限进行商谈,经平等协商一致而续延劳动合同期限的法律行为。
   A. 劳动合同终止　　　　　　　　B. 劳动合同续订
   C. 劳动合同解除　　　　　　　　D. 劳动合同变更
3. 《劳动法》规定,集体合同由(　　)代表职工与企业签订。
   A. 企业工会　　　　　　　　　　B. 企业人事部门
   C. 企业法人　　　　　　　　　　D. 职工所在部门负责人
4. 以下关于劳动关系的说法错误的是(　　)。
   A. 它是产权关系的表现形式　　　B. 它的主体具有特定性
   C. 它与劳动分工有直接联系　　　D. 它是资本与劳动力结合的表现力形式
5. 劳动关系反映的是一种特殊的经济关系,即(　　)。
   A. 人和物的关系　　　　　　　　B. 劳动给付和工资的交换关系
   C. 物与物的关系　　　　　　　　D. 劳动过程与产品的投入和产出的关系
6. 劳动法律关系的(　　)是指主体权利义务所指向的事物。
   A. 主体　　　B. 客体　　　C. 内容　　　D. 对象
7. 以下关于集体合同的说法不正确的是(　　)。
   A. 集体合同规定了企业的最低劳动标准
   B. 集体合同文本须提交政府劳动行政部门审核
   C. 集体合同的目的是确立劳动者和企业的劳动关系
   D. 集体合同以全体劳动者的共同权利和义务作为内容
8. 《劳动法》规定,(　　)由工会代表职工与企业签订,没有成立工会组织的,由职工代表代表职工与企业签订。
   A. 劳动合同　　　B. 专项协议　　　C. 集体协议　　　D. 集体合同
9. 集体合同是用人单位与本单位职工根据法律的规定,就劳动报酬、工作时间、休息休假等事项,通过集体协商签订的(　　)。
   A. 文本协议　　　B. 口头协议　　　C. 网络协议　　　D. 书面协议

判断题

1. 我国处理劳动争议,应当遵循着重调解原则、及时处理原则、依法处理原则和公正处理原则以及三方性原则。(　　)
2. 企业劳动争议调解委员会是企业内依法成立的处理劳动争议的群众性组织。(　　)
3. 调解协议达成后,如果一方或者双方不履行或者反悔,调解委员会有权力强迫当事人履行。(　　)
4. 集体协商的企业代表由法定代表人担任或者指派,工会首席代表由工会主席担任或者书面委托其他工会代表担任。(　　)
5. 当事人如果不服劳动仲裁委员会的裁决,可以向上一级的仲裁委员会申请复议。(　　)

讨论题

1. 订立劳动合同是否与自主择业相矛盾?是否会妨碍人才流动?

2. 讨论这种说法:"订立劳动合同只是用人单位的事情,与劳动者无关。"

讨论案例

案例一 劳动争议

2000年1月小张到某公司工作,双方未签订劳动合同,但双方约定小张每月工资为4 000元。该公司于2000年3月20日作出一项决定,从全体职工的工资中提出20%作为绩效工资,如果年底公司完成各项指标,绩效工资将一次性发放给职工本人;如果公司完不成指标,绩效工资将不予发放。从2000年4月起,小张每月只能领到3 200元的工资。为此,小张于2000年6月3日向劳动争议仲裁委员会申请仲裁。

问题:
1. 请分析说明该公司的做法是否合法。
2. 根据现行的法律规定,小张可以得到补偿吗?

案例二 棘手的问题

张红在一家外资企业任人力资源经理,她遇到了如下棘手的问题:企业通过猎头公司招聘了一名财务经理,共支付猎头费用3万元,并与他签订了4年的劳动合同。合同规定试用期为6个月,同时约定试用期后可增加2 000元的工资。因试用期表现优秀,到企业2个月后,企业决定派其去国外培训,培训期为2个月,培训费用共计10万元。培训结束后,该财务经理继续为企业工作了3个月,但企业却没有做到在合同中承诺的在试用期之后增加2 000元的工资,又加上他刚刚得到国外大学的全额奖学金通知,故他决定提出辞职。企业总经理听到此事后非常气愤,决定让他赔偿培训费和猎头费用,但他决定不给企业任何赔偿。

资料来源:http://q.163.com/teammanagement/poster/4342184/。

问题:
如果你是人力资源经理张红,你将如何处理?

复习思考题

1. 什么是劳动关系?它具有哪些特征?劳动关系分为个别劳动关系和集体劳动关系有何意义?
2. 建立社会化的保障体系对于劳动法律关系的正常运行有哪些积极意义?
3. 随着市场经济的发展,应如何认识我国的违纪责任?

推荐阅读

1. 左祥琦.劳动关系管理[M].北京:中国发展出版社,2007.
2. 常凯.劳动关系学[M].北京:中国劳动社会保障出版社,2005.
3. 程延国.劳动关系[M].北京:中国人民大学出版社,2007.
4. 李景森,贾俊玲.劳动法学[M].北京:北京大学出版社,2003.
5. 钟鞍刚,杨荣华.立法构建和谐稳定的劳动关系[N].法制日报,2005.
6. 洪泸敏,章辉美.中国企业劳动关系的变迁[J].企业管理,2009(3).
7. 陈海.新法下的企业劳动关系处理[J].人力资源管理,2009(9).
8. 张丽云.工会在企业人力资源管理中的地位与作用[J].中国人力资源开发,2009(4).
9. 谌新民.劳动合同法倒逼企业改善人力资源管理[J].中国人力资源开发,2009(3).

第十三章　人力资源管理信息化

> 信息处理是管理者工作的关键部分。
>
> ——亨利·明茨伯格

本章学习目标

1. 了解什么是信息化的人力资源管理。
2. 理解实现人力资源管理信息化有什么作用。
3. 掌握 e-HR 系统由哪些功能模块组成。
4. 掌握 e-HR 的实施步骤。

引导案例

微软的 E 化人力资源管理

"你的企业 E 化了吗?"这已成为时下许多人力资源经理关心的问题。在软件业中称霸一方的微软,启用现代化手段进行人力资源管理已有好多年了,这种手段为企业节省了人力、提高了效率,并使人力资源部完完全全从传统的事务性工作中解脱出来。

微软凭借自己拥有一批优秀软件人才的优势,开发出了一套适用于内部人力资源管理的系统软件,从此,微软的人力资源部不再有繁杂的纸张、厚重的材料,员工的培训发展、福利休假、薪酬、业绩考核等事务全部由计算机系统软件代替。在这一领域,微软可谓是走 E 化道路的"领航者"。

微软的人力资源管理是如何 E 化的?路径是:

招聘员工网上找

在网上发布招聘信息并不是什么稀奇的事,不过微软的招聘信息不仅对外,同时也对内发布。全球各个国家有哪个职位空缺,都发布在网上,微软的职员可以跨国申请。据了解,如果你对哪个国家的职位感兴趣,并愿意长期移居过去,可以发申请信,那个国家的人力资源部会对你的技能、业绩作一番调查,然后在网上进行测评,如果认为你可以胜任,那么你就很幸运地成为那个国家微软公司的员工了,你的一切关系(包括保险、薪酬、福利等)都会转过去。

培训课程网上寻

员工的职业发展及技能提高可是大事,在微软的网站上,发布了各种培训课程,员工可以根据自己的需求,找寻相应的课程。同时网站成为员工与人力资源部之间的桥梁,消息的更新、员工的意见,都能及时地反映出来。

休假、报销网上批

哪位员工想休假了,可到网上申请,系统上有每位员工已休天数、未休天数,获得批准后,数据就会自动更新。报销也省去了以往琐碎的票据,可直接到网上申请,省时省力。

个人绩效网上评

微软的绩效考核半年进行一次,先由员工自己对这半年的业绩作评估,打一个分数,然后放到网上,等待部门经理签字、打分,没有经过部门经理打分、评估的信息呈红色。经理打完分后,如果员工认为经理的评价比较符合事实,再进行最后的确认,确认后信息变成绿色。此外,部门经理在打分的同时还要为每位员工制定下半年的目标,这是业绩评估的整个过程。如果员工对经理的评价存有异议,可以拒绝确认,更高层经理及人力资源部的人员看到后,会与员工沟通,直至查到员工拒签的原因。

个人信息网上查

每位员工只要输入自己所持有的密码,就可以查到全方位的信息,包括职位、录用信息、升迁及调动信息、薪资福利状况等;不仅可以看到自己的,还能看到别人的。当然这是有访问权限约束的,也就是说,你仅可以看到比自己级别低的员工的信息。部门经理可以看到自己部门所有员工的个人信息,这样有助于对本部门的管理。

资料来源:李元宝.人力资源管理案例教程[M].北京:人民邮电出版社,2001.

问题:
1. 你认为人力资源管理 E 化是大势所趋吗?其实质何在?
2. 人力资源管理 E 化将会带来什么样的问题?

第一节 人力资源管理信息化概述

人力资源管理信息化是社会信息化的要求,是企业信息化建设的要求,也是人力资源管理自身发展的要求。人力资源管理信息化建设对于人力资源管理事业的新发展具有十分重要的现实意义。

一、人力资源管理信息化的相关概念

(一) 企业信息化

企业信息化是指利用以计算机技术和网络技术为核心的现代信息技术,通过企业的内联网和外联网,开发和利用信息资源,加速信息流通,实现信息资源共享,提高信息利用能力,减少企业交易成本,改造企业生产、经营、管理和决策方式,提高企业的创新能力、经济效益和市场竞争力。

企业信息化实质上是将企业的生产过程、物料移动、事务处理、现金流动、客户交互等业务过程数字化,通过各种信息系统网络加工生成新的信息资源,提供给各层次的人们洞悉、观察各类动态业务中的一切信息,以作出有利于生产要素组合优化的决策,使企业资源合理配置;以使企业能适应瞬息万变的市场经济竞争环境,求得最大的经济效益。随着信息技术的发展,尤其是在20世纪80年代中后期,随着连接、集成、网络、存取和友好界面等技术融合到一起,信息化的概念就越来越有力地得到了阐明,越来越多的企业开始理解它并对它产生了兴趣,企业信息化得以迅猛发展。时至今日,信息技术在企业中得到广泛应用,深刻地影响着企业管理者的价值观和思维方式,极大地提高了企业的效率和核心竞争力,使资源得到最佳化的平衡。

信息化涉及企业各个环节,是一项长期、复杂的工作。不同企业信息化基础不同、投入能力不同、信息化内容不同。因此,企业要从实际出发,确定自己信息化的重点工作内容。企业信息化的合理步骤是:首先,通过企业基本资源的信息化,建立和改造企业的管理基础;其次,制订企业资源计划,降低管理成本和提高运营效率,集成业务处理;再次,考虑企业间的合作,利用外部资源,进行供应链合作,使得业务效率最大化等;最后,步入电子商务时代,形成一个更为广大的电子商务社区,最大地增值、不断地创新、协作性地进行商业运作。

(二) 人力资源管理信息化

人力资源管理信息化[①]是企业信息化的一部分。人力资源管理信息化是指以信息技术为基础,建立人力资源管理信息系统,促进人力资源管理现代化并且充分调动人力资源潜能,利用人力资源实现企业内外部信息资源的优化配置和全面的集成化管理,以提高企业竞争力的过程。

(三) 人力资源信息系统(HRIS)

HRIS(Human Resource Information System)即人力资源信息系统。它为及时

---

① Ilias P. Vlachos, The Effects of Human Resource Practices on Firm Growth, *Journal of Business Science and Applied Management*, 2009(2).

获得人力资源决策所需的相关信息提供了一种有组织的方法,即利用计算机和其他先进技术,处理企业日常经营活动数据和以信息的形式来促进决策。

HRIS 也经历了一系列的变革发展。最初,人事部门用文件柜存储数据资料,文件柜中摆放着一摞按照字母顺序排序的文件。当员工需要查阅或者修改信息时,按照有关规定,必须通过人事经理或者行政助理的同意。随着 20 世纪七八十年代计算机技术的发展和普及,特别是 80 年代个人计算机和网络技术的应用,为满足人事需求而特别设计的数据库上市了,许多企业开始将纸质数据资料转换成以计算机为载体的电子文档,即开始应用 HRIS。HRIS 基于客户端—服务器(C/S)技术,在客户端读取数据,在服务器上存储数据。不同的 HRIS 系统拥有不同的数据库结构和功能,所以人们要读取数据必须先在客户端计算机上安装与系统配套的特殊软件。由于每次安装都需要购买一个许可证号,为了使成本最小化,企业将安装软件的计算机数量减到最少。另外,由于每一个独立的人力资源信息系统都以不同的方式运行,运用这些系统的人不得不接受专门的培训。客户端—服务器的这种关系意味着人们需要在自己的计算机上同时安装几种不同的客户端软件,每一个软件与相应的数据库相关联,而与其他数据库完全没有联系。

(四) 人力资源管理系统(HRMS)

HRMS(Human Resource Management System)即人力资源管理系统,它有广义与狭义之分。广义上讲,HRMS 是指组织或社会团体运用系统学理论方法,对企业人力资源管理的方方面面进行分析、规划、实施、调整,提高企业人力资源管理水平,使人力资源管理更有效地服务于组织或团体目标;狭义上讲,HRMS 是指企业人力资源管理信息系统。

HRMS 的发展经历了三个阶段:(1) 20 世纪 60 年代末期。第一代的人力资源管理系统除了能自动计算人员薪酬外,几乎没有更多如报表生成和数据分析等功能,也不保留任何历史信息。(2) 20 世纪 70 年代末期。这一阶段的人力资源管理系统对非财务人力资源信息和薪资的历史信息进行设计,也有了初级的报表生成和数据分析功能。(3) 20 世纪 90 年代末期。这一阶段的人力资源管理系统从人力资源管理的角度出发,用集中的数据库将几乎所有与人力资源相关的数据(如薪资福利、招聘、个人职业生涯设计、培训、职位管理、绩效管理、岗位描述、个人信息和历史资料)统一管理起来,形成了集成的信息源。

(五) 员工自助服务(ESS)

ESS(Employee Self Service)即员工自助服务,是指员工利用 e-HR 系统提供的功能,进入系统中相应的员工页面,查询薪酬信息、考勤记录等,更新自己的人事信息、培训记录以及其他信息,网上填写评估表格、申请培训课程、申请休假等。

(六) 应用服务提供商(ASP)

ASP(Application Service Provider)是这样一个企业,它拥有信息管理系统,或者是 ERP,或者是 CRM,又或者是 HRIS;它建好一个网站,把信息管理系统放在该网站上租赁给企业使用,即给企业建立一个用户名和账号,企业就可以登录该网站使用信息管理系统。

对于企业用户来说,租用ASP提供的管理系统的优点是:第一,降低了购买全套系统的成本;第二,节省了因为上这个系统而需要采购的硬件开支,比如服务器等;第三,降低了人员维护成本等。其缺点是灵活性、针对性不强。

(七) 信息化的人力资源管理(e-HR)

e-HR(e-Human Resource)就是信息化的人力资源管理,其实质是人力资源信息化系统。它是人力资源管理信息化的全面解决方案,是基于先进的软件和高速、大容量的硬件基础的新的人力资源管理模式。它通过集中式的信息库自动处理信息,提供员工自助服务,并运用信息化的平台整合了从人力资源规划、招聘、在职管理(人事信息管理、考勤休假管理、培训管理、绩效管理、薪酬管理、员工关系管理)到员工离职管理等所有的人力资源管理职能模块,从而实现人力资源管理的便捷化、科学化和系统化。它还通过与企业现有的网络技术相联系,保证人力资源管理与日新月异的技术环境同步发展。人力资源管理的信息化降低了管理成本,提高了管理效率,改进了为员工服务的模式。

与传统的人力资源管理信息系统不同,e-HR是从"全面人力资源管理"的角度出发,利用Internet/Intranet技术为人力资源管理搭建一个标准化、规范化、网络化的工作平台,在满足人力资源部门业务管理需求的基础上,将人力资源管理生态链上不同的角色联系起来,使企业中包括中高层管理者在内的所有员工都参与人力资源管理,真正实现全员管理。因此,e-HR是企业实现"全面人力资源管理"的纽带。它由两部分组成:一部分是面向人力资源部门的业务管理系统,即人力资源管理信息系统(HRMIS);另一部分是面向企业不同角色(高层管理者、直线经理、普通员工、人力资源的专业管理人员)的网络自助服务系统(Self-Service)。e-HR建立在人力资源管理信息系统(HRMIS)的基础上,是对HRMIS在技术上(e-HR依托Internet/Intranet技术)与理念上(e-HR的理论基础是全面人力资源管理观,强调全员共同参与管理)的延伸,是一种比HRMIS更加完善的系统。

任何利用或引进了各种IT手段的人力资源管理活动都可称作"e-HR"。但是,随着互联网的发展,电子商务理念与实践的发展,我们目前所说的"e-HR"已经是一个赋予了崭新意义的概念,是一种包含了"电子商务"、"互联网"、"人力资源业务流程优化(BPR)"、"以客户为导向"、"全面人力资源管理"等核心思想在内的新型人力资源管理模式;它利用各种IT手段和技术,比如互联网、呼叫中心、考勤机、多媒体、各种终端设备等;它必须包括一些核心的人力资源管理业务功能,比如招聘、薪酬管理、培训(或者说在线学习)、绩效管理等;它的使用者,除了一般的HR从业者外,普通员工、经理及总裁都将与e-HR的基础平台发生相应权限的互动关系。综合来讲,e-HR代表了人力资源管理的未来发展方向。

二、人力资源管理信息化的发展阶段

人力资源管理信息化有其发生、发展的过程。从人力资源管理信息化的发展模式来看，它有着一个从人事管理向绩效管理、员工发展、企业人力资源战略规划和决策支持方向发展的过程。

（一）人力资源管理信息化的第一阶段

人力资源管理信息系统的发展历史可以追溯到20世纪60年代末期。随着计算机技术进入实用阶段、计算机系统在管理领域的普遍应用，提高人力资源管理者的工作效率成为客观必然，人力资源管理信息化应运而生。初期的人力资源管理信息化的重点在于薪资计算。薪资计算是人力资源中最复杂、最繁重的工作，为了及时、准确地进行薪资发放，人力资源管理者必须及时掌握组织内部人员变动、时间、绩效等与薪资发放相关的情况，并提供与组织的发展相适应的薪资政策和激励策略。这对于规模较大的组织来说，工作量比较大。为了解决这个矛盾，人们开始用计算机来辅助计算薪金。

人力资源管理信息化初期的特点是：计算技术是整个人力资源管理信息化的关键技术，电子表格技术是当时人力资源管理信息化的重要技术基础。受当时技术条件和需求的限制，用户非常少，而且系统只是一种自动计算薪资的工具，既不包含非财务的信息，也不包含薪资的历史信息，几乎没有报表生成功能和薪资数据分析功能。但是，它的出现为人力资源管理展示了美好的前景，即用计算机的高速度和自动化来替代手工的巨大工作量，用计算机的高准确性来避免手工的错误和误差，使大规模集中处理大型企业的薪资成为可能。

（二）人力资源管理信息化的第二阶段

20世纪70年代末，计算机技术飞速发展，计算机的普及、计算机系统工具和数据库技术的发展为人力资源管理信息化的阶段性发展提供了可能。采用计算机对人力资源信息和薪资的历史信息进行管理，极大地改善了报表生成和薪资数据分析功能。这个阶段的人力资源系统主要用于信息数据的收集和维护，主要的功能模块包括人事信息、薪资福利等。也正是在这时，人力资源管理信息系统（HRMIS）应运而生。但此时，从事人力资源管理系统的计算机专业人员未能系统地考虑人力资源的需求和理念，而且对非财务的人力资源信息考虑得也不够系统和全面。

（三）人力资源管理信息化的第三阶段

人力资源管理信息化的革命性变革出现在20世纪90年代末。随着信息技术的发展和组织管理思想的逐步成熟，人们开始认识到，人力资源管理不仅仅是组织内部的辅助管理行为，而是组织生存和发展的关键，形成了新的人力资源管理理念。于是从关注日常的人力资源管理业务转向提升人力资源管理价值、改善企业内部的人力资源管理状况。这种管理思想的变革,逐渐延伸到人力资源管理信息化,出现了新的人力资源管理信息化模式。人力资源管理信息化以先进的信息技术为支撑,在基础信息管理的前提下,对业务进行全面管理和提升。

三、实施 e-HR 的作用

企业实施 e-HR 可以实现组织有关人力资源信息的高效使用,减少人力资源管理工作流程的重复操作,提高人力资源管理工作的效率。e-HR 系统可以迅速、有效地收集各种信息,加强内部的信息沟通,为组织和员工提供增值服务。通过 e-HR 平台,企业的管理层和决策层可以随时随地获得人力资源的信息和有关战略、各种决策的信息支持,使人力资源管理工作真正上升到战略高度。因此,实施 e-HR 不仅提高了人力资源部门的工作效率,更重要的是提高了整个企业的管理效率。e-HR 系统带来的是整个企业工作模式的转变。

对人力资源部门而言,传统的行政事务上的工作可以由 e-HR 系统完成,只需占用人力资源管理人员极少的精力和时间,他们可以将绝大部分精力放在为管理层提供咨询、建议上。人力资源管理人员除了负责 e-HR 平台的系统管理之外,更多的是通过 e-HR 平台来进行人力资源管理活动的计划、监控与分析。

对公司高层而言,e-HR 是人力资源信息查询与决策支持的平台。决策者能不通过 HR 部门的帮助,自助式地获取企业人力资源的状态信息,高层决策者还能获得各种辅助其进行决策的人力资源经营指标,根据相关的信息作出决策和采取相应的行动方案。对业务部门中层经理来讲,e-HR 是其参与 HR 管理活动的工作平台,通过这个平台,中层经理们可在授权范围内在线查看所有下属员工的人事信息,更新员工考勤信息,向人力资源部提交招聘、培训计划和申请,对员工的转正、培训、请假、休假、离职等流程进行在线审批,并能在线对员工进行绩效评估和管理,以及对各级管理人员和员工进行在线民主评议。员工利用 e-HR 平台,可在线查看企业规章制度、组织结构、重要人员信息、内部招聘信息、个人当月薪资及薪资历史情况、期权信息和执行情况、个人福利累计情况、个人考勤休假情况,注册内部培训课程,提交请假/休假申请,更新个人数据,进行个人绩效和目标管理,与 HR 部门进行电子方式的在线沟通,等等。

▲ HRM资料与工具

Oracle——大型人力资源管理软件(HCM)制造商

Oracle 公司成立于1977年,总部位于美国加州的 Redwood Shore,是全球最大的信息管理软件及服务供应商,向遍及140多个国家的用户提供数据库、工具和应用软件以及相关的咨询、培训和支持服务。《财富》100强中的98家公司都采用Oracle技术。Oracle公司现有员工超过8.6万人,2008年营业额达到232亿美元,占据全球数据库领域50%的市场份额。

资料来源:http://www.oracle.com。

第二节 e-HR系统的功能模块

根据全面人力资源管理的理念,理想的e-HR系统至少应该包括人力资源信息管理、人力资源信息辅助决策以及系统管理与维护这三大功能模块。每一个功能模块都由其相应的一个或多个子系统来实现这个功能。其功能模型图如图13-1所示。

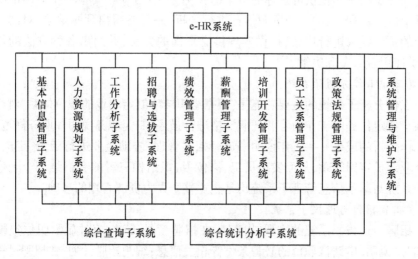

图13-1 e-HR功能模型图

一、人力资源信息管理功能模块

人力资源信息管理功能模块集中了整个e-HR系统几乎所有的原始信息,是系统中最为重要的一个部分。人力资源的信息管理功能由基本信息管理子系统、人力资源规划子系统、工作分析子系统、招聘与选拔子系统、绩效管理子系统、薪酬管理子系统、培训开发管理子系统、员工关系管理子系统以及政策法规管理子系统等来具体实现。

(一) 基本信息管理子系统

基本信息管理子系统实现对组织结构相关信息、员工基本信息以及部门信息等基本信息的管理功能，是整个 e-HR 系统的基础。其中，对组织结构信息进行管理就是要根据企业的实际情况建立人力资源管理的体系框架，这将是制定职位体系、进行工作分析的基础。员工基本信息管理是对各类人员（包括在职人员、离退休人员及其他人员）的基本信息及其变动信息进行管理，以提供标准、完善、灵活的人员信息，这是人力资源管理中最基本的日常工作，也是整个系统的核心。员工基本信息管理的具体功能有：记录所有人员包括专业技能、个人资料、职务资料、工作经历、家庭成员、奖惩情况、调动信息、花名册、人员岗位变动、人员素质变动、业务相关资料及合同资料等内容的信息；及时变更这些信息，并提供实时查询功能；为各级部门提供各种组合条件的报表；与其他子系统进行链接，为其他子系统提供基本资料。

（二）人力资源规划子系统

人力资源规划子系统的主要功能是：根据企业的实际情况，为实现人力资源的需求和供给预测提供可选择的科学的预测方法；自动收集整理企业内部的人员供给信息；对收集的人力资源信息进行分析，并最终得出预测结果；对需求和供给的预测结果进行比较，提供实现供需平衡的方法，并给出各种方法的优缺点，供使用者参考和决策。

（三）工作分析子系统

工作分析子系统的主要功能是：根据组织结构制定企业的职位体系；对组织中某个特定任务的工作内容和任职资格进行描述，制定职务说明和职务规范，并对工作分析的成果——工作说明书进行档案管理；协助企业进行定员、定岗，实现企业定员定岗管理，从而实现员工、岗位、组织结构三者的有机结合。工作分析子系统与基本信息管理子系统均是企业整个人力资源管理的基础。

（四）招聘与选拔子系统

招聘与选拔子系统的主要功能是：在招聘新员工时，随时显示职位空缺信息、职位说明、申请该职位的必备条件等相关信息；编制招聘计划；在招聘过程中建立应聘者分类电子档案库以及备选人员数据库，追踪所有聘用数据（包括应聘者的技能、资格要求和招聘费用等）；批量发送电子邮件或打印通知单，将结果通知应聘人员；在招聘结束后办理新员工的入职手续；根据招聘渠道、方式等进行效果分析；调动、晋升老员工时，可以根据显示的职位空缺信息，与其他子系统链接调用本企业人员数据，例如绩效、培训等情况，对满足职位条件的人员排序，从而为最后的决策提供依据，并相应地办理职位变迁的有关手续；随时将企业内部供给信息传给人力资源规划子系统。

（五）绩效管理子系统

绩效管理子系统可以实现对绩效计划、绩效沟通、绩效考核和绩效反馈的全过程管理，其具体功能有：通过调用其他子系统的信息制订绩效计划，即界定绩效的具体内容与标准、权重;为员工提供实时查询自己的绩效指标及绩效情况的功能;提供管理者与员工进行沟通的沟通渠道,记录员工上级或其他人员与该员工进行绩效沟通的时间、地点和方式,并记录沟通前后员工行为的变化;及时调整绩效计划;为管理人员提供可选择的考核主体、考核方法;根据绩效内容、考核方法、考核程序、考核主体随时更新绩效考核信息,并根据不同要求生成报表;记录员工上级与员工的绩效反馈面谈的时间、地点和内容,提供绩效反馈面谈表帮助管理人员进行面谈,便于计算机记录整理;为其他子系统提供基础资料。

（六）薪酬管理子系统

薪酬管理的目的就是通过科学的薪酬设计,吸引和留住组织需要的优秀员工,激励和凝聚员工,降低员工流动率,控制运营成本,提高企业经济效益。该子系统用于对企业薪资和福利进行全过程管理,主要功能应该包括:设置薪酬标准、变动日常薪资、统一调整薪资、计算和发放薪资及各种福利、自动计算个人所得税、自动计算社会保险等代扣代缴项目;根据公司的政策设置计算由于年假、事假、病假、婚假、丧假等假期以及迟到、早退、旷工等形成的对薪资和福利的扣减;将薪资和企业总账相联系,直接生成总账凭证;存储完整的历史信息供查询和生成报表。图 13-2 显示的是金蝶公司 K/3 软件薪酬设计管理流程图。

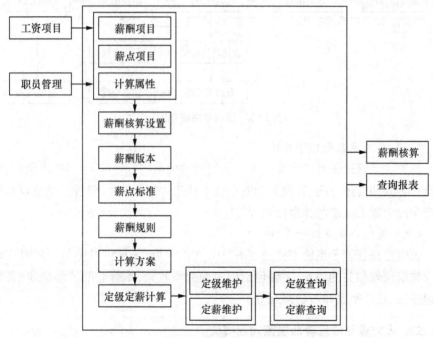

图 13-2　薪酬设计管理流程

(七) 培训开发管理子系统

培训开发管理子系统的主要功能包括：完成员工的培训申请审批、备案以及网上培训等；进行培训需求的管理和评估，如根据经营发展战略确定培训需求，从绩效管理系统导入培训需求等；制定培训规划与相应的培训实施计划；对实施的培训项目进行记录管理、查询和统计；提供培训协议管理；对培训课程、培训师资进行评估，对培训效果进行跟踪；对培训费用进行管理，设置预警显示；对培训进行统计分析，如成本、效果分析等。图13-3为金蝶公司K/3软件培训管理流程图。

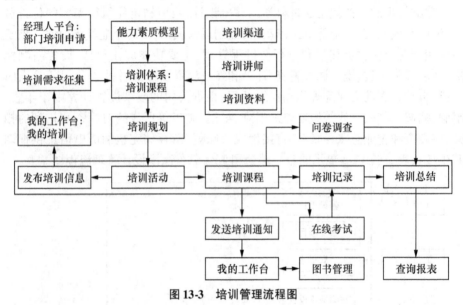

图 13-3　培训管理流程图

(八) 员工关系管理子系统

员工关系管理子系统主要是对企业的劳动关系进行管理，主要功能包括：管理劳动合同和集体合同、管理劳动安全技术和劳动安全卫生、管理劳动争议和管理企业应为职工缴纳的社会保险等。

(九) 政策法规管理子系统

政策法规管理子系统主要是以 HTML 文档的形式，提供可供员工随时查询的与政策法规相关的信息，主要包括国家的劳动政策、本行业的劳动法规、各类管理办法、规章制度和激励措施等。

二、人力资源信息辅助决策功能模块

人力资源信息辅助决策功能模块进一步强调了 e-HR 系统的数据分析等辅助决策功能。现在企业不仅需要对人力资源管理信息的简单查询和简单的数据统计描述,更需要对信息、数据进行深入的、综合的分析,尤其需要综合各子系统信息进行分析,为企业各种决策提供可靠的依据。这些功能由两个子系统实现:综合统计分析子系统和综合查询子系统。

(一)综合统计分析子系统

综合统计分析子系统是预测和辅助决策的关键子系统,并且能起到实时监督的作用。该子系统不仅可以单独对各子系统数据进行简单的数据统计,还可以运用多种统计方法跨子系统对数据进行联合分析,并加强了建模、预测、核算等方面的功能。

(二)综合查询子系统

综合查询子系统主要是为公司领导、人力资源内部管理机构和各下级单位提供准确、方便、快捷的查询功能。它支持对各子系统数据的实时查询,以及跨子系统的交叉查询,并可以按要求生成各类报表,使分散在各子系统的查询功能进一步加强。

三、系统管理与维护功能模块

系统管理与维护功能是在使整个系统安全有效运行的基础上,通过系统管理与维护子系统来实现的。系统管理与维护子系统包括权限管理、接口管理和数据库管理等功能。在权限管理中,系统管理员可以增加新的用户、修改设置用户权限、提高系统的安全性。接口管理是系统的延伸和扩展,提供 e-HR 系统与企业其他系统(如财务系统)和软件(如 Word、Excel 等办公软件)的接口。这些接口可以帮助用户分析、查看、计算人力资源管理数据,辅助生成人力资源管理的各种报表等。例如,在薪酬管理模块中通过接口管理与企业的财务系统连接,财务系统就可以根据薪酬管理模块的计算结果每月自动生成职工工资发放表,这样就可以提高财务部门的工作效率并减少误差。在数据库管理中,对数据库的重要操作进行跟踪和记录;提供数据加密、数据库加密、自动备份与恢复等功能;通过对职位进行权限及范围设置,做到对事不对人的管理;当员工改变职位时,其相应的权限及管理范围也会因职位改变而改变,无需再次进行设置。

第三节 人力资源管理信息化的规划与实施

企业实现人力资源管理信息化,并非只是单纯地花钱购置一套人力资源管理信息系统,而是一个循序渐进的发展过程。而且,要成功实施 e-HR,必须具备三个条件:畅通的网络、夯实的基础以及规范的流程。事实上,并非所有的企业都需要 e-HR,也并非所有的人力资源管理功能都需要信息化。因此,企业在选择方案之前需要进行自我分析,进行产品定位,而不能照搬其他大企业的解决方案。对企业而言，实施 e-HR 是一个规模庞大的系统工程，它改变的不仅仅是企业的人事作业流程，更重要的是改变了企业管理层的行为模式，甚至是企业文化。实施这个项目之前，一定要得到企业老总乃至整个管理层的支持，而且必须要进行完整详细的项目规划。

一、项目规划

在开始人力资源管理信息化这个项目之前，必须进行谨慎且完整的规划。这是实施 e-HR 的前提，即使是小规模的企业，这一步骤仍然不能省略。项目规划就是要对整个 e-HR 过程作出详细的计划，并对该项目进行成本预测和风险评估，以尽可能地减小项目失败的可能性。

（一）制订实施计划

项目的实施计划就是项目实施的目标以及详细的时间和进度安排。

概括地说，实施 e-HR 就是为了提高人力资源管理的效率，提升企业的整体效率和绩效。但是，对于不同的企业，其具体目标会有一定的差异。项目实施的不同阶段也有各自不同的目标。每个企业实施 e-HR 之前都要明确自己的总目标和阶段目标，在项目实施的各个阶段要随时检查阶段目标的完成情况，在完成 e-HR 项目后还要检查总目标的完成情况。

一般而言，企业实施 e-HR 要经历以下几个步骤：

（1）确认企业人力资源管理的发展方向和优先次序，对企业的人力资本构成现状及其期望的效率进行分析诊断，作出客观而充分的评估，确定实施 e-HR 计划的范围和重点，定位所需产品的类型；确认系统的目标和可能会涉及的一些变量。

（2）准确定位后，选择合适的解决方案供应商。

（3）建立项目实施小组。项目实施小组的成员应该至少包括企业高层管理人员、专业人力资源管理人员、供应商代表以及计算机专业人员。他们将负责整个项目的组织协调、进度控制、数据分析和数据有效性的检查，提供相关建议，培训其他员工，建立系统和检查各部门的运行程序。实施小组建立时，要对每个小组成员的工作职责进行明确的界定。

（4）与供应商配合进行需求分析，建立 e-HR 系统运行模型。

（5）设计解决方案。它包括优化人力资源管理的流程，明确 e-HR 的功能和技术需求，设计、购买或租赁功能模块，了解用户的使用体验，改进用户友好度。

（6）实施解决方案。它包括设计、安装系统，建立 e-HR 工作流程，确定用户角色和界面等内容。安装后要对软件功能进行测试，以便及时发现问题。通过测试后，在供应商的帮助下进行系统初始化与数据转换工作，使企业基础数据与员工基础数据在尽可能短的时间内迁移到系统中来。

（7）在系统正式运行前，培训企业员工。企业的员工以及中、高层管理者都应该接受相关培训。在培训过程中，不仅要使接受培训的员工了解系统的功能和运行方式，更重要的是要转变他们的思维方式和行为方式，学习并接受 e-HR 中蕴涵的先进理念。

（8）实施推广和效果评估。它包括根据企业业务需要改进或增设相应模块、开发新的功能和流程、应用技术支持和维护、系统的整体效果评估等内容。

在制订计划时，要根据企业的实际情况合理安排这些步骤的进程。

（二）预测成本

实施 e-HR 初期的投入比较大，因此必须对实施 e-HR 的成本有清醒的认识，做好项目的整体预算，合理分配资金，避免因超出预算导致项目难以继续。实施 e-HR 主要应该考虑以下几种成本：

（1）集成和测试成本。e-HR 软件要运转正常，必须事先进行测试，使之与其他软件系统进行良好的衔接。测试与连接费用在预算时常被公司遗漏或低估，而实际上，测试工作消耗的时间和费用多数时候将超出开始时的预算。一般情况下，不要轻易去修改人力资源软件产品的核心代码，否则集成、测试和维护系统的成本将更大。测试时，员工应尽量参与，由公司 IT 部门、人力资源管理部门、系统实施顾问等共同组成的项目小组应作全程监控。

（2）数据转换成本。把以前的人力资源信息植入一套全新的 e-HR 软件将花费大量的时间和资金。原有数据大都存在着这样或那样与新系统不匹配的问题，这在预算时也很容易被忽视或低估。检查、修改这种数据的缺陷，使之与新系统相匹配，往往耗费公司大量的时间和精力。

（3）数据分析、更新成本。人力资源决策的基础是将 HR 系统产生的数据与其他系统产生的数据进行综合分析。因此，预算时应考虑建设数据库的成本、数据库平稳运行的成本以及数据库更新的成本。尤其是更新成本，无论在时间还是金钱上的消耗都是巨大的。

（4）培训成本。培训费用包括学习相关的计算机应用技术、学习软件界面以及学习一套全新的管理流程所需的花销。对 e-HR 系统进行全面认真的培训是保证系统顺利、高效运行的重要环节。

（5）变革管理成本。实施 e-HR 可能带来组织流程、行为方式的改变，任何一个组织在变革之初都会产生不适应，甚至会引起混乱。由于 e-HR 是建立在标准业务流程基础之上的，它要求个人的习惯服从于企业统一的管理规范，这对实现 HR 管理行为的一贯化是十分有意义的，而管理只有成为大家共同遵循的一种习惯，才能发挥最佳功效。

(三) 项目风险评估

对项目进行风险评估是为了尽可能地提前采取措施,以降低实施 e-HR 的风险。在实施 e-HR 的过程中可能遇到的风险有:

(1) 违法违规风险。系统如果不符合政府法规或行业的要求,将会招致违法违规行为。

(2) 进程风险。e-HR 项目实施的范围与边界是否明确,这有赖于项目的前期基础工作是否扎实、项目管理是否得当。如果范围与边界不明确,就意味着需求不明确,项目很难收尾。项目如果不能按期完成、达到预期的效果,其负面效应可能会导致股东、企业管理层和员工甚至客户的不满。项目进行过程中供应商、企业人力资源部、企业 IT 部门三方能否达成以企业作为共同的用户来服务的共识,决定了合作过程的顺利与否。不能简单地认为整个项目的实施只是供应商的工作,而是需要三方组成高效的项目组,一起分工配合完成。

(3) 管理观念转变风险。e-HR 带来了全新的管理理念,组织内的每一个员工都将面临管理思想转变的痛苦过程。新理念将受到旧理念的碰撞和干扰,新理念实施得可能并不顺利。

(4) 流程改造风险。由于 e-HR 的实施,组织架构和部门职责可能要作相应调整。这会涉及部门职能的重新划分、岗位职责的调整、业务流程的改变、权力利益的重新分配等复杂因素,如果企业处置不当,将会给自己带来不稳定因子。

(5) 业绩考评体系转变风险。由于组织架构和业务流程的调整,业绩考评体系也会作相应调整。业绩考评体系能否顺利转变存在风险。

(6) 数据安全风险。HR 数据对企业而言是比较重要的,e-HR 系统必须能确保这些数据的安全性。e-HR 系统的安全机制主要涉及数据传输、数据存储、数据灾难恢复、身份验证以及系统日志等环节。数据在网络中传输以及在数据库中存储,需要采用适当的安全加密措施来确保数据的安全。此外,系统登录时的严格身份验证机制以及系统提供的日志功能,都能强化系统的安全性。通过建立规范的数据库管理机制,系统还应定期手动或自动进行备份,以备灾难恢复之需。

金蝶公司

金蝶国际软件集团有限公司总部位于中国深圳,始创于 1993 年 8 月 8 日,于

2001年2月15日在香港联合交易所创业板上市,2005年7月20日转为在香港联合交易所主板上市,在中国内地有39家以营销与服务为主的分支机构和2 000家咨询、技术、实施服务、分销等合作伙伴。金蝶营销、服务及伙伴网络在内地分为南方、北方、华东、西部四大区域,遍及221个城市和地区;目前集团拥有员工4 000人,客户遍及亚太地区,包括中国内地、中国香港、中国台湾、新加坡、马来西亚、印度尼西亚、泰国等国家和地区,总客户数量超过50万家。

资料来源:http://www.kingdee.com。

二、e-HR 的实施

在进行完项目规划后,就可以按照计划逐步实施了。企业人力资源管理的信息化是一个渐进发展的过程,要让员工逐步理解并接受新的工作模式。实施项目前,要让员工掌握全面的相关信息。可以利用公司的内部网络发布信息,并与员工进行互动,让员工充分了解 e-HR 系统。这样做可以使员工更快适应新的工作方式。

根据"统筹规划、分步实施"的建设原则,e-HR 系统的实施可按以下三期开展:

(1)第一期。建立企业人力资源基础数据平台(组织机构、岗位、人事信息)与人力资源网络门户,同时,实现员工管理(主要包括调配等对员工的异动管理)、考勤管理、薪资计算等需求比较迫切的业务模块。在人力资源基础数据平台基础上,还可利用成熟的商业智能(Business Intelligent,简称 BI)工具实现灵活的信息查询、统计分析与决策支持功能。

(2)第二期。实现其他基础人力资源业务的信息化,建立一个包括绩效管理、全面薪酬管理、招聘管理、培训管理等核心人力资源业务模块(含各业务模块)的自助服务功能,同时实现对党、团、工会的信息管理。

(3)第三期。实现战略人力资源管理信息化,建立以员工职业发展与能力管理为核心线索的人力资本经营体系,并使其具备人力资源门户扩展功能。具体模块包括:人力资源规划、员工职业生涯管理、能力素质管理、人力资源关键指标监测管理等。

本章小结

本章从三个部分介绍人力资源信息化管理的基本知识。首先,通过对人力资源管理信息化的相关概述,重点介绍了人力资源管理信息化的基本概念和发展的几个阶段。人力资源管理信息化(e-HR)实质上是人力资源信息化系统。

它是人力资源管理信息化的全面解决方案,通过集中式的信息库自动处理信息,提供员工自助服务,并运用信息化的平台整合了从人力资源规划、招聘、在职管理(人事信息管理、考勤休假管理、培训管理、绩效管理、薪酬管理、员工关系管理)到员工离职管理等所有的人力资源管理职能模块,从而实现人力资源管理的便捷化、科学化和系统化。其次,通过对 e-HR 的各个基本功能模块的分析介绍,以对 e-HR 系统有一个系统的了解。e-HR 是为人力资源管理部门提供的一个全面的信息管理系统,通过该系统可以比较容易地获得所需要的关于组织体系、薪酬福利、人力资源状况等数据和信息,使得人力资源管理在信息系统的协助下更加高效、快捷。最后,介绍人力资源管理信息化的规划和实施。项目规划就是要对整个 e-HR 过程作出详细的计划,并对该项目进行成本预测和风险评估,以尽可能地减小项目失败的可能性。e-HR 具体实施的内容一般可分为三期。

关键概念

人力资源管理信息化　人力资源管理信息系统　项目规划　e-HR

课堂练习

选择题

1. 提供功能强大的数据接口,轻松实现各种数据的导入、导出以及与外部系统无缝连接属于人力资源信息化系统的(　　)特征。
   A. 灵活性　　　　　B. 易用性　　　　　C. 智能性　　　　　D. 开放性
2. e-HR 系统人力资源规划模块不包括(　　)。
   A. 组织结构设置　　B. 资源管理　　　　C. 职位管理　　　　D. 人力资源计划
3. 下列不属于 e-HR 系统维护类型的是(　　)。
   A. 完整性维护　　　B. 纠错性维护　　　C. 数据库维护　　　D. 预防性维护
4. e-HR 功能包括(　　)。
   A. 信息集中管理　　B. 网上审批　　　　C. 统计分析　　　　D. 系统管理
5. (　　)的主要功能是随时显示职位空缺信息、职位说明、建立分类电子档案库及备选人员数据库。
   A. 人力资源规划子系统　　　　　　　B. 职位分析子系统
   C. 绩效管理子系统　　　　　　　　　D. 招聘与选拔子系统
6. 下列不属于成功实施 e-HR 条件的是(　　)。
   A. 畅通的网络　　　B. 夯实的基础　　　C. 规范的流程　　　D. 完善的制度
7. e-HR 系统不包括(　　)。
   A. 综合统计子系统　　　　　　　　　B. 综合查询子系统
   C. 系统管理与维护子系统　　　　　　D. 基本信息管理子系统

判断题

1. 人力资源管理信息化系统易用性包括提供功能强大的数据接口、方便引入各类Office文档,并存储到数据库中。(   )
2. e-HR系统实施的主要步骤包括软硬件系统的选购和安装、数据采集、建立e-HR系统原型、基础数据库建立。(   )
3. e-HR与HRMS的主要区别在于HRMS的应用对象为企业管理者,而e-HR倡导人力资源的全员管理。(   )
4. HRMS包括基础数据层、业务处理层、决策支持层三个方面。(   )
5. 不盲目追求高新技术、考虑自身的人力资源需要是e-HR实施的务实性原则。(   )
6. 实施e-HR不仅能提高人力资源的工作效率,降低人力成本,更能让企业员工获得公平感。(   )
7. 人力资源规划子系统的主要功能是:根据企业实际情况,为实现人力资源的需求供给预测提供可选择的科学预测方法;自动搜集企业内外部人员供给信息,分析人员信息并得出预测结果。(   )
8. e-HR系统包括综合统计子系统、综合查询子系统、基本信息管理子系统。(   )

讨论题

1. 从人力资源管理信息化的发展历程、现状及趋势来看,人力资源管理信息化的意义何在?
2. 在人力资源信息化体系构建的各个阶段,e-HR系统实施的主要原则有哪些?
3. 人力资源管理信息化系统各模块的功能有哪些?

讨论案例

案例一 中国电信实现人才管理升级

全国几大电信运营商被一次次地重组背后,是国家希望建立更加市场化、充分竞争发展的电信市场经营体制需求。在重组中,资格最老的中国电信集团与其他运营商相比,最大的优势在哪里呢?

由于中国电信的主体是最早的专业电信运营商,其继承了原邮电部完备的人才体系,所以相对于中国网通、中国联通以及中国移动而言,人才的积累优势是其最大的竞争资本之一。

中国电信拥有两大人才体系:一是拥有一批熟悉通信业发展状况、具有丰富实践经验的管理队伍。二是拥有一批熟悉电信网络架构、具有丰富实践经验的高素质维护力量。而如何守住自己的人才宝库,亦成为中国电信发展中的战略性工作。

近年来,中国电信开始实施人才建设战略,并开始利用信息化手段提升人力资源管理能力。

全面展现 19 万人才图谱

笼住人才，首先要对人才体系架构有全局观，即知道自身奇缺的人才类型是什么，哪个区域匮乏，哪个领域需要协调、调配，等等。能在中国电信中高层管理人员面前展现一张人才现状图非常重要。

然而面对 20 家省级公司、218 家地市级公司、1 325 家县局分公司；仅仅省级公司员工数就达到了 3 万人，公司全员超过 19 万人，这样巨大的公司规模使得翔实、全面的人才图谱并不那么容易获得。

在中国电信人力资源体系建设中，首先需要实现数据化、统一化、集中式的管理，为此他们选择了用友软件公司的 e-HR 系统。在系统中，所有人员信息按照组织、对象、职能等不同纬度进行描述。在全集团人力资源管理运营中，可以通过上述三个纬度对人员进行检索。

这一看似"简单"的应用，在大型集团的人力资源开发与管理中，却有着巨大的人力资源管理战略价值。例如，某一地分公司奇缺技术支持工程师，因此在高价挖人，然而临近县市的分公司的该类人员已经出现了冗余。可见，实现组织机构间的协同十分必要。此外，通过对组织、对象、职能的各种信息检索，集团中级甚至高级管理人员能及时地了解公司员工的文化程度、年龄状况，以及相关的各种人员指标，从而及时调整全员的人才构成状态，审视公司人力组构结构是否健康等。

在项目建设过程中盘点梳理了省级公司、地市级公司和县局分公司的 17 万多个部门和岗位、19 万名员工的信息，盘点清查了全国 20 多个省的人员总量状况，形成了超大型组织机构与部门岗位基础应用框架及人员信息管理平台，为进一步实现全国组织机构重组、部门岗位分拆与合并，形成标准岗位体系奠定了坚实的基础。这有利于消除岗位冗余，提高工作效率，监控用工总量，降低人力资源成本。

实时掌控人力资本信息

通过一套信息化系统的实施，中国电信在对全员进行盘点中，也对内部流程和各种业务管理制度进行了一次全面梳理。

将以前由各省各自掌管的人力资源业务流程进行了梳理，各自为政、各自建立的五花八门的系统得到了规整。实现了规范化后，最重要的是内部控制得到了完善，以前问题少是因为集团看不到，而非不存在。

同时，日常经营活动中的关键业务处理流程也在对管理体系项目的建设过程中得到了规范，避免了一省一个做法的状况。

例如，组织机构的设置、人员的招募与任用有相应的控制节点与审批记录；薪资与福利业务的日常处理相互制衡；人员的变动、薪资的调整、奖惩的兑现有相应的过程管制；决策的支持信息实时来自日常活动记录的汇总信息等。

从某种意义上讲，是将 20 个中国电信公司（其拥有 20 个省分公司）真正合并成为一个中国电信。

规范后的业务处理流程不仅提高了日常工作效率、减少了业务处理差错、降低了人力资源管理风险,而且完善了内部控制与管理体系,符合《萨班斯法案》的要求。

2002年《萨班斯法案》潮流席卷了全球的资本领域。中国电信是在美国纽约证券交易所上市的海外上市公司,按照要求必须在2006年7月15日以后通过第三方执行的《萨班斯法案》404条款审计,否则面临高额处罚直至摘牌。中国电信积极面对经营环境的变化,在不断完善中国电信的内部管控体系、提高全集团企业管理水平的同时,先后在管理支持系统(MSS)、运营支持系统(OSS)、业务支持系统(BSS)三大领域开展信息化建设,人力资源管理系统作为整个集团管理支持系统(MSS)的核心子系统成为整个信息化建设任务中的重中之重。

通过e-HR系统,中国电信集团高管终于实现了实时监控全国人力资源部署状况。各省的人力资源数据动态实时地传递到总部的数据仓库中,通过交叉、切片、钻取等数据挖掘手段重新抽取具有战略价值的管理信息,并重新进行诠释和展现,实现了针对全国各级单位的人力资源数量、各维度的人力资源质量和相应变化状况与趋势规律的实时监控,实现了全国人力资源透明化管理,为总部及各省人力资源管理过程中的各项决策提供了依据与支持。

形成高效决策流程

中国电信e-HR系统在建设初期就设立了最终要为集团战略决策作支撑的目标。他们认为,e-HR系统支持企业在发展过程中各类需求变化,既满足集团公司对全集团人力资源管理的要求,也符合各级单位人力资源管理的业务功能需求;可以提升中国电信人力资源各相关部门的管理水平,最大限度地发挥中国电信人力资源信息系统的作用。

传统的人力资源决策过程往往需要经过统计、调研、民主测评、党委讨论等漫长的周期才能形成决议。各省的人力资源管理平台与中央数据仓库中心建设完成后,日常业务处理直接在平台系统上进行操作,所产生的数据直接进入各级数据库中并被定时或实时抽取到中央数据仓库中,增强管理的透明化,实现对环境的快速反应。

各级领导进行决策时,不需要像以往那样依据于庞大烦琐的统计报表,而是根据个人工作习惯所设计的动态报表,进行层层穿透查询,从而了解到基层的详细信息与宏观的统计汇总信息。这改变了原有的工作模式,节省了原来进行统计调研等需要花费的大量时间,从而有更充裕的时间去从事更加具有战略意义的工作。

集中部署中的e-HR实施经验

事实上,要在中国电信集团这样的"巨无霸"集团型企业中部署e-HR系统,对用友软件的技术体系也是非常大的考验。一是海量数据的存储和并发调用负载能力,要求能够实现对大并发量数据运算的负载均衡,单点并发用户负载要求超过200人,数据量要求超过万人;二是对安全性要求高,必须保障系统的数据安全、组织安全、网络安全;三是能够实现硬件系统层、数据库层、功能应用层等方面的安全需要,保障网络上数据传输的安全需要。

项目建设启动后,用友公司与中国电信集团成立了多层级部署、多省市并行、多机构保障的大型项目实施团队。用友公司全国各地相应省份的分子公司成立对口实施建设项目小组,双方总部各自成立中央项目管理组。各省成立项目推进组,按照先规划后实施、先试点后推广、先集中后分布、先共性后个性的实施原则,各省并行同时开工建设。

实施过程中,体现了"总部集中规划、各省分布数据采集"等原则。总部多次组织省级公司的需求调研和集中培训,并在福建省进行系统原型建设,同时完成系统配置培训课程设计、二次开发需求确认等工作。中国电信 e-HR 项目的实施开创了业内省并行建设的先河,3 个月内完成试点省份建设,6 个月内各省陆续完成上线,2007 年年底前各省相继完成验收。

当企业化、市场化运营后,中国电信利用信息化手段,从管理和使用人才的角度,首先让公司对人才体系有实时、清晰、具体化的认知,并在此基础上最合理化地使用人力资源,最终战略性地支配和调整人力资源体系,从而形成人力资本管理体系,为公司的战略发展积蓄了源源不断的人才动力。

资料来源:http://www.bokee.net/company/weblog_viewEntry/4326203.html。

问题:

中国电信人才管理升级有何意义?在信息化背景下,人才管理的重点有哪些方面?

案例二 中国邮政变革管理模式

70 多万员工、3 000 多家机构、10 万余部门设置,这些数字让中国邮政成为全球最大的物流服务提供商。目前,中国邮政的主营业务已经涵盖函件、包裹、汇兑、特快专递、报刊发行、储蓄、集邮、物流、代理和机要信息传递等十多项业务。与此同时,承担着国家普遍通邮社会义务的中国邮政,其组织结构也相当复杂——总部、省公司、市公司、县公司四级管理架构的背后是 40 多万个岗位设置,能比拟中国邮政管理架构的体系,唯有全国行政区域,其管理工作的庞杂和繁复可想而知。

特别是 2006 年以后,国家正式启动了邮企改革,原国家邮政总局政企合一的局面为政企分开所代替。除原政策法规和行业管理的职能由国家邮政局负责外,企业部门的业务则由国有独资企业——中国邮政集团公司承担。新成立的中国邮政集团公司承担中国国内和国际邮件寄递、报刊等出版物发行、邮政汇兑、邮政储蓄、邮票发行等邮政业务。

毫无疑问,政企合一时代的管理制度和管理模式已经不能让中国邮政适应崭新的经营环境。一方面,中国邮政的管理层要带领全国 70 多万员工一起向现代企业制度全面转型;另一方面,中国邮政还要在应对残酷的市场竞争的同时,兼顾普遍通邮的社会责任。

要解决这些难题,这个脱胎于计划经济时代的"庞然大物"就必须依靠新的管理手段和工具,在复杂的竞争格局中"闪转腾挪",迈出自己的"凌波微步",冲破国有企业的惯性思维。

大块头有大智慧

随着国家邮政公司的正式改制完成以及相关改革措施的推进和不断发展,原来的"条块结合,以块为主"的各自为政的管理模式必须被打破,取而代之的是现代法人治理结构下的新型集团公司管理模式。

在新的集团公司管理模式下,将充分考虑集团垂直管理下的以省为单位的管理需要,同时兼顾各专业化板块的管理需要。在资本化经营模式下,中国邮政集团必将成为一个主业突出、多元化经营、多法人治理结构、跨地域经营、多层级管理的大型集团企业。在集团不断发展和不断扩张的过程中,如何加强整个集团的管理,整合集团的资源,发挥集团的规模效应,以及如何科学、快速、准确地完成对成员单位的监控和评价,也成为中国邮政集团发展中面临的新课题。

中国邮政集团的负责人分析说:"中国邮政这样一个超过70万员工的大型集团企业,如果没有一套现代化的企业信息化管理工具,是不可能实现上述管理目标的。而重中之重就是建立一套现代化的人力资源信息化系统,它能够作为整个企业信息化的基础构件。"

事实上,中国邮政给自己确定的发展策略是"政企分开、人员分流、组织转型和体制变革"。如果说中国邮政从国家邮政局剥离成立企业只是开始的话,那么企业员工的改制分流则是打响中国邮政现代企业制度建立的第一枪。

"通过推行信息化的建设和普及,整合优质资源,发挥规模效应,以实现经济和社会的双重收益,则成为集团应对市场挑战、创造管理利润的主要途径。人力资源信息化的功能必须能充分适应中国邮政集团组织结构这种多元化、跨地域、多层级,以及变化快等特点的需要。同时需要利用人力资源管理系统辅助实现政企分离、人员分流、组织转型、体制变革的要求。"这成为整个中国邮政集团管理层的共识。

控制总量,调整结构,减员增效

"邮政集团当前到底有多少人?"这个看似简单的基础问题,却从来没有理清过。

中国邮政的知情人回忆说,人力资源信息化的需求已经相当迫切。在资本化经营模式下,中国邮政集团逐渐成为一个主业突出、多元化经营、跨地域经营、多层级管理的大型集团企业。面对集团总部、省公司、市公司、县公司等多层级的组织结构体系与庞大的人员规模,如果没有一套成熟、先进的人力资源信息化系统,中国邮政的现代企业制度转型就无从谈起。

在2006年,中国邮政集团提出了"控制总量,调整结构,减员增效"的人力资源管理要求,坚持以人为本,以规范用工和盘活人力资源为重点,进一步完善适应企业发展需要的用工制度。

同时,加强整个集团的管理、整合集团的资源、发挥集团的规模效应,科学、快速、准确地完成对成员单位的监控和评价。在深化企业改革、改进管理方式的同时，借助信息化管理工具实现现代企业人力资源管理精细化的要求，逐渐在企业内部成为共识。

事实上，早在2002年的时候，中国邮政就有了人力资源管理信息化建设的思想规划，并在实践中不断摸索建设方法。后来公司依托某知名软件集团开发了一套邮政人力资源综合信息管理系统，但由于该系统是根据固定的业务需求短期开发应用的，产品的稳定运行一直存在障碍；系统对PC终端配置要求较高，数据安全得不到保障；同时，作为单机版的设计结构，不能支持网络功能，无法实现异地机构数据的集中管理。面对庞大的企业组织结构与人员规模，系统所能实现的管理内容与企业的实际要求产生了很大的差距。于是，中国邮政集团对如何有效实现全集团、全组织、全人员的人力资源信息化建设模式开始了更进一步的思考和探索。

最初，像许多大型集团企业一样，中国邮政把目光投向了国外同行的实践经验。在信息化建设模式讨论中，集团先后与几家国外的大型管理软件公司进行了接触了解，在初步认可国外厂商信息建设模式的同时，国外软件动辄数千万的高昂价格又成为摆在企业面前不可逾越的屏障。最终，大家把目光转移到了国内。

中国邮政在国内找到包括用友在内的几家厂商，并由此拉开了为期16个月的系统选型阶段的序幕。在经历了厂商考察、需求调研、系统测试、方案比较等多层筛选与综合分析之后，最终确定用友软件股份有限公司为中国邮政集团人力资源信息系统建设的合作伙伴。

回归本源思考问题

面对庞大的人员队伍、复杂的人员结构、分布全国的各层级组织，建立一个全国联网、统一管理、分层应用，功能扩展灵活，维护方便，运行高效、稳定、安全，数据准确的人力资源管理平台，快速、高质量地实现中国邮政集团人力资源管理信息上线运行，在整个国内的企业人力资源管理信息化实践中，都属于一个史无前例的巨大的工作挑战。

经过一个多月的探讨分析，中国邮政的人力资源信息化战略浮出水面。总体目标被确认为在集团公司范围内建立一个信息共享、流程优化的人力资源信息管理平台。通过该平台，实现集团公司人力资源管理工作的信息化、网络化，提高人力资源管理效率，并为领导决策提供支撑和服务；满足现阶段集团公司、省公司、市（地）公司领导和人力资源部门管理的需要。在确定总体目标后，中国邮政明确所有工作都将围绕这个目标开展。中国邮政的有关人员解释说，在建设路径上，集团采取了整体规划、分步实施的原则。

一期建设引入组织机构、人员信息管理两个基础业务模块，以及查询统计、报表管理两个通用模块，实现在集团总部集中查询、分析人力资源数据。基于一期系统建设的平台，后期工程建设逐步集成薪酬、绩效、招聘、培训、社保福利、劳动合同、员工自助等业务功能模块，从而实现集团管控下的全面人力资源管理信息化，驱动邮政集团的发展战略和大局，保证集团在激烈的市场变革和人才竞争中立于不败之地。

中国邮政和用友公司的多位专家组成的项目组，共同完成了多个实施标准和指导手册。这些指导手册下发到中国邮政全国3 000多个县市的分支机构，数据采集、试点上线、全国上线、集中培训、分区培训等各项工作，都在规划的体系之内开展。

目前，中国邮政集团的人力资源信息化已经初见成效，建立了全邮政集团公司实时共享的全员数据库，实现了全集团人力资源透明化管理与用工总量控制，实现了对机构、编制及领导职数的有效管理，并且提高了集团组织工作效率和质量。

中国邮政集团的人力资源信息化建设已经驶入了快车道。"人力资源系统的建设是在推进企业管理信息化进程中取得的突破性成果，它标志着中国邮政信息化建设又进入了一个新的阶段。"

系统全部建成后，中国邮政的人力资源系统将为整个集团的管理层提供经营决策信息平台。各级领导可以利用系统提供的查询、分析等工具及相关结果，实时掌握所辖人力资源的状况，为不断加强企业人力资源管理和市场竞争力提供决策依据。

资料来源：http://www.enicn.com/article/2009-10-12/10125P0H009.shtml。

问题：

结合案例，说明中国邮政信息化管理的必要性与可行性，以及邮政人力资源信息化管理的重点是什么。

复习思考题

1. 人力资源管理的信息化对传统人力资源管理各模块的影响如何？
2. e-HR的应用对提高人力资源管理效率是有效的，请思考在实行过程中会遇到什么问题。

推荐阅读

1. 姜军.人力资源管理信息化开发与操作实验[M].北京:经济科学出版社,2008.
2. 邬锦雯.人力资源管理信息化[M].北京:清华大学出版社,2006.
3. 陈关聚.人力资源管理信息化全攻略[M].北京:中国经济出版社,2008.
4. 朱勇国.人力资源管理信息化[M].北京:中国劳动社会保障出版社,2006.
5. 王平换,张微.网络经济下企业人力资源管理模式的优化——信息化人力资源管理项目建设[J].中国人力资源开发,2008(12).
6. 陈禹,崔子龙.基于管理流程的人力资源管理信息化[J].中国人力资源开发,2007(8).
7. 蒋永宁,王香玲.企业信息化人力资源管理的成功要素[J].中国人力资源开发,2007(8).

参考文献

1. Ahearne, M., Mathieu, J., & Rapp, A. To Empower or Not to Empower Your Sales Force? An Empirical Examination of the Influence of Leadership Empowerment Behavior on Customer Satisfaction and Performance [J]. Journal of Applied Psychology, 2005, 90(5).

2. Kenneth J. Harris, Paul Harvey, K. Michele Kacmar. Do Social Stressors Impact Everyone Equally? An Examination of the Moderating Impact of Core Self-evaluations [J]. Journal of Business and Psychology, 2009, 24(2).

3. Giberson, Thomas R. Leadership and Organizational Culture: Linking CEO Characteristics to Cultural Values [J]. Journal of Business and Psychology, 2009, 24(2).

4. Mark L. Lengnick-Hall, Cynthia A. Lengnick-Hall, Leticia S. Andrade, Brian Drake. Strategic Human Resource Management: The Evolution of the Field [J]. Journal of Human Resource Management Review, 2009, 19(2).

5. Mathilde Bourrier. The Contribution of Organizational Design to Safety [J]. Journal of European Management, 2005, 23(1).

6. Xenophon A. Koufteros, Abraham Y. Nahm, T. C. Edwin Cheng, Kee-hung Lai. An Empirical Assessment of a Nomological Network of Organizational Design Constructs: From Culture to Structure to Pull Production to Performance [J]. International Journal of Production Economics, 2007, 106(2), 2.

7. Evi Hartmann, Gerhard Trautmann, Christopher Jahns. Organizational Design Implications of Global Sourcing: A Multiple Case Study Analysis on the Application of Control Mechanisms [J]. Journal of Purchasing and Supply Management, 2008, 14(1).

8. Peter J. Jost, Claus van der Velden. Organizational Design of R&D after Mergers and the Role of Budget Responsibility [J]. Journal of Economics and Business, 2008, 60(5).

9. Lauren E. McEntire, Lesley R. Dailey, Holly K. Osburn, Michael D. Mumford. Innovations in Job Analysis: Development and Application of Metrics to Analyze Job Data [J]. Journal of Human Resource Management Review, 2006, 16(1).

10. Guido Hertel. Motivating Job Design as a Factor in Open Source Governance [J]. Journal of Manage Governance, 2007, 11(2).

11. Parbudyal Singh. Job Analysis for a Changing Workplace [J]. Journal of Human Resource Management Review, 2008, 18(2).

12. Gail Tomblin Murphy, George Kephart, Lynn Lethbridge, Linda O'Brien-Pallas, Stephen Birch. Planning for What? Challenging the Assumptions of Health Human Resources Planning [J].

Journal of Health Policy, 2009, 92(2).

13. Sanjeev K. Bordoloi, Hirofumi Matsuo. Human Resource Planning in Knowledge-Intensive Operations: A Model for Learning with Stochastic Turnover [J]. European Journal of Operational Research, 2007, 130(1).

14. Mark L. Lengnick-Hall, Cynthia A. Lengnick-Hall, Leticia S. Andrade, Brian Drake. Strategic Human Resource Management: The Evolution of the Field [J]. Journal of Human Resource Management Review, 2009, 19(2).

15. Tracy Taylor, Alison Doherty, Peter McGraw. Human Resource Planning and Strategy [J]. Journal of Managing People in Sport Organizations, 2008, 30(4).

16. James A. Breaugh. Employee Recruitment: Current Knowledge and Important Areas for Future Research [J]. Journal of Human Resource Management Review, 2008, 18(3).

17. Shijie Zhou. Discriminating Alternative Stock-Recruitment Models and Evaluating Uncertainty in Model Structure [J]. Journal of Fisheries Research, 2007, 86(2).

18. Charlie L. Reeve, Scott Highhouse, Margaret E. Brooks. A Closer Look at Reactions to Realistic Recruitment Messages [J]. International Journal of Selection and Assessment, 2006, 14(1).

19. M. Saidi Mehrabad, M. Fathian Brojeny. The Development of an Expert System for Effective Selection and Appointment of the Jobs Applicants in Human Resource Management [J]. Journal of Computers & Industrial Engineering, 2007, 53(2).

20. Chad H. Van Iddekinge, Gerald R. Ferris, Pamela L. Perrewé, Alexa A. Perryman, Fred R. Blass, Thomas D. Heetderks. Effects of Selection and Training on Unit-Level Performance Over Time: A Latent Growth Modeling Approach [J]. Journal of Applied Psychology, 2009, 94(4).

21. Hsu-Shih Shih, Liang-Chih Huang, Huan-Jyh Shyur. Recruitment and Selection Processes through an Effective GDSS [J]. Computers & Mathematics with Applications, 2005, 50(10).

22. Aldónio Ferreira, David Otley. The Design and Use of Performance Management Systems: An Extended Framework for Analysis [J]. Journal of Management Accounting Research, 2009, 20(4).

23. Jane Broadbent, Richard Laughlin. Performance Management Systems: A Conceptual Model [J]. Journal of Management Accounting Research, 2009, 20(4).

24. Cristiano Busco, Elena Giovannoni, Robert W. Scapens. Managing the Tensions in Integrating Global Organizations: The Role of Performance Management Systems [J]. Journal of Management Accounting Research, 2008, 19(2).

25. Bruce Dehning, Vernon J. Richardson, Robert W. Zmud. The Financial Performance Effects of IT-based Supply Chain Management Systems in Manufacturing Firms [J]. Journal of Operations Management, 2007, 25(4).

26. Charles M. Kahn, William Roberds. Why Pay? An Introduction to Payments Economics [J]. Journal of Financial Intermediation, 2009, 18(1).

27. Paul Gerhardt Schierz, Oliver Schilke, Bernd W. Wirtz. Understanding Consumer Acceptance of Mobile Payment Services: An Empirical Analysis [J]. Journal of Electronic Commerce Research and Applications, 2009, 8(3).

28. Ednilson S. Bernardes, George A. Zsidisin. An Examination of Strategic Supply Management Benefits and Performance Implications [J]. Journal of Purchasing and Supply Management, 2008, 14(4): 9.

29. Bernice Kotey, Cathleen Folker. Employee Training in SMEs: Effect of Size and Firm Type—Family and Nonfamily [J]. Journal of Small Business Management, 2007, 45(2).

30. Anders Dysvik, Bard Kuvaas. The Relationship between Perceived Training Opportunities, Work Motivation and Employee Outcomes [J]. Journal of International Journal of Training and Development, 2008, 12(3).

31. Richard Croucher, Michael Brookes. German Employers' Inputs to Employee Skills Development [J]. Journal of Economy and Society, 2009, 48(2).

32. Wolfgang Mayrhofer, Michael Meye, Alexandre Iellatchitch, Michael Schiffinger. Careers and Human Resource Management-A European Perspective [J]. Journal of Human Resource Management Review, 2006, 14(4).

33. Marijke Verbruggen, Luc Sels, Anneleen Forrier. Unraveling the Relationship between Organizational Career Management and the Need for External Career Counseling [J]. Journal of Vocational Behavior, 2007, 71(1).

34. Babette Raabe, Michael Frese, Terry A. Beehr. Action Regulation Theory and Career Self-Management [J]. Journal of Vocational Behavior, 2007, 70(2).

35. Itzhak Harpaz, Ilan Meshoulam. The Meaning of Work, Employment Relations, and Strategic Human Resources Management in Israel [J]. Journal of Human Resource Management Review, 2009, 25(2).

36. Yvind Ihlen, Betteke van Ruler. How Public Relations Works: Theoretical Roots and Public Relations Perspectives [J]. Journal of Public Relations Review, September 2007, 33(3).

37. Christopher Jarzynski. Comparison of Far-from-Equilibrium Work Relations [J]. Journal of Comptes Rendus Physique, 2007, 8(5).

38. Ilias P. Vlachos. The effects of Human Resource Practices on Firm Growth [J], Journal of Business Science and Applied Management, 2009(2).

39. 赵曙明. 人力资源管理与开发[M]. 北京:高等教育出版社,2009.

40. 高桂平,王勇. 人力资源管理概论[M]. 武汉:武汉理工大学出版社,2008.

41. 李广义. 人力资源管理理论与方法研究[M]. 天津:天津大学出版社,2007.

42. 鲍立刚. 基于企业运作的人力资源管理[M]. 成都:电子科技大学出版社,2008.

43. 加里·德斯勒. 人力资源管理[M]. 北京:中国人民大学出版社,2005.

44. 雷蒙德·诺伊. 人力资源管理:赢得竞争优势[M]. 北京:中国人民大学出版社,2006.

45. 丹尼尔·雷恩. 管理思想的演变[M]. 北京:中国社会科学出版社,2000.

46. 达夫特.组织理论与设计(第七版)[M].北京:清华大学出版社,2003.

47. 赫尔雷格尔.组织行为学(第九版)[M].上海:华东师范大学出版社,2001.

48. 斯蒂芬·罗宾斯.组织行为学[M].北京:中国人民大学出版社,2004.

49. 切斯特·巴纳德.组织与管理[M].北京:中国人民大学出版社,2009.

50. 许玉林.组织设计与管理[M].上海:复旦大学出版社,2005.

51. 彭剑锋.人力资源管理概论[M].上海:复旦大学出版社,2003.

52. 萧鸣政.工作分析的方法与技术[M].北京:中国人民大学出版社,2006.

53. 郑晓明,吴志明.工作分析实务手册[M].北京:机械工业出版社,2006.

54. 顾琴轩.职务分析:技术与范例[M].北京:中国人民大学出版社,2006.

55. 余凯成.人力资源开发与管理[M].北京:企业管理出版社,1997.

56. 李虹.人力资源管理[M].北京:北京大学出版社,2005.

57. 窦胜功,卢纪华,戴春风.人力资源管理与开发[M].北京:清华大学出版社,2005.

58. 何娟.人力资源管理[M].天津:天津大学出版社,2003.

59. 戚艳萍,程水香,金燕华.现代人力资源管理[M].杭州:浙江大学出版社,2003.

60. 侯光亮.人力资源战略与规划[M].北京:科学出版社,2009.

61. 边文霞.员工招聘实务[M].北京:机械工业出版社,2008.

62. 李旭旦,吴文艳.员工招聘与甄选[M].上海:华东理工大学出版社,2009.

63. 戴尔.员工招聘与选拔[M].北京:中国轻工业出版社,2009.

64. 吴志明.员工招聘与选拔实务手册[M].北京:机械工业出版社,2002.

65. 黛安娜·阿瑟.员工招募、面试、甄选和岗前引导[M].北京:中国人民大学出版社,2003.

66. 玛丽·艾伦·布兰特丽,科里斯·科尔曼.高科技人才战——如何招募和留住高科技人才[M].北京:企业管理出版社,2002.

67. 牛雄鹰,马成功.员工任用——工作分析与员工招募[M].北京:对外经济贸易大学出版社,2003.

68. 罗伯特·伍德.职能招募与选才[M].汕头:汕头大学出版社,2003.

69. 徐世勇,陈伟娜.人力资源的招聘与甄选[M].北京:清华大学出版社,2008.

70. 赵永乐.人员招聘与甄选[M].北京:电子工业出版社,2009.

71. 李旭旦,吴文艳.员工招聘与甄选[M].上海:华东理工大学出版社,2009.

72. 罗伯特·D.盖特伍德,休伯特·S.菲尔德.人力资源甄选[M].北京:清华大学出版社,2005.

73. 世界500强企业管理标准研究中心.员工甄选与聘用[M].北京:中国社会科学出版社,2004.

74. 张永乐.招聘与面试[M].上海:上海交通大学出版社,2006.

75. 菲奥克.选人的真理:卓越的商业成功始于卓越的人才甄选[M].北京:当代中国出版社,2008.

76. 方振邦.战略与战略性绩效管理[M].北京:经济科学出版社,2005.

77. 饶征,孙波.以KPI为核心的绩效管理[M].北京:中国人民大学出版社,2003.

78. 刘朗道.综合绩效管理革命[M].北京:新华出版社,2005.
79. 付亚和,许玉林.绩效管理[M].上海:复旦大学出版社,2003.
80. 乔治·T.米尔科维奇,杰里·M.纽曼.薪酬管理[M].北京:中国人民大学出版社,2002.
81. 刘昕.薪酬管理[M].北京:中国人民大学出版社,2008.
82. 谌新民.人力资源管理概论[M].北京:清华大学出版社,2005.
83. 杨剑.激励导向的薪酬设计[M].北京:中国纺织出版社,2002.
84. 董克用,叶向峰.人力资源管理[M].北京:中国人民大学出版社,2003.
85. 刘军胜.薪酬管理实务手册[M].北京:机械工业出版社,2005.
86. 约瑟夫·J.马尔托其奥.战略薪酬[M].北京:社会科学出版社,2002.
87. 赵曙明.人力资源管理与开发.北京:高等教育出版社,2009.
88. 杨文健.人力资源管理.北京:科学出版社,2007.
89. 张德.人力资源管理.北京:中国发展出版社,2003.
90. 桂绍海.世界500强标杆员工培训理念:标杆员工[M].北京:中国城市出版社,2009.
91. 曲孝民,郗亚坤.员工培训与开发[M].大连:东北财经大学出版社,2009.
92. 雷蒙德·诺伊.雇员培训与开发[M].北京:中国人民大学出版社,2001.
93. 罗伯特·L.乔勒斯.如何组织培训:适合咨询公司、培训师和教师的表达技巧[M].北京:机械工业出版社,2007.
94. 莎拉·库克.培训的100件工具[M].上海:上海交通大学出版社,2004.
95. 王波,全琳琛.员工能力培训经典游戏[M].北京:人民邮电出版社,2009.
96. 迪安妮·C.瓦伦蒂.如何做好培训计划和预算[M].北京:机械工业出版社,2007.
97. 保罗·Z.杰克逊.培训师的灵感[M].北京:企业管理出版社,2004.
98. 李智慧.职业生涯规划[M].北京:经济科学出版社,2009.
99. 曹露.大学生职业生涯规划与就业指导[M].北京:北京师范大学出版社,2009.
100. 丁永钦.职业生涯规划[M].北京:科学出版社,2009.
101. 格林豪斯,卡拉南,戈德谢克.职业生涯管理(第三版)[M].北京:清华大学出版社,2006.
102. 左祥琦.劳动关系管理[M].北京:中国发展出版社,2007.
103. 常凯.劳动关系学[M].北京:中国劳动社会保障出版社,2005.
104. 程延园.劳动关系[M].北京:中国人民大学出版社,2007.
105. 李景森,贾俊玲.劳动法学[M].北京:北京大学出版社,2003.
106. 姜军.人力资源管理信息化开发与操作实验[M].北京:经济科学出版社,2008.
107. 邬锦雯.人力资源管理信息化[M].北京:清华大学出版社,2006.
108. 陈关聚.人力资源管理信息化全攻略[M].北京:中国经济出版社,2008.
109. 朱勇国.人力资源管理信息化[M].北京:中国劳动社会保障出版社,2006.
110. 张涛,张若雪.人力资本与技术采用:对珠三角技术缓慢的一个解释[J].管理世界,2009(2).

111. 罗新华.企业家人力资本价值计量模型的设计[J].管理世界,2008(7).
112. 勾晓瑞.打造全员参与创新的人力资源管理体系[J].中国人力资源开发,2009(7).
113. 夏光.人力资源、人力资本与人力资产的比较研究[J].中国人力资源开发,2008(1).
114. 柯健,裴亮亮.组织变革中的人力资源管理对策[J].中国人力资源开发,2008(6).
115. 陈雪峰,时勘.参与式领导行为的作用机制:来自不同组织的实证分析[J].管理世界,2008(3).
116. 胡宇辰,曹鑫林.论企业非正式组织的管理协调[J].管理世界,2007(7).
117. 夏俊.基于企业战略目标的职位分析[J].人力资源管理,2009(6).
118. 李锦,薛江炽.职位期权与职位价值计量[J].管理世界,2007(10).
119. 张欣,许多爽.创意企业的工作设计与员工薪酬机制研究[J].经济管理,2008(18).
120. 徐国华,杨东涛.制造企业的支持性人力资源实践、柔性战略与公司绩效[J].管理世界,2005(5).
121. 杨伟国.战略人力资源审计:历史、结构与功能[J].经济理论与经济管理,2005(7).
122. 张星,马朝阳.企业人力资源优化配置的关键要素分析[J].中国人力资源开发,2009(3).
123. 傅志明.人力资源供求的不平衡性及其管理策略[J].中国人力资源开发,2009(4).
124. 陈万思,赵曙明.家族企业人力资源经理的招聘管理——基于人力资源经理胜任力模型的视角[J].中国人力资源开发,2009(5).
125. 张弘.以竞争对手为目标的攻击性招聘分析[J].中国人力资源开发,2009(5).
126. 龚文,钱树刚.评价中心在招聘测评中的应用实践[J].中国人力资源开发,2007(5).
127. 孙武.企业如何甄选可用之才——特质面试的设计[J].中国人力资源开发,2009(1).
128. 王庆娟,张义明.中国文化下的甄选程序公平原则[J].中国人力资源开发,2008(5).
129. 王丹,李琼.集团企业信息化核心人才甄选技术[J].中国人力资源开发,2007(9).
130. 张一弛,李书玲.高绩效人力资源管理与企业绩效:战略实施能力的中介作用[J].管理世界,2008(4).
131. 曲刚,季绍波.环境不确定条件下组织间协作、IT应用、协作绩效关系初探[J].管理世界,2007(1).
132. 刘海建,陈传明.企业组织资本、战略前瞻性与企业绩效:基于中国企业的实证研究[J].管理世界,2007(5).
133. 张骏生,王红涛.全球化背景下公共部门人力资源管理的激励[J].中国人力资源开发,2009(6).
134. 方妙英.制造企业职位薪酬体系的实例设计[J].中国人力资源开发,2008(3).
135. 孙琳.T公司基于宽带思想的薪酬体系改进[J],中国人力资源开发,2009(4).
136. 夏晓莹,胡君辰.通胀压力下的企业薪酬策略[J],中国人力资源开发,2008(4).

137. 李强.富士康集团的薪酬激励模式[J],中国人力资源开发,2007(2).

138. 刘昕.从薪酬福利到工作体验——以IBM等知名企业的薪酬管理为例[J].中国人力资源开发,2005(6).

139. 万向东,刘林平,张永宏.工资福利、权益保障与外部环境——珠三角与长三角外来工的比较研究[J].管理世界,2006(6).

140. 张欢.中国社会保险逆向选择问题的理论分析与实证研究[J].管理世界,2006(2).

141. 毛翠云,梅强,刘建一.成功创业者素质测评及培训项目优化研究[J].中国人力资源开发,2009(8).

142. 董晓宏,张立峰,岑彬.如何找到有效的培训需求——构建"响应"业务战略的培训需求分析模式[J].中国人力资源开发,2009(3).

143. 王炳成,姜秀娟,王卫.员工培训的动力机制设计——从"推动式"向"拉动式"的转变[J].中国人力资源开发,2008(2).

144. 喻剑利,曲波.无边界职业生涯时代的员工忠诚度培养[J].中国人力资源开发,2009(4).

145. 高晓芹.新员工早期职业生涯发展及管理[J].中国人力资源开发,2008(2).

146. 白艳莉.无边界职业生涯时代的职业生涯管理[J].中国人力资源开发,2007(4).

147. 洪泸敏,章辉美.中国企业劳动关系的变迁[J].企业管理,2009(3).

148. 陈海.新法下的企业劳动关系处理[J].人力资源管理,2009(9).

149. 张丽云.工会在企业人力资源管理中的地位与作用[J].中国人力资源开发,2009(4).

150. 谌新民.劳动合同法倒逼企业改善人力资源管理[J].中国人力资源开发,2009(3).

151. 王平换,张微.网络经济下企业人力资源管理模式的优化——信息化人力资源管理项目建设[J].中国人力资源开发,2008(12).

152. 陈禹,崔子龙.基于管理流程的人力资源管理信息化[J].中国人力资源开发,2007(8).

153. 蒋永宁,王香玲.企业信息化人力资源管理的成功要素[J].中国人力资源开发,2007(8).

154. 钟鞍刚,杨荣华.立法构建和谐稳定的劳动关系[N].法制日报,2005.

后　　记

　　本书是在近几年教学的基础上，参阅大量著作和文献编写而成的。编写本书的动因主要在于使人力资源管理专业的学生有一本注重人力资源管理技术与方法分析的适用教材。在本书编写的过程中，我的研究生辛毅、陆海挺、刘静静、裴晓伟等同学参与了资料收集、翻译、整理工作。本书还吸取了许多人力资源管理前辈、同行的真知灼见，以及南京邮电大学经济管理学院人力资源课程组的同事范鹏飞教授、储成祥副教授、赵波副教授、刘宁副教授、魏江茹博士、张爽博士、严晓伟老师、王凯老师平日富有睿智的教学研讨心得，在此深表感谢！还要感谢江苏电信、江苏联通、江苏移动、山东联通、湖北联通、无锡邮政、济南电信、山东邮电规划设计院、丽水电信、21世纪房产集团等企业的管理人员在人力资源管理相关培训班上富有见地的理性分析！尤其感谢我的恩师赵曙明教授的谆谆教诲！感谢高斌教授、殷群教授在本书编写过程中的关心与支持！感谢北京大学出版社林君秀主任、叶楠老师、石会敏老师、张静波老师的热情帮助与鼓励！尤其是叶楠老师精深细腻的编辑，保证了本书的文字质量。

　　人力资源管理学研之路兮修远，吾将继续求索。

周文成
2010年春